Le 23 août 1944, à 11 heures du matin, les téléscripteurs du Grand Quartier Général de Hitler transmettent cet ordre ultra-secret et très urgent. Ses destinataires sont : le commandant en chef de l'Ouest, le chef du Groupe d'Armées B, la 1re Armée, la 5e Armée Blindée et la 15e Armée. Cet ordre répète ce que Hitler vient de dire à ses généraux dans son bunker de Rastenburg. Dans l'esprit du Führer, il doit régler une fois pour toutes le destin de Paris.

Geh. Kommandosache Chefsache
Nur durch Offizier
KR Blitz

O.B. West Ia
Okdo d. H. Gr. B. Ia
A.O.K.1
Pz.A.O.K.5
A.O.K.15

La défense de la tête de pont de PARIS est d'une importance capitale sur le plan militaire et politique. La perte de la ville entraînerait la rupture de tout le front du littoral au nord de la Seine et nous priverait de notre base de lancement pour le combat éloigné contre l'Angleterre.

Dans l'Histoire, la perte de PARIS a toujours entraîné jusqu'ici la perte de toute la France.

Le Führer réitère donc son ordre : PARIS doit être défendu dans la position-verrou en avant de la ville. Il rappelle pour cela les renforts annoncés pour le commandant en chef à l'ouest.

Dans la ville même, il faut intervenir avec les moyens les plus énergiques contre les premiers signes de soulèvement, tels que destruction de pâtés de maisons, exécution publique des meneurs, évacuation du quartier menacé ; c'est ainsi que l'on pourra le mieux empêcher l'extension de tels mouvements.

La destruction des ponts de la Seine sera préparée. PARIS ne doit pas tomber aux mains de l'ennemi, ou l'ennemi ne doit trouver qu'un champ de ruines.

O.K.W./W.F. St./Op. (H)
Nr. 772989/44

23.8.44
11.00 Uhr

PREMIÈRE PARTIE

La menace

1

Il n'était jamais en retard. Chaque soir, lorsqu'il arrivait avec son vieux Mauser, ses jumelles dans leur étui usé et sa gamelle, les habitants de May-en-Multien se disaient : « 6 heures ! Voilà l'Allemand qui rentre. » Et, comme il traversait la place du village, les premières notes de l'Angélus du soir résonnaient invariablement au clocher roman de la petite église du XIIe siècle de Notre-Dame-de-l'Assomption perchée sur la hauteur qui surplombait l'Ourcq.

Comme chaque soir, l'Allemand se dirigea vers l'église. C'était un feldwebel de la Luftwaffe, aux tempes déjà grisonnantes. Avant d'entrer, il se découvrit. Puis, sa casquette à la main, il gravit lentement les marches de l'escalier en colimaçon qui menait au clocher. Là-haut, il y avait une table, un réchaud à pétrole et une chaise dont le siège empaillé pouvait se relever et servir de prie-Dieu. Sur la table se trouvaient une carte d'état-major, un calendrier des postes françaises et un téléphone de campagne. Le clocher de l'église de Notre-Dame-de-l'Assomption était un observatoire de la Luftwaffe.

De là, l'Allemand pouvait surveiller toute la

région avec ses jumelles. Des flèches de la cathédrale de Meaux, au sud, jusqu'aux murailles médiévales du château de La Ferté-Milon, à 17 kilomètres au nord, son regard embrassait une large boucle de la Marne, le gros bourg de Lizy avec ses maisons couleur de craie, et les coteaux verdoyants de la vallée de l'Ourcq bordée de peupliers.

Dans quelques heures, la nuit s'étendrait sur ce paysage plein de douceur. Écoutant le ciel, scrutant les ténèbres qui l'environnaient, le feldwebel du clocher de May-en-Multien commencerait alors une nouvelle nuit de veille, la cinquante-huitième depuis l'invasion. Aux premières lueurs de l'aube, il décrocherait son téléphone de campagne et ferait son rapport au quartier général régional de la Luftwaffe, à Soissons. Depuis la dernière pleine lune, douze jours auparavant, les rapports du feldwebel avaient été les mêmes : « Rien à signaler dans mon secteur. »

Les Allemands savaient que les Alliés attendaient toujours la pleine lune pour effectuer leurs parachutages à la Résistance française. Sur la table du clocher, le calendrier indiquait que la lune ne serait pas pleine avant seize nuits, avant la nuit du 18 août.

Dans le minuscule secteur de la France occupée qu'il gardait ce soir-là, l'Allemand était sûr que rien n'arriverait. Cette nuit du 2 août 1944, il pourrait donc somnoler sans crainte sur le prie-Dieu des paroissiennes de May-en-Multien. Il avait tort.

Pendant son sommeil, à moins de 3 kilomètres à vol d'oiseau du clocher, deux hommes et une femme[1] de la Résistance balisaient une aire

1. Il s'agissait de Jean Laire, aujourd'hui directeur de la coopérative agricole de Lizy-sur-Ourcq, du marchand de grains René Body et de sa femme Odette.

de parachutage dans le champ de blé du fermier Rousseau. Peu après 11 heures, ils entendirent le bruit qu'ils espéraient, le ronronnement sourd d'un bombardier Lancaster qui survolait à basse altitude la vallée de l'Ourcq. Ils allumèrent leurs lanternes.

Là-haut, quand il eut découvert le minuscule triangle lumineux qu'il cherchait dans les ténèbres, le pilote du bombardier appuya sur un bouton, et dans la carlingue, une lumière rouge passa au vert. C'était le signal qu'un homme attendait pour se jeter dans la nuit.

Tandis qu'il se balançait en silence dans la nuit tiède, le parachutiste — un jeune étudiant en médecine nommé Alain Perpezat — sentait une ceinture lui racler le ventre. Elle contenait cinq millions de francs. Mais ce n'était pas pour apporter cette petite fortune qu'Alain venait de sauter : dissimulé dans la semelle de son soulier gauche se trouvait un morceau de soie sur lequel était inscrit un message de dix-huit groupes de lettres codés. Ses chefs considéraient ce message comme si important et si urgent que, contre toute habitude, ils avaient décidé ce parachutage par une nuit sans lune.

Perpezat lui-même ignorait le contenu du message. Tout ce qu'il savait, c'était qu'il devait le remettre le plus vite possible au chef de l'Intelligence Service en France. Le nom de celui-ci était « Jade Amicol » et son quartier général se trouvait à Paris.

Il était 7 heures, le lendemain matin, lorsque Perpezat sortit de la meule de paille dans laquelle les trois résistants l'avaient caché après son atterrissage. Sa combinaison de saut était déjà soigneusement enterrée sous un tas de fumier. A travers champs, Alain se dirigea vers la Nationale 3. Pour gagner Paris, distant de 80 kilomètres, il n'avait qu'une ressource : l'auto-stop.

Plusieurs véhicules passèrent. Enfin un camion s'arrêta. Terrifié, Alain reconnut — trop tard — la plaque minéralogique portant la cocarde rouge, jaune et noir de la Luftwaffe. Sur le plateau du camion, il y avait une mitrailleuse antiaérienne et quatre soldats allemands casqués. La porte de la cabine s'ouvrit et le chauffeur demanda : « Nach Paris ? » Maîtrisant sa peur, Alain sourit et prit place à côté de l'Allemand, un vieux territorial. En s'asseyant, le parachutiste sentit à nouveau la ceinture pleine de billets lui racler les côtes. Il lui semblait tout à coup qu'elle pesait un poids énorme, et il se demanda si le ventre bedonnant qu'elle lui faisait n'allait pas attirer les soupçons de l'Allemand. Mais celui-ci embraya sans un mot. Et le lourd Mercedes reprit sa marche vers Paris.

*
**

Agenouillées dans la pénombre de leur chapelle, les neuf sœurs de l'ordre de la Sainte Agonie récitaient le troisième rosaire de la journée lorsque trois longs coups de sonnette, suivis d'un coup bref retentirent dans le silence du couvent. Deux d'entre elles, aussitôt, se levèrent, se signèrent et sortirent. Pour la sœur Jean, mère supérieure, et la sœur Jean-Marie Vianney, son assistante, ces coups de sonnette étaient un signal. Ils voulaient dire : « Visite importante. »

Pendant quatre ans, les Allemands avaient désespérément cherché ce couvent parisien, sis au 127 de la rue de la Glacière. Dans le parloir de cette bâtisse lépreuse construite à l'angle d'un terrain vague et des sinistres murailles de l'hôpital psychiatrique de Sainte-Anne, se cachait le quartier général de « Jade Amicol », le chef de l'Intelligence Service en France occupée.

Protégé par ces vieilles pierres et par le courage tranquille d'une poignée de religieuses, le quartier général de « Jade Amicol » avait survécu aux coups terribles portés par la Gestapo à la Résistance française, à toutes les filatures, à toutes les dénonciations, à toutes les investigations[1].

Par le judas de l'étroite porte de chêne du couvent, sœur Jean aperçut le visage d'un jeune homme.

« Mon nom est Alain, dit-il, j'ai un message pour le colonel. »

Sœur Jean ouvrit la porte et sortit elle-même sur le seuil pour s'assurer que le jeune homme était seul et qu'il n'avait pas été suivi. Elle lui fit signe d'entrer.

Dans le parloir, sous l'austère portrait du lazariste inconnu qui avait fondé l'ordre de la Sainte Agonie, Alain Perpezat retira sa chaussure gauche. Puis il écarta avec la lame d'un couteau les différentes épaisseurs de la semelle. Un morceau de soie apparut. Alain le tendit à un homme, un géant chauve aux yeux bleus, qui attendait calmement dans son fauteuil. Cet homme était le colonel Claude Ollivier — alias « Jade Amicol ».

Le colonel examina les lettres mystérieuses inscrites sur le morceau de soie et fit un signe à sœur Jean, qui s'éloigna en trottinant. Quelques ins-

1. En 1943, le parloir du couvent avait même abrité une rencontre secrète entre l'amiral Canaris et le chef de l'Intelligence Service en France. Canaris voulait faire demander à Churchill quelles seraient les conditions d'une paix éventuelle entre l'Allemagne et les Alliés. « Jade Amicol » avait transmis la demande à Londres. Quinze jours plus tard, la réponse de Churchill était arrivée au 127, rue de la Glacière. Elle tenait en trois mots : « Capitulation sans conditions. »

tants plus tard, la sœur revint avec une sorte de mouchoir. C'était la grille qu'utilisait « Jade Amicol » pour décoder ses messages. L'étoffe, aussi fine que l'acier d'une lame de rasoir, était fabriquée dans une matière soluble qui pouvait être instantanément avalée en cas d'alerte. Sœur Jean cachait l'objet dans la chapelle, sous le tabernacle de l'autel du bon larron.

Ollivier ajusta la grille sur le message que le visiteur venait d'apporter. Comme il déchiffrait les dernières lignes, son visage s'assombrit. Le haut commandement allié, disait le message, « a pris la décision de contourner Paris et de retarder aussi longtemps que possible sa libération. Vous avertissons que ce plan ne sera modifié sous aucun prétexte ». Le message était signé « Général[1] ».

Le colonel leva la tête vers Alain.

« Mon Dieu, dit-il, c'est une catastrophe. »

Dans la pièce voisine, au carillon d'une horloge Louis XIII, les premiers coups de midi tintaient dans le silence du couvent.

2

Paris, en ce matin d'août, vivait son 1 503e jour d'occupation. A midi juste, le soldat de 2e classe Fritz Gottschalk, comme les 250 hommes du 1er Sicherungsregiment auquel il appartenait, descendit l'avenue des Champs-Élysées. Mais ce

1. « Général » était le nom-code du général Menzies, chef suprême de l'Intelligence Service. Il ne signait lui-même les messages destinés aux agents de l'Intelligence Service que dans les cas extrêmement importants.

jour-là il y avait peu de Parisiens sur les trottoirs de l'avenue triomphale pour regarder la parade quotidienne du soldat Gottschalk et de ses camarades. Voilà longtemps que les Parisiens avaient appris à éviter de telles humiliations. Depuis le 15 juin 1940, les seuls drapeaux tricolores qu'ils pouvaient contempler librement se trouvaient aux Invalides, enfermés dans les vitrines poussiéreuses du Musée de l'Armée.

Les couleurs rouge et noire qui flottaient au sommet de la Tour Eiffel étaient celles de l'emblème nazi avec sa croix gammée. Les mêmes couleurs ornaient des centaines d'hôtels, de monuments, d'immeubles de toutes sortes réquisitionnés par les conquérants de Paris.

Sous les arcades de la rue de Rivoli, autour de la place de la Concorde, devant le Palais du Luxembourg, la Chambre des Députés, le quai d'Orsay, les guérites noir, blanc et rouge de la Wehrmacht interdisaient aux Parisiens les trottoirs de leur propre ville.

Devant le n° 74 de l'avenue Foch et devant le n° 9 de la rue des Saussaies, devant d'autres bâtiments plus discrets mais qui n'étaient pas moins connus, d'autres hommes montaient la garde. Sur leurs épaulettes, ils portaient les insignes des S.S. Leurs voisins dormaient mal. La nuit, des cris qu'il était impossible d'étouffer sortaient par les fenêtres de ces bâtiments.

Les Allemands avaient modifié le visage même de la ville. Plus d'une centaine de ses plus belles statues avaient été déboulonnées, parmi lesquelles l'énorme bronze de Victor Hugo qui trônait autrefois près de la maison où était mort le chantre de la liberté. Envoyées en Allemagne, elles y avaient été fondues et transformées en canons.

Les architectes de l'organisation Todt les avaient remplacées par des monuments moins évocateurs, mais plus efficaces : des dizaines de petits blockhaus, dont les armes pouvaient balayer les principaux carrefours de Paris.

Une forêt de panneaux indicateurs avait poussé place de l'Opéra, devant les chaises d'osier du Café de la Paix. Les directions qu'ils indiquaient portaient des noms étranges : « Der Militärbefehlshaber in Frankreich », « General der Luftwaffe » et « Hauptverkehrsdirektion Paris ». Cet été, une nouvelle pancarte avait été ajoutée ; on pouvait y lire : « Zur Normandie Front. »

Jamais les larges boulevards de la ville n'avaient paru aussi vides. Il n'y avait pas d'autobus. Les taxis avaient disparu depuis 1940. Les quelques véhicules qui avaient un « ausweis » allemand pour circuler utilisaient du gaz de charbon de bois comme carburant. On appelait ce dispositif le gazogène. Il répandait une fumée noire et âcre à travers les rues.

La bicyclette et la voiture à cheval étaient les reines du pavé. Les Parisiens leur prodiguaient les soins et l'affection qu'ils avaient naguère donnés à leurs automobiles. Certains chauffeurs de taxi avaient transformé leurs voitures en fiacres. D'autres avaient inventé les « vélo-taxis ». Plusieurs de ces curieux engins étaient remorqués par d'anciens coureurs du Tour de France. Sur de nombreux vélo-taxis il y avait un nom : « Les Temps Modernes » ou « Le XXe Siècle », qui exprimait la gouaille des Parisiens, dont l'Allemand n'avait jamais pu venir à bout.

Le métro fermait de 11 heures à 15 heures chaque jour ouvrable, et toute la journée pendant le week-end. Le soir, il cessait de fonctionner à

23 heures. Le couvre-feu était fixé à minuit. Lorsque les Allemands arrêtaient un Parisien après le couvre-feu, ils l'emmenaient à la Feldgendarmerie et l'obligeaient en général à cirer des bottes ou à recoudre des boutons jusqu'au lendemain matin. Mais parfois, pour le seul crime d'avoir raté le dernier métro, des hommes et des femmes devenaient des otages que les Allemands fusillaient lâchement quand un membre de la Wehrmacht était abattu par la Résistance.

Trois jours par semaine, les débits de boisson ne servaient pas d'alcool. Aux terrasses de leurs cafés, les Parisiens dégustaient à la place un liquide noirâtre à base de glands baptisé « café national ».

La capitale était pratiquement privée de gaz et d'électricité. Les ménagères avaient appris à faire leur cuisine en brûlant des boulettes de papier dans des petits fourneaux fabriqués avec des boîtes de conserve.

Mais surtout, Paris avait faim. Devenu un grand village, Paris s'éveillait chaque matin au chant du coq. Les Parisiens avaient transformé leurs baignoires, leurs placards, leurs chambres d'amis en poulaillers. Des enfants élevaient des lapins dans les coffres à jouets de leurs chambres. Pour nourrir leur cheptel, ils allaient chaque matin, avant l'école, arracher quelques touffes d'herbe interdite dans les jardins publics.

Pour tout ce mois d'août, les Parisiens ne toucheraient avec leurs tickets de rationnement que deux œufs, 100 grammes d'huile, 80 grammes de margarine. La ration de viande était si réduite que les chansonniers prétendaient qu'on pouvait l'envelopper dans un ticket de métro — à condition que le ticket n'eût pas été poinçonné, sinon, la viande risquait de tomber par le trou. Car Paris s'efforçait de rire quand même.

Des affiches proposaient aux ouvriers parisiens de « s'unir avec les ouvriers allemands » ou de s'engager dans la « Légion contre le bolchevisme ». Les premières pages des journaux collaborateurs comme *Le Petit Parisien, L'Œuvre* et l'hebdomadaire *Je Suis Partout* proclamaient que « le travail en Allemagne n'était pas la déportation » et annonçaient fièrement que « jamais le haut commandement allemand n'avait été aussi confiant dans l'avenir ». Dans les pages intérieures, de discrètes annonces offraient d'effectuer « tous déménagements par chevaux ».

Au 13 de la rue Auber, les bureaux de la Waffen S.S. continuèrent jusqu'au 16 août à recruter des volontaires pour le IIIe Reich.

Paris avait cependant gardé son cœur d'avant-guerre. Jamais ses femmes n'avaient semblé plus jolies. Quatre années de restrictions et de bicyclette quotidienne avaient durci leurs corps et affiné leurs jambes. Et malgré la rareté des tissus, elles portaient, cet été-là, de grands chapeaux à fleurs comme dans les tableaux de Renoir.

En juillet, Madeleine de Rauch, Lucien Lelong et Jacques Fath avaient lancé la « mode martiale » : épaules carrées, larges ceintures, jupes courtes.

Certaines étoffes étaient en fibre de bois. Lorsqu'il pleuvait, plaisantaient les Parisiennes, des bourgeons sortaient.

En ce mois d'août, les Parisiens étaient restés chez eux. La guerre faisait rage sur le sol de France et rares étaient ceux qui avaient pu aller à la mer ou à la campagne. Beaucoup d'écoles étaient ouvertes. Des milliers de gens se doraient au soleil sur les berges de la Seine. Cet été-là, les eaux du fleuve étaient la plus grande piscine du monde.

Pour les collaborateurs et leurs relations allemandes et pour les nouveaux riches du marché noir, il y avait encore du champagne et du caviar chez *Maxim's*, au *Lido* et dans quelques cabarets comme *Shéhérazade* et *Suzy Solidor*. Cette semaine-là, avec le billet n° 174-184 du 28e tirage de la Loterie Nationale, un heureux Français gagnerait six millions de francs — plus qu'Alain Perpezat n'avait apporté à Paris dans sa ceinture de parachutiste.

Les samedis, dimanches et lundis, les courses fonctionnaient à Longchamp et à Auteuil. Les chevaux étaient un peu plus maigres qu'avant-guerre mais le turf gardait ses milliers de fanatiques. *Luna Park* publiait des placards publicitaires pour consoler les Parisiens « de ne pas être partis en vacances. En quelques coups de pédales, vous trouverez ici l'air frais et le soleil ».

Yves Montand et Édith Piaf chantaient ensemble au *Moulin Rouge*. Serge Lifar faisait le bilan de la dernière saison de danse et félicitait deux jeunes inconnus, Zizi Jeanmaire et Roland Petit.

Quelques cinémas restaient ouverts grâce aux générateurs électriques qu'actionnaient de vaillants pédaleurs. Le *Gaumont Palace* annonçait « un parking gratuit pour 300 bicyclettes ».

Les théâtres jouaient à bureaux fermés. Ils commençaient à 3 heures de l'après-midi.

Les colonnes Moriss affichaient plus de trente pièces différentes. Le *Vieux Colombier* donnait *Huis Clos*. Son auteur, Jean-Paul Sartre, se cachait dans un grenier du voisinage et écrivait des tracts pour la Résistance.

Mais surtout une coutume sacrée retenait

chaque soir de ce mémorable été les Parisiens chez eux. Pendant la courte demi-heure où revenait l'électricité, l'oreille collée aux postes de T.S.F., cherchant à percer les brouillages allemands, toute la ville écoutait les nouvelles interdites de la B.B.C. Ce soir du 3 août, à la fin d'une belle journée, des millions de Parisiens apprendraient une nouvelle qui deviendrait bientôt leur propre cauchemar. Varsovie, ce soir-là, flambait. Alors que ses libérateurs soviétiques s'étaient arrêtés aux portes mêmes de la ville, la garnison allemande écrasait l'insurrection prématurée de ses habitants. Bientôt la capitale polonaise ne serait plus qu'un tas de décombres fumants où deux cent mille Polonais seraient engloutis.

Mais Paris était intact. De toutes leurs fenêtres, les Parisiens pouvaient ce soir-là contempler l'un des plus étonnants miracles de la guerre : Notre-Dame, la Sainte-Chapelle, le Louvre, le Sacré-Cœur, l'Arc de Triomphe, les Invalides, tous les monuments qui faisaient de cette ville le phare de la civilisation humaine, sortaient sans une égratignure des cinq années du conflit le plus destructeur de l'Histoire.

Maintenant l'heure de la libération approchait. Et bientôt le sort terrible de Varsovie menacerait à son tour Paris. Trois millions et demi de Parisiens fiers d'être les gardiens d'un trésor inestimable étaient de plus en plus conscients de la menace. Et avec eux, des millions d'êtres à travers le monde, pour qui Paris représentait le symbole des valeurs pour la défense desquelles le monde libre se battait contre l'Allemagne nazie.

Mais pour trois hommes que des milliers de kilomètres séparaient les uns des autres, Paris ce soir-là représentait autre chose. Pour eux, Paris était maintenant un objectif.

3

Pour l'Américain qui libérera Paris, Paris était un dilemme. Dans la roulotte de son P.C. opérationnel dispersé au fond d'un bois ruisselant de pluie, à deux kilomètres de la plage normande de Granville, le général Dwight Eisenhower avait finalement pris une décision. C'était peut-être la décision la plus importante depuis le débarquement : Paris serait libéré le plus tard possible. Les armées qu'il commandait ne marcheraient pas sur la capitale française. Elles contourneraient et encercleraient d'abord leur objectif. Paris ne serait pas libéré avant deux mois, à la mi-septembre au plus tôt.

Ce n'était pas une décision que le commandant suprême avait prise à la légère. Eisenhower savait mieux que personne le retentissement émotionnel énorme que la libération de Paris aurait sur les Français, sur ses propres soldats, dans le monde entier. Il était conscient de l'impatience grandissante des trois millions et demi de Parisiens.

Mais dans son esprit, la froide argumentation d'un rapport militaire de vingt-quatre pages dactylographiées avait pesé plus lourd que le mot magique de « Paris ».

La chemise bleue qui le contenait portait la mention : « *Ultra-Secret — Opération Post-Neptune*[1] *— Traversée de la Seine et Prise de Paris.* »

1. D'abord appelée « Opération Overlord » l'invasion avait pris après le débarquement le nom d'« Opération Neptune ».

Ses auteurs étaient les conseillers militaires du SHAEF[1], trois officiers dont la tâche était de fournir au commandant en chef renseignements et recommandations lui permettant d'élaborer sa propre stratégie.

Eisenhower savait déjà que les Allemands défendraient âprement Paris. « Toutes les raisons géographiques et stratégiques, dira-t-il plus tard, les y portaient. »

Or, Paris était précisément une bataille que le général américain ne voulait pas livrer. Le rapport de vingt-quatre pages posé sur la table de bois qui lui servait de bureau expliquait pourquoi.

« Si les Allemands décident de tenir en force Paris, avertissaient les conseillers du SHAEF, il faudra pour les déloger une longue et coûteuse bataille de rues, comme à Stalingrad, bataille qui aboutira à la destruction de la capitale française. »

Ce risque, Eisenhower se refusait à le prendre. Et il se refusait aussi à envoyer dans le guêpier de Paris ses blindés qui déferlaient presque librement à travers la campagne de France.

Mais par-dessus tout, une considération primordiale avait déterminé sa décision. Elle tenait dans un paragraphe du rapport posé sur son bureau.

« La libération prématurée de Paris poserait à nos propres forces de graves problèmes d'approvisionnement et de transport. Les obligations civiles que celle-ci nous obligerait à assumer correspondraient à l'entretien de huit divisions combattantes[2]. »

1. Supreme Headquarters of Allied Expeditionary Forces — Grand Quartier Général du Corps Expéditionnaire Allié.

2. A cette date (1er août), trente-sept divisions avaient débarqué.

Autrement dit, pour Eisenhower, la prise de Paris ferait courir au quart de son armée le risque de tomber en panne sèche. Ce risque, il ne le prendrait jamais. L'essence, cet été-là, était ce qu'il y avait de plus précieux au monde. « La perte d'un seul litre d'essence, dira-t-il plus tard, m'était insupportable. » Or, Paris lui en coûterait des centaines de milliers.

Car le libérateur de Paris aurait l'obligation morale de porter secours aux trois millions et demi de Parisiens. C'était un problème angoissant. « Pour le ravitaillement et les médicaments seulement, indiquait le rapport du SHAEF, les besoins de la population civile de Paris s'élèvent à soixante-quinze mille tonnes pour les deux premiers mois. Plus mille cinq cents tonnes de charbon par jour pour les services publics. »

Les chemins de fer étant inutilisables, il faudrait prélever des milliers de camions pour acheminer depuis les seuls ports disponibles et déjà saturés — Cherbourg et les plages de débarquement — jusqu'à Paris, soit 650 kilomètres aller-retour, l'énorme tonnage nécessaire aux Parisiens. *Avoid that commitment — and liberating Paris.* « Éviter de prendre de telles responsabilités — et de libérer Paris, aussi longtemps que possible », conjuraient donc les conseillers du SHAEF.

Ils avaient suggéré au commandant suprême un autre plan. Celui-ci consistait à exécuter un large mouvement en tenailles au nord et au sud de Paris, à travers de vastes plaines se prêtant à l'évolution massive des chars et à l'usage intensif de l'aviation.

Du même coup, les Alliés pourraient s'emparer des rampes de lancement de VI et de V2 situées dans le Nord de la France. La destruction

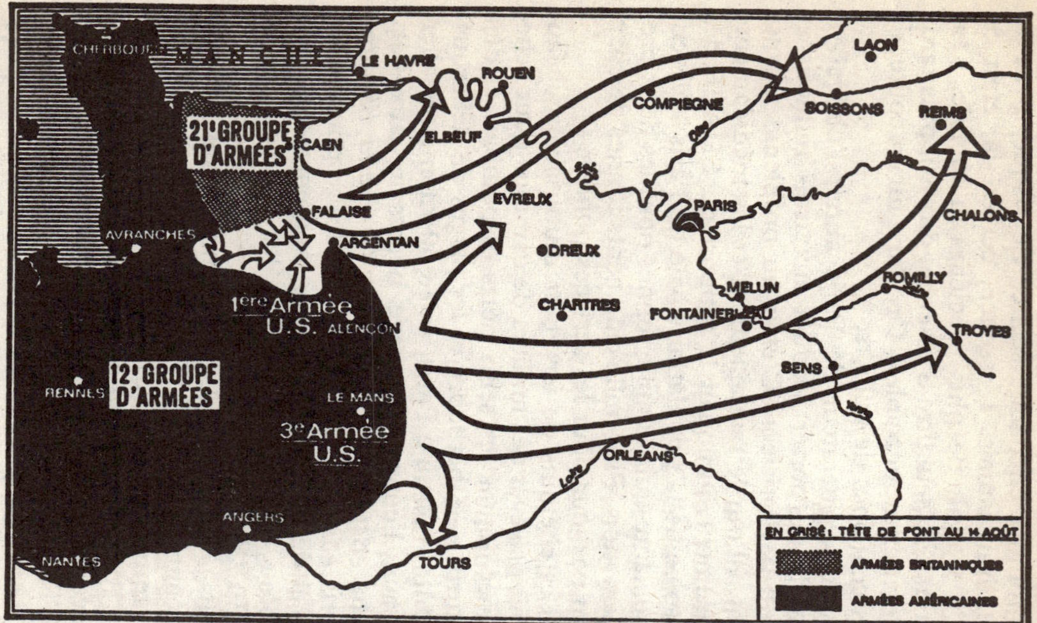

LE PLAN INITIAL D'EISENHOWER : ENCERCLEMENT DE PARIS

Le 21e Groupe d'armées britannique fonçant vers le N et le NE en direction de Soissons et le 12e groupe d'armées U.S. exploitant en direction de Reims ont pour mission de déborder Paris par le nord et le sud, en encerclant les 1re, 7e et 15e armées allemandes. ***La chute de la capitale est prévue entre le 15 septembre et le 1er octobre.***

de ces bases, estimaient les conseillers d'Eisenhower, était si urgente qu'elle justifiait à elle seule « une prise de risques supérieure à la normale ».

Le XXIe groupe d'armées anglais commandé par Montgomery attaquerait sur la basse Seine entre l'Oise et la mer. S'emparant du port du Havre et des rampes de lancement de VI et de V2, Montgomery avancerait en direction du Nord jusqu'à Amiens situé à 138 kilomètres au nord de Paris. Depuis Amiens, il lancerait deux corps d'armée vers l'Est en direction de Reims. Pendant ce temps, au sud de Paris, le XIIe groupe d'armées américain franchirait la Seine à la hauteur de Melun et foncerait vers le Nord-Est en direction de Reims. Anglais et Américains feraient alors leur jonction, enfermant ainsi dans une gigantesque nasse les 1re, 7e et 15e armées allemandes. D'après les prévisions, Paris lui-même tomberait entre le 15 septembre et le 1er octobre.

Pour Eisenhower, ce plan avait présenté un triple avantage. Il sauvait Paris de la destruction en lui épargnant une bataille de rues ; il permettait l'anéantissement de forces allemandes considérables ; et surtout, il économisait chaque précieuse goutte d'essence en vue de cet objectif primordial : un trou dans la ligne Siegfried et une tête de pont de l'autre côté du Rhin, avant l'hiver.

Une nuit de brume, en Normandie, Dwight Eisenhower avait finalement adopté ce plan. Aussitôt, la machine bien rodée qu'il commandait s'était mise en marche pour l'exécuter.

Cette machine, un seul grain de sable, cependant, pouvait la détraquer. Un soulèvement de la population parisienne, par exemple. Mais sur ce point, Eisenhower n'avait pas d'inquiétudes. Les instructions « très fermes » qu'il avait adressées au général Pierre Kœnig, chef des Forces Françaises de l'Intérieur (F.F.I.), prescrivaient qu'aucune action armée ne pourrait se produire à Paris ou nulle part ailleurs sans son consentement. Il était essentiel, avait-il averti Kœnig, « qu'aucun événement de nature à bouleverser nos plans ne puisse se produire à Paris ».

Pour les Parisiens impatients d'être libérés, ce serait, Eisenhower s'en rendait compte, une épreuve difficile à supporter. Mais s'ils pouvaient vivre « quelques jours encore avec les Allemands, leur sacrifice, confia-t-il au général Walter Bedell Smith, son brillant chef d'état-major, nous permettra peut-être de terminer plus tôt la guerre ».

C'est pour encourager les Français à accepter cet ultime sacrifice qu'un agent de l'Intelligence Service nommé Alain Perpezat avait sauté par une nuit sans lune au-dessus de la France occupée.

4

Pour un Français nommé Charles de Gaulle, le destin de la France, et celui de sa propre personne, se joueraient à Paris. Aujourd'hui, dans la chaleur humide du palais mauresque d'Alger où il s'impatientait, le chef de la France libre savait que le seul endroit où l'audacieux pari qu'il avait fait quatre ans plus tôt serait gagné ou perdu était Paris. Les événements qui concerneraient la capitale française pendant les quelques semaines à venir auraient, il en était convaincu, une portée considérable. Ils décideraient de l'autorité qui s'établirait dans la France de l'après-guerre.

Charles de Gaulle était résolu à ce que cette autorité fût la sienne. Mais sur la route du pouvoir, il savait que des hommes, cet été-là, conspiraient contre lui. Les uns étaient ses adversaires politiques, les communistes français ; les autres ses alliés militaires, les Américains surtout.

Après une courte lune de miel en 1940, les relations entre les États-Unis et de Gaulle s'étaient progressivement dégradées. La reconnaissance du gouvernement de Vichy par les Américains, l'accord passé par Washington avec l'amiral Darlan[1], le fait que Roosevelt n'eût pas jugé bon d'informer de Gaulle du débarquement en Afrique du Nord, un certain antagonisme personnel, enfin, entre le général français et le président américain, avaient créé les conditions de méfiance réciproques qui empoisonneraient les relations franco-américaines pendant cet été 1944.

Rien n'irritait de Gaulle davantage que le refus persistant de Roosevelt de reconnaître son Comité Français de Libération Nationale (C.F.L.N.) comme gouvernement provisoire de la France. Il y voyait un refus public et officiel de l'Amérique de reconnaître l'autorité de sa personne sur la France. Dans une note au général George Marshall en date du 14 juin 1944, Roosevelt avait défini la position des États-Unis à son égard. « Nous devons, avait écrit le président américain,

1. Pour éviter toute résistance militaire française au débarquement allié en Afrique du Nord, les Américains avaient traité secrètement avec Darlan qui agissait au nom du maréchal Pétain. Lorsque le 8 novembre 1942 à son réveil, le général de Gaulle fut informé par son aide de camp du débarquement des Alliés, il eut cette réaction : « J'espère bien, s'exclama-t-il, que Vichy va les rejeter à la mer. »

pleinement utiliser au profit de notre effort militaire toute organisation ou toute influence de De Gaulle, étant naturellement entendu que nous ne saurions imposer par la force son gouvernement au peuple français. » Roosevelt avait également averti Eisenhower que le SHAEF pouvait traiter avec le Comité Français de Libération Nationale « à la condition qu'il ne s'agisse pas de reconnaître celui-ci comme le gouvernement provisoire de la France ».

Plus confiantes étaient les relations que de Gaulle entretenait avec Eisenhower. Mais ce dernier notait cependant que « de Gaulle cherche toujours à nous faire changer ceci et cela pour accommoder ses propres desseins politiques ». Dans une note rédigée en juin 1944, le général Walter Bedell Smith, chef d'état-major d'Eisenhower, écrivait lui-même : « Je serais heureux de le (de Gaulle) mettre au courant si seulement quelqu'un pouvait me définir sa position vis-à-vis de ce Q.G. Pour autant que je sache, il n'en a pas. »

Parmi les multiples différends[1] qui séparaient cet été-là de Gaulle de ses alliés, il s'en trouvait un pour lequel le chef de la France libre ne ferait aucune concession. Il ne tolérerait jamais que les Alliés installassent sur le sol de France un seul fonctionnaire du gouvernement militaire qu'ils avaient créé pour l'administration des territoires libérés. Lors de sa première visite à Washington, en juillet, Charles de Gaulle avait soulevé cette question devant Roosevelt lui-même. Les deux

1. De Gaulle s'indignait notamment que les Alliés espionnent ses radiocommunications. Celles-ci, pour des raisons techniques, passaient par l'intermédiaire des installations anglaises et américaines. De Gaulle s'était également violemment élevé contre la prétention que les Alliés avaient émise de mettre en circulation dès le débarquement une monnaie militaire.

hommes étaient finalement convenus que la France libérée serait divisée en deux zones. Dans la zone « dite de l'intérieur », l'autorité appartiendrait aux représentants désignés par le général de Gaulle. Dans la zone dite « des opérations », le SHAEF serait souverain. La définition géographique de ces deux zones serait laissée à l'appréciation d'Eisenhower lui-même.

C'était un accord limité. En quittant la Maison-Blanche, de Gaulle avait d'ailleurs confié à l'ambassadeur Murphy : « Tout accord auquel nous parvenons devient caduc le jour où prend fin la guerre. » Il ne contenait aucune clause concernant Paris. Washington entendait que Paris demeurât dans la zone des opérations quelque temps encore après sa libération. Roosevelt, en tout cas, n'avait aucune intention d'y laisser venir un gouvernement qu'il n'avait pas même reconnu.

Roosevelt n'oubliait qu'une chose : la détermination farouche et inflexible de Charles de Gaulle de s'installer, lui-même et son gouvernement, à Paris aussi vite que possible. Son propre destin, et celui de la France, en dépendraient.

En ces critiques journées du début d'août 1944, de Gaulle était convaincu que Roosevelt ferait une dernière tentative pour lui barrer le chemin du pouvoir[1]. Pendant que les agents du Département d'État chercheraient à échafauder quelque combinaison politique, le président américain s'efforcerait d'empêcher Charles de Gaulle de gagner Paris. Ces plans ne pouvaient pas réussir, de Gaulle en était sûr. Mais ils pouvaient,

1. Les soupçons du général de Gaulle étaient loin d'être sans fondements. En juillet 1944, Roosevelt avait confié à l'ambassadeur Murphy qu'il était « parfaitement disposé à accepter toute solution autre que de Gaulle, pourvu qu'on puisse en trouver une ».

craignait-il, retarder suffisamment son retour pour permettre à ses véritables adversaires, les communistes français, de s'emparer du pouvoir. Car une course impitoyable, de Gaulle le savait, se préparait entre les communistes et lui-même. L'enjeu immédiat de cette course était Paris. Au vainqueur, irait la France entière.

Cette course, de Gaulle s'y préparait de longue date. Dès janvier 1943, il avait interdit au responsable des parachutages, le colonel « Passy », de parachuter des armes directement aux communistes. Le 14 juin 1944, il étendait cette interdiction à tous les parachutages sur la région parisienne. Le jour même du débarquement, de Gaulle mettait en action le plan qu'il avait élaboré en vue d'empêcher les communistes de s'emparer du pouvoir dans les régions libérées.

Au fur et à mesure de la libération du territoire national, l'autorité civile était placée entre les mains d'un commissaire de la République nommé par de Gaulle lui-même et responsable devant son seul gouvernement. Les instructions les plus strictes avaient été données à ces commissaires de la République concernant leurs rapports avec les comités locaux de libération, lesquels, de Gaulle en était persuadé, étaient dominés par les communistes. Ces comités ne devraient exercer aucune autorité directe sur les régions libérées. Et sous aucun prétexte ils ne devraient pouvoir s'ériger en Comités de Salut Public sur le modèle des comités de la Révolution française.

De Gaulle avait reçu plusieurs rapports alarmants. Ces rapports étaient unanimes à dire que les communistes étaient mieux organisés, plus forts, plus décidés que jamais à prendre le pouvoir.

De Gaulle était convaincu que l'épreuve décisive aurait lieu dans Paris où vingt-cinq mille communistes armés se trouvaient déjà. Le parti communiste chercherait à déclencher un soulèvement populaire à la faveur duquel il s'emparerait des leviers de commande. Quand lui-même et ses ministres feraient leur entrée dans Paris, ils se trouveraient en face d'une « Commune » qui « proclamerait la République, répondrait de l'ordre, distribuerait la justice... »

Dans un premier temps, de Gaulle lui-même se verrait attribuer quelque position honorifique dépourvue naturellement de toute autorité réelle. Puis, lorsque les communistes auraient consolidé leurs positions, le moment viendrait où il serait tout simplement éliminé de la vie politique française.

Tels étaient, dans la pensée de Charles de Gaulle, les objectifs de ses adversaires politiques en ce début d'août 1944.

Alexandre Parodi, le haut fonctionnaire qui représentait le chef de la France libre dans Paris, savait que de Gaulle était certain que, pour atteindre cet été-là leurs objectifs, les communistes n'hésiteraient pas à s'opposer par la force à ses propres desseins[1].

1. Le parti communiste lui-même et beaucoup de non communistes nieront par la suite que telles étaient les intentions communistes en août 1944. On ne saura probablement jamais jusqu'où les communistes étaient prêts à pousser les choses. Il paraît cependant évident qu'ils étaient décidés à s'emparer des leviers de commande qui leur permettraient comme plus tard, à Prague, de s'emparer du pouvoir proprement dit. Peut-être est-ce l'opinion d'un chef résistant bulgare qui résume le mieux les véritables sentiments des communistes à l'égard de De Gaulle. Pour Yvan Kaleff, chef d'un maquis dans le sud de la France, de Gaulle était « pour le moment un mal nécessaire. Mais qui sait si après la guerre la France voudra de De Gaulle... »

Quels qu'aient été les objectifs communistes, les événements intérieurs qui suivirent la libération de la France montrèrent que les soupçons des gaullistes n'étaient pas tellement exagérés. Dans le Sud-Ouest, où l'implantation communiste était considérable, il fallut plu-

Face à ces menaces, la tactique du général de Gaulle était simple. Il s'emparerait avant les communistes des instruments de l'autorité. Quel que fût le prix, quels que fussent les moyens, il était décidé à arriver le premier au pouvoir.

Au moment même où, dans son quartier général de Normandie, Dwight Eisenhower décidait finalement de retarder la libération de Paris, d'Alger, Charles de Gaulle adressait au général Kœnig, chef des F.F.I., un mémorandum secret. « Que les Alliés le veuillent ou non, disait de Gaulle, il est essentiel que Paris soit libéré le plus tôt possible. » Dès la Libération, il ferait lui-même son entrée dans la ville et imposerait aussitôt son autorité et celle de son gouvernement.

De Gaulle avait déjà pris ses premières dispositions. Pour lui, comme pour Eisenhower, un soulèvement armé dans Paris serait un tel désastre qu'il avait lui aussi donné des ordres impératifs pour empêcher qu'il se produisît. L'homme chargé de faire respecter ces ordres se cachait dans une chambre de bonne. Ces ordres étaient clairs. Sous aucun prétexte, Paris ne se soulèverait contre l'occupant sans l'accord personnel du général de Gaulle.

sieurs mois au pouvoir légal du général de Gaulle pour contrôler la région. Le 26 octobre 1944, le rapport du 2e bureau américain sur « la situation intérieure française et sur les intentions communistes » révélait aux Alliés que « si la situation intérieure française reste aussi mauvaise qu'elle l'est aujourd'hui..., on peut s'attendre à une révolution communiste ». Le rapport de l'*Office of Strategic Services* signalait en outre que 50 personnes étaient chaque jour arrêtées illégalement à Toulouse et que 40 000 F.T.P. armés étaient sur le point d'être envoyés clandestinement à Paris « dans l'éventualité prochaine d'un coup d'État ». Selon l'O.S.S., 10 000 hommes étaient déjà en place. Le coup d'État aurait lieu au mois de janvier. En 8 ou 10 jours, les communistes pensaient pouvoir s'emparer de tous les leviers de commande. Ils pensaient aussi que les Alliés n'interviendraient pas, cela étant une affaire strictement française.

5

Pour l'Allemand qui, du fond d'un abri de béton et d'acier de Rastenburg, en Prusse-Orientale, dirigeait les armées du IIIe Reich, Paris signifiait peut-être encore davantage.

Pendant quatre ans, de 1914 à 1918, six millions d'Allemands comme le caporal Adolf Hitler s'étaient battus dans les tranchées du front de l'Ouest au cri magique de *Nach Paris*. Deux millions d'entre eux étaient morts. Mais vingt-deux ans plus tard, la victoire qu'ils n'avaient pu arracher en quatre années de lutte, Hitler l'avait remportée en quatre semaines de guerre éclair.

Le lundi 24 juin 1940, à 7 heures du matin, le caporal Adolf Hitler avait eu son rendez-vous avec Paris. Peu de Parisiens ce matin-là avaient vu sa Mercedes noire s'arrêter devant l'esplanade du Trocadéro. Pendant de longues minutes, le conquérant avait contemplé l'admirable perspective qui s'étendait sous ses yeux : la Seine, la tour Eiffel, les jardins du Champ-de-Mars, le dôme doré de la tombe de Napoléon aux Invalides et, au loin, sur la gauche, les tours presque millénaires de Notre-Dame.

De toutes ses conquêtes, Paris était après cinq ans de guerre le seul joyau qui lui restât. Depuis cinq jours, sur les cartes de son bunker de Rastenburg, Adolf Hitler pouvait suivre les progrès des armées alliées qui déferlaient par la brèche d'Avranches. Hitler savait que la bataille de France était en cours. S'il la perdait, il ne lui en resterait plus qu'une à livrer : la bataille d'Allemagne.

Et comme Charles de Gaulle, Hitler savait que Paris était l'axe autour duquel tournait la France. Deux fois dans sa courte vie, Adolf Hitler avait attaqué Paris. Bientôt l'ironie de l'Histoire lui ferait jouer le rôle inverse. Hitler serait contraint de défendre Paris. Les stratèges alliés savaient qu'il avait toutes les raisons de vouloir s'accrocher au formidable hérisson que constituait sur la Seine l'agglomération parisienne. Perdre Paris, c'était perdre les bases de lancement de ces armes miracle qui décideraient de l'issue de la guerre. C'était permettre aux armées alliées d'arriver aux portes du Reich. Hitler se battrait donc pour Paris comme il s'était battu pour Stalingrad et Monte Cassino. Dans quelques jours, au fond de son bunker de Prusse-Orientale, le maître du IIIe Reich déciderait de défendre Paris jusqu'au dernier homme. Frappant du poing sur sa table de chêne, il crierait ce jour-là à la face de ses généraux : « Celui qui tient Paris tient la France. »

6

A deux mille kilomètres à l'ouest de Rastenburg, près du petit village normand de La Lucerne, un général allemand inconnu contemplait le crépuscule. Au-delà des hautes grilles en fer forgé qui terminaient l'allée du château où il avait installé son poste de commandement, Dietrich von Choltitz pouvait apercevoir la tour gothique de l'abbaye médiéval de La Lucerne, et juste derrière, surplombant un rideau de peupliers, la petite colline qui le séparait du carrefour de La Haye-Pesnel. Les yeux fixés sur le sommet de cette colline, Choltitz regardait les lueurs intermittentes des départs d'artillerie. Il savait que c'étaient les canons de son 84e corps d'armée qui tiraient. Au-delà de la colline, les obus tombaient sur les chars américains qui s'engouffraient dans la brèche de 15 kilomètres qu'ils avaient percée.

Épuisé, Choltitz n'entendit même pas frapper à la porte. Mais l'ordonnance du général, le caporal Helmut Mayer, avait l'habitude d'entrer sans attendre d'y être invité. Mayer tenait à la main une enveloppe. Choltitz l'ouvrit et déplia la feuille qu'elle contenait. A la couleur bleue du papier, il reconnut aussitôt qu'il s'agissait d'un télégramme.

Il s'approcha alors de la lampe à huile qui brûlait sur sa table de travail, ajusta son monocle et se mit à lire. Le télégramme ordonnait au général de corps d'armée von Choltitz de se présenter immédiatement au quartier général de l'Oberkommando West du maréchal Gunther von Kluge à Saint-Germain-en-Laye pour une « communication de la plus haute importance ».

Sans trahir son émotion, il replia lentement le papier et le rendit à Mayer.

« C'est peut-être mon *Brötchengeber* (mon gagne-pain) qui m'appelle », dit-il en adressant un clin d'œil complice à son ordonnance. C'était une expression dont les deux hommes se servaient lorsqu'ils voulaient plaisanter. En argot militaire, le « Brötchengeber », c'était en effet Hitler. Mais il n'y avait aucune raison pour que le petit général bedonnant fût convoqué par le Führer. Depuis l'attentat du 20 juillet, un seul motif pouvait conduire un général chez Hitler. Et au grand quartier général, personne ne doutait de l'indéfectible loyauté de Choltitz. De fait, ce même jour, parlant de lui, un officier supérieur avait dit : « Il n'a jamais hésité à exécuter un ordre quelle que soit la dureté de celui-ci. »

Choltitz observa son ordonnance et remarqua que ses traits étaient rongés par la fatigue. « Va te coucher, Mayer, dit-il alors, car nous partirons à 5 heures. » Pensant lui faire plaisir, il ajouta :

« Peut-être pourrons-nous nous arrêter à Paris. »

***

Au cinquième étage d'un immeuble cossu d'Auteuil, de la fenêtre de sa mansarde, un autre homme, ce soir-là, contemplait le crépuscule. Dans la pénombre, il ne distinguait qu'un jeu de lignes qui se brisaient jusqu'à l'horizon : les toits de Paris. Il s'appelait Jacques Chaban-Delmas. Quoiqu'il n'eût que vingt-neuf ans, lui aussi était général. Et, ce soir-là, lui aussi avait reçu un message.

Ce n'était pas son ordonnance qui le lui avait apporté. Le général Chaban-Delmas n'avait pas d'ordonnance. Au coin d'une rue de Paris, un homme qui faisait semblant de gonfler le pneu de sa bicyclette lui avait murmuré quelques mots à l'oreille. C'était le message que « Jade Amicol » avait décodé ce même jour à midi dans le parloir du couvent des Petites Sœurs de la Sainte Agonie.

Pour Jacques Chaban-Delmas, la nouvelle que contenait la chaussure gauche d'Alain Perpezat était un véritable désastre. Sur ses larges épaules de rugbyman, Charles de Gaulle avait placé un écrasant fardeau : le jeune général était en France occupée son représentant personnel clandestin pour toutes les affaires d'ordre militaire. Parmi toutes les tâches qui lui avaient été confiées, Chaban-Delmas savait qu'aucune ne préoccupait de Gaulle davantage que celle qui concernait Paris. Les instructions précises qu'il avait secrètement reçues de Londres où se trouvait l'état-major militaire de De Gaulle et d'Alger où siégeait son gouvernement provisoire avaient un double objectif. Jacques Chaban-Delmas devait d'une part conserver un contrôle absolu des éléments clandestins armés se trouvant à Paris. Sous aucun prétexte, d'autre part, il ne devait permettre qu'une insurrection éclatât dans la capitale sans l'autorisation directe de De Gaulle.

Chaban-Delmas savait que ces ordres étaient impossibles à exécuter. Général sans troupes, il ne pouvait pas exercer un contrôle de fait sur tous les éléments armés dispersés dans Paris. La plupart de ceux-ci, il le savait, n'obéissaient qu'aux communistes.

Le chef d'état-major des F.F.I. était un général communiste nommé Alfred Malleret-Joinville. Pour la région de l'Ile-de-France, c'était un petit Breton communiste du nom de Rol-Tanguy. L'adjoint direct de celui-ci était un énergique communiste, nommé Fabien qui, deux ans plus tôt, avait abattu dans la station de métro Barbès le premier Allemand tué à Paris.

Le Parti contrôlait les syndicats et une bonne partie de la presse clandestine. Il dominait deux des trois comités de libération et avait neutralisé le troisième[1]. Au cours d'une audacieuse opéra-

1. Il s'agissait du Comité Parisien de Libération (C.P.L.), du Comité Militaire d'Action (COMAC) que le parti communiste contrôlait, et du Conseil National de la Résistance, où il était représenté par une minorité influente. Fondé en 1943 par de Gaulle, le C.N.R. était en théorie l'assemblée où se trouvaient réunies toutes les tendances poli-

tion, un commando communiste s'était emparé de fonds considérables destinés à Chaban-Delmas par l'état-major F.F.I. de Londres. Depuis des mois les communistes renforçaient sans cesse leurs positions, plaçant leurs hommes à tous les postes de contrôle de la capitale. Jour après jour, anxieux et impuissants, Chaban-Delmas et ses adjoints avaient vu des hommes rejoindre les rangs des milices communistes armées qui s'organisaient dans l'ombre.

Aucune organisation, cependant, ne s'était mieux battue et n'avait payé un tribut plus lourd à la cause de la libération de la France que le parti communiste français. Bien qu'ils eussent attendu que Hitler eût envahi la Russie pour se jeter dans la bataille clandestine contre les nazis, où bien d'autres mouvements les avaient déjà précédés, les communistes, cet été-là, par leur nombre, par leur discipline, par leur courage, constituaient l'un des groupes armés les plus puissants de la Résistance française[1]. Par ses postes de radio clandestins et par ses agents installés en Suisse, le Parti n'avait jamais cessé de recevoir aide et instructions de Moscou.

Cet été-là, jamais le prestige du Parti n'avait été plus grand.

Mais tous les sacrifices qu'avaient acceptés les communistes pendant trois années de lutte clandestine devaient maintenant porter leurs fruits. Ces fruits, ils les cueilleraient d'abord à Paris.

Jacques Chaban-Delmas savait que les communistes se préparaient à déclencher la grande

tiques de la Résistance. En août 1944, le CNR, en fait presque paralysé par les communistes, avait perdu la confiance de De Gaulle.

1. Le 6 septembre 1944, le général Kœnig dirait à Eisenhower qu'il évaluait les forces du parti communiste à quelque 250 000 hommes armés et 200 000 hommes susceptibles d'être armés. L'armée régulière de la France, à ce moment-là, comptait moins de 500 000 hommes.

insurrection populaire pour chasser les Allemands et devenir ensuite les maîtres du pavé de Paris. « J'étais convaincu, avouera-t-il, que les communistes étaient prêts à risquer la destruction de la plus belle ville du monde pour saisir cette chance unique qu'offrait la possibilité d'une nouvelle Commune. »

Pendant des semaines, il s'était efforcé de les convaincre de renoncer à leurs projets. Il avait échoué. Comme tout Paris, Chaban-Delmas avait écouté à la B.B.C. les nouvelles du soulèvement de Varsovie. Pour que Paris échappât au destin tragique de la capitale polonaise, il n'y avait, pensait-il, qu'un seul espoir : l'entrée immédiate des Alliés dans la ville, ce qui empêcherait les communistes d'achever leurs préparatifs. Mais le message qu'avait apporté Alain Perpezat dans sa chaussure avait maintenant balayé ce dernier espoir. L'insurrection aurait donc lieu.

Deux terribles menaces pèseraient alors sur Paris. Ou bien la Wehrmacht écraserait l'insurrection comme elle l'avait fait à Varsovie et réduirait la ville à un amas de décombres. Ou bien les communistes réussiraient à s'emparer du pouvoir. Une capitale aux mains des communistes accueillerait alors Charles de Gaulle et, Chaban-Delmas en était convaincu, lui dicterait ses propres volontés. La France de l'après-guerre, craignait-il, risquait alors de basculer tout entière dans une nouvelle tragédie.

Pour le jeune général et pour quelques hommes de l'armée secrète qui représentaient Charles de Gaulle dans ce Paris que martelaient encore les bottes allemandes, il ne restait plus cette nuit-là qu'une chance d'arracher la ville à ce dilemme. Chaban-Delmas devait entreprendre le voyage d'Alain Perpezat, mais en sens ıverse. Il tenterait de gagner Londres. Il alerte-ıit de Gaulle, Churchill, Roosevelt. Avec l'énergie du désespoir, il supplierait Eisenhower de bouleverser ses plans et de lancer sur l'heure ses blindés vers Paris.

7

Lancée à 120 à l'heure, la Horch décapotable traversait la Champagne. De chaque côté de la route, sous le chaud soleil de ce milieu d'après-midi, les grappes vermeilles achevaient de mûrir. Confortablement installé dans le fond de la voiture, Dietrich von Choltitz mangeait le pain bis et les saucisses que lui avait préparés son chauffeur Alfred Priez. Ce matin-là, Choltitz n'avait pas eu le temps de s'arrêter à Paris.

A peine était-il arrivé devant la villa aux tuiles rouges qui abritait, à Saint-Germain-en-Laye, le quartier général de l'O.B. West, qu'un colonel en sueur, sautant de son cheval, s'était précipité vers lui.

« Félicitations, mon général, lui avait dit le colonel Heinz Abey, chef du personnel de l'O.B. West, vous avez un nouveau poste. Vous venez d'être nommé commandant du Gross Paris [1]. »

Abey avait ajouté que le général devait se présenter immédiatement à Berlin pour recevoir les dernières instructions avant d'occuper son poste.

1. L'étendue géographique du Gross Paris comprenait la ville elle-même, le département de la Seine et de larges portions des départements de Seine-et-Oise et de Seine-et-Marne.

Négligeant le léger détour qu'eût été la traversée de la ville dont le destin allait bientôt se trouver entre ses mains, Choltitz avait aussitôt pris la route de l'Est. Il voulait gagner du temps. De toute façon, il avait déjà visité Paris deux fois. Pour Choltitz, après vingt-huit ans de carrière militaire, Paris n'était qu'un nouveau poste.

Et quand, dans sept jours, les journaux parisiens annonceraient son arrivée, l'Officier qui mordait en ce moment dans une saucisse ne serait qu'un général allemand de plus pour les trois millions et demi de Parisiens.

Mais pour un certain Burgdorf, au quartier général de Hitler cet après-midi, Choltitz n'était pas « un général de plus ». Le général Wilhelm Burgdorf était le chef du personnel des officiers supérieurs de l'armée de terre. Il avait lui-même choisi Choltitz pour le commandement du Gross Paris.

Du classeur métallique qu'il enfermait dans son coffre, trois jours plus tôt, Burgdorf avait sorti trois dossiers secrets. L'un d'eux portait le nom de Dietrich von Choltitz.

Étudiant le dossier, Burgdorf avait été frappé par une chose : la loyauté de cet officier semblait au-dessus de tout soupçon. Burgdorf avait besoin d'hommes de cette trempe. Le défaitisme gangrenait maintenant le corps des généraux allemands. Aucun milieu ne semblait plus atteint que celui des officiers en garnison à Paris. Le commandant en chef en France, le général Karl von Stülpnagel, avait été un des principaux acteurs de la conspiration du 20 juillet. Aveugle et mourant depuis sa tentative de suicide, il gisait cet après-midi sur une paillasse dans la prison berlinoise de Plœtzensee. Bientôt, il serait étranglé sur l'ordre de Hitler. Le commandant du

Gross Paris, le vieux général Wilhelm von Boineburg, n'inspirait pas davantage confiance à Burgdorf. Il le soupçonnait d'avoir, lui aussi, trempé dans le complot.

Pour les jours difficiles qui se préparaient à Paris, Burgdorf savait que l'O.K.W. aurait besoin d'un homme dont l'obéissance et la loyauté fussent inconditionnelles. Choltitz lui paraissait être cet homme. Burgdorf avait soumis son dossier au Führer lui-même et recommandé sa nomination.

« Jamais, avait-il dit à Hitler, Choltitz n'a discuté un ordre, quelle que fût la dureté de celui-ci. »

Pour cet officier irréprochable que les nazis envoyaient à Paris, la guerre à l'Ouest avait commencé à 5 h 30 du matin le 10 mai 1940. Jaillissant du premier Junker 52 qui atterrit sur l'aéroport de Rotterdam, le lieutenant-colonel von Choltitz, à la tête du 3e bataillon du 16e régiment d'infanterie aéroportée, avait été le tout premier envahisseur allemand de la guerre à l'Ouest[1]. Sa mission était de prendre les ponts sur la Nieuwe Mass au sud de la ville[2].

1. Les Panzer des généraux Heinz Guderian et Erwin Rommel ne franchirent la frontière, ce matin-là, qu'une heure et demie après l'atterrissage de Choltitz à Rotterdam.

2. Après 4 jours et 4 nuits de furieux combats, les hommes du colonel hollandais Scaro résistaient encore aux assauts de Choltitz. Vers midi, le 14 mai, Choltitz ordonnait à un prêtre et à un laitier hollandais qui habitaient près du pont qu'il n'arrivait pas à franchir de se rendre dans les lignes hollandaises pour tenter de convaincre le colonel Scaro de se rendre « faute de quoi Rotterdam serait impitoyablement bombardé ». Deux heures plus tard, les deux plénipotentiaires revinrent en compagnie de l'adjoint du colonel Scaro et déclarèrent qu'ils n'avaient pu entrer en contact avec celui-ci. La Luftwaffe commença alors à bombarder la ville. Choltitz a révélé aux auteurs de ce livre que, quand il estima que le bombardement avait causé suffisamment de destructions, il tira une fusée éclairante pour l'arrêter. Mais il se dégageait une telle fumée d'un paquebot qui flambait à côté du pont que les aviateurs de la troisième vague d'assaut ne virent pas le signal. D'après les chiffres fournis à Nuremberg par les Hollandais, ce

Plus tard, interrogé sur la question de savoir si le commandement d'une opération qui violait si manifestement la neutralité d'un pays n'avait jamais troublé sa conscience, il avait simplement répondu : « Pourquoi ? »

Choltitz avait appris à ne pas se poser de questions. Le jour où il naquit, dans le domaine forestier de sa famille, en Silésie, son destin était tracé. Trois générations avant lui avaient quitté la vieille maison couverte d'ardoises et étaient parties pour l'armée. Formé à la dure discipline du corps des cadets de Saxe, Dietrich von Choltitz avait montré tant d'ardeur qu'il avait été désigné pour servir à la cour de la reine de Saxe en qualité de page.

Les heures les plus glorieuses de sa carrière, Choltitz les avait vécues pendant le siège de Sébastopol. C'était là qu'il avait gagné ses épaulettes de général. Quand commença le siège du grand port de la mer Noire, son régiment comptait 4 800 hommes. Le 27 juillet 1942, il ne restait que 347 survivants. Mais Dietrich von Choltitz, le bras traversé d'une balle, avait pris Sébastopol.

Pour obtenir cette victoire, il n'avait pas hésité à contraindre des prisonniers russes à porter les munitions jusqu'à ses canons et à charger ses batteries. Il s'était souvent souvenu de cette « bonne plaisanterie » qu'il avait faite aux Russes en les obligeant à charger ses canons avec les obus qui feraient sauter leurs maisons.

Affectée par la suite au groupe d'armées du centre, la division de Dietrich von Choltitz reçut des missions de combats d'arrière-garde. Selon

bombardement fit 814 morts et 78 000 blessés et sans abri. Il détruisit tout le cœur de Rotterdam.

son habitude, son général exécuta ponctuellement les ordres qu'il recevait. Et ces ordres étaient, en cette année 1943, de ne laisser derrière l'armée allemande qu'une terre brûlée.

Cette réputation de destructeur accompagnerait à Paris ce général inconnu qui traversait cet après-midi-là les vignobles de Champagne. Elle n'était pas entièrement imméritée.

« Depuis Sébastopol, avouera Choltitz lui-même à un diplomate suédois, je n'ai eu pour tâche que de protéger la retraite de nos armées et de tout détruire derrière elles. »

8

Le long du quai, las et résignés, les permissionnaires attendaient. Dans quelques minutes, crachant une vapeur noire, le « Fronturlauberzug » de Berlin quitterait la gare de Silésie et les ramènerait vers le front de l'Est.

Ce train, Dietrich von Choltitz l'avait souvent pris. Mais, cette nuit, il en prendrait un autre. Sur la paroi extérieure du long wagon dans lequel une couchette lui était réservée, quelques mots en français, presque effacés, rappelèrent à Choltitz le souvenir d'un autre temps. L'ancienne voiture de la « Compagnie Internationale des Wagons-Lits et des Grands Express Européens » appartenait à l'« Offizier General Führersonderzug D 2 », le train qui conduirait le général à Rastenburg, en Prusse-Orientale, où il aurait le lendemain matin sa première entrevue avec Hitler.

Dietrich Von Choltitz commença de déboutonner sa tunique. Sur la tablette d'acajou verni, au-dessus du lavabo, le fidèle Priez avait disposé son savon, son vieux rasoir Gillette et le tube de pilules de Rivonal dont il savait que le général avait besoin pour s'endormir.

Choltitz avait l'habitude des longues randonnées en voiture, mais, cette nuit, il se sentait fatigué. Parti de Normandie à 5 heures du matin, il avait atteint Berlin vers 9 heures du soir. A peine s'était-il installé dans une chambre de l'hôtel Adlon que le téléphone s'était mis à sonner. C'était Burgdorf qui lui ordonnait de venir immédiatement à Rastenburg. Hitler, lui annonça-t-il, voulait lui remettre en personne son nouveau commandement. Un rendez-vous était fixé pour le lendemain matin à 11 h 30.

Cet appel le préoccupait. Rares étaient les maréchaux que Hitler convoquait auprès de lui. Plus rares encore étaient les généraux auxquels il daignait accorder une parcelle de son précieux temps. Quelle pouvait être, se demandait Choltitz, la raison de cet honneur ? Quand le train enfin s'ébranla, il résolut de cesser de se tourmenter. Il se mit alors à feuilleter les pages du gros volume cartonné qu'il avait emprunté à la bibliothèque de l'hôtel Adlon. C'était *L'Histoire militaire de la guerre franco-prussienne.*

A 1 500 kilomètres de cette gare berlinoise, sous les verrières de la gare de Lyon, à Paris, un autre train cette nuit-là s'ébranlait. De tous les voyageurs qui l'avaient pris d'assaut, Jacques Chaban-Delmas était le seul à savoir que ce train risquait, à deux reprises, avant d'arriver à Lyon, d'être immobilisé pendant de longues heures par les déraillements prévus par le plan de sabotage qui visait à désorganiser les communications allemandes. Et ce plan, Chaban-Delmas lui-même avait participé à son élaboration. Mais quelques heures plus tôt, il avait ordonné de laisser passer à titre exceptionnel le Paris-Lyon du soir parce qu'il s'y trouverait lui-même. Dans les ténèbres de son compartiment sans lumière, Jacques Chaban-Delamas ne pouvait plus qu'attendre et espérer que ses ordres eussent atteint les quelques hommes qui deux fois cette nuit devaient se glisser le long des ballasts pour faire sauter la voie.

La nuit suivante, dans un champ proche de Mâcon, le général Chaban-Delmas avait en effet rendez-vous avec un Lysander. Comme tous les avions qui se posaient en France occupée, ce Lysander aurait la consigne d'attendre son passager pendant trois minutes seulement. Ensuite, avec ou sans lui, il décollerait et retournerait en Angleterre. De l'exactitude de ce rendez-vous dépendrait, croyait Chaban-Delmas, la sauvegarde de Paris.

9

Depuis treize années qu'il servait les armes du IIIe Reich, Dietrich von Choltitz n'avait rencontré Hitler qu'une seule fois. Pendant l'été 1943, à l'occasion d'un déjeuner au quartier général du général von Manstein près de Dniépropétrovsk, Choltitz s'était trouvé assis en face de Hitler. Pendant le silence religieux qui avait accompagné le monologue habituel du Führer, Choltitz avait examiné à loisir le maître du IIIe Reich. Trois choses l'avaient frappé : l'optimisme contagieux qui émanait de son corps nerveux, l'absence totale de sourire sur son visage et enfin « les manières de paysan silésien avec lesquelles il mangeait ».

Un an après, en cette fin de matinée orageuse du 7 août 1944, Dietrich von Choltitz allait donc revoir Hitler. Mais cette fois les circonstances avaient changé. Les prédictions optimistes du déjeuner sur les bords du Dniepr ne s'étaient pas réalisées. Les avant-gardes de l'Armée rouge étaient à moins de 100 kilomètres du « Repaire du Loup » et à l'Ouest, Choltitz le savait mieux que quiconque, la Wehrmacht était en train de perdre la bataille de Normandie.

Mais l'officier général qui descendait du train spécial de l'O.K.W. était encore, il l'avouerait plus tard, prêt à se laisser « regonfler » par Hitler. Choltitz croyait à la mission historique de l'Allemagne. Il croyait encore en sa victoire. Mais comme tout croyant, il sentait par moments sa foi vaciller sous les coups du sort qui frappaient son pays. Cette entrevue avec Hitler serait donc une sorte de pèlerinage dont il espérait sortir avec de nouvelles forces, « rassuré, et convaincu qu'il existait encore une chance de changer l'issue de la guerre ».

L'homme qui l'accueillit à sa descente du train était l'aide de camp S.S. de Hitler, l'Hauptsturmführer Gunsche. La Mercedes de Gunsche s'enfonça aussitôt sous la voûte épaisse de la forêt et prit la route du Wolfsschanze — le Repaire du Loup. Au premier poste de garde des trois Sperrkreis — les ceintures de protection —, Gunsche expliqua en s'excusant que les mesures de sécurité exceptionnelles en vigueur depuis l'attentat du 20 juillet exigeaient que tous les bagages des visiteurs fussent fouillés. Cette formalité terminée, la voiture franchit tour à tour les trois ceintures de protection composées de fils de fer barbelés, de champs de mines, de mitrailleuses antiaériennes. Choltitz atteignit alors une dernière enceinte faite de barbelés électrifiés qui protégeaient le sanctuaire à l'intérieur duquel, sous la garde de sept compagnies du régiment d'élite Gross Deutschland, vivaient le dictateur nazi et ses principaux collaborateurs.

Le général Burgdorf attendait le visiteur pour le conduire aussitôt chez le Führer. Sur le chemin du bunker, tandis que Burgdorf montrait du doigt les débris déchiquetés des baraquements où avait explosé la bombe du 20 juillet, Dietrich von Choltitz exprima sa gratitude pour la confiance dont il était l'objet et demanda ce qui lui valait un tel honneur.

« Nous savons, répondit Burgdorf avec empressement, que vous ferez l'affaire à Paris. »

Les deux jeunes officiers S.S. qui montaient la garde devant la porte du bunker de Hitler fouillèrent les deux hommes pour s'assurer qu'ils ne portaient sur eux aucune arme. Puis ils s'effacèrent. Les doigts crispés sur la visière de sa casquette, sentant derrière lui la respiration contenue de Burgdorf, Choltitz s'avança vers le milieu de la pièce sans fenêtre. Quand il fut à mi-distance de l'homme qui se tenait debout derrière un simple bureau de bois, il s'arrêta. Puis, se figeant brusquement au garde-à-vous, il leva le bras et glapit :

— A vos ordres, mon Führer [1] !

Mais l'homme que découvrait à cet instant le visiteur était bien différent de celui qu'il avait entrevu un an plus tôt. C'était, dira-t-il plus tard,

1. Depuis le 20 juillet, le salut nazi était devenu obligatoire pour tous les membres des forces armées.

« un vieillard ». Son visage était grisâtre et ses traits tirés. Ses yeux saillants s'étaient vidés de toute flamme et ses épaules s'étaient voûtées. Choltitz remarqua même que la main gauche de Hitler tremblait et qu'il cherchait à dissimuler ce tremblement avec sa main droite[1]. Mais surtout, ce qui frappa le visiteur, ce fut la voix même de Hitler. Les aboiements rauques qui avaient galvanisé et terrorisé des centaines de millions d'hommes n'étaient plus, au fond de ce bunker éclairé au néon, qu'un vague grondement. Un an plus tôt, la voix du Führer avait redonné confiance à Choltitz lui-même.

Hitler réservait pourtant au nouveau commandant du Gross Paris le crescendo habituel des grandes scènes de son répertoire. D'une voix lasse, à peine audible, il évoqua d'abord le passé, les circonstances dans lesquelles il avait créé le parti national-socialiste, l'outil parfait qu'il en avait fait pour mener le peuple allemand au destin historique qui était le sien.

Bientôt le grondement sourd se fit plus fort et plus distinct. Hitler commençait à divaguer. Il parlait de la victoire qu'il préparait, d'armes secrètes, de la Normandie. Des hurlements jaillissaient maintenant de sa bouche et la déformaient. A peine sorti du bunker, Choltitz devait noter quelques-unes des paroles que Hitler prononça ce matin-là. Évoquant l'attentat du 20 juillet, Hitler avait soudain rugi : « Des dizaines de généraux, Herr General, se balancent au bout d'une corde pour avoir voulu m'empêcher de poursuivre mon œuvre. Mais cette œuvre, qui est de conduire le peuple allemand à

1. Certains médecins étaient alors convaincus que Hitler était atteint de la maladie de Parkinson.

la victoire, personne ne pourra m'empêcher de la mener jusqu'à son terme... »

« De la bave, raconte Choltitz, coulait à ces mots des commissures des lèvres de Hitler. Comme un diable jaillissant de sa boîte, le Führer se levait, gesticulait, se laissait choir dans son fauteuil, et son regard s'incendiait alors de lueurs féroces. »

Le visage convulsé, le corps secoué de spasmes, les yeux brûlants, Hitler vitupéra encore un long moment contre « la clique de généraux prussiens » qui avaient essayé de le tuer. Puis il se calma. Après un long silence, il leva les yeux vers le général qui avait traversé la moitié de l'Europe pour cette entrevue. Les quelques phrases qui sortirent alors de la bouche du Führer, Dietrich von Choltitz devait les relire si souvent dans son carnet qu'il les connaîtrait bientôt par cœur. « Vous allez donc à Paris, s'était exclamé Hitler. A Paris où les seules batailles concernent, paraît-il, les meilleures places dans les mess d'officiers. (...) Quelle honte pour nos soldats qui livrent en Normandie le plus grand combat de l'Histoire ! Vous commencerez donc, Herr General, par mettre de l'ordre dans tout cela. (...) Puis vous ferez de Paris une ville du front et vous veillerez à ce qu'elle devienne la terreur des embusqués et des fuyards. A cet effet, je vous nomme, Herr General, commandant en chef du Gross Paris et vos pouvoirs seront les plus étendus qu'un général ait jamais [eus]. (...) Je vous accorde toutes les prérogatives d'un commandant dans une forteresse assiégée... »

Hitler laissa entendre alors que de dures journées se préparaient à Paris et que des ordres impitoyables pourraient être donnés. On attendrait de Choltitz qu'il les exécutât sans faiblir.

« Vous écraserez donc, avait ajouté Hitler, toute tentative de révolte de la population civile, vous réprimerez sans pitié tout acte de terrorisme, tout sabotage contre les forces armées allemandes. Soyez assuré que pour cela, Herr General, vous recevrez de moi tout l'appui dont vous aurez besoin. »

Choltitz devait toujours se rappeler « le regard cruel, inhumain, démentiel » qui avait accompagné ces derniers mots. Ce même jour, devant son chauffeur, il devait murmurer : « Priez, ce qui m'attend à Paris est terrible... »

Dietrich von Choltitz était venu à Rastenburg pour voir un chef. Il avait trouvé un malade. De cette déception, beaucoup de choses allaient dépendre.

10

Pour les deux hommes fourbus qui à cet instant franchissaient la Seine au pont de Saint-Cloud dans leur Horch couverte de feuillage, les toits de Paris apparurent au contraire comme la Terre promise. Le jeune et brillant général Walter Warlimont et le major Helmut Perponcher, son aide de camp, ne devaient jamais oublier les deux jours qu'ils venaient de passer sur le front de Normandie.

Warlimont, chef d'état-major adjoint de la Wehrmacht, avait été envoyé en Normandie par Hitler pour superviser la contre-attaque d'Avranches. C'était l'opération « Liège ». Elle avait pour objectif d'étrangler le goulot par lequel s'engouffraient vers la Bretagne les chars de Patton. L'opération avait échoué. Pendant les quelques heures qu'il avait passées sur le front, Warlimont avait vu s'écrouler le dernier espoir qu'avait l'Allemagne de rejeter les Alliés à la mer. Les divisions allemandes avaient été clouées sur place par l'aviation anglo-américaine. Lui-même et son aide de camp n'avaient dû leur salut qu'à l'extraordinaire habileté de leur chauffeur.

Longeant la Seine, la voiture crottée de boue s'arrêta bientôt dans la cour du Palais du Luxembourg. Walter Warlimont, avant de regagner Rastenburg, ferait une courte halte à Paris : il dînerait avec l'homme dont les avions avaient si tragiquement fait défaut aux soldats de Normandie, le maréchal Hugo Sperrle, commandant en chef de la Luftwaffe sur le front de l'Ouest.

Sanglé dans une tunique blanche immaculée, la poitrine couverte de décorations, le gros maréchal parut au jeune général « l'image même de la sérénité presque inconsciente qui semblait régner au début d'août 1944 dans les états-majors allemands installés à Paris [1] ».

Dans les somptueux salons où s'étaient souvent données les fêtes de Marie de Médicis, de Louis XVI, de Napoléon, dans ce Palais du Luxembourg chargé d'Histoire où la République française avait installé l'assemblée de ses sages, le maréchal allemand et son état-major étaient probablement les derniers officiers du IIIe Reich qui portaient encore cet été-là des tuniques blanches. Montrant à son hôte l'endroit où David avait

1. Le général Jodl, retour d'une inspection à l'Ouest, notait dans son journal le 9 janvier 1944 : « Il y a plus de 52 000 militaires à Paris dont 12 000 à peine sont des combattants. » Jodl avait été effaré par le nombre des états-majors installés à Paris, par la pléthore de leurs effectifs et par l'absence de discipline qui semblait régner. Pour l'austère Jodl, nul doute que Paris avait complètement « digéré » la combativité des officiers qu'il avait rencontrés.

crayonné la première esquisse de *L'Enlèvement des Sabines*, Sperrle leva sa coupe de champagne et porta un toast à « cette ville de Paris où la croix gammée devrait flotter mille ans encore ».

Il n'y avait pas que les officiers supérieurs de la Wehrmacht pour espérer, en ces premiers jours d'août, que la croix gammée flotterait mille ans encore sur Paris. Pour des centaines de modestes officiers et pour beaucoup de simples soldats, les années de guerre à Paris étaient les meilleures de leur vie. Grand amateur de musique, le Sonderführer berlinois Alfred Schlenker, interprète du tribunal militaire qui chaque jour condamnait à mort des Parisiens, n'avait pas manqué depuis trois ans une seule soirée à l'Opéra. Ce soir-là, comme chaque mardi, il attendait le retour de son camarade Eugen Hommens, parti se baigner à Nogent-sur-Marne avec sa petite amie française, pour déguster avec lui, dans la salle à manger du palace, son plat préféré, des tripes à la Kœnigsberg.

A l'autre bout de Paris, dans l'élégant hôtel particulier qu'il s'était fait réquisitionner à Neuilly, l'aristocratique colonel Hans Jay, vedette des concours hippiques internationaux d'avant-guerre, entrait à ce moment dans sa salle de bains. Devant le miroir, pendant de longues minutes, il ajusta son monocle en imaginant peut-être le visage de la jeune femme qu'il comptait séduire ce soir-là dans la pénombre complice du cabaret *Shéhérazade*. Depuis son arrivée à Paris en 1943, ce petit homme courtois avait été un des personnages les plus assidus du Paris nocturne. Et rien, en ces premiers jours d'août, ne semblait devoir lui faire changer ses habitudes.

De l'autre côté du Bois de Boulogne, au 26 de

l'élégante avenue Raphaël, en plein cœur de Passy, une jolie blonde de vingt-quatre ans nommée Annabella Waldner allumait comme chaque soir depuis quatre ans les candélabres d'argent massif de l'hôtel particulier du parfumeur milliardaire François Coty. Voilà quatre ans, en effet, qu'Annabella était l'hôtesse officielle de cette belle demeure qui était la résidence du gouverneur militaire de la ville de Paris.

Dans ses salons, elle avait vu défiler tout le gratin de l'Allemagne nazie, de l'Italie fasciste, de la France de Vichy. Les caves et les placards sur lesquels elle régnait abritaient les vins de France les plus rares, du caviar de Russie, les meilleurs foies gras du Périgord. Pour cette jeune et jolie femme, ces quatre années avaient été le rêve de Cendrillon. Elle possédait sa propre voiture, un chauffeur et même, suprême faveur, une loge à l'Opéra, celle du général.

Des Allemands comme Hans Jay et Annabella Waldner n'étaient pas les seuls, ce soir-là, à espérer que la croix gammée flottât mille ans encore sur la capitale française. Plusieurs Parisiens partageaient aussi cet espoir. Pour la brune Antoinette Charbonnier, vingt-cinq ans, fille d'un respectable industriel parisien qui avait perdu un bras à Verdun, rien au monde ne pouvait paraître plus horrible que la perspective de la libération de Paris. Antoinette Charbonnier était amoureuse d'un officier allemand. Les demi-dieux victorieux de juin 1940, avouera-t-elle, l'avaient subjuguée. « Avec leur regard d'acier, leurs bottes noires, leurs poitrines hâlées, leurs cheveux blonds, ils incarnaient, rappelle-t-elle, un monde où j'avais eu subitement envie de vivre. Un monde de force, de beauté, de virilité. » Pendant quatre ans, elle avait vécu dans ce monde. Au bras du capitaine Hans Werner, elle avait défié ses parents, ses amis, son milieu. Ensemble ils avaient vécu la belle époque du IIIe Reich à Paris. On les avait vus au cinéma, au théâtre, dans les cabarets. Sur le passage d'Antoinette, des patriotes indignés avaient craché et des lettres anonymes l'avaient menacée. Mais, amoureuse de Hans Werner, égarée par la propagande de la collaboration, la Parisienne Antoinette Charbonnier avait fini par croire aux miracles de Hitler. Elle n'imaginait pas qu'un jour son rêve prendrait fin. Ce soir-là, les violons de *Monseigneur* la feraient tourner une fois encore dans les bras du capitaine Hans Werner. Dans l'étreinte, son corsage s'accrocherait à la Croix de Fer du bel officier.

Mais aucun homme n'appréciait Paris davantage que l'ordonnance du général von Choltitz, le caporal Helmut Mayer. Les premières nuits, dans sa chambre de courrier du *Ritz*, Mayer avait eu des cauchemars. Il avait vu de terrifiants avions piquer sur lui. Pour Helmut Mayer, comme pour beaucoup d'Allemands, ce miracle qui épargnait à Paris le sort de Berlin, de Hambourg, de Munich, de Cologne, était en effet la chose la plus incompréhensible qui fût.

Ce soir-là, Helmut Mayer alla au cinéma pour la première fois depuis dix mois. Il vit le premier épisode de *La Famille Bucholz*, une comédie allemande que donnait le cinéma Vendôme. Mayer espérait que le général ne rentrerait pas trop vite. Le deuxième épisode ne passerait pas avant une semaine. Et Helmut Mayer ne voulait, pour rien au monde, le manquer.

11

Les espoirs du caporal Helmut Mayer devaient être déçus. A l'heure où il entrait dans le cinéma Vendôme, Choltitz roulait déjà vers Paris. A 8 heures, ce soir du 7 août, à bord du train spécial du G.Q.G. de Hitler, le général avait quitté Rastenburg accompagné de son chauffeur Alfred Priez. La même Mercedes noire, celle qui était venue le chercher le matin, l'avait accompagné jusqu'au long wagon bleu et jaune. Mais cette fois, un jeune lieutenant du régiment Gross Deutschland avait pris place à côté du chauffeur. Quand la voiture s'était arrêtée le long du train, le jeune officier avait pris la main de Dietrich von Choltitz et avait murmuré : « Bonne chance, mon général, comme je vous envie d'aller à Paris ! » Choltitz devait rappeler l'incroyable réconfort que lui avait apporté cette confidence. « Je ne pensais pas qu'il ait pu ce soir-là se trouver un seul être au monde pour m'envier d'aller à Paris. » L'entrevue qu'il avait eue dans l'après-midi avec le chef d'état-major de la Wehrmacht, le colonel général Alfred Jodl, ne lui avait laissé aucun doute sur la nature de la mission dont il était chargé à Paris. Cette mission, résumée par Jodl dans un ordre en cinq points, Choltitz avait le pressentiment qu'elle éclabousserait un jour son propre nom et son honneur du sang et des cendres de la plus belle ville du monde.

Par la vitre de son compartiment, le général vit lentement disparaître les sapins de Rastenburg.

Bientôt vint la nuit et le « Führer Sonderzug » obliqua vers les grandes plaines à blé, plates et monotones, du Brandebourg. De la poche de sa vareuse, il tira un cigare, celui que le maréchal Keitel lui avait offert ce jour même à la fin du déjeuner. A tous petits coups de dents, méthodiquement, Choltitz perça le bout. Puis, s'apercevant qu'il n'avait pas d'allumettes, il se leva et ouvrit la porte du couloir. Accoudé au rebord de la vitre ouverte, un voyageur aux cheveux grisonnants, la poitrine ornée de l'insigne à croix gammée des Reichsleiter, fumait tranquillement au milieu du wagon. Le général crut reconnaître le Reichsleiter aux côtés duquel, le matin même, il s'était trouvé à la table du maréchal Keitel. Son nom, se souvenait-il, était Robert Ley. Le haut dignitaire nazi semblait d'excellente humeur. Il s'empressa d'allumer le cigare de l'officier et bientôt les deux hommes se trouvèrent en grande conversation. Tirant de courtes bouffées de son cigare, Choltitz raconta au Reichsleiter qu'il venait d'être nommé gouverneur militaire de Paris. Il décrivit l'entrevue qu'il avait eue avec Hitler et la mission particulière dont celui-ci l'avait chargé. Le Reichsleiter le félicita vivement et exprima sa conviction qu'un soldat de sa valeur réussirait certainement tout ce qu'il entreprendrait. Il proposait d'ailleurs de porter un toast au succès de cette mission. Ces « Französiche Schweine » produisaient, dit-il, des vins merveilleux. Le maître d'hôtel de Hitler lui avait justement fait cadeau d'une bouteille de bordeaux qu'il serait enchanté de partager ici même avec le nouveau commandant du Gross Paris.

Les deux hommes allèrent s'installer dans le compartiment du général et se mirent à trinquer joyeusement.

Confidence pour confidence, le haut dignitaire nazi confia au général von Choltitz qu'il avait lui aussi rencontré le Führer. Le motif de cette rencontre concernait le texte d'une nouvelle loi qu'il avait préparé et pour lequel il avait obtenu l'accord final de Hitler. Cette loi serait promulguée le lendemain même à Berlin. Dessinant de fines arabesques avec la fumée de sa Koriazzi à bout doré, le Reichsleiter révéla que cette nouvelle loi s'appellerait la « Sippenhaft ».

« La Sippenhaft ? », répéta Choltitz avec étonnement.

S'exprimant avec l'accent très pur de la région de Hanovre dont il était originaire, le Reichsleiter se mit à expliquer que l'Allemagne traversait en ce moment une des périodes les plus difficiles de son Histoire. Des généraux, Choltitz devait le savoir, trahissaient chaque jour. Les uns se rendaient à l'ennemi sans combattre, d'autres se montraient inférieurs à leur tâche, d'autres enfin cherchaient à supprimer le Führer lui-même. De telles faiblesses, n'est-ce pas, étaient intolérables. Les généraux allemands, c'était évident, ne pouvaient avoir qu'une seule ambition : celle d'exécuter à la lettre les ordres du Führer.

La « Sippenhaft [1] », cher général, veillerait précisément à cela. D'une voix tranquille, sans la moindre émotion apparente, le Reichsleiter révéla alors au général von Choltitz qu'à partir du lendemain 8 août 1944 « les femmes et les enfants des officiers allemands seraient considérés comme des otages. Les familles répondraient de la conduite des hommes. Dans certains cas, les otages pourraient être condamnés à mort et exécutés ».

1. Le mot « Sippenhaft » signifie : arrestation et incarcération de membres d'une même famille.

« A ces mots, dirait Choltitz, je sentis un long frisson glacer ma vieille carcasse de soldat. » Contemplant fixement le liquide cramoisi qui se trouvait encore au fond de son verre, il éprouvait subitement l'envie de vomir. Cherchant ses mots, il balbutia que si la « Sippenhaft » était vraiment cela, c'était le signe que l'Allemagne revenait purement et simplement aux pratiques du Moyen Age. Le Reichsleiter poussa un soupir et répéta que Choltitz et lui-même devaient hélas comprendre que la situation exigeait aujourd'hui de telles mesures.

Sur ces paroles, le Reichsleiter vida d'un trait son verre et se leva. Les deux hommes se souhaitèrent bonne nuit. Ils ne devaient jamais se revoir[1].

Pendant de longues heures, cette nuit-là, le commandant du Gross Paris chercha le sommeil. Épouvanté par les révélations inattendues de son compagnon de voyage, il pensait au sort que cette loi démoniaque réserverait à sa famille si, par malheur, un jour, il ne pouvait pas exécuter les ordres de celui qui aujourd'hui l'avait reçu dans l'atmosphère glaciale de son bunker.

Après un court arrêt à Berlin, le surlendemain, sur la route de Paris, il s'arrêterait à Baden-Baden pour embrasser ses deux filles, Maria-Angelika, quatorze ans, et Anna-Barbara, huit ans. Uberta, sa femme, irait chercher dans son berceau le petit Timo et le général le ferait sauter sur ses genoux. Ce serait peut-être la dernière

1. Choltitz a déclaré aux auteurs de ce livre qu'il avait pensé longtemps que sa rencontre avec le Reichsleiter Ley n'avait pas été une coïncidence mais qu'elle avait été délibérément organisée par l'O.K.W. Nous n'avons trouvé aucune preuve qui puisse étayer cette affirmation. Le général Warlimont, bien qu'il ne se trouvât pas à Rastenburg ce jour-là, était au courant de la visite du Reichsleiter. Selon lui, cette visite avait été prévue avant la convocation de Choltitz par Hitler.

fois que le sévère général allemand verrait ces quatre êtres qu'il aimait le plus au monde et qu'il avait si peu vus pendant ces cinq années de guerre.

Vers 3 heures du matin, Choltitz ne dormait pas encore. Alors il fit ce qu'il n'avait jamais fait de sa vie : il avala d'un coup trois pilules de Rivonal et sombra aussitôt dans un profond sommeil.

12

Enveloppée dans un manteau de brume, la petite ville s'éveillait à peine au fond de sa vallée. Au bout de la Viktoriastrasse, derrière les coupoles de l'église russe, une vieille femme ouvrait sa boutique. C'était Frau Gerber, la boulangère. Jadis, à cette heure-là, il arrivait qu'une Duisenberg, une Rolls ou une Bugatti s'arrêtât devant sa boutique. Pour les noctambules en habit et en robes longues, terminer la nuit avec les bretzels de Frau Gerber était une tradition. A Baden-Baden, en cette cinquième année de guerre, il n'y avait plus, hélas, de noctambules. Au bout de sa pelouse, derrière ses colonnades blanches, le casino de la belle époque était fermé. La première cliente de Frau Gerber serait aujourd'hui la petite bonne d'une famille de réfugiés du quartier. Pour Dietrich von Choltitz, les bretzels qu'achèterait Johanna Fischer seraient les derniers de la guerre.

Entre Rastenburg et Baden-Baden, le général n'avait fait qu'une brève escale à Berlin : le temps pour Priez de courir dans un magasin de la Potsdamerstrasse acheter les nouvelles épaulettes que porterait désormais l'uniforme de son maître. A sa descente de l'« O.K.W. Zug », un télégramme attendait en effet Choltitz. Signé du général Burgdorf, il annonçait au commandant du Gross Paris sa promotion au grade de général d'armée « par décision spéciale du Führer ».

Toute la nuit, dans la voiture qui le conduisait à Baden-Baden, Dietrich von Choltitz s'était interrogé sur les obscurs desseins que pouvait cacher cette soudaine promotion. L'O.K.W., il le savait, n'avait jamais confié le gouvernement d'une ville, fût-elle une capitale, à un général d'armée. A Paris même, aucun gouverneur n'avait jamais dépassé le grade de divisionnaire.

Lorsque la Horch noire atteignit les premières maisons de Baden, Dietrich von Choltitz résolut cependant de cesser enfin de se tourmenter : pour Uberta von Choltitz, petite-fille et fille d'officiers, il savait qu'il n'y aurait pas de plus grande joie, ce matin, que ces nouvelles épaulettes que portait son mari.

Maria-Angelika et Anna-Barbara se souviennent encore du pantagruélique petit déjeuner qui fêta ce matin-là le passage de leur papa. « Il avait rapporté de Rastenburg, racontent-elles, un gros paquet mystérieux qu'il appelait le "Führer Packet". C'était le cadeau que Hitler faisait remettre aux visiteurs du "Repaire du Loup". Il contenait des "pumpernickel", de la confiture, du chocolat, des boîtes de pâté, des bonbons et même un "stollen", le succulent pain d'épice au gingembre. »

Mais Maria-Angelika et Anna-Barbara ne devaient qu'entrevoir leur papa. Vers 10 heures, rasé de frais, le général von Choltitz prit congé de sa famille et monta dans sa voiture. Aucune émotion apparente n'avait marqué les brèves heures de cette rencontre. Depuis qu'ils se succédaient de générations en générations sous les drapeaux de l'Allemagne, les Choltitz ne connaissaient plus la souffrance des séparations. En dix-huit ans de mariage, Uberta von Choltitz avait pris l'habitude de ces absences. Pour elle, Paris était une nouvelle affectation dans la carrière de son mari et rien d'autre. Et si elle éprouvait cependant, à cet instant, une appréhension inhabituelle, il s'agissait d'un sentiment strictement personnel qui ne concernait qu'elle-même et l'idée qu'elle se faisait de Paris. Quelques minutes avant que la Horch noire n'emportât vers l'Ouest son mari, Uberta von Choltitz avait remarqué qu'Alfred Priez était brusquement remonté dans la chambre du général pour y chercher une lourde valise qu'il avait oubliée. Uberta savait que cette valise contenait plusieurs costumes civils.

13

Ce matin-là, rue Saint-Martin, un homme courbé sur le guidon de sa bicyclette pédalait en fredonnant. C'était le syndicaliste Yvon Morandat. Il avait toutes les raisons d'être heureux. Il était jeune. Il était amoureux. Et bientôt triompherait la cause à laquelle il s'était passionnément dévoué : l'heure de la libération approchait.

A cette heure, Morandat se sentait même en sécurité. Trois personnes seulement savaient qu'il passerait par cette rue avant 10 heures du matin, les trois jeunes communistes avec lesquels il avait précisément rendez-vous rue Saint-Martin.

Pour Yvon Morandat, l'aventure avait commencé un matin de juin 1940. Ce jour-là, dans le Trentham Park de Manchester, cinq chasseurs alpins étaient sortis des rangs de leur régiment pour aller rejoindre un général nommé de Gaulle. Morandat était l'un d'eux[1]. Son instinct et sa foi, depuis, avaient été récompensés : Yvon Morandat était aujourd'hui l'un des quelques Parisiens en qui Charles de Gaulle avait une totale confiance. Avec Jacques Chaban-Delmas, il appartenait à ce petit groupe d'hommes triés sur le volet qui étaient les responsables « gaullistes ».

Yvon Morandat appuya plus fort sur les pédales. Bientôt la bordure du trottoir qui longeait la rue fit place à un petit mur. Le cycliste reconnut à cela qu'il était presque arrivé. C'est alors qu'il sentit sur sa gauche un autre cycliste qui cherchait à le dépasser. Comme celui-ci parvenait à sa hauteur, Morandat vit un pied heurter sa roue avant. Brutalement déséquilibré par le choc, il lâcha son guidon et, culbutant, partit en vol plané jusqu'au pied du mur. A cet instant, Yvon Morandat entendit le moteur d'une automobile qui accélérait brutalement. Il se retourna et vit une masse qui fonçait sur lui comme un taureau. D'un coup de reins, il chercha à se redresser et à agripper le haut des pierres pour monter sur le mur. Mais le mur était trop haut. L'espace d'un éclair, Morandat résolut alors de s'aplatir contre le mur. Il sentit l'aile de la voiture le frôler tandis que les roues écrasaient sa bicy-

1. Les 144 autres membres de l'unité, tous évacués de Narvik, choisirent, sur le conseil de leurs officiers, de rentrer en France.

clette. La voiture continua sur sa trajectoire et disparut brutalement dans le boulevard Saint-Denis.

Morandat tremblait encore quand le premier passant l'aida à se relever. « Mon Dieu, s'écria l'homme, ils ont essayé de vous tuer. »

Abandonnant sur la chaussée la carcasse disloquée de son vélo, Morandat entreprit alors de rejoindre à pied les trois camarades communistes qui l'attendaient. L'étonnement qu'il trouva sur leurs visages, lorsqu'ils l'aperçurent, emporta sa conviction. Yvon Morandat restera toujours persuadé que ce matin-là, les communistes avaient tenté de le tuer[1].

***

Prosternées sur leurs prie-Dieu, quelques vieilles femmes vêtues de noir terminaient leur chapelet dans la pénombre du chœur. A l'église Saint-Germain-l'Auxerrois, sous le clocher qui

1. Morandat était également certain de savoir pourquoi les communistes avaient voulu l'assassiner. Quelques jours plus tôt, sur le pont Mirabeau, un ami communiste lui avait présenté un homme qui parlait le français avec un accent slave très prononcé. Au socialiste Morandat, cet inconnu avait expliqué que le parti communiste le considérait depuis longtemps comme un pur et un idéaliste. Le grand danger qui attendait maintenant l'Europe, expliqua-t-il, était la colonisation et l'exploitation économique par les États-Unis. La seule nation sur laquelle l'Europe pouvait compter pour échapper à cette tyrannie était la Russie soviétique. Il proposa alors à Morandat de travailler pour le Parti. Ce qu'on attendait de lui, précisa-t-il, était seulement qu'il informât un agent de liaison du Parti des instructions que Londres envoyait à la délégation gaulliste à Paris. En contrepartie, affirmait-il, Morandat pouvait compter sur le Parti pour supporter inconditionnellement toute carrière politique qu'il entreprendrait après la guerre. Morandat avait sèchement refusé. Quelques jours plus tard, il apprit l'identité de son mystérieux interlocuteur. Il s'appelait Kaganovitch. C'était un cousin de Lazare Kaganovitch et il faisait de fréquents voyages de Suisse en France occupée pour apporter au parti communiste français les instructions de Moscou.

avait, voici quatre siècles, sonné la Saint-Barthélemy, la messe de 8 heures venait de s'achever. Dans la sacristie où le curé rangeait ses ornements, un homme, tout à coup, fit irruption. « Monsieur le curé, dit-il, je voudrais me confesser. »

Bien des années plus tard, avant de mourir, alors qu'il était lui-même devenu le curé d'un petit village du Périgord, l'austère colonel Henri de Margueritte révélerait pourquoi, ce matin-là, il avait voulu se confesser.

Convaincu qu'il se trouvait dans les rangs de la Résistance parisienne, dont il était lui-même l'un des chefs, une menace pour l'avenir de la France, il était venu, dans le secret d'un confessionnal, demander à un prêtre l'autorisation de commettre un meurtre.

L'homme que le colonel Henri de Margueritte voulait tuer s'appelait Rol. Cet homme avait été nommé à la place de l'ingénieur Pierre Lefaucheux, après l'arrestation de celui-ci, à la tête des éléments armés de la Résistance parisienne. Il était communiste. Caché dans son P.C. de la banlieue Est, Rol avait, ce matin-là, bien des préoccupations. Il préparait ce qui serait l'événement décisif de ses trente-six années d'existence. Il préparait ce que de Gaulle et Eisenhower craignaient par-dessus tout : une insurrection à Paris. Quand cette insurrection éclaterait, il en serait le chef. Depuis qu'il avait été nommé chef régional des Forces Françaises de l'Intérieur pour l'Ile-de-France, Rol n'avait ménagé ni lui-même ni ses hommes pour préparer ce moment.

Fils d'un officier marinier breton, Rol avait consacré plus de la moitié de sa jeune existence au service du parti communiste français. A treize ans, il avait dû quitter l'école pour gagner sa vie.

Il avait alors suivi des cours du soir et s'était inscrit au Parti. Devenu militant syndicaliste, Rol était entré chez Renault comme manœuvre. Mais bientôt Renault, Citroën, Bréguet expulsaient tour à tour cet ouvrier qui organisait des grèves. En 1936, Rol s'était engagé dans les brigades internationales et avait combattu en Espagne. Huit ans plus tard, il devait prendre comme nom de résistance, ce nom de Rol qui était le nom d'un de ses camarades tombé dans la Sierra Caballes [1]. Lorsque trois ans plus tard, la guerre mondiale avait éclaté, Rol, tout communiste qu'il fût [2], ne chercha pas à se soustraire aux obligations militaires de ses compatriotes. Il fit courageusement son devoir et fut blessé dans un régiment de tirailleurs sénégalais. Dès la guérison de ses blessures, il rejoignit les rangs de la Résistance et depuis, il n'avait cessé de se battre. Son courage tranquille, son obstination farouche, son patriotisme incontestable faisaient l'admiration même de ses ennemis politiques les plus acharnés.

Qu'un fervent catholique nommé Henri de Margueritte voulût assassiner cet homme, qu'un socialiste du nom de Morandat pût soupçonner que les communistes cherchaient à le tuer, montraient ce matin-là combien les passions politiques menaçaient de déchirer la Résistance parisienne à l'heure même où son heure la plus glorieuse allait sonner.

Depuis la fin des parachutages d'armes dans la région parisienne, au mois de juin, le fossé qui séparait communistes et gaullistes n'avait cessé de s'élargir. Désormais les communistes sui-

1. Le chef des F.F.I. de l'Ile-de-France s'appelait en réalité Henri Tanguy.

2. En 1939, l'Allemagne était l'alliée de l'U.R.S.S.

vaient leur propre voie. Leur victoire, ils le savaient, dépendrait de leur aptitude à mobiliser et à manœuvrer les masses populaires parisiennes. Celles-ci étaient loin d'être soumises aux communistes, loin de partager leur foi idéologique et d'apporter à la politique stalinienne le même appui inconditionnel. Mais la population de Paris, suivant en cela celle de la France entière, n'était pas davantage gagnée au gaullisme militant. En fait, les masses populaires, tout comme la résistance organisée, étaient constituées en majorité par des Français patriotes, anxieux de chasser l'occupant. Or cette volonté d'action immédiate rejoignait la tactique préconisée par les communistes, bien plus que celle suggérée par les gaullistes. On le voyait bien au sein du Conseil National de la Résistance, où les communistes ne disposaient que de la minorité de sièges correspondant à leur influence et à leurs effectifs réels, mais où l'unanimité se réalisait chaque fois qu'il fallait choisir entre l'attentisme ou l'action.

Dans quelques jours, les communistes lanceraient la vague de grèves qui entraînerait inévitablement la ville vers un soulèvement armé contre les Allemands. Pour Paris, pour ses habitants, pour la France, ce serait une décision aux risques incalculables. Mais les communistes étaient prêts à payer le prix fort.

Bientôt le solide Breton nommé Rol, que le colonel Henri de Margueritte voulait assassiner ce jour-là, frapperait du poing sur une table et s'écrierait : « Paris vaut bien 200 000 morts ! »

14

Sur le perron de l'hôtel particulier du 26, avenue Raphaël, le général Wilhelm von Boineburg Lengsfeld et son aide de camp, le sous-lieutenant comte Dankvart von Arnim, bavardaient tranquillement en attendant l'arrivée de leur invité. Entre le vieil officier à monocle et le jeune hobereau brandebourgeois, de nombreux liens s'étaient tissés depuis dix-huit mois et leurs rapports négligeaient tout protocole. Cruellement mutilé par un tank soviétique devant Stalingrad où il commandait la 23e division blindée, Boineburg avait été nommé gouverneur de Paris en février 1943. Jusqu'au printemps de l'année suivante, dans toute l'Europe occupée par les nazis, aucun territoire n'avait été plus facile à administrer que les 55 kilomètres carrés de la capitale française[1].

Le rapport qui réunissait chaque matin à 11 heures, à l'hôtel Meurice, le gouverneur de Paris et les officiers commandant les unités de la garnison n'avait été, jusqu'au 14 mars 1944, qu'une formalité. Mais ce jour-là un officier envoyé par Berlin s'était présenté chez le général von Boineburg et s'était fait remettre un dossier poussiéreux. Sur la couverture de ce dossier, on

1. En dix-sept mois, les hommes du 1er régiment de sécurité que commandait un vieil ami de Boineburg, le colonel baron Kurt von Kræwel, n'eurent, selon ce colonel, à s'occuper que de cinq affaires où des Français se trouvaient impliqués. Et encore s'agissait-il, toujours selon Kræwel, de délits de droit commun.

pouvait lire : « Mesures de défense pour le cas où l'ennemi lancerait une opération aéroportée sur Paris. » Constitué en août 1942, après le débarquement de Dieppe, ce dossier dormait depuis lors dans les archives du gouverneur militaire de Paris.

Dix jours plus tard, le même officier était revenu de Berlin. Les officiers du 3ᵉ bureau de l'O.K.W. avaient trouvé le plan de défense « grossièrement insuffisant ». Parmi les modifications qu'ils y avaient apportées se trouvait une liste de destructions qui devaient être causées à la ville pour le cas où celle-ci deviendrait elle-même un champ de bataille.

Jugeant ces destructions inutiles autant que criminelles, Boineburg avait alors proposé à l'O.K.W. de constituer une ligne de défense devant Paris. Occupée par les 25 000 hommes de la 325ᵉ division de sécurité, dotée d'une artillerie puissante, cette ligne serait, plaida-t-il, un obstacle majeur sur la route de Paris. Ainsi était né un nouveau dossier. Dans les cartons de l'hôtel Meurice, il portait le nom de « Ligne Boineburg ».

Activement commencés dès l'invasion, les préparatifs s'étaient brusquement ralentis au début de juillet. Une nouvelle extraordinaire s'était en effet répandue dans l'entourage immédiat du général von Boineburg : à Berlin, un groupe d'officiers se préparait à supprimer Hitler. Bien qu'il n'eût jamais rien laissé paraître de ses sentiments réels, Boineburg était lui-même acquis aux idées des conjurés. Le 20 juillet, quand le mot code « Uebung » était arrivé à l'état-major du général von Stülpnagel, commandant militaire en France, Boineburg n'avait pas hésité. En sa présence, à 22 h 30 le soir même, son ami le lieutenant-colonel von Kræwel, à la tête d'un bataillon du 1er régiment de sécurité, arrêtait 1 200 S.S. et agents de la Gestapo. Mais, cette nuit-là, dans les salons de l'hôtel Raphaël, Boineburg avait entendu la voix de Hitler annoncer l'échec de la conjuration et l'impitoyable répression qui s'abattrait sur les conjurés.

Résigné, Boineburg avait alors attendu, jour après jour, son propre châtiment. Celui-ci arriva le soir du 3 août sous la forme d'un télégramme de l'O.B. West qui annonçait simplement que le général Wilhelm von Boineburg était « suspendu de ses fonctions au poste de gouverneur militaire de Paris et remplacé par le général Dietrich von Choltitz ».

Le gouverneur avait d'abord été surpris par la clémence relative de ce limogeage. Puis il s'était interrogé sur ce général inconnu qui allait lui succéder. Il avait consulté l'annuaire de l'armée. « Rotterdam... Sébastopol... » avait-il lu.

Pour le vieux général, l'homme qui vers 8 heures du soir, ce 9 août 1944, descendit de sa Horch et glapit tout à coup « Heil Hitler ! » au bas du perron du 26, avenue Raphaël, ne pouvait être, dans les circonstances de l'époque, qu'un nazi inconditionnel. En le regardant monter sèchement les marches du perron, Boineburg confia à voix basse à son aide de camp : « Croyez-moi, Arnim, c'est sûrement "ein ganz harter" un "dur à cuire". »

Dix regards d'entomologistes attendaient dans le petit salon de velours vert le nouveau commandant du Gross Paris. Pour l'austère et arrogant colonel von Unger, chef d'état-major, pour le chef du 2e bureau, l'énigmatique colonel Hagen, pour l'élégant et cynique colonel Jay, chef du 3e bureau et pour quelques autres officiers, « c'était, raconte Dankvart von Arnim, un instant pathétique ». Les uns avaient activement participé à la phase parisienne du complot du 20 juillet. Mais parmi les autres se trouvaient quelques nazis redoutables. Quelle que pût être la politique qu'il adopterait à Paris, Choltitz devrait donc faire un tri parmi ces hommes. Mais déjà, au milieu de ces visages inconnus, dans le décor trop raffiné de cette soirée, il éprouvait les premières angoisses de cette solitude qui l'accompagnerait jusqu'à l'ultime dénouement, seize jours plus tard.

Entre les ortolans et les profiteroles au chocolat du chef Gourguilev, Boineburg et ses officiers écoutèrent, dans le silence religieux du dîner qui suivit, leur hôte raconter d'une voix grave et ferme son entrevue avec Hitler.

Quand, au bout de son long monologue, Choltitz décrivit sa rencontre avec le Reichsleiter Robert Ley, et les révélations de celui-ci concernant la Sippenhaft, il y eut, raconte Arnim, « une rumeur gênée parmi les convives ». Cette fois le dernier doute était dissipé quant aux intentions de Hitler concernant le rôle stratégique qu'il destinait à Paris. Mais une équivoque, cependant, subsistait : de quelle manière Choltitz allait-il exécuter les ordres qu'il avait reçus du Führer en personne ? Allait-il reprendre les préparatifs de la ligne Boineburg et assurer la défense éventuelle de Paris à l'extérieur de la ville ? Ou allait-il au contraire faire de Paris lui-même un véritable camp retranché ?

Au cours du dramatique tête-à-tête qu'il eut avec Choltitz un peu plus tard dans la soirée, Boineburg, encore hanté par le souvenir de Stalingrad, conjura son successeur « de ne rien tenter qui pût causer dans Paris d'irréparables destructions ». Mais à ces mots le visage de Dietrich von Choltitz, rappelle Arnim, était resté aussi impénétrable que le Bouddha ventripotent qui trônait sur la cheminée de marbre, non loin d'un grand portrait de Hitler.

Peu avant minuit, retrouvant dans le vestibule le caporal Helmut Mayer, son fidèle ordonnance, Dietrich von Choltitz donna le premier ordre de son nouveau commandement : « Mayer, ordonna-t-il, tu feras préparer ma chambre à l'hôtel Meurice ! » Puis, se tournant vers Boineburg pour prendre congé, il ajouta avec une nuance de sarcasme dans la voix : « Pour les jours qui m'attendent, général, c'est d'un poste de commandement que j'aurai besoin, et non d'une résidence. »

Quand le bruit de la Horch eut tout à fait disparu dans la nuit, Wilhelm von Boineburg prit le bras de son jeune aide de camp et murmura dans un soupir : « Les beaux jours de Paris, comte von Arnim, sont définitivement terminés... »

15

Pour l'ingénieur Pierre Lefaucheux, quarante-cinq ans, le drame avait commencé le 7 juin à 6 heures du soir, lorsque la porte de l'appartement où il se trouvait, au quatrième étage du 88, rue Lecourbe, avait été enfoncée. Ce soir-là, d'un seul coup, la Gestapo avait arrêté Lefaucheux, chef de la Résistance à Paris, et sept de ses collaborateurs. C'était sa plus belle prise depuis quatre ans.

Maintenant, le corps brisé par des journées de tortures, Pierre Lefaucheux gisait sur une paillasse dans l'obscurité d'une cellule de la prison de Fresnes, et tendait l'oreille. Il guettait le bruit métallique de la « roulante » qui apporterait le café. Le grincement de ce chariot, sautant sur les pavés inégaux de la cour, cinq étages au-dessous, avait une signification spéciale pour Pierre et pour les 2 980 autres détenus de la prison de Fresnes.

Si le chariot venait, ce serait, il le savait, le signal qu'un nouveau convoi de prisonniers partirait ce jour-là de Fresnes pour les camps de concentration allemands. Pierre Lefaucheux entendrait alors s'ouvrir l'une après l'autre les lourdes portes des cellules de ceux qui partiraient. Dans l'aube blafarde, la « roulante » leur apporterait le dernier café qu'ils boiraient sur le sol français. Tendu, angoissé, Pierre attendrait alors que le chariot passât devant sa cellule. Quand le grincement de celui-ci s'éloignerait enfin, au fond du couloir, il pousserait un long soupir.

Par la lucarne de sa cellule, Pierre aperçut les premières lueurs de l'aube. Il était soulagé. Le jour se levait. Il pouvait être certain maintenant que ce jour-là, le 10 août 1944, la « roulante » du café ne viendrait pas...

Pierre savait donc qu'il passerait une nouvelle journée, sa soixante-quatrième, dans sa prison de Fresnes, une nouvelle journée pendant laquelle il ne serait pas déporté à Dachau ou à Buchenwald, pendant laquelle les armées alliées se rapprocheraient de Paris, pendant laquelle il pourrait garder l'espoir que d'une façon ou d'une autre, il serait bientôt libéré.

Pour Pierre Lefaucheux, comme pour tous les

prisonniers de la Gestapo à Paris, pour les 3 230 prisonniers politiques de Fresnes et du sinistre fort de Romainville, pour les 1 532 Juifs emprisonnés dans les bâtiments du camp de Drancy, ces matins d'août étaient des matins d'attente et d'espoir.

De sa fenêtre du bloc III, à Drancy, l'agent de change Paul Appel regardait la file des autobus verts alignés dans le soleil matinal. Ces autobus, autrefois, transportaient les Parisiens dans les rues de la capitale. Aujourd'hui Paul Appel le savait, ils serviraient à transporter les derniers Juifs du camp de Drancy jusqu'à la petite gare voisine de Bobigny où ils seraient embarqués dans des wagons de marchandises. Personne ne savait mieux qu'Appel ce qui les attendait au bout du voyage. Depuis juillet 1943, il avait réussi à éviter la déportation en travaillant à l'administration du camp. Il ne gardait aucune illusion sur la signification des déportations. Ce matin-là, Appel savait qu'il serait lui aussi dans le dernier convoi qui quitterait Bobigny. La veille, le commandant autrichien du camp, le Hauptsturmführer Brunner lui avait remis une liste de cinquante prisonniers qui devaient coûte que coûte être envoyés en Allemagne. Le nom d'Appel y figurait.

Au fort de Romainville, c'était un cahier tenu sous le bras d'un lieutenant S.S., qui annonçait qu'un nouveau convoi se préparait. Le jour d'un départ, l'officier portait toujours ce cahier lorsque, avant l'appel de 6 heures, il arrivait au camp. Pendant l'appel, ouvrant son cahier, il aboyait en les écorchant les noms des prisonniers qui devaient partir.

En vidant comme chaque matin le pot de confitures dans une casserole, la prisonnière

Yvonne de Bignolles, cuisinière du camp, s'attendait à voir arriver l'officier avec son cahier. Elle savait qu'au fond du pot, elle trouverait le morceau de papier hygiénique dissimulé par la vieille concierge à qui les Allemands permettaient d'apporter chaque jour cette modeste offrande : un pot de confitures pour 257 prisonniers. Yvonne de Bignolles secoua le fond du bocal et atteignit enfin le petit morceau de papier. Ce jour-là, elle y trouva ces mots : « Signale Américains Alençon. » Ivre de joie, la jeune femme se jeta dans les bras de sa meilleure amie du camp, une petite chanteuse polonaise tuberculeuse nommée Nora, et murmura : « Ils sont à Alençon. » A l'heure du petit déjeuner, ce message d'espoir se sera répandu à travers le camp tout entier. Il permettra à 257 prisonniers angoissés de tenir un nouveau jour.

Pour certains prisonniers de la Gestapo, la déportation en Allemagne semblait au contraire le sort le plus enviable. Beaucoup d'entre eux croyaient, comme la journaliste bretonne Yvonne Pagniez, détenue à Fresnes, que tous ceux qui resteraient après le dernier convoi seraient fusillés. Pour des hommes comme le capitaine Philippe Kuen et l'ingénieur Louis Armand, tout sort paraissait préférable aux tortures de la Gestapo, rue des Saussaies. Kuen, l'adjoint de « Jade Amicol » de l'Intelligence Service, et Armand, chef d'un réseau de résistance des Chemins de Fer français, venaient d'arriver à Fresnes. La Gestapo connaissait l'importance de ces deux hommes. Elle ne renoncerait à aucun supplice pour briser leur volonté et obtenir les renseignements qu'elle cherchait. Pour Armand et Kuen, cela signifiait donc qu'ils pouvaient à tout moment être jetés dans un fourgon noir et conduits rue des Saussaies.

L'oreille collée au mur de sa cellule, Louis Armand écoutait une voix imperceptible franchir l'épaisseur de la cloison. Il reconnut enfin celle de son voisin de cellule. « Courage, criait la voix, nous ne partirons pas ! »

Mais rien au monde, ce matin-là, n'aurait pourtant rendu Louis Armand plus heureux que de savoir qu'il allait quitter Fresnes.

A quelques kilomètres de la prison de Fresnes, dans le confort douillet de son luxueux appartement de la rue Montrosier, un petit homme replet vêtu d'un pyjama de soie blanche faisait dans sa tête l'inventaire de tous les Allemands qu'il connaissait à Paris. Raoul Nordling, le consul général de Suède, en connaissait beaucoup. En sa qualité de doyen du corps consulaire de la capitale, il avait été régulièrement invité à leurs réceptions officielles. Marchant de long en large dans la pièce dont les hautes fenêtres donnaient sur les frondaisons du Bois de Boulogne, Nordling cherchait un moyen d'atteindre l'unique Allemand qu'il voulait voir ce jour-là. Il ne connaissait cet homme que sous le nom de « Bobby ». Il l'avait rencontré une seule fois, en 1942, à la terrasse de *Chez Francis*, place de l'Alma. Ils avaient été présentés l'un à l'autre par le seul Allemand en qui Nordling eût confiance, un homme d'affaires de Berlin que le Suédois soupçonnait d'être en rapport avec l'Abwehr, le service secret de l'armée allemande.

« Si vous avez jamais besoin de vous faire ouvrir une porte, avait-il conseillé, adressez-vous à Bobby. A Paris, il ouvre toutes les portes [1]. »

1. Les services de contre-espionnage américains savaient, eux, où se trouvait « Bobby » ce matin-là. Son nom et son adresse figuraient sur une liste très secrète de personnages à capturer en priorité absolue dès l'entrée des Alliés dans Paris. Sous le numéro-code P 2411126, on lisait : Bender Émil, dit « Bobby », bureau : 24, rue Galilée. Appartement : 6, rue Euler, Paris.

Raoul Nordling avait effectivement besoin de se faire ouvrir des portes. De vraies portes, celles qui fermaient les cellules de Pierre Lefaucheux, d'Yvonne de Bignolles, de Louis Armand, de milliers d'autres prisonniers politiques qu'il voulait placer sous la protection de la Croix-Rouge. Nordling savait qu'à Caen et à Rennes, les S.S. avaient massacré leurs prisonniers avant de partir. Il était sûr que la même chose se produirait à Paris. Toutes ses démarches auprès de la Gestapo avaient jusqu'à présent échoué. Mais bientôt la Gestapo partirait[1], et si l'irréparable n'avait pas été commis, ce serait la Wehrmacht qui prendrait en charge les prisonniers politiques. Cette perspective lui donnait une nouvelle chance. Il interviendrait auprès du nouveau gouverneur de Paris. Pour rencontrer ce général, il était certain que « Bobby », s'il pouvait le trouver, était l'homme qu'il lui fallait.

Dans l'appartement du 6, rue Euler, qu'il avait réquisitionné pour son usage personnel, à cet instant, Émil Bender fermait ses dernières valises. Dans quelques heures, il quitterait Paris. Il avait l'ordre de son supérieur, le colonel Friedrich Garthe, chef de l'Abwehr en France, de se présenter à Sainte-Menehould avant la tombée de la nuit. Mais Bender avait d'autres projets. Muni de son laissez-passer de l'Abwehr, il avait l'intention ce jour-là de prendre la direction de la Suisse, de rejoindre sa fiancée à Zurich et de se retirer de la guerre.

Ce serait avec tristesse que le beau pilote aux tempes grisonnantes quitterait Paris. Pseudo-

1. Aucun membre de la Gestapo et de la police ne devait tomber aux mains de l'ennemi. C'était un ordre formel de Himmler. Nordling connaissait cet ordre et c'est pourquoi il pensait, les Alliés approchant, que la Gestapo quitterait Paris incessamment.

représentant d'une usine de pâte à papier suisse, Émil Bender travaillait à Paris pour le compte de l'Abwehr depuis le 18 juin 1940. Sa première mission avait été de s'infiltrer dans le monde des affaires français. Plus tard l'Abwehr l'avait chargé de la mission délicate de repérer et de faire réquisitionner les objets de valeur dont la vente en Suisse procurerait à l'Abwehr les devises dont ce service avait besoin pour payer les milliers d'agents qu'il employait à travers le monde. Mais ce n'étaient pas les seules activités de Bender. Depuis 1941, il était aussi l'un des membres les plus importants d'un réseau anti-nazi constitué à l'intérieur même de l'Abwehr.

Le coup de téléphone de Nordling, Bender s'en souvient, l'atteignit quelques instants à peine avant qu'il ne quittât son appartement. Tout le savoir-faire du vieux diplomate fut nécessaire pour que Bender consentît finalement à différer son départ de quelques jours. Il promit son appui au consul. Dans trois ou quatre jours, pensait-il, il pourrait encore gagner la frontière suisse.

Il se trompait. Dans quinze jours il serait prisonnier des Français. Mais pendant ces deux semaines, il aurait l'occasion de rembourser au centuple tous les tableaux et les bijoux pillés à Paris par l'Abwehr.

16

Seul un Anglais particulièrement observateur aurait pu remarquer un détail inhabituel sur la Rover verte qui débouchait ce soir-là des frondaisons de Hyde Park et s'engouffrait dans l'avenue du Mail. Des dizaines de voitures comme celle-là sillonnaient depuis cinq ans les rues de Londres et toutes portaient sur leur pare-chocs la même cocarde rouge, blanc et bleu, les couleurs de l'Empire britannique. Mais un détail insignifiant différenciait cependant de toutes les autres la Rover qui s'arrêta bientôt devant l'Amirauté. Sur le pare-chocs, les couleurs de la cocarde étaient inversées. Elles étaient bleu, blanc, rouge, comme le drapeau de la France.

De la voiture descendirent deux généraux. L'un était en civil. Jacques Chaban-Delmas avait été exact au rendez-vous de l'avion venu le chercher près de Mâcon.

Depuis son arrivée à Londres, Chaban-Delmas avait plaidé la cause de la capitale de son pays devant tous les chefs alliés qui avaient accepté de l'entendre. Maintenant, accompagné du général Pierre Kœnig, chef des Forces Françaises de l'Intérieur, il venait s'adresser directement à un responsable supérieur.

A vingt-cinq mètres sous terre, dans son petit bureau tapissé de cartes proche de l'Admiralty War Room, le général sir Hastings Ismay, chef d'état-major personnel de Winston Churchill, avait accepté de recevoir les deux Français. Sur les cartes, rappelle Chaban-Delmas, les lignes rouges s'avançant comme des tentacules illustraient précisément ce mouvement débordant autour de Paris que les gaullistes voulaient à tout prix arrêter. Avec toute l'ardeur de sa jeunesse, Chaban-Delmas expliqua quels risques terribles courrait Paris si les Alliés ne modifiaient pas leurs plans. Le visage grave, Ismay écouta avec intérêt et sympathie. Il promit d'évoquer immédiatement le cas de Paris devant Churchill lui-même.

Il avertit cependant son visiteur qu'il devrait tenter l'impossible pour garder le contrôle de la situation à Paris, car il était *most unlikely*, très peu probable, que les Alliés consentissent à modifier leur stratégie.

Derrière les fenêtres soigneusement calfeutrées de l'immeuble victorien du 7, Bryanston Square, dans Chelsea, les lumières resteraient cette nuit-là allumées jusqu'à l'aube. Avant de regagner la France occupée, Jacques Chaban-Delmas préparerait avec Kœnig et son état-major un plan de détresse pour tenter de garder, quoi qu'il arrivât, le contrôle de la situation à Paris.

Mais surtout, avant de partir, il enverrait un S.O.S. à Charles de Gaulle. Tant que de Gaulle n'avait pas dit son dernier mot, le « non » des Alliés, pensait-il, n'était pas définitif.

Ce dernier mot, Chaban-Delmas ne pouvait savoir à quel point Charles de Gaulle, dans son isolement apparent d'Alger, était décidé à le dire.

A l'autre bout de l'Europe, sous la voûte impénétrable des arbres centenaires de Rastenburg, Adolf Hitler devait tenir cette nuit-là sa deuxième conférence stratégique quotidienne.

Enveloppées dans un black-out impitoyable, les installations du plus important quartier général que l'armée allemande eût jamais eu dans son histoire « faisaient penser, rappelle le général Walter Warlimont, à une ville fantôme ». L'immense forêt elle-même semblait avoir été abandonnée de ses animaux à des centaines de kilomètres à la ronde. Les loups, les renards, les hiboux, s'étaient enfuis, chassés par les mines et les barbelés électrifiés. Dans les baraquements, les « bunker », les postes de garde, d'autres bruits avaient remplacé ceux de la forêt. Le vrombissement des ventilateurs, le cliquetis des télétypes et des machines à écrire, les sonneries incessantes des téléphones usaient vingt-quatre heures sur vingt-quatre les nerfs des centaines d'hommes qui, deux fois par jour, attendaient que le maître du IIIe Reich fît connaître ses décisions.

Selon son habitude, le général Walter Warlimont était arrivé une demi-heure avant le début de la conférence. Il tenait à la main plusieurs dossiers, et, roulées sous le bras gauche, les cartes d'état-major sur lesquelles Hitler étudierait la situation. Depuis le 22 juillet, Warlimont ne se servait plus de son porte-documents en peau de porc pour ne pas subir l'humiliation de le voir fouillé par les jeunes S.S. en uniforme noir de la garde personnelle de Hitler.

Sans attendre l'arrivée du Führer ni celle des autres officiers, il déplia devant lui sur la table de conférence l'immense carte au 1/1 000 000 de tout le front Ouest puis les cartes de secteur au 1/200 000 sur lesquelles les officiers du 3e bureau avaient tracé la ligne de front telle que s'établissait celle-ci aux dernières heures de la soirée. Tout à l'heure, après l'examen de la situation à l'Est, Warlimont glisserait les cartes devant Hitler et celui-ci les couvrirait, selon son habitude, de graffiti. Cette nuit-là, Warlimont le savait, le tracé du front provoquerait une nouvelle colère de Hitler. Il indiquait que quarante-six divisions ennemies[1], fonçant vers le Nord, approchaient de la Seine entre Rouen et Elbeuf. Au sud et au sud-ouest de Paris, Dreux, Chartres et Orléans étaient atteints. Warlimont savait que, stratégiquement, Hitler avait raison, car, la Seine

1. Les rapports de renseignements de l'O.B. West se trompaient. Les Alliés n'avaient alors que 37 divisions en France.

franchie, les Allemands devraient évacuer les rampes de lancement de V1 qui bombardaient l'Angleterre et démanteler les rampes de V2 en construction. Chaque jour, Hitler recevait de son futur beau-frère, le général S.S. Hermann Fegelein[1], un rapport sur l'état d'avancement des travaux de construction des rampes de V2. L'état-major S.S.[2] du Ve corps des fusées installé à Maisons-Laffitte annonçait qu'une cinquantaine de celles-ci disséminées dans le Nord de la France[3] allaient incessamment devenir opérationnelles. Quant aux V1 qui tombaient sur Londres depuis le 16 juin, Hitler savait que leur rayon d'action était trop faible pour qu'ils restassent utilisables en cas de repli[4].

La sauvegarde des rampes de lancement n'était pas la seule raison qui incitait le commandant en chef des armées allemandes à ordonner une défense désespérée sur la Seine. Hitler savait qu'en fonçant directement vers le Nord, les Alliés prenaient le plus court chemin qui menât au cœur de l'Allemagne. Bientôt les grandes plaines plates du Nord où les cavaleries de tant d'armées, au cours de l'Histoire, s'étaient affrontées, verraient déboucher les Sherman à étoile blanche. Sur ce terrain idéal pour les batailles de chars, les derniers Panzer à croix noires que le chef de l'Allemagne nazie possédait encore cette nuit-là devraient se battre à 1 contre 10.

Un événement allait à jamais graver cette conférence dans la mémoire du chef d'état-major

1. Fegelein avait épousé la sœur d'Eva Braun. Hitler épousera Eva Braun le jour de sa mort.

2. Les armes V1 et V2 dépendaient des S.S.

3. Plusieurs d'entre elles se trouvaient installées dans la région de Beauvais.

4. Dans le Nord de la France et en Belgique existaient quatre-vingt-treize rampes de lancement de V1.

adjoint de l'O.K.W. Cette nuit-là, pour la première fois depuis le 21 juin 1941, Hitler repoussa la carte du front de l'Est que lui présentait le colonel général Alfred Jodl pour commencer la conférence par l'examen de la situation à l'Ouest. Warlimont se souvient de l'air de « fauve traqué » qu'avait cette nuit-là le Führer. Les deux mains appuyées sur le rebord de la lourde table, il se penchait sur les cartes que Jodl avait glissées sous ses yeux. Son regard s'arrêta sur le document au 1/200 000 qu'il prit en main pour l'examiner plus longuement.

Au centre de la carte, à cheval sur trois boucles de la Seine, une tache énorme pareille au cœur d'une toile d'araignée frappa une fois encore le chef des armées allemandes. Cette tache d'où partaient toutes les routes du Nord et de l'Est, c'était Paris et ses banlieues. S'emparant d'un crayon qui se trouvait dans un plumier devant lui, Hitler se mit alors à tracer des traits rouges autour de Paris. Puis, se redressant, il annonça que le moment était venu de se préparer à défendre Paris. « Tenir sur la Seine, s'écria-t-il, signifie d'abord tenir devant Paris, tenir dans Paris. » La nouvelle de la chute de Paris, ajouta-t-il, ferait le tour du monde. Elle aurait des répercussions désastreuses sur le moral de la Wehrmacht et de la population allemande.

Hitler se tourna brusquement vers Jodl et se mit à dicter un ordre en trois points qui devait être le premier ordre direct donné par le Führer pour la défense de la capitale. Tous les ponts sur la Seine et notamment les points de Paris seraient immédiatement minés en vue de leur destruction. L'industrie de la ville elle-même serait paralysée. Tous les renforts disponibles en hommes et en matériel seraient envoyés au commandant de la ville.

Quand Jodl eut fini d'écrire, Hitler se redressa et, balayant du regard ses généraux, déclara que « Paris serait défendu jusqu'au dernier homme, sans égards pour les destructions qui pourraient s'y produire ».

Après un long silence, la voix de Hitler, rappelle Warlimont, éclata à nouveau dans le baraquement des conférences.

« Pour quelle raison devrions-nous épargner Paris ? demanda-t-il. Les bombardiers ennemis, en ce moment même, écrasent bien les villes allemandes ! »

17

C'était une de ces journées d'été que Dieu crée pour Paris et les poètes. De loin en loin, dans le premier soleil du matin, accroupis sur les quais de la Seine, des pêcheurs surveillaient d'un œil impassible les eaux glauques du fleuve. A l'extrême proue de l'île de la Cité, au bout du Vert-Galant, un artiste solitaire barbouillait une toile. Dans quelques heures, ces berges endormies dans la chaleur se couvriraient de baigneurs. Des milliers de Parisiens, descendus jusqu'au fleuve, chercheraient une place au soleil. Car la guerre, en ce paisible jour d'été, semblait très lointaine.

Pour les habitants de la capitale, ce dimanche 13 août marquait le début d'un congé de trois jours, la fête de l'Assomption ayant lieu le surlendemain.

L'étudiante Colette Massigny enfila une robe rose et mit avec précaution dans un panier une tomate, deux morceaux de poulet froid et une bouteille de vin d'Alsace. Dans quelques instants, traversant Paris à bicyclette, elle rejoindrait Gilles de Saint-Just, son fiancé, dans la chambre de bonne où il se cachait, près de Saint-Germain-des-Prés. Là, sous les toits de Paris, à l'abri de la Gestapo, les deux amoureux feraient leur déjeuner dominical.

A l'hôtel Crillon, le soldat allemand Eugen Hommens enveloppait les saucisses que lui avait données l'intendant de l'hôtel. Il ferait lui aussi un pique-nique. Comme chaque dimanche de cet été, Hommens et Annick sa petite amie française avaient décidé d'aller se baigner à Nogent-sur-Marne.

Rue de la Manutention, au pied du perron d'un hôtel particulier, un sulky rouge et noir, auquel était attelée une jument grise, attendait. Dans quelques instants, coiffé d'un haut-de-forme et ganté de blanc, ses jumelles en bandoulière et son macaron vert de commissaire des courses à la boutonnière, le marquis de Fraguier, symbole de la France éternelle, prendrait lui-même les guides de son attelage et lancerait au petit trot sa jument vers le champ de courses d'Auteuil.

Dans l'école de filles du triste faubourg d'Issy où se trouvait installée la Nachrichtenabteilung n° 3, un turfiste d'un autre genre ajusta son calot, boucla sa cartouchière et prit son Mauser au râtelier. L'arme à la bretelle, comme un paisible touriste, le Funkermann Alfred Schneider, de Berlin, partit à pied pour Auteuil.

Mais aucun Parisien ne se réjouissait davantage de ce beau dimanche qu'un grand garçon vêtu d'un bleu de travail qui lui arrivait à peine jusqu'aux chevilles. Du parapet du pont de Nanterre sur lequel il s'était arrêté, il observait en contrebas les servants de la batterie antiaérienne qui, torse nu, se doraient au soleil sur les berges de l'île de Chatou. Seuls l'enfant et l'homme qui accompagnaient le promeneur pouvaient lire dans son regard la haine qui y brillait. Deux mois et demi plus tôt, le 28 mai à 11 h 15, ces mêmes servants avaient abattu dans le ciel de Paris le B. 26 du lieutenant américain Bob Woodrum, de Biloxi, Mississippi.

Aujourd'hui, déguisé en ouvrier, le pilote américain sortait pour la première fois de sa cachette. Conduit par Louis Berty, le courageux charcutier de Nanterre qui le cachait, et par son petit garçon de sept ans, il allait visiter Paris.

Ce dimanche parut si beau et si paisible au nouveau commandant allemand de Paris qu'il fit décapoter sa Horch pour se rendre au quartier général de l'O.B. West, à Saint-Germain-en-Laye, où il était convoqué.

Pas un coup de feu, pas le moindre avion allié ne troublèrent son voyage. Le contraste avec cet abri souterrain où on l'attendait en fut d'autant plus violent.

« Paris, déclara d'emblée le maréchal von Kluge, sera défendu. Il n'est pas question d'en faire une ville ouverte. Et ce sera vous qui le défendrez, Herr General. »

Les rapports de renseignements de l'O.B. West, expliqua-t-il, indiquaient que les armées alliées tenteraient de déborder la ville. En résistant dans Paris, Kluge pensait ralentir l'avance des Alliés en les obligeant à se battre dans des conditions défavorables à l'emploi massif des blindés. La 7e armée tout entière était maintenant prise au piège dans la poche de Falaise, après la désastreuse contre-attaque de Mortain à laquelle

Kluge s'était si violemment opposé. Mais il disposait encore de la presque totalité des dix-neuf divisions de la 15e armée, la plus importante armée en France, que l'O.K.W. avait immobilisée dans le Pas-de-Calais jusqu'au début d'août en prévision d'un deuxième débarquement. Quand le moment viendrait, promit Kluge, il prélèverait sur cette armée les renforts dont Choltitz aurait besoin. Avec trois divisions, le gouverneur de Paris pourrait soutenir pendant au moins trois semaines la plus terrible des batailles de rues. Ces renforts, Choltitz demanda au maréchal de les lui donner immédiatement. Mais von Kluge refusa. La situation à Paris, dit-il, ne méritait pas que le commandant y immobilisât déjà des forces importantes.

Quand l'entretien fut terminé, le feldmarshall invita son visiteur à déjeuner. Ce fut, rappelle Choltitz, un repas plutôt sinistre. Vers le dessert, Kluge répéta une fois encore ce qu'il avait dit. « Je crains, mon cher Choltitz », ajouta-t-il, « que Paris vous devienne une affectation plutôt désagréable. Elle ressemble à quelque chose comme un enterrement. »

A ces mots le général garda un long moment le silence. Puis il répliqua : « Au moins, monsieur le maréchal, ce sera un enterrement de première classe. »

***

Le lieutenant Bob Woodrum sentit la main du petit garçon se glisser dans la sienne. Jamais tableau du musée de la Marine n'avait été examiné avec autant d'attention que le fut ce jour-là l'œuvre de Vernet intitulée « Le Midi ou le Calme ». Ayant brusquement entendu les bottes d'un officier allemand s'arrêter derrière lui, l'Américain s'efforçait de cacher son angoisse en fixant le pavillon tricolore qui flottait en plein milieu du tableau à la poupe d'un voilier. Visiblement intrigué par la couleur des cheveux, la taille et l'accoutrement bizarre du visiteur, l'Allemand s'approcha de l'Américain et lui demanda quelque chose. Bob Woodrum vit le petit garçon s'interposer aussitôt et il l'entendit dire à l'Allemand d'une voix candide : « Monsieur, mon papa est sourd-muet. »

*
**

Son Mauser à la bretelle, Alfred Schneider se dirigea vers le premier guichet du P.M.U. et paria dix francs sur Fourreur, dans le prix de Trouville, parce que la casaque blanc et or du jockey lui plaisait. Quelques instants plus tard, Schneider devait revenir au même guichet pour encaisser les deux cents francs gagnés au dernier pari qu'il ferait pour de longues années. Juste au-dessus, dans la tribune des commissaires, le marquis de Fraguier affecta de ne pas voir le discret salut que lui adressait le capitaine baron Wilhelm von Zigesar-Beines. C'était pourtant grâce à l'intervention de cet officier de la Wehrmacht que les autorités allemandes avaient autorisé la réouverture des champs de courses parisiens en 1940.

Tout à coup, le marquis de Fraguier posa ses jumelles et dressa l'oreille. Comme un roulement de tonnerre, un bruit sourd et lointain parvenait du sud. Se tournant vers son voisin, il lui dit : « Le canon, mon cher. »

*
**

Traversant à toute allure le Bois de Boulogne, Choltitz entendit la foule d'Auteuil saluer l'arrivée de la cinquième course.

Sur son bureau de l'hôtel Meurice, un rapport l'attendait qu'il avait hâte de lire. Il concernait la délicate opération qu'il avait lancée le matin même : le désarmement des 20 000 policiers parisiens. Kluge avait en effet ordonné que toute la police française fût désarmée par surprise ce jour-là.

Dans la région parisienne, l'opération avait commencé au commissariat de police de Saint-Denis et s'était rapidement étendue à tous les commissariats de la capitale. L'opération, disait le rapport, s'était déroulée sans incidents. Il n'y avait eu aucune résistance et plus de 5 000 armes avaient pu être saisies. Choltitz pouvait donc s'estimer satisfait. Le spectacle de cette ville tranquille et le succès de cette première mesure étaient de bon augure. Quand il eut fini la lecture de ce réconfortant rapport, le lieutenant von Arnim tendit au commandant du Gross Paris un message telex provenant de l'O.B. West. C'était une confirmation écrite de l'ordre verbal que Kluge lui avait donné avant le déjeuner. « Paris, disait seulement le message, doit être défendu à tout prix. »

Le soleil commençait à descendre derrière les saules de la petite plage de Nogent-sur-Marne quand le soldat Eugen Hommens décida de prendre un dernier bain. Après avoir confié à sa petite amie Annick l'étui de cuir qui contenait son pistolet, il s'élança vers le plongeoir et se mit à nager vigoureusement vers le milieu du fleuve. Puis, s'allongeant sur le dos, il se laissa paresseusement dériver au fil de l'eau. Mais soudain il entendit un hurlement et aperçut deux silhouettes qui s'enfuyaient.

Deux Français inconnus venaient de venger les policiers de Paris en arrachant des mains d'Annick le pistolet d'Eugen Hommens.

18

Le Feldwebel Werner Nix, du 190e Sicherungsrégiment, maudissait le gouverneur de Paris. Au lieu de se retrouver, comme chaque lundi, dans un moelleux fauteuil du Soldatenkino de la place Clichy, pour la deuxième fois en une heure il traversait la place de l'Opéra dans un Panzerspähwagen hérissé de mitrailleuses.

Car ce jour-là, en un flot interminable et menaçant de tanks, de canons, de camions et d'hommes, le général von Choltitz avait décidé de faire défiler ses forces dans les rues de Paris. Du jardin des Tuileries converti en un gigantesque camp s'écoulait depuis midi le plus important défilé militaire que les Allemands eussent jamais organisé à Paris. C'était, quatre ans après, une sorte de revanche. Le 28 août 1940, dans ces mêmes rues, au cours d'une parade monstre de ses divisions victorieuses, Adolf Hitler avait projeté d'affirmer à la face du monde le destin millénaire du IIIe Reich. Mais au dernier moment, sur l'intervention personnelle de Goering, la parade avait dû être annulée [1].

En ce mois d'août 1944, les desseins du dernier gouverneur de Paris étaient moins ambi-

1. La Luftwaffe avait fait savoir qu'elle ne pouvait pas garantir la protection aérienne de Paris pendant la cérémonie. Trois jours plus tôt, la R.A.F. avait bombardé pour la première fois Berlin.

tieux. Il espérait seulement impressionner les Parisiens en leur montrant sa force.

Ni le Feldwebel Werner Nix, ni ses milliers de camarades, ni aucun des Parisiens qui ce jour-là se trouvaient place de l'Opéra ne remarquèrent la silhouette du petit homme vêtu d'un costume gris qui faisait semblant de lire son journal devant le Café de la Paix. A côté de lui, se tenant par le bras, se trouvaient trois jeunes femmes en robes d'été multicolores. Au passage des premiers chars, elles eurent une sorte de ricanement méprisant qui fit sursauter leur voisin. Car le petit homme était le général Dietrich von Choltitz lui-même. Ayant troqué son uniforme contre un anonyme costume civil, il avait voulu voir de ses propres yeux l'effet de sa démonstration militaire sur la population. Le ricanement méprisant des trois jeunes femmes avait dissipé ses illusions. Le commandant du Gross Paris savait maintenant qu'il faudrait davantage qu'un défilé pour faire peur aux Parisiens.

A l'instant où dans une rue de Paris, Choltitz perdait ses illusions, Adolf Hitler s'apprêtait à lui envoyer un renfort inattendu. Le 14 août 1944, vers 1 h 30 de l'après-midi, tandis qu'il écoutait le rapport de la situation que le colonel général Alfred Jodl lisait de sa petite voix précise, Hitler pensait une fois encore à la défense de Paris. Quand Jodl eut fini sa lecture, il y eut, rappelle le général Warlimont, un silence prolongé. Puis le chef d'état-major adjoint vit tout à coup les yeux de Hitler se tourner vers le général Buhle qui se trouvait de l'autre côté de la table.

Hitler consultait fréquemment le spécialiste de l'armement et des munitions auprès de l'O.K.W.[1]. Mais jamais encore, les membres du

1. Les questions d'armement étaient une marotte de Hitler. Il connaissait les caractéristiques des canons de la plupart des navires de

haut état-major ne l'avaient entendu poser une question pareille : « Général Buhle, demanda Hitler, je veux savoir où se trouve en cet instant le mortier de 600 millimètres que nous avons construit pour l'attaque de Brest-Litowsk et de Sébastopol. J'ai décidé en effet d'envoyer cet engin au général von Choltitz. » Surpris par cette question et incapable de répondre, Buhle, rappelle toujours Warlimont, se tourna vers Keitel, lequel interrogea Jodl du regard, lequel se tourna à son tour vers Warlimont lui-même. Aucun des collaborateurs immédiats du Führer ne savait où cet engin pouvait bien se trouver. Aucun même ne se souvenait de son existence. Furieux du silence de ses officiers, Hitler se mit à taper du poing sur la table et à crier qu'il exigeait d'avoir deux fois par jour, jusqu'à son arrivée à Paris, un rapport indiquant où se trouvait le mortier en question.

Le général Warlimont fit une note et sortit de la salle de conférences en compagnie du général Buhle pour tenter d'obtenir auprès des services de l'artillerie quelques renseignements sur le « mystérieux mortier ». Huit heures plus tard, le commandant Helmut Perponcher apportait au général Warlimont la réponse qu'attendait Hitler.

Le fameux mortier avait été retrouvé dans un dépôt des environs de Berlin. Spécialement conçu pour les batailles de rues, il avait été utilisé à Brest-Litowsk, Sébastopol et Stalingrad. Le général von Choltitz lui-même s'en était servi pour écraser les défenses de Sébastopol. C'était l'engin le plus terrifiant jamais construit par

guerre du monde, ainsi que l'épaisseur des blindages et des murs d'un grand nombre de forteresses.

l'homme de l'ère préatomique. Baptisé Karl, du nom de son inventeur le Professor Doktor Karl Becker, ce mortier de 124 tonnes monté sur chenilles pouvait tirer des projectiles de 2 200 kilos à plus de 6 kilomètres et percer des épaisseurs de béton armé de 2 mètres 50. Pour raser un quartier entier d'une ville, il suffisait de quelques obus bien placés.

Ce soir-là, à la deuxième conférence stratégique du « Repaire du Loup », le colonel général Jodl pourrait annoncer à Adolf Hitler une nouvelle qui le ferait ricaner de joie : « Karl » serait à Paris avant huit jours.

***

Le sous-officier de garde expliqua poliment que les civils n'étaient pas autorisés à entrer dans l'hôtel, à moins qu'ils ne fussent munis d'un « ausweis ». Mais le petit monsieur vêtu d'un costume gris n'avait aucun « ausweis » à montrer. En fait, le seul papier qu'il possédât ce jour-là sur lui et qui portât son nom était la facture d'un tailleur des Champs-Élysées chez lequel il venait d'acheter le manteau à chevrons gris qu'il portait sous le bras. Sous la griffe « Knize — Tailleur pour hommes — Paris, Londres, Berlin », le sous-officier de garde trouva le nom de l'homme à qui depuis dix minutes il interdisait l'entrée de l'hôtel Meurice. C'était le général von Choltitz. Ce manteau d'hiver[1] qu'il était allé acheter ce jour-là après le défilé de ses troupes était la meilleure preuve d'optimisme qu'il pût se donner à lui-même.

1. Choltitz laissa ce manteau, qu'il ne porta d'ailleurs jamais, ainsi que tous ses effets civils, à l'hôtel Meurice. Ils lui furent restitués après la guerre par le directeur de l'hôtel.

Vingt années plus tard, le sous-officier Werner Nix que ce même défilé avait privé de permission se souviendra encore du plaisir que cette vengeance inattendue lui avait causé ce jour-là.

⁂

De l'autre côté de la Manche, sur la piste d'un terrain d'aviation du Sud de l'Angleterre, un général français transportait dans une musette les vêtements civils avec lesquels il comptait franchir les lignes et revenir à Paris. Le général Chaban-Delmas avait demandé à être directement parachuté dans la région parisienne mais son chef, le général Pierre Kœnig, avait refusé. Troquant son battledress de général pour un short, un pull-over et une vieille paire de chaussures de tennis, Chaban-Delmas rentrerait à Paris à bicyclette, une raquette de tennis et un poulet attachés sur son porte-bagages. A tout Allemand qui l'arrêterait, il dirait simplement qu'à l'occasion d'une partie de tennis chez des amis, il avait fait « un peu de ravitaillement » pour ses enfants.

Sur la piste, à quelques mètres, se trouvait l'avion de chasse américain qui l'emmènerait en Normandie. Là-bas, un command-car l'attendrait pour le conduire jusqu'aux lignes alliées, d'où il continuerait son voyage à bicyclette.

Marchant de long en large, Chaban-Delmas apprenait par cœur les quelques phrases tapées à la machine sur la feuille de papier pelure qu'il tenait entre ses doigts. C'étaient les toutes dernières instructions de l'état-major F.F.I. concernant Paris. Celles-ci autorisaient le déclenchement éventuel d'un soulèvement dans la capitale *vingt-quatre heures* avant l'entrée des Alliés dans Paris « afin de donner à la population le sentiment de participer à sa propre libération ».

D'autres instructions concernaient les mesures à prendre jusqu'à l'arrivée des Alliés « pour le cas où les communistes tenteraient un coup de force ». La dernière ligne tapée sur la feuille de papier pelure était une phrase de cinq mots. Cette phrase annoncerait le déclenchement d'une opération que Chaban-Delmas lui-même avait conçue. Cette affaire était si audacieuse et comportait tant de risques qu'il espérait bien ne jamais en entendre le signal sur les ondes de la B.B.C. Ces cinq mots étaient : « As-tu bien déjeuné, Jacquot ? »

Il les relut une dernière fois. Puis il rendit le papier à l'officier qui l'accompagnait. Prenant sa musette, il se dirigea alors vers l'avion.

Presque à cet instant, dans l'arrière-salle d'un café de la rue de la Paix, dans le faubourg populaire de Levallois-Perret, deux hommes assis face à face choquèrent leurs verres de bière et les vidèrent d'un trait. Ils ne s'étaient jamais vus. Cinq minutes plus tôt, ils s'étaient abordés en se présentant l'un à l'autre une moitié de ticket de métro. Les deux moitiés appartenaient au même ticket.

L'un était le colonel Rol, chef des F.F.I. de l'Ile-de-France. L'autre s'appelait « Pierre ». Il dirigeait le réseau de tendance communiste de la police parisienne. Ce jour-là, « Pierre » avait obtenu que la police de Paris se mît en grève.

Rol voulait maintenant s'assurer que cette même police accepterait de se soulever. Rol savait que bientôt les Alliés atteindraient la Seine, à la fois en aval et en amont de Paris, du côté de Mantes et de Melun. Dans quelques jours, dans quelques heures peut-être, il déclencherait donc l'insurrection.

Quand sonnerait l'heure H, le chef communiste voulait par-dessus tout que les vingt mille policiers de Paris fussent à ses côtés. C'est précisément pour s'en assurer qu'il était venu dans ce café.

⁂

Comme chaque année pour la fête de la Vierge ce serait l'église d'un petit village, sur la route de Paris à Londres, qui aurait le plus beau reposoir de Picardie. En cette veille d'Assomption, une femme grande et mince et ses six enfants quittèrent tôt le matin le château Louis XIII à toit d'ardoises qu'elle et eux partageaient avec soixante-cinq Allemands. Tous ensemble, la femme et les enfants pédalèrent jusqu'au village voisin de Warlus. Les bras chargés de fleurs, la famille de Hautecloque entra alors dans l'église et commença la décoration en vue de la fête du 15 août.

Thérèse de Hautecloque vouait un culte particulier à la Vierge Marie. Quatre années plus tôt, le 3 juillet 1940, elle avait confié à sa protection l'être qu'elle aimait le plus au monde, Philippe, son mari, qui ce matin-là, vers 6 heures, juché sur « La Gazelle », sa bicyclette rouge, avait quitté le vignoble bordelais où sa famille s'était repliée, pour aller reprendre, n'importe où, les armes de la France libre et continuer la guerre.

Ses derniers mots, tandis que les enfants dormaient encore dans la vieille demeure, avaient été : « La séparation sera longue... Courage Thérèse. »

Pendant près de quatre années, Thérèse de Hautecloque n'avait pas eu de nouvelles directes de son mari. Puis, un soir de mars 1944, alors qu'elle écoutait une fois encore les messages personnels de la B.B.C. en cachette des Allemands qui occupaient les pièces voisines, elle eut tout à coup l'impression « que la terre s'ouvrait sous ses pieds ». L'un des messages diffusés pendant cette soirée disait : « Philippe, né le 22 novembre 1902, fait dire à sa femme et à sa demi-douzaine qu'il les embrasse. »

Dans l'église qu'emplissait maintenant le parfum des roses, des lys et des glaïeuls, une femme fit soudain irruption et se mit à crier : « Madame, venez vite ! » C'était Mme Dumont, la patronne du café de la Place. Thérèse de Hautecloque traversa le chœur en courant et se précipita dans l'arrière-salle du bistrot. Collant son oreille contre le poste de radio des Dumont, elle entendit alors la voix d'un homme. Pour la première fois depuis la défaite, Thérèse de Hautecloque sentit des larmes lui brûler les joues. De la même voix tranquille et sûre avec laquelle il avait dit « Courage Thérèse », Philippe de Hautecloque annonçait maintenant, mais cette fois à tous les Français, qu'à la tête d'une division blindée française, il était revenu sur le sol de la patrie pour participer à sa libération. « Bientôt, disait-il, le drapeau tricolore flottera sur Paris... »

Philippe de Hautecloque était le général Leclerc. Dans moins de dix jours, il écrirait une page glorieuse de l'histoire de Paris[1].

1. Dès qu'il eut rejoint à Londres le général de Gaulle, le capitaine Philippe de Hautecloque avait décidé de se faire appeler « Leclerc » afin d'éviter des représailles à sa famille, « Leclerc » étant en effet un patronyme très courant en Picardie. Le 10 mars 1941, Thérèse de Hautecloque, qui ignorait que son mari avait changé d'identité, avait ramassé dans le poulailler de sa propriété un tract lancé par un avion anglais. Ce tract disait : « Une grande victoire française : l'important poste de Koufra a capitulé le 1er mars à 9 heures devant les troupes des Français commandés par le colonel Leclerc. » Le tract ajoutait que les soldats qui avaient pris Koufra étaient des Français venus du Tchad et du Cameroun qui avaient parcouru 700 kilomètres depuis leurs bases, luttant contre la chaleur et la soif, pour attaquer l'ennemi.

Au dîner, ce soir-là, Thérèse de Hautecloque avait lu ce tract à ses

Dans une cellule du fort de Romainville transformée en chapelle, une autre femme de la même race et de la même foi que Thérèse Leclerc de Hautecloque préparait elle aussi le reposoir de l'Assomption. Mais personne n'interromprait les gestes de la prisonnière Yvonne Baratte. Elle choisissait une à une les marguerites sauvages qu'elle avait cueillies dans la cour du fort pendant la promenade quotidienne et faisait de modestes bouquets qu'elle plantait dans des boîtes de conserve. Bientôt, le petit crucifix de bois blanc posé sur la table grossière qui servait d'autel disparut au milieu des fleurs.

Demain, sur cet autel décoré avec amour, l'aumônier de Romainville célébrerait la fête de l'Assomption. Entassées dans la cellule et dans le couloir, des centaines de femmes demanderaient à la Vierge de les sauver.

Une bouffée d'espoir avait envahi toutes les cellules de Romainville en cette veille du 15 août. Yvonne Baratte n'avait pas entendu la promesse du général Leclerc mais elle savait inconsciemment que ce Paris si proche où elle était née serait bientôt libre. A la lumière d'une bougie volée, elle se mit à griffonner cette nuit-là quelques mots que l'aumônier transmettrait à ses parents. « Je suis pleine d'espoir, écrivit-elle, les Allemands n'auront pas le temps de nous emmener bien loin. » Elle demanda à sa mère de lui

six enfants. Puis elle leur avait dit : « Je ne sais pas qui est ce colonel Leclerc, mais il m'est très sympathique. Il agit exactement comme votre père agirait. » Dix mois plus tard, les Allemands occupaient le château. Mais ce n'est pas par les Allemands que Thérèse de Hautecloque devait apprendre que ce colonel Leclerc n'était autre que son mari. C'est par un huissier de Vichy, qui sur l'ordre du gouvernement du maréchal Pétain, se présenta un jour au château et annonça à Thérèse de Hautecloque que son mari avait été déchu de la nationalité française et que « tous les biens de Philippe de Hautecloque, dit Leclerc, » avaient été placés sous séquestre.

envoyer une lime à ongles, un foulard et de lui faire parvenir, si elle le pouvait, un exemplaire du *Génie de la France* de Péguy. « Je vous aime tous et je suis sûre que nous nous retrouverons bientôt », conclut-elle. Puis elle souffla la flamme de la bougie et chercha le sommeil.

A quelques heures de là un train devait l'emmener vers un lieu de souffrance et de mort appelé Ravensbruck. Sept mois plus tard, par un glacial matin de mars 1945, elle devait y mourir de dysenterie.

*
**

Pour la première fois depuis son arrestation, Louis Armand, l'ingénieur qui souhaitait si ardemment être déporté, était heureux. La cause de son bonheur se trouvait au bout de ses jambes. Apportées par l'aumônier de la prison de Fresnes, les bottines qu'il avait demandées à sa famille étaient enfin arrivées. Malgré la chaleur de cette nuit d'août, Louis Armand les avait aussitôt enfilées « pour sentir leur présence rassurante ». Maintenant, pensait-il, il pouvait affronter les camps d'Allemagne. Il n'aurait pas froid aux pieds.

A l'autre bout de la prison silencieuse, dans les ténèbres d'une autre cellule, Pierre Lefaucheux essayait de s'endormir. Un nouveau jour s'était écoulé et il n'avait pas été déporté. Dans la soirée, le tintement d'une cuiller sur un tuyau lui avait appris que les Américains étaient à Chartres. Cette nouvelle lui avait redonné des forces. Si les Allemands ne le déportaient pas, dans quelques jours il serait libre.

Sur la paillasse voisine, son compagnon de cellule cherchait lui aussi le sommeil. Soudain l'homme se mit à parler : « Je te parie que nous partons demain », dit-il d'une voix désespérée.

***

En dépit de leur uniforme, les trois Français et l'Américain qui vidaient cette nuit-là une bouteille de calvados dans l'unique hôtel du village breton de Montaudin n'étaient pas des militaires. Ils appartenaient à l'armée impatiente des cinq cents journalistes accrédités auprès du commandement allié. Et cette nuit-là, comme toutes les nuits précédentes, ils se posaient la même question. Lequel d'entre eux réussirait l'exploit dont ils rêvaient tous : être le premier à raconter le plus formidable événement qu'aucun journaliste ne raconterait cet été-là, la libération de Paris.

L'Américain annonça d'une voix résolue qu'il serait celui-là. Paris, confia-t-il, évoquait pour lui tant de souvenirs qu'il ne retarderait pour rien au monde ce rendez-vous. Au diable Eisenhower ! Il tenterait cette nuit même de franchir les lignes allemandes et de se glisser dans Paris sous un déguisement quelconque. Avec un éclair malicieux dans le regard, il déclara à ses compagnons qu'il les attendrait à son P.C. habituel, le bar du Ritz.

Fernand Moulier, André Rabache et Pierre Gosset l'écoutèrent avec respect. Ils connaissaient de longue date ce personnage hirsute et truculent et ils savaient qu'il ne lançait jamais un défi à la légère.

Mais ce défi, leur honneur de Français les obligeait à le relever. Moulier avait déjà parié avec Larry Leseur, l'envoyé spécial de la C.B.S., qu'il arriverait le premier à Paris. Il ne se laisserait pas griller. Avec ses camarades, il décida de partir lui aussi cette nuit.

Sur la cheminée de la salle à manger, à côté des deux lampes tempêtes qui éclairaient faiblement la pièce, la pendule marquait 4 heures moins le quart quand les trois Français se levèrent sans bruit et quittèrent la pièce. Écroulé sur la table, les deux mains serrées sur le goulot de la bouteille de calvados, l'Américain, lui, s'était endormi. Il s'appelait Ernest Hemingway.

***

La longue sonnerie du téléphone traversa brusquement l'appartement du boulevard Saint-Germain. Surprise dans son sommeil, l'épouse du prisonnier de Fresnes Pierre Lefaucheux sursauta. Allongeant le bras vers la table de nuit, elle chercha une allumette. A la lueur de la flamme, elle vit qu'il était 4 heures. Marie-Hélène Lefaucheux décrocha l'appareil et reconnut la voix d'un camarade de la Résistance : « Il se prépare quelque chose à Fresnes », annonçait la voix.

19

Quand Pierre Lefaucheux entendit le grincement métallique du chariot, il eut l'impression « qu'un ongle lui lacérait le corps ». Cinq étages au-dessous de sa cellule, la « roulante » à café de la prison de Fresnes commençait sa dernière ronde à travers les couloirs. Pierre entendit claquer l'une après l'autre les portes des cellules. Jamais, lui semblait-il, tant de portes ne s'étaient ouvertes. Bientôt le grincement métallique devint plus fort. Le prisonnier entendit le chariot avancer dans le couloir humide où se trouvait sa propre cellule. Le bruit se rapprocha encore puis, tout à coup, s'arrêta. Pierre Lefaucheux perçut alors un grincement de serrure. Et il aperçut, dans l'encadrement de la porte, la silhouette du gardien qui apportait le café. Pour la première fois ce matin-là, Pierre Lefaucheux entendit la voix de son compagnon de captivité.

« Tu vois, dit celui-ci, j'ai gagné. »

Dans le quartier des femmes de la prison de Fresnes, la journée avait commencé bien avant l'aube par la visite d'un officier allemand. L'étudiante Jeannie Rousseau, vingt ans, la plus jolie fille de la prison, poussa un cri quand elle vit l'officier entrer dans sa cellule. Mais elle distingua bientôt dans l'obscurité le crucifix qui pendait sur la tunique de l'officier et elle reconnut l'abbé Hans Steinert, l'aumônier militaire de la prison.

« Mesdemoiselles, dit-il à voix basse aux cinq jeunes filles qui occupaient l'étroite cellule sans fenêtre de Jeannie, je suis venu vous apporter la sainte communion pour que celle-ci vous réconforte en vue de l'épreuve qui vous attend dans quelques heures. »

Il était 4 heures du matin.

Au-delà des murailles de Fresnes, pour les millions de Parisiens qui dormaient dans la ville silencieuse, le jour qui allait naître serait le dernier jour de vacances d'une époque qu'on appelait « l'occupation ». Pour Pierre Lefaucheux, pour son compagnon de cellule, pour 2 800 hommes et femmes détenus dans les prisons de Paris et de sa banlieue, il marquerait la fin de l'espoir. A Fresnes, à Drancy, à Romainville, en cette aube naissante de l'Assomption, un long calvaire commençait.

Dans la cuisine du fort de Romainville, Yvonne de Bignolles s'apprêtait à faire chauffer le « café » du petit déjeuner quand elle entendit « un aboiement guttural qui venait de la cour ». Elle courut à la fenêtre. Le lieutenant S.S., son cahier d'écolier à la main, commençait la lecture des 175 noms portés sur une liste écrite à la main. C'était la plus longue liste de noms qu'Yvonne de Bignolles eût entendu appeler depuis son arrivée à Romainville. Quand le lieutenant referma son cahier et s'éloigna, elle se signa silencieusement. Son nom n'était pas sur la liste.

A côté, dans le « Lager II », Yvonne Baratte avait été l'une des premières à entendre l'appel de son nom. Elle se dirigea calmement vers la chapelle qu'elle avait décorée la veille au soir. Elle s'agenouilla un court instant. Puis, elle reprit ses bouquets de marguerites. Il n'y aurait pas de messe dans la chapelle. Elle emporta les fleurs et, une par une, les distribua aux femmes qui allaient partir avec elle.

Dans le bâtiment III du camp de Drancy, Paul Appel et sa femme jouaient avec Babichou, leur fils adoptif âgé de dix mois[1]. Toute la nuit, les gardiens du camp, ivres morts, s'étaient amusés à lancer des grenades sur les baraques des prisonniers. Les Appel et les autres occupants des baraques et des bâtiments avaient passé la nuit entière à plat ventre sur le sol, serrés les uns

1. Le bébé avait été confié par ses parents au gérant d'un hôtel du Sappey, près de Grenoble, lors d'une rafle de Juifs qui eut lieu dans la région en mars 1944. Un S.S. découvrit le bébé, lui arracha ses langes et, constatant qu'il était circoncis, l'envoya à Drancy. Quand Appel le vit arriver, il réussit à convaincre le chef de camp, Brunner, de confier l'enfant à sa femme. Il retira sa fiche de la liste des Juifs désignés pour la déportation. A la mention « Motif de l'arrestation », Appel vit que le S.S. avait inscrit « terroriste ».

contre les autres, pendant que les éclats des grenades volaient autour d'eux.

Dehors, Paul entendait maintenant les hurlements des gardiens. Il se hissa jusqu'au rebord de la fenêtre et regarda. Brunner, le commandant du camp, l'aperçut. D'un geste brutal, il ordonna à Appel de redescendre. Les Allemands allaient et venaient autour de la file d'autobus jaune et vert qui devait conduire Appel et ses camarades à la gare. Brunner était blanc de fureur. Pas un seul autobus ne voulait démarrer. Quelqu'un avait démonté et emporté les carburateurs de tous les véhicules.

Personne, hélas, n'avait saboté les autobus de Fresnes, ni ceux de Romainville.

Aux 175 détenus du fort de Romainville désignés pour la déportation, 25 noms supplémentaires avaient été ajoutés au dernier moment. De la fenêtre de sa cuisine, Yvonne de Bignolles regardait la colonne se diriger vers les autobus vert et jaune. Parmi les dernières prisonnières se trouvait une frêle jeune femme. C'était Nora, la petite chanteuse polonaise tuberculeuse, sa meilleure amie. Yvonne entendit le ronronnement des moteurs et bientôt les trois autobus démarrèrent. Du dernier autobus, elle entendit jaillir une voix forte et claire. C'était Nora qui chantait :

« Attends-moi dans ce pays de France,
Je serai bientôt de retour, garde confiance. »

A Fresnes, les 2 000 hommes du convoi furent extraits de leurs cellules aussitôt après le départ des autobus des femmes. Le capitaine Philippe Keun, chef adjoint de l'Intelligence Service en France, remercia Dieu d'avoir été désigné. Ses tortures étaient terminées. Quel que soit le lieu où les Allemands le conduiraient, il partirait la conscience tranquille. Il n'avait pas parlé.

Les Allemands rassemblèrent les prisonniers par ordre alphabétique. Dans le premier groupe, celui des « A », se trouvait l'ingénieur Louis Armand. Jamais Armand n'avait semblé plus heureux. Enfin il partait. Et il partait chaussé des belles bottines qu'il avait reçues. Dans le groupe des « A », Armand avait retrouvé son vieux camarade l'ingénieur Pierre Angot. Angot, lui, était désespéré de partir. « Dans quelques jours, j'aurais été libéré », confia-t-il à Armand. Gaston Bichelonne, le ministre de la Production industrielle du gouvernement de Vichy, était l'un de ses amis. Il avait promis de le faire sortir de Fresnes. Maintenant, Bichelonne ne pourrait plus rien pour lui...

Armand chercha quelques paroles de réconfort pour rassurer son vieux camarade désespéré. Montrant les centaines d'hommes qui remplissaient la cour de la prison, il assura Pierre Angot « qu'ils s'en tireraient parce qu'ils ne seraient pas abattus comme des chiens quelques heures avant l'arrivée des Alliés ». Armand mettait tant de conviction dans ses paroles qu'il n'avait pas entendu l'un des gardiens crier son nom. Son voisin le poussa du coude. « On t'appelle », dit-il.

Le seul voyage que Louis Armand devait faire ce jour-là le mènerait de la cour de Fresnes jusqu'à la cellule qu'il avait quittée une heure plus tôt. Au dernier moment, les Allemands avaient retiré son nom de la liste du convoi. Escorté de deux soldats, fou de désespoir et de crainte, l'ingénieur fut reconduit à sa cellule.

Lorsqu'il pénétra dans l'obscur réduit, le petit Breton avec lequel il avait partagé sa détention le regarda et dit : « Vous avez toujours eu de la chance. Moi je n'en ai jamais eu. Cette fois-ci, il n'y a plus d'espoir : ils vont nous liquider ici, vous comme moi... » A peine avait-il dit ces mots que les pas du gardien résonnèrent dans le couloir. La porte s'ouvrit et un soldat fit signe au petit Breton de sortir. Il prendrait, annonça-t-il, la place d'Armand dans le convoi. « Je suis navré », murmura le Breton. Puis la porte claqua en se refermant derrière lui. L'ingénieur Louis Armand restait seul avec son désespoir.

Parmi les détenus de Fresnes, il en était un pour qui le spectacle qu'offrait le départ de ces Français était particulièrement cruel. C'était un Allemand nommé Willy Wagenknecht, caporal-chef au central des transmissions de l'O.B. West. Depuis deux mois, il purgeait ici même une peine de six mois de prison pour avoir giflé un officier. Wagenknecht ne parvenait pas à comprendre pourquoi les Allemands emmenaient des Français en Allemagne alors qu'il restait, lui, dans cette sinistre prison parisienne.

Dehors, devant la prison, les mains de Marie-Hélène Lefaucheux se crispèrent nerveusement sur le guidon de sa bicyclette quand elle vit enfin les portes s'ouvrir. Elle dévisagea d'un regard angoissé chacun des prisonniers lorsque ceux-ci passèrent devant les mitraillettes de leurs gardiens S.S.

Tout à coup, elle vit son mari. Il lui parut d'abord si maigre et si épuisé qu'elle ne put réprimer un cri. Mais aussitôt elle sentit comme une joie sauvage l'inonder. « Il était vivant. » Pierre avait été battu, torturé, brisé. MAIS IL VIVAIT. Cette pensée lui semblait si réconfortante qu'il fallut à Marie-Hélène Lefaucheux plusieurs secondes pour mesurer le tragique de la scène qui continuait de se dérouler sous ses yeux. Elle comprit soudain que Pierre était emmené en déportation. Bousculant des soldats, elle voulut s'approcher de lui. A l'instant où il monta dans l'autobus, elle le vit esquisser un sourire et faire un petit hochement de tête dans sa direction. Il l'avait vue ! Il l'avait reconnue. Et il lui avait dit adieu. Marie-Hélène ne put retenir ses larmes. Elle se précipita vers l'aumônier allemand Steinert qui bénissait d'un geste discret l'interminable colonne de prisonniers.

« Madame, murmura l'aumônier, n'ayez pas de chagrin. C'est une bénédiction qu'il parte... Je crains un massacre dans la prison. »

Les moteurs des autobus démarrèrent et la longue file de véhicules jaune et vert s'ébranla. Marie-Hélène courut reprendre sa bicyclette. Et sans savoir pourquoi, elle se mit à pédaler derrière le convoi.

20

La messe de neuf heures sonnait à l'église de Saint-Germain-en-Laye, ce matin de l'Assomption, quand la Horch noire du général von Choltitz s'arrêta boulevard Victor-Hugo devant le quartier général de l'O.B. West. Pour la deuxième fois en quarante-huit heures, le maréchal von Kluge convoquait le commandant du Gross Paris.

La conférence commença par un exposé du chef d'état-major, le brillant et bedonnant général Gunther Blumentritt[1]. D'une voix dure et

1. Parmi les souvenirs de Paris auxquels le général Blumentritt tenait le plus se trouvait un petit coq en argent massif offert par le

décidée, Blumentritt proposait pour la région parisienne ce qu'il appelait « *une politique limitée de la terre brûlée*[1] ». Comme chaque projet élaboré par le « Leiter der Führungsabteilung[2] » du commandement en chef à l'Ouest, le document dactylographié de seize pages que lisait Blumentritt était un plan à la fois méthodique et précis. Blumentritt accompagnait sa démonstration de fréquentes références à la carte au 1/10 000 déployée sur la table de conférence. Sur la plaque de rhodoïd qui recouvrait cette carte, des dizaines de petits carrés rouges avaient été portés au crayon. Ils indiquaient l'emplacement des usines à gaz, des centrales électriques et des réservoirs qui alimentaient en eau les cinq millions d'habitants de la région parisienne.

L'exécution du plan se divisait en deux phases. Blumentritt estimait que la première phase devrait être immédiatement mise à exécution. Il s'agissait de procéder à la destruction systématique des installations de gaz, d'eau et d'électricité de la ville[3]. La seconde concernait le « sabo-

propriétaire du restaurant *Coq Hardi*, près de Saint-Germain-en-Laye. Blumentritt et le prédécesseur de Kluge, le maréchal von Rundstedt y dînaient fidèlement chaque samedi soir à 7 heures.

1. Les Allemands n'avaient pas encore appliqué en France la tactique de la terre brûlée. Non par sympathie pour les Français. En Italie du Sud, pays allié de l'Allemagne, les Allemands, rappelle Eisenhower, « abattirent toutes les vaches, tous les poulets qu'ils ne pouvaient pas emporter ». Mais en France, depuis la percée d'Avranches, ils reculaient trop vite pour avoir le temps de laisser derrière eux de tels souvenirs !

2. Troisième Bureau de l'armée (Opérations).

3. Pour l'eau, les Allemands comptaient faire sauter les trois aqueducs qui fournissaient 97 % de la consommation parisienne. Contrairement aux bruits qui coururent alors dans Paris, les Allemands n'ont jamais envisagé d'empoisonner l'eau des réservoirs. Pour les centrales électriques, les Allemands hésitaient entre deux tactiques : ou bien forer des chambres à mines dans les turbines mêmes des plus importantes centrales de la région parisienne et les faire sauter, ou bien détruire les installations de distribution de courant. Selon l'ingénieur en chef des usines Siemens installées à Paris, « le recours à la première tactique aurait privé Paris d'énergie industrielle pendant deux ans ».

tage sélectif» des installations industrielles de la ville.

Les Allemands savaient, à la mi-août 1944, qu'ils ne disposaient plus ni du temps ni de la main-d'œuvre nécessaires pour détruire toutes les usines de l'agglomération parisienne. Mais, en supprimant les sources d'énergie qui alimentaient ces usines, ils les rendraient inutilisables par les Alliés. Cette «*politique limitée de la terre brûlée*» était, déclara Blumentritt, «un compromis logique». Stratégiquement, elle était judicieuse si l'Allemagne voulait empêcher que l'industrie parisienne ne se retournât contre elle dès l'arrivée des Alliés. Semant la panique dans la population, paralysant la ville, ces destructions auraient en outre pour conséquence de ralentir l'avance des armées ennemies en obligeant celles-ci à prélever une partie de leurs ressources militaires pour venir en aide aux Parisiens.

Blumentritt répéta que la première phase de ce plan devrait être immédiatement exécutée. Il tendit alors à Choltitz une feuille de papier sur laquelle le commandant du Gross Paris trouverait une liste de dépôts de la Kriegsmarine et de l'armée susceptibles de fournir les explosifs nécessaires[1].

Le plan que proposait le général Blumentritt ne surprenait guère le commandant du Gross Paris. La veille lui était parvenu le premier ordre

En limitant leurs destructions aux installations de distribution, les Allemands, selon le même expert, «privaient Paris d'énergie électrique pour au moins six mois».

1. Blumentritt, rappelle Choltiz, employa à un certain moment l'expression «faire sauter Paris». Le major général Hans Speidel, chef d'état-major du groupe d'armées B, qui assistait à la conférence, haussa les épaules et répliqua à haute et intelligible voix : «Faire sauter Paris ? Qu'est-ce que cela veut dire ? A-t-on trouvé une centrale électrique dans Notre-Dame ?»

direct de l'O.K.W. depuis sa prise de commandement à Paris. Cet ordre prescrivait « la destruction ou la paralysie totale de tout le complexe industriel parisien ». Il savait que l'O.B. West avait reçu copie de cet ordre et il s'était attendu à être convoqué à Saint-Germain.

Cet ordre, il l'admettra plus tard, ne l'avait pas choqué. Au moment où chaque nuit les bombardiers ennemis réduisaient en cendres des villes allemandes, il paraissait naturel à Choltitz, comme aux autres officiers réunis autour de cette table de conférence, que le haut commandement se préoccupât d'empêcher que l'industrie parisienne pût un jour travailler contre l'Allemagne.

Le gouverneur de Paris, cependant, n'était pas d'accord sur un point avec le chef d'état-major du commandant en chef à l'Ouest. Ce désaccord concernait le moment où devait commencer l'exécution du plan « Terre Brûlée ». Pour l'instant, ce qui préoccupait Choltitz, c'était la mise en état de défense de Paris et non sa destruction. Or le déclenchement prématuré du plan de Blumentritt, expliqua-t-il, jetterait dans les bras de la Résistance des milliers d'ouvriers, et dresserait la population en rébellion ouverte contre ses propres troupes. En outre, ajouta-t-il, non sans une pointe d'ironie, les soldats allemands aussi buvaient de l'eau.

Ces arguments ne parurent pas dénués d'intérêt au sage et tranquille maréchal von Kluge. Arbitrant la discussion entre son bouillant chef d'état-major et le commandant du Gross Paris, il déclara que toutes dispositions devraient naturellement être prises pour l'application du plan « Terre Brûlée ».

Mais il ajouta qu'il se réservait le droit de juger du moment opportun où celui-ci devrait être déclenché. En conséquence, il donnerait des ordres ultérieurs.

Mais cinquante-six heures plus tard, — apprenant brutalement qu'il va être remplacé par l'un des maréchaux les plus énergiques et les plus durs de l'armée allemande — le petit maréchal à monocle ordonnera à Choltitz de déclencher l'effroyable plan d'anéantissement proposé ce matin-là par Blumentritt. Puis il se suicidera.

Quatre civils se trouvaient dans l'antichambre du gouverneur de Paris lorsque celui-ci rentra de Saint-Germain-en-Laye. Sur l'ordre de mission collectif qu'ils avaient présenté au colonel von Unger, Choltitz trouva la signature du colonel général Jodl lui-même. Tous quatre ingénieurs, ils portaient le titre de « technische Beratter » — conseillers techniques. L'objet de leur mission était de « superviser la préparation et l'exécution des destructions des installations industrielles de la région parisienne ». Ces techniciens étaient accompagnés de leurs propres instruments de travail : une dizaine d'étuis cylindriques en carton contenant les plans des principales usines.

Le chef du groupe, un certain professeur Albert Bayer, originaire d'Essen, assura au général von Choltitz que la mise en place d'un nombre raisonnable de charges explosives devait « complètement désorganiser Paris pendant une période d'au moins six mois ».

Le commandant du Gross Paris installa les visiteurs dans un appartement situé au quatrième étage de son propre hôtel et fit mettre à leur disposition plusieurs voitures.

Quand il vint leur rendre visite dans l'après-midi, « ils nageaient, rappelle Choltitz, dans une mer de plans et de cartes ». « Si les Anglo-Américains occupent un jour Paris, assura l'un d'eux, ils ne trouveront pas une seule usine en état de fonctionnement. »

21

Le torride soleil d'août brûlait les toits de tôle des wagons à bestiaux qui attendaient sur une voie de garage de la gare de Pantin. Dans chaque wagon, plus étroitement comprimée qu'aux heures d'affluence du métro, la cargaison humaine choisie par les S.S. pour être déportée en Allemagne suffoquait dans la chaleur. 2 200 hommes et 400 femmes, huit sur dix de tous les détenus de Fresnes et de Romainville, l'élite de la Résistance française, attendaient désespérément le départ du train.

92 femmes étaient entassées dans le wagon de Jeannie Rousseau. « Il n'y avait même plus, rappelle la jeune femme, de place pour notre propre sueur. » L'unique lucarne, obstruée par les planches et des barbelés, était trop haute pour voir ce qui se passait dehors. Jamais Jeannie Rousseau n'oubliera cette sensation de lente asphyxie qu'elle éprouva pendant les premières heures passées dans le wagon. Une à une les femmes commencèrent à se déshabiller, ne gardant que leurs sous-vêtements. Dans un coin du wagon, près du récipient de fer-blanc qui servait de seau hygiénique, les femmes dégagèrent un minuscule morceau de plancher où trois prisonnières accroupies pouvaient se reposer. Les autres, debout, attendaient leur tour pendant des heures.

Dans le wagon voisin, celui d'Yvonne Pagniez,

les prisonnières étaient moins nombreuses. La journaliste bretonne se souvient que les femmes pouvaient s'y accroupir, « les genoux sous le menton ». Mais l'une après l'autre, elles s'évanouissaient dans la chaleur. A la tombée de la nuit, la première des six femmes qui devraient mourir dans ce wagon commençait à délirer.

Tout à coup, la porte s'ouvrit. Yvonne Pagniez reconnut sur le quai la silhouette massive du S.S. ukrainien qui dirigeait les séances de torture au quartier général de la Gestapo, avenue Foch. Il était venu souhaiter « bon voyage » aux prisonnières. Apercevant leurs corps à moitié nus, il se mit à rire et le souvenir de ce rire sinistre devait hanter pendant des mois Yvonne Pagniez. Cet homme, pensait-elle, était venu assister au départ pour l'abattoir « du troupeau qu'il avait lui-même marqué au fer rouge ».

Les conditions étaient pires encore pour les hommes. A moitié nus, entassés à plus de cent par wagon, ils suppliaient inlassablement leurs gardiens de « faire partir ce maudit train ».

Dans son wagon, épuisé par la faim, la soif et la chaleur, Pierre Lefaucheux, l'homme qui avait tant espéré éviter ce voyage, priait aussi pour que ce train s'en aille enfin. Derrière lui, un prisonnier aux lèvres desséchées essayait de lécher la sueur qui coulait le long de son dos.

***

La tête basse, les épaules voûtées, un homme sortait de la gare de Pantin. Émile Bender, dit « Bobby », l'agent de l'Abwehr, avait tenté d'empêcher par un coup de bluff le départ du train. Il avait échoué. Les S.S. avaient braqué sur lui le canon de leurs mitraillettes et l'avaient refoulé. Bender entra dans un café, demanda un jeton et composa le numéro du consulat de Suède. « Monsieur le consul, soupira-t-il alors, je me demande comment nous pourrons jamais arrêter ce train. »

Depuis deux jours, le consul Nordling et Émile Bender remuaient ciel et terre pour obtenir que les prisons parisiennes fussent placées sous la sauvegarde de la Croix-Rouge.

Nordling était intervenu personnellement auprès de Laval, auprès de l'ambassadeur d'Allemagne Otto Abertz, auprès du chef des S.S. Karl Oberg. Sans succès. Le général von Choltitz lui-même avait fait savoir qu'il était trop occupé pour recevoir le consul.

D'autres hommes, ce matin-là, tenteront eux aussi d'arracher les détenus de Pantin à l'horrible voyage qui les attend. Pendant que les S.S. enfermaient leurs prisonniers dans les wagons à bestiaux, un jeune garçon pédalait furieusement vers le petit village de Nanteuil-Saacy. Il apportait au chef des résistants du village un message verbal urgent adressé par les F.F.I. de Paris. Ce message était un ordre : « A n'importe quel prix, par n'importe quels moyens, coupez la voie ferrée Paris-Nancy. Sur cette voie passera dans quelques heures un train de déportés pour l'Allemagne. »

D'un émetteur caché dans une mansarde parisienne, ce même jour vers midi, un message radio codé partit également pour Londres : « Pour communication immédiate à tous les chefs F.F.I., disait le message, les Allemands ont organisé la déportation des détenus des prisons de Paris par train passant via Metz-Nancy. Craignons massacre général pendant le voyage. Prenez toutes mesures possibles pour saboter le transport. »

Au camp de Drancy, où, quelques heures plus tôt, les Juifs avaient dû leur salut au sabotage des autobus, de nouveaux dangers menaçaient les détenus. Le commandant du camp, le Hauptsturmführer Brunner, avait décidé d'organiser son propre convoi vers l'Allemagne depuis la gare voisine de Bobigny. Il ordonna à Appel de l'accompagner à la gare pour lui servir d'interprète car il exigeait qu'un train de quarante wagons fût formé le jour même.

Encadré par deux S.S., Appel entra avec Brunner chez le chef de gare de Bobigny. Frappant du poing sur le bureau du chef de gare, Appel se mit à rugir : « Drancy doit avoir un train de quarante wagons prêt avant ce soir ! » Puis, baissant soudain le ton, le prisonnier ajouta d'une voix désespérée : « Mais pour l'amour du ciel, ne laissez jamais partir ce train. »

22

Dans ce Paris de l'Assomption, la tragédie de Pantin devait passer presque inaperçue. Angoissés par le spectre de la famine, la plupart des trois millions et demi de Parisiens se demandaient ce qu'ils mangeraient ce jour-là et les jours suivants. Les tickets de rationnement n'étaient plus honorés, les colis n'arrivaient plus et dans la majorité des foyers, les maigres réserves étaient épuisées. Dans *Le Petit Parisien*, un certain M. Chevalier, de l'Académie des Sciences, s'efforçait pourtant de les rassurer. « En cas de situation désespérée, écrivait-il, la population doit savoir que les feuilles des arbres sont comestibles. Surtout celles des tilleuls, des ormes et des frênes. »

Une autre menace attendait à leur réveil les habitants de Paris. Collées pendant la nuit sur les murs de leur cité, des affichettes jaune et noir signées du général von Choltitz annonçaient que l'ordre serait maintenu « avec la plus extrême sévérité ». Le gouverneur de Paris décida donc d'interdire ce jour-là ce qui devait être l'événement marquant de la journée, le grandiose pèlerinage que tous les enfants de la ville devaient faire à la cathédrale Notre-Dame pour demander à la Vierge Marie, patronne de la France, de protéger Paris, sa capitale.

***

A l'heure où le pèlerinage des enfants aurait dû commencer, sur le pont de Neuilly, à l'ouest de la capitale, un capitaine allemand de trente-six ans descendait d'un Kubelwagen recouvert de feuillage. D'un geste du bras, Werner Ebernach arrêta la colonne des camions de la 813e Pionier-kompanie qui suivait sa voiture et s'avança jusqu'au parapet du pont. L'officier aux yeux bleus qui avait perdu trois doigts de sa main gauche en piégeant une isba sur le front russe alluma une cigarette et se mit à observer le fleuve. Il n'aurait jamais pensé qu'il fût si large. La Spree, qui traversait Berlin, sa ville natale, n'était, pensa-t-il, qu'une rivière à côté de la Seine. Devant lui, Ebernach pouvait apercevoir, prenant naissance dans les feuillages du Bois de Boulogne, les arches majestueuses du pont de Puteaux. De l'autre côté, en amont, le pont de la Jatte franchissait en deux bonds une petite île pleine de maisons grises. Le capitaine déplia une carte sur le rebord du parapet et se mit à compter lentement.

D'un bout à l'autre de Paris, entre la banlieue du Pecq, à l'ouest, et celle de Choisy, au sud-est, quarante-cinq ponts comme ceux qu'Ebernach avait sous les yeux franchissaient la Seine. Ces quarante-cinq ponts étaient les artères vitales par lesquelles coulait le sang de toute l'agglomération parisienne. Outre la population et les véhicules, le métro, le gaz, l'électricité, l'eau, le téléphone franchissaient le fleuve, dans leurs tabliers ou sous leurs arches. Sans ces ponts, la Seine avec ses méandres redevenait ce qu'elle était deux mille ans plus tôt, un formidable obstacle naturel. Sans doute le capitaine allemand Ebernach ignorait-il que certains ponts étaient de véritables œuvres d'art ou que d'autres portaient le témoignage de l'Histoire. Les noms des héros gravés dans les piles du pont d'Austerlitz évoquaient l'épopée napoléonienne et les pierres du pont de la Concorde étaient celles de la Bastille. Sur celles six fois centenaires du pont de la Tournelle veillait la statue de sainte Geneviève, la patronne de Paris... L'histoire de France et de Paris était écrite sur ces quarante-cinq ouvrages. Dans la poche de sa vareuse, sous sa Croix de Fer de première classe, le capitaine Werner Ebernach portait un morceau de papier bleu qu'il montrerait tout à l'heure au général von Choltitz. Il était signé du colonel général Jodl lui-même et portait la mention « KR Blitz » — Très Urgent. C'était l'ordre de préparer la destruction des quarante-cinq ponts de l'agglomération parisienne. Werner Ebernach ne savait pas pourquoi Hitler exigeait la destruction de ces ouvrages. Modeste technicien, Ebernach n'était pas dans le secret des dieux de l'O.K.W. et de leur stratégie.

Dans sa carrière, il avait fait sauter des dizaines de ponts et ceux de Paris, pensait-il, n'offriraient pas davantage de difficultés que ceux de Kiev ou de Dniepropetrovsk. Tout à l'heure, devant le gouverneur de Paris, il pourrait donc prédire que « la Seine ne coulerait plus lorsque toutes les pierres de tous les ponts de Paris auraient roulé dans le fleuve ».

Avant de remonter dans son Kubelwagen, le capitaine Werner Ebernach voulut procéder à un examen capital. En compagnie du chef de la section d'explosifs de son unité, le Hauptfeldwebel Hegger, il descendit sur la berge et se mit à observer attentivement les points d'ancrage de l'ouvrage. Tout à coup, le faisceau de sa torche lumineuse s'arrêta sur la plaque métallique qu'il cherchait dans la voûte. Comme s'il venait de faire une découverte, Ebernach s'écria : « Allons, Hegger, grâce aux "Sprengkammers" [1] construites par les Français, ça va aller encore plus vite que je ne le pensais. »

***

Le soleil inondait la clairière de chênes et pour la première fois depuis des mois, le général Chaban-Delmas entendit le chant des oiseaux. A 3 kilomètres à l'ouest du chemin poussiéreux qu'il venait d'emprunter, les premiers chars américains entraient dans le village de Connerré, près du Mans, célèbre dans la France entière pour ses rillettes.

A vol d'oiseau, Paris se trouvait à moins de 150 kilomètres. Les deux officiers américains qui avaient conduit le général français à l'extrême

1. Chambres de mines.

limite de l'avance alliée lui remirent alors une bicyclette et une petite valise dans laquelle se trouvaient une tenue de joueur de tennis, une raquette, un poulet et un chou-fleur enveloppés dans un journal.

Chaban-Delmas se déshabilla et enfila le déguisement sous lequel il espérait pouvoir franchir les lignes allemandes. Puis il replia soigneusement dans la valise son bel uniforme de général qu'il n'avait porté que quatre jours.

Au moment où il refermait la valise, l'un des deux officiers américains, un grand garçon maigre, lui avoua d'un air embarrassé qu'il aimerait conserver un souvenir des quelques moments qu'ils avaient passés ensemble. « Vous savez, dit-il à Chaban-Delmas, vous êtes le premier général français que nous rencontrons. » Et il ajouta d'un ton admiratif : « Sur votre bicyclette, vous arriverez à Paris avant nos tanks ! »

Chaban-Delmas sentit l'émotion le gagner. Délicatement, il détacha alors les deux étoiles fixées à la marche de sa veste et en tendit une à chacun des officiers américains. Puis il leur serra la main, enfourcha sa bicyclette et disparut dans le chemin poussiéreux, en direction de Paris.

***

Le jeune romancier Paul Andreota avait décidé lui aussi de faire un voyage cet après-midi-là. Ce serait un voyage infiniment plus court mais non moins mémorable que celui qu'entreprenait Jacques Chaban-Delmas. Comme tous les Français de son âge, Andreota avait été requis par le Service du Travail pour aller travailler en Allemagne. Jusqu'à présent, il avait échappé aux recherches mais il ne sortait guère pour ne pas tomber dans une des rafles que les Allemands déclenchaient fréquemment dans Paris.

Accompagné de Gloria, sa femme, et de son griffon Nimbus, Andreota remontait les Champs-Élysées quand un homme d'une trentaine d'années les aborda et demanda : « Do you speak english ? » Paul et Gloria sursautèrent. Les prisons de France étaient pleines de Français arrêtés de cette façon par des agents provocateurs. Dans un anglais qui leur parut fortement teinté d'américain, l'inconnu leur confia qu'il s'était perdu et leur demanda de le conduire rue Lauriston. Perplexes, Andreota et sa femme s'interrogeaient du regard quand Nimbus, tirant d'un coup sec sur sa laisse, les entraîna tous les trois vers l'Étoile. Dix minutes plus tard, lorsqu'il fut arrivé devant l'immeuble où il avait son rendez-vous, l'homme se jeta dans les bras de Gloria et s'écria, cette fois dans un français impeccable : « Vous êtes la première Parisienne qu'embrasse un officier américain ! Permettez-moi de vous remercier et de vous annoncer que Paris sera libéré dans quelques jours. » Et il disparut sous la voûte[1]. Terrifiés, Paul et Gloria virent alors quatre bottes noires s'immobiliser sur le trottoir d'en face. Quand ils comprirent ce que regardaient les deux sentinelles allemandes, ils poussèrent un soupir de soulagement : les deux soldats contemplaient Nimbus, leur griffon à poils roux.

1. Née elle-même à New York de père américain et de mère française, Gloria Andreota croit se souvenir que le mystérieux Américain lui révéla en remontant les Champs-Élysées qu'il était originaire de Saint Louis. Malgré toutes nos recherches, nous n'avons pas réussi à l'identifier. Nous avons retrouvé deux Américains de l'O.S.S. (Deuxième Bureau) qui se trouvaient à Paris le 15 août 1944 mais aucun d'eux ne se souvient d'être allé rue Lauriston ce jour-là. Cet officier était soit un aviateur soit un agent de renseignement qui traversait Paris.

⁂

Pour Dietrich von Choltitz, l'ordre que le capitaine Werner Ebernach portait à la main en entrant dans son bureau n'était pas une surprise. Von Choltitz connaissait déjà le texte de cet ordre dont il avait reçu copie de l'O.K.W. La présence d'Ebernach lui-même était, par contre, une réelle surprise. Avant la guerre, il avait eu l'occasion d'apprécier le brio avec lequel Ebernach s'était acquitté d'une tâche semblable à celle dont il était maintenant chargé. A Gimma, en Saxe, pendant les manœuvres de 1936, sous les regards admiratifs de Choltitz et d'une poignée de généraux, Ebernach avait détruit d'un seul coup deux ponts lancés sur la Mulde. L'air décidé et sûr de lui qu'avait aujourd'hui ce même officier indiquait au général qu'il avait tenu les promesses de sa jeunesse. Il n'y avait aucun doute dans l'esprit de Choltitz qu'il pourrait, comme il s'y engageait, étrangler la Seine dans les ruines de ses ponts. Le gouverneur de Paris, cependant, entendait garder le contrôle absolu de l'opération. « Prenez les dispositions nécessaires », dit-il au capitaine. Mais il l'avertit qu'aucune destruction ne pourrait avoir lieu dans Paris sans son « autorisation personnelle ». Il se souvient d'avoir alors posé la main sur l'épaule du fougueux officier et de lui avoir dit : « La Seine, Ebernach, n'est pas la Mulde, Paris n'est pas Gimma, et le monde entier, et non plus seulement une poignée de généraux, a les yeux fixés sur nous. »

A peine Ebernach avait-il quitté le bureau du général von Choltitz que le chef d'état-major, le colonel von Unger, entrait avec deux rapports à la main. A la lecture du premier, le gouverneur de Paris n'eut qu'un haussement d'épaules : il concernait la grève de la police. Mais à la lecture du second, il fit une grimace. Huit soldats allemands avaient été tués dans l'après-midi dans une embuscade tendue par la Résistance dans la banlieue d'Aubervilliers. C'était le premier incident grave qui se produisait dans la ville.

Von Choltitz, rappelle von Unger, chercha sur le plan mural où se trouvait Aubervilliers. Quand enfin son index potelé s'arrêta à la lisière nord du plan, von Unger l'entendit pousser un soupir et grommeler : « Aujourd'hui, ils frappent en banlieue. Demain, ils frapperont à Paris ! »

⁂

Les uns après les autres, les wagons à bestiaux furent secoués comme les maillons d'une longue chaîne. Sur les rails de la voie de garage de Pantin, les roues hésitèrent puis se mirent à tourner. Pour 2 600 malheureux, les sinistres craquements du train qui s'ébranlait mettaient fin à un cauchemar. D'un vieux wagon de bois qui emportait sa cargaison de misère et de souffrance jaillit alors un chant que toutes les voix, dans les autres wagons, reprirent en chœur. C'était *La Marseillaise*.

Quand *La Marseillaise* s'éteignit dans la nuit, la journaliste Yvonne Pagniez entendit un autre chant monter du dernier wagon du train. Elle reconnut, dominant toutes les autres, la voix chaude et frémissante d'Yvonne Baratte, la jeune femme qui, la veille au soir, avait décoré de marguerites le petit autel de Romainville.

« Ce n'est qu'un au revoir, mes frères..., chantait-elle, oui, nous nous reverrons... »

La vieille pendule aux chiffres gothiques de la gare de Pantin marquait presque minuit. Les yeux pleins de larmes, un cheminot s'adressa à une femme qui attendait devant la gare. « C'est fini, murmura-t-il, ils sont partis. » A ces mots, Marie-Hélène Lefaucheux remonta sur sa bicyclette et s'en alla. Dans trois heures, elle partirait vers l'Est sur sa bicyclette, bien décidée à rattraper le train, et à le suivre aussi longtemps qu'elle le pourrait.

Dans les prisons presque désertes de Fresnes et de Romainville, régnait un étrange silence. Seule à côté de la paillasse vide de Nora, la petite chanteuse polonaise, Yvonne de Bignolles, la cuisinière de Romainville, ne dormait pas. Elle pleurait.

A Fresnes, brisé, désespéré, l'ingénieur Louis Armand, lui non plus, ne dormait pas. Il guettait vainement le tintement métallique des cuillers sur les tuyaux par lequel chaque nuit se transmettaient les nouvelles. Mais, cette nuit, les murs de Fresnes étaient silencieux. Louis Armand n'entendait que la voix intérieure qui lui disait qu'il serait, comme tous ceux qui restaient, fusillé le lendemain.

A l'autre bout de la prison, dans le quartier des femmes, la secrétaire Geneviève Roberts, qui avait sauvé son chef en se laissant arrêter, entendait la même voix. A l'heure où le train de Pantin s'était ébranlé, l'aumônier avait fait irruption dans sa cellule et lui avait apporté la sainte communion. Pour Geneviève Roberts, la question n'était plus de savoir si oui ou non elle serait fusillée, mais quand. Vers 1 heure du matin, elle entendit soudain des bruits dans le couloir. Elle se dit qu'elle allait mourir. Une clef tourna dans la serrure et la porte s'ouvrit. Comme un paquet de linge sale, un gardien jeta une femme dans la cellule. C'était Nora, la petite chanteuse tuberculeuse de Romainville. Une terrible quinte de toux l'avait, au dernier moment, sauvée du convoi de Pantin.

23

Le sergent d'intendance Herman Plumpfranck, quarante-trois ans, vida les tiroirs de la commode dans ses deux valises de carton-pâte et les arrima soigneusement à l'aide de courroies. Plumpfranck espérait que les cinquante paires de bas de soie qu'il emportait lui serviraient de monnaie d'échange pour les jours difficiles qui, pensait-il, se préparaient.

Il descendit dans le hall de l'hôtel Continental où il avait habité pendant ces quatre belles et tranquilles années d'occupation et annonça au concierge qu'il partait. Plumpfranck promit cependant qu'il serait de retour avant Noël. Puis, comme un touriste de la belle époque, chargé de ses deux valises, il se dirigea vers le kiosque du Palais-Royal pour acheter une dernière fois son *Parizer Zeitung*, le quotidien allemand de Paris. Mais ce matin-là, la vieille marchande hocha la tête : « Petit Boche, dit-elle, plus de *Parizer Zeitung*... » Le 221e et dernier numéro était paru la veille.

Dans la nuit, toute la rédaction s'était repliée à Bruxelles. Voyant l'Allemand reprendre ses valises, une petite femme aux cheveux ébouriffés qui achetait son journal s'écria : « Alors quoi, vous nous plaquez ? » C'était Colette, l'écrivain, qui habitait tout près de là et qui avait rencontré l'Allemand presque chaque matin, à cet endroit, pendant quatre ans.

Des milliers de bureaucrates comme le sergent Hermann Plumpfranck « plaquaient » en effet Paris, ce matin du 16 août 1944. La veille, le général Warlimont avait informé l'O.B. West par téléphone que Hitler avait autorisé l'évacuation de Paris de tous les états-majors et des services non combattants, y compris la Gestapo et le S.D.[1].

Les colonnes ininterrompues de camions qui devaient les emmener vers l'Est allaient causer les premiers embouteillages que les rues de Paris connaissaient depuis la guerre. Attablés aux terrasses de leurs cafés, les Parisiens impassibles regardaient partir leurs occupants. Debout derrière les ridelles des camions, des « souris grises » pleuraient en agitant des mouchoirs, des hommes chantaient « Ce n'est qu'un au revoir » ou criaient qu'ils seraient de retour avant Noël. Mais le plus étonnant, c'était le déménagement qui accompagnait ces départs. Paris se vidait par camions entiers de ses baignoires, de ses bidets, de ses tapis, de ses meubles, de ses postes de radio, de ses caisses de vin. Square Lamartine, sous les yeux navrés des riverains qui s'étaient régalés trop vite du festin qu'ils comptaient faire,

1. Les services de l'O.B. West devaient se replier à Metz, ceux du commandant de la marine de l'Ouest à Saverne et ceux de la 3e flotte aérienne à Reims. Les ordres concernant cette évacuation précisaient que les replis s'effectueraient aussi discrètement que possible pour éviter toute panique. Les échelons de commandement de l'O.B. West lui-même installés à Saint-Germain-en-Laye et ceux du groupe d'armées B installés à La Roche-Guyon devaient respectivement se replier à Verzy, près de Reims et à Margival, près de Soissons.

Les ordres les plus stricts avaient été donnés pour la surveillance de ces différentes évacuations. Aucun homme ne devait partir vers l'Est s'il n'en avait reçu l'ordre exprès du service dont il dépendait. Choltitz organisa des barrages de feld-gendarmes à toutes les sorties de Paris pour filtrer toutes les évacuations. Il put ainsi récupérer plusieurs milliers de resquilleurs qui furent immédiatement incorporés dans des bataillons d'alerte.

les Allemands embarquèrent au dernier moment les deux cochons qu'ils élevaient. Le Mineroeloffizier Walter Neuling, du service des carburants, vit à l'hôtel Majestic un officier décrocher les rideaux de sa chambre et les mettre dans sa valise « pour se faire plus tard, comme il l'expliqua, un costume ». A l'hôtel Florida, boulevard Malesherbes, l'Obergefreiter Erwin Hesse, du service des fortifications de l'Ouest, vit son chef l'Oberleutnant Thierling faire un paquet des draps et arracher les fils du téléphone pour emporter l'appareil.

Dans bien des endroits, les camions manquèrent pour déménager tout ce que certains services avaient accumulé pendant quatre années de réquisitions et de pillages. Cette pénurie de transport valut à quelques Parisiens des distributions inattendues de ravitaillement. Rue Boursault, dans le XVIIe arrondissement, le personnel d'un garage offrit aux habitants du quartier des milliers de bouteilles de cognac et de vin. Rue de la Chaussée-d'Antin, des soldats de l'intendance jetèrent des mottes entières de beurre dans les bras des ménagères effarées.

Mais le plus souvent, ce qu'ils ne pouvaient emporter, les Allemands le brûlaient. Dès l'aube de ce 16 août, le ciel de Paris s'était obscurci d'une fumée noire qui éparpillait dans la ville les cendres de tonnes d'archives et de papiers secrets. Le major Max Braubach, chef du 1er bureau du commandant militaire en France, se souvient d'avoir ainsi brûlé dans les chaudières de l'hôtel Raphaël, avenue Kléber, « les archives secrètes de quatre années d'occupation à Paris ». Rue Boissy-d'Anglas, juste derrière les volets fermés de l'ambassade américaine, la secrétaire du tribunal militaire de Paris, Irma Kohlhage, vingt-six ans, jeta dans les flammes les centaines de dossiers des Parisiens que son chef, le juge Dotzel, avait condamnés à mort. Il fallut, se souvient-elle, la matinée entière « pour venir à bout de tous ces maudits papiers ».

Certains officiers, cependant, quittèrent Paris comme de vrais gentlemen. Avant d'abandonner le luxueux appartement réquisitionné qu'il occupait avenue Victor-Hugo à Neuilly, un colonel S.S. prit une feuille de papier et se mit à écrire une lettre. « Je remercie mon hôte inconnu, écrivit-il, pour son involontaire hospitalité. Qu'il sache que je laisse son appartement dans l'état où je l'ai trouvé. J'ai réglé les factures du gaz, de l'électricité et du téléphone et remis à leur place, dans la bibliothèque, les trois volumes de Voltaire que j'ai eu le plaisir de lire... » Après avoir apposé sa signature, le colonel sortit de son portefeuille un billet de cent francs qu'il déposa sous un presse-papier à côté de la lettre, « en dédommagement des deux coupes de cristal qui avaient malheureusement été cassées[1]. »

Pour quelques hommes, les ordres de repli provoquèrent ce jour-là de véritables drames de conscience. Le moment était venu où le capitaine Hans Werner, du service des approvisionnements de la rue Beaujon, devait choisir entre Antoinette Charpentier, sa maîtresse, et la Wehrmacht. Il choisit Antoinette. Vers midi, vêtu en civil et muni d'une petite valise, il quitta discrètement son appartement de l'avenue Mozart pour un hôtel borgne de la rue Henri-Rochefort où Antoinette avait préparé un refuge pour son héros conquérant de 1940. Ils s'y cacheraient

1. C'est le commandant Richardson, de la 9e armée aérienne américaine qui trouvera cette lettre le 25 août quand il s'installera dans cet appartement.

jusqu'à ce que « tout soit rentré dans l'ordre ». Alors ils se marieraient.

Le sergent aviateur Willy Schmitz, de Coblence, décida lui aussi de déserter. Il enveloppa son uniforme et son revolver dans un journal et jeta le paquet dans un égout de la rue Jules-David, près de la Porte des Lilas. Puis il alla rejoindre à pied son amie, la teinturière Marcelle Brasart, dans la petite chambre de l'hôtel Star où ils avaient décidé de se cacher. Par contre le feldwebel Eugen Hommens, l'homme à qui trois jours plus tôt les F.F.I. avaient volé un revolver, renonça finalement à rester avec Annick, sa petite amie. Son choix, admettra-t-il cependant, fut surtout dicté « par la peur d'être à la merci d'une Française qui pourrait un jour me trahir [1] ».

Mais pour bien des Allemands promis au départ, le simple hasard, ce jour-là, allait décider de leur destin. A l'instant de monter dans la voiture qui devait l'évacuer vers l'Allemagne, la secrétaire d'état-major Maria Fuhs, de Wiesbaden, se souvint qu'elle avait donné sa montre à réparer chez un horloger du boulevard Haussmann. Elle demanda à ses collègues de l'attendre quelques minutes. En la voyant entrer, tout essoufflée, dans son magasin, l'horloger s'écria : « Mademoiselle Fuhs, vous n'êtes pas encore partie ? »

Lorsque Maria Fuhs revint à l'hôtel Continental, la voiture était partie. Elle resterait donc à Paris et suivrait le sort des milliers de combattants qui se préparaient maintenant à défendre la ville.

⁂

1. Eugen Hommens ne quitta finalement pas Paris. Au moment de partir, il fut incorporé dans le bataillon d'alerte n° 1 chargé de la défense du Palais du Luxembourg. Il sera fait prisonnier le 25 août.

Pour trente-cinq jeunes Français, les soldats du général von Choltitz devaient être ce jour-là des assassins.

Rue du Docteur-Roux, dans le village de banlieue de Chelles, un ouvrier communiste de vingt-deux ans attendait un camion. Au-dessus de son bracelet-montre qui marquait 8 heures du matin, deux initiales étaient tatouées : J.S. Il s'appelait Jacques Schlosser.

« Transports — Déménagements. Seigneur, Chelles. » Quand Jacques aperçut cette plaque sur le camion qui s'arrêta, il se précipita dans la chambre de son père et s'écria : « Papa, ce soir nous prendrons la mairie. » Pour le cheminot Alexandre Schlosser, aucune promesse ne pouvait être plus belle : c'était lui que les résistants de Chelles avaient désigné pour être le premier maire de la Libération. Quand le camion eut disparu au bout de la rue, Alexandre Schlosser remonta dans sa chambre, s'assit sur une chaise et se mit donc à attendre.

A Chelles, à Villemomble, à Draveil, « Coco le Boxeur », le chauffeur du camion, s'arrêta ensuite treize fois pour ramasser treize camarades de Jacques Schlosser. Et pour treize familles allait commencer aussi une longue journée d'attente.

A 15 kilomètres de Chelles, dans le quartier populaire de la Bastille, d'autres garçons, à cet instant, quittaient aussi leurs domiciles. Enfourchant sa bicyclette, l'étudiant en médecine Michel Huchard, membre du groupe des Jeunes Chrétiens Combattants, se retourna et fit un grand geste à la vieille Jeanne, sa nounou bretonne, qui le regardait partir de la fenêtre de sa cuisine. Il portait le costume bleu marine qu'elle avait si souvent repassé. Les bas de pantalons étaient si usés qu'elle avait dû coudre des élastiques en sous-pieds pour qu'il conserve une apparence de pli. Jeanne ne détestait rien au monde comme ces rendez-vous mystérieux auxquels se rendait parfois son « Micki ». Mais ce matin, il avait un air si radieux qu'elle était sûre, la vieille Jeanne, que Micki tiendrait sa promesse : il serait à l'heure pour le déjeuner-surprise qu'elle lui préparait. Car Michel Huchard, ce jour-là, fêtait ses vingt et un ans.

Au quatrième étage d'un vieil immeuble de la rue de Capri, une mère inquiète regardait partir son fils. L'élève de l'école dentaire Jean Dudraisil, vingt et un ans, avait annoncé qu'il ne pourrait pas porter à son père, détenu au camp de Saint-Denis, l'habituel colis du mercredi. Il devait « faire une mission ». Il serait de retour pour dîner.

L'employée des P.T.T. Paulette Restignat ignorait que son fils appartenait aux Jeunes Chrétiens Combattants de la paroisse Saint-Marcel. Ce matin-là, quand elle partit à son travail, Jacques Restignat, dix-sept ans, était encore dans son lit. Dans quelques instants, après avoir promis à sa mère de la rejoindre comme chaque jour à la cantine Danton pour déjeuner, il sauterait lui aussi sur sa bicyclette.

En camion ou à bicyclette, trente-cinq garçons convergeaient ce matin-là vers un même rendez-vous. Les communistes et les catholiques ne se connaissaient pas. Mais tous, ils appartenaient aux « Forces Unies de la Jeunesse Patriotique ». Ce puissant groupement, un certain capitaine Serge en avait contacté les chefs au nom de l'Intelligence Service à laquelle, affirmait-il, il appartenait. A ces jeunes hommes brûlants du désir de se battre, le mystérieux capitaine avait proposé la marchandise la plus rare et la plus convoitée de cet été-là : des armes. Pour chercher ces armes, communistes, catholiques, paysans, ouvriers, étudiants, trente-cinq en tout, roulaient ce matin du 16 août vers leur dernière heure.

24

Comme chaque habitant de Saint-Cloud, le professeur de lycée Thérèse Jarillon savait que les 800 mètres du tunnel qui débouchait sous les fenêtres de son coquet pavillon étaient bourrés d'explosifs. Mais ce matin, la vieille demoiselle de la rue Joseph-Lambert était affolée. Par Mme Capitaine, sa femme de ménage, elle venait d'apprendre que les Allemands s'apprêtaient à faire sauter le tunnel. Si la nouvelle était vraie, Thérèse Jarillon savait que « Mon Rêve », son petit pavillon, et des centaines d'autres habitations construites sur le coteau de Saint-Cloud disparaîtraient dans l'explosion.

Elle se mit donc à envelopper chaque pièce de sa vaisselle dans de vieux journaux et les cacha sous son lit. Puis, aidée de Mme Capitaine, elle coucha l'armoire bretonne sur le plancher, ouvrit les fenêtres, coupa l'eau, le gaz et l'électricité et s'enfuit à toutes jambes.

Baptisé PILZ (champignon) par les Allemands, le tunnel routier dont Mlle Jarillon redoutait l'explosion était en fait une usine de torpilles. Jusqu'à la fin de 1943, celle-ci avait fabriqué la plupart des torpilles des sous-marins allemands de la Manche et de l'Atlantique. Quand la guerre sous-marine ralentit faute de sous-marins, la production de Pilz continua sur le même rythme. Les torpilles furent stockées dans des chambres spéciales à côté des dortoirs où les Allemands entassaient les prisonniers qui constituaient la main-d'œuvre de l'usine. Près de mille personnes vivaient dans cet univers concentrationnaire souterrain gardé par la Kriegsmarine.

Pilz était l'une des installations allemandes les mieux protégées de Paris.

Nul n'y avait accès sans un laissez-passer spécial et les sentinelles avaient l'ordre de tirer à vue sur tout civil qui s'approcherait à moins de 50 mètres des barbelés et des blockhaus des défenses extérieures. Aucun bombardement ne pouvait l'atteindre. Pour le détruire, il n'y avait qu'un moyen : le faire sauter de l'intérieur.

C'était précisément ce que la Kriegsmarine se préparait à faire à l'instant où le capitaine Ebernach, le chef des démolisseurs de la 813e Pionierkompanie, arriva. Muni d'un laissez-passer spécial signé du général von Choltitz lui-même, il se fit conduire à l'intérieur de l'ouvrage pour recenser les explosifs qui s'y trouvaient en vue des destructions dont il avait la charge.

Ce qu'il découvrit alors sous la voûte interminable de Pilz lui donna le vertige. Rangées côte à côte dans des caisses se trouvaient 300 torpilles chargées et prêtes à être expédiées. Plusieurs centaines d'ogives et des caisses entières de détonateurs attendaient d'être montés ensemble sur d'autres projectiles. Au bout du tunnel, soigneusement alignés, brillaient une centaine de fûts rouges bourrés de T.N.T. [1].

1. Un cousin éloigné de Choltitz, l'ingénieur Joachim von Knesebeck qui dirigeait pendant la guerre la filiale parisienne de Siemens avait fréquemment l'occasion de se rendre à l'intérieur de Pilz dont il avait exécuté toutes les installations électriques. Au cours d'une interview à New York en décembre 1963, il expliqua aux auteurs de ce livre

« Donnerwetter ! » murmura Ebernach avec une sorte de respect. Puis, se tournant vers l'Obergefreiter Hegger dont les yeux écarquillés contemplaient les trésors de cette caverne d'Ali Baba, il remarqua : « Avec tous les explosifs qui se trouvent ici, on pourrait faire sauter la moitié des ponts du monde ! »

Le capitaine Werner Ebernach s'adressa alors au Kapitän-leutnant de la Kriegsmarine qui l'accompagnait et lui dit d'une voix sèche :

« Je réquisitionne tout ce qui se trouve dans ce tunnel au nom du général commandant le Gross Paris. »

***

A 100 mètres de l'entrée du tunnel, la Horch noire et les deux side-cars d'escorte obliquèrent brusquement sur la droite et s'engouffrèrent dans la rue Dailly. Grimpant la côte, les véhicules s'arrêtèrent de l'autre côté de la colline de Saint-Cloud devant une villa cossue de l'avenue Pozzo-di-Borgo. L'officier qui attendait sur le perron était le principal subordonné de von Choltitz, le lieutenant-colonel von Aulock[1], l'officier chargé de tenir la ligne de défense extérieure de Paris.

que l'étonnement du capitaine Ebernach lorsqu'il visita le tunnel était bien compréhensible. Selon cet ingénieur, il y avait en août 1944 dans le tunnel de Saint-Cloud « assez de torpilles pour au moins deux guerres ».

1. Ancien chef de corps francs, von Aulock était un nazi convaincu et un officier d'élite. Son propre frère, en ce même moment, se battait héroïquement dans Saint-Malo assiégé. Le lendemain 17 août à 14 heures, le commandant de Saint-Malo devait adresser le télégramme suivant à Adolf Hitler : « Mon Führer, les combats de Saint-Malo vont prendre fin aujourd'hui ou demain. Sous un terrible bombardement, les ouvrages s'écroulent les uns après les autres. Si nous disparaissons, nous nous serons battus jusqu'au dernier. Que la main de Dieu vous protège. Vive notre Führer. Aulock. » (Message n° 6242/44 retransmis le même jour par le groupe d'armées B.)

Dans le grand salon aux boiseries de chêne, autour d'un superbe piano Bechstein sur lequel le sergent cartographe Coutzen avait étalé une carte au 1/200 000 de l'agglomération parisienne, les deux hommes tinrent leur première conférence stratégique pour la défense de la capitale française.

Choltitz ajusta son monocle et se mit à tracer au crayon une ligne autour de Paris. Quand il eut fini, il se tourna vers Aulock et les quelques officiers présents et dit seulement : « Voilà, messieurs, où vous devrez tenir. »

Aulock examina la carte avec étonnement. La ligne de défense qu'avait tracée Choltitz était beaucoup plus éloignée de Paris que celle qu'avait proposée son prédécesseur Boineburg. Décrivant un arc de cercle d'une centaine de kilomètres, elle s'appuyait sur la Seine à l'ouest de Poissy et rejoignait la Marne à la hauteur de La Varenne-Saint-Hilaire. Elle englobait Saint-Germain, Versailles, Palaiseau, Orly et Villeneuve-Saint-Georges et barrait, à 30 kilomètres en avant de la ville, les accès ouest, sud et sud-est de Paris. A l'O.K.W., on appelait cette ligne la « Paris Sperreriegel ». A Saint-Cloud, ce jour-là, on l'appellera simplement « die Linie », la ligne.

Le gouverneur de Paris savait que le lieutenant-colonel von Aulock pourrait difficilement tenir un front aussi long sans recevoir de sérieux renforts[1]. Ces renforts, Hitler les avait promis.

1. Le groupement tactique de Aulock comprenait alors une unité d'élite à effectifs et matériel complets, le 11e régiment de chasseurs parachutistes de la D.C.A., 16 sections de mitrailleuses 82, le bataillon de l'aérodrome de Paris, le 11e bataillon du 90e régiment de l'armée de l'air, plusieurs bataillons de territoriaux, un bataillon d'interprètes, un bataillon formé d'anciens détenus militaires de la prison de Fresnes et enfin des unités d'alerte appartenant aux différentes Kommandantur du secteur.

En attendant qu'ils lui parviennent, von Aulock déploierait ses dix mille hommes sur la ligne de défense. Von Choltitz accepta la suggestion d'un des adjoints de von Aulock, le colonel Fritz Meise, ancien chef de l'escadrille Richthoffen. Meise, qui commandait le 11e régiment de parachutistes, proposa de procéder au démantèlement de toutes les pièces de D.C.A. installées dans Paris pour les utiliser comme pièces anti-chars[1]. Ces canons, fit-il remarquer, ne serviraient à rien dans la ville « puisque les Alliés ne bombarderont sûrement pas Paris ».

Avec cette artillerie, le colonel Meise constituera en quelques jours 20 batteries de 88, 11 batteries de 75 et 21 batteries de 37. 200 pièces au total contre lesquelles dans huit jours exactement, buteront durement les chars de la 2e division blindée du général Leclerc.

Après la conférence, le lieutenant-colonel von Aulock fit servir du champagne, que l'infatigable capitaine Theo Wulff, son chef d'état-major, versa dans les coupes de cristal appartenant au propriétaire de la villa, un Israélite nommé Stern et réfugié aux États-Unis.

Theo Wulff se souvient que Choltitz leva sa coupe et dit quelques mots sur « les dures journées qui nous attendaient ».

On entendit alors monter du grand piano Bechstein les premières notes d'une mélodie nostalgique de Lutzow. L'homme qui jouait était le colonel Seidel, de Dresde, chef d'un des trois groupes de combat. Les hommes se mirent à écouter en silence. Leur verre à la main, rappelle Wulff, ils contemplaient au travers de l'immense

1. Les Allemands utilisaient fréquemment leurs canons antiaériens de 88 comme armes antichars. Aucun blindage allié ne résistait à leurs obus.

baie vitrée de leur villa le plus beau spectacle du monde : les toits de Paris que dorait jusqu'à l'horizon le soleil de midi.

25

En cette aube du 16 août, le soleil se levait derrière la haute tour médiévale de la cathédrale Saint-Étienne lorsque Marie-Hélène Lefaucheux atteignit la ville de Meaux blottie dans une boucle de la Marne, à 44 kilomètres de Paris. Sur sa vieille Alcyon sans dérailleur, Marie-Hélène avait quitté Paris avant la fin du couvre-feu pour rattraper le wagon à bestiaux qui emportait vers l'Est et l'Allemagne son mari, Pierre. Mais jusqu'à présent, dans chaque gare où elle s'était arrêtée, elle avait invariablement obtenu la même réponse : le train était passé deux heures plus tôt.

A l'heure où Marie-Hélène arrivait à Meaux, 20 kilomètres plus loin, Pierre et ses 2 452 compagnons de misère luttaient contre l'asphyxie dans l'enfer d'un tunnel où leur train était arrêté depuis deux heures. Le S.O.S. des F.F.I de Paris était arrivé à temps. A la sortie du tunnel de Nanteuil-Saacy, sur une longueur de 75 mètres, la voie avait sauté deux heures avant le passage du train.

Pour protéger le convoi contre une attaque « terroriste », les gardes S.S. l'avaient fait reculer dans le tunnel. Quand le bruit s'était répandu que la Résistance avait saboté la voie, il y avait eu dans les wagons une explosion de joie et d'espoir. Mais maintenant, deux heures après, les 2 453 prisonniers n'espéraient plus rien. A demi asphyxiés par les volutes de fumée noire que crachait la locomotive, ils luttaient pour ne pas mourir. Dans le wagon d'Yvonne Pagniez où l'air se raréfiait, on entendait « la respiration courte et haletante des poitrines oppressées, les cris perçants des femmes dont les nerfs craquaient, les hoquets de celles qui vomissaient dans l'ombre ». Dans beaucoup de wagons, la panique s'empara des prisonnières. « C'était une sensation plus forte que toutes nos volontés, rappelle Yvonne Pagniez, de sentir dans ce noir opaque la mort des enterrés vivants nous étouffer dans nos propres tombes. » Dans le wagon de Jeannie Rousseau, les femmes étaient persuadées que les Allemands essayaient de les asphyxier. Elles entendaient le martèlement de leurs bottes le long de la voie et leurs voix rauques assourdies par les masques à gaz qu'ils portaient.

Et pourtant, chaque seconde de cauchemar rapprochait les prisonniers de la liberté. Cachés le long du ballast, cinq hommes étaient à l'affût. Ils avaient eux-mêmes placé contre les rails les pains d'explosif qui avaient coupé la voie. Et maintenant ils attendaient les renforts avec lesquels ils allaient attaquer le convoi. De leur cachette, ils avaient pu observer les allées et venues des soldats de l'escorte. Ils en avaient compté plus de deux cents. Pour « Gaston », l'instituteur qui cet été-là commandait les F.F.I. du secteur, seule une attaque-surprise pourrait empêcher les S.S. de massacrer les prisonniers qu'ils voulaient sauver.

« Gaston » avait gagné la première manche. Il savait que de toute la vallée de la Marne, seuls ou par petits groupes, des hommes armés convergeaient à cet instant vers le tunnel. De toute manière il avait le temps : il faudrait deux jours aux Allemands pour réparer la voie et rétablir la circulation.

« Gaston » se trompait. Par un sinistre hasard, à moins de 5 kilomètres au-delà du tunnel, les Allemands avaient découvert dans la gare de Nanteuil-Saacy un train de bétail en partance pour l'Allemagne. Rien ne serait plus facile que de remplacer les bestiaux par les prisonniers.

Les Allemands firent sortir le train du tunnel. Sur la route en contrebas, une silhouette apparut alors sur une bicyclette : haletante, essoufflée, Marie-Hélène Lefaucheux rattrapait enfin le convoi.

Parmi les spectres maigres et noirs qui descendirent du troisième wagon se trouvait Pierre, son mari. Rien au monde à cet instant, pas même les mitraillettes des S.S., n'aurait pu empêcher Marie-Hélène de parler à son mari. Sa bicyclette à la main, elle s'élança comme une folle à travers la prairie pleine de coquelicots qui les séparait, escalada le talus, bouscula deux soldats et courut vers le troisième wagon. Quand elle arriva devant Pierre, elle fit le premier geste qui lui vint à l'esprit. Prenant dans sa poche un mouchoir blanc, elle l'appliqua sur son visage couvert de sueur et de suie.

Par un privilège qu'elle ne devait jamais s'expliquer, les gardiens autorisèrent la jeune femme à accompagner la colonne pendant la durée du transbordement. Tenant d'une main sa bicyclette et serrant de l'autre les doigts décharnés de son mari, elle se mit à suivre le calvaire de Pierre et de ses compagnons d'infortune. Parmi toutes les phrases qu'ils échangèrent pendant les deux cruelles et bouleversantes heures que dura le transbordement, il en est une qui devait rester à jamais gravée dans la mémoire de Marie-

Hélène. Elle prouvait que les tortures de la Gestapo n'avaient pu briser l'âme de cet homme. Au moment où les S.S. les séparèrent, Pierre esquissa un sourire et murmura d'une voix tranquille : « Après ce voyage, Marie-Hélène, je te promets que je ne discuterai jamais plus le prix d'un wagon-lit ! »

Une autre femme aurait pédalé, elle aussi, « jusqu'au bout du monde » pour le seul bonheur d'échanger quelques mots avec son mari. Vingt-cinq rangs devant Mme de Renty se trouvait, dans la même colonne, son mari. Les deux prisonniers avaient été arrêtés ensemble pour avoir caché des aviateurs alliés. Et tous deux faisaient partie du dernier convoi de Pantin.

D'une colline qui dominait la vallée, les cinq résistants désespérés virent le train s'éloigner lentement vers Château-Thierry et Nancy. Les Allemands avaient gagné. Les renforts qu'attendaient « Gaston » arriveraient trop tard. Il restait désormais peu d'espoir d'arracher les 2 453 prisonniers au sort qui les attendait. Pour la Résistance française, ce serait un cruel échec.

Sur la route qui longeait la voie ferrée au-delà du village de Nanteuil-Saacy, une silhouette blanche courbée sur le guidon de sa bicyclette filait le long des wagons de bois. Marie-Hélène Lefaucheux continuait, elle aussi, son voyage.

⁂

Porte Maillot, devant la sortie du métro donnant sur le boulevard Gouvion-Saint-Cyr, un homme grand et mince, vêtu d'un imperméable couleur mastic, un chapeau mou rabattu sur de grosses lunettes d'écaille, faisait les cent pas. A 11 heures précises, un camion s'arrêta. L'homme lut sur les portières : « Transports. Déménagements-Seigneur, Chelles. » Il s'approcha du véhicule et demanda à voix basse au chauffeur si c'était « pour les armes ». Au hochement affirmatif de « Coco le Boxeur », l'homme dit : « Je suis le capitaine. » Puis il sortit de sa poche un paquet de Gauloises et le lui offrit : « Voilà, dit-il, pour patienter jusqu'à ce que tout le monde soit là. » « Coco le Boxeur » remercia et remarqua que l'homme parlait avec un accent étranger. Quelques minutes plus tard, deux autres camions s'arrêtaient et bientôt vingt jeunes gens fumaient sur le trottoir les cigarettes du généreux capitaine. Quand Jean-Pierre Dudraisil les aperçut de loin, il ralentit et se dit : « Drôle d'idée de donner tant de rendrez-vous au même endroit. On va tous se faire piquer ! » Mais bientôt le groupe de Jeunes Chrétiens avait rejoint à son tour le capitaine et les jeunes communistes de Chelles. Parmi eux se trouvait une jeune fille : Diane, la responsable féminine des Jeunes Chrétiens Combattants.

Le capitaine fit alors embarquer tout le monde dans les camions, y compris les bicyclettes, sauf une seule qu'il voulait emprunter pour précéder lui-même le convoi et s'assurer que la voie était libre. Il demanda aux responsables de veiller à ce que les bâches des véhicules restassent aussi hermétiquement fermées que possible pendant la durée du trajet « afin que les Allemands ne pussent rien remarquer de suspect ». Il annonça qu'il y aurait deux arrêts. Au premier, personne ne devrait bouger. Au second, ils seraient arrivés au garage où se trouvaient les armes.

Les camions démarrèrent. Dans le premier camion, Diane pouvait apercevoir dans la pénombre les visages tendus de ses camarades.

Michel Huchard, Jean-Pierre Dudraisil et Jacques Restignat étaient assis côte à côte et ne se parlaient pas. Au bout de cinq minutes, le convoi s'arrêta. Diane, la seule fille du groupe, écarta le panneau arrière de la bâche et poussa un cri. Des Allemands armés de mitraillettes débouchant d'un terrain vague marchaient vers les camions. Michel Huchard cria « Silence ! » Mais une voix commença à réciter le Notre Père et tous les occupants du camion se mirent à prier ensemble. Deux ou trois minutes plus tard, une pluie de coups de crosse et de balles s'abattit sur les véhicules. « Raus ! Raus ! Schnell ! » commandaient les Allemands en plantant leurs mitraillettes dans les bâches. Quelqu'un dans l'avenue cria en français : « Sautez ! » Diane reconnut la voix du capitaine. Jean-Pierre Dudraisil sauta le premier. Un soldat lâcha à ce moment une courte rafale dans sa direction et le garçon sentit une brûlure dans sa jambe. Une autre garçon l'imita. Puis Diane, avec ses longs cheveux blonds, parut le long de la ridelle et le feu cessa brusquement.

Poussés vers la clôture du terrain vague à la pointe des mitraillettes, les jeunes gens des trois camions furent alignés les bras en l'air.

Une heure plus tard Diane et ses trente-cinq compagnons se retrouvèrent le long d'un mur dans la sinistre cour du 9, rue des Saussaies où tant de Français avaient vécu dans la torture les derniers moments de leur vie. Après être restés les bras en l'air pendant des heures, ils furent séparés et interrogés. Diane fut conduite dans une cellule au cinquième étage.

Vers 8 heures du soir, elle entendit la porte s'ouvrir et quelqu'un lui annonça qu'elle était libre. « Qu'avez-vous fait de mes camarades ? » demanda-t-elle. « Nous les gardons », lui fut-il sèchement répondu.

Le lendemain, dans un garage de la rue Chardon-Lagache, des pères et des mères désespérés devaient chercher les corps de leurs enfants parmi les trente-sept cadavres que les pompiers venaient de ramasser derrière la Cascade du Bois de Boulogne. Les Allemands avaient achevé leurs victimes à la grenade. Les corps étaient si mutilés qu'il était pratiquement impossible de les identifier. Alexandre Schlosser, le candidat-maire de Chelles, à qui son fils avait promis des armes pour prendre la mairie, se souviendra alors des deux initiales tatouées sur le poignet de Jacques. Et Jeanne, la vieille nounou bretonne, pensera aux élastiques en sous-pieds qu'elle avait cousus aux pantalons de Michel Huchard.

Mais bien des pères et des mères ne devaient jamais retrouver leurs enfants parmi les corps déchiquetés des trente-cinq premiers martyrs de la libération de Paris[1].

26

Le sous-lieutenant Ernst von Bressensdorf, vingt-sept ans, officier adjoint de la 550e compagnie de transmissions, sursauta à la vue de

1. Les circonstances exactes de la mort des trente-cinq fusillés de la Cascade du Bois de Boulogne sont inconnues. D'après le témoignage d'habitants des immeubles voisins du Bois, il y eut ce soir-là de nombreuses détonations vers 9 heures du soir. Selon M. Lucas, qui découvrit les corps le lendemain matin et prévint les pompiers (la police étant en grève), la position des corps indiquait que les jeunes gens avaient été abattus au moment où ils descendaient du camion. Les blessures indiquaient que les victimes avaient été achevées à la grenade.

Quant au faux capitaine de l'Intelligence Service responsable de ce massacre, il fut arrêté après la Libération, condamné à mort et fusillé. Son vrai nom était Serge Marcheret.

l'ampoule rouge qui venait de s'allumer. Cette petite lumière signifiait que Berlin, ou Rastenburg, appelait sur la ligne directe ultra-secrète du gouverneur militaire de Paris. Cette ligne passait par le central téléphonique installé dans des chambres du troisième étage de l'hôtel Meurice. Une trentaine de téléphonistes et plusieurs sous-officiers se relayaient vingt-quatre heures sur vingt-quatre aux différents standards du central. Ernst von Bressensdorf, malgré son jeune âge, était le chef de cet important service. Parmi ses prérogatives, il y en avait une à laquelle il tenait par-dessus tout : il était seul à pouvoir manipuler la ligne directe avec Berlin. A cause de ce privilège, il méritait de passer en conseil de guerre. Quatre jours plus tôt, le 12 août, il avait décroché l'appareil et demandé à l'opératrice de Berlin d'appeler ses parents à Leipzig. Ceux-ci lui avaient appris une très grande nouvelle : sa femme avait mis au monde une fille.

Ce matin-là, ce fut une autre voix qu'il entendit quand il décrocha l'appareil. La voix sèche et précise du colonel général Jodl était à l'autre bout du fil « aussi claire que si celui-ci appelait du Louvre ou des Invalides ». Bressensdorf brancha l'appel sur le poste du général von Choltitz. Puis, introduisant une autre fiche dans une boîte relais, il décida d'écouter la communication.

Aux premières paroles que Jodl prononça, le jeune sous-lieutenant sursauta. Quel était, demanda celui-là, l'état d'avancement des destructions ordonnées ? Le chef d'état-major de l'O.K.W. annonça que Hitler avait réclamé un rapport détaillé pour la conférence stratégique de

Interrogé sur le massacre de la Cascade, le général von Choltitz affirma aux auteurs de ce livre qu'il n'en avait pas eu connaissance à l'époque.

la mi-journée. Il y eut, rappelle Bressensdorf, un long silence dans l'appareil. Puis Choltitz répondit que malheureusement les destructions n'avaient pu encore être entreprises, les spécialistes des démolitions n'étant arrivés que la veille. Il assura que les préparatifs seraient cependant rapidement achevés. « Jodl, rappelle Bressensdorf, paraissait extrêmement déçu. » Il dit que Hitler se montrait « très impatient ». Le gouverneur de Paris saisit alors cette occasion pour répéter à Jodl ce qu'il avait dit la veille à Blumentritt et au maréchal von Kluge. Toute destruction dans Paris, en ce moment, aboutirait selon lui à déclencher ce qu'il redoutait le plus : « la colère désespérée des Parisiens et une insurrection générale ». Il proposait donc que les destructions soient retardées de quelques jours. Jodl répondit qu'il transmettrait ces recommandations au Führer mais qu'il ne fallait pas s'attendre à ce que celui-ci modifiât ses décisions. Il le rappellerait pour lui donner la réponse de Hitler. La brève conversation se termina, se souvient le jeune lieutenant, sur une phrase rassurante par laquelle Choltitz affirmait au chef de l'O.K.W. qu'il avait la situation bien en main et que « les Parisiens n'avaient pas encore osé bouger ».

***

La pluie qui tombait depuis midi sur Paris balayait les courts de tennis avec une telle violence que le « père Martin », le concierge du stade Jean-Bouin, n'espérait aucun client cet après-midi-là. Il avait tort. Vers 3 heures, au plus fort de l'orage, il entendit frapper. Dans l'encadrement de la porte, il vit alors apparaître une raquette dans la main droite et un poulet dans l'autre, un de ses meilleurs clients. Harassé, dégoulinant de pluie, Jacques Chaban-Delmas se laissa tomber sur une chaise.

« D'où venez-vous ? » demanda avec étonnement le père Martin.

« De Versailles, pour ce maudit poulet », répondit Chaban-Delmas en montrant le volatile.

A Alger, dans la chaleur torride de ce même après-midi, le long rapport sur Paris que Chaban-Delmas avait envoyé de Londres venait d'emporter une décision. Charles de Gaulle annonça qu'il partait pour la France. Mais avant de s'en aller, le chef de la France libre devait remplir une formalité infiniment pénible : demander aux Alliés l'autorisation de se rendre dans son propre pays. Sous le ventilateur poussif de son bureau du Palais d'Été, de Gaulle convoqua le général sir Henry Maitland Wilson qui représentait le commandement allié à Alger. Il indiqua à cet officier courtois qu'il se proposait d'entreprendre une simple inspection de la portion de France que les Alliés avaient libérée.

En fait, les projets de Charles de Gaulle dépassaient le cadre d'une simple inspection. De Gaulle s'apprêtait à transporter sa propre personne, puis son gouvernement, sur le territoire français, et plus particulièrement à Paris. Que les Alliés le veuillent ou non, que Roosevelt reconnaisse ou non son autorité, le chef de la France libre était maintenant décidé à s'installer en France. S'il omettait volontairement de le faire savoir au commandement allié, c'était pour deux raisons. De Gaulle estimait d'abord que ses décisions ne regardaient pas les Alliés. Ensuite, il se rendait compte que les Alliés feraient en sorte, s'ils connaissaient ses intentions, qu'il ne pût quitter Alger.

Quelques jours plus tôt, de Gaulle avait eu vent de la manœuvre désespérée que tentait Pierre Laval pour lui barrer la route. Laval était allé chercher Édouard Herriot, le président de la Chambre des Députés, dans la clinique où les Allemands le détenaient et l'avait ramené à Paris. Laval comptait obtenir d'Herriot la convocation de la défunte Chambre et la constitution d'un gouvernement qui accueillerait les Alliés. De Gaulle jugeait sans avenir ce complot de la dernière heure. Mais la conviction que cette intrigue avait l'appui des Américains était pour le chef de la France Libre une raison supplémentaire de vouloir gagner Paris d'urgence[1].

***

1. Dans ses Mémoires (Volume II — L'Unité — page 290), de Gaulle écrit : « Laval peut croire, au début du mois d'août, qu'il va obtenir les concours jugés par lui indispensables. Par M. Enfière, ami de M. Herriot, utilisé par les Américains pour leurs liaisons avec le président de la Chambre et qui est en relation avec les services de M. Allen Dulles à Berne, il vérifie que Washington verrait d'un bon œil un projet qui tend à coiffer ou à écarter de Gaulle. »

Des membres de l'entourage du général de Gaulle restent aujourd'hui persuadés que les États-Unis, par l'intermédiaire de Dulles, avaient assuré Laval de leur soutien.

A Washington, en décembre 1963, au cours d'une conversation avec les auteurs de ce livre, puis dans une lettre datée du 20 janvier 1964, M. Dulles a formellement démenti les accusations du général de Gaulle. « Je peux vous assurer, nous a-t-il déclaré, que je n'ai jamais pris part à une manœuvre ayant eu pour objet d'écarter de Gaulle. J'ai au contraire constamment averti Washington que de Gaulle était la seule autorité que respectait réellement la Résistance française. A cause de l'antipathie qu'ils éprouvaient pour de Gaulle, ajouta M. Dulles, il est vraisemblable que Roosevelt et Cordell Hull ne partageaient pas ce point de vue. » Dulles reconnut cependant qu'il était entré en contact avec Édouard Herriot au printemps de 1944, sur l'ordre de Roosevelt. Il ne se souvenait pas du nom de l'intermédiaire qui servit à établir ce contact mais il est tout à fait possible que ce fût M. André Enfière.

Dans la confortable roulotte du P.C. avancé de Shellburst d'où il conduisait les opérations, le général Eisenhower arborait ce jour-là un sourire satisfait. D'heure en heure, des officiers de son état-major lui apportaient les rapports sur le déroulement des combats dans la poche de Falaise. Et d'heure en heure, Eisenhower voyait s'allonger la liste des unités allemandes prises au piège. Il pouvait maintenant songer à la prochaine opération : la ruée vers la Seine et l'Allemagne. Il n'éprouvait aucune préoccupation particulière concernant la situation à Paris. Personne n'avait pris la peine d'avertir le commandant en chef qu'une insurrection était sur le point d'éclater dans la capitale. Pour une raison inexplicable, le S.O.S. lancé par Chaban-Delmas n'avait pas été transmis au seul homme responsable de la stratégie alliée.

***

A 60 kilomètres au sud de Paris, près du village aux toits d'ardoises de Tousson, une lumière se mit à briller dans la nuit d'août. A 600 mètres vers l'est, une autre lumière s'alluma alors, puis une troisième, à la même distance, mais vers le sud. Tout autour du vaste plateau couvert de chaume, cachés dans des bouquets d'ajoncs ou dans les hautes herbes des bas-côtés, cinquante hommes armés surveillaient le clignotement intermittent — deux longues et une brève — des trois lumières.

Ces hommes appartenaient au commando que dirigeait un grand gaillard de trente ans vêtu d'une chemise d'aviateur et d'un pantalon de ski. Celui-ci se faisait appeler Fabri. En réalité, son nom était Paul Delouvrier, et il était inspecteur des finances.

Fabri avait installé son P.C. — une tente, deux tables, un poste de radio alimenté par une batterie d'auto — dans les broussailles quasi impénétrables des bois voisins de Darvaux. Là, camouflées sous un épais feuillage, se trouvaient également deux automobiles aux couleurs de la Wehrmacht que Fabri et ses hommes avaient capturées lors d'une opération.

Aucune troupe n'était plus hétéroclite. Elle comptait douze gardes républicains qui avaient déserté pour avoir refusé de fusiller des résistants à la prison de la Santé, un artiste peintre évadé de la prison d'Amiens, des membres de l'école de cadres d'Uriage. Elle comptait aussi d'ex-miliciens de Darnand et même un ancien sergent de la L.V.F. titulaire de la Croix de Fer de 1re classe.

Ravitaillé en vivres par les paysans, approvisionné en armes par le boucher-charcutier de Nemours, le commando Fabri menait dans les profondeurs des forêts de Fontainebleau et de Nemours une vie spartiate et militaire. C'était la fierté de son chef. Car la mission qu'il avait reçue était si extraordinaire que seuls des hommes bien entraînés et parfaitement disciplinés pourraient, le moment venu, la réussir.

Depuis le mois de mai, le commando Fabri avait maintes fois répété l'exercice de cette nuit d'août. Celui-ci consistait à permettre l'atterrissage d'un avion. Cet avion, les hommes le savaient, transporterait un important personnage qu'ils devraient conduire à Paris dans l'une des voitures capturées à la Wehrmacht.

Cette nuit du 16 au 17 août, Paul Delouvrier était spécialement satisfait : ses hommes étaient bien rodés. Dans la soirée, il était lui-même rentré à bicyclette de Paris où il avait rencontré son chef qui revenait ce jour-là de Londres. Agenouillé dans l'obscurité complice de l'église Saint-Sulpice, Jacques Chaban-Delmas avait annoncé à Paul Delouvrier qu'il devait se considérer désormais en état d'alerte permanente.

Après l'exercice, Paul Delouvrier réunit ses adjoints sous les taillis de son P.C. et leur répéta les paroles de Chaban-Delmas. Le message qu'ils devraient guetter sur les ondes de la B.B.C. serait une phrase de cinq mots. Six heures après qu'ils auraient entendu la question : « As-tu bien déjeuné, Jacquot ? », un Lysander se présenterait au-dessus du plateau de Tousson pour atterrir. La voiture devait être prête à prendre le passager et à le conduire sous protection armée à la destination qu'il indiquerait dans Paris. Pour le cas où l'ennemi se manifesterait, des itinéraires de dégagement devraient être prévus. « Messieurs, je peux maintenant vous révéler, annonça Paul Delouvrier, l'identité du personnage qui se trouvera à bord de l'avion. Ce sera le général de Gaulle lui-même[1]. »

27

Comme chaque matin à la même heure, un petit homme coiffé d'un chapeau noir passa devant les deux sentinelles et entra d'un pas

1. Outre le plateau de Tousson, plusieurs terrains avaient été reconnus en prévision de l'atterrissage clandestin du général de Gaulle. L'emplacement de ces terrains était porté sur une carte au 1/20 000 de l'Institut Géographique National que transportait dans la pompe de sa bicyclette la romancière Constance Coline. Ces cartes étaient transmises au réseau de Chaban-Delmas qui les faisait suivre à Londres.

résolu sous la voûte qui coiffait la coupole à huit faces du Palais du Luxembourg.

Marcel Macary était le seul Français que les Allemands avaient laissé pénétrer quotidiennement dans le saint des saints de ce palais qu'ils occupaient depuis le 25 août 1940. La veille, le gros maréchal Sperrle, son état-major et les services de la 3e flotte aérienne étaient partis pour Reims. Dans la nuit, d'autres Allemands, des combattants, ceux-là, les avaient remplacés. Mais l'histoire quatre fois centenaire de ce palais ne garderait pas le souvenir de ce bref chapitre de l'occupation nazie. Marcel Macary savait que Paris serait bientôt libéré. Dans quelques jours, il allait, espérait-il, pouvoir remettre à la République les clefs de ce monument intact qu'il avait défendu avec plus d'acharnement et d'habileté qu'il ne l'aurait fait pour son propre bien. Marcel Macary était conservateur du Palais du Luxembourg. Chaque fois qu'une botte allemande avait écrasé, dans un escalier ou dans un couloir, le mégot d'une cigarette, Macary l'avait remarqué et il en avait souffert dans sa propre chair.

Depuis quatre ans, ses journées avaient invariablement commencé par une tournée d'inspection des trésors que contenait son Palais. L'itinéraire de cette tournée était toujours le même. La bibliothèque d'abord, au premier étage, où trois cent mille livres, dont certains manuscrits très anciens et des éditions originales d'œuvres rares, étaient protégés par une palissade de deux mètres de hauteur installée en 1941. Puis, audessus de la fenêtre, il contemplait avec une sorte de béatitude le tableau qu'il avait eu tant de mal à arracher aux convoitises d'un célèbre collectionneur nommé Hermann Goering : « Alexandre enfermant les poèmes d'Homère dans le coffret d'or de Darius après sa victoire d'Arbelles », d'Eugène Delacroix. Le conservateur traversa ensuite le « Cabinet Doré » où Marie de Médicis donnait ses audiences. Puis il entra dans le grand salon de réception lambrissé d'or que les Allemands avaient transformé en salle à manger. Du haut d'une toile immense, Napoléon à Austerlitz y contemplait d'un air méprisant les usurpateurs de ce palais qu'il avait lui-même habité avec Joséphine.

Avant de terminer sa tournée, Marcel Macary décida de traverser la cour d'honneur pour se rendre compte de l'avancement des travaux du troisième abri que les Allemands étaient en train d'aménager sous le palais[1]. Mais la cour d'honneur était ce matin-là un no man's land dont les accès étaient gardés par des soldats. Avant d'être refoulé par le canon d'une mitraillette, Marcel Macary eut cependant le temps de voir un spectacle qu'il ne devait pas oublier. D'une dizaine de camions arrêtés dans la cour, des hommes de l'organisation Todt déchargeaient des caisses qu'ils descendaient dans les sous-sols. Sur ces caisses, rappelle le conservateur, il y avait une tête de mort et en lettres noires deux mots : « Achtung Ecrasit. » D'autres hommes déroulaient de longs tuyaux équipés de marteaux-piqueurs. Ils étaient branchés sur des compresseurs garés près des camions.

Macary comprit alors pourquoi les Allemands lui avaient refusé l'accès de la cour d'honneur. Ils

1. Les Allemands avaient déjà construit un abri en juillet 1943 sous les jardins. Il se composait de neuf salles équipées de systèmes d'aération autonomes et de tout le matériel nécessaire à un séjour prolongé sous terre. Cet abri, ainsi que celui que Macary avait lui-même construit en 1936 pour le Président du Sénat, était raccordé à un ancien réseau de carrières désaffectées qui débouchait à 2 kilomètres au-delà de la porte d'Orléans, au carrefour de la Vache-Noire.

étaient en train de miner le palais, ce palais qu'il avait protégé pendant quatorze cent cinquante-trois jours de toutes les atteintes des occupants. Désespéré, Macary se demanda ce qu'il pourrait faire pour empêcher ce désastre. Il eut une idée. Il existait un homme, pensa-t-il, qui pourrait peut-être sauver le Palais de la destruction. C'était un simple électricien. Il s'appelait François Dalby.

***

Dans bien des endroits de Paris, ce matin-là, les mêmes opérations de destruction se préparaient à l'abri de tout regard indiscret. Derrière les douze colonnes corynthiennes du Palais-Bourbon, dans la cour d'honneur de la Chambre des Députés, l'Obergefreiter berlinois Otto Dunst et quelques hommes de la 813e Pionierkompanie surveillaient le va-et-vient des camions d'explosifs. Otto Dunst avait l'ordre de prélever une tonne d'explosifs pour miner tout un côté de la place de la Concorde, le Palais-Bourbon, l'hôtel de la Présidence et le ministère des Affaires étrangères.

A l'autre bout de Paris, dans l'usine Panhard de l'avenue d'Ivry qui fabriquait des pièces pour les V2, le feldwebel Walter Hoffmann, quarante et un ans, de la 511e Zugwachabsteilung, avait reçu un ordre de son chef le major Steen. Cet ordre concernait deux camions qui devaient arriver pour apporter le trinitrotoluène nécessaire à la destruction de toutes les installations. Ces explosifs, avait insisté le major Steen, devaient être introduits dans l'usine « sans attirer l'attention des ouvriers français ».

Au 10 de l'avenue de Suresnes, le téléphone

sonna vers 10 heures du matin dans le bureau de l'ingénieur Joachim von Kneesebeck, directeur de Siemens en France. C'était l'hôtel Meurice qui appelait. Au bout du fil, une voix inconnue ordonna à von Kneesebeck de faire sauter toutes les machines de l'usine Schneider-Westinghouse de Fontainebleau.

A deux pas des abattoirs de Vaugirard, rue Saint-Amand, les oberleutnants von Berlipsch et Daub et les feldwebels Bernhardt Blache et Max Schneider, du 112e régiment de transmissions, mettaient en pratique l'enseignement du « cours spécial de démolition » qu'ils avaient suivi au lendemain du débarquement. Méthodiquement, ils répartissaient 1 000 kilos de dynamite et 200 capsules explosives dans les trois étages souterrains du central où 232 téléscripteurs relayaient jour et nuit le trafic en clair et en code du front de l'Ouest depuis la Norvège jusqu'à la frontière espagnole.

La mise à feu serait commandée par le « Spengkommando » de von Berlipsch depuis une voiture garée dans la rue d'Alleray. Pendant ce temps, l'oberleutnant Daud et ses hommes feraient sauter le central téléphonique des Invalides en allumant les 25 charges explosives qu'ils avaient fixées à des bouteilles d'oxygène comprimé à 180 atmosphères.

*
**

Bref, dans tout Paris, les démolisseurs du IIIe Reich s'activaient fébrilement.

Vers midi, l'ascenseur en forme de chaise à porteur de l'hôtel Meurice déposa le commandant du Gross Paris au quatrième étage. Choltitz trouva les quatre experts en démolition envoyés par Berlin en pleine activité. Ils avaient visité dans la matinée cinq grandes usines de la région parisienne, notamment Renault et Blériot, pour déterminer les emplacements où devraient être placées les charges explosives. Ces emplacements étaient indiqués sur chaque plan par de petits points rouges. Pour chaque usine, rappelle Choltitz, « il y avait une mer de points rouges ».

Quand le gouverneur de Paris regagna son bureau, son chef d'état-major, l'impassible colonel von Unger, lui remit une dépêche de l'O.B. West. Elle portait la signature du maréchal von Kluge. En haut à gauche se trouvaient les mentions « ultra-secret » et « très urgent ». Deux lignes au bas du quatrième paragraphe de cette dépêche n° 6232/44 attirèrent l'attention du général. Elles disaient : « Je donne l'ordre d'exécuter les neutralisations et destructions prévues pour Paris. »

*
**

Dans le long couloir jonché de papiers et de débris, deux hommes couraient après une signature. Mais ce jour-là, dans les bureaux de l'hôtel Majestic, il semblait n'y avoir plus personne pour la leur donner. Les services du gouvernement militaire de la France occupée, le Militärbefelshaber in Frankreich, avaient quitté Paris quelques heures plus tôt. Raoul Nordling et Bobby Bender arrivaient trop tard.

Ils avaient pourtant cru qu'ils pourraient enfin arracher au massacre général qu'ils redoutaient les 3 893 détenus politiques qui se trouvaient encore dans les prisons parisiennes[1]. Trente minutes

1. Les prisonniers détenus dans les prisons parisiennes se répartissaient comme suit : 532 à Fresnes ; 57 à Romainville ; 1 532 à Drancy ; 1 772 à Compiègne.

plus tôt, le général von Choltitz leur avait annoncé qu'il était disposé à libérer les prisonniers à la condition « d'être couvert par la signature d'un officier du Militärbefelshaber in Frankreich ». Depuis quatre jours qu'ils remuaient ciel et terre, c'était le premier encouragement qu'ils recevaient.

Nordling et Bender sursautèrent. Un claquement métallique venait tout à coup de résonner dans le couloir. D'un geste rageur, le major Huhm, chef d'état-major, avait refermé le dernier tiroir de son bureau dont les papiers achevaient de brûler dans la cheminée. Dans l'immense hôtel désert, Huhm était le dernier officier qui fût encore là. Dans quelques minutes, il monterait dans sa B.M.W. et filerait à son tour vers l'Est.

Bender et Nordling se précipitèrent. Impassible, Huhm écouta les explications du consul de Suède. Puis il répondit qu'en l'absence de son supérieur, le général Kitzinger, il ne pouvait pas prendre une telle responsabilité. Raoul Nordling abattit alors sa dernière carte. Il annonça à l'officier allemand qu'il se trouvait en position d'obtenir la libération de cinq soldats de la Wehrmacht pour chaque prisonnier français qui lui serait confié. Huhm parut hésiter. Il demanda quelle garantie le consul pouvait offrir que les conditions d'un tel échange seraient respectées. Nordling répondit qu'il avait reçu des plus hautes autorités alliées l'autorisation de faire cette proposition[1].

1. Raoul Nordling déclara aux auteurs de ce livre qu'il n'avait naturellement jamais eu l'intention de faire libérer aucun soldat allemand. Son seul but était d'obtenir par n'importe quel moyen la signature du major Huhm réclamée par Choltitz pour la libération des prisonniers politiques.

A ces mots, rappelle Raoul Nordling, l'Allemand parut fléchir. D'une voix sèche, il annonça qu'il acceptait d'étudier un projet d'échange. Mais celui-ci, exigea-t-il, devrait faire l'objet d'un acte judiciaire rédigé par un homme de loi.

Huhm consulta sa montre. Il était midi. « Monsieur le consul, déclara-t-il, à 13 heures précises, je serai parti. »

Nordling courut à travers Paris pour trouver un avocat.

D'une main hésitante, Joseph Huhm signa finalement au nom du Militärbefelshaberin Frankreich un texte de douze paragraphes qui commandait aux autorités pénitentiaires allemandes de cinq prisons, trois camps et trois hôpitaux de remettre tous leurs prisonniers au consul de Suède. Raoul Nordling tira sa montre de son gousset. A l'instant où la plume de l'Allemand grattait le papier d'un dernier paraphe, il manquait trois minutes pour faire 13 heures.

⁂

A l'autre bout de Paris, sur le quai de la gare de Bobigny, un autre homme regardait lui aussi sa montre. Pour le Hauptsturmführer Brunner, commandant du camp de Drancy, le moment était venu de donner le signal du départ. Mais de tous les trains qui avaient pendant quatre années déporté vers l'Allemagne des millions d'hommes, celui-ci serait le plus court. Il n'avait qu'un seul wagon. La Résistance avait empêché que les 39 autres wagons exigés par Brunner n'arrivassent jusqu'à Bobigny. Pour remplir cet unique wagon, Brunner avait choisi l'élite de Drancy. A l'instant même où le major Joseph Huhm apposait sa précieuse signature au bas d'un document qui devait sauver tant de vies humaines, Paul Appel et 49 de ses compagnons allaient finalement partir pour les chambres à gaz d'Allemagne.

Le Hauptsturmführer Brunner vit alors son adjoint surgir sur le quai. Le lieutenant Hans Kopel annonça à son chef que Berlin venait de téléphoner pour demander d'aller vérifier d'urgence au Q.G. de la Gestapo si toutes les archives du camp avaient bien été brûlées. Brunner ordonna sèchement : « Faites descendre Appel et emmenez-le avenue Foch. »

***

Dietrich von Choltitz se fit apporter un plan de Paris. Posant alors sa lourde main sur la feuille de carton, il s'adressa à son visiteur : « Imaginez, dit-il, qu'un coup de feu soit tiré sur un de mes soldats d'un immeuble situé par exemple du côté impair de l'avenue de l'Opéra, entre la rue Gomboust et la rue des Pyramides. Eh bien, je ferai brûler les immeubles de ce bloc et fusiller leurs habitants. »

Pour exécuter ce genre de mission, il avait, assura-t-il, des moyens amplement nécessaires. Ses forces comptaient notamment « 22 000 hommes de troupe en majeure partie S.S., une centaine de chars Tigre et 90 appareils de bombardement[1] ».

1. Contrairement à ce qu'il écrivit après la guerre, Choltitz ne bluffait pas en indiquant ces chiffres à son interlocuteur. D'après les états de la 2e D.B., les Allemands avaient à Paris le 25 août 16 000 hommes, 19 chars Mark V-VI, 59 chars Mark III-IV, 6 pièces d'artillerie, 23 canons de 105 et de 150, 35 canons de 75 et de 88. D'autre part, dans la nuit du 26 au 27 août, 150 avions allemands décollèrent d'aérodromes de la région parisienne pour bombarder Paris.

Le maire de Paris Pierre Taittinger ne put cacher un tressaillement. Un coup de téléphone désespéré l'avait décidé à demander cette audience au gouverneur de Paris. Au bout du fil, une voix anonyme l'avait averti « que les Allemands commençaient l'évacuation des immeubles situés aux abords des ponts de Paris ». Et maintenant l'officier à monocle qu'il avait devant lui annonçait d'une voix tranquille qu'il était résolu le cas échéant à détruire la ville quartier par quartier.

L'index menaçant du général se mit à errer le long des boucles de la Seine. « Vous êtes officier, monsieur Taittinger, reprit-il sans cesser la promenade de son doigt sur la carte, et vous comprendrez par conséquent pourquoi je suis obligé de prendre certaines mesures à Paris. » Choltitz arracha brusquement son monocle et releva la tête. Plantant un regard dur dans celui du Français, il énuméra d'une voix irritée et saccadée quelques-unes des mesures qu'il envisageait. La destruction des ponts de la ville, des centrales électriques, des voies ferrées, figurait notamment à son programme.

Pétrifié sur le bord de son fauteuil, Taittinger se dit que ce général allemand « était prêt à détruire Paris comme n'importe quel village d'Ukraine ». Face à cette menace, le maire de Paris n'entretenait guère d'illusions sur le poids de sa propre autorité. Tout au plus, si l'occasion s'en présentait, pourrait-il essayer de communiquer à ce militaire dépourvu d'imagination une parcelle de l'attachement sentimental qu'il éprouvait pour Paris. Le hasard voulut, ce matin d'août, que l'occasion s'en présentât. Choltitz, que ses propres paroles avaient visiblement énervé, fut tout à coup secoué par une violente quinte de toux[1].

A demi suffocant, il se leva et entraîna son visiteur vers le balcon. Là, tandis que le général allemand reprenait son souffle, Pierre Taittinger devait trouver dans l'admirable perspective qui s'étendait devant lui les arguments qu'il cherchait. Dans la rue de Rivoli, gonflée par la brise, la robe à fleurs d'une Parisienne dessinait sur l'asphalte une corolle multicolore. Plus loin, penchés sur la margelle des bassins des Tuileries, des enfants poussaient vers le large leurs voiliers blancs. De l'autre côté de la Seine, étincelante dans le soleil de midi, apparaissait la coupole des Invalides. Loin sur la droite, la fine carcasse de la Tour Eiffel montait vers un ciel sans nuages.

Rassemblant son cœur et son éloquence, prenant à témoin ce Paris immortel qui s'étendait sous leurs yeux, Pierre Taittinger lança un pathétique appel. Montrant les fines colonnades de Perrault, les façades dentelées du Louvre, les pierres lumineuses du palais de Gabriel, et celles, toutes chargées d'histoire, des maisons qu'embrassait leur regard, le maire de Paris s'écria : « Les généraux ont souvent le pouvoir de détruire, rarement celui d'édifier. Imaginez qu'un jour vous reveniez en touriste et que vous contempliez à nouveau les témoins de nos joies, de nos souffrances... Pouvoir dire : "C'est moi, général von Choltitz, qui aurais pu un certain jour les détruire et qui les ai conservés pour en faire don à l'humanité."

1. Choltitz avait de l'asthme. Quand il sentait venir une crise, il prenait en général deux pilules d'un calmant qu'il portait toujours sur lui. Le jour de la Libération, sentant venir une crise, il ne put avaler ces pilules : croyant qu'il voulait se suicider, un officier français s'était jeté sur lui et les lui avait arrachées.

« Général, demanda-t-il, cela ne vaut-il pas toute la gloire d'un conquérant ? »

Choltitz resta un long moment silencieux. Puis il se tourna vers le maire de Paris. D'une voix lente, détachant bien ses mots, il dit : « Vous êtes un bon avocat, monsieur Taittinger, vous avez fait votre devoir. Et de la même façon moi, général allemand, je dois faire le mien. »

***

Depuis le départ du dernier convoi de Fresnes, Louis Armand, l'ingénieur qui voulait tant partir, n'avait reçu pour toute nourriture qu'un énorme morceau de roquefort. Depuis deux jours le morceau de fromage se trouvait dans un coin de sa cellule. Armand détestait le fromage. Il n'avait jamais pu en avaler une miette de sa vie. Et en cet instant, il préférait encore mourir de faim que d'y toucher.

Il se demanda si la faim ne lui donnait pas des hallucinations. Mais le bruit isolé qu'il avait entendu s'était brusquement multiplié dans les longs couloirs humides. Armand avait reconnu le grincement métallique des clefs tournant dans les serrures et le claquement sec des portes qui s'ouvraient les unes après les autres. Il comprit bientôt que ces portes restaient ouvertes. Dans la cour, il en était sûr, attendait le peloton d'exécution qui allait maintenant le fusiller.

Louis Armand pensa calmement à sa mort.

A l'autre bout de la prison, dans le quartier des femmes, la secrétaire Geneviève Roberts entendit le même bruit. Dans l'embrasure de la porte qui s'ouvrit presque aussitôt apparut un gardien blond qui criait « Raus ! » Geneviève se signa lentement et sortit.

Le consul de Suède Raoul Nordling comptait les prisonniers au fur et à mesure qu'ils descendaient dans la cour. Avec les trois condamnés à mort, ils étaient en tout 532[1].

Cette première victoire n'était encore que provisoire. Le commandant de la prison refusait de libérer les prisonniers avant le lendemain matin. Mais il avait cependant accepté de les confier pour la nuit à la garde de la Croix-Rouge.

Nordling surveillait avec impatience le rassemblement des détenus. Il était pressé. Dehors, sa Citroën noire arborant pavillon suédois l'attendait pour le conduire au camp de Drancy, au fort de Romainville et au camp de Compiègne. Ensuite, il tenterait encore d'arrêter le train qui emportait Pierre Lefaucheux, Yvonne Pagniez et leurs 2 451 compagnons d'infortune vers les camps d'Allemagne.

⁂

C'était presque un dialogue de sourds. Entre le quartier général du SHAEF à Londres et le State Department à Washington, la communication téléphonique était si mauvaise que les deux correspondants devaient crier pour se faire entendre. Le général Julius Holmes, chef des affaires civiles du SHAEF, avait pourtant un problème particulièrement important à soumettre au diplomate John J. McCloy. Sur son bureau se trouvait un dossier qui portait deux initiales. Ces initiales étaient D.G. Elles signifiaient De Gaulle.

« A propos du voyage de De Gaulle en France,

1. Au dernier moment, Nordling avait obtenu du major Huhm qu'il rajoutât à la plume une clause stipulant que ces condamnés à mort étaient compris dans leur accord.

demandait Holmes, nous aimerions savoir si vous n'avez pas d'objection d'ordre gouvernemental à ce projet. »

« Où veut-il aller, et quel est le motif de son voyage ? »

Holmes expliqua que De Gaulle voulait visiter les territoires libérés.

« Combien de temps compte-t-il rester ? » demanda McCloy.

Holmes dit qu'il n'en savait rien.

« Cela signifie sans doute qu'il compte rester définitivement en France, enchaîna McCloy. Il ne s'agit pas d'une visite, mais plutôt d'un retour. Ne croyez-vous pas que vous feriez mieux de lui demander quelles sont ses véritables intentions ? suggéra McCloy. Notre autorisation dépend de sa réponse[1]. »

Au cas où il s'agirait d'une visite « dans le style du voyage de Bayeux », Holmes pourrait prendre sur lui d'envoyer les autorisations nécessaires. Dans le cas contraire, le chef des affaires civiles du SHAEF devrait immédiatement avertir Washington.

Holmes raccrocha et demanda par télégramme un complément d'information au général Maitland Wilson. Quelques heures plus tard, il reçut d'Alger une réponse rassurante : De Gaulle n'envisageait qu'une simple visite. Il n'avait fait part d'aucune intention de s'installer définitivement en France. Holmes télégraphia donc l'agrément du SHAEF.

Ni le commandement allié, ni Washington ne

1. On ne peut que faire des hypothèses sur la décision qu'aurait prise Roosevelt s'il avait connu les véritables intentions de De Gaulle. Plusieurs fonctionnaires du State Department qui s'occupaient à l'époque des affaires françaises ont déclaré aux auteurs de ce livre qu'à leur avis Roosevelt aurait au moins tenté de retarder le retour de De Gaulle en France.

s'attendaient à la surprise que leur préparait Charles de Gaulle.

28

Les voix et les rires des enfants qui jouaient dans les jardins des Tuileries montaient jusqu'au balcon sur lequel le général von Choltitz, maintenant seul, réfléchissait. Mais sa méditation devait être de courte durée. Bientôt, derrière lui il entendit des bruits de pas puis la voix puissante du colonel von Unger qui annonçait une visite inattendue. Vêtu d'une longue veste de cuir couverte de poussière, le visage plus mince que jamais sous la longue visière de sa casquette aux feuilles de chêne, le Feldmarschall Walter Model fit son entrée. Un sourire glacial s'alluma sur ses lèvres à la vue du visage stupéfait de Choltitz. Agitant nerveusement son bâton de maréchal, il annonça d'une voix coupante qu'il était le nouveau commandant en chef à l'Ouest. Sa mission était de tenir Paris et le front de la Seine à tout prix. Elle était aussi de remettre de l'ordre dans ce front de l'Ouest qui paraissait en pleine pagaille s'il en jugeait « par le nombre de fuyards que sa voiture avait croisés entre Metz et Paris ».

Choltitz savait ce que signifiaient ces paroles. Comme chaque soldat de la Wehrmacht, il connaissait la réputation de sévérité inflexible, de volonté tenace, de courage presque indomptable dont jouissait Model. Il savait que Hitler le considérait comme l'homme des miracles, ce qu'il était en vérité. En Russie, galvanisant les forts, terrorisant les faibles, il avait rétabli des situations désespérées. Les Alliés eux-mêmes avaient pour lui le même respect et la même crainte que pour Rommel. Dans les fichiers du 2e bureau du SHAEF, la fiche personnelle de Walter Model disait : « Sa fidélité à Adolf Hitler est totale. Pour le Feldmarschall Model, le mot "impossible" n'existe pas. »

Choltitz savait donc ce que Model serait capable d'exiger de lui. Dans un sens, sur le plan militaire sa mission en serait facilitée. Model obtiendrait du Führer les renforts nécessaires en hommes et en matériel. Mais Choltitz savait aussi qu'en cas d'échec, Model serait l'homme de la terre brûlée.

Son arrivée et le brusque limogeage du Feldmarschall von Kluge lui donneraient cependant un répit. Le général attendrait les ordres du nouveau commandant en chef avant de procéder aux destructions prévues dans Paris et qu'il jugeait militairement si désastreuses.

Le répit du commandant du Gross Paris devait être de courte durée.

Les quelques mots que le petit Feldmarschall prononça, dans le vestibule du Meurice, avant de remonter dans sa Horch, le sous-lieutenant von Arnim devait les noter pour l'Histoire dans le petit carnet de cuir vert qui lui servait de journal.

« Croyez-moi général von Choltitz, dit tout à coup Model, ce qui nous a pris quarante minutes à Kovel nous prendra quarante heures à Paris. Mais la ville sera rasée[1]. »

***

1. Kovel était une ville de Pologne que les troupes de Model rayèrent de la carte.

Sur le grand bureau Louis XVI dérobé chez le président des œuvres juives, le consul Raoul Nordling et son neveu le jeune industriel Édouard Fiévet trouvèrent un bol de soupe à moitié vide et une assiette de crème au chocolat. C'étaient les restes du dernier déjeuner du Hauptsturmführer Brunner, commandant du camp de Drancy. Quelques minutes avant l'arrivée du Suédois, Brunner et les derniers gardiens s'étaient enfuis de Drancy.

Nordling descendit alors dans la cour où les prisonniers s'étaient rassemblés et se mit à crier d'une voix émue : « Vous êtes libres... Vous êtes tous libres ! » A ces mots, rappelle-t-il, il eut l'impression qu'une vague de fond emportait vers lui ces malheureux. Hurlant de joie, de gratitude, de soulagement, les prisonniers se précipitèrent vers le petit consul qui disparut bientôt dans une indescriptible mêlée.

« Les étoiles, les étoiles ! » cria une voix puissante. Il y eut alors un brusque silence dans la cour du camp. Les 1 482 Juifs portèrent leurs mains à leurs poitrines et arrachèrent les étoiles jaunes qui pendant des années avaient été le symbole de leur misère. Lorsque le consul de Suède quitta le camp, rappelle son neveu Édouard Fiévet, les étoiles jaunes jonchaient la cour « comme un tapis de feuilles mortes ».

Pendant que Nordling libérait Drancy, un des derniers prisonniers de ce même camp où tant de Juifs avaient vécu la dernière étape de leur vie avant les chambres à gaz, se libérait lui-même dans une rue de Paris. Paul Appel était monté dans la Citroën avec les deux S.S. envoyés par le Hauptsturmführer Brunner au quartier général de la Gestapo, avenue Foch, pour vérifier que les archives de Drancy avaient bien été brûlées. Porte de la Villette, la chance voulut qu'un pneu éclatât alors que la voiture se trouvait au beau milieu d'un embouteillage de camions allemands qui remontaient vers le Nord. Furieux, les S.S. descendirent et entreprirent de démonter la roue. Appel en profita pour se glisser hors de la voiture. Se faufilant entre les lourds véhicules qui encombraient la chaussée, il atteignit un camion de laitier dans lequel il sauta. Caché derrière des bidons, Appel entendit les vociférations des gardiens qui avaient découvert sa fuite. Mais bientôt leurs aboiements rauques s'estompèrent. Le camion avait démarré. Paul Appel approcha alors lentement sa main de sa poitrine. Et d'un geste brusque, il arracha lui aussi son étoile jaune.

***

Fernand Moulier, André Rabache et Pierre Gosset, les trois audacieux journalistes français qui s'étaient juré de battre Hemingway et ses cinq cents confrères dans la course vers Paris, étaient désespérés. A 21 kilomètres de Paris, en plein Versailles, ils étaient tombés dans une rafle allemande. Enfermés avec soixante-quinze autres Français dans un obscur dépôt, ils attendaient maintenant d'être expédiés en Allemagne pour finir la guerre dans un camp de travail.

Rien n'était plus éprouvant pour le trio que la pensée d'avoir échoué si près du but. En Normandie, un fermier leur avait donné des vêtements civils ; à Rambouillet, un résistant leur avait procuré de faux papiers et même un mot de passe qui devait les conduire jusqu'à Paris par l'intermédiaire d'une chaîne de relais clandestins.

Accroupis contre un mur, serrant les dents de colère et de désespoir, les trois hommes répétaient inlassablement : « Le quatuor de Beethoven est arrivé », la fameuse phrase qui devait leur ouvrir les portes de Paris.

Vers 6 heures du soir, ce furent les portes du dépôt qui s'ouvrirent devant un camion allemand. Un lieutenant compta 50 hommes qu'il fit monter dans le véhicule. Puis il cria au chauffeur : « Zum Bahnhof ! » (A la gare !)

Une heure plus tard, les portes du dépôt grincèrent sur leurs gonds et le même lieutenant allemand apparut. Moulier, Rabache et Gosset comprirent que c'était maintenant leur tour. Résignés, ils se levèrent et se joignirent au petit groupe de Versaillais qui n'était pas parti dans le précédent camion. Mais dehors, il n'y avait pas de camion. « Allez maison », grommela le lieutenant en montrant les portes ouvertes.

Les trois journalistes sortirent sans hâte. Puis, accélérant brusquement le pas, ils se dirigèrent vers une petite rue. A la grille d'un jardin, ils sonnèrent. Un homme vêtu d'un costume noir apparut sur le perron. « Le quatuor de Beethoven est arrivé », murmura Moulier. L'homme, un pasteur protestant, ouvrit la porte et dit : « Entrez. »

***

Le visage tendu et contracté, la jeune femme coiffée d'une capeline de paille blanche entra sur la pointe des pieds. Le salut obséquieux du maître d'hôtel, la lumière complice des chandeliers posés sur les tables, le discret grattement d'un violon offraient une transition brutale après la journée épuisante qu'elle avait passée. Sur sa bicyclette, elle avait sillonné Paris chargée de gros paquets enveloppés dans de vieux journaux. Ces vieux journaux contenaient plus d'argent qu'elle n'en verrait probablement pendant toute sa vie. Avec les huit millions de francs en billets de mille qu'elle avait transportés ce jour-là à la barbe des Allemands, la Résistance parisienne pourrait continuer la lutte.

Assis dans l'arrière-salle, le jeune gaulliste sur l'ordre duquel elle avait promené dans Paris ce fabuleux trésor tripotait nerveusement les quelques billets de cent francs qu'il possédait et se demandait s'il aurait assez d'argent pour régler le dîner. Quand il aperçut la jeune femme, il se leva et lui prit doucement la main. Depuis huit mois qu'ils travaillaient côte à côte dans le même réseau de résistance, ils ne se connaissaient que par leurs noms de guerre. Elle s'appelait Claire, lui Pierrelot. Mais ce soir, dans ce restaurant de marché noir où il avait décidé de lui offrir la seule véritable récompense qu'un Parisien pût offrir en ce mois d'août, un bon dîner, Pierrelot lui réservait une surprise. Depuis le jour glacial de l'hiver précédent où ils s'étaient rencontrés devant la tombe de Napoléon, Pierrelot aimait Claire. Mais son amour n'avait pas trahi l'une des règles les plus strictes de la résistance : il était resté aussi secret que son propre nom. Pierrelot regarda la jeune femme et leva son verre : « Je m'appelle Yvon Morandat », dit-il.

A ces mots Claire avala doucement une gorgée du vieux bourgogne que le sommelier avait versé dans son verre. Et d'un air pensif, elle répéta le nom de l'homme qu'elle épouserait moins d'un an plus tard.

Pour Claire et Yvon Morandat, la soirée se termina par un gag inattendu. Le journaliste Pascal Copeau, ancien correspondant à Berlin, qui les avait rejoints, leur offrit une démonstration de l'extraordinaire numéro d'imitation qu'il avait rapporté de son séjour en Allemagne. D'un coup de peigne, Copeau descendit sa mèche sur son front et se mit à imiter Hitler. La ressemblance était si parfaite et les aboiements rauques du dictateur si réalistes que Claire et Morandat, pliés en deux de rire, n'avaient pas entendu la porte s'ouvrir. Tout à coup le visage de Claire se glaça. Dans l'embrasure de la porte, un officier allemand venait d'apparaître.

Les regards pétrifiés des Français croisèrent celui de l'Allemand, pendant un silence interminable. « Je vous en prie, continuez », dit alors l'officier. Et il referma la porte.

⁂

A l'autre bout d'un Paris plongé dans la nuit, derrière les hautes persiennes d'un luxueux hôtel XVIIIe, résidence des présidents du Conseil, un vieil homme solitaire et défait barbotait dans une baignoire de marbre.

Pierre Laval avait perdu son dernier pari. En reprenant Édouard Herriot, la Gestapo de Himmler avait mis fin au projet que caressait Laval de faire convoquer les Chambres. Désormais, la débâcle du pouvoir était totale. Autour de lui, le monde s'écroulait et il n'avait plus qu'à fuir. En bas, sur les graviers de la cour de Matignon, attendait déjà la Hotchkiss noire qui l'emporterait vers l'Est et l'Allemagne. Tout à l'heure, à la lumière d'un chandelier d'argent, il s'était assis devant le grand bureau d'où il avait gouverné la France pendant tant d'années. Il avait vidé chaque tiroir de ses papiers personnels.

Dans quelques moments, il nouera sa fameuse cravate blanche, prendra son chapeau et sa canne, et descendra dans la bibliothèque du rez-de-chaussée pour serrer la main des quelques fidèles venus le saluer. Dans la grande pièce qu'éclairent, comme pour une veillée funèbre, quelques bougies, ces hommes seront les derniers survivants de l'immense cohorte de la politique de collaboration avec l'ennemi dont Pierre Laval avait été le grand artisan.

Puis il embrassera sa fille José et montera dans la Hotchkiss. Mais avant qu'elle ne démarre, il sautera à terre, remontera les marches du perron et se jettera une dernière fois dans les bras de sa fille unique, murmurant d'une voix pathétique : « Toi, encore toi. » La prochaine fois qu'elle reverra son père, ce sera entre deux gardes républicains, dans un box où il défendra — en vain — sa tête.

Quelles furent les pensées qui traversèrent l'esprit rusé de l'Auvergnat Pierre Laval pendant les derniers instants qu'il passa dans ce décor où l'avait conduit son immense ambition, personne ne le saura jamais. Mais une chose est certaine : jamais Laval n'aurait pu s'imaginer que le prochain occupant de son fauteuil serait un garçon de vingt-six ans, fils d'un imprimeur, appelé Yvon Morandat.

***

La Hotchkiss noire fit crisser le gravier de la cour et disparut dans les rues désertes. D'un claquement sec, le portail de l'Hôtel Matignon se referma. La maison de Vichy était vide. Un triste chapitre de l'histoire de France se refermait en même temps que ces grilles. Mais déjà, dans l'ombre de la ville obscure, tout autour de l'Hôtel Matignon, de nouvelles forces se mettaient en marche, qui guideraient une autre France.

29

Pour les quelques passants qui se trouvaient devant les vitrines vides du Bon Marché, ce n'était qu'un couple d'amoureux. Tendrement enlacés par-dessus leurs bicyclettes, ils se murmuraient à l'oreille quelque interminable déclaration d'amour. La jeune fille passa alors sa main dans les cheveux de son amoureux et ils s'embrassèrent. Puis, saisissant le guidon de sa bicyclette, elle sauta en selle et s'éloigna.

Personne, pendant les quelques minutes de cette étreinte, n'avait vu l'homme substituer la pompe de sa bicyclette à celle du vélo de la jeune fille. Celle-ci rentra tranquillement chez elle et monta les trois étages qui conduisaient à son appartement de la rue Sédillot. Après avoir soigneusement fermé la porte derrière elle, elle prit dans sa bibliothèque un volume sur la peinture flamande relié de cuir rouge et feuilleta les pages jusqu'à la reproduction en couleurs d'un Brueghel. Alors, pinçant la page entre le pouce et l'index, elle décolla légèrement la reproduction et fit tomber un morceau de papier de soie. Elle dévissa ensuite le corps de la pompe à bicyclette que son amoureux avait glissée contre le cadre de son vélo, et retira une autre feuille de papier. Lissant de la main les deux morceaux de papier, elle se mit au travail.

Cette jeune fille s'appelait Jocelyne. Elle était l'une des deux codeuses de la Résistance parisienne. Les indications que portait la feuille de papier cachée dans sa bibliothèque, la Gestapo aurait payé n'importe quel prix pour les connaître. C'était le code radio du quartier général de la Résistance gaulliste en France. Jocelyne faisait partie d'un réseau compliqué dont Chaban-Delmas était le chef et qui assurait tout le trafic radio entre Paris et le quartier général de la France Libre de Londres. Il y avait trois émetteurs dans Paris même, Pleyel Violet, Montparnasse Noir et Apollo Noir, et trois autres dans les villages de banlieue de Chilly-Mazarin, Chevilly-Larue et Savigny-sur-Orge. Les postes de Paris émettaient les jours pairs ; les postes de banlieue, les jours impairs. Cet après-midi, après avoir fini de coder, Jocelyne porterait le message qu'elle avait reçu devant le Bon Marché à un autre homme à bicyclette qu'elle devait rencontrer quai Voltaire. Cet agent de liaison porterait à son tour le message dans une chambre de bonne située sous les toits du 8 de la rue Vaneau. Là, dans un recoin au-dessus de la vieille chasse d'eau des W.-C., caché par une pile de livres, se trouvait Apollo Noir[1].

Par mesure de sécurité, pour le cas où elle serait arrêtée et torturée, Jocelyne s'était entraînée à ne jamais essayer de comprendre le sens des messages qu'elle codait. Mais, ce jour-là, en codant le dernier groupe de mots, elle sursauta. Et, malgré les instructions, elle relut en entier le texte en clair qu'elle venait de coder. C'était le

1. Le radio déroulait l'antenne de son poste dans la gouttière durant les émissions. Pendant que le radio émettait, un autre homme, armé de deux grenades quadrillées, montait la garde en haut de l'escalier. En principe, les émissions ne duraient que vingt minutes pour éviter les repérages par les appareils de radiogoniométrie de la Gestapo qui parcouraient les rues dans des camions. Les émissions se faisaient en général sur la bande des 19 mètres. Mais chaque poste pouvait à tout moment passer sur quatre autres fréquences.

premier rapport que Chaban-Delmas envoyait à Londres depuis son retour.

« *Ai trouvé situation Paris très tendue,* disait le message. *Grève police, postes et cheminots avec tendance croissante à grève générale. Toutes conditions préparatoires insurrection sont réalisées. Des incidents locaux, soit fortuits, soit provoqués par ennemi ou même groupements Résistance impatients suffiraient à entraîner troubles les plus graves avec représailles sanglantes pour lesquelles Allemands semblent avoir pris décisions et réuni moyens. Situation aggravée sans cesse par paralysie services publics : plus de gaz, une heure et demie d'électricité par jour, eau manquante dans certains quartiers, ravitaillement calamiteux. Nécessaire vous interveniez auprès des alliés pour demander occupation rapide de Paris. Avertir population officiellement de façon nette et précise par B.B.C. pour éviter nouveau Varsovie.* »

« Varsovie », répéta Jocelyne avec angoisse. La situation était-elle si grave ? De sa fenêtre, elle pouvait voir les frondaisons épanouies et rassurantes, qui s'étendaient du Champ de Mars à la Tour Eiffel. Se pouvait-il que Paris subisse le sort affreux de Varsovie ?

De nombreux signes alarmants justifiaient les craintes de Chaban-Delmas en cette matinée ensoleillée. Les ministres de Vichy s'étaient enfuis et leur départ laissait une vacance du pouvoir que certains seraient tentés de combler. La presse collaborationniste s'était volatilisée. Les chemins de fer, le métro, les P.T.T., la police, la Banque de France elle-même, étaient en grève. Par-dessus tout, les esprits étaient mûrs pour la révolte. Humilié dans son âme et dans sa chair par quatre années d'occupation, affamé, terrorisé le peuple de Paris savait que l'heure de la vengeance approchait. Le décor était planté pour l'insurrection que Chaban-Delmas avait l'ordre d'empêcher. Il ne manquait qu'une chose pour la déclencher — une voix puissante qui jetterait le cri de guerre « Aux barricades ! » Ce cri, le parti communiste était maintenant prêt à le lancer.

⁂

A 10 kilomètres au sud de Notre-Dame, le rond-point du Petit-Clamart aurait été totalement désert sous le soleil de midi sans la silhouette solitaire qui s'affairait autour d'une bicyclette posée contre le panneau rouillé d'une affiche du savon Cadum. Le colonel des F.F.I. Rol déboucha alors de la route de Paris, tourna autour du rond-point, et pédala lentement vers le cycliste arrêté. Les deux hommes se saluèrent. Rol demanda s'il pouvait l'aider. Ils parlèrent pendant un moment. Puis l'homme qui faisait semblant de réparer son vélo se releva et sauta en selle. Rol le suivit.

Six fois en trois heures, le mineur lillois Raymond Bocquet avait joué la même comédie que celle qui venait de se terminer sous le portrait rouillé du bébé Cadum. Chaque fois, pédalant dans son sillage, un inconnu l'avait suivi jusqu'au baraquement de tôle situé 9, rue d'Alsace, à Clamart. Là, au bout d'un carré de légumes, derrière une vieille barrière, dans une pièce plus petite qu'une cellule monastique, étaient réunis cinq des six membres du Comité Parisien de Libération[1].

Rol se souvient que, dans la chaleur étouffante qui régnait dans la pièce, les chemises trempées de sueur se collaient les unes aux autres. André

1. Seule absente : Marie-Hélène Lefaucheux.

Tollet, le petit communiste coléreux qui dirigeait le comité, prit la première décision de la journée. On ne fumerait pas. Tollet voulait que rien ne pût révéler la réunion de cet après-midi. Sous aucun prétexte, celle-ci ne devait risquer d'être interrompue. Car les cinq hommes réunis dans ce baraquement abandonné auraient à prendre ensemble la décision la plus importante qu'ils eussent jamais prise. Cette décision, Tollet en était parfaitement conscient, pouvait conduire à sa destruction la plus belle ville du monde et coûter peut-être la vie de milliers de ses habitants. Car dans cette baraque délabrée au bout d'un sentier de banlieue, André Tollet allait demander à ses quatre compagnons de donner leur accord à un soulèvement armé dans les rues de Paris.

C'était, le dur Tollet s'en souviendra lui-même plus tard, « un risque insensé ». D'ailleurs, il s'attendait à ce que sa décision entraînât pour Paris des « représailles massives ». Mais, quarante-huit heures plus tôt, Tollet avait reçu des instructions secrètes des chefs du Parti. Il ne devait pas sortir de cette réunion avant d'avoir reçu l'approbation formelle de ses camarades. Celle-ci donnerait une forme en quelque sorte légitime au mouvement qu'ils déclencheraient le lendemain. Les affiches elles-mêmes qui appelleraient la population aux armes étaient déjà imprimées et entreposées dans le grenier d'une usine à Montrouge.

Le plan des communistes était simple. Une fois déclenchée, ils étaient sûrs que l'insurrection ne pourrait plus être arrêtée. Au cours de cette réunion secrète du comité qu'ils contrôlaient, ils comptaient obtenir suffisamment d'appuis politiques pour justifier leur action. Ensuite, ils pourraient lancer l'insurrection, sûrs d'entraîner avec eux les milliers de patriotes non communistes qui brûlaient du seul désir de combattre les Allemands. Quand les gaullistes comprendraient ce qui se passait, il serait trop tard. Ils se trouveraient devant un fait accompli. L'insurrection serait en marche sous le contrôle communiste. Une seule précaution devrait cependant être prise. Elle était essentielle : Chaban-Delmas, Parodi et tous les autres gaullistes influents de la ville devraient être tenus dans l'ignorance la plus complète de ce qui se tramait [1].

Tollet était certain d'obtenir l'accord qu'il souhaitait. Les membres du « Parti » étaient en majorité dans le Comité. Le seul homme dont il n'était pas sûr était un énergique professeur de droit nommé Léo Hamon. Au goût de Tollet, cet homme résolu, éloquent, était trop proche des gaullistes.

Deux heures plus tard, un à un, les cinq hommes se glissèrent hors de la petite baraque. Radieux, Tollet partit le dernier. L'insurrection était décidée.

⁂

Dans le calme de sa propre chambre Dietrich von Choltitz recevait cet après-midi-là le plus haut magistrat allemand de la France occupée, le juge général Hans Richter, et il espérait que ce serait la dernière visite que celui-ci lui ferait. Richter tenait à la main un épais volume rouge.

1. Si le message radio de Chaban-Delmas codé par Jocelyne était arrivé à Londres 48 heures plus tôt et que la B.B.C. eût immédiatement averti les Parisiens que Paris risquait de devenir un nouveau Varsovie, il est probable que l'état d'esprit de la ville eût été beaucoup moins favorable aux projets communistes.

C'était le « Militärreichsgesetzbuch », le règlement de l'armée allemande en campagne. Le général avait demandé au juge de lui commenter les articles qui se rapportaient à la situation d'un commandant d'une forteresse assiégée.

Chaque jour, pendant une demi-heure, Richter avait analysé les textes et expliqué leur signification. Pour ce qui concernait l'autorité sur la population civile, celle-ci était « absolue ». Richter avait notamment affirmé qu'en cas d'insurrection, Choltitz était habilité à prendre toutes les mesures qu'il jugerait nécessaires : représailles massives, destruction des biens, capture et exécution publique d'otages, toutes ces mesures étaient parfaitement « légales ». Bref, Richter avait assuré au commandant du Gross Paris qu'il avait des pouvoirs « draconiens ».

Mais pour Choltitz l'événement le plus important de sa journée avait été un nouvel appel téléphonique de Jodl. Celui-ci annonça que le Führer avait consenti à retarder la destruction des ponts de Paris. Les premiers ordres, qui prescrivaient une destruction immédiate, avaient paru absurdes au gouverneur de Paris. Celle-ci aurait coupé ses propres troupes en deux. Jodl l'avertit cependant que le Führer désirait que le reste du programme de démolition dans la ville se poursuivît « sans autre retard ».

30

Depuis trente minutes, Bobby Bender arpentait nerveusement la moquette rouge du long couloir du premier étage de l'hôtel Meurice. Il guettait la sonnerie du téléphone noir qui se trouvait sur le bureau du sous-lieutenant von Arnim. Il avait demandé la gare de Nancy. Par un dernier coup de bluff, il s'apprêtait à exiger du commandant du convoi de Fresnes qu'il libérât ses prisonniers.

Dans la matinée, Bender et Nordling avaient obtenu, avec l'aide du général von Choltitz, la libération d'Yvonne de Bignolles et des 56 prisonniers qui restaient au fort de Romainville[1].

Bender se précipita sur l'appareil. Malgré la « friture » sur la ligne, il se rendait compte de l'état de fureur dans lequel se trouvait l'Obersturmführer Hagen. A deux reprises pendant la nuit, hurla le commandant du train, la Croix-Rouge avait essayé d'empêcher le convoi de partir en se référant à un prétendu accord conclu entre Choltitz et le consul de Suède à Paris.

D'une voix pleine d'arrogance, Bender pria son correspondant de se calmer. Puis il lui expliqua que son attitude était une « violation flagrante de l'accord officiel signé entre le Militärbefehlshaber in Frankreich et la Croix-Rouge Française ». Il informa Hagen qu'il devait relâcher immédiatement les prisonniers et libérer ce train pour les besoins militaires de la Wehrmacht. L'O.B. West, annonça-t-il, avait réquisitionné tous les wagons de chemin de fer pour transporter les troupes au front et évacuer les blessés. En aucun cas, insista-t-il, des wagons ne pouvaient être utilisés pour une mission aussi secondaire que le transport des prisonniers politiques.

1. Ce même matin, Nordling et Bender avaient subi un échec important. Ils n'avaient pu obtenir la libération des 1 772 prisonniers du camp de Compiègne, où les prisonniers se trouvaient encore sous l'autorité de Karl Oberg et des S.S.

Ce langage sévère parut ébranler l'Obersturmführer. Celui-ci devint hésitant mais dit qu'il ne pouvait « relâcher le convoi sans accord supérieur ». Il proposa d'en référer immédiatement à Berlin. Il rappellerait Bender aussitôt qu'il aurait une réponse.

Par la fenêtre du bureau du chef de gare de Nancy, l'Obersturmführer Hagen pouvait voir la longue colonne des wagons à bestiaux arrêtée sur la voie en contrebas. Au bout du quai, de petits nuages de vapeur montaient de la locomotive sous pression. Hagen décrocha le téléphone. Il demanda la Prinz Albrechstrasse, à Berlin, où se trouvait le Q.G. de la Gestapo.

A Paris, Bobby Bender recommença à arpenter lentement la moquette rouge du couloir du Meurice.

Dans la cour de la prison de Fresnes, Louis Armand et les 21 prisonniers de son groupe virent les gardiens s'avancer vers eux, l'air menaçant. Mais le seul mot qu'ils prononcèrent résonnera pour toujours dans la mémoire de l'ingénieur. « Raus », crièrent-ils. Louis Armand était libre. Il était le dernier des 532 prisonniers politiques libérés ce matin-là[1].

Derrière les barreaux de sa fenêtre, Willy Wagenknecht, le soldat allemand qui avait été emprisonné pour avoir giflé un officier, regarda Armand s'en aller, comme il avait, trois jours auparavant, regardé partir les prisonniers du

1. L'accord Nordling-Huhm faillit échouer ce matin-là, de bonne heure, quand le directeur allemand de la prison annonça au Suédois qu'il ne pouvait relâcher les prisonniers sans leur rendre l'argent trouvé sur eux au moment de leur arrestation. Ahuri par ce subit respect du règlement, Nordling demanda à son frère d'« avancer » à la prison 8 000 francs sur le compte du consulat. Il fut encore plus ahuri lorsque trois semaines plus tard, par un intermédiaire à Nancy, les Allemands remboursèrent cette somme au consulat de Suède.

convoi. Encore un exemple de l'imbécillité de l'armée allemande, pensa Wagenknecht. Bientôt, lui semblait-il, il n'y aurait plus que des prisonniers allemands dans la grande prison de Fresnes.

De l'autre côté des murailles grises, libre pour la première fois depuis trois mois, la secrétaire Geneviève Roberts se dirigea vers la gare de Fresnes pour rentrer chez elle. La timide jeune femme fut toute surprise de s'apercevoir que le guichet des billets était fermé. « Où est l'employé du guichet ? » demanda-t-elle à une femme de ménage qui passait dans la gare.

La femme la regarda d'un air soupçonneux.

« D'où sortez-vous donc ? demanda-t-elle, les chemins de fer sont en grève depuis une semaine. »

***

Pour trois hommes, un long voyage allait lui aussi se terminer ce matin-là. Au bout d'un couloir obscur, 20, rue des Petits-Champs, Pierre Gosset, André Rabache et Fernand Moulier frappèrent à la porte du dernier relais de la chaîne qui les avait conduits jusqu'à Paris. Il n'y eut pas de réponse. Ils frappèrent encore deux fois, toujours sans résultat. Puis la porte s'ouvrit brusquement sur une pièce noire et vide. Moulier eut l'impression que quelqu'un se cachait derrière la porte ouverte.

« Entrez », dit une voix rauque. Les trois hommes s'avancèrent et Moulier lança dans l'obscurité : « Le quatuor de Beethoven est arrivé. » La porte claqua derrière eux. Un Mauser braqué en avant, apparut alors une ravissante fille aux yeux verts habillée d'une veste de pyjama déchirée et d'un pantalon kaki. Moulier se crut dans une scène de film policier. Mais Rabache, lui, se demandait s'ils n'étaient pas tombés dans un piège de la Gestapo.

La fille secoua sa longue chevelure rousse et les interrogea. Puis elle poussa un panneau à l'autre bout de la pièce et leur fit signe d'avancer. Là, sur des couchettes fixées au mur, se trouvaient les autres invités de Lili d'Acosta : sept aviateurs alliés. Les trois hommes avaient tenu leur gageure : ils étaient les premiers journalistes alliés à entrer dans Paris. Moulier éclata de rire et se demanda quand il boirait la bouteille de champagne qu'il avait pariée.

*
**

Au bout du quai de la gare de Nancy, dans un coin qu'un cheminot compatissant lui avait réservé, Marie-Hélène Lefaucheux attendait, épuisée par deux jours et demi sans sommeil ni repos. Elle ne pourrait pas aller plus loin. Elle sortait à l'instant de l'hôtel Excelsior et d'Angleterre où elle avait supplié un des ministres de Pierre Laval de faire quelque chose pour arrêter le train[1]. Mais l'homme n'était pas disposé à intervenir.

Comme le jour de l'Assomption, le soleil brûlait les toits de tôle des wagons du sinistre convoi. Marie-Hélène pouvait entendre les appels désespérés des hommes enfermés à l'intérieur, suppliant qu'on leur donnât à boire. De temps en temps, elle percevait un bruit plus terrifiant : le hurlement sauvage d'un prisonnier devenu fou.

1. C'était Gaston Bichelonne, ministre de la Production industrielle, l'homme sur lequel Pierre Angot avait compté pour être libéré.

Les mains jointes sur le vieux sac à main que Pierre, en des temps meilleurs, lui avait offert, ses lèvres tremblant imperceptiblement en une prière muette, Marie-Hélène se tenait droite et digne. Et chaque gémissement qui provenait des wagons à bestiaux arrêtés le long du quai l'atteignait dans la profondeur de son âme.

Au bout d'un long moment, elle vit le long du convoi un remue-ménage des gardiens et des cheminots. Le bluff de Bobby Bender avait échoué. La Gestapo n'abandonnerait pas ce train de misère.

Il y eut une série de grincements lorsque les wagons s'ébranlèrent enfin les uns après les autres. Très lentement, la longue colonne de wagons sortit de la gare. De nouveau, Marie-Hélène entendit, comme à la gare de Pantin, jaillissant des portes plombées du train, les accents fiers et provocants de *La Marseillaise*. Le train prit de la vitesse et disparut au bout du quai. Elle resta immobile jusqu'à ce qu'il s'effaçât et que mourût le dernier écho dans le silence de la gare déserte.

Le train filait vers Strasbourg et le Rhin, à travers les grands vignobles d'Alsace. Il ne s'arrêterait pas avant d'avoir livré ses 2 453 voyageurs — moins les morts — aux gardes-chiourme de Ravensbrück et de Buchenwald. De ces 2 453 hommes et femmes de France moins de 300 reviendraient[1].

1. Pierre Angot mourut dans une mine de sel ; Philippe Keun, l'adjoint de « Jade Amicol », fut pendu. Yvonne Baratte mourut de dysenterie en mars 1945. Yvonne Pagniez et Jeannie Rousseau survécurent.

Personne n'eut une expérience plus extraordinaire que Pierre Lefaucheux. Après la libération de Paris, traversant les lignes américaines et les lignes allemandes dans une ambulance de la Croix-Rouge, Marie-Hélène retourna à Nancy. Là, elle put entrer en rapport avec un officier de la Gestapo. En faisant intervenir auprès de lui des Français avec lesquels il avait fait du marché noir, elle réussit à le convaincre de

⁂

L'homme sur le balcon regarda le chemisier blanc et la jupe rayée de la jeune fille disparaître au coin de la rue Montmartre. Lorsque la jeune fille eut disparu, Yves Bayet, trente-quatre ans, sortit de son paquet une Gitane maïs, l'alluma et poussa un soupir de soulagement. « Cette fois, pensa l'ex-sous-préfet, ça marchera. » Sur son vieux vélo Peugeot, Claire, l'agent de liaison de Bayet, transportait vers la porte de Chatillon trois enveloppes dissimulées dans la doublure du sac de moleskine qu'elle portait en bandoulière.

Il était presque 8 heures du soir. Dans une heure, le couvre-feu ordonné par le gouverneur militaire du Gross Paris cloîtrerait pour une nouvelle nuit les habitants de Paris. Yves Bayet savait que la jolie fille qui lui servait d'agent de liaison aurait juste le temps d'apporter les trois enveloppes à leur destination, le café du vieux père Lacamp, qui servait de boîte aux lettres à Bayet, et de rentrer. Un sourire ironique aux lèvres, Yves réalisa que, cette nuit, le couvre-feu du général von Choltitz servirait la cause du général de Gaulle. Il empêcherait l'une des trois enveloppes transportées par Claire d'arriver à destination avant le lendemain matin. C'était exactement ce que Bayet voulait. Bayet commandait le mouvement de résistance gaulliste de la police parisienne. Le message qui n'arriverait pas à son destinataire ce soir-là était adressé au plus impor-

la conduire dans une voiture d'état-major allemande jusqu'à Buchenwald où il obtint la libération de Pierre. Marie-Hélène Lefaucheux revint alors à Paris avec son mari. Cependant, la tragédie continua à marquer leur destin. Pierre, devenu directeur des usines Renault, se tua dans un accident de voiture en 1956. Marie-Hélène, membre de la délégation française à l'O.N.U., périt dans un accident d'aviation à La Nouvelle-Orléans en février 1964.

tant mouvement de résistance de la police, un autre réseau contrôlé, lui, par le parti communiste. Ce soir, les communistes seraient victimes de leur obsession de la sécurité. Tous leurs messages devaient passer par l'intermédiaire de deux boîtes à lettres avant de leur parvenir. Celui que Claire leur apportait passerait donc la nuit dans la deuxième boîte à lettres.

Claire sentit sa bicyclette ralentir. Se penchant au-dessus du guidon, elle comprit pourquoi : son pneu avant se dégonflait. En quelques minutes, il fut tout à fait à plat. Claire était à une demi-heure de sa destination. Elle essaya de gonfler le pneu. Mais l'air s'échappait aussi vite qu'elle pompait. Derrière elle, Claire entendit le bruit d'une voiture. Elle se retourna et vit une voiture d'état-major allemande se ranger à côté d'elle. Son chauffeur bondit hors du véhicule et s'approcha. Dans un français impeccable, un jeune officier de la Wehrmacht offrit son aide à la jolie Parisienne. D'un geste méprisant, Claire lui tendit sa pompe. Mais les efforts énergiques de l'Allemand n'eurent pas davantage de succès. Il lui proposa alors de la conduire en voiture à l'endroit où elle se rendait. Après une seconde d'hésitation, Claire accepta et monta à côté de lui dans la B.M.W.

Rarement galanterie germanique serait récompensée par tant d'ingratitude. Dans le sac à main en moleskine que Claire tenait serré sur ses genoux se trouvait une véritable déclaration de guerre contre les occupants de Paris.

Les craintes d'André Tollet s'étaient révélées justifiées. Le professeur Léo Hamon avait prévenu Alexandre Parodi, le chef politique de la Résistance gaulliste en France, que les communistes déclencheraient le lendemain leur insurrection. Face à cette brutale menace, Parodi avait pris une décision audacieuse.

Puisque les communistes étaient décidés à agir, lui aussi agirait. Mais il agirait plus vite. Il les priverait du bâtiment public le plus important de Paris, l'imposante ville dans la ville qu'était la préfecture de police. Les messages que Claire portait dans son sac en moleskine ordonnaient à la police parisienne de se rassembler le lendemain 19 août, à 7 heures, dans les rues autour de la grande forteresse de pierres grises, à quelques mètres seulement de Notre-Dame. Là, sous le commandement de Bayet, les policiers s'empareraient de leur propre maison, la préfecture de police.

Claire sourit gentiment à l'Allemand, claqua la portière de la B.M.W. et se dirigea vers le café du père Lacamp. Dans les toilettes, elle sortit les trois enveloppes de son sac. Puis elle revint dans la salle, et les glissa au fils du cafetier sous le plateau de bois avec lequel il lui apportait un ersatz de limonade. Il était 20 h 30. Yves Bayet avait gagné. Demain, devant les pierres huit fois centenaires de Notre-Dame, la police de Paris constituerait la première troupe de cette insurrection que les communistes avaient si soigneusement préparée. Et le parti communiste serait absent de ce rendez-vous.

***

A 3 000 mètres, sous les ailes du Lodestar Lockheed « France », le lieutenant Claude Guy apercevait les montagnes de l'Atlas éclaboussées des reflets violets du soleil couchant. Devant lui, solidement attaché sur son siège, une cigarette enfoncée entre ses lèvres, se trouvait Charles de

Gaulle. L'aide de camp Claude Guy savait combien de Gaulle détestait les voyages aériens. Le général parlait rarement en avion. Et, depuis qu'ils avaient quitté Alger trois heures plus tôt pour la première partie d'un vol qui serait peut-être le plus important que de Gaulle eût fait depuis son départ de France en juin 1940, le général avait à peine dit trois mots. Il semblait perdu dans son propre silence.

Un premier incident avait retardé de plusieurs heures le départ d'Alger pour Casablanca. Le Lodestar « France » n'ayant pas un rayon d'action suffisant pour le long vol de Gibraltar à Cherbourg, le commandement américain à Alger avait mis à la disposition du général un B 17 et son équipage américain. De Gaulle avait consenti à prendre cet avion avec la plus extrême réticence. Mais en atterrissant à l'aéroport de Maison-Blanche d'Alger, le B 17 était sorti de la piste. Son train d'atterrissage arraché, il était inutilisable pour plusieurs jours. De Gaulle était persuadé que l'accident faisait partie d'un plan américain délibéré pour retarder son retour en France. Regardant la forteresse endommagée, il avait dit : « Vous ne pensez pas que c'est par bonté d'âme qu'ils voulaient me donner cet avion, n'est-ce pas ? »

De Gaulle avait décidé de prendre son propre avion. Et maintenant, des problèmes bien plus importants occupaient l'esprit du chef de la France Libre. Pour de Gaulle, ce voyage signifiait le commencement de la fin de la longue route qu'il avait prise dans l'appel solitaire du 18 juin 1940. Au bout de cette route, il y avait Paris, la ville qu'il avait quittée quatre années plus tôt, jeune général de brigade inconnu. Pour y revenir, il était prêt à défier ses alliés, à écarter ses ennemis politiques, à risquer, si c'était nécessaire, sa propre vie. A Paris, et seulement à Paris, se trouvait la réponse à l'appel qu'il avait lancé quatre ans plus tôt.

Plus tard, il paraîtrait étrange qu'il ait pu douter de ce que serait cette réponse. Mais, dans ce ciel africain qu'ils traversaient, l'esprit du général était assailli de doutes et de questions. Au fond de lui-même, il se demandait si le peuple de France était prêt à l'accepter pour chef. Et de Gaulle savait qu'il n'y aurait qu'un endroit où il pourrait obtenir la réponse à cette question : dans les rues de Paris.

A travers ces rues, dans une semaine exactement, le passager de l'avion « France » avait un rendez-vous avec l'Histoire.

DEUXIÈME PARTIE

La bataille

1

Il faisait lourd et humide. Venant du nord, de gros nuages annonciateurs de pluie passaient au-dessus de la Butte Montmartre. Dans les rues silencieuses de Paris, les dernières patrouilles allemandes regagnaient en hâte leurs casernes. C'était l'aube, c'est-à-dire la fin du couvre-feu. Bientôt, de longues et tristes queues se formeraient à la porte des boulangeries. La 1 518e journée d'occupation commençait. Pour la plupart des vingt mille soldats de la garnison allemande, aucun signe, en ce matin grisâtre, ne laissait prévoir que le samedi 19 août 1944 serait un jour différent des autres. Et pourtant, dans quelques heures, les rues de Paris n'appartiendraient plus tout à fait aux conquérants de la Wehrmacht.

A l'hôtel Meurice, le feldwebel Werner Nix, ce sous-officier que le défilé du général von Choltitz avait privé de permission, était en colère une fois de plus. Pour faire plaisir à une petite vieille désespérée, trois soldats avaient abandonné le poste de garde de l'hôtel pour aller fouiller les buissons des Tuileries à la recherche d'un chat égaré.

Juste au-dessus, au premier étage, déprimé et las, le comte Dankvart von Arnim s'étirait sur son balcon. Trois heures plus tôt, son meilleur ami lui avait téléphoné de l'hôpital de la Pitié pour lui annoncer qu'il avait été blessé en Normandie et que les chirurgiens venaient à l'instant de lui couper la jambe droite. Arnim n'avait trouvé qu'une phrase banale pour réconforter son ami. « Au moins, pour toi, lui avait-il dit, la guerre est finie. » Pour le jeune sous-lieutenant la guerre allait commencer ce matin-là.

Dans la cour de la caserne Prince Eugène, place de la République, l'Unteroffizier Gustav Winkelmann, de Cologne, entendit crier son nom. L'officier de semaine le désignait pour commander la patrouille de midi.

Winkelmann était terrifié. De tous les Allemands de Paris, il était probablement le seul à savoir que quelque chose se préparait. Deux jours plus tôt, son amie Simone, vendeuse dans un grand magasin, l'avait mis en garde : « Fais attention, lui avait-elle dit, les ennuis vont commencer le 19. »

Dans tout Paris, seuls ou par petits groupes, à pied ou à bicyclette, les centaines de policiers en grève, qui allaient provoquer les troubles redoutés par l'Unteroffizier Winkelmann, quittaient déjà les logements et les hôtels où ils se cachaient. Avertis dans la nuit par le message de leurs chefs apporté par Claire, la secrétaire d'Yves Bayet, ils avaient ordre de se rendre sur la place du Parvis-Notre-Dame.

Du palier de son logement derrière le cimetière du Père-Lachaise, Gilberte Raphanel regardait son mari, le sergent de police René Raphanel, trente-deux ans, descendre avec peine l'escalier. René souffrait d'un épanchement de synovie. Malgré les conseils pressants de sa femme, il avait décidé de répondre à l'appel. Gilberte se pencha par-dessus la rampe et cria : « Ne marche pas trop ! »

En refermant la porte de son petit pavillon de la rue Manessier, à Nogent-sur-Marne, Georges Dubret promit à sa femme de rentrer pour le déjeuner. La veille, sa mère leur avait rapporté un lapin de la campagne. Colette commençait à préparer un civet, lorsque la convocation de Georges était arrivée.

Près des Invalides, dans la chambre de l'hôtel Moderne où il se cachait depuis le début de la grève, l'un des vingt mille agents de la police de Paris revêtit son plus beau costume, mit son pistolet 7.65 dans sa poche, embrassa Jeanne, sa femme, et se dirigea vers le square Sainte-Clotilde. Il s'appelait Armand Bacquer. Rien ne distinguait ce solide Breton de vingt-trois ans de ses collègues. Comme eux, il faisait partie d'un réseau de résistance. Et comme eux, ce matin-là, il ignorait la raison de cette subite convocation.

Quand ils arrivèrent devant l'église Sainte-Clotilde, Bacquer et ses compagnons reçurent l'ordre de se rendre place du Parvis-Notre-Dame en empruntant des chemins différents. Bacquer prit la rue de Grenelle. Il fit quelques mètres et s'arrêta pour lire l'affiche que deux hommes achevaient de coller.

C'était un ordre de « Mobilisation générale ». Une voix rauque résonna alors dans la rue déserte. Bacquer se retourna et se trouva face à face avec un soldat allemand. D'autres soldats surgirent. En quelques minutes, Bacquer fut emmené dans une sorte de chambrée qui donnait sous le porche d'un immeuble, le canon glacé d'un Luger sur la nuque. Sa carte de police et son pistolet l'avaient trahi. Pour le Breton insouciant qui ne savait même pas où il allait ce matin-là, une aventure extraordinaire commençait.

***

Pour beaucoup de simples Parisiens, ce samedi devait aussi devenir un jour mémorable.

Devant l'étal vide de sa boutique de Nanterre, Louis Berty, le charcutier qui cachait l'aviateur américain Bob Woodrum, attendait ses habituels visiteurs du samedi, les gardiens du fort du Mont-Valérien qui venaient découper sur sa machine leur ration hebdomadaire de saucisson. Louis Berty haïssait ces hommes. De sa boutique, il pouvait chaque jour entendre le bruit sinistre de leurs rafales fauchant ses compatriotes dans la cour du fort[1].

Quelques minutes avant l'arrivée des gardiens, Berty reçut la visite inattendue d'un homme qui se présenta « de la part de Zadig ». C'était le mot de passe qui signifiait que le réseau de résistance auquel appartenait le charcutier passait à l'action directe.

Berty s'arma du colt que son invité américain avait porté pendant les trente-cinq missions qu'il avait faites au-dessus de l'Allemagne. Puis il appela Pierre Le Guen, un jeune voisin qui brûlait de se battre avec les hommes de Zadig et lui remit un petit 6.35 que sa femme cachait dans le tiroir-caisse de la charcuterie. Il attacha sur sa manche le brassard tricolore qui portait en lettres noires « Vivre libre ou mourir » et il sortit dans la rue.

A l'autre bout de Paris, un petit homme trapu,

1. De 1941 à 1944, 4 500 Français ont été exécutés au Mont-Valérien.

coiffé d'un béret basque, avala son premier cognac de la journée et monta dans son deux tonnes Citroën à gazogène. Depuis dix-huit jours, Pierre Pardou déménageait pour le compte de la Résistance les dépôts secrets de vivres qu'une organisation policière encore plus haïe que la Gestapo, la Milice de Vichy, avait installés en prévision précisément d'une insurrection. En montrant de faux ordres de mission à en-tête de la Milice, Pardou avait réussi déjà à s'emparer de 180 tonnes de vivres.

Mais deux jours plus tôt, en téléphonant à la direction de la Milice pour signaler qu'un chargement était avarié, un fonctionnaire trop zélé avait fait découvrir la supercherie. Depuis, toutes les patrouilles de la Milice recherchaient le mystérieux camion vert.

Ce jour-là, Pardou allait tenter pourtant de réussir un dernier exploit. Il voulait déménager les armes d'un dépôt de la place de la Villette et les porter aux F.F.I. de la banlieue du Perreux qui s'apprêtaient à attaquer la mairie.

En mettant son gazogène en route, Pardou se jura que ce serait là sa dernière mission.

Pour deux modestes citoyens de Paris qui n'étaient pas dans le secret de la Résistance, ce samedi 19 août resterait de toute façon un grand jour. C'était le jour de leur mariage.

Dès la fin du couvre-feu, l'assistant de laboratoire Pierre Bourgin, quarante-trois ans, se glissa dans le jardin tropical du Muséum d'histoire naturelle et s'arrêta devant le carré de légumes qu'il avait secrètement cultivé pendant des semaines. Avec précaution, il se mit à cueillir sur chaque tige les fruits qui devraient constituer le rare et succulent hors-d'œuvre de son déjeuner de mariage, de belles tomates presque rouges.

Dans son petit appartement situé derrière les Halles, la dactylo Lysiane Thill aspergea de gouttes d'eau la robe de rayonne blanche qu'elle porterait pour son mariage à la mairie du Ier arrondissement. Avec le fer qui chauffait sur un réchaud à papier, elle se mit à en repasser soigneusement les plis.

L'homme que Lysiane Thill épousait, l'agent colonial Narcisse Fétiveau, ne verrait pas cette robe. Il était prisonnier dans un stalag d'Allemagne. Lysiane l'épousait par procuration.

Comme chaque matin, l'abbé Robert Lepoutre, trente-cinq ans, traversait le pont au Double les yeux plongés dans son bréviaire. A quelques secondes près, la durée de sa lecture-promenade était invariable. Au dernier verset, l'abbé trouvait au bout de sa main la poignée de fer forgé du portail de Sainte-Anne et entrait dans la cathédrale Notre-Dame pour dire sa messe. Sur la place du Parvis, l'horloge de l'Hôtel-Dieu sonnait alors 7 heures.

Mais ce matin-là l'abbé ne devait pas terminer son bréviaire.

Quand il atteignit le parvis, toujours désert à cette heure, il vit un spectacle qu'il ne devait plus oublier. Coiffés de bérets ou de casquettes, en vestons, en pull-over, ou en manches de chemises, des centaines d'hommes se précipitaient en silence vers les hautes portes de la Préfecture de police située à l'autre bout de la place.

Bientôt, au-dessus de la longue façade grise,

l'abbé Lepoutre vit monter dans le ciel un long morceau de toile qui se déplia d'un seul coup. Pour la première fois depuis quatre ans, deux mois et quatre jours, un drapeau tricolore flottait sur la capitale de la France.

A la vue de ce drapeau, l'abbé rangea son bréviaire au fond de sa poche et se laissa lui-même emporter par le flot qui déferlait vers la Préfecture. Pendant les journées héroïques qui vont commencer, dans la forteresse assiégée qui sera le berceau de l'insurrection de Paris, il y aura un aumônier.

*
**

Amédée Bussière, le préfet de police, venait de s'éveiller. Depuis quatre jours, il n'était plus qu'un homme seul à la tête d'un bateau vide.

A l'appel de la grève, ses policiers l'avaient abandonné.

Le préfet allongea la main vers la table de nuit et sonna le valet de chambre. Cinq minutes plus tard, raide et digne comme un butler britannique, le serviteur entra avec le petit déjeuner.

« Rien de neuf, Georges ? » demanda le préfet en enfilant sa robe de chambre.

« Si, monsieur le préfet, répondit le domestique d'une voix égale, il y a du nouveau : ils sont revenus. »

Amédée Bussière mit ses pantoufles, se précipita dans le couloir et s'arrêta devant la première fenêtre. A la vue du spectacle qu'il découvrit, il étreignit nerveusement le revers de sa robe de chambre. Des centaines d'hommes parmi lesquels beaucoup étaient armés de fusils, de revolvers, de grenades, étaient massés dans la cour autour d'une Citroën noire.

« C'est la Révolution... » murmura le préfet avec accablement.

Sur le toit de la voiture, un grand garçon vêtu d'un costume pied-de-poule, le bras serré par un brassard tricolore, haranguait la foule. C'était Yves Bayet. « Au nom de la République, criait-il, au nom du général de Gaulle je prends possession de la préfecture de Police ! »

Une longue clameur salua ces paroles. Puis d'un clairon partirent quelques notes aigrelettes d'un air que la foule entière reprit en chœur. Instinctivement, Amédée Bussière s'était mis au garde-à-vous. Il écoutait *La Marseillaise* monter fervente, puissante, dans le ciel de l'été.

Un cycliste solitaire qui passait par hasard sous les fenêtres de la Préfecture s'arrêta et écouta lui aussi. Rien ne pouvait surprendre davantage le communiste Rol que cette *Marseillaise*. A son guidon, dans la poche d'un sac tyrolien se trouvait un exemplaire du premier ordre insurrectionnel qu'il venait de distribuer à son état-major[1]. Et dans le fond du sac, soigneusement enveloppé, il y avait l'uniforme qu'il avait porté pour la dernière fois sept ans plus tôt dans le train de Barcelone qui évacuait les brigades internationales. Tout à l'heure, dans le nouveau P.C. de la rue Schœlcher où il allait s'installer, il revêtirait le vieux pantalon de drap et la veste aux boutons d'or sur laquelle il avait cousu cinq galons de colonel.

Rol était stupéfait. La prise de la Préfecture, cette forteresse, ne faisait pas partie de son plan d'action. Réalisant tout à coup qu'il avait été joué, il décida de se mettre immédiatement en

1. Cet ordre prescrivait aux F.F.I. l'organisation de patrouilles, la réquisition des véhicules, l'occupation de divers bâtiments et le port du brassard.

tenue et d'entrer dans la Préfecture pour imposer son autorité à ces rebelles qui avaient agi sans ses ordres et qui risquaient de compromettre son propre plan.

Mais le gaulliste Yves Bayet, à cet instant, préparait une nouvelle surprise au colonel des F.F.I. Non loin de là, boulevard Saint-Germain, sautant d'une voiture noire, il venait d'aborder un homme au visage émacié qui lisait un journal à la terrasse du café des *Deux Magots*.

« Monsieur le préfet, la Préfecture est prise. Elle est à vous. »

L'homme eut un sourire satisfait. Il se leva, rabattit le bord de son chapeau mou sur ses lunettes d'écaille, et monta dans la voiture.

Il s'appelait Charles Luizet. Parachuté sept jours plus tôt dans le Midi de la France, cet ancien militaire était le premier haut fonctionnaire qui allait occuper un poste à Paris, au nom du général de Gaulle.

En s'emparant de la Préfecture, une ville dans la ville, les gaullistes avaient frappé un grand coup. Leurs propres forces tenaient désormais un solide point d'ancrage à partir duquel elles pourraient manœuvrer et contrôler leurs adversaires politiques.

Rol était arrivé une heure trop tard.

En même temps que le nouveau préfet, un inconnu timide entra dans la Préfecture. Chargé de deux lourdes valises, il se dirigea vers le laboratoire de la Police municipale. Dans ses valises se trouvait un étrange arsenal : huit bouteilles d'acide sulfurique et plusieurs kilos de chlorate de potasse. Dans le secret du laboratoire de chimie nucléaire où sa belle-mère avait découvert le radium, le timide inconnu avait préparé la formule d'une bouteille explosive qui allait devenir une arme redoutable aux mains des insurgés de Paris.

Il s'appelait Frédéric Joliot-Curie.

2

L'insurrection préparée par Rol s'étendait avec rapidité et efficacité dans toute la capitale. Pendant les quatre journées précédentes, les ordres avaient été soigneusement rédigés puis distribués. Dans une chambre proche de l'avenue Foch d'où il percevait le martèlement sourd des sentinelles allemandes, l'adjoint de Rol pour Paris, un frêle instituteur du nom de Dufresne, avait passé la nuit à corriger les derniers exemplaires. A 7 heures du matin, quai Conti, à la barbe même des Allemands, il avait transmis ses ordres à ses agents de liaison. Depuis l'aube les communistes collaient sur tous les murs de la ville les affiches ordonnant une « Mobilisation générale ».

Pour Rol et son état-major, les problèmes à résoudre ce matin-là étaient complexes. Il fallait établir les liaisons et les contacts, installer un quartier général, sortir les armes de leurs cachettes et les distribuer aux commandos F.F.I. Dans les centraux téléphoniques de la ville, les agents de la Résistance exécutèrent une première tâche qui devait se révéler capitale pour le déroulement des opérations : le sabotage des tables d'écoute allemandes.

Dans cette phase de guérilla, la mission des soldats de Rol était relativement simple. Elle se résumait dans une phrase que Rol lui-même avait prononcée et qui devait devenir le leitmotiv de l'insurrection : « A chacun son Boche. » Dès 7 heures du matin, dans tout Paris, les F.F.I. avaient commencé à exécuter l'ordre. Par petits groupes, ils s'étaient mis à attaquer partout les soldats et les véhicules allemands isolés. Leur but était d'abord de s'armer eux-mêmes en désarmant les occupants de Paris.

A l'hôtel Meurice, les premiers rapports qui parvinrent provoquèrent la stupéfaction et la colère du général von Choltitz : depuis 9 heures du matin, les escarmouches se multipliaient à travers Paris. Pour Choltitz le déclenchement général de l'insurrection était une surprise. Excepté quelques fades généralités concernant un « certain malaise » dans la population civile, ses services de renseignements ne lui avaient donné aucun avertissement. Son propre rapport, adressé le matin même au groupe d'armées B et à l'O.B. West, assurait que la ville était « parfaitement calme ». Mais les premières échauffourées qui venaient d'éclater dans toute la ville, à la même heure et selon le même processus, indiquaient clairement au commandant du Gross Paris qu'il s'agissait d'un plan concerté.

En ces deux premières heures d'insurrection, la physionomie de la ville elle-même s'était modifiée. Une sourde menace planait maintenant au-dessus de ses rues désertes. Les rares passants marchaient en rasant les murs. De temps à autre, sous le regard ébahi d'une concierge, passait en trombe une voiture bariolée des lettres blanches « F.F.I. ». Mais surtout un bruit nouveau résonnait dans Paris ce matin-là, un bruit que ses rues n'avaient pas entendu depuis 1871 : celui de la poudre et des balles.

⁂

Pour le petit groupe réuni dans le salon Empire d'un appartement de la rue de Bellechasse, à quelques centaines de mètres de la Seine, ce bruit de fusillade était la cruelle illustration d'une phrase que Jean-Paul Sartre écrivait à ce moment même : « Quand nous délibérons, les jeux sont faits. » Ces hommes qui « délibéraient » appartenaient au Conseil National de la Résistance. Ils étaient réunis dans ce salon pour approuver le déclenchement de l'insurrection. Mais à l'instant même où, de sa voix éraillée, le professeur d'histoire Georges Bidault prenait la parole, l'écho de la fusillade traversa la pièce. L'énergique chef communiste André Tollet plaçait l'assemblée devant un fait accompli. Il annonça que l'insurrection se poursuivrait, que ses collègues dussent ou non l'approuver.

Pour le haut fonctionnaire qui représentait dans ce salon l'autorité de Charles de Gaulle, ces mots posaient un terrible dilemme. Alexandre Parodi était convaincu que « l'insurrection était autant un geste politique des communistes qu'un effort pour battre les Allemands ». Et pourtant, en autorisant la prise de la Préfecture de police, Parodi avait reconnu le principe même de l'insurrection. Dès lors, s'il faisait machine arrière, il en abandonnait la direction aux communistes et ouvrait une brèche dans l'unité de la Résistance.

Mais, par-dessus tout, Parodi se demandait si sa décision n'aboutirait pas à la destruction de Paris.

De toute façon il n'avait guère de choix. Deux heures après son déclenchement, l'insurrection s'était étendue à toute la ville.

Parodi devait maintenant tenter de la contrôler. Se tournant vers Georges Bidault, il prit alors sur lui de donner la bénédiction du chef de la France Libre au mouvement qu'il avait l'ordre d'empêcher.

***

Déjà à travers tout Paris, l'insurrection entrait dans sa seconde phase. Des groupes de F.F.I. exécutaient le plan minutieusement préparé par Rol. Ils s'emparaient des mairies des vingt arrondissements, des commissariats de police, des édifices municipaux, des bureaux de poste et même des abattoirs, de la morgue et de la Comédie-Française.

Et partout, le premier geste de la revanche était de faire flotter sur les pierres de la cité les couleurs interdites de la France. Dans les rues et le ciel, aux fenêtres et sur les toits, ressortis de la poussière ou confectionnés à la hâte dans des draps ou des étoffes, des centaines de drapeaux tricolores surgissaient comme autant de défis aux croix gammées qui flottaient sur les édifices allemands.

***

Le colonel Massebiau brossa soigneusement sa vieille tenue et s'habilla. Puis, dans le miroir ovale de sa chambre, il se contempla longuement. A la vue des cinq galons dorés que portaient ses manches et des trois rangées de décorations cousues sur sa poitrine, il eut un sourire satisfait.

Comme des milliers d'officiers de réserve, le colonel Massebiau, membre d'un réseau de résistance militaire, reprenait du service ce matin-là.

Quelques minutes plus tard, Massebiau et ses

hommes s'arrêtèrent sous le porche Renaissance de l'église St-Germain-l'Auxerrois et observèrent leur objectif. A quelques mètres, devant les hautes grilles du Palais du Louvre, se trouvait la mairie du Ier arrondissement dont ils avaient reçu mission de s'emparer. L'adjoint du colonel, le souffleur de la Comédie-Française Marcel Dupuy, portait l'unique arme du groupe, un vieux revolver à barillet. Mais dans la poche du souffleur se trouvait une feuille de papier revêtue du cachet du comité de Libération du Ier arrondissement. Dupuy, le souffleur, serait le nouveau maire de cette bâtisse grise où commençait, à cet instant, une cérémonie traditionnelle pour un samedi.

Lysiane Thill, la jeune fiancée en robe blanche, regarda le fauteuil de velours rouge resté vide à côté d'elle. Voilà trois ans qu'elle attendait l'instant où elle deviendrait l'épouse de Narcisse Fétiveau, le prisonnier de guerre qu'elle aimait. Dans une minute, son rêve se réaliserait. Ceint de son écharpe tricolore, le charcutier-maire Chedeville prononcerait, sous le regard paterne du vieux maréchal Pétain, les paroles rituelles qui uniraient Lysiane à l'absent.

Mais six hommes, semblant sortis d'un film de gangsters, interrompirent brusquement la cérémonie. Dans l'encadrement de la porte apparut d'abord, revolver au poing, Marcel le souffleur, puis derrière lui, digne et résolu, le colonel Massebiau. Bientôt le commando avait envahi la salle des mariages et signifiait au charcutier-maire sa destitution et sa mise en état d'arrestation.

Pétrifiée sur son fauteuil, la jeune fiancée s'était mise à sangloter. Le colonel Massebiau annonça alors d'une voix martiale que la cérémonie continuait.

Ceignant l'écharpe tricolore de l'édile déchu, Marcel le souffleur prit ses fonctions de nouveau maire. Il décrocha le portrait de Pétain et se mit à improviser sa première allocution. Puis, « en vertu des pouvoirs conférés par la Résistance », il déclara Lysiane Thill et Narcisse Fétiveau unis « par les liens du mariage ».

***

Il n'y avait pas de mariage, ce matin-là, à la mairie de Neuilly.

Pendant quatre ans, l'élégant quartier résidentiel de Neuilly avait été l'un des plus calmes et des plus « résignés » de la capitale. Ses hôtels particuliers XIXe et ses villas cossues abritaient probablement plus de collaborateurs, de vichystes, d'agents allemands et d'officiers de la Wehrmacht qu'aucun autre quartier de Paris. A deux pas du Bois de Boulogne, avec ses rues provinciales et ses jardins, Neuilly, ce matin-là, continuait de vivre à l'écart de la guerre.

Comme chacun des 5 000 Allemands qui occupaient la commune, les deux soldats qui sirotaient un cognac au coin de la rue de Chézy, près de la mairie, se sentaient parfaitement chez eux. Lorsqu'ils entendirent la porte du café s'ouvrir derrière eux, ils échangèrent un sourire satisfait. Mais au lieu de voir Jeannine, la petite bonne qu'ils attendaient, ils virent un homme qui les menaçait d'un revolver. C'était Louis Berty, le charcutier de Nanterre. Berty désarma les Allemands et les emmena vers la mairie. Rendus subitement furieux par le spectacle des premiers prisonniers allemands qu'ils voyaient, des habitants de Neuilly crachèrent au visage des soldats. Berty dut brandir son arme pour protéger les Allemands.

L'employé de mairie Émile Marion contemplait avec stupéfaction la scène qui se déroulait sous sa fenêtre. Il vit d'abord le charcutier et ses prisonniers, puis se déployant au balcon de la mairie, le drapeau tricolore. Avec la solennité de Clemenceau s'adressant à la Chambre, cet homme de cinquante-deux ans, ancien combattant de Verdun, se tourna vers sa vieille secrétaire. « La République est sauvée ! » proclama-t-il. Puis il prit son chapeau et partit pour la mairie.

Mais d'autres yeux, avec une égale stupéfaction, avaient vu les prisonniers et le drapeau tricolore. Jeannine, la petite bonne que les Allemands attendaient, sauta sur sa bicyclette et pédala vers la Kommandantur.

Dans la mairie qu'il venait d'occuper sans coup férir, l'industriel grisonnant André Caillette réunit Louis Berty et les 65 combattants du réseau Zadig, et leur ordonna de s'embusquer derrière les fenêtres en attendant la suite. Les insurgés de Neuilly n'allaient pas avoir à attendre longtemps.

Un camion bourré de soldats casqués s'arrêta presque aussitôt devant le perron de l'édifice. Un officier descendit de la cabine. Posant ses deux poings gantés sur ses hanches, il se mit à observer la façade avec arrogance. Puis il cria en français : « Rendez-vous et sortez ! »

Au dernier étage, sous les dorures de la salle des Fêtes, juste à gauche d'un portrait d'Henri IV tombant du bac de Neuilly, André Caillette était en observation à la fenêtre. Il se pencha vers la rue et d'une voix forte répondit du tac au tac :

« Rendez-vous vous-mêmes, nous sommes l'armée de la Libération ! »

D'un geste brusque, l'Allemand dégaina son revolver et tira.

Ce fut le signal de la fusillade. De toutes les fenêtres s'abattit sur les Allemands un feu vengeur.

Caillette vit l'arrogant officier tituber puis s'écrouler sur le trottoir « comme un ballon d'enfant qui se dégonfle ».

Quand le feu cessa, tous les Allemands étaient morts. Du haut de leurs fenêtres, les hommes de Zadig contemplèrent alors avec épouvante le carnage qu'ils venaient de faire. Soudain, dans toutes les rues avoisinantes, ils entendirent le ronronnement des camions qui venaient encercler la mairie.

***

Décapotée, une Mercedes grise roulait doucement le long des platanes aux feuilles déjà roussies. Assis à côté du chauffeur, le sous-lieutenant von Arnim admirait au passage les façades finement ciselées du Palais du Louvre. Le quai était presque désert et tout paraissait si calme et si tranquille que le jeune sous-lieutenant avait peine à s'imaginer que Paris pût offrir un autre visage que celui-là. Seule, ce matin-là, l'image de sa propre voiture rappelait la guerre à l'officier. Sur le siège arrière, deux sergents casqués armés de mitraillettes surveillaient les fenêtres des immeubles. Mais rien ne semblait indiquer une menace quelconque.

Arnim fit un signe au chauffeur et la voiture s'engagea vers l'île de la Cité et la Préfecture de police. Derrière les tours jumelées de la Conciergerie qui dominaient cette île chargée de trésors où le jeune officier avait si souvent flâné, apparut la flèche de la Sainte-Chapelle dressée vers le ciel comme une épée. Sur la gauche, le long du quai aux Fleurs, Arnim aperçut quelques bouquets qui mettaient une tache de couleur sur le trottoir. Au sommet de la Tour de l'Horloge, les deux aiguilles dorées de l'énorme cadran marquaient 11 heures.

Dans le boulevard vide et silencieux, la première détonation résonna « comme un coup de cymbale ». Aussitôt une pluie de feu s'abattit sur la Mercedes. L'un des sergents lâcha sa mitraillette et bascula en avant. Terrifié, Arnim criait au chauffeur : « Plus vite, plus vite ! » Mais la voiture, les pneus crevés, avançait avec peine. Le casque du deuxième sergent roula au fond de la voiture. Le sous-lieutenant vit un trou béant au milieu du visage du sous-officier. Comment cette brutale image de la mort pouvait-elle surgir dans une rue de Paris ?

Ce soir-là, vers minuit, grâce à la complicité de son ami Ernst von Bressensdorf, chef des transmissions de l'hôtel Meurice, Arnim appellera au téléphone le château familial de Gross Sperrenwalde, près de Prenzlau. « Maman, dira-t-il à sa mère, Paris est devenu l'enfer. »

***

Ce serait une photo floue. Au moment précis où le photographe, caché sous son voile noir, écrasait dans sa main la poire en caoutchouc du déclencheur, les nouveaux mariés, Pierre et Gabrielle Bourgin, avaient sursauté : dans une rue derrière l'église Notre-Dame-de-Grâce de Passy, une rafale de mitrailleuse venait de crépiter.

Digne et un peu guindé dans son habit de

cérémonie, l'homme qui avait cueilli quelques heures plus tôt les tomates du Muséum, offrit le bras à son épouse et marcha vers une calèche pleine d'œillets blancs qui attendait devant l'église. Le cocher fit claquer son fouet et le cheval bai partit au petit trot à travers les rues désertes où résonnaient les coups de feu. Pédalant le dos courbé, les invités de la noce suivaient l'attelage à bicyclette.

Rue de Passy, sur le pas des portes, des spectateurs ébahis regardaient l'étrange cortège s'avancer vers la mitraille. Quelqu'un cria : « Vive la mariée ! »

⁂

A l'intérieur de la Préfecture de police, Edgar Pisani lissait d'une main nerveuse sa barbe noire. A la droite de son bureau, sur un tableau incliné, quatre-vingts lumières clignotaient en même temps. De tout Paris, les commissariats de police appelaient le central de la Préfecture. Mais le nouveau directeur de cabinet du préfet Luizet ne savait pas comment prendre ces appels. Il ignorait jusqu'au fonctionnement de son propre téléphone. Finalement il appuya au hasard sur un bouton et décrocha un combiné. Au bout du fil il entendit une voix tremblante : « Les Boches attaquent en force la mairie de Neuilly... » Le reste de la phrase se perdit dans le fracas d'une explosion. Boulevard du Palais, la fusillade qui s'était abattue sur le sous-lieutenant von Arnim venait de reprendre. Pisani raccrocha et courut à la fenêtre. Au milieu de la chaussée, un camion allemand atteint par une bouteille incendiaire brûlait comme une torche. « C'était, rappelle-t-il, comme à la foire. Les balles atteignaient les soldats qui s'échappaient du brasier et les culbutaient comme des quilles. »

De tous les Allemands qui tombèrent ce matin-là dans le guêpier de l'île de la Cité, aucun ne décida de vendre sa peau plus cher que l'homme qui avait truffé d'explosifs le central de la rue Saint-Amand, le Feldwebel Bernardt Blache, du 112e régiment de transmissions. Sous les feux croisés de la Préfecture et du Palais de Justice son camion venait d'être criblé de balles. Les deux soldats couchés sur les ailes n'eurent même pas le temps de tirer. Ils poussèrent un cri et basculèrent sur l'asphalte. De son pied droit traversé par une balle, le chauffeur écrasa l'accélérateur. Mais au coin de la rue de Lutèce, le camion désemparé vint s'écraser contre un arbre. Blache se souvient d'avoir hurlé « Alles runter ! » et d'avoir sauté lui-même à terre pour se mettre à l'abri derrière le véhicule. Sur le plateau du camion, les bras en croix, un soldat touché au ventre gémissait de douleur et appelait : « Bernardt, Bernardt, au secours... » Blache vit alors un officier allemand, les yeux exorbités, déboucher de la rue de Lutèce en déchargeant son pistolet contre un ennemi invisible. Une balle explosive l'arrêta en pleine course. Blache vit la tête de l'homme exploser littéralement et son corps rouler sur le trottoir. Les tireurs étaient si proches que, dans les courts moments d'accalmie, l'Allemand pouvait discerner le son de leur voix. Blache se faufila le long du camion et s'accroupit derrière la cabine. Écroulé sur son volant, le chauffeur était mort. A travers la vitre, Blache aperçut alors un bras nu qui sortait de l'embrasure d'une fenêtre et se balançait au-dessus du vide. Au bout du bras, il y avait une bouteille, enveloppée dans un linge. Blache bondit sur ses pieds et se mit à courir comme un fou vers le parapet du pont au Change. A peine avait-il quitté le camion qu'il sentit la chaussée trembler sous ses pieds. Le camion venait d'exploser. Tout autour de l'Allemand, les balles explosives soulevaient des geysers d'asphalte noir. Arrivé au pied du parapet, le fuyard se jeta à plat ventre et attendit. Ce qu'il vit alors devait rester pour lui à jamais incompréhensible : sous la mitraille, digne et impassible, un vieux monsieur, coiffé d'un chapeau mou, la canne à la main, passait sans se presser sur le pont au Change. L'Allemand pointa vers lui sa mitraillette et se demanda s'il allait l'abattre.

Quelques secondes plus tard, Blache entendit derrière lui des coups de sifflet. Il se dit que les Français se lançaient à sa poursuite. Levant prudemment la tête par-dessus le parapet, il observa la place du Châtelet. De l'autre côté du pont, il y avait un groupe de civils. Il résolut de s'ouvrir un passage dans leur direction. Empoignant dans chaque main le manche d'une grenade, il quitta son refuge et se mit à courir vers la foule en poussant des hurlements. Terrifiés par l'apparition de ce spectre couvert de poussière et de sang qui gesticulait avec ses grenades, les civils s'enfuirent. Bientôt Blache se retrouva seul sur le quai désert. Une voiture à cet instant déboucha de la place. L'Allemand l'arrêta et ordonna au Français qui la pilotait, un médecin, de le conduire à l'hôtel Meurice.

Arrivé à l'hôtel, tenant toujours à la main ses deux grenades, le sous-officier se précipita, bondit dans l'escalier. Enfonçant la première porte qu'il rencontra, il se mit à hurler :

« Mais bon Dieu ! qu'est-ce que vous attendez pour envoyer les tanks ? Mes hommes sont en train de griller comme des saucisses ! »

3

A la mairie de Neuilly, les tanks étaient déjà là. Deux « Panther » avaient pris position sur la place et un troisième dans le square, derrière le bâtiment. A l'intérieur de la mairie, encerclés et mitraillés depuis trois heures, les hommes de Zadig tiraient leurs dernières cartouches. Le parquet de la salle des Fêtes était jonché d'éclats de grenades, de balles, de verre brisé et de plâtre. Les tableaux étaient lacérés et les boiseries déchiquetées. Dans la salle du conseil municipal, en haut de l'escalier de marbre, morts et mourants gisaient côte à côte sur la grande table. Des ruisseaux de sang coulaient sur le parquet. Des hommes avaient donné leurs cravates pour faire des garrots. Dans toute la mairie, il n'existait pas une goutte d'alcool, ni le moindre morceau de sparadrap.

Jamais André Caillette ne pourrait oublier le regard de détresse d'un de ses hommes, qui appelait au secours, le ventre ouvert. Caillette fit la seule chose qui lui semblât possible : il rentra les intestins dans le ventre du blessé et serra de trois crans sa ceinture.

Depuis les balcons, les fenêtres et les toits des immeubles voisins, les Allemands tiraient sans arrêt sur les insurgés. Sur le toit d'en face, Charles, le frère d'André Caillette, vit un Allemand sortir d'une lucarne et ramper sur les ardoises. Charles était le meilleur tireur de Neuilly. Comme à la chasse, il épaula et tira, une seule fois. L'Allemand glissa lentement, laissant derrière lui une traînée rougeâtre. Il tenta de s'agripper au rebord de la gouttière. Puis il bascula dans le vide en poussant un long hurlement.

Derrière la mairie, à l'abri d'un petit mur couvert de lierre, une mitrailleuse arrosait toutes les ouvertures de l'édifice ; Charles posa le canon de son vieux lebel sur l'appui d'une fenêtre et ajusta lentement. Foudroyé, le servant de la mitrailleuse roula sur le sol. Charles vit alors deux mains agripper les bottes du mitrailleur et tirer le corps derrière le petit mur. Un autre soldat prit sa place et la mitrailleuse se remit à tirer. L'Allemand avait repéré le Français. La première rafale atteignit la fenêtre et fit sauter le vieux béret de Charles. L'homme au lebel rampa vers une autre fenêtre, épaula et fit feu à nouveau. Le servant de la mitrailleuse écarta brusquement les bras et s'écroula. De nouvelles mains apparurent et tirèrent son corps à l'abri. Un troisième homme s'était déjà accroupi derrière la mitrailleuse. Charles changea de fenêtre et tira encore. Cette fois, aucune main n'apparut pour tirer le corps recroquevillé. La mitrailleuse s'était tue.

Mais un bruit nouveau succéda bientôt au crépitement de la mitrailleuse : celui du canon. Les chars venaient d'entrer en action. Le premier obus, un fumigène, explosa dans le bureau du maire. André Caillette crut que les murs s'écroulaient. Un épais nuage gris obscurcit sa vue et il sentit la fumée lui brûler la gorge et les yeux. Il se mit à ramper sur la moquette pour sortir de la pièce. Dans le fracas des explosions, il entendit alors le tintement grêle d'une sonnerie. « Le téléphone »... A tâtons, il chercha le bureau d'où provenait la sonnerie et finit par découvrir l'appareil. « Ici la préfecture de Chartres, annonçait une voix bouleversée, les Américains viennent d'arriver. » Caillette voulut répondre, mais il lui sembla que sa langue était paralysée. « Un flot ininterrompu de tanks et de camions », hurlait la voix dans l'écouteur. Caillette, toujours incapable d'articuler un mot, saisissait des lambeaux de phrases entre deux explosions. « Des camions si grands, disait la voix, qu'ils peuvent porter trois tanks à la fois... C'est fantastique. » Brusquement Caillette sentit monter en lui une envie de pleurer. Il était étreint par ces deux sentiments extrêmes et contradictoires : la joie de savoir les Américains si proches et la rage de voir ce tank allemand dont les derniers obus allaient les pulvériser, lui et ses camarades, au bord même de la victoire. Caillette laissa pendre l'écouteur au bout de son fil. Et les larmes aux yeux, suffocant, il se traîna jusqu'à la salle des fêtes.

Épuisés, découragés, les insurgés de Neuilly tiraient leurs dernières cartouches. Caillette entra en criant : « Les gars, les Américains sont à Chartres [1]. » Et d'une voix rauque, brisée par la fumée et l'émotion, il se mit à chanter : « Allons, enfants de la Patrie... » Reprise par tous, une *Marseillaise* puissante jaillit bientôt par les fenêtres de la mairie assiégée.

Sur leurs balcons, à leurs fenêtres, les habitants du quartier se mirent à chanter aussi. Pendant quelques poignantes minutes, les accents fervents de *La Marseillaise* couvrirent le fracas de

1. André Caillette n'a jamais pu identifier la voix qui appela ce jour-là la mairie de Neuilly depuis la préfecture de Chartres. D'après les témoignages recueillis par les auteurs de ce livre, de nombreux habitants de Chartres appelèrent ce jour-là Paris au téléphone. Occupés dès le matin, la plupart des centraux téléphoniques étaient aux mains de la Résistance.

la bataille. A cent mètres de la mairie, derrière les pots de géraniums d'un tout petit balcon, André Caillette aperçut la silhouette familière d'une femme qui chantait. C'était son épouse.

Un à un, les insurgés tombaient. Depuis le début de l'engagement, 10 d'entre eux étaient morts et près de 40 gisaient gravement blessés, dans les bureaux et les couloirs.

Amplifiée par un haut-parleur, une voix allemande retentit alors dans la rue : « Rendez-vous ! Nous allons détruire la mairie et vous serez anéantis ! » Les survivants répondirent par une volée de mitraille.

Un tank s'avança sur la place et tira un obus explosif dans le portail de fer. Puis les chenilles mordirent les marches du perron et l'énorme engin s'élança contre la mairie. Caillette et ses hommes n'avaient pas de bouteilles explosives. Embusqués derrière la balustrade de marbre du vestibule, suffoquant dans la poussière et la fumée, ils tirèrent leurs dernières cartouches sur le monstre gris qui crachait des éclairs. Désormais, leur situation était sans espoir.

Abandonnant leur position, ils se mirent à ramper vers l'entrée de la cave. André Caillette souleva un couvercle de ciment et les hommes sautèrent dans un trou qui communiquait avec une petite pièce. Dans le fond de cette pièce, une cloison de briques fermait l'entrée d'un étroit boyau qui conduisait directement au grand égout de l'avenue du Roule. C'était leur seule voie de salut.

Un homme arracha sa chemise, s'en servit pour envelopper soigneusement le fer d'une pioche et se mit à abattre sans bruit la cloison.

Entassés dans l'obscurité, les fugitifs écoutaient le martèlement des bottes allemandes au-dessus de leurs têtes. Les Allemands venaient de capturer leurs compagnons restés dans les étages supérieurs et ils les poussaient dans l'escalier. Bientôt, recroquevillé sous le couvercle du trou, André Caillette entendit les pas des soldats qui les cherchaient. Une paire de bottes s'arrêta juste sur le couvercle. Quelques grains de ciment s'en détachèrent et tombèrent sur la tête de Caillette. L'Allemand appelait quelqu'un, sans doute pour l'aider à soulever le couvercle. Caillette retenait sa respiration, guettant le rayon de lumière qui allait apparaître par la trappe.

***

Devant la Préfecture de police, les canons allemands venaient, là aussi, d'être mis en batterie. Le premier obus fit voler le portail en éclats. Sous la violence de l'explosion, Edgar Pisani tournoya au milieu d'une grêle de débris et s'abattit lourdement sur le sol. Il était indemme, mais il avait perdu ses lunettes. Derrière lui, il entendit quelqu'un crier : « Les chars. Nous sommes faits. »

Deux Panther et un Renault du 5ᵉ régiment de sécurité avaient pris position sur le parvis de Notre-Dame et bombardaient la Préfecture de police. Il était 3 h 30 de l'après-midi.

Les premières salves d'obus firent une impression terrifiante sur les insurgés. Derrière leurs sacs de sable dérisoires, avec leurs mitraillettes, leurs mousquetons et leurs pistolets, ils savaient qu'ils ne pourraient opposer qu'une résistance symbolique à l'assaut allemand. Ils seraient tous massacrés. Nombre de policiers, subitement gagnés par la peur, décidèrent alors d'abandonner la position, de fuir. L'abbé Robert Lepoutre, qui était devenu leur aumônier, les vit s'engouffrer par dizaines dans les escaliers du souterrain qui communiquait avec la station de métro Saint-Michel sur la rive gauche de la Seine.

Mais l'intervention d'un seul chef résolu arrêta la panique. Le brigadier Antoine Fournet, chef du réseau de résistance « Honneur de la Police », accourut à l'entrée du souterrain et se mit à haranguer les fuyards. « Nous sommes enfermés comme des rats, s'écria-t-il dans le fracas des explosions, notre seule chance de salut, c'est de gagner ! » A ces mots Fournet brandit un pistolet et annonça qu'il abattrait tout homme qui chercherait à s'enfuir.

A l'autre bout de la Préfecture, l'opérateur du télégraphe intérieur de la police parisienne écoutait la voix grave de Pisani et tapait directement le message sur le clavier de son téléscripteur. « Assaut allemand sur Préfecture imminent, dictait Pisani, vous demandons envoyer toutes vos forces disponibles autour île de la Cité pour attaquer à revers l'ennemi... » Sur le tableau placé devant lui, une lumière rouge était allumée. L'opérateur avait appuyé sur le bouton marqué A.G. (alerte générale). Dans quelques secondes, l'appel au secours atteindrait tous les commissariats de police de Paris et de la banlieue. Il était 3 h 45 de l'après-midi.

Aussitôt, de tous les quartiers de Paris, seuls ou par petits groupes, des hommes se mirent en route vers l'île assiégée. De tous les groupes qui arrivèrent bientôt sur les bords de la Seine, aucun n'offrait une image aussi pathétique que la petite bande de quatre adolescents commandée par un jeune fonctionnaire nommé Jacques Piette.

La seule arme qu'ils possédaient était une

vieille mitrailleuse Hotchkiss. Ils la mirent en batterie sur le parapet couvert de mousse du quai de Montebello. Jeannot, un gosse au visage maigre et pâle, portait autour de son cou l'unique bande de cartouches dont on disposait pour alimenter la mitrailleuse.

De l'autre côté de la Seine, adossés aux portes du Jugement et de la Vierge, les chars allemands tenaient maintenant la Préfecture sous leurs canons. Abrités derrière leurs blindages, des fantassins tiraient sur les embrasures des fenêtres.

Jacques Piette ouvrit le feu. Jamais il n'oubliera l'exaltation qu'il ressentit, en cet instant, à la pensée de combattre enfin à visage découvert.

Le Panzer-Gefreiter Willy Linke, vingt-sept ans, du 5e régiment de sécurité, les yeux collés à son épiscope, aperçut la courte flamme que crachait la mitrailleuse de Piette. Il se mit à tourner la manivelle de sa tourelle.

« Planquez-vous ! » cria Piette en faisant basculer la mitrailleuse sur le sol. Lentement la tourelle du char virait dans la direction du quai de Montebello. A plat ventre sur le macadam, Piette et ses compagnons attendaient le coup de canon dans le terrible silence.

Dans sa tourelle, l'œil au collimateur, Linke attendait. Il se souvient d'avoir vu apparaître une tête au ras du parapet. Comme il n'avait pas d'obus à gaspiller, il se contenta d'appuyer sur la détente de sa mitrailleuse coaxiale. Une giclée de balles s'envola du char.

Derrière lui, Piette entendit les projectiles cisailler les branches des arbres et s'écraser contre les pierres de l'église Saint-Julien-le-Pauvre. Il pensa que le char avait tiré trop haut. Mais soudain, en se tournant vers la gauche, il aperçut une flaque de sang. La tête renversée dans le caniveau, une lueur d'épouvante dans les yeux, gisait Jeannot, le petit pourvoyeur de la vieille Hotchkiss. Piette rampa jusqu'à lui et se mit à lui secouer la jambe en criant « Jeannot... Jeannot ! »

Mais Jeannot, le cou déchiré par une balle explosive, était mort. Il venait d'avoir quinze ans.

A quelques dizaines de mètres de là, presque au même instant, un homme touché au ventre s'écroulait devant la fontaine de la place Saint-Michel. Le brigadier de police Vialatte, du commissariat de police du Ve arrondissement, avait lui aussi répondu à l'appel de la Préfecture.

Un jeune homme en culotte de cheval, l'étudiant en philosophie Raymond Sarran, passait par là. Il vit la main du blessé se crisper sur le canon d'un pistolet et s'élever vers lui : « Prends ça, disait le moribond, et va me venger... »

Dans une cave faiblement éclairée de la Préfecture, trois hommes en sueur forgeaient les armes d'autres vengeances dans une ambiance de film surréaliste. Rangées contre le mur se trouvaient les bouteilles de champagne de la réserve personnelle de l'ancien préfet Amédée Bussière. On entendait le claquement sec des bouchons qui sautaient. Les hommes vidaient les bouteilles de leur précieux contenu sur le sol et les remplissaient d'acide sulfurique et d'essence. Puis ils les enrobaient d'un papier imbibé de chlorate de potasse.

Dehors, dans le long couloir obscur, des policiers attendaient les bouteilles. « Emportez ! » criait, toutes les minutes, Frédéric Joliot-Curie en s'essuyant le front du revers de la main.

Sur la place du Parvis, le tankiste allemand Willy Linke vit le projectile tournoyer en l'air et retomber dans la tourelle du char voisin « comme un ballon dans un filet de basket ». Un F.F.I. avait réussi à se faufiler jusqu'à la statue de Charlemagne et à lancer une bouteille explosive dans la tourelle ouverte. Une énorme flamme jaune jaillit et le char tout entier se mit à flamber dans la seconde. De toutes les fenêtres de la Préfecture, des hurlements de joie s'élevaient pour saluer l'exploit.

Le Panzer-Gefreiter Willy Linke avait compris la leçon. Il verrouilla soigneusement l'écoutille de sa propre tourelle et introduisit avec rage un nouvel obus dans la culasse de son canon.

A la Préfecture, au milieu des explosions, le téléphone retentit. Renversé dans son fauteuil, Pisani prit l'appareil. C'était Alexandre Parodi qui appelait de son nouveau P.C. de la rue Séguier, de l'autre côté de la Seine.

« J'entends le bombardement, dit-il d'une voix inquiète, vous ne pouvez pas vous laisser massacrer... Il faut évacuer immédiatement la Préfecture ! »

Pisani répondit calmement que les Allemands cernaient toutes les issues et qu'une évacuation était impossible. « Nous y sommes, le mieux est d'y rester », assura-t-il.

Trois fois au cours de cette journée, le téléphone sonnera dans ce même bureau et des voix angoissées supplieront les défenseurs d'abandonner la Préfecture. Mais chaque fois ce sera le même refus.

Vers 5 heures de l'après-midi, une terrible nouvelle se répandit dans la forteresse. Les munitions étaient presque épuisées. « Il nous reste, annonça le brigadier Fournet à Pisani, pour deux minutes de feu à peine. » A ces mots, Pisani décrocha son téléphone et composa un numéro.

« C'est toi, Laurence ? » demanda-t-il. Baissant la voix, il murmura : « Embrasse Francis et Hervé... Nous n'en sortirons pas vivants. Nous n'avons plus de munitions... Seule, maintenant, l'arrivée des Américains pourrait nous sauver... »

***

Mais pour la poignée d'Américains réunis dans une roulotte d'état-major à 400 kilomètres à l'ouest, Paris n'était ce jour-là « qu'une tache d'encre sur des cartes, qu'il fallait éviter dans la marche vers le Rhin ». Les cartes en question étaient celles d'EAGLETAC, le quartier général avancé du 12ᵉ groupe d'armées américain installé dans une pommeraie près de Laval, sur les rives de la Mayenne. Et sur ces cartes, bientôt s'inscrira le destin de Paris.

Pour l'Américain tranquille aux lunettes cerclées d'acier qui commandait le 12ᵉ groupe d'armées, le général Omar N. Bradley, Paris devait être évité à tout prix. Bradley n'avait qu'un but : pousser ses hommes aussi vite et aussi loin que possible vers le Rhin avant que l'ennemi n'ait le temps de se ressaisir. Pour y arriver, il n'avait besoin que d'une chose : davantage, toujours davantage d'essence.

Or deux jours plus tôt, le commandement suprême lui avait fait savoir que son allocation quotidienne de carburant serait réduite de 300 000 litres à partir du jour où Paris serait libéré « afin de permettre l'acheminement de vivres vers la capitale ». Ce chiffre l'avait épouvanté. Avec 300 000 litres d'essence, il faisait avancer de 45 kilomètres un corps d'armée.

Dans sa roulotte, l'air grave, Bradley écoutait le chef de son 4ᵉ bureau énumérer les chiffres dont dépendait l'issue de la guerre : le tonnage du carburant débarqué la veille sur les plages, le tonnage acheminé par les routes d'approvisionnement, le tonnage affecté aux réserves des dépôts divisionnaires. De jour en jour, Bradley constatait que l'importance des deux derniers tonnages diminuait. Pour le chef du 12e groupe d'armées, rappelle son aide de camp le major Chet Hansen, « cela équivalait à voir un homme se vider de son sang sous ses yeux [1] ».

Absorbé par ses soucis, Bradley ne remarqua pas l'officier qui entra dans sa roulotte. Il apportait un message allemand qui venait d'être intercepté. Le général Edwin Siebert, chef du 2e bureau de Bradley, le signala incidemment dans son propre rapport. « Il semble, disait-il, que la population civile ait provoqué des troubles à Paris. » Bradley se redressa sur son siège.

« Bon Dieu, Eddie ! ordonna-t-il, renseigne-toi sur ce qui se passe là-bas. » Le visage de Bradley s'était tout à coup rempli d'inquiétude. L'insurrection de Paris éclatait le jour même où Dwight Eisenhower déclenchait l'offensive qui devait contourner la capitale. Quelques heures avant la conférence d'EAGLETAC, après une longue consultation avec ses officiers d'approvisionnement, dont certains le suppliaient d'attendre que les armées eussent reconstitué leurs réserves, Eisenhower avait donné l'ordre à ses forces de

1. Le 5 août, cinq jours après le débarquement en Normandie de sa division, le général Leclerc, commandant la 2e division blindée française, avait envoyé son chef d'état-major au général américain John S. Wood, commandant de la 4e division blindée U.S., avec mission de « se renseigner sur les problèmes particuliers qui se posaient à une division blindée en opérations ». Allongé dans sa roulotte, un verre de whisky à la main, le pittoresque Wood avait répondu au lieutenant-colonel de Guillebon : « La seule chose qui nous arrête est l'essence. Dites à Leclerc d'ordonner à ses hommes de remplir leurs cantines, leurs gourdes, leurs poches d'essence. Il en faut toujours davantage. »

franchir la Seine. A l'heure où Edgar Pisani et ses compagnons, à bout de munitions dans leur préfecture assiégée, n'attendaient plus leur salut que de l'arrivée des Alliés, les premiers éléments du 313ᵉ régiment d'infanterie américain traversaient le fleuve près de Mantes-Gassicourt, et commençaient la large manœuvre alliée autour de Paris.

***

A 3 000 kilomètres à l'est du verger normand où Bradley et son état-major venaient de se réunir, une autre conférence commençait ce jour-là, au cours de laquelle il devait aussi être question de Paris. Adolf Hitler n'était pas encore au courant du développement de l'insurrection dans les rues de la capitale. La veille, l'O.B. West avait pourtant signalé à l'O.K.W. que quelques accrochages sporadiques s'étaient produits dans la banlieue entre « terroristes » et troupes allemandes. Le général Walter Warlimont avait jugé cette information assez grave pour ordonner qu'elle fût transcrite sur la machine à écrire spéciale à gros caractères du Führer et portée au bunker du commandant suprême. « C'est une raison de plus pour ne pas déclarer Paris ville ouverte », avait simplement grogné Hitler.

Dès l'ouverture de la conférence de l'O.K.W., Hitler posa une question :

« Où est le mortier ? » demanda-t-il.

Embarrassé, le général Buhle répondit que le mortier Karl et les wagons de munitions qui l'accompagnaient n'avaient pu encore franchir la frontière. Ce retard, expliqua Buhle, était dû aux bombardements alliés des voies ferrées.

Furieux, Hitler rappela à Buhle qu'il avait reçu la promesse formelle que « Karl » serait à Paris le

22 août. Se tournant vers Jodl, il exigea une « priorité absolue » pour le transport du mortier.

Puis, à nouveau, le Führer écarta d'un geste brusque les cartes du front de l'Est que glissait devant lui le chef d'état-major.

« Le front Ouest d'abord », commanda-t-il.

Sur la carte au 1/200 000 de la région parisienne que Hitler avait longuement étudiée six jours plus tôt, lors d'une conférence similaire, Paris apparaissait maintenant comme l'axe autour duquel pivotait tout le front Ouest. Il était clair pour Hitler que la grosse tache noire que formait la ville au centre de cette carte était une position stratégique essentielle. De la possibilité de s'y tenir dépendait, estimait-il, le seul espoir d'enrayer l'avance alliée sur la Seine et vers la Ruhr. Les bombardiers alliés ayant détruit tous les ponts sur la Seine, sauf ceux de Paris, la capitale était devenue une sorte d'entonnoir par lequel s'écoulait tout l'approvisionnement des forces allemandes installées au sud de la Seine. Les objections d'ordre militaire avancées par Choltitz contre une destruction prématurée des ponts de Paris s'étaient révélées justifiées. Hitler avait finalement accepté de surseoir à la destruction des ponts « tant que l'armée allemande les utiliserait ».

D'une voix grave et résolue, Hitler répéta à ses généraux ce qu'il leur avait maintes fois dit. Puisqu'il estimait indispensable de tenir Paris, il exigea à nouveau que tous les renforts disponibles fussent mis à la disposition du commandant du Gross Paris. Pour s'en assurer personnellement il se fit apporter l'état des réserves sur l'ensemble du front de l'Ouest. Il envisagea d'abord de transférer des Alpes jusqu'à Paris plusieurs unités dépendant du maréchal Kesselring. Il décida finalement, pour des raisons de rapidité, que les 26e et 27e divisions de S.S. Panzer, stationnées au Danemark, seraient mises en marche et dirigées sur Paris[1]. Warlimont assura à Hitler que les éléments précurseurs de ces divisions pourraient, en progressant la nuit pour éviter les attaques aériennes alliées, atteindre la région de Paris pour le 25 ou le 26 août.

Hitler dicta ensuite les instructions qu'il destinait à celui qu'il avait désigné pour rétablir le front de l'Ouest, le maréchal Walter Model. Celui-ci devait « constituer avec la 1re armée et la 5e armée blindée une ceinture fortifiée devant Paris[2] ».

A l'homme dont il attendait des miracles, Hitler définit alors ce que devrait être le tout premier miracle. « La mission la plus urgente du commandant en chef à l'Ouest, ordonna-t-il à Model, est de rassembler ses unités devant Paris[3]. » Hitler était résolu à ne tolérer aucune défaillance dans la défense de la capitale. Le dictateur ne savait pas encore que depuis huit heures, dans les rues du Paris qu'il avait conquis, des soldats de la Wehrmacht « grillaient comme des saucisses » et tombaient sous les balles du peuple insurgé.

4

Devant la mairie de Neuilly, l'élégant Colonel Hans Jay, l'habitué des boîtes de nuit parisiennes, fit une grimace à la vue des corps des six

1. Message KR Blitz OKW/WFST (Ch) West : 0010031/44 19.8.44.

2. La 1re armée, composée notamment de divisions transférées des Pays-Bas, était l'armée la mieux équipée du front de l'Ouest.

3. WFST/OP 7752/44 PC BLITZ 19.8.44 (Archives OKW).

Allemands étendus sur le trottoir. Levant alors les yeux sur les prisonniers alignés le long du mur, les mains derrière la nuque, il décida de les faire fusiller.

Parmi les prisonniers se trouvait Louis Berty et son jeune voisin Lucien Le Guen. Le charcutier avait peine à se tenir debout. Les Allemands l'avaient capturé juste avant qu'il n'atteignît la cave de la mairie et l'avaient roué de coups.

Max Roger, le maire vichyste de Neuilly, tenta de convaincre le colonel Jay que parmi les prisonniers se trouvaient plusieurs employés de la mairie. Jay lui dit de les désigner. Puis il donna l'ordre de faire conduire les prisonniers à la Kommandantur de l'avenue de Madrid.

Quand la misérable colonne s'ébranla, rappelle Louis Berty, des applaudissements éclatèrent à toutes les fenêtres. Sur les trottoirs, des femmes pleuraient et récitaient des prières.

Juste au-dessous, dans le réduit obscur où ils se cachaient, les fugitifs de la mairie entendirent le bouillonnement des eaux de l'égout. La cloison de briques venait de tomber. Les uns après les autres, les hommes se glissèrent par la brèche, entrèrent jusqu'à la taille dans l'eau fétide et se mirent en marche. Charles Caillette portait sur son dos André Guérin, un ancien de Verdun. Quelques minutes plus tôt, dans le bureau du maire, la jambe de bois de Guérin avait été arrachée par un éclat d'obus. « Dieu merci, s'était exclamé Guérin, ils arrachent toujours la même ! » Au-dessus de leurs têtes, les fugitifs entendaient toujours le martèlement des bottes allemandes. Dans un coin, l'ingénieur François Monce, qui devait être le dernier à sortir, et son fils Bernard, dix-sept ans, récitaient à voix basse le « Souvenez-vous ».

Lorsqu'ils arrivèrent devant la Kommandantur, Louis Berty et ses 20 compagnons reçurent l'ordre de former un cercle. Un soldat allemand pénétra dans le cercle et se mit à dévisager chaque prisonnier. C'était l'un des deux soldats que Berty avait si fièrement capturés six heures plus tôt dans le café près de la mairie. Quand le soldat arriva à sa hauteur, Berty sentit son cœur s'arrêter. L'Allemand le regardait fixement. Berty le vit alors lever lentement sa main vers sa joue et faire semblant d'essuyer un crachat. Le soldat fit un clin d'œil. Puis il continua son inspection.

Dans le réduit qui conduisait à l'égout, l'homme qui précédait François Monce et son fils — un croque-mort — était coincé dans l'étroite ouverture. Ils durent s'arc-bouter pour le pousser et le faire basculer en avant. Un bruit plus terrifiant que le martèlement des bottes allemandes résonnait maintenant sur la chaussée au-dessus d'eux. Subitement l'eau s'était mise à monter dans l'égout. Un orage venait d'éclater sur Neuilly.

***

Le visage dur et fermé, le général von Choltitz montait d'un pas lourd les degrés de l'escalier. Comme son ami, le colonel Jay, Dietrich von Choltitz venait de voir de ses propres yeux les cadavres des premiers soldats allemands tombés dans les rues de Paris insurgé. De l'autre côté de la Seine, devant la gare d'Orsay, il avait vu, allongés côte à côte sur le trottoir, six corps affreusement brûlés.

Tandis qu'il se dirigeait vers son bureau, sa résolution devenait plus ferme. « Puisqu'on nous attaque, se disait-il, nous frapperons à notre tour. »

Le rapport que lui présenta le colonel von Unger était éloquent : les pertes allemandes en fin d'après-midi s'élevaient à 50 morts et une centaine de blessés, soit l'effectif d'une compagnie entière d'infanterie.

Choltitz frappa du poing sur la table, demanda un plan de Paris et convoqua les membres de son état-major.

Entouré de ses officiers qui se pressaient debout autour de son bureau, le commandant du Gross Paris envisagea d'une voix grave et résolue les différentes possibilités qui s'offraient à lui de réprimer l'insurrection. Celles-ci se ramenaient finalement à un simple choix. Ou bien il exécuterait la menace qu'il avait lancée trois jours plus tôt devant Taittinger, c'est-à-dire exercer des représailles massives sur tout quartier où se seraient produits des incidents. Ou bien il écraserait les insurgés de la Préfecture de police « dans un bain de sang tel que l'insurrection elle-même serait terminée une fois pour toutes ».

Le général von Choltitz prit l'avis de ses subordonnés puis se mit à réfléchir. Par la fenêtre ouverte, rappelle le colonel von Unger, on entendait par intermittence le bruit de la fusillade.

Au bout d'une vingtaine de secondes, Choltitz releva la tête et annonça qu'il attaquerait la Préfecture de police. Pour cette attaque, il réunirait l'élite des troupes à sa disposition : le 190e Sicherungsregiment, les chars du 5e régiment de sécurité cantonnés au Palais du Luxembourg et les unités blindées de la caserne Prince-Eugène de la place de la République. En outre, il ferait appel aux avions de bombardement basés à Orly et au Bourget.

Choltitz considérait l'appui aérien comme essentiel. D'après le plan qu'il envisageait, les tanks devraient attaquer par la voie la plus dégagée, c'est-à-dire par le pont Saint-Michel et par le Pont-Neuf. Mais auparavant, il voulait matraquer les insurgés par un bombardement intensif en piqué « afin que les tanks n'eussent plus qu'à ramasser les miettes ». Mais l'appui aérien posait un problème. La Luftwaffe n'exposerait pas ses avions en plein jour pour une mission comme celle-là. Cela signifiait que l'attaque devrait avoir lieu à l'aube ou au crépuscule.

Pendant ce temps, avec des patrouilles blindées, il organiserait plusieurs opérations de diversion contre des points d'appui tenus par la Résistance.

Cette terrible leçon, il en était sûr, porterait immédiatement ses fruits. Les « terroristes » de Paris seraient écrasés et la population civile sévèrement mise en garde.

Dietrich von Choltitz chercha et trouva un signe d'approbation sur les visages qui lui faisaient face. Pour les officiers aux culottes à bandes rouges de l'hôtel Meurice, Paris ne méritait ce jour-là qu'un seul langage, celui de la force.

Il ne restait plus qu'à fixer l'heure de l'attaque. Pour le colonel Hagen, chef du 2e bureau, le plus tôt serait le mieux. Choltitz se souvient d'avoir regardé sa montre. Il était 5 h 30 de l'après-midi. Il fit remarquer au colonel Hagen que ce serait une erreur d'attaquer le soir même. Quand l'aviation aurait terminé son bombardement, il ferait presque nuit. A la faveur de l'obscurité, les survivants pourraient s'enfuir.

Il annonça que l'attaque aurait lieu le lendemain, une demi-heure après le lever du soleil. Il ordonna au colonel von Unger d'avertir la Luftwaffe.

Le lendemain, dimanche 20 août 1944, le soleil se lèverait à 4 heures et 51 minutes[1].

***

Pour le faux milicien Pierre Pardou, l'homme qui déménageait pour le compte de la Résistance les dépôts de la Milice, la chance tourna brusquement au coin de l'avenue Jean-Jaurès. Dans son pare-brise, il venait d'apercevoir un barrage allemand. Depuis midi, dans tout Paris, les Allemands arrêtaient les camions français.

Pardou n'eut qu'un réflexe. Pour ne pas être remis à la Milice, il déchira précipitamment sa carte de milicien et se mit à en avaler les morceaux. Mais sa propre photo se coinça dans sa gorge et il crut qu'il allait se mettre à vomir sur les deux Feldgendarmes qui avaient sauté sur le marchepied de son camion en rugissant : « Papiers ! »

Les deux Feldgendarmes montèrent dans son camion et ordonnèrent à Pardou de prendre le chemin du Palais du Luxembourg.

Par la fenêtre de la salle Médicis où les Allemands l'enfermèrent, Pardou put contempler à son arrivée une scène qui lui révéla le sort qui l'attendait. Trois civils, les bras en l'air, le dos au mur, se trouvaient dans la cour d'honneur. Des soldats remirent à chacun une pelle et une pioche. Un Feldwebel aboya un ordre et les trois hommes escortés de soldats se mirent en route. Pardou les perdit de vue quand ils entrèrent dans

1. Heure GMT. A Paris, où l'heure légale était l'heure allemande, il serait en fait 6 heures et 51 minutes.

le jardin. Mais vingt minutes plus tard, le petit homme entendit une série de détonations. Après leur avoir fait creuser leurs propres tombes, les Allemands venaient de fusiller les trois Français.

La porte s'ouvrit et un vieux territorial appela Pardou. C'était le cuisinier allemand du Sénat. Bientôt, dans la cuisine, le gros Franz devait rassembler ses maigres connaissances de français pour ordonner à son nouvel esclave de laver sa cuisine : « Vous fusillé sûrement demain, alors faire cuisine très propre aujourd'hui », répétait-il comme une ritournelle macabre.

A l'autre bout de Paris, un autre prisonnier avait l'impression d'être enfermé dans un asile de fous. Au fond de son cagibi de l'hôtel Williams, square Montholon, l'agent de police Armand Bacquer attendait que d'autres Feldgendarmes décident de son sort. A un certain moment, sa porte s'ouvrit et il sentit quelque chose de mou et humide lui frapper le visage. Bientôt il entendit crier : « Salaud, tu vas être fusillé et c'est tout ce que tu mérites. » Une femme venait de lui cracher au visage. Bien des années plus tard, Armand Bacquer se souviendra encore de la bouche tordue par la haine de cette femme qui s'appelait Paulette. Un peu plus tard, le prisonnier entendit à travers la porte la voix d'une autre femme qui lui murmura : « Courage, tu t'en tireras ! »

Des hommes couraient dans les couloirs, claquaient les portes, vociféraient au téléphone. Des bouchons de champagne sautaient et des verres s'entrechoquaient. La sonnerie du téléphone retentissait sans arrêt. Des bribes de conversation arrivaient parfois jusqu'au prisonnier. Quelqu'un dit en français : « La police s'est soulevée..., ça va déferler sur les boulevards. Nous partons pour Nancy. »

Parmi toutes les pensées sinistres que remuait Armand Bacquer au fond de son cagibi, il en était une qui l'obsédait particulièrement. « Les Allemands vont me tuer, se disait-il, et on ne retrouvera pas mon corps. » L'idée qu'on pourrait croire un jour qu'il était mort comme un traître était pour l'agent de police pire que l'idée de la mort elle-même.

Bacquer n'avait plus de montre et se demandait l'heure qu'il pouvait être. Comme aucune lumière ne venait jusqu'à lui, il ne savait plus si c'était le jour ou la nuit. Il se sentit tout à coup très fatigué.

L'Unteroffizier Gustav Winkelmann, de la caserne de la République, se sentait lui aussi très fatigué. Dans vingt minutes, il devrait partir pour patrouiller dans les rues de Paris et cette perspective lui coupait les jambes.

Il commanda un dernier cognac et posa un billet de cinquante francs sur le comptoir. Puis il se mit à vider son verre lentement. A la dernière gorgée, il vit deux silhouettes apparaître dans la glace au-dessus du percolateur. Chaque homme était coiffé d'un béret et portait un brassard tricolore autour du bras gauche. Presque aussitôt, l'Allemand sentit le canon d'un revolver s'enfoncer dans son dos. Une voix lui murmura à l'oreille : « Pour toi, Fritz, la guerre est finie ! » Winkelmann ramassa sa monnaie et leva les bras. Puis il se retourna et fit face à ses agresseurs. « J'ai beaucoup d'argent, annonça-t-il en français. Je paierai ma pension... Laissez-moi attendre ici les Américains. » Interloqués, les deux F.F.I. se regardèrent. Ne sachant trop ce qu'ils allaient faire de ce premier prisonnier, ils décidèrent de le confier à la garde du patron du bistrot.

⁂

André Caillette, François Monce, et la poignée d'hommes qui avaient réussi à s'enfuir de la mairie de Neuilly avançaient avec peine. De chaque caniveau, des cataractes d'eau venaient gonfler le flot noir et nauséabond dans lequel ils s'enfonçaient. Dans le grand collecteur sous l'avenue du Roule, l'eau montait de minute en minute. Elle dépassait maintenant la taille des plus grands. S'ils ne trouvaient pas une sortie, les fugitifs allaient bientôt périr noyés.

Devant la Kommandantur, les Allemands embarquaient à cet instant leurs camarades dans un camion. Les mains sur la nuque, le charcutier Louis Berty cherchait du regard son jeune voisin Lucien Le Guen à qui sa femme avait prêté, le matin même, le petit revolver qu'elle cachait dans son tiroir-caisse. Mais Le Guen n'était pas là. Les Allemands avaient trouvé le revolver sur lui et l'avaient déjà fusillé.

Par-dessus la ridelle du camion, Louis Berty reconnut le rond-point des Bergères et l'avenue du Président-Wilson. Le camion passait tout près de chez lui. Il y eut un virage brusque et un bruit d'engrenages. Le chauffeur changeait de vitesse au bas d'une côte. Berty comprit alors où le conduisait le camion. Là-haut, au sommet de la côte, se trouvait une forteresse hexagonale. Pendant trois ans, au fond de sa boutique de Nanterre, il avait entendu l'écho des rafales qui provenaient de cette prison. C'était le Mont-Valérien.

⁂

Dans les ténèbres de l'égout de Neuilly, François Monce vit une faible lueur. Luttant contre le courant, il marcha dans sa direction. La lueur provenait d'un puits qui débouchait à la surface. Les barreaux d'une échelle étaient scellés dans la paroi. Monce appela ses camarades. Puis, à demi assommé par les trombes d'eau et les détritus qui tombaient d'en haut, Monce se cramponna aux barreaux et se mit à monter. Quand il atteignit le sommet du puits il s'arc-bouta contre la paroi et souleva lentement la lourde plaque de fonte. Il découvrit en face de lui la façade de la bibliothèque municipale. Un chien s'arrêta et le regarda. D'un coup d'épaule, Monce fit basculer la plaque et, jaillissant d'un bond, il courut se réfugier dans la première maison.

5

Colette Massigny était amoureuse. Rien, pas même une bataille dans les rues de Paris, ne l'empêcherait ce jour-là de rendre visite à son fiancé, l'étudiant Gilles de Saint-Just. Recherché par la Gestapo, Gilles s'était réfugié dans une chambre de bonne de la rue Saint-Benoît. Depuis six semaines, Colette avait été la seule à lui rendre visite.

Courbée sur le guidon de sa bicyclette, ses cheveux blonds flottant au vent, elle descendait l'avenue des Champs-Élysées. Il était 7 heures du soir.

Quand elle atteignit la place de la Concorde, Colette entendit le bruit d'une fusillade sur les quais de la Seine. Elle obliqua sur la gauche et prit la rue de Rivoli. Fière et provocante, sa robe rose gonflée comme une corolle, la jeune fille pédalait dans la rue déserte où flottaient les croix gammées noires.

D'un balcon du 228 de la rue de Rivoli, deux hommes regardaient passer une jeune fille à bicyclette. « J'aime ces jolies Parisiennes, confia d'une voix tranquille le général von Choltitz au consul de Suède Nordling, ce serait une tragédie d'être obligé de les tuer et de détruire leur ville[1]. »

Nordling hocha tristement la tête. Était-il possible que l'homme au visage grave qu'il avait devant lui fût sur le point de détruire Paris ? « Anéantir Paris, dit-il à Choltitz, ce serait un crime que l'Histoire ne pardonnerait jamais. »

L'Allemand eut un haussement d'épaules. « Je suis un soldat, dit-il avec résignation. Je reçois des ordres. Je les exécute. »

Des coups de feu claquèrent du côté de l'île de la Cité. A ce bruit le visage de Choltitz se durcit. Il sentit monter en lui une brutale bouffée de colère.

« Je les ferai sortir de leur préfecture, rugit-il, je les écraserai sous les bombes. »

Nordling ignorait que l'attaque devait commencer le lendemain à l'aube. Stupéfait, il posa un regard sévère sur l'Allemand et lui demanda s'il se rendait bien compte que chaque bombe qui manquerait sa cible tomberait sur Notre-Dame, ou sur la Sainte-Chapelle.

Choltitz eut un haussement d'épaules. La pen-

1. Il est impossible d'affirmer que Colette Massigny était bien la jeune fille que Choltitz et Nordling virent passer ce soir-là. Selon le général allemand et le diplomate, il était entre 7 heures et 7 heures et demie. Choltitz se souvient que la jeune fille portait une robe *rose* et qu'elle était seule. Colette Massigny portait effectivement une robe rose ce jour-là et elle précise que la rue de Rivoli était déserte quand elle l'emprunta à cette heure-là.

sée que l'objectif qu'il avait décidé d'écraser pût se trouver au milieu de tels trésors ne l'avait pas effleuré.

« Vous connaissez la situation, monsieur le consul, dit-il impassible. Mettez-vous à ma place. Quelle autre solution proposez-vous ? »

Raoul Nordling avait précisément une solution à proposer au commandant du Gross Paris. Quelques minutes plus tôt, dans son bureau de la rue d'Anjou, le téléphone avait sonné. Au bout du fil, Nordling avait entendu une voix angoissée : « La situation de la Préfecture est désespérée. Essayez de faire quelque chose... [1] »

Nordling avait alors demandé à Choltitz de le recevoir d'urgence. Pendant le court trajet entre la rue d'Anjou et l'hôtel Meurice, une idée lui était venue.

Nordling proposa au général allemand « un cessez-le-feu temporaire pour ramasser les blessés et les morts ». S'il était respecté, on pourrait le prolonger.

Dietrich von Choltitz se rappelle qu'à la proposition du diplomate suédois, il sursauta. En trente années de vie militaire, il n'avait jamais demandé ni accordé un cessez-le-feu. Cepen-

1. On se saura probablement jamais avec certitude qui appela ce jour-là Anjou 34-51 pour demander l'intervention du consul de Suède. Le neveu de Raoul Nordling, M. Édouard Fiévet, qui avait pris l'écouteur de l'appareil, déclara aux auteurs de ce livre qu'il pensait que l'appel provenait d'Edgar Pisani. Fiévet reconnaît cependant qu'il n'avait entendu la voix de Pisani qu'une seule fois et qu'il a pu se tromper. Edgar Pisani, pour sa part, a catégoriquement nié devant les auteurs de ce livre avoir appelé ce jour-là le consul de Suède.

Une chose paraît cependant certaine. L'appel venait de la Préfecture de police. Fiévet prit l'appareil et demanda au correspondant son numéro : celui-ci était bien un numéro de la Préfecture. Il est très possible que l'appel ait été lancé par le préfet vichyste Amédée Bussière ou par un de ses collaborateurs. Bussière était enfermé et gardé dans son appartement depuis 7 heures du matin. Il avait ce soir-là accès à un téléphone.

dant, à la réflexion, l'audacieuse proposition lui parut, étant donné les circonstances, offrir plusieurs avantages.

L'arrêt des combats permettrait à la ville de retrouver progressivement son calme, ce qui était sa préoccupation essentielle. Ses troupes qui combattaient l'insurrection se trouveraient libérées pour d'autres tâches. Les voies de communication à travers Paris pour les unités en retraite seraient sauvegardées. Mais surtout, si l'expérience d'un cessez-le-feu était couronnée de succès, l'attaque prévue à l'aube devenait sans objet. Choltitz avait conscience que cette attaque constituerait un geste irrévocable, une sorte de déclaration de guerre à la ville. Quand les premiers avions apparaîtraient dans le ciel de Paris, il serait trop tard pour reculer, l'Allemand le savait. C'était la décision la plus importante qu'il ait eu à prendre dans sa carrière.

Or, Dietrich von Choltitz n'aimait pas avoir à prendre de si graves décisions.

L'autonomie relative que lui conférait son commandement de Paris était pour lui une expérience nouvelle. Jusqu'à présent, pris dans les rouages d'une machine militaire bien organisée, il n'avait été qu'un exécutant. Et voilà qu'au lendemain d'un voyage à Rastenburg qui avait ébranlé sa foi dans le destin du IIIe Reich et dans celui de son chef, les circonstances le plaçaient à la tête d'une capitale où il aurait à prendre de graves décisions. Or la proposition soudaine du consul de Suède permettait d'annuler temporairement l'une au moins de ces graves décisions.

« Si les chefs de la Préfecture de police, annonça-t-il enfin, peuvent prouver dans l'heure qui vient leur autorité sur leurs propres hommes, j'accepte de discuter les conditions d'un cessez-le-feu définitif. » Baissant subitement le ton, le général, rappelle Nordling, ajouta : « Je vous demande, monsieur le consul, de faire en sorte que mon nom ne se trouve pas associé à ces négociations. »

Choltitz savait que le principe même d'un cessez-le-feu était contraire aux ordres qu'il avait reçus. Si le Feldmarschall Model, son supérieur direct, apprenait qu'il négociait avec les « terroristes », les conséquences pour lui-même, comme pour la ville, pourraient être incalculables.

Ce soir, le général von Choltitz ne souhaitait qu'une chose : que le calme revînt sans une tragique épreuve de force.

Il raccompagna Nordling jusqu'à la porte, lui serra longuement la main et appela le colonel von Unger. Il annonça sèchement à son chef d'état-major que l'assaut prévu pour le lendemain était « temporairement retardé »[1].

D'un geste las Edgar Pisani allongea le bras et prit l'écouteur. Depuis ce matin, c'était peut-être le deux centième coup de téléphone auquel il répondait. Bientôt plus personne ne répondrait au téléphone dans le grand bureau du directeur de cabinet. Pisani et ses hommes s'attendaient à être submergés d'un moment à l'autre.

« Mes respects, monsieur le consul », dit-il. Nordling annonçait une nouvelle fantastique : les Allemands avaient accepté le principe d'un cessez-le-feu !

A ces mots Pisani bondit de son fauteuil et tomba dans les bras du brigadier Fournet.

« Antoine, cria-t-il, nous avons sauvé Paris ! »

1. Devant les auteurs de ce livre, le général von Choltitz s'est montré absolument formel. Si la proposition de Nordling n'était pas arrivée ce soir-là, l'attaque de la Préfecture de police aurait eu lieu comme prévu le lendemain dimanche 20 août à l'aube.

⁂

Malgré le cri d'Edgar Pisani, en fait, Paris était loin d'être sauvé. Dans leur bureau du quatrième étage de l'hôtel Meurice, les experts en démolition de l'ingénieur Bayer poursuivaient la préparation fébrile des plans des destructions exigées par l'O.K.W. Au ministère des Affaires étrangères, au Palais-Bourbon, au central téléphonique de Saint-Amand, au Sénat, dans presque tous les édifices que la Wehrmacht occupait, les marteaux pneumatiques continuaient à creuser les chambres à explosifs.

Mais le soulèvement des Parisiens, ce jour-là, avait empêché les soldats de Choltitz de procéder aux premières destructions. Parfois le courage d'un seul homme en bleu de travail avait même suffi pour mettre en échec la folie destructrice de Hitler. En quelques heures d'un patient travail, l'électricien François Dalby, l'homme qu'avait appelé au secours le conservateur du Palais du Luxembourg, avait réussi à provoquer cinq longues pannes de courant pendant lesquelles les marteaux pneumatiques s'étaient arrêtés. Dalby était le seul à pouvoir réaliser cet exploit. C'était lui qui avait monté toute l'installation électrique du Sénat. Mais à tout moment, il risquait de payer de sa vie ce sabotage.

⁂

Un autre Français savait, lui, qu'il allait être fusillé. Le policier Armand Bacquer vit l'eau noire bouillonner dans la nuit et eut comme une illumination. « S'ils me mettent devant la flotte, se dit-il, je saute avant qu'ils ne tirent. » Mais les Allemands poussèrent Bacquer le long du parapet du Cours-la-Reine. Il sentait derrière lui la respiration pressante de son compagnon, le policier Maurice Guinoiseaux, arrêté le matin même au volant d'une camionnette pleine d'armes destinées à la Préfecture de police.

Les deux hommes étaient maintenant face au mur. Ils n'échangèrent pas un regard, pas même un soupir. Bacquer revit tout à coup son père et sa mère sur la place de son village de Glomel le jour de la Saint-Germain, le saint patron de Glomel. Il entendit derrière lui le bruit des bottes qui reculaient vers le bord de l'eau. Il pensa brusquement qu'il était né un 11 novembre et que c'était drôle parce que c'était le jour de l'armistice. Il revit alors pendant une fraction de seconde le visage de son père puis celui de Jeanne, sa femme, et se dit que demain, on retrouverait son corps.

Bacquer entendit le déclic d'une culasse qui se refermait. Il voulut se retourner « pour ne pas être tué dans le dos » mais une rafale partit de biais, le touchant d'abord à la jambe droite, puis au genou, à la cuisse, au col du fémur et enfin au poumon gauche. Au ce moment la rafale de balles atteignit Guinoiseaux au cou puis à la tête. La dernière balle entra dans la nuque et ressortit par l'œil.

Bacquer ressentit une brûlure à la jambe et un choc dans la poitrine qui lui coupa la respiration. Il s'affaissa et roula sur Guinoiseaux. Alors, venant d'un autre monde, il entendit un mot : « Fertig ! » (Fini !)

***

A 2 000 kilomètres de Paris, dans la cabine obscure d'un poste de pilotage, le colonel André de Marmier, des Forces Aériennes Françaises Libres, regardait à cet instant les aiguilles fluorescentes sur les cadrans de son Lodestar. Devant lui, à 1 000 mètres exactement au bout de la courte piste, se trouvait, noire et menaçante, la Méditerranée. L'avion que le colonel de Marmier allait lancer sur cette piste ne décollerait peut-être jamais. Avec ses 3 600 litres d'essence, deux fois plus que n'en contenaient ses réservoirs normaux, il pesait une demi-tonne de trop.

Marmier tira lentement les manettes des gaz jusqu'à ce que les aiguilles indiquent 2 700 tours. L'avion se mit à vibrer. La température des moteurs monta à 40, 45, 50 degrés.

« Paré ? » demanda-t-il alors.

« Paré », répondirent ensemble le mécanicien Aimé Bully et le radio Venangeon.

Marmier lâcha les freins et l'avion fit un bond en avant. Les yeux rivés sur ses cadrans, le pilote enfonçait le manche tandis que l'appareil commençait à rouler sur la piste. 500, 700, 800 mètres, l'appareil surchargé se traînait « comme une vieille locomotive ». Marmier voyait maintenant les crêtes des vagues phosphorescentes au bout de la piste. 1 000 mètres. Cramponné au manche, le pilote maintint l'avion en ligne droite au ras des vagues. Pendant un moment qui parut à Marmier interminable, l'aiguille de l'altimètre resta à zéro. Puis, lentement, elle se mit à osciller. Le pilote rentra les volets et amorça un virage. Par-dessus l'épaule du navigateur, il aperçut alors une masse noire qui émergeait des flots, le rocher de Gibraltar.

André de Marmier essuya les gouttes de sueur qui coulaient le long de son front. Il venait de réussir le décollage le plus difficile de ses 15 000 heures de vol.

Trois pas derrière lui, dans la cabine du Lodestar, le passager qu'il transportait cette nuit-là desserra sa ceinture et, dédaignant les consignes de sécurité, alluma un cigare. C'était Charles de Gaulle.

De Gaulle avait refusé d'attendre la Forteresse volante américaine qui devait le conduire en France. Il avait lui-même, contre l'avis de ses propres collaborateurs et des autorités britanniques de Gibraltar, décidé de partir avec son propre avion. Il ne savait pas encore que Paris s'était soulevé.

Économisant précieusement son carburant pour le plus long voyage qu'entreprendrait jamais le Lodestar Lockheed « France », le pilote contourna le phare de Saint-Vincent au sud du Portugal et vira plein nord le long de la côte portugaise. Sur la droite, Lisbonne apparut, étincelant dans la nuit. Plus loin, à la pointe nord-ouest de l'Espagne, Marmier repéra un dernier phare, celui du cap Finisterre. Au-delà, plus aucune balise ne le guiderait. Tous feux éteints, il volerait en ligne droite vers le nord, le long de la côte hostile de la France occupée. A l'aube du lendemain, il devait rencontrer une escorte de la R.A.F. qui l'attendrait au-dessus de la pointe sud de l'Angleterre.

Dans la cabine sombre et silencieuse, le lieutenant Claude Guy regardait la petite lumière rouge et silencieuse qui brillait en face de lui. Il se disait que le destin de son pays dépendait en ce moment « d'un cigare allumé dans les ténèbres d'un avion volant tous feux éteints ».

*
**

Au contact de la pluie diluvienne, le fusillé Armand Bacquer reprit connaissance. « Je vais me noyer », pensa-t-il. Des feuilles, des brindilles, de la boue, entraînées par les flots recouvraient son visage. Il essaya de se traîner sur les coudes. Mais sa jambe était comme détachée de son corps. Il allongea le bras et sentit le corps raide de son compagnon. Une pensée se mit alors à l'obséder : « Si les Allemands reviennent et qu'ils voient ce cadavre, ils vont m'achever. » Bacquer entendit alors le « pin-pon » d'une voiture de pompiers qui passait dans l'avenue. Il se mit à crier faiblement « au secours, au secours », mais bientôt le sang de son poumon perforé l'asphyxia et il perdit connaissance. Dans son délire, Bacquer entendit passer au-dessus de lui des centaines de voitures de pompiers et leurs avertisseurs résonnaient dans sa tête comme des milliers de cloches. Les pompiers allaient le sauver, il en était sûr, « parce qu'ils étaient français ». Il revint à lui et avala quelques gouttes de pluie. Puis il s'évanouit à nouveau dans un monde de cauchemar plein d'Allemands qui se jetaient sur lui pour l'achever.

6

Le jour apparut dans un ciel que l'orage de la nuit n'avait pas complètement balayé. Un silence lourd s'était abattu sur la ville. En ces premières heures du dimanche 20 août, Paris meurtri semblait compter ses blessures. Le long de la Seine, sur le Cours-la-Reine, un prêtre marchait d'un pas rapide sur un tapis de feuilles arrachées par l'orage. Soudain il s'arrêta et écouta. De la berge en contrebas, montait comme une plainte. Il s'approcha du parapet et vit au pied du mur deux corps recroquevillés côte à côte. L'un d'eux bougeait encore. Armand Bacquer, le policier breton, n'était pas mort.

Quand Bacquer ouvrit les yeux, il vit au-dessus de lui, comme en un rêve, le visage du prêtre. Celui-ci avait sorti des plis de sa soutane une boîte contenant un morceau de coton. Bientôt le moribond sentit sur son front le contact du coton plein d'huile et entendit des mots incompréhensibles. Il eut alors un éclair de lucidité. « On me donne l'extrême-onction, se dit-il, je vais sûrement mourir. » Il réclama à boire et s'évanouit.

Quand il se réveilla, il vit cette fois briller une image merveilleuse au-dessus de son visage. C'était un casque de pompier. Puis il entendit le « pin-pon » régulier de la camionnette qui l'emmenait à l'hôpital. Écoutant avec une sorte d'extase ce bruit rassurant qui avait peuplé ses cauchemars, il se dit que les Allemands ne pourraient plus l'achever[1].

Une femme inquiète, en ce matin dominical, se précipitait à sa fenêtre chaque fois qu'elle entendait le « pin-pon » d'une voiture. Depuis vingt-quatre heures, Colette Dubret, la femme du policier Georges Dubret, était sans nouvelles de son mari.

Sur le fourneau, dans une cocotte noire, le civet que Georges Dubret avait promis de venir manger la veille à midi attendait toujours.

Enfermés dans une cellule humide du fort de Vincennes, dans la même tour où le duc d'Enghien avait attendu la mort, Georges Dubret et six

1. Armand Bacquer survécut à ses blessures. Opéré à l'hôpital Necker par le professeur Huet, il resta pendant des semaines entre la vie et la mort. Pendant des années il souffrit d'affreux cauchemars. Il voyait sans cesse les Allemands qui revenaient pour l'achever. Il travaille aujourd'hui au commissariat de police de la rue de Bourgogne, à quelques centaines de mètres à peine de l'endroit où il a été fusillé.

autres policiers entendaient un autre bruit. C'était le crépitement rageur et saccadé d'une mitrailleuse qui tirait dans la cour. Dans quelques instants, ces hommes allaient payer de leur vie le soulèvement de la veille.

La veille en effet, une patrouille allemande avait envahi le commissariat de la rue de Lyon, près de la Bastille, dont Georges Dubret et ses compagnons s'étaient si fièrement emparés. Sous un tapis, un soldat de Choltitz avait trouvé un brassard tricolore. Les Allemands avaient alors emmené tous les hommes, même le commissaire Antoine Silvestri, qui n'avait jamais fait de résistance.

Quand le feu de la mitrailleuse s'arrêta, les Allemands poussèrent à coups de crosse les prisonniers dans la cour. Un spectacle horrible les y attendait. Les figures lacérées, les poitrines défoncées, les jambes et les bras littéralement hachés, les corps des onze hommes qui venaient d'être fusillés gisaient dans la poussière. Dubret sursauta. Il reconnut trois des morts. C'étaient des policiers. L'un d'eux bougeait encore. Un jeune S.S. sortit son luger et acheva le mourant d'une balle dans la tête. Du haut de leurs fenêtres, des soldats contemplaient avec indifférence cette scène macabre. Torse nu, l'un d'eux se rasait en sifflotant. D'autres se baignaient dans un bassin[1].

Les Allemands alignèrent les prisonniers devant les cadavres. Sur le plateau d'un camion, dans l'allée centrale, juste derrière eux, la mitrailleuse attendait. Le brigadier Antoine Jouve regarda le cadavre qui était devant lui et se dit :

1. Ces hommes avaient l'habitude des massacres. Ils appartenaient à la division blindée Das Reich qui, le 10 juin 1944, avait exterminé les hommes, les femmes et les enfants d'Oradour.

« J'aimerais être à sa place, il n'est pas trop abîmé, celui-là. »

Dans son blouson de suédine tout neuf, le policier André Giguet, dit « Dédé », pensait à Albertine, sa femme. Elle pourrait identifier son corps. Il avait sa carte d'identité dans sa poche. Bien des hommes, à cet instant, pensèrent aussi qu'on pourrait, grâce à leurs papiers, identifier leurs corps et cette pensée les réconforta. Le brigadier Georges Valette vit les « cheveux blonds » de son fils Jacques et associa cette image « aux blés mûrs de l'été ». Puis il regarda les corps devant lui et se dit : « C'est là que je vais tomber. » André Étave vit le visage de sa fille malade. Étave s'était ruiné pour faire soigner la petite tuberculeuse et il se demanda ce qu'elle deviendrait. Mais au moment de mourir, les hommes ne pensèrent pas tous à leur famille. Le policier Étienne Tronche, du commissariat du XIIe arrondissement, s'inquiéta pour le petit veau qu'il élevait dans le jardinet de son pavillon de banlieue. « Bon Dieu, gémit-il, mon veau qui va mourir de soif ! » Quelqu'un à côté de lui l'entendit et murmura : « Ne nous fais pas ch... avec ton veau, t'es pas en train de mourir, toi ? »

Au dernier moment, les Allemands décidèrent de fusiller les prisonniers de face, et non de dos. Le brigadier Georges Valette aperçut alors la bouche du canon de la mitrailleuse et se dit qu'elle était énorme. Sur leur camion, les deux servants de la mitrailleuse crièrent quelque chose et les soldats reculèrent. Georges Dubret se dit : « Cette fois ça y est. » Il y eut un fort déclic suivi d'un lourd silence pendant lequel, pétrifiés sur leurs jambes, les hommes attendirent. La mitrailleuse s'était enrayée.

On entendit alors s'élever la voix ferme du

commissaire Antoine Silvestri. « Nous sommes innocents, cria-t-il, nous voulons parler à un officier ! »

Il n'y eut pas de réponse. Mais tandis que les servants réparaient la mitrailleuse, les S.S. ordonnèrent aux Français de transporter les morts dans les fossés du fort.

Les corps étaient encore chauds et du sang coulait des blessures. Quand il voulut soulever un des cadavres par les épaules, Georges Valette vit une boule sanglante se détacher de la poitrine et tomber dans la poussière. Il fit alors la seule chose qui lui parut normale. Il ramassa la boule et la remit dans la poitrine. Pour la première fois de sa vie, réalisa-t-il alors, il avait touché un cœur humain.

Les prisonniers durent descendre leurs macabres fardeaux au fond d'un des fossés du fort. Puis les Allemands leur distribuèrent des pelles et des pioches et leur commandèrent de creuser une fosse commune.

Dans le fossé, malgré la chaleur accablante et la soif qui les tenaillait, les hommes n'osaient pas enlever leurs vestes, de crainte que plus tard, leurs familles ne pussent identifier leurs corps. Tout en creusant, plusieurs prisonniers priaient à haute voix. Antoine Jouve essaya de se souvenir des paroles de l'acte de contrition et ne put retrouver que les premiers mots : « Mon Dieu, répéta-t-il plusieurs fois, j'ai un très grand regret de vous avoir offensé... » Transpirant dans son blouson de suédine, André Giguet regardait le trou qu'il venait de creuser et parlait à sa femme : « C'est ici, Albertine, lui disait-il, que tu viendras apporter des fleurs. »

Lorsqu'ils jugèrent la fosse assez profonde, les Allemands obligèrent Georges Dubret à s'allonger au fond pour s'assurer qu'elle était assez large. Couché sur la terre humide, Dubret regarda le ciel et murmura : « C'est ce qui s'appelle prendre les dernières mesures. »

Pour le reste des Parisiens, ce dimanche d'insurrection allait devenir une journée d'attente, de confusion, de contrastes. A quelques dizaines de mètres des murailles au pied desquelles Georges Dubret et ses camarades vivaient dans l'angoisse de la mort, d'élégants cavaliers se saluaient en se croisant dans les allées du bois de Vincennes.

Sur les berges de la Seine, devant les tours de Notre-Dame, à l'endroit même où de si durs combats s'étaient livrés la veille, des pêcheurs surveillaient comme chaque dimanche les eaux du fleuve. Marchant la main dans la main, dans le timide soleil matinal, Gilles de Saint-Just et sa fiancée Colette Massigny s'arrêtèrent brusquement et écoutèrent. Sur les marches de l'église Saint-Germain-des-Prés, un aveugle jouait de l'accordéon. Et ce matin-là, à la sortie de la messe de 10 heures, pour la première fois depuis quatre ans, il jouait *La Madelon*.

Après les sanglants combats de la veille, la trêve fragile, conclue par le consul de Suède et prolongée dans la nuit, apportait une accalmie. En ces premières heures dominicales, Parisiens et Allemands reprenaient leur souffle et faisaient le point.

Stupéfiés par le sursaut brutal de cette ville qui était restée si calme pendant les quatre années de l'occupation, bien des soldats de la garnison allemande profitèrent de ces heures de répit pour écrire à leur famille. De sa fenêtre de l'hôtel Crillon transformée en point d'appui, l'Unteroffizier de la 325e division d'infanterie Erich Vandamm, quarante-deux ans, regardait les hommes de l'organisation Todt enfoncer fébrilement des rails antichars dans le pavé de la place de la Concorde. « Chère Ursula, écrivit-il à sa femme, à Berlin, il se peut que tu restes maintenant sans nouvelles de moi pendant très longtemps. J'ai idée que les choses ont commencé à se gâter ici. »

De toutes les lettres que les occupants de Paris écrivaient ce jour-là à leurs familles, l'une au moins ne devait pas arriver. Le Feldwebel Paul Schallück, de la Flak-brigade n° 1, n'eut pas le temps de terminer la sienne avant son départ en patrouille. Elle commençait par ces mots : « Chère Maman, je crains que ce Paris que j'aime tant ne soit bientôt un champ de ruines. » Schallück plia la lettre et la mit dans son portefeuille. Quelques minutes plus tard, il fut grièvement blessé par les F.F.I. près du pont des Arts et fait prisonnier.

Tous les Allemands n'eurent pas, ce matin-là, des pensées aussi sombres. Le Feldgendarme Ernst Ebner, de la Kommandantur de Neuilly, qui la veille avait emmené le charcutier Louis Berty et ses compagnons au Mont-Valérien, était ivre mort. Sur la table de la chambre qu'il occupait dans un hôtel de la rue des Sablons, se trouvaient les cadavres des trois bouteilles de champagne et de cognac qu'il avait bues. Ebner, un rescapé de Stalingrad et de Monte Cassino, fêtait ce matin-là son trente-huitième anniversaire. A l'autre bout de Paris, dans le hall de l'hôtel Continental, une des rares souris grises qui fût encore là, Irmgard Kohlage, fêtait elle aussi son anniversaire. Le plus beau cadeau qu'elle recevrait à cette occasion serait une prédiction. Prenant la paume de sa main, un officier qui arrivait du front de Normandie lui dit : « Je vois pour vous quelques durs moments, mademoiselle Kohlage, mais après tout ira bien. » Ce matin-là, le Hauptmann Otto Nietzki, de la Wehrmachtstreife (police militaire), était sûr qu'il ne trouverait personne dans les bars et les bordels que fréquentaient d'habitude les militaires allemands. Il avait tort. Dans une maison close de la rue de Provence, sous les yeux horrifiés de la patronne, un major allemand complètement ivre éteignait les bougies d'un chandelier à coups de revolver en hurlant : « Bon Dieu ! qu'est-ce qu'on attend pour se tirer tous d'ici ! »

Aucun soldat de la garnison, cependant, n'allait avoir une mission plus étrange que celle dont venait d'être chargé le Feldgendarme Rudolf Ries, trente-deux ans, de la Platzkommandantur.

Pendant toute la journée précédente, embusqués derrière le parapet du quai de Montebello, Ries et ses hommes avaient tiré sur les assiégés de la Préfecture de police. Ce matin, dans une voiture de la police, en compagnie de deux des policiers sur lesquels il avait tiré la veille, Ries parcourait les rues de Paris pour annoncer le cessez-le-feu de Nordling. Partout les Parisiens en manches de chemise et les Parisiennes en robe légère s'étaient rassemblés autour du seul journal qui leur restât : les murs de leur ville. Ceux-ci étaient couverts d'affiches contradictoires annonçant et dénonçant la trêve. Au coin de l'avenue de l'Opéra et de la place des Pyramides, le Feldgendarme Ries vit avec stupéfaction le patron d'un bistrot se précipiter vers leur voiture, une bouteille de vin rouge à la main. Sous le regard ahuri des quelques passants, l'Allemand et les policiers français se mirent à trinquer au succès du cessez-le-feu.

7

Pour les gaullistes que hantait le spectre de Varsovie en flammes, la trêve annoncée par le Feldgendarme Ries et ses deux compagnons français offrait une dernière chance de sauver Paris. Elle leur apportait un moyen inespéré de contrôler l'insurrection qu'ils avaient été impuissants à empêcher. A tout prix, ils tenteraient de l'imposer aux insurgés. Car rien au monde, en ce dimanche matin, n'était à leurs yeux plus indispensable que de gagner du temps.

Dans tous les P.C. des F.F.I. de Paris, le téléphone se mit à sonner. Parlant au nom du colonel Rol lui-même, ou d'autres chefs communistes, des voix mystérieuses annonçaient la conclusion d'une trêve. Un adjoint de Rol décrocha le téléphone et eut la surprise de s'entendre ordonner, en son propre nom, de cesser le feu. De Londres, sur les ondes de la B.B.C., le général Pierre Kœnig, chef suprême des F.F.I., lança un appel aux Parisiens. « Aucun danger ne serait plus grand pour la ville de Paris, annonça-t-il d'une voix pathétique, que celui que lui ferait courir la population si elle répondait à l'appel à l'insurrection. » Dans sa Préfecture de police transformée en forteresse, le nouveau préfet Charles Luizet ordonna à ses hommes de ne faire usage de leurs armes « qu'au cas où ils seraient attaqués ou provoqués ». Luizet mit ses voitures de police à la disposition du consul Nordling pour annoncer la trêve à la population.

Les gaullistes ne négligèrent aucun effort pour battre de vitesse leurs adversaires et imposer la trêve aux combattants. Devant des officiers du propre état-major de Rol, Jacques Chaban-Delmas n'hésita pas à s'écrier : « Rol et les hommes qui l'entourent conduisent Paris à un massacre. »

Alexandre Parodi présenta la trêve sous un jour habile. C'était, annonçait-il à ses collègues du C.N.R., les Allemands qui l'avaient demandée. Elle comprenait quatre clauses. Les F.F.I. étaient considérées comme des troupes régulières et traitées selon les lois de la guerre. Les Allemands acceptaient la présence des F.F.I. dans les édifices publics qu'ils occupaient. Les F.F.I. s'engageaient à ne pas attaquer les points d'appui allemands. Les troupes allemandes pouvaient circuler librement sur un certain nombre d'itinéraires bien définis. Paraphrasant son ami Saint-Phalle, Parodi déclara aux membres du C.N.R. : « Quand une troupe d'insurgés sans expérience accepte de signer un traité avec une armée qui a été, qu'on le veuille ou non, la plus puissante du monde, ce n'est pas elle qui se déshonore, c'est cette armée. » Pour appuyer Parodi, Jacques Chaban-Delmas révéla que la moitié d'une armée allemande, plus qu'il n'en fallait à la folie hitlérienne pour réduire la ville en cendres, s'apprêtait à entrer dans la ville. Presque au moment où Chaban-Delmas lançait cet avertissement angoissant, à 250 kilomètres de Paris, le général américain George Patton, qui venait d'apprendre le soulèvement de Paris, s'écriait avec colère devant les officiers de son état-major : « Ils l'ont déclenchée, leur insurrection. Eh bien maintenant, qu'ils se dem... ! »

Les gaullistes avaient gagné la deuxième manche dans la rivalité qui les opposait aux communistes. Selon le mot de l'un deux, ils avaient mis « au frigidaire » l'insurrection qu'ils n'avaient pu empêcher. Surpris par la rapidité de leur action, les communistes n'allaient pas réagir avant un certain temps. Mais bientôt, accusant leurs adversaires de chercher à frustrer le peuple de Paris de son insurrection libératrice, ils devaient contre-attaquer avec violence.

En ces premières heures dominicales, timide et maladroite comme les premiers pas d'un enfant, la trêve s'étendit peu à peu à toute la ville. Des drapeaux apparurent à des centaines de fenêtres. Soulagés, heureux, les Parisiens envahirent les rues que la bataille de la veille avait vidées. Pour les milliers d'habitants que la violence de samedi avait bouleversés, la trêve apportait une détente miraculeuse. En ce dimanche chaud et humide, Paris, semblait-il, était sauvé.

Dans son avion, le sous-lieutenant Aimé Bully, trente-trois ans, regardait avec angoisse les aiguilles de ses quatre jauges à essence. Sur le tableau de bord, il y avait un cadran pour chaque réservoir. Trois d'entre eux étaient vides. A la main, Bully en avait pompé les dernières gouttes. Et maintenant, l'aiguille blanche du quatrième réservoir approchait du zéro. « Dans trente minutes, se dit-il, nous tomberons en panne sèche. » Depuis plus d'une heure, secoué par les rafales de vent, le Lodestar « France » dont Bully était le mécanicien tournait dans la crasse. Devant Plymouth, sur la côte anglaise, l'avion devait rencontrer une escadrille de chasseurs qui l'escorterait jusqu'en Normandie. Une voix interrompit les réflexions inquiètes de Bully.

« Le pétrole ? » demanda l'homme assis devant lui.

« Je vide mon dernier réservoir, répondit le mécanicien au pilote, il ne faudrait pas vous amuser longtemps. »

Les mains crispées sur le manche, le pilote André de Marmier comprit qu'il devait chercher un endroit où atterrir. Cet atterrissage, il fallait le réussir sans visibilité, sans radio, à bout de carburant, avec à son bord l'homme chargé du destin de la France qui fumait tranquillement un cigarillo dans la cabine. Marmier réduisit les gaz, et l'appareil piqua du nez. Regardant l'aiguille de l'altimètre descendre vers zéro, Aimé Bully n'avait qu'une pensée. Pourvu, se disait-il, que nous soyons au-dessus de la Manche et non au-dessus de la terre. Derrière le poste de pilotage, par son hublot, impassible et silencieux, Charles de Gaulle contemplait l'univers sombre et menaçant qui l'entourait.

« Pétrole ? » demanda encore Marmier.

« Plus que quelques minutes, mon colonel. »

Maintenant, sous les ailes de l'avion, Bully pouvait apercevoir les crêtes écumantes du Channel. Devant l'appareil, émergeant de la brume, une ligne grisâtre se dessina enfin. C'était la côte anglaise. Par la porte du poste de pilotage apparut la tête de Claude Guy, l'aide de camp de De Gaulle.

« Que se passe-t-il ? » demanda Guy.

« Nous sommes seuls, répondit de Marmier. La chasse n'est pas là. » Le pilote annonça qu'il devrait se poser en Angleterre car il n'avait plus d'essence.

Le jeune aide de camp referma la porte. Il annonça à l'imperturbable passager que l'escorte n'était pas au rendez-vous. De Gaulle eut un soupir.

« Cette fois, c'est la faute de qui ? demanda-t-il. Des Anglais ? Des Américains ? Ou des deux ensemble ? »

Guy ajouta que l'avion devrait se poser en Angleterre. Il était à bout de carburant.

« En Angleterre ? répéta brusquement de Gaulle. Ah non alors ! Allez dire à Marmier que je ne me poserai qu'en France. »

« Pétrole ? »

Cette fois, Bully avala presque ses mots. « Zéro, mon colonel. » Glissant au ras des flots, avec moins de cent mètres de visibilité, le Lodestar vira plein sud, vers la côte française. La main sur la pompe, Bully était prêt à appeler les dernières gouttes d'essence du dernier réservoir. Les doigts de Marmier, se souvient-il, transpiraient sur le manche. Jamais, lui semblait-il, les minutes qu'il vivait dans un poste de pilotage ne lui avaient paru aussi longues. A quatre cents mètres d'altitude, en pleine crasse, l'avion volait vers l'inconnu. Au bout, se disait Bully, il y aura la panne sèche, ou les canons de la Flak.

Tout à coup, au travers d'une trouée dans les nuages, apparut sur la mer une frange blanchâtre. C'était la côte de France. L'avion survola une plage déserte jonchée de blockhaus abandonnés et de débris divers. Bully se demanda quelle pouvait bien être cette plage. Ni lui, ni Marmier, ni Venangeon, le radio, ne reconnaissaient ce morceau de la terre de France.

« Bully, dit Marmier, va porter cette carte au "patron" et demande-lui s'il s'y retrouve. »

Le sous-lieutenant Bully rappelle que de Gaulle chaussa ses lunettes et se mit à observer la côte. Au bout d'un court moment, il posa son doigt sur la carte et annonça : « Nous sommes ici, juste à l'est de Cherbourg. »

C'était exact. Sous les ailes du Lodestar, le

pilote venait de découvrir le terrain de Maupertus vers lequel il amorçait déjà sa descente.

Comme l'avion roulait sur les plaques de tôle de la piste, une lampe-témoin se mit à clignoter sur le tableau devant le mécanicien. Bully poussa, rappelle-t-il, le plus long soupir de sa vie. Ce signal signifiait, il le savait, qu'il ne restait dans le dernier réservoir du Lodestar « France » que pour cent vingt secondes d'essence.

Il s'en fallut donc de deux minutes, ce dimanche 20 août 1944, pour que le destin de Charles de Gaulle ne s'achevât dans les eaux glaciales de la Manche.

Personne n'attendait de Gaulle sur le terrain de Maupertus. Il n'y avait ni fanfare, ni détachement d'honneur, ni foule. Que la boue et le crachin normand.

Claude Guy entra dans une grange que les Américains avaient sommairement aménagée en tour de contrôle. « Qui est dans cet avion ? » demanda la sentinelle en braquant sa mitraillette sur le Français. « Pose ta mitraillette, répondit Guy, c'est le général de Gaulle ! »

De Gaulle et sa suite montèrent dans une vieille Celtaquatre à gazogène et prirent le chemin de Cherbourg. Dans la sous-préfecture silencieuse, on ne trouva qu'une seule lame de rasoir pour tout le groupe. De Gaulle eut le privilège de s'en servir le premier. Puis, par ordre d'ancienneté, chacun se rasa à son tour. Quand le général eut fini sa toilette, il réclama une feuille de papier pour écrire un discours et demanda qu'un entretien avec Eisenhower lui fût immédiatement ménagé.

A Cherbourg le général Kœnig annonça : « Paris s'est soulevé. » A ces mots, de Gaulle eut un imperceptible sursaut. Cette fois, les dés étaient jetés. Charles de Gaulle était résolu à obtenir aujourd'hui même d'Eisenhower que les Alliés marchent sur Paris.

***

A Paris, Alexandre Parodi consulta sa montre. Il était en retard. Il n'aurait même pas le temps de finir le repas préparé avec tant de soins par le nouveau cuisinier de son P.C., un prisonnier allemand que l'on enfermait entre les repas dans la serre de l'hôtel particulier d'Alexandre de Saint-Phalle. Parodi fit un signe à ses deux adjoints, l'ingénieur Roland Pré et Émile Laffon, prit son porte-documents et se leva. Il avait, lui aussi, un objectif immédiat à atteindre. En ce début d'après-midi, la dernière chance qui restât de préserver Paris de la destruction était, il en était convaincu, la trêve de Nordling. Il allait maintenant tenter de la faire respecter.

Au volant d'une Citroën noire, une jolie fille en uniforme bleu marine attendait devant la porte. Autour de sa manche, elle portait un brassard tricolore orné d'une croix de Lorraine. Du haut de son balcon, Alexandre de Saint-Phalle regarda avec stupéfaction les trois hommes monter dans cette voiture conduite par une femme. « C'est incroyable, se dit-il, c'est déjà la Libération. »

8

A 400 kilomètres de la prairie normande où Charles de Gaulle venait d'atterrir, dans les profondeurs d'une forteresse souterraine baptisée

« W II », le lieutenant général Hans Speidel, quarante et un ans, attendait le retour de son nouveau commandant en chef, le Feldmarschall Walter Model. « W II » était l'appellation en code du nouveau Q.G. du groupe d'armées B installé dans une ancienne carrière près du village de Margival, à 10 kilomètres au nord de Soissons. Quatre années plus tôt, du fond de ce labyrinthe de couloirs, de salles d'opérations et de centraux téléphoniques, Adolf Hitler lui-même devait diriger la plus audacieuse opération militaire jamais tentée depuis mille ans, l'invasion de l'Angleterre. Aujourd'hui, dans les salles humides éclairées au néon, le commandant en chef dirigeait la retraite des armées hitlériennes. Depuis quarante-huit heures qu'il était parti inspecter le front, les télégrammes et les messages téléphoniques de l'O.K.W. s'étaient accumulés sur le bureau de son chef d'état-major. Ces ordres n'avaient laissé à Hans Speidel aucune illusion sur le sort que Hitler destinait à Paris.

Quand la porte s'ouvrit et que Model apparut, le chef d'état-major referma un gros livre relié en cuir noir. Au fond de son bunker, le docteur en philosophie de l'Université de Tübingen Hans Speidel lisait, ce jour-là, le troisième tome des *Essais* de Montaigne.

Le bouillant Feldmarschall, rappelle Speidel, paraissait épuisé. Le visage envahi d'une barbe de deux jours, les traits creusés par la fatigue, son uniforme recouvert de poussière, il se laissa choir dans son fauteuil, sortit son monocle et se mit à prendre connaissance des communications arrivées en son absence. Cette inspection, confia-t-il, avait été un cauchemar pire que toutes les épreuves qu'il avait eu à endurer en Russie. La situation lui était apparue bien plus tragique qu'il ne s'y attendait. Partout, il avait trouvé les hommes épuisés et découragés. Le front, si tant est qu'il y eût encore un front, était en plein chaos. Mais cette inspection lui avait révélé une chose capitale. La tâche la plus urgente qu'il aurait à accomplir était d'abord de regrouper ses forces. Y parvenir, cela serait, confia-t-il à Speidel, le premier miracle qu'attendait Hitler.

Deux rapports devaient ce jour-là éclairer le Feldmarshall sur la manière dont il pourrait exécuter ce miracle. Le premier provenait du général von Choltitz. Depuis le début de l'insurrection, Choltitz avait systématiquement et délibérément minimisé la gravité de la situation à Paris. Dans son message adressé à l'O.B. West à 8 h 20 du matin le dimanche 20 août, le commandant du Gross Paris se contentait d'annoncer : « Nuit calme. Seulement quelques escarmouches isolées dans les premières heures de la matinée. » Ses précédents messages n'avaient été guère plus alarmants.

Si le commandant en chef à l'Ouest en croyait son subordonné, la situation à Paris n'offrait donc aucune gravité spéciale [1].

Le deuxième rapport provenait du chef du 2e bureau de l'O.B. West, le lieutenant colonel I.G. Staubwasser. Rédigé dans la nuit précédente d'après les derniers renseignements parvenus à Margival, ce document indiquait à Model que l'ennemi, fort de 53 divisions [2], s'apprêtait à lan-

1. Vingt ans plus tard, le général von Choltitz révéla aux auteurs de ce livre pourquoi il avait ce matin-là délibérément cherché à minimiser aux yeux de Model la véritable situation à Paris. Comme la plupart des généraux allemands, il connaissait la réputation de Model. « Je voulais, expliqua-t-il, éviter d'attirer son attention sur Paris car je redoutais un acte inconsidéré de sa part. »

2. Comme c'était souvent le cas, les services de renseignements allemands surestimaient la force des troupes alliées. Il n'y avait que 39 divisions alliées en Normandie à cette date.

cer deux attaques de grande envergure. L'une, à partir de la région de Dreux en direction du Nord pour « envelopper en profondeur toutes les forces allemandes qui se trouvent encore à l'ouest de la ligne Le Havre-Paris et établir plusieurs têtes de pont sur la Seine » ; et l'autre, à partir de la région Chartres-Orléans, en direction de l'Est, au sud de Paris. « En ce qui concerne Paris, concluait le rapport, il ne semble pas qu'il y ait de danger imminent d'une attaque de grand style[1]. »

Certain qu'aucune menace immédiate ne pesait donc sur Paris, à l'intérieur de la ville comme à l'extérieur, le commandant en chef décida de prendre un risque. Au lieu de donner la priorité absolue, comme Hitler l'avait ordonné, au renforcement immédiat de la ceinture défensive devant la capitale française, Model décida de sauver d'abord ses troupes de l'encerclement en les ramenant derrière la basse Seine. Ensuite, il s'occuperait de la ceinture défensive devant Paris. Quand les 26e et 27e Panzer promises par le Führer arriveront, annonça-t-il à Speidel, elles traverseront directement Paris avec les restes de la 7e armée pour gagner leurs positions défensives devant la ville.

Model fit appeler le chef du 3e bureau du groupe d'armées, le colonel von Tempelhoff, et, d'une voix grave et précise, il se mit à lui dicter ses ordres.

Le commandant en chef n'allait oublier qu'une chose : il négligea d'avertir le général von Choltitz que deux divisions blindées envoyées par l'O.K.W. étaient en route pour Paris. Omission qui aurait bientôt de graves conséquences.

1. Beitrag Zur Wochenmeldung : Die feind lichen Staerken und Operationsabsichten 110/10 du 20 août.

Quand Model eut quitté la pièce, le général Hans Speidel resta seul un long moment dans son bureau. Immobile et pensif, il regardait avec mélancolie les trois gravures accrochées au-dessus de sa table de travail. Il avait acheté ces œuvres d'un artiste français du XVIIe nommé Hyacinthe Rigaud lorsqu'il était étudiant à la Sorbonne. Depuis, elles ne l'avaient jamais quitté. L'une représentait Versailles, l'autre Notre-Dame et la troisième les Tuileries. Ce jour-là, en regardant ces gravures, le chef d'état-major du groupe d'armées B espérait que les 26e et 27e S.S. Panzer arriveraient trop tard.

Aucune gravure ne décorait les murs du grand bureau du général von Choltitz. Derrière sa table de travail, à côté de la glace suspendue au-dessus de la cheminée, le sous-lieutenant von Arnim avait épinglé une carte du front de l'Ouest. Sur cette carte, le général allemand suivait jour après jour les progrès de l'avance alliée. Maintenant, il pouvait voir s'esquisser la double poussée qu'indiquait le rapport du 2e bureau du Feld-marschall Model. Il s'attendait à cette manœuvre[1]. Ce jour-là, Choltitz rappelle qu'il ne croyait pas à une attaque directe sur Paris « avant le début de septembre ».

Quand cette attaque se produirait, Dietrich von Choltitz défendrait Paris. Le général allemand se rendait compte que ce serait une tâche désagréable. Mais il y était résigné. Sa mission à Paris restait celle que lui avait définie le Feld-marschall von Kluge peu après son arrivée : « Paris sera défendu et vous le défendrez. »

1. D'après les souvenirs de Choltitz, c'étaient des documents alliés qui avaient fourni aux Allemands les grandes lignes des intentions alliées. Cependant, parmi les centaines de documents qu'ils ont étudiées, les auteurs de ce livre n'en ont trouvé aucune trace.

Il savait que les intentions de Hitler étaient de transformer la ville en une « Festung », une forteresse qu'il devrait défendre pierre par pierre. Il a admis lui-même plus tard que, « militairement parlant, c'était une idée valable ». Pour exécuter cette mission, il faudrait, estimait-il, cinq divisions. Jamais les armées décimées de Normandie ne pourraient lui en fournir autant. Mais, avec trois divisions seulement, il pouvait, pensait-il, faire de Paris un champ de bataille meurtrier qui userait l'ennemi pendant plusieurs semaines. C'était une manière peu glorieuse de terminer sa carrière militaire. Mais Choltitz savait qu'à l'arrivée des renforts, il n'aurait pas le choix. Il devrait combattre.

Les réflexions du général furent interrompues par la sonnerie du téléphone noir qui se trouvait à l'extrême droite de sa table de travail. Par le standard du chef de son service de transmissions, le sous-lieutenant von Bressensdorf, ce téléphone le reliait directement à l'O.K.W. et à Berlin. Le colonel général Alfred Jodl appelait pour la troisième fois. Le ton rauque de ses premières paroles révéla l'état de colère dans lequel se trouvait le chef d'état-major de Hitler.

Le Führer, annonça-t-il, exigeait de savoir pourquoi l'O.K.W. n'avait pas encore reçu un seul rapport concernant les destructions qu'il était chargé de faire exécuter dans la région parisienne. Cette question inquiéta et embarrassa le général von Choltitz. Les quatre spécialistes des démolitions envoyés par Berlin avaient achevé leur travail le matin même. Sur le bureau de Choltitz se trouvait le résultat de leur travail : des plans soigneusement préparés pour la destruction de plus de 200 usines. Parmi celles-ci se trouvaient même deux manufactures de cycles.

Bientôt ces hommes seraient de retour à Berlin. Choltitz ne pouvait plus prétendre qu'il attendait l'achèvement de leurs travaux pour entreprendre les destructions. Pressé par l'impatience de son interlocuteur, le général finit par trouver une excuse à ce retard. C'était la seule à laquelle il pouvait penser mais il ne devait pas tarder à regretter de l'avoir donnée. Il expliqua à Jodl qu'il n'avait pas pu entreprendre les destructions parce que ses propres troupes avaient été occupées à combattre des attaques « terroristes » qui s'étaient produites dans toute la capitale.

Choltitz se souvient de la stupéfaction de Jodl. C'était la première indication que recevait l'O.K.W. de la gravité de la situation de Paris. Jodl demeura silencieux pendant un long moment. Il venait de sortir de la première conférence quotidienne de Hitler. Les ordres qu'il avait reçus du Führer étaient encore à l'état de griffonnages sur son bloc de sténographie. Une fois encore, Jodl précisa que la plus grande importance devait être accordée à la défense de Paris. Dans ce but, il était urgent de prendre toutes les mesures nécessaires.

Jodl avertit Choltitz que le Führer serait furieux d'apprendre que des troubles avaient éclaté dans Paris et lui ordonna de rétablir l'ordre « par tous les moyens ». Puis d'une voix sèche et mesurée, appuyant sur chaque mot, Jodl, rappelle Choltitz, déclara : « Quels que soient les événements, le Führer attend que vous fassiez exécuter les destructions les plus intensives dans la région qui dépend de votre commandement. »

Dans son Q.G. proche de Granville, Dwight Eisenhower écoutait la pluie normande fouetter le toit de sa tente et les arbres de la forêt. Le visiteur dominical qu'il attendait s'appelait Charles de Gaulle. L'objet de sa visite, le commandant suprême n'en doutait pas, concernait le sort de Paris.

Comme de Gaulle, Eisenhower avait appris quelques heures plus tôt le déclenchement de l'insurrection parisienne. Cette nouvelle, rappelle-t-il, l'avait profondément irrité. Elle annonçait une situation qu'il voulait à tout prix éviter, « une situation que nous étions incapables de contrôler et qui risquait de nous obliger à changer nos plans avant que nous ne fussions prêts à le faire ».

Pour le tranquille Américain du Middle West qui portait la charge écrasante de conduire les armées alliées à la victoire, les aspects politiques de la libération de Paris étaient secondaires. Sa préoccupation unique était de battre les forces allemandes et rien ne saurait l'écarter de ce but. Il savait que le chef du gouvernement provisoire français allait tenter l'impossible pour l'amener à changer ses plans « afin d'accommoder, selon son habitude, ses propres desseins politiques ». Mais il était décidé à demeurer irréductible. Il n'irait pas à Paris.

L'air maussade et renfrogné, Charles de Gaulle franchit en quelques enjambées la clairière qui le séparait de la tente du commandant suprême. Jamais la tâche qui l'attendait ne lui avait paru plus lourde. Rentré en France au péril de sa vie, il n'avait trouvé qu'une lame d'emprunt pour se raser et personne pour l'accueillir. Les foules qui dans la France entière vibraient à l'appel de son nom ignoraient son visage. De Gaulle n'était qu'un fantôme incarnant un idéal. Pour que cet idéal devînt une réalité politique, il devait lui-même devenir un être de chair et de sang. Paris en serait l'occasion.

Pour Charles de Gaulle, la situation nouvelle créée à Paris par le déclenchement de l'insurrection était d'une importance capitale. A tout moment, les communistes pouvaient s'emparer du pouvoir. En baissant la tête pour entrer dans la tente du commandant suprême, de Gaulle était aussi résolu qu'Eisenhower à faire triompher sa volonté. Eisenhower devait marcher sur Paris.

Une heure et quinze minutes plus tard, du poste de pilotage du Lodestar « France » parqué sur le terrain du Molay, le colonel de Marmier vit descendre de voiture la haute silhouette de l'homme qu'il avait ramené en France avec cent vingt secondes de carburant dans son dernier réservoir. Jamais cet homme ne lui avait paru plus solitaire et mélancolique. La tête penchée en avant, les épaules voûtées, « de Gaulle, en cet instant, semblait porter tout le poids du monde ».

Il avait échoué. Eisenhower avait refusé de modifier ses plans et de marcher immédiatement sur Paris. Pendant toute la durée de l'entretien, retranchés dans leurs propres positions, les deux généraux s'étaient affrontés devant des cartes d'état-major.

Armé d'un crayon, Eisenhower avait expliqué au Français la double manœuvre d'encerclement qu'il projetait autour de la capitale. Selon ce plan[1], indiquait-il, aucune date précise ne pouvait encore être avancée pour la libération de Paris. Pour de Gaulle, le message inscrit sur les cartes d'Eisenhower ne contenait aucun mystère.

1. Ce plan était mentionné dans le document « Post Neptune opérations » (voir page 26).

L'horaire du commandant en chef n'était pas le sien.

Eisenhower rappelle que « de Gaulle demanda immédiatement que la question de Paris fût reconsidérée du fait de la menace sérieuse que les communistes faisaient peser sur la ville ». Il avertit le commandant suprême que « s'il tardait à entrer dans Paris, il risquait d'y trouver une situation politique désastreuse qui pourrait entraîner une rupture de l'effort de guerre des Alliés ».

En dépit de l'estime personnelle qu'il portait à Charles de Gaulle et de la compréhension qu'il avait pour ses problèmes, Eisenhower était resté intransigeant[1]. Préoccupé par « la terrible bataille que nous pourrions avoir à livrer dans la ville », le commandant en chef déclara à son visiteur que l'entrée des Alliés dans Paris était pour l'instant prématurée[2].

1. De Gaulle soupçonna que l'intransigeance d'Eisenhower ne s'inspirait pas exclusivement de considérations stratégiques. « J'eus le sentiment, écrit-il dans ses *Mémoires*, qu'Eisenhower partageait, au fond, ma manière de voir, mais que, pour des raisons qui n'étaient pas toutes d'ordre stratégique, il ne pouvait le faire encore. » (Volume II, p. 296.) C'est une allusion à la conviction qu'il éprouvait que Washington avait inspiré les manœuvres de dernière heure de Laval et d'Herriot. Eisenhower a affirmé aux auteurs de ce livre que les motifs de sa décision de ne pas entrer dans Paris étaient « exclusivement militaires ».

2. Eisenhower avait des raisons d'être préoccupé. Son 2ᵉ bureau devait recevoir ce jour-là deux messages. Le premier, daté du 19 août, disait : « 26ᵉ Panzer division quitte le Danemark ; destination inconnue. » Le second, daté du 20 août, disait : « Des agents de renseignements indiquent que la 26ᵉ Panzer doit se rendre dans la région parisienne. » Ces messages montraient à quel point les ordres de Hitler avaient été rapidement exécutés — et combien les services de renseignements alliés étaient efficaces dans les pays occupés. Ils confirmaient les soupçons qu'Eisenhower éprouvait ce jour-là à l'égard des intentions de Model. « Je craignais, a déclaré Eisenhower aux auteurs de ce livre, que Model n'envoie dans Paris deux ou trois divisions pour nous obliger à livrer une bonne petite bataille de rues. » Eisenhower voulait à tout prix éviter ces inutiles combats de rues et imposer à ses troupes des restrictions de carburant. « Quand Model réaliserait ce qui

Pour l'homme voûté et solitaire qui se dirigeait vers la porte du Lodestar « France », la fin de non-recevoir d'Eisenhower entraînait un grave dilemme. Quelques instants plus tôt, Charles de Gaulle avait déclaré au commandant suprême que la libération de Paris était d'une telle importance pour l'avenir de la France qu'il était résolu, le cas échéant, à retirer la 2e division blindée au commandement allié et à l'envoyer à Paris sous sa propre autorité[1].

En montant dans son avion, de Gaulle se tourna vers le général Kœnig. Rompant son propre silence, il posa une seule question : « Où est Leclerc ? »

9

Pour le chef communiste des F.F.I., le colonel Rol, la trêve de Nordling était une trahison. Pendant quatre années de luttes clandestines, le jeune militant breton avait patiemment attendu l'heure où il pourrait commander au grand jour

se passait, nous serions quelque part du côté de Reims pour y cueillir ses troupes. »

1. Eisenhower rappelle qu'il esquissa un sourire à cette menace. Il était convaincu que la 2e D.B. « n'aurait pu avancer d'un seul kilomètre si je ne l'avais voulu ». Plus tard, à un moment crucial de la guerre, pendant la bataille des Ardennes, de Gaulle devait brandir une menace analogue pour les divisions de la 1re armée française auxquelles le commandant suprême voulait faire évacuer Strasbourg. Furieux, Eisenhower lui déclara : « Général, je maintiendrai ces troupes dans Strasbourg aussi longtemps que je le pourrai. Mais si vous voulez reprendre ces divisions, prenez-les. Souvenez-vous simplement d'une chose. Vous ne recevrez plus une seule cartouche, plus un seul kilo de vivres, plus un seul litre d'essence. Mais si vous persistez à vouloir reprendre ces divisions, général, allez-y, reprenez-les. »

les troupes qui se battraient contre les occupants de Paris. A l'instant où cette heure était enfin arrivée, ses adversaires politiques, les gaullistes, tentaient par une dernière manœuvre de lui ravir cet honneur et ce privilège. Par tous les moyens, avec la même énergie que les gaullistes employaient pour l'imposer, Rol était décidé à contrecarrer l'initiative du consul de Suède. De son P.C. souterrain de la rue Schœlcher, par téléphone et par estafettes, partirent les ordres qui confirmaient ceux qu'il avait donnés la veille : « L'insurrection continue ! Nous combattrons tant qu'il restera un seul Allemand dans Paris. » Il ordonna aux commandos communistes F.T.P. d'attaquer l'ennemi partout et sans relâche. Par-dessus tout, Rol voulait que le bruit de la fusillade ne s'éteignît pas dans les rues de Paris. Car le silence, pensait-il, était l'aveu que les Parisiens acceptaient la trêve.

Vers midi, ce dimanche, les communistes commencèrent à coller sur les murs des milliers d'affiches qui dénonçaient le cessez-le-feu, en le faisant apparaître comme « une manœuvre honteuse des ennemis du peuple ».

Avec l'obstination et l'acharnement de son sang breton, Rol s'employa ensuite à reprendre en main les officiers de ses états-majors F.F.I. que les gaullistes avaient entraînés sur le chemin de la trêve. Se déplaçant sur le terrain mouvant des rivalités politiques, cette implacable bataille devait empoisonner définitivement les relations entre les factions opposées de la Résistance. Selon Yvon Morandat, « les communistes étaient prêts pour une nouvelle Commune dont les gaullistes seraient les Versaillais ». Selon André Tollet, Parodi et les hommes qui l'entouraient étaient des « traîtres qui cherchaient à saboter l'insurrection pour que de Gaulle lui-même puisse libérer Paris ».

Pour les uns comme pour les autres, l'enjeu essentiel de cette sourde bataille était l'énorme et prestigieuse Préfecture de police, berceau de l'insurrection. Derrière ses façades meurtries, dans le labyrinthe de ses couloirs et la multitude de ses bureaux, des discussions, aussi acharnées que les combats de la veille l'avaient été contre les Allemands, opposaient ce jour-là les représentants des deux factions. Pour fomenter la discorde dans les rangs de la police et tenter de la soustraire à l'autorité souveraine du gaulliste Yves Bayet et du nouveau préfet de police Charles Luizet, les communistes avaient délégué l'un de leurs plus brillants intellectuels, le jeune juriste Maurice Kriegel-Valrimont. Avec l'habileté et l'expérience que lui avaient données quatre années d'agitation clandestine, Kriegel-Valrimont manœuvra pour obtenir que la police parisienne désertât les rangs des gaullistes et continuât le combat. Au cours de l'une de ces discussions passionnées qui se déroula cet après-midi-là dans la Préfecture, Alexandre de Saint-Phalle se précipita sur le jeune intellectuel communiste. Lui empoignant la main, il s'écria : « Si vous continuez cette insurrection, cette main se couvrira du sang de milliers de Parisiens innocents. »

Dans un bureau voisin, l'inspecteur des finances Lorrain Cruze, adjoint de Chaban-Delmas, plaidait, lui aussi, la cause de la trêve et brandissait l'épouvantail de la destruction et du massacre qui attendaient la ville si les communistes persistaient dans leur attitude. L'air sombre et résolu, son interlocuteur écoutait en silence. C'était Rol lui-même. Lorrain Cruze vit tout à coup Rol frapper du poing sur la table. Et il l'entendit prononcer avec passion une phrase qu'il ne devait jamais oublier : « Paris, s'écria-t-il, vaut bien 200 000 morts. »

Cependant, grâce aux efforts tenaces de Rol, l'insurrection retrouvait peu à peu l'intensité qu'elle avait perdue la veille au soir. Le bruit de la fusillade, si étrangement absent ce matin-là, recommença à retentir dans les rues de Paris. Dans toute la ville, obéissant à leur chef, les commandos communistes F.T.P. ouvraient le feu sur les patrouilles de la Wehrmacht. Les Allemands, dont beaucoup n'avaient pas observé l'ordre de cesser le feu donné par Choltitz, réagirent avec violence. De tous côtés, comme une étoffe qui s'effiloche, la trêve se dégradait.

Les promeneurs de ce dimanche, et beaucoup de curieux, se trouvèrent tout à coup pris entre le feu croisé des armes automatiques[1]. Les Parisiens qui avaient, quelques heures plus tôt, fièrement pavoisé les façades de leurs immeubles, virent leurs fenêtres devenir la cible des mitrailleuses allemandes.

Entre la Seine et Saint-Germain-des-Prés, dans le dédale de ces ruelles qui portent les noms si pittoresques de « Chat-qui-pêche » et de « Gît-le-Cœur », de petits groupes F.F.I. tendirent au début de cet après-midi dominical une embuscade à une importante patrouille allemande. Sous l'œil goguenard des habitants de ce quartier millénaire, les orgueilleux soldats de la Wehrmacht, arrosés de bouteilles incendiaires, se mirent à flamber comme des torches.

1. En dépit des quelques heures que dura la trêve, la bataille de Paris fit, ce dimanche, 106 morts et 357 blessés du côté des Français, à peine moins de victimes que le jour précédent où 125 Parisiens avaient été tués et 479 blessés.

La ville elle-même s'installa dans la guerre. Dans leurs imprimeries secrètes où ils avaient composé les journaux clandestins de la Résistance, des hommes imprimaient des milliers de tracts sur lesquels les Parisiens trouvèrent d'étranges recettes pour fabriquer une bouteille incendiaire ou construire une barricade. Avec leurs précieux bocaux de chlorate de potasse, les pharmacies devenaient de véritables arsenaux. Dans des appartements ou des magasins, des étudiants en médecine et de jeunes secouristes de la Croix-Rouge installèrent des cliniques clandestines. Des centaines de brancardiers volontaires, pour la plupart de très jeunes gens, rejoignaient les postes de secours dispersés dans toute la ville. Aux Halles, les F.F.I. réquisitionnèrent les stocks et distribuèrent les vivres aux restaurants communautaires. Chaque Parisien, à l'heure de la famine, était inscrit dans un de ces restaurants communautaires dont le menu ne comprenait qu'un plat unique, un bol de « soupe populaire ».

Mais nulle part, dans l'immense cité bouillonnante de passions et d'espoir, la bataille ne fut organisée avec autant d'enthousiasme que sous le péristyle du vaste bâtiment qui abritait la plus célèbre salle du théâtre national, la Comédie-Française. Les acteurs de la maison de Molière étaient descendus dans la rue pour y jouer le plus beau rôle de leur carrière, celui d'infirmière ou de guérillero dans cette pièce historique qui s'appellerait bientôt « La Libération de Paris ». Marie Bell, Lise Delamare, Mony Dalmès, les héroïnes de Racine, avaient exhumé des placards de la garde-robe du théâtre des costumes avec lesquels elles s'étaient déguisées en infirmières. Parmi les brancardiers volontaires du poste de secours qu'elles avaient improvisé, se trouvait un petit homme qui portait des lunettes cerclées de fer. Il avait demandé à prendre la garde de nuit. Car les nuits, pensait-il, seraient plus calmes et il pourrait écrire. Il s'appelait Jean-Paul Sartre et il écrivait *Les Chemins de la Liberté*. Pierre Dux, devenu artiste peintre, bariolait d'énormes croix rouges les flancs d'un autobus qu'il avait capturé. Les quelques armes cachées dans la chaudière du chauffage central avaient été distribuées aux jeunes premiers. Jacques Dacqmine avait gardé l'uniforme du glorieux capitaine de Légion Étrangère, qu'il incarnait dans le film qu'il venait de commencer de tourner. Il avait hérité d'une Winchester. Chemise ouverte, culotte de cheval, la crinière en désordre, véritable « portrait d'un héros », Georges Marchal brandissait une vieille pétoire de chasse et douze cartouches. L'armement des autres sortait du magasin des accessoires. C'étaient, poussiéreux mais inquiétants, une douzaine de fusils de bois.

Seul de tous les comédiens, un homme portait une mitraillette. C'était Jean Yonnel. Mais Yonnel ce matin-là avait une mission particulière à remplir. Il devait accomplir une exécution.

Dissimulant son arme sous une pèlerine, Yonnel s'arrêta au coin de la rue Le Sueur et de l'avenue Foch. C'était là qu'il avait rendez-vous avec l'homme qu'il devait abattre, un officier allemand du S.D.[1] qui porterait sous le bras une serviette de cuir noir. A 14 heures, cet officier sortirait d'un immeuble de la rue Le Sueur. Yonnel regarda sa montre. « Dans dix minutes », se

1. Le S.D. (Sicherheitsdienst) était la police secrète des S.S. Créé par Himmler en 1932, le S.D. devint, sous la direction de Reinhardt Heydrich, une des polices les plus redoutables de l'Allemagne nazie. Elle agissait indépendamment de la Gestapo.

dit-il. Il se remit à arpenter la rue. Tout à coup une pensée angoissante l'obséda. « Et si je me trompe d'Allemand ? » se demanda-t-il. Serrant la poignée de la mitraillette, le héros de tant de tragédies se dit qu'il n'avait jamais tué personne. Ponctuel, l'Allemand à la serviette noire apparut alors sur le trottoir d'en face. Yonnel, instinctivement, recula. Il ouvrit sa pèlerine et appuya sur la détente. Brutalement, tandis qu'il regardait sa victime chanceler, une phrase de Molière qu'il avait souvent déclamée derrière les feux de la rampe lui revint à la mémoire : « On ne meurt qu'une fois et c'est pour si longtemps », murmura-t-il en lui-même, horrifié par ce qu'il venait de faire. Il se précipita sur l'Allemand, lui arracha sa serviette et se mit à courir. Derrière lui, des coups de sifflet et des hurlements retentirent. Il bondit sous la première porte cochère qu'il trouva ouverte et jeta la serviette dans les bras du concierge ahuri. « Brûlez ça », ordonna-t-il. Cette serviette contenait la liste des noms et des adresses des membres du réseau de résistance des comédiens français. Yonnel se précipita dans l'escalier. Il pouvait entendre les Allemands qui cernaient déjà le pâté de maisons. D'un doigt nerveux, il se mit à caresser au fond de son gousset une petite ampoule. C'était l'ampoule de cyanure qu'il avait emportée pour garantir son propre silence au cas où les Allemands l'arrêteraient.

Dans leur Citroën noire battant pavillon de la Croix-Rouge, deux hommes consternés écoutaient les « Nicht » d'un Fedwebel qui refusait de les laisser passer. Ils avaient réussi l'exploit de franchir tous les postes de contrôle allemands, sauf le dernier, installé à la sortie de Neauphle-le-Château, à 32 kilomètres à l'ouest de Paris. Une fois encore, ils expliquèrent patiemment que dans le no man's land entre les lignes américaines et les lignes allemandes se trouvait une colonie d'enfants à laquelle ils devaient porter secours. Mais l'Allemand restait intraitable. Pour Roger Gallois, le chef d'état-major du colonel Rol, ce Feldwebel obstiné mettait en péril la mission la plus importante qu'il eût jamais entreprise pour la Résistance française. Rol avait envoyé Gallois chez les Américains pour leur demander d'organiser un parachutage massif d'armes sur Paris. Avec ces armes, Rol comptait faire triompher l'insurrection et installer au pouvoir ses amis communistes. Gallois, l'un des rares non communistes de l'état-major F.F.I., se trouvait presque par hasard dans cette voiture. Rol eût préféré confier cette mission à un membre du Parti. Mais seul Gallois parlait couramment l'anglais et cette considération l'avait finalement emporté.

Le Feldwebel braqua sa mitraillette Schmeisser sur la voiture et intima aux deux hommes l'ordre de rebrousser chemin. Ils avaient perdu quatre heures pour rien. Il ne leur restait plus qu'à trouver un autre moyen de passer les lignes allemandes pour transmettre ce message dont dépendrait, pensait Rol, l'avenir de Paris et peut-être de la France elle-même.

10

De gros nuages annonciateurs de nouveaux orages avaient, en ce début d'après-midi, envahi le ciel de Paris. Comme après chaque repas, seul sur le balcon de son hôtel, Dietrich von Choltitz respirait l'air tiède de l'été. Rien au monde, en cet instant, ne pouvait satisfaire davantage le commandant du Gross Paris que cette torpeur dans laquelle semblait s'être endormie la ville. Mais, faible et lointain, le crépitement d'une fusillade qui venait jusqu'à lui apportait de sombres présages.

Comme pour ses adversaires, la trêve du consul Nordling avait offert au général von Choltitz un répit providentiel. Sans cette trêve à cette heure-ci, pensa-t-il en tournant son regard vers les frondaisons rousses qui lui cachaient la Seine, la Préfecture de police et peut-être l'île de la Cité tout entière, ne seraient plus qu'un amas de décombres. Choltitz n'éprouva aucun émoi particulier à cette pensée. Sa mission était de maintenir l'ordre coûte que coûte. Pour le commandant du Gross Paris, cette trêve n'avait été qu'une dernière chance de remplir sa mission sans être obligé de recourir à une épreuve de force aux conséquences incalculables. Mais maintenant, cette dernière chance elle-même était, lui semblait-il, en train de s'évanouir.

Écoutant la fusillade qui reprenait un peu partout, Choltitz pensa à la conversation qu'il avait eue moins d'une heure plus tôt avec Jodl. La révélation qu'il avait dû faire de la gravité du soulèvement que ses soldats avaient eu à combattre avait balayé l'espoir secret qu'il caressait de se faire oublier dans un Paris tranquille. Désormais, Hitler ne lui laisserait aucun répit. Le général savait qu'en cas de rupture définitive de la trêve, il serait contraint d'appliquer les ordres impitoyables qu'il avait reçus.

Encore une fois, le grêle tintement d'une sonnerie devait interrompre les sombres pensées de

Choltitz. Il rentra dans son bureau et décrocha le téléphone. Au bout du fil, une voix inconnue demandait à parler au commandant du Gross Paris en personne.

« C'est moi », glapit Choltitz.

L'interlocuteur déclina son identité. C'était un officier de la justice militaire de Saint-Cloud. D'une voix pleine de fierté il annonça qu'il détenait trois civils qui se prétendaient « ministres du Gouvernement du général de Gaulle ». Dans leur voiture, ajouta-t-il, des documents et des armes avaient été trouvés. C'était, croyait-il, la plus importante capture qu'il eût faite depuis qu'il était à Paris. Il désirait savoir s'il devait faire fusiller immédiatement ces hommes ou s'il devait les livrer au S.D. qui les réclamait. Choltitz rappelle que sa première réaction fut de répondre : « Ja, naturlich, faites-les fusiller. » Ses troupes avaient l'ordre de fusiller tout civil porteur d'armes. Mais soudain, il se ravisa. Comme un éclair, une idée venait de traverser son esprit. S'il était vrai que ces prisonniers fussent les représentants du général de Gaulle dans la capitale insurgée, c'était, pensa-t-il, une occasion inespérée de jouer une dernière carte.

« Amenez-moi ces hommes, ordonna-t-il sèchement. Je veux les voir avant que vous ne les fusilliez. »

Quelques minutes avant l'arrivée des trois prisonniers, Choltitz vit entrer dans son bureau le consul Raoul Nordling accompagné de Bobby Bender, l'agent de l'Abwehr. Les deux hommes paraissaient dans un état d'extrême excitation. Une extraordinaire coïncidence motivait leur visite. Sur l'avenue Henri-Martin, une jolie Parisienne qui passait par là par hasard avait vu un camion dans lequel se trouvaient trois hommes enchaînés. Parmi ceux-ci, Jacqueline de Champeaux avait reconnu avec effroi l'homme dont elle allait bientôt porter le nom, son fiancé Émile Laffon [1]. Nordling supplia Choltitz d'arracher ces trois prisonniers aux mains des S.S. Ils étaient, assura-t-il, les chefs mêmes de la Résistance avec lesquels ils avaient négocié la trêve. L'un d'eux était ministre du général de Gaulle. Il s'appelait Alexandre Parodi.

Le général eut un sourire ironique.

« Monsieur le consul, déclara-t-il, c'est précisément leur visite que j'attends en cet instant. »

Le commandant du Gross Paris ajusta son monocle et observa avec curiosité les trois civils que poussaient devant lui deux Feldgendarmes à plaques pectorales d'argent. Depuis vingt-quatre heures, il s'était souvent demandé quel visage pouvaient avoir les hommes qui dirigeaient l'insurrection. Étaient-ils exclusivement, comme le lui affirmait son 2e bureau, des « voyous », ou des « communistes » ?

Ponctuant ses mots de coups de poing sur sa table, le général s'étonna que trois chefs de la Résistance eussent pu être assez téméraires pour se promener en plein jour dans une automobile remplie de papiers compromettants et d'armes. « Vous prenez donc mes soldats pour des boy-scouts ? » demanda-t-il.

Mais le général allemand n'avait pas fait comparaître ces trois hommes pour leur donner une leçon de savoir-faire. Ce qu'il voulait, c'était leur faire mesurer lui-même les terribles respon-

1. Jacqueline de Champeaux s'était aussitôt précipitée au téléphone et avait appelé l'agent de change de la Résistance Philippe Clément, lequel avait à son tour averti Alexandre de Saint-Phalle chez qui Parodi avait son P.C. Saint-Phalle avait immédiatement prévenu Nordling.

sabilités qu'ils encourraient pour le cas où la trêve à laquelle ils avaient souscrit serait définitivement rompue. Dans tout Paris, expliqua-t-il, les armes s'étaient remises à tirer. Or, en sa qualité de gouverneur de la ville, responsable de l'ordre et de la sécurité de ses troupes, il serait obligé de répondre à la violence par la violence. Quel qu'en fût le prix, il était, menaça-t-il, décidé à assurer la sécurité des lignes de communications qui traversaient Paris. Si l'insurrection reprenait, les conséquences pourraient être tragiques pour la capitale et pour ses habitants.

A ces menaces Choltitz vit le visage d'Alexandre Parodi se raidir. D'une voix grave et ferme, avec ce même courage tranquille qu'il montrait depuis qu'il assumait la lourde tâche de représenter Charles de Gaulle dans la France occupée par l'ennemi, le Français, qui jusqu'alors était resté muré dans une dignité silencieuse, se mit à répondre au général allemand. Il assura qu'il désirait lui aussi que le calme régnât dans la ville. « Mais, dit-il, vous êtes un général, vous donnez des ordres à une armée, vous savez que vous serez obéi. La Résistance, elle, est un ensemble de mouvements. Ces mouvements, je ne les contrôle pas tous. »

Choltitz hocha lentement la tête. Puis, serrant d'une grimace son monocle, il se mit à fixer d'un regard dur le petit homme qui venait de parler. Quelques minutes plus tôt, il avait eu envie de le faire fusiller séance tenante dans les jardins des Tuileries, juste sous ses fenêtres. Cependant, il espérait sincèrement que cette rencontre pourrait porter ses fruits. Se tournant brusquement vers le consul Nordling, Choltitz annonça : « Monsieur le consul, considérant que ces hommes ont été arrêtés après l'entrée en vigueur du cessez-le-feu, j'ai décidé de les remettre entre vos mains. »

A ces mots le général allemand se leva et fit le tour de sa table. S'approchant d'Alexandre Parodi, il demanda : « Vous êtes officier ? — Officier de réserve », répondit le Français. « Entre officiers, un tel geste peut être fait. » Le général von Choltitz tendit sa main au Français dont il venait d'épargner la vie. Mais celui-ci refusa de la prendre. Nordling vit le visage de l'Allemand s'empourprer de colère. Ce camouflet, Choltitz, vingt ans après, ne l'aura pas oublié. Mais aucun Allemand, en cet instant, n'était plus indigné que l'officier de Feldgendarmerie qui venait d'apprendre la libération de ses prisonniers. Dans l'escalier, une oreille indiscrète l'entendit grommeler avec rage : « On va leur faire la peau. » Cette oreille était celle de Bobby Bender. Celui-ci se précipita dans la rue. Sur la gauche, le long du trottoir de la rue de Rivoli, il remarqua une grosse Packard noire qui attendait, moteur au ralenti. Les yeux dissimulés par le rebord d'un chapeau mou, il y avait un civil à côté du chauffeur. Bender vit pointer devant l'homme un objet noir appuyé contre le rebord du pare-brise. C'était le canon d'une mitraillette.

Bender rejoignit la Citroën battant pavillon suédois dans laquelle Nordling et les trois Français venaient de monter. Se penchant par la vitre, il recommanda au consul de ne pas partir avant que sa propre voiture n'eût démarré.

Bobby mit le contact de son coupé Citroën. Sous le capot de cette voiture, il y avait un secret qui, dans trente secondes, allait sauver la vie du consul suédois et des trois Français. Grâce à ses relations chez Citroën, dont il avait été le représentant à Berlin, l'agent de l'Abwehr qui avait été pilote de course chez Daimler, s'était fait monter un moteur spécial à trois carburateurs qui faisait de sa voiture l'engin le plus rapide de Paris.

Bender fit un signe à Nordling et le consul démarra. Aussitôt, dans son rétroviseur, Bobby vit « comme dans un film de gangsters de Chicago » la Packard noire glisser le long du trottoir et se lancer à la poursuite de la voiture diplomatique. Il écrasa brutalement l'accélérateur.

Quelques secondes plus tard, un hurlement de pneus déchira l'air. Choltitz se précipita sur le balcon. A l'entrée de la place de la Concorde, il vit la voiture de Bender arrêtée en travers de la chaussée, bloquant la Packard noire tandis qu'une troisième voiture, celle de Nordling, traversait la place de la Concorde. En un éclair il comprit ce qui s'était passé. Sans l'intervention de Bender, les tueurs du S.D., la redoutable police secrète des S.S., eussent abattu sous ses propres fenêtres les hommes qu'il venait lui-même de libérer, ainsi que le consul de Suède qui les accompagnait. « Mein Gott, murmura-t-il, ils l'ont échappé belle. »

Pour la quatrième fois de cette atroce journée, les prisonniers de Vincennes se retrouvaient devant la fosse qu'ils avaient creusée. Dans le fond de celle-ci, là où Georges Dubret lui-même s'était allongé pour « prendre les dernières mesures », gisaient les corps des fusillés qu'ils avaient transportés dans l'après-midi. Pendant de longues heures, tenaillés par la soif, épuisés de fatigue, ils avaient dû effacer une à une les traces de sang le long du chemin qu'ils avaient suivi en portant les cadavres. Et maintenant, ils allaient être exécutés à leur tour. La plupart souhaitaient ardemment cette mort qui mettrait fin à leur calvaire. Mais à l'instant où la mitrailleuse, enfin réparée, allait ouvrir le feu, un sergent-chef que les soldats appelaient « Führer » survint en criant « Nein ! Nein ! ». Cet homme, qui s'était vanté devant les prisonniers d'avoir lui-même cloué d'un coup de baïonnette un enfant de deux ans sur la porte de l'église d'Oradour, avait organisé une dernière mise en scène.

Sur le talus, chargé d'un énorme madrier qu'il portait à bout de bras au-dessus de sa tête, le commissaire Antoine Silvestri, le seul prisonnier qui n'avait jamais fait de résistance, tournait en rond. Sans cesse, de la crosse de leurs fusils, les Allemands éperonnaient le malheureux pour qu'il tourne de plus en plus vite. Silvestri s'affaissa une première fois mais les soldats l'obligèrent à se relever « Schnell ! Schnell ! » vociféraient-ils. Silvestri reprit sa ronde mais bientôt épuisé, il tomba à genoux. Il se redressa. Contemplant cette silhouette chancelante, le policier Antoine Jouve se dit que « Silvestri ressemblait à un Christ ».

Quand il décida que la séance avait assez duré, le petit « Führer » fit redescendre le commissaire au bord de la fosse et annonça qu'il allait lui-même l'exécuter. Un soldat lui donna une mitraillette. Georges Dubret et ses compagnons virent alors un spectacle si extraordinaire que les Allemands eux-mêmes parurent interloqués. Silvestri sortit de sa poche un peigne et se mit à arranger calmement ses cheveux gris. Puis il ajusta le nœud de sa cravate, boutonna sa chemise et son gilet, ferma sa veste, tira le pli de son pantalon et se baissa pour épousseter ses chaussures.

Puis, se redressant, il cria « Vive la F... ». Une

rafale de mitraillette avait arrêté dans sa gorge le nom de son pays.

Regardant Silvestri culbuter dans la fosse, Georges Dubret pensa : « Mon Dieu, il tombe comme on tombe dans les films. »

Dubret et ses camarades devaient bientôt connaître la raison de cet assassinat. Quelques minutes plus tôt, Antoine Silvestri avait accompli son premier acte de résistance : pour sauver ses hommes, il avait déclaré aux Allemands que le brassard tricolore trouvé sous un tapis de son commissariat était le sien.

« Comblez la fosse ! glapit le "Führer". Demain, ce sera votre tour ! »

Deux hommes pelaient des poires à la lueur d'une chandelle. Dans la villa du petit village de Saint-Nom-la-Bretèche où ils s'étaient réfugiés pour la nuit, ils n'avaient trouvé que ces fruits pour leur dîner. Roger Gallois et son compagnon, le Dr Robert Monod, étaient effondrés. De la rue parvenait jusqu'à eux le martèlement sourd des patrouilles allemandes qui tenaient le village. Malgré une journée d'efforts, ils n'avaient pas réussi à sortir des lignes allemandes.

Gallois et Monod étaient de vieux amis mais c'était le hasard qui les avait réunis dans cette même mission. Inspecteur du Service de santé pour la région parisienne, le Dr Monod possédait une voiture de la Croix-Rouge et tellement d'« ausweis » qu'il pouvait aller jusqu'à Berlin s'il le voulait. De ce privilège rarissime était née l'idée même de cette mission.

Mais dans le salon vieillot de leur refuge où ils attendaient l'aube en bavardant, les deux hommes découvrirent qu'un immense malentendu les séparait. Dans la pénombre de cette vieille maison aux boiseries qui sentaient le moisi, Gallois et Monod représentaient, cette nuit-là, les deux tendances entre lesquelles la Résistance était écartelée. De sa voix égale et rassurante de praticien, le docteur expliquait à l'envoyé du colonel Rol que ce serait une folie de demander aux Américains de parachuter « ne fût-ce qu'une cartouche, parce que l'insurrection de Paris n'avait d'autre but que de favoriser un coup d'État communiste ». Le but de leur mission, plaida le médecin, devait être non de demander des armes, mais de mettre les Alliés au courant de ce terrible danger et de les supplier de marcher immédiatement sur Paris.

Gallois savait que Rol n'était pas pressé de voir arriver les chars à étoile blanche. Ce que voulait le chef communiste, c'étaient des mitraillettes et non les soldats d'Eisenhower. Pour obtenir ces armes, il avait commis la faute d'envoyer le seul homme de son état-major qui pouvait être sensible aux arguments de cet obscur médecin qui devait guider la mission.

Dans la pièce où la chandelle venait d'expirer, il y eut un long silence. Puis, le Dr Monod entendit la voix de son compagnon. « Robert, je crois que tu as raison », dit-il seulement.

Dans quelques heures, Roger Gallois, un Français inconnu, allait tenter de réaliser ce que Charles de Gaulle lui-même avait été incapable de réussir : convaincre Dwight Eisenhower de changer ses plans et de marcher sur Paris.

11

C'était une de ces nuits sans lune comme les aiment les conspirateurs. Dispersées sous les pommiers d'un verger normand, les tentes étaient presque invisibles. Les premières lueurs de l'aube n'apparaîtraient que dans une heure. Au bord de la route étroite qui menait au petit village d'Écouché, un command-car, tous feux éteints, attendait, moteur au ralenti. La haute silhouette d'un officier qui venait de se glisser sans bruit dans l'herbe mouillée monta dans le véhicule et s'assit à côté du chauffeur. Dans la serviette en peau de katambouru (une antilope du Tchad) que cet officier portait sur ses genoux, se trouvait une carte au 1/100 000 portant le numéro 10 G. Au centre de cette carte, il y avait une grosse tache noire et irrégulière. C'était la ville de Paris.

Au moment où le véhicule démarrait, une ombre armée d'une canne surgit de la nuit et chuchota au passager du command-car : « Vous avez de la chance. »

L'homme à la canne était le général Leclerc, le commandant de la 2e D.B. Avec le départ de ce command-car commençait une opération qu'il avait ordonnée au mépris des ordres de ses supérieurs, une opération qui, demain, sèmerait la panique dans les Q.G. alliés.

Pour le lieutenant-colonel Jacques de Guillebon, trente-quatre ans, à qui Leclerc venait de murmurer ce bref au revoir, la route d'Écouché menait vers la tache noire inscrite sur sa carte. Des 600 000 soldats des armées de la Libération, il était le premier à marcher sur la capitale de la France. A la tête de 17 chars légers, d'une dizaine d'automitrailleuses et de deux sections d'infanterie, Jacques de Guillebon avait pour mission de « représenter l'armée française dans la capitale libérée », et de prendre « les fonctions de gouverneur militaire de Paris ».

Au même instant, de tous les campements

disséminés dans le paysage normand, les autres membres de cette expédition secrète se glissaient sans bruit dans leurs véhicules et se mettaient en route vers le point de rassemblement. Pour éviter que leur absence ne fût remarquée, ils avaient été choisis dans toutes les unités. Dans leurs soutes, leurs cantines et leurs réservoirs s'entassaient assez de munitions, de vivres et de carburant pour aller jusqu'à Strasbourg. Chaque officier, avant le départ, avait reçu une feuille de papier jaune sur laquelle Guillebon avait écrit de sa main le mot « Confidentiel » et la consigne la plus importante que ses hommes auraient à observer pendant les 200 kilomètres du voyage qui les attendait. Celle-ci se résumait en une seule phrase : « Évitez à tout prix les Américains. »

Sur les marches de sa « roulotte », solitaire et songeur, Philippe Leclerc écoutait le bruit du command-car de Guillebon s'évanouir dans la nuit, et pensait à l'audacieuse décision qu'il venait de prendre. Il savait quel acte caractérisé d'insubordination elle constituait à l'égard du commandement allié dont il dépendait. Mais Leclerc avait un serment à respecter, le serment qu'il avait prêté, trois ans plus tôt, après la prise de Koufra, dans les sables du désert de Libye. Là, à 3 000 kilomètres de la capitale de la France, il avait juré de libérer un jour Paris.

Déjà les armées alliées se trouvaient à proximité de la capitale, alors que lui-même et sa division, la seule unité française qui se trouvât en Normandie, piaffaient d'impatience. Leclerc craignait que les Alliés, contrairement à leur promesse, n'entrassent dans Paris sans lui. Six jours plus tôt, il avait écrit au général Patton pour lui annoncer qu'il demanderait à être relevé de son commandement au cas où l'honneur de libérer

Paris serait refusé à sa division. Et maintenant, pour empêcher que cet honneur ne lui échappât, il envoyait Guillebon à Paris.

Trois jours avant que Charles de Gaulle ne menaçât le général Eisenhower de retirer la 2e D.B. du commandement allié pour la faire marcher sur Paris, Leclerc lui-même avait pris ses dispositions pour mettre en mouvement sa division tout entière. Et, contrairement à ce que semblait croire Eisenhower lorsqu'il avait répondu d'un sourire à la menace de De Gaulle, cette division pouvait atteindre Paris sans avoir recours aux dépôts de ravitaillement américains. Depuis quatre jours, sur l'ordre de Leclerc, les chauffeurs des camions de ravitaillement chargeaient, dans les dépôts d'essence, quatre tonnes de carburant, au lieu des deux tonnes et demie normalement prévues. Dans les régiments de chars, les chefs de corps avaient reçu la consigne discrète de ne pas déclarer leurs pertes pour continuer de percevoir des Américains l'allocation de carburant et de munitions des chars détruits. La nuit, kidnappant ou bâillonnant les sentinelles américaines, de petits commandos français s'étaient même introduits dans les dépôts pour compléter leur équipement et leur matériel. Ainsi, dans bien des régiments, les dotations réglementaires en armement et en munitions s'étaient-elles subitement trouvées doublées. Avec ses 4 500 véhicules et ses 16 000 hommes, la 2e D.B. était prête à s'élancer à tout moment sur les traces de Guillebon. Mais, en dépit de ses pressantes démarches auprès de ses supérieurs américains, Leclerc avait reçu l'ordre « d'attendre sur place et d'être patient ».

Cette nuit, cependant, Leclerc était satisfait. Commandé par un fidèle de la première heure, un Picard comme lui, son détachement symbolique verrait poindre l'aube sur cette route de Paris que, bientôt, il prendrait lui-même. La seule préoccupation qui tourmentait son esprit était que ses supérieurs américains n'apprissent la fugue de Guillebon avant qu'il ne fût trop tard pour l'arrêter.

Avant d'aller se coucher, Leclerc prit donc une dernière précaution. Il fit réveiller le capitaine Alain de Boissieu, qui commandait son escadron de protection. Pointant sa canne vers une tente plantée sous un pommier, il ordonna à Boissieu de kidnapper poliment, dès leur réveil, les deux officiers qui y dormaient. « Emmenez-les faire un peu de tourisme dans la région », suggéra-t-il. Leclerc tenait essentiellement à ce que ces deux officiers ne pussent s'apercevoir du départ du détachement de Guillebon. Des 16 000 hommes de la division, le lieutenant Rifkind et le capitaine Hoye étaient les seuls qui eussent pu être tentés de signaler aux chefs du Ve corps la disparition de l'unité française : ils étaient les officiers de liaison américains auprès de la 2e D.B.

***

Dans la chambre 213 du palace endormi, on n'entendait qu'un faible grattement. C'était la plume du stylo du général von Choltitz qui courait sur une feuille de papier. Dehors, le silence enveloppait les rues obscures de Paris. Sur la tache noire de la carte 10 G, dans une heure, l'aube poindrait.

Sur un coin du bureau Louis XV où écrivait le général, se trouvait, enveloppé d'un papier brun, le cadeau le plus précieux que la cambuse d'un général de la Wehrmacht pouvait procurer cet été-là : un paquet de café. L'ordonnance de Choltitz, le caporal Helmut Mayer, avait réquisitionné cette denrée rarissime à la cuisine de l'hôtel Meurice, la veille au soir.

Drapé dans une robe de chambre de soie grise, pas encore rasé, Choltitz terminait maintenant la lettre qui allait accompagner ce cadeau, destiné à sa femme, à Baden-Baden.

« Notre tâche est rude, écrivait-il, et les jours sont difficiles. Je m'efforce de faire toujours mon devoir et je prie souvent Dieu de m'éclairer. » Puis il demandait à sa femme si son fils de quatre mois avait percé ses dents et il la chargeait d'embrasser de sa part leurs deux filles, Maria Angelika et Anna Barbara. « Elles doivent pouvoir être fières de leur père, quoi qu'il advienne », concluait-il. Lorsque le général entendit frapper à la porte de sa chambre, il avait terminé sa lettre.

Dans l'embrasure de la porte apparut le messager qui allait emporter cette dernière lettre à Baden-Baden. Il était le seul homme en qui Dietrich von Choltitz eût une confiance absolue. Adolf von Carlowitz était son cousin, son conseiller, son confident. Choltitz lui avait demandé de quitter quelque temps l'usine d'aviation Hermann-Goering, qu'il dirigeait, et de le rejoindre à Paris. Mais maintenant la ville elle-même était au cœur de la bataille. Profitant de l'obscurité de cette dernière heure de nuit, Adolf von Carlowitz repartait pour l'Allemagne.

Les deux hommes s'embrassèrent. « Mach gut, Dietz », chuchota Carlowitz avec affection. Puis il prit la lettre et le paquet. Regardant la courte silhouette s'éloigner dans le couloir, Choltitz se demanda s'il la reverrait jamais et s'il reverrait jamais, aussi, la femme vers qui la lettre partait.

Quand le bruit des pas se fut éteint, une pensée s'installa dans l'esprit du général allemand. Dans ce Paris immense, il n'était plus, maintenant, qu'un homme seul.

⁂

A l'autre bout de Paris, avec les mêmes gestes de conspirateurs que les soldats de Guillebon, d'autres hommes glissaient furtivement dans les premières lueurs de l'aube. Une vieille Renault contourna le Lion de Belfort et vint s'arrêter devant l'immeuble de la Direction des eaux et des égouts, 9, rue Schoelcher. Parmi les ombres qui s'engouffrèrent sans bruit par la porte vitrée se trouvait l'ennemi le plus intraitable de Choltitz, l'homme qui commandait les insurgés. Tel un héros d'Eugène Sue, le colonel Rol, chef des F.F.I. de Paris, alluma le faisceau de sa torche lumineuse et descendit les 138 marches de son nouveau P.C. A la dernière marche, une lourde porte blindée s'ouvrit dans un grincement métallique. Là, à 26 mètres sous les rues de Paris, auprès des squelettes et des crânes de quarante générations de Parisiens, se trouvait la forteresse secrète depuis laquelle il allait diriger la bataille. Par ses portes imperméables aux gaz, « Duroc » — c'était le nom-code de cette forteresse — communiquait avec une ville sous la ville : les 500 kilomètres de labyrinthe que tissent sous les immeubles de la capitale les carrières, les catacombes, les égouts et le métro.

En franchissant le seuil de « Duroc », le chef de l'insurrection eut une surprise dont il se souviendra encore, vingt ans plus tard. Sur l'appareil spécial de ventilation, Rol découvrit la plaque qui portait le nom de son constructeur. C'était un nom qu'il connaissait bien. Huit ans plus tôt, avant de partir se battre en Espagne, Rol, alors simple ouvrier chez « Nessi frères », avait monté lui-même cet appareil qui distribuait aujourd'hui le précieux oxygène qu'il respirerait pendant les heures les plus glorieuses de sa vie.

Bientôt, dans la salle voûtée, bourdonnante d'activité, le grêle tintement de la sonnerie du téléphone allait provoquer une autre surprise. Par ce téléphone secret, indépendant du réseau des P.T.T. et des tables d'écoute allemandes, Rol pouvait communiquer avec les 250 postes du Service des eaux et des égouts de Paris et de banlieue, et diriger ainsi l'insurrection. Depuis l'aube, les appels s'étaient succédé sans interruption : « Allô Batignolles. Ça tient ?... Allô Préfecture... » Mais, maintenant, au bout du fil, résonnait une voix gutturale qui fit sursauter Rol et ses hommes. « Alles gut ? » demanda-t-elle. « Ya, ya, alles gut », répondit le F.F.I. qui faisait fonction de standardiste. A 2 kilomètres de là, dans sa chambre n° 347 de l'hôtel Crillon, rassuré par cette réponse, le seul Allemand qui sût l'existence de cet abri, l'oberleutnant Otto Dummler, de la Platzkommandantur, raccrocha.

Dummler connaissait les égouts de Paris aussi bien que les rues de son Stuttgart natal. Chaque matin pendant 2 ans, avec la régularité d'un automate, il avait téléphoné au gardien de « Duroc » pour poser cette même question. Chaque matin de cette semaine, il continuerait à appeler à la même heure et recevrait du quartier général de l'insurrection que combattaient ses compatriotes la même réponse rassurante : « Alles gut[1]. »

1. Treize mois plus tôt, les Allemands s'étaient subitement inquiétés du danger que représentait cette ville souterraine qui se trouvait sous Paris. Dummler avait été chargé de faire barricader les galeries

Un messager descendit quatre à quatre les 138 marches de « Duroc », franchit la porte blindée et jeta sur la grande table un paquet mal ficelé. C'étaient les premiers journaux d'une nouvelle époque que leurs propres titres annonçaient déjà : *Le Parisien Libéré, Libération, Défense de la France*... Rol déplia fiévreusement les feuilles encore humides d'encre. A la une de chacune d'elles se trouvait un appel aussi vieux que les pavés de Paris. Cet appel, c'était Rol lui-même qui le lançait pour donner à l'insurrection un souffle nouveau et parler directement au peuple de la capitale. En manchettes énormes, les premiers journaux de ce lundi 21 août criaient : AUX BARRICADES.

12

Des berges de la Seine, à Saint-Cloud, jusqu'aux grises banlieues de Pantin et de Saint-Denis, des pentes de Montmartre jusqu'aux rues étroites du Quartier Latin et de Montparnasse, les barricades du colonel Rol surgirent du pavé de Paris comme des champignons après une pluie d'automne. Le soir même, il y en avait plusieurs dizaines. A l'arrivée des Alliés, il y en aura plus de quatre cents, toutes différentes de taille et de forme selon les matériaux employés et l'art de leurs constructeurs.

Au coin de la rue Saint-Jacques, la pipe à la bouche, la soutane relevée jusqu'aux genoux, le

sous les édifices occupés avec des grilles, des barbelés et des pièges explosifs munis de sonnettes d'alarme.

curé de la paroisse, un ancien ingénieur, dirigeait lui-même la construction de la barricade qu'édifiaient ses paroissiens. Il la décora avec d'immenses portraits de Hitler, de Mussolini, et de Goering. Rue de la Huchette, près de la Seine, en face de la Préfecture de police assiégée, c'était une femme nommée Colette Briant qui, le visage à moitié caché par un énorme casque de la Wehrmacht, dirigeait les travaux.

Tout ce qui pouvait être arraché et transporté servait à la construction de ces barricades. Les femmes et les enfants se passaient de main en main les pavés au fur et à mesure que les hommes les arrachaient de la chaussée. Les sacs de sable de la défense passive, les plaques d'égouts, les arbres, les camions allemands incendiés, un piano à queue, des matelas, des meubles et même de vieux panneaux de la Loterie Nationale sur lesquels on pouvait lire : « Tentez votre chance — Tirage ce soir », devenaient ainsi de redoutables obstacles en travers des rues. Au coin de la rue Dauphine et du Pont-Neuf, une vespasienne servait d'armature à l'ouvrage. Rue de Buci, un antiquaire vida sa cave de vieux meubles pour consolider l'édifice qui s'élevait devant sa porte.

La barricade la plus importante, peut-être, était l'œuvre d'un groupe d'étudiants de l'École d'architecture. Érigée au coin du boulevard Saint-Germain et du boulevard Saint-Michel, au cœur du Quartier Latin, épaisse de deux mètres, tout en pavés, elle barrait un croisement important de la ville qui allait bientôt porter le nom de « Carrefour de la Mort ».

En face de la Comédie-Française, devant le café de l'Univers, les acteurs de la maison de Molière avaient, eux aussi, construit leur barricade. Bien qu'ils y eussent entassé tout ce qu'ils avaient pu trouver dans le magasin d'accessoires du théâtre, elle leur parut si dérisoire qu'ils résolurent, pour impressionner les blindés allemands, d'employer des armes psychologiques. Ils entourèrent leur construction d'une rangée de bidons sur lesquels ils peignirent en lettres énormes : « Achtung Minen ». Pendant toute la semaine, aucun char allemand n'osa s'avancer vers cette forteresse factice.

La rapidité avec laquelle les barricades surgirent dans les rues stupéfia les Allemands. Ce soir-là, le feldwebel Hans Schmidtlapp devait écrire à ses parents, fermiers en Bavière, que les rues de Paris ressemblaient « à des champs après les labours de printemps ». Elles valurent au soldat de 1re classe Willy Krause, de la 1re Waffenamt Kompanie O.K.W., sa première punition. Pour n'avoir pas réussi à détruire une barricade des Buttes-Chaumont, Krause, tireur d'un char Hotchkiss, fut immédiatement versé dans l'infanterie.

Pour le colonel Rol, cette brusque éruption de barricades fut une immense satisfaction. Mais elle ne résolvait pas l'angoissant problème qui le préoccupait, et qui était le manque d'armes. A Lorrain Cruse, l'adjoint de Chaban-Delmas à qui il avait, la veille, assuré que « Paris valait bien 200 000 morts », il réclama « les moyens de faire en sorte que parmi ces morts, une bonne proportion soit des Allemands ». Sans nouvelles de Roger Gallois et de sa mission, Rol demanda un parachutage massif d'armes dans Paris même. Il tendit à Cruse une liste des besoins qu'il estimait de première urgence : outre les armes et les munitions, il réclamait 10 000 grenades Gammon[1], cinq tonnes de plastic et des milliers de

1. Grenades à charge de plastic explosant dès l'impact, comme un obus.

mètres de cordon Bickford. Toutefois, Rol n'avait guère d'illusions sur le sort de cette demande. Il savait que c'était Chaban-Delmas qui contrôlait le trafic des messages avec Londres et que le message n'y arriverait probablement jamais.

***

Le jeune homme raccrocha brutalement le téléphone. Yvon Morandat cherchait 30 F.F.I. dévoués à de Gaulle pour une mission dangereuse. Mais, dans tout Paris en armes, il ne parvenait pas à en trouver un seul. Il avait été chargé par Alexandre Parodi de jouer le rôle principal dans l'opération « Prise du Pouvoir ». Ce rôle, il allait donc le jouer seul, ou presque. L'unique personne qui fût ce jour-là disponible pour aider Morandat à s'emparer de l'Hôtel Matignon, résidence des présidents du Conseil, était Claire, sa blonde secrétaire.

C'était dans ce modeste appartement de la rue Saint-Augustin, où Claire et Morandat attendaient, qu'Alexandre Parodi avait décidé, quelques instants plus tôt, de lancer l'opération « Prise du Pouvoir ». Soigneusement préparée depuis des mois, approuvée par Londres, cette spectaculaire manœuvre était, dans l'esprit même de ses auteurs, « un énorme bluff psychologique destiné à contrer les communistes ». Le geste inattendu de Choltitz de libérer Parodi la veille avait épargné sa vie mais compromis définitivement son autorité aux yeux de ses adversaires politiques. Parodi savait que la trêve grâce à laquelle il avait espéré gagner du temps vivait ses dernières heures. Avant son échec définitif, il voulait atteindre un dernier objectif. Il importait maintenant de préserver l'avenir : par une audacieuse manœuvre, les gaullistes allaient coiffer les communistes sur le poteau d'arrivée en installant officiellement le gouvernement de Charles de Gaulle dans Paris insurgé. Depuis longtemps, dans l'ombre, des hommes étaient désignés pour s'asseoir dans chaque fauteuil ministériel et attendre qu'arrivassent d'Alger ou de la France libérée les titulaires du Gouvernement provisoire de De Gaulle. L'opération « Prise du Pouvoir » consistait précisément à installer ces hommes à leurs postes et à assurer leur protection jusqu'à la libération définitive. Lors d'un premier conseil officiel de ce cabinet fantôme, qui se tiendrait à l'Hôtel Matignon, Parodi proclamerait publiquement l'existence dans Paris d'un gouvernement de la République française. Ainsi, pour s'installer eux-mêmes au pouvoir, les communistes devraient d'abord liquider les hommes de Parodi et désavouer officiellement l'autorité de Charles de Gaulle et de son gouvernement. Mais, ce jour-là, les commandos du colonel Rol trouveraient sur leur chemin plusieurs milliers d'hommes constitués en une véritable garde prétorienne. Depuis plusieurs jours, les gaullistes faisaient clandestinement entrer dans Paris des armes provenant des caches secrètes de la forêt de Nemours où les hommes de Delouvrier attendaient le message codé « As-tu bien déjeuné, Jacquot ? » Ces armes étaient distribuées aux éléments sûrs de la police, de la gendarmerie et de la garde mobile qui constituaient la « force gouvernementale ». Celle-ci devait tenir les postes clefs de la capitale jusqu'à l'arrivée de Charles de Gaulle. Ses chefs avaient été avertis qu'ils auraient sans doute à défendre par la force les édifices qu'ils occupaient. Ils avaient été prévenus que leurs assaillants ne porteraient pas obligatoirement l'uniforme feldgrau.

Le jeune syndicaliste que Parodi avait désigné pour jouer la première carte de cette audacieuse partie politique écarta doucement le rideau de la fenêtre de l'appartement de la rue Saint-Augustin. Dans un réflexe de méfiance, il inspecta la rue. Elle était pleine d'Allemands. L'immeuble était cerné.

Morandat eut un sursaut. « Nous sommes brûlés », murmura-t-il. Ainsi, quelques jours avant la Libération, il allait tomber aux mains de la Gestapo. Morandat, pourtant, se trompait. Les soldats casqués qu'il avait aperçus par la fenêtre n'étaient pas venus l'arrêter. Sous le commandement du hauptmann Otto Nietzki, de la Wehrmachtstreife, ils venaient rétablir l'ordre dans une maison close voisine.

Soulagé, Morandat descendit dans la rue. Embarquant Claire sur son porte-bagages, il partit à bicyclette s'emparer de l'Hôtel Matignon, la résidence du président du Conseil. Dans son esprit, l'hôtel en question ne pouvait se trouver qu'avenue Matignon. Mais, avenue Matignon, Morandat et Claire ne trouvèrent qu'un seul hôtel et celui-ci, pavoisé de croix gammées, était gardé par des sentinelles allemandes. Morandat continua à pédaler jusqu'à ce qu'il rencontrât enfin, dans l'avenue déserte, un passant. C'était un monsieur d'un certain âge, coiffé d'un chapeau noir, qui promenait son chien. Embarrassé, le jeune gaulliste qui était chargé de prendre possession de la résidence du président du Conseil, posa au promeneur solitaire une question stupéfiante : « Pardon, monsieur, où donc se trouve l'Hôtel Matignon ? »

13

Le cheminot Heinrich Hauser, trente-neuf ans, de l'Eisenbahn Bezirk Direcktion Nord (la direction régionale des chemins de fer du Nord), n'avait pas besoin de demander son chemin ce matin-là. Le gros Hauser et ses 48 camarades savaient exactement où ils voulaient aller : ils voulaient rentrer chez eux, en Allemagne. Depuis huit mois qu'il avait été envoyé à Paris pour commander le poste d'aiguillage de la gare des Batignolles, la vie de Hauser s'était partagée entre la gare et le Soldatenheim de la place Clichy, où il habitait. La veille, dans l'immense salle du restaurant, Hauser et ses camarades avaient fêté leur dernière soirée à Paris. Accompagnant de nombreuses bouteilles de champagne le goulasch aux spaghettis du menu, ils s'étaient enivrés. Bientôt Hauser avait sombré dans une mélancolique ivresse. Son verre de champagne à la main, les yeux embués de larmes, il s'était mis à entonner « Au bord du Rhin, du beau Rhin... » La salle entière avait repris en chœur la chanson, accompagnée par les violons de l'orchestre féminin. Toute la nuit, dans sa chambre, Hauser et ses camarades avaient continué leur soirée d'adieu en vidant les bouteilles de vin et de cognac que leurs derniers marks d'occupants leur avaient permis d'acheter.

Et maintenant, la tête alourdie par l'alcool qu'il avait bu, son Mauser à la main et deux grenades glissées dans sa ceinture, Hauser attendait le camion que son chef, l'Oberinspekteur de la Reichbahn Wacker, avait promis d'envoyer pour évacuer les cheminots des Batignolles. Depuis l'aube, les hommes d'une section de la 813e Pionierkompanie s'activaient à miner la gare dont les installations faisaient partie du plan de démolition préparé par le capitaine Ebernach. Hauser savait que, dans quelques heures, tout sauterait. Avec ses camarades, il risquait, craignait-il, d'être pris au piège dans les décombres de cette gare de marchandises et exterminé par les « terroristes » qui occupaient déjà le quartier.

Pour remplacer le camion défaillant, Hauser décida d'accomplir le seul exploit dont il fût capable. Pendant toute la guerre, en effet, il avait exercé cette unique activité que ne sanctionnait jamais la Croix de Fer : il avait fait rouler des trains. Sur l'une des voies de l'immense gare déserte dans laquelle Hauser et ses hommes étaient enfermés se trouvaient une vieille locomotive et un unique wagon de marchandises. A bord de cet attelage de fortune, Hauser s'échapperait du guêpier de Paris et s'enfuirait vers l'Est. Personne ne pourrait l'arrêter. Il connaissait le réseau ferroviaire de Paris mieux que les rues de son Stuttgart natal.

Hauser grimpa dans le poste d'aiguillage et exécuta une manœuvre qu'il pouvait faire les yeux fermés : il ouvrit la voie qui, par le Bourget, menait directement vers Strasbourg et l'Allemagne. Comme de paisibles ouvriers rentrant chez eux après leur journée de travail, Hauser et ses 48 camarades s'installèrent dans le wagon. La locomotive démarra dans un nuage de vapeur blanche et, bientôt, la ville et ses dangers s'effacèrent à l'horizon. Pour les fugitifs, il ne restait plus qu'une seule menace avant l'Allemagne : les avions alliés. Pendant un long moment, Heinrich Hauser regarda par la lucarne arrière du wagon les coupoles du Sacré-Cœur de Montmartre qui étincelaient dans le soleil de midi. Puis il se mit à somnoler.

Quand il se réveilla, quelques instants plus tard, Hauser vit avec étonnement que le soleil avait changé de direction. Il brillait maintenant devant la locomotive. Il se frotta les yeux et se dit qu'il avait trop bu la veille. Puis, sautant tout à coup sur ses pieds, il se mit à secouer ses camarades et à hurler : « Nom de Dieu, ces salauds-là ont manœuvré les aiguillages ! Ils nous ramènent vers Paris ! »

⁂

Yvon Morandat avait enfin découvert l'Hôtel Matignon. Il se trouvait 57, rue de Varenne, sur l'autre rive de la Seine, et non pas avenue Matignon. Après avoir rangé leur bicyclette le long du mur, Yvon et Claire s'approchèrent du grand portail vert qui, quatre jours plus tôt, s'était refermé derrière la Hotchkiss noire de Pierre Laval. Morandat frappa avec autorité. Le judas s'entrouvrit et un visage apparut. Morandat déclara qu'il désirait voir le commandant de la garde. La porte de chêne s'ouvrit en grinçant sur ses gonds.

A la vue du spectacle qui s'offrait à leurs yeux, les deux jeunes gens tressaillirent. Là, dans la cour intérieure couverte de gravier, leurs armes en faisceaux, des grenades glissées dans la ceinture de leur uniforme noir, se trouvaient les 250 hommes de la garde personnelle de Pierre Laval. Prenant le bras de Claire, Morandat battit prudemment en retraite dans un coin de la cour.

Claire sortit alors de son sac à main un petit morceau de toile chiffonnée. « Tiens, Yvon, chuchota-t-elle, mets ça. » C'était un brassard tricolore. Elle en prit un autre et le passa autour de son propre bras. Quand il vit le commandant de la garde traverser la cour et s'avancer vers lui, Morandat se demanda ce qu'il allait faire. « En cas d'opposition, lui avait dit Parodi, n'insistez pas, partez. » « En cas d'opposition, pensa-t-il à cet instant, je partirai dans un cercueil. »

« Je suis le commandant, annonça d'un ton sec le petit officier replet qui s'était arrêté devant les deux civils. Que voulez-vous ? »

Avec emphase et autorité, d'une voix impérieuse dont il ne se serait pas cru capable, Morandat déclara solennellement : « Au nom du Gouvernement provisoire de la République française, je viens prendre possession de ces locaux. »

Le petit officier qui, pendant quatre ans, avait fidèlement servi le gouvernement de Vichy, salua militairement : « A vos ordres, dit-il, j'ai toujours été un bon républicain. » Il cria un commandement et dans la cour, ses hommes se figèrent au garde-à-vous. Claire dans sa robe d'été multicolore et Morandat en manches de chemise passèrent dignement en revue ces farouches guerriers et montèrent les degrés de la solennelle résidence.

Au sommet des marches, en habit et cravate blanche, une grosse médaille d'argent accrochée à une chaîne pendant autour de son cou, le chef des huissiers de la présicence du Conseil accueillit le jeune couple. Très digne, il s'inclina respectueusement comme devant un chef d'État étranger. Et, d'un geste cérémonieux de sa main gantée de blanc, il les invita à visiter les lieux. Il les conduisit d'abord dans le bureau de Laval où les tiroirs étaient restés ouverts depuis son départ. Puis il les fit monter dans les appartements particuliers. Il leur montra la somptueuse salle de bains où Pierre Laval avait pris, quatre jours plus tôt, son dernier bain. Et d'une voix pleine de déférence, l'huissier demanda à Morandat si la chambre verte attenante à la salle de bains lui conviendrait pour son usage personnel.

Morandat demanda ce qu'était la chambre verte. Imperturbable, l'huissier ganté de blanc répondit au fils du typographe : « C'est la chambre à coucher du président du Conseil. »

***

A plat ventre derrière la balustrade de la rue de Crimée, l'artisan Germain Berton regardait sa montre. Dans sept minutes, la vieille locomotive des Batignolles sortirait du tunnel des Buttes-Chaumont et apparaîtrait dans la ligne de mire de son fusil. Quinze minutes plus tôt, dans une classe de l'école maternelle de la rue Tandou transformée en poste de commandement F.F.I., le téléphone avait sonné. Le chef de gare de Charonne annonçait à Berton qu'un convoi de marchandises allemand se dirigeant vers Ivry passerait dans le tunnel des Buttes-Chaumont. Berton et trois de ses hommes avaient bondi pour attaquer cette proie inespérée.

Depuis une heure, chaque tour de roue éloignait le cheminot Heinrich Hauser et ses camarades de la destination qu'ils s'étaient assignée. Au lieu de rouler vers les rivages du « Beau Rhin », leur locomotive et son unique wagon, pris dans l'inextricable labyrinthe du réseau de ceinture contrôlé par la Résistance, s'engageaient maintenant vers Ivry. Bientôt, ils auraient traversé Paris du nord au sud et, si leur train ne s'arrêtait pas, ils arriveraient tout droit chez les Américains. Pour des spécialistes de la circulation ferroviaire, c'était, pensait Hauser, une manière peu glorieuse de finir la guerre.

Tout à coup, ce fut la nuit. Le train venait d'entrer dans le tunnel des Buttes-Chaumont. A l'autre bout, Germain Berton épaula son arme. Comme un taureau sortant de son toril, la locomotive apparut et Berton et ses hommes ouvrirent le feu. Renversant la vapeur, le chauffeur fit marche arrière et se mit à l'abri dans le tunnel. Hauser et ses camarades sautèrent sur le ballast et s'aperçurent qu'un autre convoi était arrêté sur la voie parallèle. Hauser gratta une allumette et s'approcha d'un wagon. A la lueur de la flamme, il découvrit sur la paroi du wagon une affichette blanche qui lui fit souffler instantanément son allumette. Elle représentait une tête de mort surmontée d'un seul mot : « Achtung. » Il comprit qu'il était pris au piège dans ce tunnel auprès d'un train de munitions.

Le dernier voyage qu'organiserait pour de longues années le cheminot de la Reichbahn Heinrich Hauser était terminé. Écœuré, il leva les bras au-dessus de sa tête douloureuse et résolut de marcher vers la sortie du tunnel où Germain Berton et ses hommes attendaient.

*
**

Le voyage de Roger Gallois se terminait lui aussi. Embusqué derrière une meule de paille, un soldat allemand observait le Français épuisé qui s'avançait dans le champ de blé mûr. C'était le dernier Allemand qui séparait Gallois d'un petit groupe d'Américains qui se trouvaient à environ 400 mètres de là. Voilà des heures que le chef F.F.I. tentait de gagner le village de Pussay, dans les environs de Rambouillet.

A bout de force, Gallois joua le tout pour le tout. Il avait vu l'Allemand, mais il pensait que cette sentinelle isolée n'oserait pas découvrir sa position en tirant sur lui. La gorge sèche, le cœur battant, transpirant de peur, Gallois continua d'avancer dans le silence.

Il avait gagné. Les lignes allemandes étaient maintenant derrière lui. Ivre de joie, il se mit à courir vers les soldats américains. Le premier qu'il aperçut était accroupi dans un fossé, occupé à manger le contenu d'une boîte de conserve. Gallois se précipita vers lui et se mit à hurler : « J'arrive de Paris avec un message pour le général Eisenhower ! »

A ces mots, le G.I. remplit consciencieusement sa cuiller de haricots et releva la tête.

« Ouais, dit-il, et alors ? »

14

Devant la carte murale qui représentait le Gross Paris, aux côtés du général von Choltitz, sanglé dans son brillant uniforme bleu-gris, se trouvait un commandant de la Luftwaffe. Quatre ans plus tôt, par une journée d'août comme celle-ci, les avions de la troisième flotte aérienne allemande, que cet officier représentait, avaient obscurci le ciel de France de leurs ailes menaçantes. Vague après vague, ils avaient déferlé au-dessus de la Manche, vers Londres et les villes anglaises. C'était en août 1940. Maintenant, ce qui restait de cette armada, quelque 150 bombardiers, se trouvait à moins de 10 kilomètres de l'hôtel Meurice, dans les alvéoles de sacs de sable de l'aérodrome du Bourget. Bientôt, pour échapper à l'anéantissement, ces avions devraient s'envoler vers d'autres bases, situées plus à l'est. Mais, avant cet ultime repli, le nouveau commandant de la troisième flotte aérienne avait chargé un de ses officiers de proposer à Choltitz de couronner d'un dernier laurier le blason d'une unité qui portait déjà les noms de Rotterdam, Londres et Coventry.

Ce nouveau commandant, le Generaloberst Otto Dessloch, remplaçait depuis le 18 août le gros et incapable Feldmarschall Hugo Sperrle à la tête de la troisième flotte aérienne. Et l'une de ses premières décisions avait été d'offrir au commandant du Gross Paris le concours de la Luftwaffe « pour réprimer les émeutes de Paris ». Dans ce but il avait établi un plan fort simple. Ce plan pourrait être exécuté de nuit contre un objectif beaucoup plus étendu que la Préfecture de police. Ni défense antiaérienne, ni chasse ennemie ne seraient susceptibles de gêner son exécution. C'était un moyen sûr, radical et impitoyable d'en finir avec les soulèvements qui se produisaient sur le territoire dépendant du Gross Paris : le commandant proposait de raser, d'un seul coup, tout le quartier nord-est de la ville, en laçant des vagues successives de bombardiers.

De son index potelé, l'officier traça un cercle autour de la zone de Paris qu'il suggérait d'anéantir. Celle-ci s'étendait de la colline de Montmartre aux faubourgs de Pantin, et des Buttes-Chaumont aux entrepôts de la Villette. Le commandant avait choisi cette zone plutôt qu'une autre parce qu'elle n'était située qu'à environ 8 kilomètres du Bourget. La proximité du Bourget permettrait, expliqua-t-il, à chaque appareil d'accomplir au moins dix rotations dans la nuit pour vider les dépôts de bombes que la Luftwaffe ne pourrait déménager. De cette manière, assura-t-il, un quart environ de la capitale, où vivaient quelque 800 000 habitants, pourrait être anéanti en un temps record. « Quand l'aube se lèvera, annonça-t-il, pas même un chat ni un chien ne vivront encore dans la zone nord-est de Paris. » Ce sera « un petit Hambourg ». Choltitz ne devait jamais oublier la comparaison. Car l'homme qu'il recevait ce jour-là était lui-même originaire du grand port hanséatique. Et sa femme et ses deux enfants y avaient péri dans la « nuit de feu » du 27 juillet 1943.

La seule chose que le commandant de la Luftwaffe demandait au général pour pouvoir exécuter ce plan, c'était de faire évacuer ses soldats de la zone du bombardement, de baliser nettement celle-ci au moyen de fusées lumineuses et de fermer les canalisations d'eau, d'électricité et de gaz. Éventuellement, ajouta-t-il, il pouvait, s'il le jugeait nécessaire, avertir la population quelques minutes avant l'attaque.

Or, ce matin-là, Choltitz cherchait précisément un moyen d'« obliger les Parisiens à se soumettre ». Le geste qu'il avait fait la veille en relâchant Alexandre Parodi et ses deux adjoints n'avait pas eu l'effet qu'il escomptait. Au lieu d'arrêter l'insurrection, il semblait au contraire qu'il n'avait fait que l'étendre. Dans toute la capitale, des barricades surgissaient. Sur son bureau, la longue liste des soldats allemands tués apportait au général la preuve flagrante et douloureuse de la virulence de l'insurrection. La veille, alors qu'il venait, croyait-il, de conclure une trêve avec les insurgés, il avait perdu 75 hommes, plus que le jour précédent où l'insurrection avait éclaté.

Pour Dietrich von Choltitz, nul doute que son premier devoir ne fût de défendre ses hommes. Le plan qu'apportait le commandant de la Luftwaffe était certes « brutal et sauvage ». Mais il avait le mérite d'offrir un moyen de prouver aux Parisiens qu'il pouvait « frapper et se défendre ». Et cela, il le devait à ses soldats. Concluant l'entretien, Choltitz annonça à son visiteur qu'il allait charger son état-major d'étudier son plan d'attaque.

***

Sur le grand bureau Louis XVI jonché de télégrammes il y avait une feuille de papier blanc. En haut, dans le coin gauche, le chef du Gouvernement provisoire de la République française avait fait imprimer comme seul en-tête de son papier officiel, quatre mots. Dans l'esprit de la haute et digne figure qui trônait derrière cette table, ces quatre mots « Le général de Gaulle », personnifiaient la souveraineté de la France. Maintenant, solitaire dans le bureau de la préfecture de Rennes, Charles de Gaulle remplissait la feuille blanche : de son écriture fine et altière, il adressait un dernier appel au général Eisenhower.

Toute la nuit précédente et toute la matinée, « Pleyel Violet », « Montparnasse Noir » et « Apollo Noir », les postes émetteurs clandestins de Parodi et Chaban-Delmas, avaient lancé de Paris des S.O.S pressants, demandant, « l'entrée immédiate des Alliés ». Sur l'un de ces télégrammes, de Gaulle avait pu lire que « *l'insurrection déclenchée samedi et ralentie deux jours par trêve très favorable à Résistance ne pourra être retenue au-delà de ce soir. Il y aura demain bataille dans tout Paris avec disproportion de moyens tragique.* »

Aux yeux de Charles de Gaulle, la situation que décrivaient ces messages paraissait si grave qu'aucune considération ne pouvait plus retarder l'entrée des Alliés, ni la sienne, dans la capitale. Chaque heure qui passait, il le savait, augmentait les chances de ses adversaires politiques dans une ville où la reprise de l'insurrection ferait bientôt régner le chaos et l'anarchie. Quand il arriverait lui-même, il serait peut-être trop tard. Charles de Gaulle jugeait ce danger si imminent qu'il résolut de prendre, ce jour-là, au nom de la France, un risque aux conséquences imprévisibles. L'occupation de la capitale par les Alliés est si urgente, écrivit-il à Eisenhower, qu'elle doit être entreprise « *même s'il devait se produire quelques combats et quelques dégâts à l'intérieur de la ville* ».

De Gaulle fit porter cet appel à Eisenhower par un des rares hommes qui avaient le privilège de le tutoyer. Il le remit au vainqueur de Monte Cassino, le général Alphonse Juin. Il demanda à Juin de préciser de vive voix au commandant suprême qu'en cas de réponse négative, il se verrait dans l'obligation de retirer la 2e D.B. du commandement allié et de l'envoyer de sa propre autorité sur Paris.

Quand la porte se fut refermée derrière la silhouette massive d'Alphonse Juin, le général de Gaulle prit une deuxième feuille de papier et se mit à griffonner un message à l'intention de Leclerc. Dans ce message, de Gaulle ordonnait à l'impatient commandant de la 2e D.B. dont quelques hommes, à cet instant, apercevaient déjà les tours de la cathédrale de Chartres, de se tenir prêt à faire mouvement. Il l'avertit formellement qu'il devrait, aussi pénible que cela lui fût, désobéir à tous les ordres provenant de ses supérieures américains et ne se considérer, quels qu'en fussent les risques, que sous le seul commandement du chef du gouvernement français. Si Eisenhower ne l'envoyait pas à Paris, lui, de Gaulle, le lui commanderait.

Enfin, pour le cas où les Alliés empêcheraient par la force Leclerc de marcher sur Paris, il restait à Charles de Gaulle un dernier moyen d'imposer sa présence dans la capitale française. Dans les profondeurs des taillis de Nemours, anxieux et impatients, les hommes du commando de Paul Delouvrier ne quittaient pas l'écoute de la B.B.C. Sur leur petite piste d'atterrissage improvisée, tout était prêt. Pour ces maquisards, il ne restait plus qu'à entendre la phrase-code : « As-tu bien déjeuné, Jacquot ? »

***

Rouge et haletant, Dietrich von Choltitz écoutait la voix sèche du Feldmarschall Model résonner dans l'écouteur. Avec l'arrogance caractéristique dont il témoignait à l'égard de ses subordonnés, Model abreuvait de reproches le commandant du Gross Paris. Non seulement, lui disait-il, il s'était montré incapable de maintenir l'ordre dans la ville, mais encore des rumeurs indiquaient qu'il avait négocié avec les « terroristes ». Choltitz chercha à protester mais le maréchal lui coupa brutalement la parole pour l'avertir qu'il ne devait pas « outrepasser ses pouvoirs ». Ce qu'il attendait de son subordonné, c'était qu'il rétablisse l'ordre « par tous les moyens nécessaires », et non qu'il cherche à faire « de la haute politique ». Choltitz assura son chef qu'il remplirait cette mission, mais par la même occasion, il l'avertit que si les troubles s'étendaient, il ne saurait être question qu'il puisse contrôler la situation sans l'aide des renforts maintes fois promis. Cette remarque déchaîna la colère de Model. « Débrouillez-vous avec ce que vous avez », tonna-t-il dans l'appareil. Cependant, l'irascible maréchal accepta d'envoyer à Paris quelques éléments de la 48ᵉ division d'infanterie qui arrivait des Pays-Bas.

L'impatience et l'irritation dont faisait preuve le commandant en chef de l'O.B. West révélait dans quel état de nervosité il se trouvait. Depuis près de quarante-huit heures, aucun des ordres qu'il avait donnés dans l'espoir de rétablir un front ne respectait les volontés expresses du Führer. Pourquoi cet homme connu pour sa dévotion inconditionnelle au Führer avait-il décidé d'exécuter son propre plan et non celui imposé par le commandement suprême des armées allemandes ? C'était inexplicable[1]. La veille, quelques heures après qu'il eut décidé, en la présence de Speidel, d'accorder la priorité absolue à la retraite de ses troupes derrière la Seine, il avait reçu un nouvel ordre. Cet ordre prescrivait de la manière la plus catégorique que sa première mission était de défendre la tête de pont de Paris. Il portait la signature personnelle du maître du IIIᵉ Reich : « Gez : Adolf Hitler. » Model devait, disait cet ordre, « tenir la tête de pont à tout prix,

1. Selon Martin Blumenson, l'historien officiel de l'armée américaine, l'attitude de Model, du point de vue du commandement, était non seulement inexplicable mais « inexcusable ». (Break out and Pursuit — US Army in World War II ; European Theatre of Operations, vol. II — p. 598.)

quelle que soit l'ampleur des destructions » dont Paris pourrait souffrir[1]. Personne, mieux que Model, ne savait ce que l'expression « à tout prix » signifiait dans l'esprit de l'homme qui avait signé ce télégramme. Elle sous-entendait que Paris devrait être défendu jusqu'au dernier homme, comme Stalingrad, Smolensk et Monte Cassino.

L'ordre, le premier qui soit parti de Rastenburg après la conférence stratégique du soir, était arrivé à l'O.B. West à 23 h 30. Les instructions de Model, ordonnant à la 5e armée blindée de se préparer à se retirer derrière la Seine étaient déjà envoyées à l'heure où le message de Hitler était parvenu à Margival. Le Feldmarschall avait apparemment jugé qu'il était trop tard pour annuler le mouvement. Déjà les Panzer que Hitler voulait envoyer à Paris traversaient la Seine.

Pris entre les exigences de l'O.K.W. et ses propres conceptions stratégiques constamment remises en question par l'avance alliée, Walter Model évoluait sur un terrain difficile. Sa seule consolation, en ce lundi après-midi, était que l'impasse qu'il avait faite jusqu'à présent devant Paris semblait pouvoir durer. Dans ce secteur, son Bureau des opérations ne signalait que de « timides reconnaissances ennemies »[2]. Le commandant en chef de l'O.B. West ne savait pas encore qu'un détachement symbolique de l'armée française roulait déjà vers la capitale.

Était-ce parce qu'il se sentait trop engagé dans ses propres manœuvres le long de la basse Seine, ou parce qu'au fond de lui-même il doutait de

1. West/Op n° 772 956/44 — Gez : Adolf Hitler.
2. Army Group B Wachenmelding n° 6375/44.

l'intérêt stratégique d'un combat sans merci pour Paris ? Toujours est-il qu'en ce lundi soir, Model suggéra à l'O.K.W. de défendre Paris au nord et à l'est de la ville[1].

Avant de raccrocher l'appareil, Model martela une dernière phrase à l'intention du gouverneur de Paris. « Rétablissez, répéta-t-il, l'ordre dans la ville[2]. » Pour la deuxième fois en vingt-quatre heures, Model avait négligé d'avertir le général von Choltitz qu'un renfort de deux divisions blindées, les 26e et 27e Panzer, était déjà en route pour Paris.

15

Dans les rues de Paris où, le matin même, avait retenti le vieil appel historique : AUX BARRICADES, c'était maintenant, derrière ces étranges fortifications, un nouveau cri angoissé : « Les tanks arrivent. » Rendue furieuse par ce défi symbolique qui avait surgi dans toute la ville, la Wehrmacht faisait sortir de leurs repaires les monstres blindés qui, quatre ans plus tôt, avaient donné les clefs de Paris à Adolf Hitler. Partout, au bruit de la fusillade, s'ajoutait maintenant le vacarme des explosions et la rumeur des chenilles labourant l'asphalte.

Pour Raymond Sarran, l'étudiant à qui un policier moribond avait dit : « Prends mon arme, et va me venger », l'arrivée des chars fut annoncée par les Allemands eux-mêmes. Décrochant

1. O.B. West Ia n° 6390/44-18.00-21.8.44 — Model à O.K.W.
2. Archives O.K.W.-MS B034.

son téléphone, Sarran entendit une voix teintée d'accent germanique : « Monsieur l'officier F.F.I., c'est le colonel Kayser, commandant du Luxembourg, qui vous appelle. J'exige que vous détruisiez immédiatement votre barricade, sinon, je fais sortir mes chars. » Stupéfait, Sarran hésita une seconde. Puis, sèchement, il répondit : « Vous n'avez plus rien à exiger, colonel. » Dix minutes plus tard, l'étudiant vit apparaître trois Panthers dans la rue Soufflot. A chaque tourelle, deux civils français étaient attachés. Pour se protéger contre les bouteilles incendiaires des Parisiens, les Allemands avaient imaginé d'utiliser ces boucliers vivants.

Sur le boulevard Voltaire, que les mitrailleuses des chars de la caserne Prince-Eugène prenaient en enfilade, deux femmes couraient à perdre haleine. Dans le grand panier de blanchisseuse qu'elles portaient chacune par une anse, Clara Bonte, l'épouse d'un député communiste déporté, et sa fille, Marguerite, avaient entassé des bouteilles incendiaires. Dans leur étrange ouvroir de la mairie du XIe, les femmes du quartier les avaient elles-mêmes confectionnées. Embusqués derrière les fenêtres de la place de la République, leurs maris attendaient ces bouteilles pour repousser les chars.

A l'autre bout de Paris, près de la gare des Batignolles d'où le cheminot allemand Heinrich Hauser venait de partir pour les rivages du Rhin, c'est une véritable Rossinante de ferraille que les insurgés opposèrent aux chars de Choltitz, un vieux char Somua, capturé dans une usine de Saint-Ouen. Quand l'incroyable engin était apparu sur la place de la Mairie, la foule avait pavoisé sa tourelle d'un drapeau tricolore. Ce devait être sa seule arme. Le Somua des Batignolles, l'unique char d'assaut de la Résistance parisienne, ne pouvait lancer qu'un défi silencieux : les F.F.I. du XVIIe n'avaient pas d'obus pour son canon.

D'autres menaces que les Panzer du général von Choltitz pesaient ce jour-là sur bien des Parisiens. Dans la cellule obscure de la forteresse hexagonale du Mont-Valérien où il avait été jeté après les combats sanglants de la mairie de Neuilly, le charcutier Louis Berty écoutait un bruit familier. Pendant trois ans, presque chaque jour, l'écho assourdi de ce bruit était parvenu jusqu'au fond de sa boutique de Nanterre. C'était celui des salves des pelotons d'exécution. Le charcutier savait que, bientôt, ces mêmes détonations retentiraient pour lui.

Dans une autre forteresse, à l'autre extrémité de Paris, d'autres prisonniers attendaient aussi d'être fusillés. Dans les fossés de Vincennes, le policier Georges Dubret et ses compagnons connaissaient un nouvel épisode de leur calvaire. Le petit « Führer » d'Oradour qui avait exécuté le commissaire Silvestri, leur avait ordonné de déterrer les cadavres qu'ils avaient ensevelis la veille et de creuser une fosse plus grande « pour qu'elle puisse contenir aussi vos corps », avait-il précisé.

En plein Paris, de la fenêtre de la cuisine où ses geôliers du Palais du Luxembourg l'avaient mis au travail, un autre prisonnier, le faux milicien Pierre Pardou, vit passer pour la deuxième fois des civils, une pelle et une pioche sur chaque épaule. Aujourd'hui, ils étaient quatre[1]. Bientôt, Pardou entendit une série de détonations et

1. Les quatre patriotes fusillés ce jour-là au Luxembourg étaient Jean Robaux, Henri Bessot, André Monnier et Arthur Pothier.

comprit que les malheureux avaient été fusillés après avoir creusé leurs propres tombes. A ce bruit, Franz, le gros cuisinier allemand, se tourna vers lui et répéta pour la centième fois la seule phrase qu'il semblât capable d'articuler en français : « Toi fusillé demain, alors faire cuisine propre aujourd'hui. » Dans le même bâtiment, deux étages au-dessous, l'électricien Marcel Dalby, prisonnier volontaire du Palais du Luxembourg, avait lui aussi entendu les détonations. Depuis trois jours, il avait réussi à provoquer dix-sept heures de panne dans les installations électriques du Sénat, dix-sept heures pendant lesquelles, dans les caves, les marteaux-piqueurs des sapeurs de l'organisation Todt s'étaient arrêtés de forer les trous destinés à recevoir les charges explosives. Mais Dalby savait que le match solitaire qu'il livrait aux démolisseurs de la Wehrmacht ne pourrait indéfiniment empêcher la destruction du palais pour la sauvegarde duquel il risquait, lui aussi, d'aller bientôt creuser sa propre tombe dans le jardin.

De l'autre côté de la Seine, à moins d'un kilomètre du dôme à huit faces du Luxembourg, un homme impatient arpentait le couloir à moquette rouge du premier étage de l'hôtel Meurice. En six jours d'un travail méthodique et acharné, le capitaine Werner Ebernach et ses hommes de la 813e Pionierkompanie avaient pratiquement terminé leur travail. Utilisant les torpilles entreposées dans « Pilz », le tunnel de Saint-Cloud, ils avaient réparti 12 tonnes d'explosifs dans toute la ville. La veille, deux policiers angoissés étaient apparus dans le bureau d'Edgar Pisani, à la préfecture de police, pour annoncer que les Allemands venaient de miner les ponts de l'île de la Cité. Dans un dernier geste de zèle, Ebernach avait même, ainsi qu'il devait le confier au sous-lieutenant von Arnim, demandé qu'on préparât les explosifs nécessaires pour faire sauter ce symbole de Paris : la Tour Eiffel. Maintenant, le capitaine Ebernach attendait l'ordre d'allumer les mèches qui déclencheraient les explosions dévastatrices. Mais, ce jour-là, le bouillant officier du génie allait attendre en vain d'être reçu par le commandant du Gross Paris. Choltitz se contenta de lui faire dire par son aide de camp « de continuer ses préparatifs et d'attendre ses instructions ».

En fin de journée, avec les premières gouttes d'eau d'un nouvel orage, une rumeur extraordinaire se répandit dans la ville inquiète. Dans son petit appartement de la rue du Bac, un jeune auteur de théâtre nommé André Roussin écrivit dans son journal : « Commencée dans la peur, cette journée se termine dans l'espoir. Il paraît que deux divisions américaines sont arrivées à Rambouillet. Demain les Américains seront à Paris. »

***

Les Américains étaient effectivement à Rambouillet. Mais André Roussin, dans son journal, avait quelque peu surestimé leur nombre : ils étaient trois. Et aucun d'entre eux n'avait de raison officielle de se trouver à Rambouillet. Le premier, grand et distingué, était un colonel originaire de Virginie, nommé David Bruce. Il était le chef, pour toute l'Europe, de l'O.S.S.[1], le célèbre service secret américain. Sa capture eût été pour les Allemands le plus bel exploit de la

1. Office of Strategic Service.

guerre secrète. Le second était un chauffeur de jeep, un G.I. taciturne du nom de « Red » Pelkey. Quant au troisième, c'était le correspondant de guerre à l'imposante stature que Fernand Moulier, André Rabache et Pierre Gosset avaient quitté endormi sur la table d'un hôtel de Normandie une semaine auparavant. Battu par ses confrères français dans la course vers Paris, Ernest Hemingway avait cependant juré d'être le premier journaliste américain à entrer dans la capitale française.

Sur la route de Paris, son premier acte avait été de « libérer » le bar de l'hôtel du *Grand Veneur*, une auberge de Rambouillet, fort appréciée des Parisiens en week-end. Dans le bar, il avait entassé pêle-mêle une caisse de grenades, une carabine, une bouteille du meilleur cognac de l'hôtelier et une carte routière Michelin sur laquelle il avait porté l'emplacement des positions allemandes des environs.

Précédant de quarante-huit heures les avant-gardes alliées, le trio libérateur se trouvait au beau milieu des lignes allemandes. « A chaque fois que nous nous retournions, rappelle Bruce, des hommes en uniforme feldgrau surgissaient de nulle part et venaient se rendre. » Hemingway procédait alors à une petite cérémonie. Il leur faisait ôter leur pantalon, puis les mettait au travail dans les cuisines à éplucher les pommes de terre destinées aux F.F.I. de plus en plus nombreux qui occupaient avec lui l'hôtel.

Pour la bande de F.F.I. qui s'était spontanément rangée sous les ordres de ce pittoresque américain, Hemingway était « mon capitaine ». Le jour de la libération de Paris, par une des promotions les plus rapides de l'histoire militaire de la France, Hemingway sera devenu « mon général ».

16

Dans leurs cadres dorés, les moines hilares des gravures qui décoraient la pièce semblaient s'être arrêtés de rire. A la lueur des six bougies qu'avait allumées la propriétaire de l'appartement, un groupe d'hommes en manches de chemises discutait avec passion. Du fond de sa cuisine, Mme Alphonse Juge pouvait entendre leurs éclats de voix. Jamais elle ne se pardonnera de n'avoir pu offrir qu'un ersatz de limonade aux participants de cette réunion historique.

Mais dans cet appartement de l'avenue du Parc-Montsouris, les hôtes de Mme Juge ne pensaient guère à boire. Jamais, sauf dans les prisons de la Gestapo, autant de chefs de la Résistance ne s'étaient trouvés rassemblés. Jamais non plus propos échangés entre membres de la Résistance n'avaient été aussi orageux.

La discussion de ce soir concernait le sort qu'il convenait de donner officiellement à cette trêve du consul Nordling, déjà rompue dans les faits. Pour la dernière fois, afin d'en décider, gaullistes et communistes s'étaient réunis.

Aux côtés d'Alexandre Parodi, le général Chaban-Delmas défendait la trêve comme une tranchée de Verdun. En acceptant la trêve, déclara-t-il, « la Résistance a conclu un gentlemen's agreement avec Choltitz ». L'expression provoqua un véritable tollé. « On ne conclut pas de gentlemen's agreement avec un assassin ! » cria une voix scandalisée. Prenant au collet l'auteur de cette remarque, le fougueux rugbyman s'écria avec fureur : « Ce que vous voulez, vous, c'est faire tuer inutilement 150 000 personnes ! [1] ». A ces mots, l'architecte Roger Villon, le chef des communistes présents, laissa tomber d'une voix méprisante : « Je n'ai jamais rencontré un général français aussi lâche. » Ce fut alors un tel vacarme que la pauvre Mme Juge, au fond de sa cuisine, se dit que « les Allemands allaient finir par arriver ». Soudain, dominant le tumulte, elle entendit le fracas d'une vitre qui s'écrasait par terre. Aussitôt, ce fut le silence. Le journaliste gaulliste Jacques Debû-Bridel avait employé une vieille ruse de parlementaire. Il avait cassé un carreau, sachant que le bruit du verre brisé calme toujours les passions. Un homme, qui n'était pourtant pas communiste, se leva alors et entreprit d'une voix calme et grave de réfuter les arguments présentés par Chaban-Delmas. Cet homme portait un grand nom de France. Depuis trois ans, loin des salons élégants où il avait passé sa vie, le comte Jean de Vogüé vivait dans la clandestinité au cœur d'une banlieue populaire. Un jour de pluie, croisant tout à coup sa mère non loin de l'hôtel particulier qu'elle habitait, il avait, avec un pincement au cœur, rabattu le bord de son chapeau mou sur ses yeux pour ne pas être reconnu. Maintenant, cet aristocrate parlait au nom des milliers de Parisiens qui ne demandaient qu'à se battre contre les Allemands, quels qu'en fussent le prix et les conséquences. « Sur les barricades, disait-il, nous effacerons la honte de 1940. »

Roger Villon prit le relais. En quelques phrases sèches et coupantes, il donna le coup de grâce à

1. Pendant que gaullistes et communistes s'affrontaient dans la salle à manger de Mme Juge, le général Kœnig lançait sur les ondes de la B.B.C. un nouvel appel aux Parisiens. L'insurrection, répétait-il, ne mène qu'au sacrifice inutile de vies françaises. « Parisiens, patientez encore un peu... »

cette trêve que Parodi et les gaullistes avaient tant cherché à imposer. « De Gaulle, s'exclama-t-il, a refusé l'armistice de 1940 ! Pourquoi faut-il que les communistes acceptent celui de 1944 ? Parce que, cette fois, l'armistice convient au général ? » Braquant son regard dur et hostile vers Parodi, Villon, qui venait d'apprendre les dernières manœuvres des gaullistes pour s'emparer des instruments du pouvoir, menaça de couvrir les murs de la ville d'affiches accusant les gaullistes « de poignarder dans le dos le peuple de Paris ».

On passa enfin au vote. Par une seule voix de majorité, dans cette petite salle à manger aux sièges élimés, la trêve de Nordling fut officiellement dénoncée. Alexandre Parodi obtint cependant une ultime concession de ses adversaires. La rupture de la trêve ne serait annoncée que le lendemain. Il se leva et remit son veston. Des larmes de colère et de tristesse coulaient le long des cernes de ses yeux. « Mon Dieu, murmura-t-il d'une voix à peine perceptible, Paris va être détruit. » Méprisant, triomphant, Villon s'écria : « Qu'importe ! Mieux vaut que Paris devienne un nouveau Varsovie que de subir encore une fois l'humiliation de 1940 ! »

Tout au long de cette nuit, dans leurs cachettes sous les toits de Paris, « Apollo Noir », « Montparnasse Noir », et « Pleyel Violet », les postes émetteurs des gaullistes allaient crépiter de messages angoissés. Seule, maintenant, l'entrée des Alliés pouvait sauver Paris.

17

Jamais Dietrich von Choltitz ne devait passer soirée plus solitaire que celle-ci. Vingt ans plus tard, son fidèle ordonnance le caporal Helmut

Mayer se souviendra encore que, pour la première fois depuis sept ans qu'il le servait, son maître lui avait parlé ce soir-là avec colère. « Va-t'en et fiche-moi la paix », avait crié Choltitz lorsque Helmut était entré dans la chambre pour faire la couverture du lit.

Torse nu dans la pénombre de la pièce, respirant avec peine à cause de la chaleur oppressante, le petit général qui tenait entre ses mains le destin de Paris était seul avec lui-même. L'unique homme qui aurait pu atténuer cette solitude, son cousin Adolf von Carlowitz, était parti. A cette heure, pensa le général, il devrait être à Baden-Baden.

Par la fenêtre ouverte, Choltitz distinguait la ligne sombre et immobile des arbres des Tuileries au-delà desquels des coups de feu claquaient dans les ténèbres. Chacune de ces détonations le frappait comme un remords. L'univers bien organisé dans lequel il avait vécu était, lui semblait-il, en train de s'écrouler. Dans le vain espoir de rétablir l'ordre sans commettre d'acte irrémédiable, il avait misé sur la trêve de Nordling et libéré les chefs de la Résistance. Ces coups de feu lui disaient l'ampleur de son échec.

Maintenant, Model et Berlin savaient qu'il avait négocié avec l'ennemi. Et il n'avait toujours pas exécuté les ordres de destruction donnés par l'O.K.W. Dans l'antichambre de son bureau se trouvaient rangés en une haute pile les dossiers des quatre experts en démolition de l'O.K.W. Il n'en avait ouvert aucun. Quatre jours après que le Feldmarschall von Kluge eut donné le signal de la destruction des installations industrielles de la région parisienne, vingt-quatre heures après que Jodl eut répété de vive voix cet ordre au téléphone, le commandant du Gross Paris n'avait pas encore fait sauter une seule usine. Il avait même évité de recevoir, dans la journée, le capitaine Ebernach venu lui rendre compte que les préparatifs étaient terminés. Pour la première fois en vingt-neuf années de vie militaire, le général von Choltitz se demandait s'il n'était pas en état d'insubordination.

A cette idée, une image abominable lui apparut. C'était le visage du Reichleiter qu'il avait rencontré dans le train de Rastenburg. La « Sippenhaft », la loi impitoyable dont ce personnage lui avait parlé, risquait maintenant de menacer les êtres dont la photo, dans un cadre de cuir noir, trônait sur sa table de chevet, à côté du téléphone et de l'*Histoire de la guerre franco-prussienne.* Entre Uberta et ses deux filles, il manquait Timo, son petit dernier. Il n'était pas né lorsque cette photo, qui ne l'avait pas quitté pendant quatre ans, avait été prise.

Était-ce la nuit lourde, sans un souffle d'air, ou la conviction grandissante qu'il éprouvait de ne pas avoir été jusqu'ici à la hauteur de sa tâche ? Choltitz se sentait brusquement las et découragé. Il se mit à marcher de long en large dans l'ombre. De grosses gouttes de sueur descendaient lentement le long de son dos et venaient se perdre dans sa ceinture. Face à cette insurrection qui se répandait comme une épidémie, face aux doutes que commençaient à nourrir ses supérieurs à l'égard de l'efficacité de son commandement, il n'avait qu'une seule ressource : montrer son autorité, affirmer sa puissance. Les paroles du commandant de la Luftwaffe qu'il avait reçu le jour même revinrent à sa mémoire. Le plan que lui avait proposé cet obscur officier avait au moins un mérite : il était simple et facile à exécuter. Un court espace, cette nuit, séparait cet officier et ses bombardiers du général von Choltitz, l'espace qu'il devrait parcourir pour aller au bout de la chambre décrocher le téléphone noir, à côté de la photo de sa famille. L'idée d'un « bombardement massif qui mettrait fin à l'insurrection » commença à obséder son esprit. Seul, un acte comme celui-là pourrait, pensait-il, rattraper l'erreur qu'il avait commise en annulant le bombardement et l'assaut de la Préfecture de police.

La poitrine oppressée, Choltitz s'arrêta devant sa fenêtre et se mit à contempler les ombres indistinctes de cette ville dont il était le commandant tout-puissant. Là-bas, vers le sud, sous le toit d'un immeuble anonyme, une poignée d'hommes fiévreux venait de prendre la décision irrévocable de lutter contre lui jusqu'à la mort. La fusillade avait cessé. De sa fenêtre, le général qui avait écrasé Sébastopol sous un déluge de feu, n'entendait plus que le martèlement rassurant et régulier des pas des sentinelles qui montaient la garde devant la façade de son hôtel. Et il se demandait combien de ruines seraient nécessaires pour rétablir l'ordre dans la ville.

D'autres pensées devaient assaillir, cette nuit-là, l'esprit du général von Choltitz. Il n'avait jamais douté des principes de l'éducation qu'il avait reçue ni des valeurs du code auquel il avait souscrit en choisissant la carrière des armes. Comme tous les Allemands, il avait cru en Hitler et au destin exceptionnel de l'Allemagne. Mais, maintenant, à quarante-neuf ans, au faîte de sa carrière, Choltitz sentait les premiers doutes s'insinuer dans son cerveau. Quinze jours plus tôt, dans le bunker sans fenêtre de Rastenburg, il avait eu une terrible révélation : Adolf Hitler, le maître tout-puissant du IIIe Reich, était, il en était sûr, devenu fou. Depuis la fatale demi-heure qu'il avait passée en sa compagnie, Choltitz avait senti s'installer en lui la conviction qu'il n'y aurait plus de miracle pour l'Allemagne, que la route que suivait son pays menait tout droit à la grande défaite de son histoire.

Aujourd'hui, sur l'ordre de cet homme dont la raison, pensait-il, avait chaviré, il se trouvait lui-même chargé d'une tâche dont l'aspect militaire, puisqu'il ne recevait pas les moyens qu'il avait demandés, paraissait tout à coup secondaire. Défendre Paris contre l'ennemi, fût-ce au prix de sa destruction, était, pensait-il, un acte militaire justifiable. Mais détruire délibérément la ville, pour la seule satisfaction d'effacer de la carte du monde l'une de ses merveilles, était un crime absurde. C'était pourtant, soupçonnait le commandant du Gross Paris, ce que Hitler, Jodl et Model semblaient maintenant attendre de lui. Vingt ans plus tard, Dietrich von Choltitz se rappellera avec émotion quel débat s'engagea cette nuit-là dans sa propre conscience. Entre son obéissance instinctive aux ordres donnés et le spectre d'Apocalypse qui apparaissait devant lui, il était la proie d'un terrible dilemme. L'Histoire, il n'en doutait pas, ne pardonnerait jamais à l'homme qui aurait détruit Paris. Mais, plus que cette conviction, la vision de son propre corps se balançant au bout d'une corde au-dessus des ruines de la ville qu'il aurait détruite s'imposa à son esprit. Devant la mort qu'il avait bien souvent affrontée, Choltitz n'avait jamais ressenti d'appréhension particulière. Mais il s'agissait de la mort glorieuse des soldats et non de celle, ignominieuse, des criminels. Quelques heures plus tôt, alors qu'il venait de recevoir le télégramme de Jodl confirmant l'ordre de destruction, il avait posé sa lourde main sur l'épaule de son aide de camp et murmuré : « Mon pauvre Arnim, il ne me reste plus qu'à me mettre sur le dernier pont et à me laisser ensevelir sous ses ruines. »

Pour sortir de ce dilemme, il semblait qu'il n'y eût qu'une seule issue. Cette issue, puisque les renforts n'arrivaient pas, c'était l'événement même que Charles de Gaulle, Leclerc et bien d'autres Français tentaient désespérément de provoquer : l'entrée immédiate des Alliés dans Paris. Dans la matinée, le commandant du Gross Paris avait reçu la visite du général Kurt von der Chevallerie, commandant la 1re armée. De la bouche même de ce général, il avait appris que les troupes de la 1re armée, placées jusqu'ici en couverture entre Versailles et Arpajon, avaient reçu de Model l'ordre d'occuper des positions situées plus au sud, dans la région de Melun-Fontainebleau. Cette nouvelle avait révélé à Choltitz que la route de Paris, pour peu qu'ils veuillent la prendre, était ouverte aux Alliés. Rien de sérieux ne pourrait les arrêter.

La sonnerie du téléphone interrompit les pensées du général. Il referma sa fenêtre, tira le rideau et alluma la lumière.

Au bout du fil, Choltitz reconnut la voix du chef du personnel de l'armée, le général Wilhem von Burgdorf, l'homme qui l'avait choisi comme gouverneur de Paris. Deux ans plus tôt, l'arrogant chef du personnel avait dit au vainqueur de Sébastopol : « J'ai tant de généraux que je pourrais les utiliser pour nourrir les cochons. » Maintenant, il appelait Choltitz pour lui faire savoir qu'il n'y avait plus de généraux disponibles dans les fichiers de l'O.K.W. Au lieu d'envoyer l'officier général que Choltitz avait réclamé pour commander les troupes chargées de la défense extérieure de Paris, Hitler, annonça-t-il, avait décidé de promouvoir au grade de général de brigade Hubertus von Aulock, le lieutenant-colonel avec lequel le gouverneur de Paris avait bu le champagne cinq jours plus tôt dans une villa de Saint-Cloud.

Le commandant du Gross Paris remercia Burgdorf pour sa « sollicitude » et reposa le récepteur. Puis il s'allongea sur le lit, fixa le plafond du regard et se mit à réfléchir. Après un long moment d'hésitation, il décida de s'accorder un ultime sursis. Il attendrait vingt-quatre heures encore avant d'appeler le Bourget et d'ordonner le bombardement par la Luftwaffe. Cette décision prise, il s'efforça de résoudre par la pensée un problème militaire beaucoup plus simple. « Comment, se demanda-t-il, pourrais-je trouver, dans la ville insurgée, des épaulettes de général pour Hubertus von Aulock ? »

18

Pour Roger Gallois, la journée finissait sur une dernière surprise. Enfermé dans une tente hermétiquement close, il se demandait qui pouvait être « the important American » devant lequel il allait comparaître. Dans sa joie de toucher au but, le Français ne sentait plus la fatigue des heures fébriles et mouvementées qu'il venait de vivre avant d'arriver jusqu'à ce mystérieux Q.G.

Après l'accueil indifférent du premier soldat américain, Gallois avait été embarqué dans une jeep dont le chauffeur avait reçu l'interdiction de lui adresser la parole. Émerveillé, bouleversé, il remonta alors, pendant deux longues heures, les colonnes interminables de l'armée américaine. La jeep s'arrêta enfin dans une clairière plantée de tentes.

Bientôt, un grand gaillard aux cheveux ébouriffés, le pan de la chemise sorti du pantalon, les yeux gonflés de sommeil, entra dans la tente où il avait été conduit. « Excusez-moi, dit-il, je dormais. » Puis il ajouta en dévisageant lentement le Français : « O.K. J'écoute. Qu'avez-vous à me dire ? »

Avec toute sa ferveur de patriote, Gallois se mit à exposer la situation de Paris. Lorsqu'il eut terminé, l'Américain planta sur lui ses yeux noirs et dit : « Vous êtes un soldat. Je suis un soldat. Je vais vous répondre comme un soldat. » La réponse du mystérieux Américain était : « Non. » Il expliqua pourquoi. D'abord, le but des Alliés était de faire la guerre à l'Allemagne et non « de prendre des capitales ». Ensuite, puisque la Résistance avait déclenché l'insurrection sans en recevoir l'ordre, elle devait « en subir les conséquences ». Enfin, les armées alliées se trouvant elles-mêmes à court de carburant, il ne pouvait être question de « prendre la responsabilité de ravitailler Paris ». Sur ces mots, il tendit la main au Français et alla se coucher.

Le ton était si cassant, si brutal, que cette réponse semblait sans appel. Sans appel, elle pouvait l'être, en effet. Le général ébouriffé et débraillé que Gallois avait réveillé en pleine nuit était Patton lui-même.

Pour Roger Gallois, le dernier espoir de voir Paris échapper au destin de Varsovie venait donc de s'écrouler. Ce fut, rappellera-t-il plus tard, la plus cruelle déception de sa vie. Dans sa tristesse, il n'avait pas vu l'Américain revenir sous la tente. Patton s'était brusquement relevé pour demander au Français d'aller jusqu'à Laval voir un autre général américain.

***

Près de Laval, dans un autre Q.G., sous une autre tente, un autre Français s'inquiétait, lui aussi, du sort qui menaçait Paris. Assis sur son lit de camp, un colonel nommé Lebel écrivait à la lumière d'une lampe-tempête un pathétique appel en faveur de la capitale de son pays. Les mots qu'utilisait cet officier étaient aussi pressants que ceux de Charles de Gaulle. « Si l'armée américaine ne vient pas au secours de Paris qu'elle sait en pleine insurrection, écrivait-il, le peuple français ne pourra jamais le lui pardonner. » C'était la première fois depuis qu'il servait comme officier de liaison auprès de l'armée américaine que Lebel se permettait d'intervenir auprès de ses supérieurs. Mais le lendemain, son chef, le général Omar Bradley, commandant du 12e groupe d'armées, avait un rendez-vous avec le commandant suprême. Le modeste colonel français était si persuadé que le sort de Paris devait se décider pendant cette conférence qu'il avait résolu de glisser dans les papiers de Bradley l'appel personnel qu'il venait de rédiger.

19

Le lieutenant-colonel Chuck Heflin frissonna. La nuit était froide et humide. Pour se réchauffer, l'officier serra des deux mains son quart de café brûlant.

Des marches de sa baraque, il pouvait apercevoir, se découpant sur la colline, la longue rangée des avions B 24 de l'escadrille des « Carpet-baggers » qu'il commandait. Au-delà de cette colline, blottie dans un vallon, se trouvait la petite ville anglaise de Harrington. Des ombres s'agitaient autour des avions. C'étaient les hommes de Chuck Heflin qui chargeaient les containers de 100 kilos d'armes et de munitions qu'ils allaient, dans quelques heures, parachuter sur l'Europe occupée.

Les 3 000 hommes de l'escadrille des « Carpet-baggers » constituaient une unité hautement spécialisée. Depuis janvier 1943, ils avaient accompli plus de 300 missions au-dessus de l'Europe occupée. Ils avaient parachuté des tonnes d'armes et de munitions aux forces de la résistance française, belge, hollandaise, norvégienne et polonaise. Mais aucune de ces missions n'avait paru aussi difficile que celle qui se préparait ce matin-là. Son nom était : Opération « Beggar ». Elle allait avoir lieu en plein jour et les aviateurs d'Heflin devraient, à moins de 150 mètres d'altitude, atteindre des objectifs dont certains n'atteignaient pas la taille d'un terrain de football.

Le colonel Rol avait gagné. Les messages radio qu'il avait fait envoyer pour réclamer des armes avaient, malgré tout, été transmis et pris en considération. Dans quelques heures, dès que l'aube blanchirait le ciel au-dessus de l'Angleterre, les 130 B 24 de l'escadrille des « Carpet-baggers » décolleraient. Au cours de cette opération unique dans les annales de la guerre, ils feraient pleuvoir 200 tonnes d'armes au cœur même de Paris, sur le Bois de Boulogne, les champs de courses d'Auteuil et de Longchamp, l'esplanade des Invalides, la place de la République... et même dans la cour de la Préfecture de police assiégée.

***

Pour le colonel Lebel, l'arrivée de ce Parisien sale et mal rasé était providentielle. Quelques minutes plus tard, à 6 heures précises, sous une tente du quartier général d'EAGLETAC, Lebel devait avoir un dernier entretien avec son supérieur, le général Edwin Siebert, le chef du 2e bureau du 12e groupe d'armées. Aussitôt après, celui-ci partirait avec le général Bradley pour l'état-major d'Eisenhower. Au cours de la conférence qui se tiendrait alors, le sort de Paris serait décidé.

Depuis quarante-huit heures, Siebert repoussait l'idée d'un changement dans la stratégie des armées alliées et refusait d'envisager une marche immédiate sur Paris. Mais l'arrivée inopinée de Roger Gallois pourrait peut-être, espérait Lebel, le faire changer d'avis. Aucun de ses arguments à lui, si ardents fussent-ils, ne serait aussi persuasif que le témoignage direct de cet évadé de la ville insurgée.

Gallois sentit qu'il arrivait à un moment crucial. Il avait compris que le « non » brutal du général Patton, la veille, n'était pas définitif. Les Américains lui laissaient une dernière chance.

« Le peuple de Paris, commença-t-il d'une voix pathétique, a voulu libérer la capitale pour l'offrir aux Alliés. Mais il ne peut finir ce qu'il a commencé. Il faut absolument que vous veniez à son aide, sinon il y aura un affreux massacre et des centaines de milliers de Français seront tués... » Gallois brossa alors un tableau dramatique de la situation à Paris.

Lorsqu'il eut terminé, il y eut un long silence sous la tente. Le général Siebert toussota, remercia le visiteur et rassembla ses papiers. En sortant, il donna une légère bourrade au colonel Lebel et lui dit : « Leclerc, "your impatient lion", arrive aujourd'hui. Occupez-vous de lui. Nous aurons peut-être du nouveau pour lui, ce soir. »

Puis, ses documents sous le bras, perdu dans ses pensées, ce général originaire d'une toute petite île du Massachusetts se dirigea vers le Piper-Cub qui l'attendait. Les paroles qu'il venait d'entendre l'avaient « profondément impressionné ». Il se souvient d'avoir pensé, tandis qu'il attachait sa ceinture de sécurité : « Si nous n'arrivons pas à Paris dans les deux jours, il y aura là-bas une affreuse tuerie. »

***

A l'orée d'un petit bois, près du village breton de Grand-champs, Dwight Eisenhower pensait lui aussi à Paris, ce mardi matin. Sur le bureau verni de sa roulotte de commandement se trouvait la feuille de papier sur laquelle, vingt-quatre heures plus tôt, Charles de Gaulle avait rédigé son pressant appel au commandant suprême pour la libération de Paris.

Eisenhower prit son stylo et, d'une écriture ferme et nette, il se mit à tracer sans enthousiasme quelques mots dans la marge : « Il semble que nous allons être obligés de marcher sur Paris[1]. »

Cette décision, c'était bien malgré lui qu'Eisenhower se résolvait à la prendre. Dans un

1. Note manuscrite sur la lettre de De Gaulle — SGS SHAEF Archive 092.

court télégramme adressé à son supérieur le général George Marshall à Washington, Eisenhower résuma, ce matin-là, ses réticences : *« Considérant les impératifs du ravitaillement que nous aurions à assumer en libérant Paris, disait-il, il est préférable de différer la prise de la ville tant que ne sera pas réglé l'important problème de la destruction des forces ennemies, y compris celles se trouvant dans le Pas-de-Calais. »*

Il prit cependant la précaution d'avertir Marshall qu'il n'était pas « sûr que ce soit possible ». Dans l'éventualité d'une libération imminente de Paris, il ajouta que *quelques jours après celle-ci, de Gaulle serait autorisé à faire son entrée officielle dans la capitale*[1]. Pour un homme qui connaissait si bien le général de Gaulle, cette affirmation dénotait un manque de jugement étonnant. De l'avis d'Eisenhower lui-même, « personne ne pouvait empêcher de Gaulle d'aller où il voulait ».

Le plan d'Eisenhower ne prévoyait l'entrée dans Paris du chef du Gouvernement provisoire français que plusieurs jours après la libération de la capitale. Cette entrée elle-même devait se faire « sous les auspices des Alliés ». Ce matin d'août, le *Daily Herald* de Londres, citant des sources diplomatiques bien informées, avait annoncé que le président Roosevelt et Winston Churchill avaient l'intention de conduire eux-mêmes « le défilé triomphal des Alliés dans Paris », quelques jours après la libération. Le journal avait ajouté : « Ce jour-là, il est *probable* que la place d'honneur reviendra à de Gaulle. »

Le commandant suprême avait été informé que Charles de Gaulle ne se trouvait en France

1. C.P.A. 30235 22 août — SHAEF Archives Opérations 322 OII/I Souligné par les auteurs.

que pour une inspection temporaire. L'accord franco-américain relatif aux Affaires civiles, accepté dans ses grandes lignes à Washington en juillet, n'avait pas encore été signé. Le général Julius Holmes, adjoint d'Eisenhower pour les Affaires civiles, savait combien Washington était peu enclin à laisser Charles de Gaulle transférer immédiatement d'Alger à Paris le siège de son Gouvernement provisoire. Le Département d'État entendait procéder par étapes. Dans un premier temps, de Gaulle serait « autorisé » à exercer symboliquement son autorité « provisoire » dans une ville française libérée. Mais cette ville ne pourrait être Paris que le jour où l'Amérique aurait officiellement reconnu le Gouvernement provisoire de Charles de Gaulle.

De Gaulle n'ignorait rien des réticences alliées à son égard. Mais, ce matin-là, dans son quartier général temporaire de la préfecture du Mans, il n'avait pas la moindre intention de laisser Eisenhower, ou qui que ce fût, « l'autoriser » à faire son entrée officielle dans Paris. Il entendait arriver à Paris en même temps que les premières troupes alliées — et y rester. D'ailleurs, que le commandant suprême le veuille ou non, de Gaulle avait décidé d'envoyer dans les heures suivantes la 2e division blindée à Paris. Jamais Charles de Gaulle n'accepterait d'entrer à Paris dans les fourgons des Alliés. Il était résolu à faire son entrée seul, en tant que Charles de Gaulle, chef de la France libre. Ensuite, mais ensuite seulement, il accueillerait les Alliés dans sa capitale. Il avait même commandé à son aide de camp, Claude Guy, de trouver une voiture de marque française pour le conduire à Paris. Guy, la nuit précédente, avait réquisitionné à Rennes une magnifique Hotchkiss décapotable appartenant à un homme d'affaires suisse.

A bord de cette voiture française, conduite par un chauffeur français, escortée de motocyclistes français, Charles de Gaulle s'apprêtait donc à prendre la route de Paris. De même qu'il avait délibérément négligé d'avertir les Alliés que son retour en France était, cette fois, définitif, il s'était maintenant bien gardé de leur faire savoir qu'il n'avait aucune intention de quitter Paris une fois qu'il y serait entré. Pour de Gaulle, l'entrée de sa personne dans la capitale était le premier acte marquant l'installation au pouvoir de son gouvernement. Sachant avec quelles réticences les Alliés accepteraient un tel acte, il décida ce jour-là d'éviter à tout prix qu'une manœuvre américaine de dernière heure ne pût risquer de le priver d'une entrée triomphale dans la capitale libérée. Il donna à son entourage la consigne formelle de faire discrètement en sorte que les Alliés, dorénavant, « ne sachent jamais où se trouve exactement Charles de Gaulle [1] ».

Dans le bureau des opérations de la base aérienne anglaise de Harrington, les hommes de l'escadrille des « Carpet-baggers » sursautèrent. Le téléphone vert, la ligne secrète qui les reliait directement avec l'état-major O.S.S. de Thayer House, à Londres, emplissait la pièce de sa sonnerie continue. Le lieutenant-colonel Bob Sullivan décrocha. « Suspendez l'opération Beggar », entendit-il. Londres ajouta que l'opération était remise au lendemain, mercredi 23 août.

Comme Dietrich von Choltitz, le général

1. Cette consigne fut si bien observée et le résultat si largement atteint que, vingt-quatre heures plus tard, le commandant américain qui venait d'être nommé officier de liaison auprès du général de Gaulle courait d'état-major en état-major pour essayer de savoir où se trouvait le général. « Comment voulez-vous que je sache où il est ? lui répondit le général Walter Bedell-Smith, le propre chef d'état-major d'Eisenhower, vous croyez qu'il nous dit où il va ? »

Kœnig, commandant en chef des F.F.I., avait décidé lui aussi de s'accorder vingt-quatre heures de réflexion. C'était pourtant Kœnig lui-même qui avait organisé l'opération « Beggar ». Mais avant que les avions n'eussent décollé, il avait brutalement décidé de la repousser. Parachuter des armes sur Paris était pour Kœnig et pour les autres officiers des Forces Françaises Libres du quartier général de Bryanston Square une entreprise hasardeuse. Elle pouvait aboutir au massacre des Parisiens qui chercheraient à ramasser les armes. Mais surtout, dans l'esprit des chefs français de Londres, la majeure partie de ces armes risquait de renforcer la puissance des communistes, les adversaires de De Gaulle.

Depuis trois ans qu'il organisait des parachutages d'armes à la Résistance, le chef de l'état-major du général Kœnig[1] s'était toujours efforcé de respecter une consigne que les gaullistes estimaient essentielle. Cette consigne voulait que ces armes ne fussent jamais parachutées dans les zones urbaines ni dans les endroits où elles risquaient de tomber massivement dans les mains des communistes.

Kœnig et les officiers de son état-major désapprouvaient pour des raisons politiques l'insurrection de Paris. Cependant ils ne pouvaient se désintéresser du sort de leurs compatriotes qui affrontaient avec des pistolets et de vieilles carabines les tanks allemands dans les rues de Paris. Partagé entre des craintes opposées, Kœnig avait résolu de s'accorder un jour de délai pour agir. Mais, si dans vingt-quatre heures les combats de rues duraient encore, il s'était secrètement juré

1. Le colonel Passy, du B.C.R.A., spécialiste des parachutages était devenu le chef d'état-major du général Kœnig.

d'ignorer les conséquences politiques qui pourraient en résulter et de faire pleuvoir sur les toits de Paris des milliers de fusils et de grenades.

20

Pour Paris et les Parisiens, il n'y eut aucun répit. Dès l'aube, la bataille reprit avec une intensité exceptionnelle. Peu après 8 heures du matin, quatre tanks du colonel Kayser apparurent à nouveau devant le commissariat de police qu'occupait Raymond Sarran, cet étudiant qui, la veille, avait répondu au colonel allemand « qu'il n'avait plus rien à exiger ». Cette fois, sur les tourelles des chars, il n'y avait pas de boucliers vivants. En deux heures de furieux combats, ils obligèrent Sarran et ses hommes à abandonner le bâtiment. Avant de s'enfuir par les toits des immeubles voisins, Sarran jeta au péril de sa vie sa dernière bouteille incendiaire. Elle tomba sur la grille du moteur d'un char. Bientôt, celui-ci ne fut plus qu'une immense torche.

Dans le XVIIe arrondissement où le petit Somua, le seul char aux mains de la Résistance, était apparu la veille, les Allemands répondirent au défi silencieux de leur adversaire en bombardant plusieurs immeubles du quartier. Sur la rive gauche, les F.F.I. étaient maintenant maîtres du dédale des ruelles entre la Seine et le boulevard Saint-Germain. Aucun Allemand n'osait entrer dans ces « coupe-gorge » trop étroits pour les chars. Au « Carrefour de la Mort », à l'angle des boulevards Saint-Michel et Saint-Germain, les étudiants de l'École d'architecture qui avaient construit la veille la plus belle barricade de Paris, renforçaient leurs défenses avec des camions allemands incendiés. Ils avaient fait 12 prisonniers et capturé une mitrailleuse lourde qu'ils avaient plantée sur leur barricade. Près de la gare de Lyon, un camion de la Wehrmacht tomba dans une embuscade. Les occupants se réfugièrent dans un café. Les douze consommateurs qui se trouvaient là se mirent à éclater de rire en voyant la frayeur que manifestaient les soldats. Ceux-ci levèrent alors leurs mitraillettes et les abattirent tous les douze. La cour de la Préfecture de police était devenue un immense garage de véhicules capturés. Sur leurs portières trouées de balles, des policiers peignaient avec application de grosses lettres blanches, « F.F.I. », et des croix de Lorraine.

Le petit groupe d'hommes autour d'Alexandre Parodi n'avait guère eu le temps de savourer le succès de l'opération « Prise du Pouvoir » déclenchée la veille. Conformément à leurs prévisions, ils avaient tenu leur première réunion officielle dans la salle du Conseil de l'Hôtel Matignon. Claire, la jeune fiancée d'Yvon Morandat, avait recueilli sur une feuille de papier à lettre au chiffre de Pierre Laval les minutes de cette session historique. Puis, comme une attachée de presse de la IIIe République chargée d'annoncer la formation d'un nouveau ministère, elle avait lu d'une voix digne le compte rendu de séance à la foule des reporters des premiers journaux de Paris qui se pressaient dans la cour. Maintenant, tandis que leurs adversaires politiques étaient occupés à intensifier l'insurrection, les gaullistes se glissaient les uns après les autres dans les sièges vacants du pouvoir.

A quelques centaines de mètres du bastion

gaulliste de la Préfecture de police, dans l'imposante bâtisse Renaissance de l'Hôtel de Ville qu'un énergique journaliste nommé Roger Stéphane avait occupée quarante-huit heures plus tôt, les adversaires de Parodi s'étaient solidement retranchés. Leur forteresse, elle aussi, subissait ce jour-là les furieuses attaques des hommes de Choltitz. Tandis qu'il expliquait le maniement d'une mitrailleuse à un groupe d'adolescents, André Tollet vit quatre tanks apparaître sur la place de l'Hôtel de Ville. D'une fenêtre, Tollet lui-même se mit à tirer. A cet instant, une jeune fille armée d'une bouteille surgit du quai de Gesvres. Tollet la regarda courir, sa jupe rouge gonflée comme une corolle, vers un « Panther » embusqué au coin du quai. Stupéfait, il la vit atteindre le char, escalader les chenilles, lever le bras, et jeter sa bouteille dans la tourelle ouverte. Tandis qu'elle sautait à terre, il vit un geyser de flammes jaillir du char. Bientôt, « comme un coquelicot coupé d'un coup de cravache », la jeune fille s'écroula et sa jupe fit une tache rouge sur l'asphalte. Mais les chars se retirèrent.

Pour des millions de Parisiens, ce quatrième jour de bataille apportait aussi la menace de la famine. Les boulangeries n'avaient plus ni farine ni bois de boulange. Pour cuire les derniers sacs de farine, des bûcherons avaient commencé à débiter des arbres des belles allées du Bois de Boulogne où les Parisiens faisaient leurs pique-niques d'antan. Le ministre provisoire du Ravitaillement, qui portait le pseudonyme de circonstance de « Pain »[1], déclarait lui-même : « Si des camions ne peuvent sortir de Paris avant la

1. M. Miné, détaché depuis 1939 de l'Inspection des finances au ministère de l'Agriculture et du Ravitaillement — membre du mouvement « Ceux de la Résistance ».

fin de la semaine, si l'aide alliée n'arrive pas, c'est la famine. »

Colette Dubret, l'épouse d'un des policiers prisonniers au fort de Vincennes, se résigna ce jour-là à entamer enfin le civet qui dans la cocotte noire attendait toujours son mari.

Sur son balcon du 34, avenue d'Italie, armé d'une cuiller d'argent, le dentiste Max Goa se mit à cueillir les radis qu'il faisait pousser dans des pots de fleurs. Grâce à ces radis, il avait pu offrir quelques crudités aux Juifs et aux aviateurs alliés qu'il avait hébergés dans son appartement. Mais bientôt, le dernier pot serait vide.

Dans la mairie de Neuilly qu'ils venaient de réoccuper après le départ des Allemands, André Caillette et ses hommes trouvèrent une surprise agréable : dix boîtes de « Schweinefleisch », le « singe » de la Wehrmacht, que les occupants avaient laissées derrière eux dans la mairie saccagée. Mais aucun des Parisiens, dans leur détresse alimentaire, n'allait avoir ce jour-là une plus grande surprise que Paul Pardou, le prisonnier du Sénat, à qui le gros cuisinier Franz annonçait sans cesse qu'il serait fusillé. Avant que son compagnon n'affrontât le poteau d'exécution, Franz avait voulu qu'il goûtât à un plat de « Rinderbratten », le bœuf sauté au lard, spécialité de son Wurtemberg natal.

A leur prisonnier, le hautain capitaine Wilhelm von Zigesar-Beines, l'Allemand qui, quelques jours plus tôt assistait aux courses de Longchamp, les agents du commissariat du Grand-Palais ne pouvaient offrir qu'une spécialité de l'occupation : un plat de rutabagas bouillis. Depuis vingt-quatre heures, le capitaine de cavalerie à monocle était enfermé dans une cave du Grand-Palais. Il connaissait bien ce bâtiment.

Avant la guerre, Zigesar-Beines y avait vécu des heures plus glorieuses. A la tête de l'équipe militaire allemande, il était venu gagner sous les verrières du Grand-Palais la coupe d'or du championnat d'Europe de concours hippique. L'officier n'avait pas oublié le tonnerre d'applaudissements des milliers de Parisiens qui saluaient ses victoires. Maintenant, au fond de sa prison, il entendait un autre bruit. C'étaient les rugissements des lions et des tigres affamés du cirque qu'abritait aujourd'hui le Grand-Palais. Avec un humour macabre qui rejoignait celui du gros cuisinier Franz, les geôliers du capitaine von Zigesar-Beines avaient respectueusement annoncé à leur prisonnier qu'il pourrait éventuellement constituer « un excellent repas pour les fauves ».

Du soupirail de sa cave, le capitaine allemand aperçut un spectacle qu'il ne devait plus oublier. Comme s'ils étaient sortis d'un dessin animé, huit petits cochons roses conduits par un soldat allemand apparurent sur les Champs-Élysées déserts. Sur l'ordre de ses supérieurs, l'Oberfeldwebel Heinrich Obermueller, chef du Fahrbereitschaft, le garage automobile de l'état-major du Gross Paris, évacuait ce jour-là à la pointe de son Mauser le troupeau qu'il élevait dans son garage de la rue Marbeuf.

En ce quatrième jour d'insurrection, l'homme le plus triste de l'immense Paris affamé était peut-être un petit vieux de la rue Racine. Un char du colonel Kayser venait de pulvériser d'un coup de canon la charrette qu'il poussait. Dans cette charrette, le vieil homme avait caché un trésor : deux kilos de pommes de terre. Le malheureux se mit à ramasser les morceaux de son véhicule et les tubercules qui avaient roulé dans le caniveau. Résigné dans son malheur, il murmura : « Au moins, j'aurai un peu de bois pour cuire les patates qui restent. »

***

Coiffé d'un képi à feuilles de chêne étincelantes, chaussé de leggings brillantes comme un miroir, une paire de gants blancs à la main, deux étoiles toutes neuves sur sa manche, le général nouvellement promu se présenta à la porte blindée de la forteresse souterraine « Duroc » et demanda à voir le colonel Rol. « Qui êtes-vous ? » interrogea avec indifférence la sentinelle en manches de chemise. « Le général Henri Martin », annonça le visiteur. Quand le petit breton communiste vit s'avancer vers lui le fringant officier, il hésita. A 26 mètres sous les rues de Paris, dans l'humidité et l'inconfort de leur vie communautaire, les hommes de « Duroc » qui commandaient l'insurrection parisienne ne portaient ni insigne ni uniforme. Il faisait si froid qu'un des premiers actes de Rol avait été d'organiser un raid de commando chez un bonnetier collaborateur de la rue de Vaugirard pour réquisitionner une vingtaine de chandails d'angora. Se nourrissant de pommes de terre bouillies et de lard, les hommes de « Duroc » se réchauffaient l'estomac après chaque repas avec un verre de bénédictine. C'était la seule boisson alcoolisée qui existât au fond de ce repaire. L'insurrection pouvait durer un an, ils ne manqueraient pas de bénédictine : un restaurateur F.F.I. du voisinage en avait fait envoyer 10 caisses.

Le général Henri Martin salua d'un geste courtois le chef de l'insurrection. Martin commandait la « force gouvernementale », cette garde prétorienne que les gaullistes avaient mise sur pied pour défendre par la force, le cas échéant contre les hommes de Rol eux-mêmes, les édifices qu'ils occupaient. Les deux hommes s'observèrent en silence. Ils se rencontraient pour la première fois.

A l'autre bout de Paris, dans la villa de Saint-Cloud où il avait son P.C., un autre général recevait à cet instant une visite. Le sous-lieutenant Dankvart von Arnim venait remettre à Hubertus von Aulock, nommé général la nuit précédente, une petite boîte enveloppée dans un papier blanc. Son supérieur, le général von Choltitz, avait résolu le problème qui le tourmentait la nuit précédente. Dans la petite boîte se trouvaient les insignes de la promotion d'Aulock. Dietrich von Choltitz avait enlevé les épaulettes de l'une de ses propres tenues.

21

Le consul Raoul Nordling se demandait ce que cherchait le général von Choltitz dans le petit buffet situé derrière son bureau. Il ne lui avait jamais vu ouvrir ce meuble en sa présence. Au bout d'un moment, le général sortit une bouteille au ventre renflé qu'il posa discrètement sur un coin de sa table. Se penchant alors vers le diplomate suédois, l'air soudain mystérieux, il dit sur le ton de la confidence : « Ne le dites surtout pas aux Anglais, mais je vais prendre un whisky. Je pense que vous m'accompagnerez, n'est-ce pas ? » Surpris, Nordling inclina la tête en avant. Décidément, pensait-il, ce général est un déroutant personnage. Était-ce donc pour lui offrir un verre de whisky qu'il lui avait demandé de venir le voir de toute urgence, proposant même d'envoyer une voiture blindée le chercher ?

Choltitz versa l'alcool. Puis, levant son verre, il fit un signe de la tête, dit « Prosit » et vida d'un trait le whisky. Il poussa alors un long soupir et se cala dans son fauteuil. L'air tout à coup soucieux, il se mit à tripoter son monocle entre ses doigts potelés : « Monsieur le consul, déclara-t-il, votre trêve est un échec ! » Avant que le diplomate n'ait eu le temps de répliquer, le commandant du Gross Paris ajouta avec amertume que les trois chefs de la Résistance n'avaient pas répondu aux espoirs qu'il avait mis en eux en les libérant. L'insurrection continuait.

Nordling soupira. Il fit remarquer que le seul homme qui possédât une réelle autorité sur la Résistance était le général de Gaulle. Et celui-ci n'était pas à Paris. Il était probablement quelque part sur le front de Normandie avec les Alliés.

Choltitz observa le diplomate et garda le silence pendant un long moment. Puis, d'une voix calme et nette, il dit : « Ne pourrait-on envoyer quelqu'un le chercher ? »

Stupéfait, le Suédois resta plusieurs secondes incapable d'articuler un son. Était-ce une plaisanterie ? Ou au contraire, le petit général allemand parlait-il sérieusement lorsqu'il suggérait que quelqu'un s'en allât trouver de Gaulle et les Alliés ?

Nordling finit par demander si le général accepterait d'accorder un sauf-conduit permettant de franchir les lignes allemandes pour se rendre auprès des Alliés.

« Et pourquoi pas ? » répondit l'Allemand.

A ces mots, Nordling annonça qu'en sa qualité de diplomate d'un pays neutre, il était prêt à organiser une mission pour entrer en contact avec les Alliés. Choltitz parut satisfait de l'idée. Il sortit alors de la poche de sa tunique un morceau de papier bleu qu'il posa bien en évidence sur la table. C'était, confia-t-il au consul, un des nombreux ordres qu'il avait reçus pendant les derniers jours. S'il avait obéi à l'un de ces ordres, révéla-t-il, Paris serait déjà une ville en ruine. Mais, bien qu'il fût sans cesse pressé par Hitler de prendre des mesures décisives pour écraser l'insurrection, même au prix de la destruction d'une grande partie de la ville, il avait préféré jouer la carte de la trêve. Maintenant, il se trouvait obligé d'exécuter ces ordres.

D'une voix grave, le général expliqua alors au diplomate qu'il serait relevé de son commandement s'il ne remplissait pas la mission dont il était chargé. Puis, d'une voix plus lente, détachant bien ses mots comme pour souligner l'importance de ce qu'il allait dire, le général, rappelle Nordling, déclara que seule une intervention rapide des Alliés pourrait, maintenant, l'empêcher d'exécuter ces ordres. « Je pense, ajouta-t-il, que vous comprenez à quel point le fait de solliciter une telle intervention peut être interprété comme une trahison de ma part ? »

Dans la chaleur lourde de midi, le grand bureau resta silencieux pendant un long moment. Nordling demanda enfin si le général consentirait, pour que sa mission eût davantage de poids, à lui remettre une lettre qu'il pourrait transmettre au commandement allié.

Étonné, l'Allemand regarda le diplomate : « Il m'est impossible d'écrire ce que je viens de vous dire », répondit-il.

Puis il sortit d'un tiroir une feuille de papier revêtue de l'aigle et de la croix gammée et se mit à rédiger le seul document qu'il consentît à remettre à Nordling pour lui faciliter sa mission. D'une écriture large et ronde, il écrivit : « Le consul de Suède R. Nordling est autorisé à sortir de Paris et à franchir les lignes tenues par l'armée allemande. »

Tendant la feuille de papier au diplomate, il ajouta qu'il lui conseillait d'emmener avec lui Bobby Bender jusqu'aux lignes allemandes. S'il rencontrait quelque difficulté pour les traverser, Bender pourrait arranger les choses et lui téléphoner personnellement.

Le général von Choltitz se leva alors. De grosses gouttes de sueur perlaient sur son front mais il se sentait, rappelle-t-il, « brusquement soulagé d'un grand poids ». D'une manière qui ne lui paraissait pas incompatible avec son honneur militaire, il avait trouvé le moyen, pensait-il, de faire avertir les Alliés du danger qui menaçait Paris et de leur faire comprendre que la route de Paris, pour l'instant, était ouverte. Combien de temps le serait-elle ? Il n'en savait rien. Mais si les renforts qu'il avait demandés arrivaient, une chose était certaine : il serait obligé d'accomplir son devoir de soldat. Il défendrait Paris. Ce soir, les Alliés seraient prévenus. S'ils ne profitaient pas immédiatement de l'occasion, ils porteraient, eux, la responsabilité de ce qui pourrait arriver.

Dietrich von Choltitz prit Nordling par le bras. Respirant avec peine à cause d'une crise d'asthme qu'il sentait venir, il l'accompagna à la porte. Alors, prenant brusquement la main du consul, il dit : « Vous avez vingt-quatre heures, peut-être quarante-huit heures. Après, je ne puis garantir ce qui se passera ici. »

22

En trente-cinq ans de carrière diplomatique, Raoul Nordling n'avait jamais eu de problème plus compliqué à résoudre. Sortir des lignes allemandes était une chose, se disait-il, réussir sa mission auprès du général de Gaulle et des Alliés en était une autre, bien plus difficile. Pour mettre toutes les chances de son côté, Nordling résolut d'emmener avec lui, à l'insu du général von Choltitz, deux personnalités qui pourraient, pensait-il, entrer facilement en contact avec le chef de la France libre. L'une était Alexandre de Saint-Phalle, le trésorier de la Résistance gaulliste à Paris, l'autre était le banquier Jean Laurent qui avait appartenu au cabinet de De Gaulle en 1940, lorsque celui-ci était sous-secrétaire d'État à la Guerre. Le Suédois ignorait qu'aucun de ces deux hommes ne figurait sur la liste des personnages qui pouvaient avoir accès, pendant ces heures dramatiques, à l'intimité de Charles de Gaulle.

Mais ces deux hommes ne devaient pas être les seuls à participer à l'étrange expédition qui se préparait. Tandis que Nordling attendait la visite de Saint-Phalle pour connaître la route qu'il convenait de prendre afin de gagner les lignes alliées, la sonnette du consulat retentit. Un homme grand, légèrement chauve, les yeux d'un bleu profond se présenta sous le nom d'Ollivier. Il représentait, dit-il, la Croix-Rouge et demandait à accompagner la mission, pensant qu'il pourrait être utile pour la traversée des lignes allemandes. Cette prétention irrita et étonna le consul. Il ne voyait aucune raison d'inclure un membre de la Croix-Rouge dans cette mission de plénipotentiaires. De plus, il se demandait comment la nouvelle de son expédition avait pu, déjà, transpirer à ce point.

Nordling informa sèchement le mystérieux visiteur qu'il jugeait sa présence inutile. Mais Saint-Phalle, qui était arrivé entre-temps, intervint auprès du diplomate pour que celui-ci acceptât d'emmener le représentant de la Croix-Rouge. Nordling finit par s'incliner. En réalité, l'homme à qui Raoul Nordling accorda ce jour-là une place dans la petite Citroën noire de cette expédition dont le commandant du Gross Paris lui-même avait eu l'idée, était le chef de tous les services de l'Intelligence britannique en France, le colonel Claude Ollivier, dit « Jade Amicol »[1].

Un cinquième compère arriva bientôt, sans avoir été invité lui non plus. Nordling cependant le connaissait. C'était un jeune baron autrichien que lui avait présenté Bobby Bender dix jours plus tôt. Les trois lettres du monogramme brodé sur sa chemise de soie étaient, Nordling le savait, les initiales de son nom. Il s'appelait Erich Poch Pastor. Le Suédois soupçonnait le jeune aristocrate d'être un agent de renseignements allemand au service du général von Choltitz.

Nordling, en un sens, avait raison. Poch Pastor était bien un agent de renseignements. Mais pas au service des Allemands. Pour les membres du réseau de résistance française « Goélette » les trois lettres E.P.P. brodées sur sa chemise

1. Le consul Nordling ne connaîtra l'identité réelle du colonel Ollivier que plusieurs semaines plus tard.

avaient une autre signification. Elles étaient les initiales d'un pseudonyme qu'il « portait » depuis qu'il était entré dans la Résistance, en octobre 1943. L'Autrichien Erich Poch Pastor s'appelait dans la clandestinité Étienne Paul Pruvost. Petit-fils du dernier ambassadeur de l'empire austro-hongrois auprès du Vatican, Erich Poch Pastor avait fourni aux Alliés une quantité importante d'informations militaires, notamment les premiers plans des V1. Mobilisé dans la Wehrmacht, il avait été officier de sécurité dans une usine de fusées à Niort. Pendant son passage à cette importante fonction, il était parvenu à réduire la production mensuelle de l'usine de 13 000 fusées à moins de 1 000 unités.

Nordling ignorait ces détails. Convaincu, au contraire que Choltitz envoyait Poch Pastor pour le surveiller, il consentit de mauvaise grâce à l'inclure dans son expédition[1].

1. La nature exacte des rapports entre le général von Choltitz et Poch Pastor, ainsi que le rôle véritable que l'Autrichien joua pendant les journées qui précédèrent la libération de Paris restent encore à éclaircir. Parmi les centaines de personnes que les auteurs ont interrogées au cours de leur enquête, Poch Pastor est le seul personnage qui ait refusé catégoriquement de répondre aux questions concernant la libération de Paris. Poch Pastor vit aujourd'hui à Zurich où il est un des directeurs d'une firme métallurgique. Né à Innsbruck le 15 juin 1915, Erich Poch Pastor von Camperfeld était lieutenant dans l'armée autrichienne au moment de l'Anschluss. Son régiment fut une des seules unités qui résistèrent par la force aux troupes hitlériennes. Fait prisonnier, il fut interné à Dachau pendant un an. Incorporé dans l'armée allemande, il arriva en France en février 1942, après avoir été blessé sur le front russe. Il entra dans la Résistance française en octobre 1943. Pour sa brillante conduite il reçut la médaille de la Résistance avec la citation suivante : « ... pendant huit mois consécutifs, a transmis des renseignements d'ordre économique et militaire de la plus haute importance pour les Alliés, y compris plusieurs des premiers plans des V1 ». Les Allemands le cassèrent de ses fonctions à Niort pour « incompétence » en juillet 1944. Il fut alors envoyé dans une unité d'infanterie en Italie où il déserta. Il revint clandestinement à Paris. Au moment de la libération de Paris, Poch Pastor avait ses entrées à l'hôtel Meurice. Choltitz, devant les auteurs de ce livre, a nié

Pour clore cet étonnant après-midi, le diplomate suédois devait avoir une ultime surprise. Alors qu'il achevait les derniers préparatifs de son expédition, Nordling, que plusieurs nuits sans sommeil avaient épuisé, sentit tout à coup une terrible douleur lui déchirer la poitrine. Il s'effondra. Cet homme qui devait faire un trajet de 100 kilomètres pour porter aux Alliés l'appel de Choltitz eut bien du mal à se traîner quelques

formellement avoir ordonné à Poch Pastor d'accompagner la mission Nordling. Il les a assurés au contraire que l'Autrichien s'était imposé de sa propre initiative. Poch Pastor a refusé, quant à lui, de discuter le sujet. Cependant, Daniel Klotz, agent américain de l'O.S.S. qui l'interrogea après la Libération, se souvient que Poch Pastor fut immédiatement réclamé par l'Intelligence Service. Le lendemain de la libération de Paris, Poch Pastor était de retour à Paris. Il portait ce jour-là un uniforme américain.

La seule déclaration que Poch Pastor a accepté de faire sur son rôle pendant la libération de Paris est le récit d'une scène qui se déroula le lundi 21 août, pendant laquelle le général von Choltitz lui sauva la vie. Se trouvant dans l'antichambre même du bureau du général, il put entendre à travers la cloison les voix de trois agents du S.D. qui demandaient au commandant du Gross Paris où se trouvait Erich Poch Pastor. Il entendit le général répondre calmement qu'il ignorait absolument de qui ils voulaient parler. Choltitz se souvient de l'incident. A ce propos, il s'est contenté d'expliquer aux auteurs de ce livre qu'il « n'aurait pas même remis un chien perdu au S.D. ».

En 1945, Poch Pastor épousa Silvia Rodriguez de Rivas, la petite-fille d'un ancien président de l'Équateur, également parente par alliance d'une des plus anciennes familles de France, les Talleyrand-Valençay. Il en eut deux filles. Puis, en 1954, il disparut. Pendant dix ans, sa femme — qui entre-temps avait obtenu le divorce pour abandon du foyer conjugal — et ses deux filles restèrent sans nouvelles de lui, ne sachant même pas s'il était vivant ou mort. Les auteurs de ce livre ont fini par retrouver sa trace grâce à l'un de ses anciens compagnons de guerre américain actuellement fonctionnaire civil de l'armée américaine à Francfort. Celui-ci avait rencontré par hasard Poch Pastor au bar de l'hôtel du « Bord du Lac », à Zurich, en juillet 1963. Par cet Américain, les auteurs de ce livre ont pu remonter jusqu'au mystérieux Autrichien.

La seule trace qui demeure à Paris de l'étrange Étienne Paul Pruvost est un dossier poussiéreux dans un appartement de la rue Royer-Collard. Là, parmi les archives oubliées du réseau « Goélette », une chemise brune portant la mention « CLAYREC RJ4570 » contient le rapport des activités d'un certain Erich Poch Pastor et ses citations.

mètres jusqu'au divan de son bureau. Il venait d'avoir une crise cardiaque.

Cependant, moins d'une demi-heure plus tard, laissant le diplomate à demi nu sur le divan de son salon, l'expédition partait en direction de Versailles avec le message du général allemand. Dans la Citroën noire, outre les deux gaullistes et les deux agents de renseignements qui se méfiaient l'un de l'autre, se trouvait aussi un faux diplomate suédois. Raoul Nordling avait envoyé à sa place le seul homme à Paris qui pût remplir sa mission et répondre en même temps au nom « R. Nordling », écrit par Choltitz sur l'« ausweis » : son frère Rolf.

***

Quarante-cinq minutes plus tard, après avoir franchi trois barrages, la Citroën battant pavillon suédois traversait le petit village de Saint-Cyr. Derrière elle, au volant de son coupé à trois carburateurs, suivait Bobby Bender. Mais, tout à coup, surgissant du bas-côté, un gaillard à moitié nu, coiffé d'un casque, se mit à gesticuler au milieu de la chaussée. Enfonçant le canon de sa mitraillette par la vitre ouverte de la voiture, il aboya un « Was ist das ? » terrifiant. Saint-Phalle rappelle que pendant un instant, hypnotisé par la médaille qui pendait à son cou, il fut incapable d'articuler un son. C'était la Croix de Fer. Par-dessus l'épaule nue de la sentinelle, il aperçut alors avec effroi les tourelles de 8 chars Tigre camouflés le long d'un bois à 50 mètres de la route. « Nous sommes perdus », pensa-t-il. Dans son rétroviseur, il vit les doigts du faux représentant de la Croix-Rouge se mettre à tripoter les grains noirs d'un chapelet. A côté de lui, fumant calmement une Gitane Maryland, Erich Poch Pastor gardait un calme olympien. Saint-Phalle devait apprendre plus tard que la seule pièce d'identité que l'Autrichien portât ce soir-là était une fausse carte d'identité française au nom d'Étienne Paul Pruvost, glissée dans sa chaussette gauche.

Saint-Phalle pouvait entendre maintenant les vociférations germaniques de Bobby Bender qui s'indignait qu'une simple sentinelle osât arrêter une mission diplomatique. Un capitaine de Panzer, sanglé dans une combinaison camouflée, survint alors. Bender cria « Heil Hitler » et tendit à l'officier S.S. son « ausweis » personnel de l'Abwehr. Puis, il présenta le laissez-passer signé de la main du général commandant le Gross Paris. D'un geste brusque, l'officier repoussa le morceau de papier. « Peu importe, s'écria-t-il, le général qui a signé cet "ausweis" ! Depuis le 20 juillet il y a bien des généraux de la Wehrmacht auxquels nous n'obéissons plus ! » A ces mots, Saint-Phalle vit Bender tressaillir. Puis il vit la colère déformer tout à coup le visage de l'agent de l'Abwehr et il l'entendit abreuver le capitaine de menaces. Interloqué par cette brutale réaction, l'officier consentit à téléphoner au quartier général du Gross Paris pour demander des instructions. Accompagné de Bender, l'officier s'éloigna, laissant Saint-Phalle et ses compagnons à la garde de la sentinelle à moitié nue.

Une heure plus tard, les deux hommes étaient de retour. Bender avait réussi à établir une liaison téléphonique avec le seul Allemand qui connût à Paris l'existence de cette mission. D'une voix furieuse, le général von Choltitz avait ordonné au capitaine S.S. de laisser passer la voiture, « faute de quoi il viendrait s'en charger lui-même ».

D'un geste indifférent de la main, l'officier allemand fit signe à Saint-Phalle de continuer sa route. La mission de Bobby Bender était terminée. Soulagé, il regarda partir la voiture.

Mais à peine Saint-Phalle avait-il commencé à accélérer qu'une autre sentinelle jaillit d'un fossé et se jeta littéralement sur le capot. Saint-Phalle freina et se demanda ce que criait le soldat. Le soldat criait un mot qui fit bientôt frémir les cinq occupants de la voiture. Il criait : « Minen ». Trois mètres plus loin, devant le pare-chocs avant de la Citroën commençait en effet un champ de mines [1]. La première de ces mines était assez puissante pour faire sauter un char. Elle aurait réduit à néant cette Citroën, ses cinq occupants et le message verbal qu'un général allemand désespéré destinait à ses ennemis.

La sentinelle sortit alors une feuille de papier de sa poche. Observant avec précaution l'asphalte, il fit signe à Saint-Phalle d'avancer derrière lui et se mit lui-même à marcher en zigzag. Pendant trente-cinq minutes, la respiration haletante, le dos inondé de sueur, les cinq occupants de la voiture noire traversèrent le champ de mines dans un lent et terrifiant slalom. Au carrefour de deux routes, le sous-officier enfin se releva et replia sa feuille de papier. Puis il pointa la main vers l'ouest et annonça fièrement : « Die Amerikaner gerad aus : 500 mètres. »

Entre les deux routes, Saint-Phalle n'eut pas le temps d'hésiter. Au volant de cette voiture qui portait les espérances du général von Choltitz et

1. Il est impossible de savoir si le capitaine de Panzer avait oublié l'existence de ce champ de mines ou s'il envoya délibérément la Citroën sur la route minée dans l'espoir qu'elle sauterait. Officier d'une unité de choc, nul doute que le capitaine ne dût nourrir certains soupçons à l'égard de la mission qui se présenta ce soir-là devant son poste de garde.

le destin de 3 millions et demi de Parisiens, d'instinct, il prit à droite la route de Neauphle-le-Vieux, celle qu'il avait prise chaque dimanche depuis sa naissance. Elle conduisait à la maison de sa grand-mère.

23

Philippe Leclerc, le général que les Américains avaient surnommé « the impatient lion », faisait les cent pas sur le terrain d'atterrissage de l'état-major d'EAGLETAC. Nerveusement il cinglait de sa canne les hautes herbes de la piste. Derrière lui, Roger Gallois suivait à distance respectueuse. Le général Bradley n'était pas encore rentré de sa conférence avec Eisenhower. Dans quelques minutes, aux dernières lueurs du jour, Leclerc serait obligé de décoller et de rentrer en Piper-cub au P.C. de sa division.

Quelques minutes plus tôt, Gallois avait pu adresser quelques mots au général français. Mais il n'avait recueilli pour toute réponse qu'une seule phrase. Leclerc répétait cette phrase comme une litanie : « Il faut que l'ordre de faire mouvement vienne ce soir même. »

Il y eut bientôt un ronronnement lointain dans le ciel. A ce bruit, Leclerc s'immobilisa brusquement et leva la tête. Un Piper-cub descendait vers le terrain. Le général se précipita vers l'avion dont l'hélice tournait encore. La porte s'ouvrit. Le général Siebert cria au « lion impatient » : « Vous avez gagné. Ils vous envoient sur Paris. »

Vingt minutes plus tôt, près du village breton de Grand-champs, sous la tente du grand quartier général, le général Siebert avait fait part à Eisenhower et à Bradley des informations que Roger Gallois lui avait communiquées le matin même. En écoutant Siebert, Eisenhower avait froncé ses épais sourcils. Puis il avait soupiré et dit à Bradley : « C'est ennuyeux, Brad. Mais je crois qu'il va falloir que nous y allions. Dites à Leclerc de partir. »

Le Piper-cub de Bradley se posa à son tour sur le terrain d'EAGLETAC. A sa descente, le flegmatique général du Missouri appela Leclerc et Gallois : « La décision de foncer sur Paris est prise, annonça-t-il. Nous en partageons tous les trois la responsabilité. Moi, parce que je donne l'ordre, vous, général Leclerc, parce que vous allez l'exécuter, et vous, commandant Gallois, parce que ce sont vos renseignements qui nous ont conduits à prendre cette décision. »

Puis Bradley se tourna vers Leclerc et de sa voix traînante du Middle West, il dit : « Souvenez-vous seulement d'une chose : je ne veux pas de combats dans Paris même. C'est la seule restriction que je donne à l'ordre de vous emparer de Paris. A aucun prix il ne doit y avoir une bataille de rues dans la ville[1]. » Omar Bradley avait vu un jour l'effroyable spectacle qu'offrait Saint-Lô ravagé par les bombes. Il s'était juré d'empêcher que de telles destructions ne se produisent dans ce Paris qu'il admirait sans l'avoir jamais vu.

Leclerc s'élança vers son Piper-cub mais Bradley le rappela et lui cria : « Allez chercher l'ordre d'opérations chez le chef de votre corps d'armée[2]. »

1. Cette restriction fut répétée dans l'ordre n° 21 de Bradley au 12e groupe d'armées : « J'insiste sur le fait, disait-il, que la prise de Paris doit se faire sans combats importants. Évitez, dans la mesure du possible, les bombardements ou les tirs d'artillerie dans la ville. »

2. A l'instant où Leclerc remontait dans son Piper-cub, le colonel

Lorsque Leclerc atteignit l'état-major de sa division, il faisait nuit. Il sauta de son avion et courut vers son chef d'opérations, le capitaine André Gribius qui l'attendait sur le petit terrain. Alors, une phrase qu'il avait remâchée pendant quatre années jaillit de sa gorge : « Gribius, cria-t-il d'une voix triomphante, mouvement immédiat sur Paris ! »

De toutes les unités qui combattaient sous le commandement de Dwight Eisenhower, aucune n'était plus hétérogène que cette 2e division blindée française que l'ordre d'un chef ardent jetait maintenant dans l'action. Dans ses rangs se trouvaient des Français qui avaient abandonné sans un mot leurs foyers, franchi dans la neige les Pyrénées, marché des centaines de kilomètres et, bien souvent, passé des mois dans les prisons d'Espagne, pour le seul idéal de servir sous son étendard ; des jeunes gens qui avaient affronté les périls de la Manche à bord de canots à rames ou de barques de pêche volées ; d'anciens prisonniers de 1940 échappés de leurs stalags et qui par la Russie, la Finlande ou la Norvège avaient atteint l'Afrique ou l'Angleterre au terme d'odyssées prodigieuses ; des hommes dont les familles ne savaient pas s'ils étaient vivants ou morts ; des hommes dont les familles souhaitaient qu'ils fussent morts pour avoir trahi ce qu'elles croyaient l'honneur d'une autre France, celle de

américain John Hill, de l'état-major de la 1re armée, rédigeait déjà les ordres d'opération concernant la prise de Paris. Pour soutenir la 2e D.B., ces ordres prévoyaient l'intervention de la 4e division U.S. d'infanterie. Celle-ci devait appuyer la division Leclerc au sud de Paris et franchir la Seine dans la région de Melun. Hill finissait à peine d'écrire lorsque le général Courtney Hodges, commandant la 1re armée, entra dans la tente. Il fit ajouter une dernière phrase. « Hill, dit-il, faites retirer leurs deux groupes d'artillerie à ces divisions. Je ne veux pas que nos gens aient la tentation de tirer sur Paris avec un obusier chaque fois qu'ils rencontreront un nid de mitrailleuses. »

Vichy. Dans ses rangs se trouvaient des Français qui n'avaient jamais mis le pied sur le sol de France ; des Arabes qui parlaient à peine le français ; des Noirs de la brousse du Tchad ou du Cameroun ; des Touareg du Sahara ; d'anciens soldats des armées républicaines espagnoles ; des Libanais, des Mexicains, des Chiliens, accourus de leur lointain pays parce qu'ils n'avaient jamais pu se résoudre à accepter la défaite de la France. Il se trouvait même dans ses rangs des Français qui s'étaient tiré dessus au nom de Charles de Gaulle et de Philippe Pétain. Pour tous ces hommes, cette guerre en Europe était une croisade. Au bout de cette route poussiéreuse de Normandie se trouvait la Jérusalem dont parlait l'ordre de leur chef : Paris. Beaucoup n'y avaient jamais été et ceux qui connaissaient Paris n'en gardaient bien souvent que l'image d'une capitale qui ne leur appartenait plus. Mais, dans les sables de Libye, les montagnes de l'Atlas, les landes d'Angleterre, ils avaient tous interminablement rêvé de Paris. Maintenant, la nouvelle que Paris était leur prochaine destination se répandait à la vitesse du son, à la vitesse de leurs voix qui dans la pénombre de la campagne normande criaient d'écho en écho le nom magique de la capitale de la France.

Pour le tankiste Jean-René Champion, un Français d'Amérique qui n'avait jamais vécu en France, la pensée de libérer Paris était « un rêve trop parfait dans un monde imparfait ». Mais, ce soir-là, près de son char « Mort-Homme » qui portait le nom d'une bataille de 14, il apprenait que son rêve devenait réalité. Quand il connut la nouvelle, le capitaine Raymond Dronne, du régiment de marche du Tchad, donna calmement ses ordres de départ à ses hommes. Puis, il décrocha le rétroviseur de son command-car et l'attacha à une branche de pommier. Et il entreprit de tailler sa florissante barbe rousse. Il voulait être beau pour les Parisiennes, lors de son arrivée. Dans quarante-huit heures, noir de cambouis et de poussière, couvert de sueur, épuisé, Dronne verrait ces Parisiennes. Pour beaucoup d'entre elles, il serait le plus bel homme qu'elles eussent jamais vu. Il serait le premier soldat français à entrer dans Paris.

Pour l'équipage du « Simoun », un tank destroyer du 4e escadron du régiment blindé de fusiliers marins, ce 22 août était déjà un soir de fête. C'était le 36e anniversaire de leur chef, le second maître Paul Quinion. Pour la circonstance, il devait y avoir un festin inhabituel : un canard que l'aide-tireur, le matelot torpilleur Guy Robin, avait réussi à se procurer dans une ferme voisine. Plumé et nettoyé, le volatile allait passer à la broche quand un officier apparut, hors d'haleine : « Les gars, cria-t-il, faut tout plier. On appareille. Et le cap, cette fois, c'est Paname ! » Le quartier-maître Robert Mady, canonnier du « Simoun », se souvient qu'il y eut d'abord un silence parmi l'équipage. Puis, une exclamation, d'une seule et même voix : « Merde ! le canard. »

Certains hommes eurent ce soir-là d'étranges pressentiments. A son camarade l'aumônier Roger Fouquer, le capitaine Emmanuel Dupont, du régiment du Tchad, confia après s'être confessé : « Padre, j'ai peur de ne pas arriver jusqu'à Paris. » L'aumônier leva un regard surpris vers le visage fin et régulier de l'officier qui lui parut muré comme dans un rêve. Et il l'entendit ajouter d'une voix mélancolique : « Il n'y a pas de rédemption sans effusion de sang. Pourquoi serait-ce un autre plutôt que moi ? »

Quand il entendit crier le nom de Paris, le capitaine Charles d'Orgeix, du 12e régiment de cuirassiers, sentit les larmes envahir ses yeux. Quatre ans, deux mois et neuf jours plus tôt, sur une motocyclette, Charles d'Orgeix avait été l'un des derniers défenseurs de Paris. Devant la ville, seuls et impuissants, lui et ses hommes avaient vu les Panzer de la Wehrmacht les submerger et foncer vers la capitale. Maintenant Charles d'Orgeix allait pouvoir prendre sa revanche contre ces Panzer. Cette fois, il ne se battrait pas sur une motocyclette mais à bord du Sherman tout neuf dont il contemplait la silhouette puissante dans la lumière du crépuscule. Son nom était peint en lettres blanches sur la tourelle. Il s'appelait « Paris ».

***

Aussi impatiente que Leclerc et ses hommes, l'armée des correspondants de guerre s'apprêtait elle aussi à s'élancer vers Paris. Parmi tous les hommes qui représentaient en Normandie la presse du monde libre, il n'y en avait qu'un seul, semblait-il, qui ce jour-là ne se dirigeât pas vers Paris. En fait Larry Leseur, correspondant de la chaîne de radio américaine C.B.S. se dirigeait dans le sens opposé. Il allait en Angleterre. Et pourtant, une raison très particulière poussait Leseur à ne pas manquer la libération de Paris. Il avait été le dernier radio-reporter américain à quitter Paris, le 10 juin 1940. Et il avait juré d'être le premier à annoncer sur les ondes la libération de la capitale.

Trois jours plus tôt, hélas, une mésaventure minime, mais grave pour lui, lui était arrivée. En mordant dans une barre de chocolat, Leseur s'était cassé une dent de devant. Cet accident qui, pour tout autre, n'eut été qu'un désagrément sans réelle importance, faisait de Leseur un véritable invalide. En parlant, il sifflait. Il avait tout essayé : il avait bouché le trou avec du chewing-gum, avec son doigt, avec sa langue, avec une boule de farine même, mais celle-ci avait fondu aussitôt qu'il avait fermé la bouche. Rien n'avait pu empêcher cet horrible sifflement. Et pour un radio-reporter, c'était gênant.

Il ne lui restait qu'une solution : aller à Londres voir un dentiste. Tandis qu'il volait audessus de la Manche, une seule pensée pouvait le consoler. Avant de se décider finalement à partir, ce mardi après-midi, il avait demandé au général Courtney Hodges, commandant la 1re armée américaine, quand, selon lui, Paris risquait d'être libéré. « Pas avant quinze jours », avait répondu Hodges, catégorique.

Pendant que Leseur regagnait Londres, le concurrent qu'il redoutait le plus, Charlie Collingwood, l'autre correspondant de la C.B.S., réalisait déjà son premier enregistrement sur la libération de Paris. Aussitôt après le départ de Leseur, Collingwood avait rencontré le général Bradley à l'état-major du 12e groupe d'armées et celui-ci lui avait donné une information qu'il jugeait inestimable. Bradley lui avait dit : « Les Parisiens se sont insurgés. Il semble que la 2e division blindée va aller libérer Paris. »

Alors, sur son magnétophone, Collingwood se mit aussitôt à enregistrer un reportage imaginaire sur la libération de Paris. Dès qu'arriverait le premier flash annonçant que Paris était libéré, l'Américain savait que, quoi qu'il arrive, même s'il était à 100 kilomètres d'un émetteur, il aurait « au frais » à Londres un reportage haletant, pathétique, prêt à être retransmis dans toute l'Amérique. C'était, pensait le prudent Collingwood, la plus sage des précautions.

« La 2e division française est entrée aujourd'hui dans Paris, confia-t-il à son micro, après que les héroïques Parisiens se furent soulevés tous ensemble pour écraser les troupes terrifiées de la garnison allemande... »

Quand Collingwood eut terminé son enregistrement, il le réécouta et se dit qu'il ne pourrait être meilleur. Puis il l'emballa et l'expédia aux services de censure du SHAEF. Il serait, il en était sûr, le premier radio-reporter dont la voix annoncerait à l'Amérique le plus grand événement historique de cette guerre : la libération de Paris.

*
**

Le général von Choltitz eut un tressaillement imperceptible. Son chef d'état-major, l'impassible colonel von Unger, venait de lui annoncer que quatre officiers S.S. désiraient le voir. « Mon Dieu, se dit-il, ils viennent m'arrêter. » Le commandant du Gross Paris avait des motifs d'inquiétude. Berlin et Rastenburg, déjà au courant de ses négociations avec les insurgés, venaient, pensait-il, d'apprendre qu'il avait envoyé une mission chez l'ennemi.

Les quatre hommes claquèrent les talons, lancèrent le bras en avant et crièrent « Heil Hitler ! ». Puis l'un d'eux, un géant maigre au visage balafré, s'avança, l'air farouche, vers le bureau du général. Ses épaulettes portaient les torsades de lieutenant-colonel et sur ses manches Choltitz reconnut les insignes d'une des plus célèbres unités de l'armée allemande, la division blindée S.S. « Jeunesse hitlérienne ». D'une voix sèche, l'officier annonça qu'il avait reçu par radio, à bord de sa voiture blindée de commandement, alors qu'il se trouvait lui-même à 80 kilomètres à l'est de Paris, un ordre personnel de Heinrich Himmler.

Pour le gouverneur de Paris, l'évocation du nom du chef de la Gestapo et des S.S. apportait une confirmation définitive à ses craintes. L'officier était dans son bureau pour l'arrêter. Le lieutenant-colonel annonça alors que Himmler lui avait commandé de se rendre immédiatement dans Paris pour prendre possession d'un objet d'art entreposé au musée du Louvre, une certaine tapisserie qui avait été évacuée du musée de la ville normande de Bayeux. Cette œuvre d'art, précisa-t-il, ne devait en aucun cas tomber aux mains des Alliés. Il avait l'ordre formel de la conduire en Allemagne où elle serait mise à l'abri. A ces mots, Choltitz sentit brusquement le sang refluer à ses joues. « Kinder ! s'exclama-t-il, c'est merveilleux ! Vous êtes donc venus pour sauver un chef-d'œuvre de la destruction ? C'est vraiment merveilleux ! » D'un ton paternel et ironique, le général ajouta que l'officier devrait profiter de cette mission pour mettre à l'abri par la même occasion d'autres chefs-d'œuvre, « la Joconde » par exemple, ou la « Vénus de Milo », ou la « Victoire de Samothrace »... Mais l'officier hocha la tête. Seule la tapisserie de Bayeux, dit-il, intéressait Himmler et le Führer.

Soulagé, le général entraîna ses visiteurs sur son balcon. Levant le bras dans la nuit, il montra la longue façade noyée d'ombres qui barrait sur la gauche la trouée des Tuileries. « C'est là, le Louvre », dit-il. Juste à cet instant, rappelle Choltitz, une longue rafale de mitrailleuse, vraisemblablement tirée d'une fenêtre même du Louvre, déchira la nuit. « Les terroristes occupent le bâtiment », commenta calmement le général. « Oui, ça en a l'air », dit l'officier d'une voix vaguement inquiète. « Quelle importance, enchaîna le gouverneur de Paris, les S.S. sont les meilleures troupes du monde et ce n'est pas une bande de terroristes dépenaillés qui va leur faire peur. N'est-ce pas, colonel ? »

L'officier resta un long moment silencieux. Puis il demanda au général s'il ne pensait pas que les Français avaient déjà déménagé la fameuse tapisserie. « Non, non, répondit le général, pourquoi l'auraient-ils fait ? » Pour en avoir la confirmation absolue, il fit appeler un officier qui occupait probablement les fonctions les plus étranges de son état-major. Il était chargé de « la protection des monuments français et des œuvres d'art ». Cet officier confirma solennellement que la tapisserie se trouvait toujours au Louvre. La fusillade faisait maintenant rage autour du célèbre musée. De plusieurs fenêtres, Choltitz et l'officier pouvaient apercevoir les flammes rougeâtres sortant des canons des mitrailleuses et des fusils-mitrailleurs qui tiraient sur des ennemis invisibles. Conscient des difficultés qu'offrait l'opération, Choltitz proposa courtoisement à ses visiteurs de mettre à leur disposition une voiture blindée et une section de soldats. Ceux-ci pourraient protéger le commando S.S. pendant qu'il s'emparerait de la tapisserie. L'officier S.S. parut perplexe. Il annonça finalement qu'en raison des circonstances, il préférait demander par radio de nouvelles instructions à Berlin. Il avertit le général qu'il serait de retour dans une heure, cria « Heil Hitler » et sortit.

Dietrich von Choltitz ne devait jamais revoir ses mystérieux visiteurs. La précieuse tapisserie qu'ils avaient ordre de soustraire aux Alliés et qui représentait un événement unique dans l'Histoire resta dans le musée occupé par les insurgés. Sur les soixante-dix mètres de sa toile, neuf siècles plus tôt, les dames de la cour de Guillaume le Conquérant avaient à Bayeux brodé une scène que les cinéastes d'Adolf Hitler n'avaient jamais pu filmer : la conquête de l'Angleterre.

24

Une nouvelle nuit noire enveloppait la campagne autour du petit village normand d'Écouché. Mais, ce soir-là autour des tentes cachées sous les arbres, il n'y avait plus ni silence ni conspirateurs. Sur les marches de sa roulotte de commandement d'où il avait vu partir vers Paris, quarante-quatre heures plus tôt, Jacques de Guillebon, le général Leclerc écoutait le cliquetis des machines à écrire tapant l'ordre d'opération en huit points qu'il venait de dicter. Dans six heures et trente minutes exactement, Philippe Leclerc commencerait à parcourir les 200 derniers kilomètres du long voyage vers Paris qu'il avait entrepris quatre ans plus tôt sur une pirogue du Cameroun.

Leclerc relut la feuille dactylographiée que lui apportait un secrétaire : « Pour ce mouvement qui doit conduire la division jusqu'à la libération de la capitale, je demande un effort que j'ai la certitude d'obtenir de tous. » Leclerc regarda sa montre, puis il signa et data l'ordre. Il était juste minuit.

A cette heure-là, à 1 900 kilomètres vers l'est, sous des arbres quatre fois plus hauts que les pommiers du verger d'Écouché, au cœur de la forêt de sapins de Rastenburg, la conférence stratégique d'Adolf Hitler venait de commencer. Autour de la table, entourant le Führer dont la main droite, rappelle Warlimont, tremblait légèrement, se trouvaient le Feldmarschall Keitel, les généraux Burgdorf, Buhle, Fegelein et l'aide de camp S.S. de Hitler, l'Hauptsturmführer Gunsche. Dans un silence recueilli, chacun écoutait le général Jodl qui, les deux mains appuyées sur une carte, présentait le rapport de la situation sur le front de l'Ouest. Une fois encore, Hitler avait ordonné que ce rapport précédât celui du front de l'Est.

Lorsque Jodl eut terminé, Hitler releva subitement la tête. D'une voix brusque il demanda où était « le mortier ». Cette fois-ci, le général Buhle était en mesure de répondre. Le fameux mortier « Karl » et son train spécial de munitions avaient atteint la région de Soissons, à moins de 100 kilomètres de Paris. Dans vingt-quatre heures, « Karl » arriverait à Paris. A l'idée que cet engin terrifiant atteindrait bientôt sa destination, Hitler poussa un grognement satisfait. Puis il dit : « Jodl, écrivez. » Fébrile, haletant, le torrent de mots qui sortit alors de sa bouche était si rapide que le digne Jodl avait peine à suivre.

« *La défense de la tête de pont de Paris*, déclara Hitler, *est d'une importance capitale sur le plan militaire et politique. La perte de la ville entraînerait la rupture de tout le front du littoral au nord de la Seine et nous priverait de nos rampes de lancement pour le combat éloigné contre l'Angleterre.* »

« *Dans l'Histoire*, ajouta Hitler en tapant du poing sur la table, *la perte de Paris a toujours entraîné jusqu'ici la perte de toute la France.* »

Le Führer rappela alors au commandant en chef à l'Ouest, à qui ce message était destiné, qu'il avait désigné deux divisions de Panzer S.S. pour défendre la ville. Il lui ordonnait d'utiliser dans Paris, aux premiers signes de soulèvement, « les moyens les plus énergiques tels que la destruction de pâtés de maisons », travail que l'arrivée de « Karl » allait faciliter, et « l'exécution publique des meneurs ». Hitler à ces mots était entré dans un véritable état de transes. De la bave coulait de ses lèvres. « Paris, conclut-il enfin, ne doit pas tomber aux mains de l'ennemi, ou l'ennemi ne doit trouver qu'un champ de ruines. »

Lorsque Hitler s'arrêta, il y eut un grand silence dans le bunker. Warlimont se souvient qu'on n'entendait que le ronronnement régulier de l'appareil de ventilation et le grattement frénétique du crayon de Jodl qui s'évertuait à noter les derniers mots du maître du IIIe Reich.

***

Dans Metz plongé dans l'obscurité, à 50 kilomètres de la frontière franco-allemande, les ombres inquiétantes des Panzer écrasaient les pavés de la route que trois générations d'envahisseurs allemands avaient prise en moins d'un siècle. Dans leurs lourds véhicules, fourbus par leur long voyage depuis la péninsule du Jutland, les soldats avançaient comme des automates. Ces troupes dont l'arrivée n'avait pas même été annoncée à Choltitz constituaient les renforts qui allaient forcer le commandant du Gross Paris à se battre. Elles représentaient les premiers éléments de la 26e Panzer Division S.S. qui venaient d'arriver en France. Comme les hommes de la

2ᵉ D.B. dans leurs vergers de Normandie, les soldats de la 26ᵉ Panzer se trouvaient eux aussi à moins de 300 kilomètres de Paris. Et eux aussi prenaient maintenant, de toute la vitesse de leurs moteurs, la route de Paris.

25

Le petit homme au visage buriné contemplait avec une sorte d'extase la couronne de gradins qui montait jusqu'aux verrières. Il s'appelait Jean Houcke et il était suédois.

Houcke était un homme heureux. La gigantesque opération commerciale qu'il avait montée était était sur le point de porter ses fruits. Dans quelques jours, Paris serait libéré. Le seul grand spectacle que 3 millions et demi de Parisiens en délire pourraient trouver dans leur capitale libérée serait le sien. Fin mai, les Allemands avaient expulsé par la force le Français Albert Rancy et son célèbre cirque du plus grand chapiteau de Paris, le Grand Palais. Là, entre l'avenue triomphale des Champs-Élysées et l'immense esplanade des Invalides, sous les verrières d'un monument qui pendant plus d'un demi-siècle avait abrité les plus célèbres expositions et les manifestations parisiennes les plus grandioses, le Suédois Jean Houcke accueillerait maintenant les foules de la Ville lumière. Son cirque était le dernier grand cirque d'Europe qui existât encore après cinq années de guerre. Dans ce Paris affamé, les cages de la ménagerie étaient pleines de lions, de tigres, de panthères. Il y avait aussi des éléphants, des chevaux et des phoques. La troupe d'acrobates et de trapézistes ne pouvait se comparer qu'à celle de Barnum. Et les clowns, de la Norvège à l'Espagne et du Danube à l'Atlantique, avaient fait pleurer et rire toute l'Europe en guerre. En prévision de la Libération, « Auguste » et « Charlie » avaient même, sur la demande du Suédois, préparé un numéro spécial : une imitation de Hitler. Bref, tous les espoirs de Jean Houcke se trouvaient ce matin-là dans l'immense bâtisse où régnait une insolite odeur de sciure et de fauves. Rêvant devant les gradins vides qu'il voyait déjà ployant sous le poids de la foule enthousiaste, Houcke était convaincu que la libération de Paris serait son apothéose.

Sous la sciure de la piste, dans un des sous-sols qui abritaient le commissariat de police du VIIIe arrondissement, l'agent de police André Salmon vit plusieurs camions allemands s'arrêter devant les arbres de l'avenue. Vingt minutes plus tôt, les agents du commissariat avaient tendu une embuscade à une voiture de la Wehrmacht qui descendait les Champs-Élysées. Ils en avaient tué les trois occupants. « Les Boches viennent se venger », pensa Salmon. Tout à coup il vit se détacher un petit engin à chenilles qui se mit à avancer vers la façade du bâtiment. Salmon trouvait qu'il ressemblait à un gros crapaud. Il se retourna vers le prisonnier qu'il gardait, le capitaine von Zigesar-Bienes et le poussa vers le soupirail. « Qu'est-ce que c'est que ce truc-là ? » demanda Salmon avec une curiosité mêlée d'inquiétude. L'officier ajusta dignement son monocle et se mit à observer l'engin. Puis, d'une voix calme, il répondit à son geôlier : « C'est un tank télécommandé. Il est bourré d'explosifs. Si nous ne sortons pas immédiatement d'ici, nous allons sauter avec lui. »

Trois millions et demi de Parisiens entendirent l'explosion du cirque Houcke. Maintenant ils regardaient de leurs fenêtres et de leurs balcons monter dans le ciel de l'été une puissante colonne de fumée noire coiffée d'un énorme champignon. A l'intérieur du bâtiment, dans la fumée âcre, les cris, les rugissements, c'était la panique des hommes et des bêtes. Pour compléter l'œuvre du « Goliath », le petit engin télécommandé, deux chars « Tigre » s'étaient mis à tirer des obus incendiaires. Les rugissements que poussaient les fauves terrorisés étaient tels qu'ils couvraient par instants le fracas des détonations. Les chevaux s'étaient détachés et galopaient, fous de peur, à travers le bâtiment en feu. Dans le sous-sol du commissariat, les policiers ouvraient hâtivement les cellules d'où se sauvaient, terrifiées et hurlantes, une bande de prostituées qu'ils avaient raflées la veille. Un cheval réussit à s'échapper et se mit à galoper sous les balles dans l'avenue des Champs-Élysées. Bientôt atteint par les projectiles, il culbuta et roula dans la poussière. Alors, on vit ce spectacle extraordinaire : de tous les immeubles voisins, un couteau et une assiette à la main, des Parisiennes accoururent et se mirent à tailler dans la viande encore chaude du bel animal déjà harnaché des pompons bleus, blancs et rouges de la Libération.

A la permanence de la défense passive du quartier des Champs-Élysées, l'installateur de chauffage Pierre Andreoti se demandait s'il n'était pas victime d'une hallucination. Depuis quatre ans qu'il était chef d'îlot, il n'avait jamais eu d'autre problème à résoudre que de faire respecter le black-out pendant les alertes aériennes. Et maintenant, au téléphone, une voix l'appelait au secours : « Vite..., faites quelque chose, criait la voix, les lions sont en train de s'échapper. »

Entourés par les Allemands, les fauves et les flammes, à bout de munitions, les policiers du Grand Palais décidèrent de se rendre. Ils demandèrent à leur seul et unique prisonnier, le hautain baron von Zigesar-Beines avec lequel, la veille, ils avaient partagé leurs rutabagas, d'arranger leur reddition. Zigesar-Beines s'empara du long fouet du dompteur du cirque Houcke, y attacha son propre mouchoir et s'avança d'un pas digne et solennel à travers le nuage de fumée et de poussière pour présenter à ses compatriotes la reddition de ses geôliers.

Appuyé contre un pilier, couvert de poussière et de suie, un homme pleurait à chaudes larmes. « Tout est perdu..., tout est perdu... » répétait-il au milieu de ses sanglots. Une lance à la main, un pompier s'approcha de Jean Houcke et voulut le consoler : « Faut pas pleurer comme ça, p'tit père, disait le pompier avec son accent de titi parisien. Dans quelques jours les Américains seront là et tout sera fini. » Le malheureux propriétaire du cirque Houcke regarda le pompier avec une rage muette. Puis, lui tournant brusquement le dos, il se remit à sangloter[1].

***

La fumée du Grand Palais assombrissait le ciel d'un sinistre présage. A la vue de ce nuage noir, bientôt une rumeur se mit à courir dans toute la

1. L'infortuné Jean Houcke avait en effet tout perdu, y compris l'argent liquide qu'il avait enfermé dans une malle de sa roulotte. Quelques jours après la Libération, Houcke entièrement ruiné, fut rapatrié en Suède par les soins du consul Nordling. Âgé de 86 ans, il vit aujourd'hui dans la banlieue parisienne.

ville : par représailles contre l'insurrection, les Allemands commençaient à incendier Paris. Bien des Parisiens furent stupéfaits d'apprendre qu'un seul tank télécommandé et quelques obus incendiaires avaient suffi pour mettre en flammes un bâtiment de l'importance du Grand Palais. En quelques heures, pensaient-ils maintenant, Paris pourrait devenir Varsovie.

Jamais, dans les rues de la ville, les combats n'avaient été aussi violents ni les pertes aussi lourdes des deux côtés. Compensant leur infériorité numérique par un armement bien supérieur, les soldats du gouverneur de Paris rendaient coup pour coup. Le colonel Paul Massebiau qui s'était emparé le samedi précédent de la mairie du Ier arrondissement dut accomplir ce jour-là une tâche plus pénible. Il envoya sa fille chercher dans une usine d'Aubervilliers un chargement de caisses d'emballage. On en avait besoin pour confectionner des cercueils. Dans la soirée de ce sanglant mercredi, le 500e Parisien serait tué dans une rue de sa capitale insurgée. Bien des Allemands tombaient aussi sous les rafales meurtrières des hommes du colonel Rol.

Dans son bureau de l'hôtel Meurice, l'Unteroffizier Otto Vogel, de la 650e compagnie de transmissions entendit tout à coup une voix allemande crier au bout du fil : « Allô, Hypnose, au secours... » Hypnose, Vogel le savait, était le nouveau nom de code de l'hôtel Meurice. « Les terroristes nous attaquent... Vite, du secours... » Vogel entendit alors dans l'appareil l'écho d'une rafale. « Ils traversent la cour... » Il y eut encore plusieurs détonations. Puis un cri suivi de râles. Vogel entendit alors au milieu des gémissements : « Mutter, Mutter..., hilf... » (Maman, Maman, à l'aide). Et soudain, dans l'écouteur résonna le timbre d'une voix française. Puis ce fut le silence. Otto Vogel garda un long moment l'écouteur collé à son oreille. Enfin il raccrocha. Il ne devait jamais savoir d'où le soldat allemand avait appelé, ce matin-là. Les dents serrées, la tête dans ses mains, Vogel resta prostré pendant plusieurs minutes. Pour la première fois, sur les joues du petit sous-officier, des larmes s'étaient mises à couler.

Des deux côtés, la bataille prenait par instants des allures d'assassinat. Dans le poste de secours de l'école Saint-Vincent-de-Paul, rue de la Harpe, une infirmière bénévole, Mme André Koch, obligée par le manque de place de refuser un blessé allemand, entendit un F.F.I. annoncer : « Ça n'a pas d'importance, nous les tuons tous ! » Quelques secondes plus tard, Mme Koch entendit une détonation. Place des Ternes, un capitaine allemand sauta d'une voiture et, fou furieux, se rua sur un inoffensif passant qui lisait un journal de la Libération. Il l'abattit d'une balle de revolver et lui écrasa le visage à coups de botte. La malheureuse marchande de journaux ne dut qu'à sa présence d'esprit d'échapper au même sort : elle jura à l'Allemand qu'elle ne savait pas lire.

Mais comme dans toutes les batailles, il arrivait que le meilleur accompagnât le pire. Dans la cour de l'École Militaire, un autre capitaine allemand nommé Otto Wagner avait, à la dernière seconde, sauvé du peloton d'exécution 7 agents de police. Il avait accordé aux condamnés un extraordinaire sursis : deux heures, pendant lesquelles l'un d'entre eux pourrait aller chercher 7 prisonniers allemands qui serviraient d'échange. Le jeune Roger Cadet avait vu partir un de ses camarades et lui avait glissé : « Va voir mon père. »

Maintenant, ces deux heures étaient presque écoulées. Dans la cave où il était enfermé avec ses compagnons, Roger Cadet voyait défiler devant lui les images marquantes de sa courte vie. Dix jours plus tôt, il avait commis le geste irrévocable qui l'avait conduit jusqu'ici. A la lueur d'une bougie, avec son père, policier comme lui, il avait descellé la plaque de ciment de la cachette où les deux hommes entreposaient les armes de leur réseau de résistance.

Roger Cadet regarda sa montre. Plus que dix minutes. Bientôt il vit la porte s'ouvrir, et il se dit qu'il allait mourir. La haute silhouette du capitaine Wagner apparut dans l'encadrement. Cadet comprit à l'air sombre de l'officier que les prisonniers allemands n'étaient pas arrivés. Il se leva et marcha avec ses compagnons vers la porte. Derrière lui, une voix récitait le « Je vous salue, Marie... ». Tout à coup, derrière l'épaule de l'officier, transpirant dans sa tunique boutonnée jusqu'au cou, Roger Cadet vit son père. Dans le poussif panier à salade du commissariat, il venait de ramener 7 prisonniers allemands.

Les rares Parisiens qui passèrent quelques instants plus tard devant l'École Militaire purent apercevoir une scène bien insolite. Alors que la fusillade faisait rage dans le quartier, devant la porte du bâtiment, deux policiers français, le bras orné d'un brassard F.F.I., bavardaient tranquillement avec un capitaine de la Wehrmacht. C'étaient le jeune Cadet, son père et l'officier allemand qui avait épargné la vie des Français.

Au même instant, dans une salle de l'Hôtel-Dieu où des brancardiers F.F.I. l'avaient transporté, le Sonderführer berlinois Alfred Schlenker, interprète au tribunal militaire qui avait chaque jour condamné à mort des Parisiens, vit apparaître au-dessus de lui le visage tourmenté d'un civil. Schlenker, incorporé au bataillon d'alerte n° 1, venait d'être blessé à la jambe place Saint-Michel. Il était sûr que les « terroristes » allaient l'achever. L'Allemand vit l'homme au-dessus de lui mettre sa main dans sa poche. « Il prend son revolver », se dit-il. Et il ferma les yeux. Quand il les rouvrit, une ou deux secondes plus tard, l'Allemand vit la main qui s'avançait vers son visage. Au bout de cette main, il ne devait jamais l'oublier, il y avait une cigarette. Il entendit alors le civil dire simplement : « T'as de la chance, Fritz. Pour toi la guerre est finie. »

***

En ce quatrième jour d'insurrection, parmi toutes les menaces qui pesaient sur le peuple de Paris, il en était une qui devenait d'heure en heure plus angoissante. Si des secours immédiats ne leur parvenaient pas, les insurgés seraient bientôt écrasés : ils n'avaient presque plus de munitions. A la Préfecture de police, il ne restait plus que quelques heures de feu. Du fond de son P.C. de « Duroc », le colonel Rol pouvait entendre les appels désespérés de ses hommes. Bientôt, il le savait, face aux mitrailleuses allemandes, ses troupes à bout de cartouches ne pourraient plus se battre qu'au couteau. Rol était convaincu que les gaullistes n'avaient pas transmis à Londres ses appels pressants pour un parachutage massif d'armes et de munitions sur Paris. Pourtant, ce matin-là, le chef communiste prêtait à tort de sombres desseins à ses rivaux. Le général Pierre Kœnig, au contraire, était fermement décidé à ce qu'aucune considération politique ne pût retarder le parachutage qu'il avait repoussé la veille de vingt-quatre heures.

Les 130 avions de l'escadrille des Carpetbaggers, bourrés de milliers de mitraillettes, de grenades, de chargeurs, de bandes de mitrailleuses, étaient prêts à décoller pour Paris. Mais un ennemi plus implacable que n'importe quel adversaire politique les retenait au sol. Un brouillard épais, impénétrable, le véritable « fog » anglais, enveloppait depuis l'aube le terrain de Harrington. Regardant les lambeaux de crasse grise se traîner au ras du sol, le colonel Chuck Heflin se demandait avec impatience s'il arriverait jamais à accomplir cette sacrée mission. A cet instant, sur son bureau, la sonnerie continue du téléphone secret se mit à retentir. A Londres, le Q.G. du général Kœnig venait d'apprendre que la 2e D.B. fonçait depuis l'aube au secours de Paris. Dès lors, dans l'esprit des chefs de Londres, le parachutage d'armes n'était plus justifié. Dans quelques minutes, sous les yeux consternés de leur chef, les hommes du colonel Heflin commenceraient à décharger les appareils[1].

Pour l'instant, les gaullistes étaient soulagés. Quelques heures de « fog » britannique avaient miraculeusement cloué au sol 200 tonnes d'armes, 200 tonnes de fusils et de mitrailleuses qu'ils craignaient précisément de trouver un jour prochain devant eux.

26

Jamais déjeuner n'avait été aussi lugubre. Les mains noires de cambouis, l'air triste et déçu, le brigadier Serge Geoffroy du 1er régiment de

1. Trois jours plus tard, l'escadrille des Carpetbaggers s'envolera finalement vers Paris. Cette fois, des sacs de charbon et de farine

spahis marocains, et ses compagnons vidaient sans un mot leurs boîtes de « beans ». Un grand silence enveloppait maintenant la campagne normande. La division était partie. Seuls Geoffroy et ses compagnons étaient restés. Voilà deux jours que le « Marie Jill », le char obusier qu'ils avaient baptisé du prénom de deux petites infirmières anglaises, était en panne.

Quand il eut terminé sa boîte de « beans », le brigadier Serge Geoffroy se leva et annonça d'une voix grave à ses compagnons : « Vous en faites pas, les gars. On ratera pas la libération de Paris. Je connais un raccourci, on arrivera avant eux. » Geoffroy devait tenir parole.

Depuis l'aube, de toute la vitesse de leurs moteurs, les 2 000 véhicules de la division fonçaient vers Paris. Jamais les routes étroites et sinueuses de Normandie n'avaient connu pareille ruée. En deux colonnes de 20 kilomètres chacune, la division dessinait dans la campagne un interminable serpent. Glissant en silence sur leurs six roues de caoutchouc, les automitrailleuses des spahis à calots rouges, « chiens de chasse » de la division, ouvraient la marche. Derrière, dans les tourelles sans capot des énormes tanks destroyers, apparaissaient les pompons rouges des fusiliers marins. Dans la fumée bleutée de leurs diesels suivaient ensuite les chars légers des pelotons de protection, puis, labourant la chaussée de leurs 34 tonnes, venaient les Sherman des régiments à bérets noirs et calots bleus.

Par moments, les colonnes devaient ralentir, assiégées par la foule qui s'agrippait aux véhicules, jetait des fleurs, embrassait les capots,

auront remplacé dans les soutes les grenades et les mitrailleuses destinées au colonel Rol.

applaudissait follement. De jolies Normandes criaient avec orgueil le nom des chars. Les Sherman à croix de Lorraine qui passaient devant elles évoquaient deux siècles de victoires françaises. Ils s'appelaient « Friedland », « La Marne », « Bir Hakeim »... Dans une tourelle, il y avait un petit bureau avec une table, un fauteuil et une lampe de chevet. Le canon lui-même était factice. C'était un tuyau de poêle peint en vert. Le buste émergeant de sa tourelle, le visage ruisselant de pluie, les jumelles collées aux yeux, un micro planté devant sa moustache, Philippe Leclerc orchestrait comme à la parade l'extraordinaire carrousel. Son char portait le nom de la propriété picarde où l'attendaient depuis quatre ans sa femme et ses six enfants. Il s'appelait « Tailly ». Derrière les Sherman, leurs tubes menaçants pointés vers le ciel, ronflaient les gros automoteurs de 105. Puis glissant sur leurs chenilles comme des scarabées maladroits, venaient les files de half-tracks bourrés de fantassins. Suivaient les Dodge à croix rouge des infirmières « Rochambelles », les G.M.C. d'approvisionnement écrasés sous le poids de jerricans d'essence, les véhicules de dépannage avec leurs grues, leurs chaînes, leurs palans, les gigantesques camions « Pacific » et leurs remorques-transports de chars. Des motards, des jeeps maculées de boue, des command-cars hérissés d'antennes montaient et descendaient sans cesse le long des colonnes. Leurs mains en porte-voix, des officiers sortaient la tête et criaient « Plus vite ! » ou, d'un geste du bras, faisaient signe d'accélérer.

Aveuglés par la pluie qui tombait sans discontinuer, les yeux brûlés par les gaz d'échappement des véhicules qui les précédaient, sentant sans cesse leur mastodonte déraper sur la chaussée glissante, les équipages de cette Armada lancée à toute allure sentaient tout à coup leurs forces décuplées. Dans tous les chars les hommes surveillaient avec angoisse le régime de leur moteur. « Pourvu, priaient-ils, que la mécanique tienne jusqu'à Paris ! » Les yeux de Jean-René Champion, le pilote du « Mort-Homme », sautaient toutes les secondes des catadioptres du char précédent au manomètre à huile de son tableau de bord. Champion savait que si l'aiguille blanche franchissait la marque rouge, son « rêve parfait » de libérer Paris serait fini. Il devrait s'arrêter. Comme tous les hommes de la division, Champion ce mercredi-là n'avait qu'une seule crainte : être obligé de quitter la colonne. Dans son half-track, le lieutenant Henri Karcher, du régiment du Tchad, regardait la petite photo écornée qu'il avait glissée dans un coin du pare-brise. Cette photo avait traversé toute l'Europe avant de lui parvenir. Elle représentait un enfant de deux ans qu'il n'avait jamais vu. Son fils Jean-Louis, né le 3 juin 1940, habitait au bout de cette route, près de Paris. A côté du lieutenant, aveuglé par la pluie, la boue et la fumée du half-track précédent, le chauffeur Léon Zybolski, un Hongrois, répétait comme une litanie : « Mon lieutenant, on va se foutre dans le fossé. » Dans sa jeep baptisée « Mata Hari », l'officier de renseignements Alfred Betz sursauta. Dans son demi-sommeil, il avait aperçu sur une plaque un nom de village. « La Loupe, répéta-t-il. Bon Dieu, nous sommes à La Loupe. » Le lieutenant Alfred Betz se souvenait qu'il avait traversé La Loupe quatre ans et deux mois plus tôt, par un matin pluvieux comme celui-ci, dans la direction inverse avec l'état-major du IXe corps d'armée en pleine déroute. Le chauffeur de sa jeep, le 2e classe François Mutcheler, était lui aussi déjà passé à La Loupe. Mais c'était seulement huit jours plus tôt et sous l'uniforme d'un Feldwebel des Waffen S.S. Incorporé de force dans la Wehrmacht, l'Alsacien Mutcheler avait déserté. Maintenant, il allait libérer la ville qu'un mois plus tôt il occupait sous l'uniforme feldgrau.

Bientôt, comme les étraves de mille navires, les tanks fendirent les vastes étendues plates de la Beauce. Tout à coup, de la tourelle du « Simoun », le quartier-maître canonnier Robert Mady vit surgir « au milieu de l'océan jaune des blés » les flèches de la cathédrale de Chartres. Sa première émotion passée, Mady s'étonna que les moissons n'eussent pas encore été faites[1].

Quand le capitaine Alain de Boissieu, trente ans, commandant de l'escadron de protection du général Leclerc, aperçut à son tour la silhouette massive de la cathédrale au milieu des blés, il se dit : « Je suis arrivé chez moi. » Cinq ans plus tôt, derrière ces flèches, au bord de l'Eure, dans un élégant petit hôtel particulier qu'ils habitaient, Alain de Boissieu avait embrassé ses parents pour la dernière fois. Écrasant l'accélérateur de sa jeep, l'officier doubla la colonne et se jeta en avant. Bientôt il entra dans la ville, contourna la cathédrale et remonta le boulevard Charles-Péguy. Boissieu s'arrêta près d'un pont dont le tablier, comme sectionné d'un coup de hache, gisait en deux morceaux au milieu de la rivière. Sur l'autre rive, presque en face du pont, tel un décor de cinéma, il vit une maison à la façade

1. Les hommes de la 2e D.B. ignoraient que la Résistance, sur un ordre de Londres, avait demandé aux paysans de ne pas moissonner ni battre le blé dans la région parisienne pour éviter que les Allemands ne s'en emparent.

béante, le toit décapité, les murs arrachés. Pétrifié, Boissieu resta planté là comme dans un rêve. Il avait reconnu sa maison. L'officier interrogea une vieille femme qui apparut alors au bout de la rue. Il apprit par elle que les Allemands avaient fait sauter tous les ponts de l'Eure avant leur départ. Toutes les maisons avaient été évacuées, y compris celle de ses parents. Sur le pont devant sa maison, le commandant allemand avait fait placer 6 torpilles supplémentaires « pour que Mme de Boissieu, avait-il annoncé, sache ce qu'il en coûte d'avoir un fils chez de Gaulle ». Contemplant les ruines autour de lui, l'officier eut tout à coup une pensée sinistre : « Mon Dieu, se dit-il, si les Boches font la même chose à Paris, quelle tragédie allons-nous trouver demain ? »

***

Le porteur du seul message verbal qui pouvait peut-être préserver Paris du sort qu'appréhendait Alain de Boissieu était au comble de l'exaspération. Depuis douze heures, Rolf Nordling, le frère du consul de Suède, avait subi une série d'interrogatoires aussi minutieux qu'épuisants. Maintenant, sur le terrain d'atterrissage où la veille le général Omar Bradley avait donné à Leclerc le « feu vert » pour foncer sur Paris, Rolf Nordling révélait au général américain l'objet de sa mission. Son casque rejeté en arrière, Bradley écoutait en silence le Suédois. Le général allemand qui commandait à Paris, révéla Nordling, avait reçu « des ordres formels » de procéder à des destructions aussi importantes que possible dans la ville. Il n'avait pas encore commencé à les exécuter. Mais si la situation actuelle devait se prolonger, il n'aurait pas le choix. Déjà, avertit

Nordling, le général allemand se sentait personnellement menacé d'être relevé de son commandement. Ce qu'il semblait souhaiter, c'était l'entrée des forces alliées dans Paris avant qu'il ne reçût des renforts ou ne fût contraint d'exécuter les ordres de destruction.

Bradley réagit aussitôt. L'opération qu'il avait autorisée la veille prenait tout à coup à ses yeux un caractère d'urgence désespérée. Comme Eisenhower, Bradley savait que les 26e et 27e S.S. Panzer et plusieurs autres unités allemandes faisaient mouvement dans le Nord et l'Est de la France. Certaines de ces unités, pensait Bradley, se dirigeaient sans doute vers Paris. Si les Alliés n'arrivaient pas avant elles, la ville risquait de devenir un effroyable champ de bataille. Mais, par-dessus tout, ce qui inquiétait l'Américain, c'était le général von Choltitz lui-même. « Nous ne pouvons pas, se dit-il, prendre le risque que ce type change d'avis. » Bradley se tourna alors vers le général Siebert. « Ed, ordonna-t-il, dites à Hodge d'avertir la division française de mettre les bouchées doubles. » Puis, se souvenant tout à coup du long chemin que la 2e D.B. aurait à parcourir, Bradley ajouta : « Dites également à Hodge de tenir la 4e division prête à foncer aussi. Nous ne pouvons surtout pas prendre le risque que ce fichu général change d'avis et fasse sauter Paris. »

27

Dietrich von Choltitz tendit sans un mot la feuille de papier bleu au petit homme à monocle qui lui faisait face. Cela faisait vingt années que

Choltitz connaissait le colonel Hans Jay. Jeunes officiers, ils avaient autrefois servi dans le même régiment. Et deux ans plus tôt, à l'hôtel Adlon de Berlin, Choltitz avait fêté avec Jay ses nouvelles épaulettes de général. Tandis que le colonel, impassible, lisait le télégramme, Choltitz contemplait une fois encore de sa fenêtre la perspective des Tuileries. Mais aucun rire d'enfant, aucune voile blanche sur les eaux limpides des bassins, n'animaient ce matin-là les jardins. Autour des massifs et des bosquets dessinés deux siècles et demi plus tôt par Le Nôtre, le général allemand ne pouvait apercevoir que les silhouettes sombres et menaçantes de ses soldats.

Quand Jay eut fini la lecture du télégramme, il replia la feuille de papier et la rendit au général. Sur le visage fin et distingué de son vis-à-vis, Choltitz chercha vainement une marque d'émotion. Il attendait un mot de compréhension, un geste de réconfort, un signe quelconque qui exprimât qu'il ne se trouvait pas seul. Car sur le télégramme était écrit l'ordre le plus brutal que Choltitz eût jamais reçu de sa vie, l'ordre démentiel que Hitler avait, la nuit précédente, dicté à Jodl et qui commandait à Choltitz de faire de la ville qui s'étendait sous ses yeux « un champ de ruines ».

Mais Jay se contenta de pousser un soupir et de murmurer : « C'est un malheur, mais quel choix avez-vous [1] ? » Dix minutes plus tôt, le gou-

1. Vingt ans plus tard, en Irlande où il s'est installé, le colonel Jay devait révéler aux auteurs de ce livre qu'il n'avait pas eu le courage, ce matin d'août, de prononcer les paroles qui étaient venues sur ses lèvres à la lecture du télégramme : « Résistance passive, on ne peut offrir qu'une résistance passive à un ordre aussi insensé », avait pensé Jay. Mais depuis son dernier déjeuner avec le général à l'hôtel Adlon, Jay ne savait pas ce qui s'était passé dans l'esprit du dur et brillant héros de Sébastopol. Il eut peur de se compromettre. Depuis le 20 juillet, les officiers de la Wehrmacht avaient pris l'habitude de garder pour eux leurs confidences.

verneur de Paris avait recueilli la même remarque du seul homme à qui il avait également montré ce télégramme, son froid et distant chef d'état-major, le colonel Hans von Unger.

A ces mots, Dietrich von Choltitz posa sa lourde main sur le téléphone et décrocha l'appareil d'un geste brusque. « Donnez-moi le groupe d'armées B », ordonna-t-il.

Dans la lumière artificielle de son bunker souterrain de Margival, à 90 kilomètres au nord de Paris, dont il n'était pas sorti depuis cinq jours, le chef d'état-major du groupe d'armées B avait pris un teint cireux. Maintenant, écoutant la voix brutale, impérieuse, chargée de sarcasmes, qui résonnait dans l'appareil, le général Hans Speidel paraissait plus pâle encore.

« Je pense que vous serez heureux de savoir, annonça Choltitz, que le Grand Palais est en flammes. » Puis le commandant du Gross Paris exprima sa gratitude pour le « bel ordre » que le groupe d'armées lui avait envoyé.

« Quel ordre ? » demanda Speidel.

« Mais l'ordre de réduire Paris en un champ de ruines ! » répondit Choltitz. « Le groupe d'armées, protesta Speidel, n'a fait que retransmettre l'ordre. Celui-ci vient du Führer personnellement. » Dédaignant les protestations du chef d'état-major, Choltitz avertit alors Speidel qu'il tenait à lui faire connaître les dispositions qu'il avait prises en vue de l'exécution de cet ordre. Il avait, dit-il, déjà fait placer une tonne d'explosifs dans la Chambre des Députés, deux tonnes dans les sous-sols des Invalides, et trois tonnes dans la crypte de la cathédrale Notre-Dame.

« Je suppose, Herr General, dit alors Choltitz, que vous êtes naturellement d'accord avec ces mesures. » Il y eut, à ces mots, un lourd silence.

Speidel leva les yeux vers les tours de Notre-Dame et la perspective des Tuileries qui décoraient dans leurs cadres fragiles les parois d'acier et de béton de son bunker. Puis, d'une voix à peine perceptible, il répondit : « Oui, bien sûr..., Herr General..., je suis d'accord. » Choltitz avertit alors le chef d'état-major qu'il était également en mesure « de faire sauter d'un seul coup la Madeleine et l'Opéra ». Il annonça aussi qu'il se préparait à dynamiter l'Arc de Triomphe pour dégager l'axe de tir des Champs-Élysées, « et aussi la tour Eiffel, afin que ses poutrelles de fer obstruassent les ponts que j'aurai déjà détruits ».

Au fond de son bunker, Speidel se demanda si le commandant du Gross Paris plaisantait ou s'il avait perdu la raison. Mais Choltitz ne plaisantait pas. Il n'avait pas non plus perdu la raison. Atterré par l'ordre que le groupe d'armées lui avait transmis, il avait essayé « de faire comprendre à Speidel la terrible situation d'un soldat qui reçoit un ordre pareil et qui doit obéissance à ses chefs ».

De l'autre côté de la Seine, dans le central de transmissions presque vide de la rue Saint-Amand, les coups de hache du Feldwebel Blache résonnaient comme des coups de feu. Blache, le sous-officier dont les hommes avaient grillé « comme des saucisses » quatre jours plus tôt devant la Préfecture de police, détruisait un à un les 232 téléscripteurs. Son camarade, le Feldwebel Max Schneider, déroulait les 400 mètres de cordon détonant branché aux 200 charges explosives réparties dans les trois étages souterrains du central. Bientôt le cordon fit le tour du pâté de maisons et atteignit la Peugeot 202 d'où le chef du Kommando de destruction, l'Oberleutnant von Berlipsch, devait commander l'explosion. Blache fit voler en éclats les derniers téléscripteurs et les six hommes du Kommando sortirent en courant du bâtiment. Derrière eux ils entendirent les accents d'une valse qui sortaient d'une fenêtre : dans leur hâte, ils avaient oublié de détruire le poste de radio.

Au bout de la rue, derrière des Feldgendarmes, Blache pouvait apercevoir les visages anxieux des habitants du quartier qui avaient précipitamment évacué leurs maisons. D'un geste brusque de la main, l'Oberleutnant von Berlipsch abaissa le levier du contacteur. Une seconde plus tard, le central de transmissions qui pendant quatre années avait relayé tous les messages des armées allemandes du front de l'Ouest, depuis la Norvège jusqu'à l'Espagne, disparut dans un nuage de poussière et de fumée. Il était 11 h 51. Une infime partie du vaste programme de destruction qu'Adolf Hitler avait imposé sur le territoire du Gross Paris venait d'être exécutée.

Dans le sous-sol des Invalides, un autre officier, l'Oberleutnant Ottfried Daub, du 112e régiment de transmissions, surveillait la mise en place des cordons détonants branchés sur les charges placées sous le central téléphonique. Outre les explosifs, les hommes du « Spreng Kommando » de l'Oberleutnant Daub avaient également placé dans les galeries des bouteilles d'oxygène comprimé à 180 atmosphères. Au moment de l'explosion, ces bouteilles auraient l'action destructive de dizaines de bombes incendiaires. Elles provoqueraient un gigantesque incendie qui ravagerait entièrement le central et probablement les bâtiments quatre fois centenaires des Invalides, le musée de l'Armée, l'hôtel des Invalides, et même le dôme d'or sous lequel reposait, dans son sarcophage de marbre, un autre conquérant de l'Europe, Napoléon Bonaparte.

Au Palais du Luxembourg, malgré les trente-cinq heures de coupures électriques provoquées par le courageux électricien Marcel Dalby, les ouvriers de l'organisation Todt avaient presque fini de forer les chambres de mines. Déjà, dans les caves du palais les soldats de Choltitz avaient entassé 7 tonnes de cheddite, assez pour faire pleuvoir sur la moitié de Paris les débris de la coupole à huit faces du palais et réduire en confettis les fresques de Delacroix.

Sur la place de la Concorde, derrière les colonnes corynthiennes du palais de Gabriel, sur lequel flottait depuis quatre ans l'emblème blanc et noir de la Kriegsmarine, les marins du Korvet Kapitän berlinois Harry Leithold possédaient dans leurs caves plus de cinq tonnes de « Tellerminen » et de munitions, de quoi pouvoir, avait assuré l'officier à ses supérieurs, « faire sauter le bâtiment et tout le pâté de maisons ».

A l'autre bout de l'immense place, de l'autre côté de la Seine, dans la cour de la Chambre des Députés, les soldats de la 813e Pionierkompanie du capitaine Werner Ebernach avaient reçu des renforts. Dans la nuit, la 177e Pionierkompanie de la 77e division d'infanterie était arrivée de l'Est. Tandis que les hommes d'Ebernach achevaient de miner les 42 ponts sur la Seine dont l'explosion, dans ce Paris fortement peuplé, provoquerait une tragédie à côté de laquelle la destruction des ponts de Chartres ne serait qu'une égratignure, la nouvelle compagnie terminait le forage des chambres de mines sous les bâtiments voisins de la Chambre des Députés. Déjà, dans les caves du Palais-Bourbon lui-même, temple de la démocratie française, et de l'élégant hôtel voisin, l'hôtel de Lassay, résidence du président de la Chambre, les marteaux pneumatiques avaient percé les emplacements destinés à recevoir les explosifs. Plus loin, sous les appartements lambrissés d'or du ministère des Affaires étrangères, les soldats de la 177e Pionierkompanie avaient apporté plusieurs caisses de T.N.T. Ainsi était destiné à disparaître d'un seul coup l'admirable ensemble architectural bordant la place de la Concorde et la Seine, depuis le boulevard Saint-Germain jusqu'à l'esplanade des Invalides. En même temps, de l'autre côté de la place, les marins du Korvet Kapitän Leithold feraient sauter les palais de Gabriel, de chaque côté de la rue Royale. Ainsi, la symétrie de la plus belle place du monde serait-elle respectée dans l'horreur. Il n'y aurait plus que des ruines de chaque côté.

Un « kubelwagen » camouflé de feuillages apparut ce matin-là sur l'esplanade du Champ-de-Mars. Il s'arrêta devant le pilier sud de la tour Eiffel. Quatre hommes en descendirent et se mirent à faire à pied le tour de chaque pilier. Ils appartenaient tous les quatre au Verbindungskommando (commando de liaison) de la division S.S. Leibstandarte Adolf Hitler. Une heure plus tôt, de Berlin, ils avaient reçu directement un message. Ce message leur ordonnait de préparer la destruction du « Walerzeichen von Paris », c'est-à-dire « du symbole de Paris ». L'Untersturmführer Hans Schuett, de Leipzig, et ses camarades n'avaient pas hésité. Dans leur esprit, le « symbole de Paris » ne pouvait être que la tour Eiffel.

Dans les gares, les centrales électriques, les centraux téléphoniques, sous les Invalides, dans le Palais du Luxembourg, la Chambre des Députés, autour des 42 ponts, du quai d'Orsay et de la

Kriegsmarine de la Concorde, bref dans tout Paris, les préparatifs de l'impitoyable plan imposé par l'O.K.W. étaient presque terminés. Il ne manquait plus maintenant que quelques heures de travail et l'ordre du général von Choltitz pour que Paris connût le sort apocalyptique de Varsovie. Mais, dans son bureau de l'hôtel Meurice, le général allemand était la proie d'une terrible indécision. Déjà certains de ses officiers s'étaient permis de lui reprocher de ne pas utiliser toute la force de ses moyens pour réprimer l'insurrection. Environné d'hommes qui paraissaient accepter avec fatalisme les ordres démentiels d'Adolf Hitler, Dietrich von Choltitz se demandait avec angoisse combien de temps il pourrait en différer l'exécution.

28

Le poste de radio distillait de la musique douce. Confortablement installé dans le fauteuil d'un grand dentiste de Londres, l'« homme qui sifflait en parlant » voyait approcher la fin de ses malheurs : devant la radio reporter Larry Leseur, de la chaîne américaine C.B.S., se trouvait au bout d'une pince la dent toute neuve que le praticien allait lui poser.

Dans son infortune, Leseur avait eu, se disait-il, de la chance : si cet accident lui était arrivé quelques jours plus tard, il aurait raté le seul événement de toute cette guerre qu'il ne voulait manquer pour rien au monde : la libération de Paris.

Tout à coup la musique douce s'arrêta et

Leseur entendit le speaker prier les auditeurs de ne pas quitter l'écoute à cause d'un « important announcement ». Quelques secondes plus tard, Larry Leseur sentit son cœur s'arrêter. Une voix déchaînée criait dans le poste de radio : « Paris est libéré, Paris est libéré !

A l'autre bout de Londres, en entendant ce cri dans un studio de Bush House, le quartier général de la B.B.C., le représentant londonien de la chaîne américaine C.B.S. fut tout à coup l'homme le plus heureux de la capitale britannique. Dans son tiroir, Dick Hottelet possédait une petite boîte ronde qui contenait un document d'une valeur inestimable. C'était le reportage imaginaire sur la libération de Paris réalisé la veille par Charlie Collingwood, le concurrent direct de Larry Leseur. Par un extraordinaire concours de circonstances, l'enregistrement lui était parvenu sans avoir été censuré [1].

Collingwood avait réussi le « scoop » le plus sensationnel de sa vie. Quelques minutes plus tard, sa voix dramatique décrivant la libération de Paris allait entrer dans des millions de foyers. Deux quotidiens de New York bouleversèrent aussitôt leur première page et publièrent intégralement son reportage sous d'énormes manchettes. A Mexico où il était 5 heures du matin, tous les journaux changèrent aussi leurs premières éditions. Sur l'écran lumineux du journal *Excelsior*, tout à coup apparurent en lettres de feu dans la nuit les trois mots : « Paris esta liberado. » A 3 000 kilomètres au sud, dans quelques

1. Collingwood avait enregistré son reportage sur un magnétophone d'un type nouveau. Quand les censeurs du SHAEF avaient reçu la bande magnétique, ils n'avaient pu l'écouter. Ils l'avaient donc expédiée à la direction de la censure à Londres. Là, les officiers de la censure, persuadés que leurs collègues du SHAEF avaient déjà censuré le document, avaient remis celui-ci directement à son destinataire.

heures, à l'annonce de cette nouvelle, la foule devait envahir pour la première fois depuis 1939 les rues de Buenos Aires et aller crier sous les fenêtres de Perón : « Democracia, si ! Axis, no ! » A l'autre bout de l'Amérique, dès que la nouvelle se répandit dans les rues tortueuses de Quebec, le maire Lucien Borne demanda à ses concitoyens de pavoiser aux couleurs tricolores. A Washington, quand Franklin Roosevelt lui-même apprit à son réveil la libération de Paris, il eut un sourire et murmura : « C'est un éclatant présage de la victoire totale. »

A quelques centaines de mètres de la Maison-Blanche, sur son lit d'hôpital, le vieux général Pershing qui, vingt-cinq ans plus tôt, s'était si vaillamment battu pour libérer la France, eut la force d'articuler quelques mots : « Comme je suis heureux », dit-il. A New York, au pied des gratte-ciel du Rockefeller Center, devant 20 000 Américains en délire, Lily Pons se mit à chanter *La Marseillaise* pendant que des marins à pompons rouges hissaient les trois couleurs. A Londres, dans les rues populaires de Soho, sur Picadilly Circus, autour de la colonne Nelson de Trafalgar Square, des gens s'abordaient, s'embrassaient, se mettaient subitement à chanter *La Marseillaise*. Pour les millions de Londoniens si durement éprouvés par la guerre, la libération de Paris était un jour glorieux qui annonçait la victoire finale. Le roi lui-même, participant à la liesse de ses sujets, envoya un chaleureux télégramme pour exprimer sa joie à Charles de Gaulle.

Personne, dans l'euphorie générale, ne prêta attention aux protestations confuses du grand quartier général allié. D'un bout à l'autre du monde, l'incroyable nouvelle s'était répandue avec une telle rapidité qu'aucun démenti ne pouvait plus l'arrêter.

C'était pourtant le plus grand canular de l'Histoire. A Paris où le fracas des chars et des camions du général von Choltitz retentissait dans les rues et les avenues, la nouvelle de la Libération fit l'effet d'une douche glaciale. Dans l'arrière-boutique du charcutier de Nanterre où il se demandait avec angoisse si son ami Louis Berty, emprisonné au Mont-Valérien, était encore en vie, le lieutenant américain Bob Woodrum entendit tout à coup la voix de Lily Pons qui chantait *La Marseillaise* devant le Rockefeller Center de New York. A cet instant, une automitrailleuse passa dans la rue en tiraillant. Plusieurs balles s'enfoncèrent dans la devanture de la boutique. Stupéfait, l'Américain pensa : « Ce n'est pas possible : il y a sûrement quelqu'un qui s'est trompé ! » A l'Hôtel Matignon, dans l'appartement privé du président du Conseil qu'ils occupaient depuis deux jours, Yvon Morandat, et sa secrétaire Claire, se regardaient, ahuris. En même temps que le solennel carillon de Big Ben qui accompagnait l'annonce de la libération de leur cité, Yvon et Claire pouvaient entendre la fusillade qui claquait dans les rues voisines. Claire était consternée. « Ces c...-là ne sont vraiment pas dans le coup ! » murmura-t-elle en tournant d'un geste rageur le bouton du poste. Au quatrième étage, 3, place du Palais-Bourdon, juste en face de l'entrée de la Chambre des Députés autour de laquelle les soldats de Choltitz montraient ce jour-là une activité particulière, une femme reconnut tout à coup la voix de Charlie Collingwood. Dix minutes plus tôt, une autre voix, celle de la concierge de l'immeuble, avait annoncé à Marie-Louise Bousquet, l'une des figures de la société parisienne, que les Allemands s'apprêtaient à faire sauter la

Chambre et les immeubles voisins. Maintenant, Marie-Louise Bousquet était frappée de stupeur. Comment « ce si charmant jeune Américain », qu'elle avait souvent reçu avant la guerre dans son salon, pouvait-il faire un coup pareil ? Marie-Louise se jura que si jamais elle avait l'occasion de revoir Collingwood, elle saurait lui faire regretter sa légèreté.

*
**

Pour la première fois depuis trois jours et trois nuits, le colonel André Vernon but sans grimace sa tasse de thé. Dans son petit bureau de l'état-major F.F.I. de Bryanston Square, à Londres, il alluma sa pipe, se cala confortablement dans son fauteuil et se mit à penser avec satisfaction à l'énorme canular qu'il avait lancé. Car c'était lui le véritable auteur de la fausse nouvelle de la libération de Paris. Six heures plus tôt, dans ce même bureau, Vernon avait décodé le dernier appel de Jacques Chaban-Delmas. C'était un S.O.S. pathétique qui avertissait Londres qu'un épouvantable massacre se préparait dans Paris si les Alliés n'arrivaient pas immédiatement. Vernon, qui ignorait qu'à cet instant la 2e D.B. de Leclerc s'ébranlait vers Paris, s'était torturé l'esprit pour trouver une idée, un stratagème, qui pourrait contraindre les Alliés à marcher enfin sur la capitale. Tout à coup, il avait eu une illumination. Il s'était mis à griffonner dans le silence de l'aube quelques mots. C'était un bulletin de nouvelles aussi imaginaire que le reportage que Charlie Collingwood avait enregistré la veille. Si la B.B.C., s'était dit l'astucieux colonel, acceptait de le lancer sur les ondes, le commandement allié ne pourrait faire autrement que d'occuper la ville que lui-même venait de libérer d'un simple trait de plume.

29

De la fenêtre de la salle de restaurant du « Grand Veneur », le lieutenant Sam Brightman, du Service d'information du SHAEF, contemplait les chars, les véhicules de toutes sortes, les essaims de journalistes, les centaines de civils à brassards tricolores, les officiers de toutes nationalités qui donnaient un spectacle de ruche bourdonnante et désordonnée. « Il ne manque plus que de Gaulle, pensait l'Américain, pour faire de Rambouillet la plus belle cible qui ait jamais été offerte aux Allemands depuis le jour J. »

Bientôt un sourire éclaira le visage du lieutenant Brightman. La jeune serveuse apportait la boîte de « beans » réchauffés destinée à accompagner le pâté de sa ration K. Sur son plateau, il y avait un trésor qui faisait saliver d'impatience l'officier américain : une précieuse bouteille de riesling qui avait survécu à quatre années d'occupation allemande et quatre jours d'invasion journalistique. Brightman vit tout à coup la jeune fille s'arrêter bouche bée à l'instant où elle atteignait la table. Il y eut un grand fracas de verre brisé : elle avait laissé tomber le plateau. Ses yeux, illuminés par une apparition, se remplirent alors de larmes. Elle se mit à répéter avec extase : « de Gaulle..., de Gaulle..., c'est de Gaulle... »

En effet, Charles de Gaulle venait d'arriver à Rambouillet. A l'avant-garde de l'armée qui allait libérer Paris, presque au seuil de la capitale, la haute figure solitaire qui avait incarné la France libre pendant quatre ans venait d'atteindre la dernière étape du long chemin qui le ramenait d'exil. De Gaulle et sa suite s'installèrent dans le château de Rambouillet dont les portes, les rideaux, l'argenterie et même la literie portaient le monogramme à francisque de l'État français, aujourd'hui symbole d'un régime déchu. Avec dédain, le général refusa le magnifique appartement présidentiel et alla s'installer modestement dans deux pièces situées au dernier étage. Puis, Claude Guy le vit entrer dans la bibliothèque et choisir au hasard un volume dont la lecture l'aiderait à supporter les heures cruciales qui allaient suivre. C'était *Le Bourgeois gentilhomme*. Charles de Gaulle s'éloigna le volume à la main et descendit au rez-de-chaussée. Là, dans le somptueux décor de la salle des fêtes où Charles X avait abdiqué, sur la table de bois sculpté où des monarques, des empereurs et des présidents, depuis Louis XVI et Napoléon jusqu'à Poincaré, avaient offert au nom de la France de solennels banquets, Charles de Gaulle et les trois fidèles membres de sa suite se mirent à ouvrir des boîtes de rations K pour leur repas. Puis de Gaulle fit appeler Leclerc. Il brûlait d'impatience. Maintenant chacune des heures qui le séparait de son entrée dans Paris prenait une importance et une dimension gigantesques.

Leclerc avait soigneusement pesé les renseignements fournis au chef de son 2e bureau, le commandant Paul Repiton-Préneuf, par « papa » Hemingway et par les dizaines de F.F.I. qui avaient pu franchir les lignes. Il avait pris une décision importante. Les ordres de ses supérieurs du Ve corps américain lui enjoignaient de foncer tout droit sur Paris par le chemin le plus court, c'est-à-dire par Rambouillet et Versailles. Or, les renseignements recueillis pendant les dernières vingt-quatre heures indiquaient que les Allemands avaient placé plus de soixante chars de renfort sur cet itinéraire et qu'ils l'avaient soigneusement miné. Leclerc, de sa propre autorité, décida donc de déplacer de 25 kilomètres vers l'est son axe de marche, de passer par Arpajon et Longjumeau et d'entrer dans Paris par la porte d'Orléans. Dans sa hâte de se jeter en avant, le général français négligea de faire approuver ces modifications d'itinéraires par ses supérieurs américains, ce qui devait provoquer, quelques heures plus tard, de violentes et amères réactions à son encontre.

Dans la salle des Fêtes du château, débarrassée des boîtes de conserve et des emballages de rations, Leclerc exposa son plan à de Gaulle. Tous deux savaient qu'ils étaient talonnés par le temps et que, devant eux, les Allemands renforçaient rapidement leurs défenses. L'opération qui vingt-quatre heures plus tôt s'annonçait comme une marche triomphale menaçait maintenant de devenir un véritable assaut. Si Leclerc ne menait pas son action avec une foudroyante rapidité, il risquait de se trouver lui-même bloqué avec toute sa division sur la route de Paris. Pendant ce temps, les Allemands pourraient achever d'écraser l'insurrection et acheminer des renforts. De Gaulle suivit avec une extrême attention l'exposé de son jeune général. Après mûre réflexion, il hocha la tête et donna son accord[1].

1. Il est possible qu'une des raisons pour lesquelles Leclerc négligea d'avertir ses supérieurs américains des modifications apportées dans ses ordres de marche ait été le fait qu'il estimait que la libération de Paris était une affaire exclusivement française pour laquelle l'accord de De Gaulle suffisait.

Charles de Gaulle regarda alors Philippe Leclerc droit dans les yeux. De Gaulle avait une affection spéciale pour le Picard impétueux et taciturne. Pour lui, Leclerc était une sorte de fils spirituel. « Vous avez de la chance », lui dit-il simplement. Il y eut un long silence. Puis le capitaine Alain de Boissieu entendit son futur beau-père ajouter d'une voix pressante une dernière phrase : « Faites vite, qu'il n'y ait pas de nouvelle Commune ! »

30

Le caporal Louis Loustalot, de la 97e compagnie de Q.G., se mit à faire le lit. Trois jours plus tôt, dans ce même lit, le Feldkommandant allemand de Rambouillet avait passé sa dernière nuit. Quand il eut fini, le caporal posa une tablette de chocolat sur la table de nuit. Loustalot savait qu'à son réveil, le jour d'une attaque, « le patron » aimait manger du chocolat. Demain matin à l'aube, Philippe Leclerc commanderait l'action la plus mémorable de sa carrière : l'attaque de Paris.

Exténués par leur longue et épuisante ruée vers Rambouillet, rendus presque aveugles par quatorze heures consécutives dans la fumée des échappements, leurs combinaisons transpercées par la pluie qui tombait toujours, les 16 000 hommes de la division s'étaient éparpillés dans la campagne et les villages voisins de Rambouillet. Filant dans la nuit comme des ombres, les G.M.C. de ravitaillement larguaient les jerricans d'essence au pied des chars et des half-tracks. Rassemblant leurs dernières forces, les hommes faisaient le plein, vérifiaient les niveaux d'huile, changeaient les chenilles élimées par 200 kilomètres d'un galop effréné. Sous les tentes hâtivement montées de leurs P.C., à la lueur vacillante des lampes-tempête, les chefs de corps étudiaient avec leurs officiers les ordres d'opérations, examinaient les cartes, collationnaient les renseignements, organisaient leurs itinéraires du lendemain. Divisée en trois groupements d'assaut, la division attaquerait Paris par trois axes différents. Sous un arbre de la forêt de Rambouillet, le commandant Henri de Mirambeau, du 40e régiment d'artillerie, établissait ses plans de feu avec le lieutenant-colonel américain qui commandait le groupe de 155 rattaché à la division. Demain, à 8 heures précises, avec leurs 15 kilomètres de portée, les gros 155 américains et les automoteurs de Mirambeau écraseraient, côte à côte, les points d'appui allemands installés aux portes de Paris.

De tous les officiers de la division qui veillaient cette nuit-là, aucun peut-être n'attendait les premières lueurs de l'aube avec plus d'impatience que le lieutenant-colonel Jacques de Guillebon. Vingt-quatre heures plus tôt, avec le petit détachement à la tête duquel, l'avant-veille, il avait quitté clandestinement la division, Guillebon voulait foncer sur Paris et porter secours aux insurgés. Par radio, en pleine nuit, il avait demandé à Leclerc l'autorisation de réaliser l'audacieuse opération. Mais il n'avait jamais eu de réponse : l'ordonnance du général n'avait pas osé réveiller son chef pour lui transmettre la demande. Ce soir, pensait-il avec déception, le drapeau du gouverneur militaire de Paris aurait dû flotter sur les Invalides.

Au bar du « Grand Veneur », envahi par les journalistes, les officiers de l'escadron de protection de Leclerc étaient l'objet de pressantes sollicitations. Sûr que le général entrerait à Paris à la tête de sa division, chaque correspondant, se souvient le sous-lieutenant Philippe Duplay, déployait des « ruses de Sioux » pour obtenir une place dans un char ou une jeep des pelotons d'accompagnement.

Dans toutes les unités, les hommes s'installèrent du mieux qu'ils purent pour cette dernière nuit avant la bataille pour Paris. Arrêtés près du village de Dampierre, les marins du « Simoun » n'eurent pas le courage de faire cuire le canard enfermé dans leur soute à munitions. Rompus de sommeil et de fatigue, ils s'endormirent dans leurs toiles de tentes. Près de Limours, à la faible lueur de l'ampoule de son Sherman du 501e régiment de chars, le brigadier Patrick Descamps, un Parisien de vingt ans qui avait traversé toute l'Espagne à pied pour rejoindre la division, lisait le journal le plus extraordinaire qu'il eût jamais lu de sa vie : *Le Figaro* du jour qu'un cycliste venait d'apporter de la capitale insurgée.

Quand il eut fini de donner ses ordres pour l'attaque du lendemain, Emmanuel Dupont, le capitaine qui la veille s'était confessé dans un verger de Normandie, se retira dans son half-track de la 11e compagnie du régiment du Tchad, alluma son briquet, et se mit à lire un petit livre à la couverture écornée. C'était *L'Imitation de Jésus-Christ.* « Nous sommes sur la terre comme des voyageurs et des étrangers... » lut Emmanuel Dupont. Il s'arrêta sur cette phrase, ferma le livre, souffla la flamme de son briquet, et se mit à prier dans les ténèbres.

Mais, cette nuit-là, personne n'était plus

enthousiaste et heureux qu'un simple 2e classe d'un régiment de chars. Allongé sur la plage arrière du « La Marne », le Sherman dont il était le pilote, le chasseur Paul Landrieux répétait avec extase : « Nom de Dieu, 25 kilomètres ! Vous vous rendez compte les copains ? 25 kilomètres ! » Landrieux venait d'apprendre que l'objectif de sa compagnie pour la matinée du lendemain était la banlieue de Fresnes située à 25 kilomètres. Cette courte distance était, cette nuit, tout ce qui lui restait à parcourir pour boucler les 3 000 kilomètres d'un voyage qui l'avait conduit, par les prisons d'Espagne, jusqu'aux déserts du Tchad et de Libye. A Fresnes un soir, trois ans plus tôt, Landrieux avait dit à sa femme : « Je descends acheter un paquet de Gauloises, je reviens dans dix minutes. » Il n'était jamais revenu. Demain, ces dix minutes seraient achevées. Dans les rues de Fresnes, Landrieux combattrait pour libérer son village et l'épouse qui ne savait s'il était vivant ou mort. Au lieu d'un paquet de Gauloises, il rapporterait un paquet de Camel.

Tandis que les hommes de la 2e D.B. s'allongeaient pour quelques heures de repos dans la région de Rambouillet, les soldats d'une autre division se jetaient sur leurs traces.

Sous une pluie battante, tous phares éteints, la 4e division d'infanterie américaine quittait Carouges, à 260 kilomètres de Paris, et fonçait vers la capitale. Alarmé par l'avertissement de Rolf Nordling, le général Omar Bradley avait spécialement choisi la 4e division pour épauler la 2e D.B. Depuis le jour du débarquement, cette unité avait été, avec les 1re et 29e divisions, le fer de lance de l'armée américaine. Elle avait débarqué à Utah Beach, s'était emparée de Cherbourg, avait tenu devant Mortain contre trois divisions de Panzer, et avait repoussé la contre-attaque désespérée du Feldmarschall von Kluge. Pour le 12e régiment d'infanterie qui ouvrait cette nuit la marche de la division américaine, la route qui menait à Paris avait été un terrible calvaire. Les 3 000 hommes qui roulaient sous la pluie laissaient derrière eux 4 034 tués et blessés tombés depuis le débarquement du 6 juin, c'est-à-dire en moins de 78 jours.

Entassés par rangées de six dans leurs camions, les G.I's. de la 4e division étaient en proie à la même fièvre joyeuse que les Français de la 2e D.B. Leur imagination enflammée par les légendes qu'avaient rapportées les combattants de la Première Guerre mondiale, par les souvenirs de leurs livres de classes, par l'histoire et les films de Hollywood, par Alexandre Dumas et Victor Hugo, par le « gay Paris » et ses jolies filles, par les cartes postales de la tour Eiffel et de Notre-Dame, bref par la magie du nom de Paris, ils fonçaient sous la pluie avec la même ardeur que les soldats français qui allaient libérer leur foyer.

« Pluie sur nos combinaisons, pluie dans notre café, pluie sur nos têtes », nota cette nuit-là dans son journal le médecin Joe Ganna, de Roxbury, Massachusetts. « Mais l'excitation de voir Paris nous pousse, ajouta-t-il, et nous avançons. » Ganna entendit alors à côté de lui, dans le G.M.C. cahotant, le soldat de 1re classe « Davey » Davison murmurer : « Je laisse aux autres le vin et les femmes. La seule chose que je demande, c'est une nuit de sommeil dans un vrai lit. »

Aveuglé par la pluie, en tête de la division, le colonel Jim Luckett, de Montgomery, Alabama, commandant le 12e régiment d'infanterie, avait une furieuse envie de chanter. Il était presque aussi heureux que s'il rentrait chez lui. Pour le vaillant colonel, c'était un retour au pays de sa jeunesse. En 1928, alors qu'il était étudiant, il avait connu à Paris les derniers éclats de la folle époque. Mais ce soir, ce n'étaient pas seulement les souvenirs qui attiraient Luckett vers la capitale de la France. C'était aussi l'appartement qu'il y possédait au 10 de la rue des Beaux-Arts et qu'il n'avait jamais vu. Le colonel l'avait gagné dans un pari avec un ami colombien, l'artiste San Diego Medina, et il s'était promis d'aller le visiter dès son arrivée.

Pour quelques-uns de ces Américains, la marche vers Paris était un véritable retour au foyer. Le lieutenant Dan Hunter de l'O.S.S. y avait vécu la plus grande partie de sa vie. Sous la tente du commandant de la « Paris Task Force », l'unité chargée de dépister les collaborateurs de la capitale, Hunter promena son doigt sur une carte de la ville. On lui avait demandé de choisir à l'avance l'endroit où il installerait son unité dans Paris. Son doigt s'arrêta sur un lieu qui lui était familier : comme en une joyeuse revanche, il avait choisi son ancien collège.

A la lueur de son briquet « Zippo », un autre officier, Franklin Holcombe, étudiait aussi une carte à côté d'un Sherman portant la croix de Lorraine. Le pilote du char français s'était perdu et le solide Américain qui avait fait quatre ans d'études à Paris lui indiquait la route de la capitale. Le Français n'avait jamais été à Paris de sa vie.

De Chartres, le colonel Hohn Haskill décida de tenter une expérience. Il décrocha un téléphone dans un café et demanda un numéro à Paris. Au bout du fil, tout à coup, il entendit la voix de sa vieille amie Mimi Gielgud, la belle-sœur du célèbre acteur qui avait vécu toute l'occupation à Paris. Haskill fut sidéré par le flegme typiquement britannique de son amie.

« Oh ! John, s'exclama-t-elle, j'attendais justement votre coup de fil. »

⁂

Mais les officiers alliés, ce soir-là, ne partageaient pas tous l'émotion et l'enthousiasme des hommes de la 2e division française et de la 4e division américaine. Pour ceux qui étaient chargés des transports et des approvisionnements, la libération de Paris serait une opération coûteuse, difficile, dont ils allaient maintenant devoir payer le prix. A Bristol et Southampton, 53 tonnes de médicaments, 23 338 tonnes de biscuits, de conserves de viande, de margarine, de savon, de chocolat vitaminé et de lait en poudre attendaient d'être acheminées en priorité urgente vers le continent et Paris. 3 000 tonnes devraient être transportées par avion, par l'escadrille des Carpetbaggers. Pour acheminer le reste depuis les plages de Normandie, le 21e groupe d'armées britannique devait se priver de 2 000 G.M.C. et de 300 camions à remorques de 3 tonnes. Les services logistiques américains devaient également fournir plus de 1 000 camions normalement affectés aux lignes de communication militaires.

Le 21e groupe d'armées de Montgomery avait également reçu l'ordre de prélever 5 000 tonnes par jour sur ses approvisionnements et de les acheminer sur Paris par ses propres moyens.

350 000 litres d'essence seraient dépensés par jour pour ravitailler Paris. Pendant les deux pré-

cieuses prochaines semaines de leur ruée à travers le Nord et l'Est de la France, les Alliés consommeraient plus de 5 millions de litres d'essence pour aider la capitale française à faire la soudure. Et ce mercredi soir, dans cette même tente où quarante-huit heures plus tôt il avait dit « non » au Français Roger Gallois, le général Patton avait sous les yeux un chiffre accablant. Pour la première fois depuis la percée d'Avranches, ses colonnes blindées avaient le 23 août consommé davantage de carburant qu'elles n'en avaient reçu. Dans exactement une semaine, devant Metz, à 150 kilomètres des rives symboliques du Rhin, talonnant les Allemands en pleine déroute, les tanks de la 3e armée de Patton tomberaient en panne d'essence. Pour atteindre le Rhin, il leur manquerait tout juste les 5 millions de litres qu'aurait coûtés la libération prématurée de la capitale française[1]. Quand l'armée Patton recevrait enfin son essence, à la fin du mois de septembre, les Allemands auraient reçu des renforts et se seraient solidement retranchés derrière la ligne Siegfried. Patton n'atteindrait le Rhin que sept longs mois plus tard, le 22 mars 1945.

*
**

1. Il ne sera probablement jamais possible d'évaluer exactement dans quelle mesure la libération prématurée de Paris entrava la marche des Alliés vers le Rhin. De toute façon, avec ou sans la prise de Paris, une crise du carburant se préparait pour les Alliés. Aux auteurs de ce livre, Eisenhower a déclaré : « Certes ces deux semaines étaient vitales. Mais nous étions arrivés au point critique de notre avance. Il est difficile de présumer exactement jusqu'où Patton aurait avancé. Cependant, il se serait sans doute emparé de Metz et d'une grande partie de la région au-delà de la ville. » Quant au général Bradley, il déclara pour sa part aux auteurs de ce livre : « Si nous avions pu atteindre le Rhin, nous aurions fait un pas de géant. Il nous fallait juste deux semaines d'essence de plus, à mon avis, pour y arriver. C'était pourquoi je ne voulais pas aller à Paris. Je ne voulais pas que la libération de Paris nous prive de ce carburant, ce qui fut le cas. »

Tous phares éteints, la B.M.W. noire glissait sans bruit dans la nuit. Sur le siège arrière, pelotonné sur lui-même, « Mister », le caniche royal du général von Aulock, somnolait. Le général, à son habitude, conduisait lui-même. Cette nuit, pour la première fois depuis plusieurs jours, Aulock était satisfait. Les troupes qu'il avait demandées pour renforcer ses 10 000 hommes qui occupaient la ligne de défense gardant les principales approches de Paris avaient enfin commencé à arriver. En moins de six heures, Aulock avait reçu un régiment blindé commandé par un héros du front russe, le colonel à jambe de bois Pulkovski, et le Messerschmidt Sturm-Bataillon qui avait aussitôt occupé des positions de chaque côté de la route de Mantes. Mais surtout, Aulock avait appris dans la soirée que des éléments de la 5e armée blindée seraient placés sous son commandement dans les prochains jours.

Maintenant, avec son chef d'état-major, le capitaine Théo Wulf, Aulock rentrait à Saint-Cloud, après une minutieuse tournée d'inspection de ses défenses, les défenses sur lesquelles viendrait frapper dans quelques heures la marée furieuse de la 2e D.B. Ni Aulock ni Wulf ne savaient pourtant cette nuit-là qu'à moins de 25 kilomètres de là, camouflés sous les arbres de la forêt de Rambouillet ou dans les collines de la vallée de Chevreuse, les hommes de cette division attendaient l'aube avec une impatience de meute affamée.

En fait, pour le général aux épaulettes toutes neuves, cette inspection avait presque été une promenade. Après avoir entendu le rapport du commandant du secteur de Versailles, le colonel Seidel, il avait pris le temps de déguster avec son hôte un petit verre de bénédictine et de l'écouter jouer au piano quelques mélodies de Beethoven. Réconforté par ce qu'il avait vu et entendu, et par l'idée que bientôt les canons et les blindages de la 5e armée viendraient renforcer sa ligne de défense, le général von Aulock frappa soudain d'une claque joyeuse la cuisse de son chef d'état-major et s'exclama : « Croyez-moi, Wulf, quand ils se décideront à attaquer, on le leur fera payer cher, leur Paris ! »

Pour Willy Wagenknecht, le prisonnier allemand qui avait vu partir avec tant d'amertume pour l'Allemagne les centaines de déportés français, l'heure de la libération avait sonné. Les portes de sa cellule de Fresnes s'étaient enfin ouvertes. Au lieu de la soupe habituelle de la prison, Wagenknecht avait eu ce soir-là pour son dîner du jambon et du pâté de foie. Il avait même reçu un paquet de cigarettes et une demi-bouteille de cognac. Mais en dépit de leur rareté, ces « delikatessen » lui laissaient un goût amer dans la bouche. Willy Wagenknecht savait qu'il allait être bientôt obligé d'en payer le prix. Devant lui, dans la cour de la prison, se profilait le long tube d'un canon de 88. L'Allemand et ses codétenus avaient été désignés pour défendre le bâtiment dans lequel, quelques heures plus tôt, ils étaient encore prisonniers. A l'idée d'avoir à se battre pour sa propre prison, Wagenknecht avait la nausée. A 10 kilomètres à l'ouest des murailles de Fresnes, au cœur du massif de fleurs de la colline de Meudon, un autre artilleur, l'Obergefreiter viennois Anton Rittenau, de la Gemischte Flakbatterie n° 4, entendait alternativement le roulement du canon qui venait du sud et le bruit de la fusillade qui venait de Paris. Rittenau et les hommes des pièces voisines étaient prêts à ouvrir le feu sur n'importe quel objectif en moins d'une minute. Cette nuit-là, les tubes de 88 et de 105 de l'artilleur étaient pointés vers le sud-est, en direction de l'aérodrome de Villacoublay. Mais, en quelques tours de manivelle, les mêmes canons pouvaient se trouver braqués sur Paris. Dans les caves du château voisin transformé en observatoire, Rittenau et ses hommes avaient entassé plus de 800 coups, « plus qu'il n'en fallait pour le lendemain et pour les jours suivants ».

Dans la ville elle-même, les soldats de Choltitz renforçaient les défenses de leurs points d'appui. Aux abords du pont de Neuilly, l'ancien tankiste Willy Krause, mis à pied parce qu'il n'avait pas réussi à démolir une barricade, s'occupait à mettre en batterie une demi-douzaine de canons antichars. Quelques minutes après avoir commandé le peloton qui venait d'exécuter deux marins déserteurs, le Feldwebel Karl Frœlich, 21 ans, faisait installer un mortier sur le toit de l'hôtel Crillon, au-dessus de la place de la Concorde hérissée de défenses antichars.

Au bar de l'hôtel Raphaël, occupé par une unité combattante, le mineral offizier Walter Neuling observait à côté de lui un jeune capitaine qui débouchait sa troisième bouteille de champagne. L'ambition de toute sa vie, confia tout à coup le capitaine à Neuling, avait été de devenir architecte. A la place, il était devenu un expert en démolitions et il venait d'accomplir la plus grande tâche de sa carrière. Il avait, disait-il, miné « la moitié de Paris ». Vidant sa coupe de champagne, le capitaine Ebernach — car c'était lui — reconnut que ce n'était pas « une mission particulièrement plaisante ! » Mais, ajouta-t-il, lorsqu'il recevrait l'ordre de déclencher les explosions, il n'hésiterait pas. « Ils entendront le bruit jusqu'à Berlin », affirma-t-il.

Il était minuit quand deux silhouettes s'arrêtèrent sur le petit pont qui franchissait la Seine. A quelques centaines de mètres, se découpant sur la clarté de la nuit, Alexandre Parodi et Yvon Morandat aperçurent la colonne de fumée noire qui s'élevait encore au-dessus du Grand Palais. C'était un des spectacles les plus sinistres qu'eût jamais contemplé le représentant de Charles de Gaulle dans la ville occupée. Bientôt, pensait-il, Paris n'aurait plus d'armes, plus de munitions, plus rien à manger, et plus d'espoir. L'insurrection commencée quatre jours plus tôt dans l'enthousiasme ne pourrait se maintenir sans aide extérieure. Et personne à Paris ne savait que cette aide était en route. Pour Parodi, comme pour les 3 millions et demi de Parisiens, la capitale cette nuit-là semblait abandonnée à son destin que symbolisait la colonne de fumée noire au-dessus de la carcasse calcinée du Grand Palais.

Les yeux rouges de fatigue, Parodi se retourna alors vers Morandat et murmura : « Yvon, demain ils vont incendier tout Paris, et c'est moi qui serai responsable devant l'Histoire. »

31

Pour la deuxième fois en vingt-quatre heures, la plume du colonel général Alfred Jodl n'arrivait pas à suivre le torrent déchaîné qui s'écoulait de la bouche d'Adolf Hitler. Depuis le matin, les téléscripteurs de l'O.K.W. avaient transmis des rapports alarmants sur la détérioration de la situation à Paris. Dans son dernier message, le général von Choltitz avait fini par admettre lui-même que les « terroristes » montraient « une activité intense » dans toute la ville. Ces nouvelles avaient provoqué chez Hitler une explosion de colère qui resterait mémorable. Cette colère s'était muée en un véritable accès de rage lorsque l'expert en matière d'armement auprès de l'O.K.W., le général Bulhe, avait dû annoncer qu'une série de puissantes attaques aériennes alliées avait paralysé toute la circulation ferroviaire autour de Paris. Les S.O.S. désespérés de Jacques Chaban-Delmas avaient eu au moins un résultat : ce soir, le général Bulhe avait dû avouer qu'à cause de ces bombardements le « Mörser Karl » n'avait pas avancé d'un mètre dans la journée.

En dictant ses ordres à Jodl, Hitler hurlait que si la Wehrmacht n'était pas capable « d'écraser la racaille des rues de Paris », elle se « couvrirait de honte et du plus grand déshonneur de son histoire ». Il fit commander à Model d'envoyer tous ses tanks et véhicules blindés disponibles à Paris. Quant au commandant du Gross Paris, il devait, ordonna Hitler, grouper ses blindés et son artillerie en unités d'attaque spéciales pour « réduire sans pitié les foyers insurrectionnels ». Il exigea enfin que la Luftwaffe intervienne avec tous ses moyens pour « écraser sous les bombes explosives et incendiaires les quartiers de la ville où l'émeute sévirait encore ».

Le général Walter Warlimont qui fut témoin, ce mercredi soir, de l'épouvantable accès de rage du maître du IIIe Reich, devait noter dans son journal personnel une réflexion qui était déjà venue à l'esprit de beaucoup de Français : « Maintenant, écrivit-il, à Paris, cela va être comme à Varsovie. »

Dans son quartier général souterrain du

groupe d'armées B, à Margival, d'où il commandait les opérations de tout le front de l'Ouest, le Feldmarschal Walter Model dépouillait les derniers rapports de la journée. Comme tous ceux qu'il avait reçus pendant les quatre jours précédents, aucun de ces rapports ne mentionnait l'imminence d'une attaque alliée contre Paris. Ils ne signalaient que « de faibles reconnaissances blindées » devant la capitale. L'un d'eux annonçait même que les Alliés devraient « attendre l'arrivée de nouvelles unités » avant de pouvoir organiser un important mouvement sur Paris[1].

Au quartier général du commandant en chef à l'Ouest, par un mystère inexplicable, personne cette nuit-là n'était au courant de la ruée vers Paris de la 2e division française et de la 4e division américaine.

Pourtant, Model, mû par quelque intuition ou par le fait qu'il ne pouvait plus, sans risquer de se compromettre définitivement, continuer à suivre sa propre stratégie plutôt que celle imposée par l'O.K.W., avait envoyé dans la journée les premiers renforts devant Paris. Au début de l'après-midi, à la suite d'un coup de téléphone pressant du général Warlimont, Model avait finalement entrepris de rassembler toutes les unités éparses qu'il avait pu trouver. Il avait ordonné que ces unités fussent envoyées sur la ligne de défense de Paris tenue par les 10 000 hommes du groupe de combat du général von Aulock, renforcé de plusieurs éléments blindés et de deux cents canons de 88.

Sachant que les attaques aériennes alliées obligeaient les 26e et 27e S.S. Panzer à ne circuler que la nuit, ce qui retarderait considérablement

1. Tagesmeldung 23.8.44 AR AGB N° 6457/44.

leur arrivée à Paris, le Feldmarschall Model prit ce soir-là trois décisions. Il ordonna à la 47e division d'infanterie de se regrouper dans la région de Méru-Neuilly-en-Thelle, à une cinquantaine de kilomètres au nord de la capitale, et d'être prête à se rabattre sur le flanc nord-ouest de Paris[1]. Il commanda à la 1re armée de rassembler dans les régions de Meaux, à 4 kilomètres à l'est de Paris, toutes ses unités blindées disponibles et de les envoyer immédiatement dans la capitale[2]. Enfin, il donna l'ordre à la 2e brigade de canons d'assaut de faire immédiatement mouvement sur Paris[3].

Il était minuit, quand le petit Feldmarschall à monocle eut fini de dicter ses ordres au chef du 3e bureau, le colonel breveté d'état-major von Tempelhof et à son adjoint, le commandant Gemring. Quinze minutes plus tard, les volontés du commandant en chef partaient sur les téléscripteurs du Q.G. d'où Hitler avait un jour espéré diriger l'invasion de l'Angleterre. Model pensait que ces unités pourraient atteindre leurs positions d'ici à deux jours, c'est-à-dire le 25 ou le 26 août. En cas d'urgence, elles permettraient à Choltitz de tenir jusqu'à l'arrivée des deux divisions blindées S.S. A ce moment-là, avec plus de trois divisions sous son commandement, Model était persuadé que le vainqueur de Sébastopol aurait les moyens de livrer, pour la défense de Paris, le farouche et sanglant combat que Hitler exigeait. La seule chose dont l'énergique Feldmarschall avait maintenant besoin, c'était d'un peu de temps. Le temps nécessaire pour permettre aux unités qu'il avait mises en mouve-

1. AR GR B Ia 6503/44 24.8.44 0.45.
2. AR GR B Ia 6504/44 24.8.44 0.45.
3. AR GR B Ia 6504/44 24.8.44 0.45.

ment de rejoindre leurs positions. Il avait besoin d'exactement quarante-huit heures.

32

Endormie au fond de sa vallée dans la douce nuit d'été, la petite ville allemande paraissait bien loin de la guerre. Dans l'allée déserte jadis peuplée de noctambules, on n'entendait ce soir que le bruissement des tilleuls sous la brise et le pas pressé d'une ombre. Inquiète, Uberta von Choltitz rentrait chez elle. Quelques minutes plus tôt, alors que l'orchestre de l'Opéra de Baden-Baden entamait le grand air de Senta du *Vaisseau Fantôme* de Richard Wagner, son œuvre préférée, une ouvreuse s'était glissée jusqu'à sa loge et lui avait chuchoté qu'on la demandait de toute urgence chez elle.

Sûre qu'un accident était arrivé à Timo, son petit dernier de quatre mois, Uberta von Choltitz accéléra le pas, traversa la rivière, contourna l'église russe et remonta la Viktoriastrasse. Essoufflée par trois étages, elle courut jusqu'à la chambre de Timo. Mais le bébé dormait paisiblement dans son berceau. Johana Fisher, la petite bonne qui, quatorze jours plus tôt, était allée acheter chez la boulangère les derniers bretzels de Dietrich von Choltitz, tendit alors à Uberta un morceau de papier. Monsieur, dit-elle, avait téléphoné. Mais comme il n'avait pu garder la ligne, elle avait donc noté sur ce morceau de papier le message qu'il lui avait demandé de transmettre à Madame. Ce serait le dernier message qu'Uberta von Choltitz recevrait de son mari pendant plus d'un an. Il disait seulement :

33

D'un pas silencieux, l'ordonnance Helmut Mayer s'avança dans le long couloir à moquette rouge. Sur le plateau qu'il portait se trouvait l'invariable petit déjeuner du général : un pot de café noir, quatre tranches de pain et un confiturier de marmelade d'oranges. Comme chaque matin, le caporal apportait également un classeur noir. Le lieutenant von Arnim, l'aide de camp du général von Choltitz le lui avait remis quelques minutes plus tôt. Il contenait les télégrammes et les messages arrivés pendant la nuit à l'état-major de l'hôtel Meurice. Ce matin-là, l'ordonnance remarqua que le classeur était plus épais que d'habitude.

Mayer ouvrit sans bruit la porte de la chambre n° 238, posa le plateau sur la table de nuit et alla écarter les lourds rideaux de velours. Quand les premiers rayons de lumière entrèrent dans la pièce, le général ouvrit les yeux. Puis, comme tous les matins depuis sept ans, il demanda à son jovial serviteur : « Quel temps fait-il aujourd'hui, Mayer ? »

Il faisait gris et il était exactement 7 heures, ce jeudi 24 août. Et le jour qui commençait serait le dernier où le caporal Helmut Mayer apporterait son petit déjeuner au gouverneur militaire du Gross Paris.

Choltitz ajusta son monocle, ouvrit le classeur noir et se mit à parcourir les télégrammes. Le premier était l'ordre personnel que Hitler avait dicté la nuit précédente à Jodl : il commandait « de réduire sans pitié les foyers insurrectionnels (...) et d'écraser sous les bombes explosives et incendiaires les quartiers de la ville où l'émeute sévirait encore[1] ». Les copies des ordres que le Feldmarschall Model avait adressés à la 47e division d'infanterie, à la 1re armée et à la 11e brigade de canons d'assaut apprirent à Choltitz que des renforts lui étaient envoyés par l'O.B. West. Mais surtout, le classeur noir contenait ce jour-là la nouvelle capitale que Model avait négligé par deux fois de porter à la connaissance du commandant du Gross Paris. Un télégramme émanant du bureau des opérations du groupe d'armées B annonçait enfin à Choltitz que les 26e et 27e Panzer S.S. étaient entrées en France et qu'elles faisaient route vers Paris pour se mettre sous son commandement[2].

Choltitz rappelle qu'il resta un long moment, la tête calée par l'oreiller, incapable de faire un geste. Ainsi le terrible dilemme qui le hantait jour

1. Cet ordre était tombé sur le téléscripteur du Meurice vers 1 heure du matin. La première personne qui en avait pris connaissance avait été le lieutenant Ernst von Bressensdorf, chef des transmissions, de service cette nuit-là. Atterré par son contenu, l'officier avait décidé, bien que cet ordre portât la mention « KR Blitz » (Très Urgent), de retarder le plus longtemps possible sa transmission à son destinataire. Au lieu de faire réveiller le général von Choltitz, Bressensdorf avait conservé le message toute la nuit dans sa poche et ce n'est qu'à 6 heures du matin qu'il le remit au lieutenant von Arnim. Bressensdorf était persuadé que cet ordre aboutirait à la destruction de Paris et qu'après son exécution, les Allemands qui viendraient à tomber entre les mains des Français seraient massacrés par représailles. Vingt ans plus tard, devant les auteurs de ce livre, Bressensdorf reconnaîtra qu'il redoutait d'être lui-même fait prisonnier et de connaître ce sort.

2. Selon le général von Choltitz, la « négligence » du Feldmarschall Model aurait été délibérée. Contrairement à Hitler et aux stratèges de l'O.K.W., Model n'était pas convaincu que l'endroit où ces deux divisions étaient le plus nécessaires était Paris. Il tint leur arrivée secrète probablement pour pouvoir en modifier l'affectation au dernier moment.

et nuit depuis quarante-huit heures, trahir les ordres ou détruire Paris, allait maintenant se résoudre tragiquement. L'autre éventualité, celle que Choltitz avait appelée de ses vœux, l'occupation immédiate de Paris par les Alliés, ne s'était pas réalisée. Depuis un jour et demi qu'elle était en route, ni lui ni personne n'avait eu de nouvelles de la mission Nordling. A présent il était clair pour le commandant du Gross Paris que les Anglo-Américains n'avaient pas voulu, ou pas pu, profiter de son geste et s'élancer vers la capitale qu'aucune défense sérieuse ne protégeait. Et maintenant que les renforts lui arrivaient, Choltitz allait devoir se battre pour défendre la ville. Son sens du devoir, son honneur militaire, lui en faisaient l'obligation. Ce serait, Choltitz le savait, une bataille inutile : quelques jours gagnés, dans une guerre déjà perdue, au prix de milliers de morts et d'irrémissibles destructions. Mais le général se trouvait maintenant le dos au mur. Cette fois, il n'avait plus aucun choix. Il devait se battre. Il se battrait donc.

C'était la première fois de sa carrière que le vieux guerrier, le vainqueur de Rotterdam et de Sébastopol, envisageait avec si peu d'enthousiasme une telle perspective. Mais quelles que fussent ses réticences personnelles à l'égard du combat qu'il allait livrer, il était résolu à le mener sans faiblesse.

Il avala d'un trait sa tasse de café noir, se leva et, pieds nus, se dirigea vers la baignoire que Helmut Mayer avait emplie à son intention.

A moins de 500 mètres de la salle de bains où, dans un nuage de vapeur, le général allemand réfléchissait aux messages qu'il venait de lire, un solide garçon au visage bronzé écoutait avec stupeur, au deuxième étage d'un immeuble de la rue d'Anjou, les révélations que lui faisait une voix aux intonations germaniques. Confortablement installé dans une bergère ancienne auprès du lit où le consul Nordling se rétablissait de sa crise cardiaque, l'agent de l'Abwehr Bobby Bender répétait mot pour mot à l'inspecteur des finances Lorrain Cruse, adjoint direct de Jacques Chaban-Delmas, le contenu de tous les ordres et messages dont Dietrich von Choltitz venait à peine de prendre connaissance.

Grâce aux complicités dont il disposait à l'état-major du Gross Paris, Bender connaissait avant même leurs destinataires la teneur de toutes les dépêches. Sachant qu'il allait rencontrer chez le diplomate suédois un représentant de la Résistance, Bender avait ce matin-là noté avec un soin particulier les informations arrivées pendant la nuit.

La situation est extrêmement grave, affirmait l'Allemand. Avec les deux divisions Panzer S.S., la 47e division d'infanterie, des éléments blindés de la 1re armée, et les canons d'assaut de la 11e brigade, Choltitz livrera une sauvage bataille. Les ordres de destructions qu'il reçoit de Hitler sont de plus en plus impitoyables. Il va être obligé de les exécuter, sinon lui-même et toute sa famille risquent d'être fusillés. D'une voix pathétique, l'Allemand annonça au Français et au Suédois : « Si les Alliés n'arrivent pas dans les prochaines heures, il y aura un désastre. »

A ces mots, Lorrain Cruse se leva et quitta précipitamment l'appartement du consul de Suède. Sautant sur sa bicyclette, il se mit à pédaler furieusement vers le lieu secret où Chaban-Delmas avait installé son P.C. « Vite, cria-t-il, en entrant tout essoufflé dans le bureau du jeune général, il faut faire prévenir les Alliés : Choltitz attend deux divisions blindées S.S. Il va se battre et détruire Paris. »

Vingt minutes plus tard, courbé sur le guidon d'un vieux vélo, un grand garçon blond s'élançait par les boulevards extérieurs en direction de la porte d'Orléans. Il s'appelait Jacques Petit-Leroy. Il avait vingt-quatre ans. Il était ivre de joie et de fierté : c'était la première mission de confiance dont le chargeait la Résistance. Sur son vieux vélo sans dérailleur, il allait tenter de franchir les lignes, et de trouver le général Leclerc ou les Américains pour leur faire connaître le contenu des messages ultra-secrets dont le commandant du Gross Paris venait lui-même de prendre à l'instant connaissance. Ainsi, les Alliés seraient-ils avertis une dernière fois que Paris risquait d'être détruit dans les prochaines heures si leurs troupes n'y entraient pas immédiatement.

34

Leclerc n'avait pas attendu. Depuis l'aube, quittant les chênes ruisselants de pluie de la forêt de Rambouillet, hommes et véhicules de la 2ᵉ D.B. parcouraient à toute allure les 40 derniers kilomètres qui les séparaient de Paris. D'une butte dominant la forêt prestigieuse sous laquelle rois et présidents donnaient jadis leurs parties de chasse, Philippe Leclerc, un imperméable de capitaine jeté sur ses épaules, regardait ses unités s'ébranler l'une après l'autre : il savait de quelle course de vitesse Paris était maintenant l'enjeu.

Fractionnée en trois groupements tactiques, la

division se dirigeait vers le sud-est de la capitale selon un front large d'une trentaine de kilomètres. La 1re colonne était la moins étoffée. Sous les ordres du commandant Morel Deville, elle était la seule à suivre l'itinéraire que le Ve corps américain avait assigné comme axe de marche à la division tout entière, c'est-à-dire la route la plus courte vers Paris, par Trappes, Saint-Cyr, et les abords du château de Versailles, jusqu'au pont de Sèvres. Elle n'avait qu'une mission de diversion : faire « le plus de bruit possible » pour que les Allemands croient que les Français allaient faire porter sur cet axe l'essentiel de leur effort.

A 8 kilomètres à l'est, la 2e colonne, commandée par le lieutenant-colonel Paul de Langlade et le commandant Jacques Massu, se glissait dans les replis verdoyants de la vallée de Chevreuse en direction de Toussus-le-Noble, de Villacoublay, de Clamart et de la Porte de Vanves.

L'effort décisif revenait à un troisième groupement tactique, commandé par le colonel Pierre Billotte, dont l'axe de progression était la route Orléans-Paris, par Longjumeau, Antony et Fresnes.

Pendant les premières heures de la matinée, les trois colonnes ne rencontrèrent aucune opposition sérieuse. Dans les villages et sur les routes, elles se frayèrent un passage au milieu d'une foule en délire. Des femmes et des jeunes filles sautaient sur les marchepieds des camions, escaladaient les chars, noyaient les libérateurs sous un déluge de fleurs, de fruits, de vin, de baisers et de larmes. Jean-René Champion, le Français d'Amérique qui conduisait le char « Mort-Homme », vit une vieille dame faire des signes frénétiques dans sa direction. Il souleva le capot de son tourelleau et sentit aussitôt quelque chose tomber sur ses genoux. C'était une casserole de tomates farcies. Le lieutenant Alain Rodel attrapa au vol un poulet rôti et une bouteille de champagne qu'une boulangère de Longjumeau avait lancés vers son char. Pour d'autres, c'étaient des présents plus modestes, mais non moins touchants. Le caporal Claude Hadey allongea le bras et cueillit sur le blindage de son char un petit bouquet de fleurs tricolore, déposé par une timide fillette.

Dans les rues d'Orsay noires de monde, Henri Karcher, le lieutenant qui avait glissé dans un coin du pare-brise de son half-track une photo de son fils qu'il n'avait jamais vu, dévisageait les femmes et les enfants qui se pressaient sur son passage. « Tu sais, Zybolski, dit-il tout à coup à son chauffeur, si mon gosse était dans cette foule, je ne le reconnaîtrais même pas ! » Et pourtant, il s'y trouvait. Le lendemain, Karcher apprendra que son fils Jean-Louis, né le 3 juin 1940, était dans cette rue et criait sur le passage des véhicules : « Où est papa ? je veux voir papa ! »

A leur stupéfaction, les soldats de la division apprirent que le téléphone avec Paris n'était pas coupé. Chaque fois que la colonne s'arrêtait, des hommes jaillissaient des véhicules et se précipitaient dans les bistrots, les cabines téléphoniques, les boutiques pour demander le numéro qu'ils avaient tant de fois répété dans leurs rêves. Patrick Deschamps le jeune soldat qui, la veille au soir, avait lu dans son char le premier *Figaro*, fut un des premiers à obtenir Paris au bout du fil. « Maman, cria-t-il, mets le champagne au frais. Nous arrivons ! » Quand ils entendirent la voix de leur mère ou de leur femme, bien des hommes furent si étonnés qu'ils ne surent quoi dire. « Eh bien, c'est moi », dit seulement le brigadier Pierre Lefèvre à sa mère. Mais beaucoup de numéros restaient sans réponse. Le sous-lieutenant Roger Touny apprit par un oncle que son père avait été arrêté par la Gestapo au mois de février[1].

A Arpajon, le caporal Maurice Boverat profita d'un arrêt de sa colonne pour sauter dans la première maison. « Madame, demanda-t-il à la propriétaire, appelez Élysées 60-47, c'est chez mes parents ! » La brave dame demanda aussitôt le numéro. Mais, à cet instant, Boverat vit sa colonne repartir « Quand vous aurez ma mère, cria-t-il en courant vers sa jeep, dites-lui que son fils est tout près, qu'il arrive... qu'il est dans un régiment à bérets noirs... »

Quelques minutes plus tard, 32, rue de Penthièvre, en plein cœur de Paris, le téléphone sonnait chez les parents du caporal. Mme Boverat apprit que son fils arrivait dans « un régiment à bérets noirs ». Bouleversée, elle n'eut la force que de dire : « Merci ». Quand elle eut raccroché, une question se mit tout à coup à la tourmenter. « Mon fils arrive... mais lequel ? Maurice ou Raymond ? » Mme Boverat avait ses deux fils « chez de Gaulle[2] ».

Dans quelques minutes, à Massy-Palaiseau aux lisières d'Arpajon, à Trappes, les trois colonnes de la 2e D.B. allaient se heurter aux premiers éléments du général Hubertus von Aulock. Les « 88 », les terribles canons de l'artillerie allemande, venaient d'ouvrir le feu. Pour la 2e D.B., la parade était terminée.

1. Son père, un héros de la Résistance, était déjà mort depuis cinq mois. Il avait été fusillé près d'Amiens, peu de temps après son arrestation.

2. Son autre fils, Raymond, avait été parachuté derrière la ligne allemande dans le Jura.

35

Dietrich von Choltitz reconnut aussitôt la voix de son correspondant. Il s'était étonné que celui-ci ne l'eût pas encore appelé pour donner suite au long entretien qu'ils avaient eu ensemble trois jours plus tôt. Mais l'officier de la Luftwaffe que le Generaloberst Otto Desloch, commandant de la 3ᵉ flotte aérienne, avait envoyé au général von Choltitz pour faire d'une partie de Paris un « petit Hambourg », venait d'être mobilisé par une tâche urgente. Il avait dirigé l'évacuation des bombardiers basés au Bourget vers des aérodromes situés au nord et à l'est de Paris.

Le commandant du Gross Paris savait que ce n'était ni de sa propre autorité, ni même à la demande du général commandant la 3ᵉ flotte que l'officier de la Luftwaffe l'appelait aujourd'hui, mais par ordre supérieur du Führer. En haut et à droite du télégramme de Hitler arrivé dans la nuit au Meurice et ordonnant à la Luftwaffe « d'écraser sous les bombes les quartiers insurgés » se trouvait une brève mention qui n'avait pas échappé à Choltitz. Cette mention précisément destinée à la 3ᵉ flotte aérienne disait simplement : « Pour exécution ».

C'était donc au nom du Führer que l'aviateur téléphonait maintenant. Il annonça qu'en raison du repli de ses appareils, les conditions du bombardement envisagé trois jours plus tôt devaient être modifiées. Il ne pouvait plus être question, déplora-t-il, d'organiser un va-et-vient ininterrompu de bombardiers, du fait de l'éloignement relatif des nouveaux aérodromes. Ce qu'il proposait à la place, c'était un raid massif d'épouvante au-dessus de Paris tout entier. « De jour ou de nuit ? » demanda avec intérêt Choltitz. « De nuit, bien sûr, Herr General ! » répliqua brutalement l'officier, manifestement agacé par la question.

Le général fit alors remarquer à l'aviateur que Paris était rempli de troupes allemandes, que l'effectif de ces troupes allait sensiblement s'accroître dans les prochaines heures, puisque des renforts étaient en route et qu'un raid nocturne sans objectif précis risquait de « tuer autant d'Allemands que de Parisiens ». A ces mots, l'aviateur poussa un soupir. « Nous n'avons pas le choix, Herr General ! » dit-il. Et il expliqua qu'il était impossible d'exposer en plein jour aux coups de la chasse ennemie les derniers bombardiers qui existaient encore sur le front de l'Ouest. L'officier répéta qu'il avait reçu l'ordre de bombarder Paris et qu'il était décidé à exécuter cet ordre quoi qu'il arrive. Une fois encore, il affirma qu'un tel bombardement ne pouvait avoir lieu que la nuit et pria le général de bien vouloir reconnaître que, dans les circonstances présentes, la perte d'un appareil de bombardement était « infiniment plus grave que la mort de quelques hommes ».

A ces mots, Choltitz eut un sursaut. Il demanda à l'officier de l'avertir du jour et de l'heure qu'il choisirait pour son « raid d'épouvante », afin qu'il puisse évacuer ses troupes des zones susceptibles d'être atteintes, c'est-à-dire de Paris tout entier. Ce serait naturellement la Luftwaffe, précisa-t-il, qui devrait porter devant l'O.K.W. la responsabilité de cette évacuation.

L'aviateur avertit alors le gouverneur de Paris

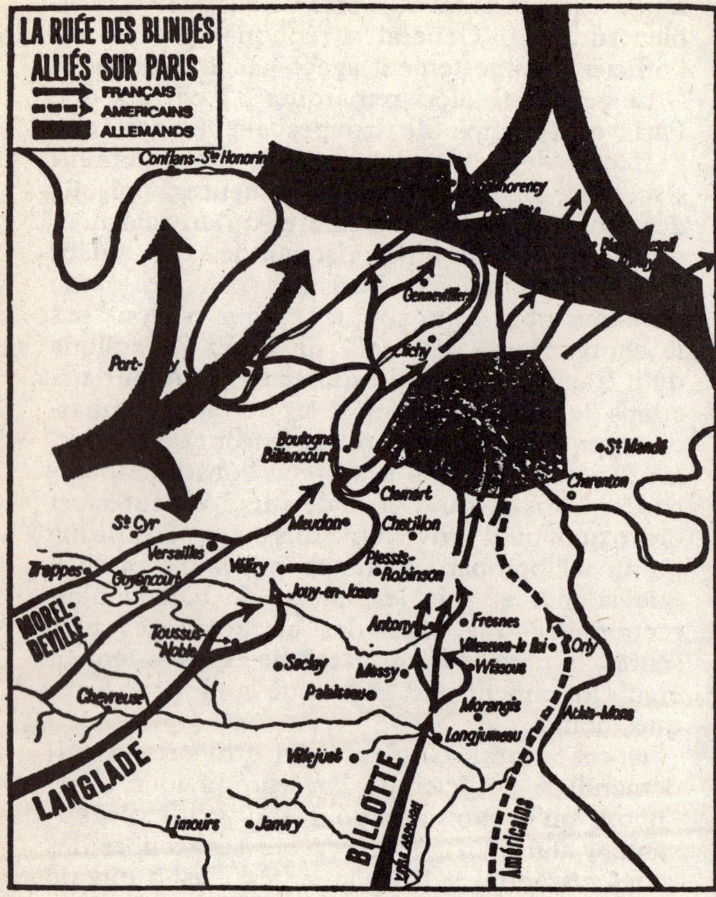
LA RUÉE DES BLINDÉS
ALLIÉS SUR PARIS
FRANÇAIS
AMERICAINS
ALLEMANDS
Conflans-Ste Honorine
Gennevilliers
Clichy
Boulogne
Billancourt
St Mandé
Charenton
Clamart
Meudon
Chatillon
St Cyr
Versailles
Plessis-
Robinson
Trappes
Vélizy
Guyancourt
Jouy-en-Josas
MOREL-
DEVILLE
Antony
Fresnes
Toussus-
le-Noble
Villeneuve-le Roi
Orly
Saclay
Massy
Wissous
Palaiseau
Morangis
Chevreuse
Athis-Mons
Longjumeau
Villejust
LANGLADE
BILLOTTE
Limours
Janvry
Américains

qu'il allait consulter ses supérieurs et qu'il viendrait lui rendre personnellement visite dans l'après-midi, au Meurice, pour prendre avec lui les dispositions nécessaires en vue d'un bombardement aussi tôt que possible, peut-être dès la prochaine nuit.

Quand il eut raccroché, Dietrich von Choltitz se mit à relire une nouvelle fois l'ordre sans appel de Hitler qui avait provoqué le coup de téléphone de l'officier de la Luftwaffe. « La Luftwaffe écrasera sous les bombes explosives et incendiaires les quartiers de la ville où l'émeute sévirait encore », répéta-t-il à mi-voix. Et, à ces mots, il haussa les épaules. « C'est Paris tout entier, alors, qu'il faut bombarder », se dit-il avec une ironie désespérée.

Pour détruire, ce matin-là, toute une portion de Paris d'un seul coup, les sapeurs des 177ᵉ et 823ᵉ Pionierkompanie n'avaient pas besoin de l'aide des bombardiers de la 3ᵉ flotte aérienne. Quand l'Unteroffizier Hans Fritz et ses six camions seraient de retour du tunnel de Saint-Cloud, ils pourraient faire voler en éclats l'admirable ensemble architectural qui borde la Seine, le pont de la Concorde, la Chambre des Députés, l'hôtel de la Présidence, le ministère des Affaires étrangères. L'Unteroffizier Hans Fritz, un ancien cordonnier berlinois, avait la mission d'aller chercher dans le dépôt du tunnel de Saint-Cloud cinquante charges explosives supplémentaires. A bord de son gros camion Mercedes, il traversait maintenant un Paris étrangement désert et silencieux. « Pourvu, se disait-il, que ce soit aussi calme quand nous reviendrons du tunnel. » L'Unteroffizier savait qu'il suffisait d'une seule balle bien placée pour volatiliser aux quatre coins de Paris son chargement, son camion et lui-même.

36

Du haut d'une colline de Saint-Germain-en-Laye, un général allemand solitaire observait le paysage à la jumelle. Au pied de la colline, dans une Horch noire 8 cylindres, son chauffeur l'attendait, en compagnie de dix perruches gazouillant dans une cage. Comme Montgomery, le général Gunther Blumentritt adorait les oiseaux.

Ce jour-là, le général qui deux semaines plus tôt avait suggéré d'appliquer à Paris « une politique limitée de la terre brûlée », avait décidé de s'offrir, « pour le sport », une émotion personnelle. Avant de prendre à son tour la route du nouveau Q.G. près de Reims où l'O.B. West s'était replié depuis une semaine[1], il voulait voir de ses yeux arriver les tanks ennemis. Blumentritt était le dernier officier qui se trouvât encore là. Il avait fait ses adieux au jardinier français et cueilli une dernière rose. Maintenant, le général bedonnant sentait son cœur battre plus vite. Dans le lointain, il pouvait apercevoir les premiers chars ennemis qui surgissaient dans un nuage de poussière. Bientôt, il entendit rouler sur la campagne le fracas de la bataille qui commençait. Blumentritt, alors, remit ses

1. Les services de l'O.B. West s'étaient installés dans les caves à champagne de Mumm, à Verzy. Le Feldmarschall Model continuait cependant à diriger la bataille depuis le bunker de Margival près de Soissons, où se trouvait le Q.G. du groupe d'armées B.

jumelles dans leur étui et regagna sa voiture. Puis il s'installa confortablement en vue du voyage qui allait l'arracher à une ville où, pendant deux ans, il avait séjourné avec tant de plaisir. C'est alors qu'il entendit son chauffeur lui faire part d'une nouvelle fort ennuyeuse. « Mon général, annonça celui-ci, il va falloir que vous vous adressiez à Montgomery. Il n'y a plus de grain pour vos perruches ! »

A 20 kilomètres au sud de la butte d'où le général Blumentritt venait d'apercevoir les premiers chars de Leclerc, sur le plateau de Toussus-le-Noble, un autre officier allemand observait lui aussi dans ses jumelles la progression des blindés ennemis. Mais ce n'était pas « pour le sport » : le lieutenant Heinrich Blankemeyer, du 11e Flack Regiment, avait l'ordre d'arrêter les chars à coups de canon. A l'instant même où il donnait à sa batterie de 88 autotractée les dernières consignes de pointage, Blankemeyer vit les tanks ennemis s'enflammer un à un « comme des pétards ». Les batteries voisines avaient déjà ouvert le feu.

Du fossé où il s'était jeté en bordure du petit aérodrome qu'observait Blankemeyer dans ses jumelles, le correspondant de guerre Ken Crawford, du magazine américain *Newsweek*, voyait lui aussi flamber les chars. Crawford était fou de rage. Cinq minutes plus tôt, devant l'église du village de Châteaufort, Crawford avait rencontré « papa » Hemingway, qui lui avait tranquillement assuré que la voie était libre.

Non loin de l'Américain, aplati dans le même fossé, le commandant Henri de Mirambeau, du 40e régiment d'artillerie, regardait avec angoisse les Sherman du 12e cuirassiers se ruer vers les lisières de l'aérodrome, « comme les cavaliers des charges d'autrefois ». Les uns après les autres, Mirambeau et Crawford virent les tanks exploser sous les coups des canons allemands embusqués devant l'aérodrome. A 200 mètres sur la droite, caché derrière un boqueteau, le quartier-maître canonnier Robert Mady du « Simoun », le char dont la soute à munitions contenait un canard, vit devant lui un Sherman, touché d'un coup au but, faire un véritable saut en l'air. Aussitôt le char s'était mis à flamber. Et maintenant l'engin désemparé dévalait à reculons vers une colonne de half-tracks qui montait. Mady pensa que le char, bourré de munitions, allait « faire un massacre » en explosant au milieu des half-tracks. C'est alors qu'il vit une chose terrible : deux chars amis se diriger vers le tank en flammes et le clouer sur place à coups de canon.

De son fossé, Mirambeau pensa qu'il avait enfin réussi à localiser les emplacements des pièces allemandes. Leur tir semblait provenir d'une ligne de meules de paille situées au bout d'un champ de blé, en bordure même de l'aérodrome. L'officier rampa jusqu'à sa jeep, restée miraculeusement intacte sous les obus, et ordonna par radio à ses canons automoteurs de pilonner la lisière de la plaine. Tandis que les premiers obus tombaient, Mirambeau vit avec stupéfaction toutes les meules se mettre en mouvement. Sous chaque meule, le colonel Seidel, le distingué pianiste de Dresde, avait placé un canon antichar.

Quand, enfin, la résistance allemande fut brisée, Crawford vit arriver « papa » Hemingway, un grand sourire aux lèvres. « Espèce de salaud ! lui lança Crawford, tu m'avais dit que le passage était libre ! » Hemingway haussa les épaules. « Il fallait bien que je trouve un cobaye pour le savoir, non ? »

Tout le long des trois itinéraires que suivait la 2e D.B., de puissants barrages comme celui de Toussus-le-Noble ralentirent la progression des colonnes et causèrent des pertes sérieuses. Bientôt, les Dodge à croix rouge des « Rochambelles » du 13e bataillon médical[1] apparurent dans la fumée de la bataille. Au volant de son ambulance baptisée « Paris-Bourse », du nom de l'autobus qu'elle prenait jadis pour aller à la Sorbonne, Suzanne Torrès, dite « Toto », vit tout à coup un homme suspendu à un arbre. Son half-track avait sauté sur l'une des mines dont le général Hubertus von Aulock avait truffé par milliers la vallée de Chevreuse. « Toto » et Raymonde, sa coéquipière, montèrent sur le toit de leur ambulance et décrochèrent le soldat qui avait la jambe droite arrachée. Dans sa Mercedes, prise à un colonel de la Wehrmacht, l'aumônier Roger Fouquer s'arrêta. « Padre, gémit le moribond en reconnaissant le visage de l'aumônier, tu iras voir ma femme et mes gosses à Bergerac, et tu leur diras que je suis mort pour la libération de Paris. » Du haut de leurs tourelles, quand ils aperçurent le padre, bien des hommes ce jour-là firent un signe à l'aumônier et lui lancèrent leur portefeuille en criant par-dessus le vacarme des chenilles : « Padre, gardez ça jusqu'à Paris ! Pour le cas où l'on cramerait aujourd'hui ! » Les poches de son treillis pleines de portefeuilles

1. Le groupe des « Rochambelles » du 13e bataillon médical que commandait Suzanne Torrès comptait 33 ambulancières. Trois de ces ambulancières, au moment de la libération de Paris, étaient mariées à des soldats de la division. La 2e D.B. était la seule unité alliée, sans doute, où mari et femme combatissent côte à côte. A la fin de la campagne, 29 Rochambelles devaient épouser des soldats ou des officiers de la 2e D.B. Suzanne Torrès devait elle-même épouser l'une des figures les plus prestigieuses de la division, le commandant Jacques Massu, aujourd'hui général commandant la région militaire de Metz.

bourrés de photos, de lettres, d'argent, l'aumônier du 501e régiment de chars était brusquement devenu obèse.

Les éléments de tête entraient maintenant dans la multitude des villages de grande banlieue, imbriqués les uns dans les autres, dont chaque rue, chaque carrefour, constituaient un emplacement idéal pour une pièce antichar. Souvent, dans leur hâte de s'ouvrir une route vers Paris, les chars de la division attaquèrent ces canons de front au lieu de les faire encercler puis réduire par l'infanterie. Cela permettait de gagner du temps. Mais bientôt, l'itinéraire des colonnes fut jalonné par des chars et des véhicules carbonisés.

Cependant, en cette matinée grisâtre d'août, le plus important était de faire vite. Les hommes entendaient sans cesse, dans leurs écouteurs, les mêmes mots répercutés par les radios des chars, des half-tracks, des jeeps : « Plus vite ! Plus vite ! » A la sortie d'un virage, juste après avoir franchi la Bièvre, le matelot mécanicien Georges Simonin, dont le tank destroyer « Cyclone » conduisait un peloton de Sherman, vit soudain à quelques mètres de ses chenilles cinq blessés allemands. L'un d'eux, arc-bouté sur les coudes, essayait de se traîner jusqu'au talus. Simonin leva instinctivement le pied de l'accélérateur. Mais à cet instant, il entendit dans ses écouteurs la voix furieuse de son chef de peloton qui criait : « Cyclone, plus vite, nom de Dieu ! » Simonin ferma les yeux et appuya sur l'accélérateur.

37

Comme un orage lointain, les Parisiens pouvaient entendre, venant de l'Ouest et du Sud, le fracas de la bataille qui se rapprochait d'heure en heure. Bientôt, les explosions se firent plus distinctes et plus nombreuses. Cette fois, c'était bien vrai : les Alliés arrivaient.

Pour les occupants de Paris, chaque explosion apportait le sinistre présage du désastre qui se préparait. Les rares Allemands qui n'appartenaient pas aux troupes combattantes tentèrent de s'échapper du guêpier de la ville, et de l'encerclement imminent. Pour faire franchir à leurs camions les barricades qui obstruaient la porte de la Villette, des soldats de l'organisation Todt attachèrent des civils au pare-chocs du véhicule de tête. A la vue des pitoyables boucliers vivants qui s'avançaient vers eux, les F.F.I. durent laisser passer les camions. Porte de Pantin, tels les voyageurs d'une diligence attaquée par les Indiens, des officiers d'intendance debout dans leurs voitures se frayèrent un passage à coups de revolver et réussirent à s'échapper vers l'Est.

Mais, au bruit de la canonnade, tous les Allemands n'éprouvèrent pas le désir de s'enfuir. Les soldats du général von Choltitz déployèrent au contraire ce jour-là une activité exceptionnelle. Rue de Rome, deux chars démolirent au canon un immeuble d'où les insurgés tiraient sur la gare Saint-Lazare. De l'Opéra à la gare du Nord, tout le long de la rue La Fayette, les soldats du

190e régiment de sécurité protégèrent à la mitrailleuse et à la grenade la circulation de leurs véhicules sur cette voie de communication vitale.

Exaspérés par les attaques incessantes dont ils étaient l'objet, et par le fracas de la bataille qui se rapprochait, bien des Allemands commirent des gestes de sauvagerie qui allaient rougir les rues de Paris du sang de derniers martyrs. Boulevard Raspail, un char qui patrouillait ouvrit le feu sur un groupe de ménagères qui faisaient la queue à la porte d'une boulangerie dans le vain espoir d'obtenir quelques grammes de pain.

Quand les locataires du 286, boulevard Saint-Germain, un immeuble comme des milliers d'autres, virent la troupe hurlante de S.S. envahir leurs appartements, ils comprirent qu'ils allaient être exécutés. Les soldats firent descendre tous les locataires dans la rue et les alignèrent face au mur, les mains en l'air. Pendant quinze longues minutes, les malheureux s'attendirent à être fusillés pour un motif qu'ils ignoraient. Mais soudain ils virent les S.S. s'en aller comme ils étaient venus. Par un miracle que ne devaient jamais s'expliquer les locataires du 286, boulevard Saint-Germain, les soldats les avaient épargnés.

Pour les hommes du colonel Rol, le fracas du canon allié fut l'occasion d'un dernier sursaut. En dépit de la pénurie tragique d'armes et de munitions, les F.F.I. poussèrent l'insurrection vers de nouveaux quartiers qu'elle n'avait pas encore touchés. Bientôt affluèrent dans les postes de secours et les hôpitaux des dizaines de blessés et de morts tombés dans une multitude d'escarmouches sanglantes.

Sous le péristyle de la Comédie-Française, devant les médaillons représentant Racine, Molière et Victor Hugo, blessés et morts des deux camps s'entassaient dans une horrible odeur de sang et de chair décomposée. Les Parisiens qui passèrent ce matin-là devant le célèbre théâtre purent contempler une scène bien insolite. Leurs blouses blanches d'infirmière éclaboussées de sang, deux jolies femmes épuisées dévoraient un sandwich auprès des quatre cadavres de soldats allemands. C'était Marie Bell et Lise Delamare.

Les combats les plus violents se déroulaient autour de la place de la République. Les 1 200 Allemands bien armés retranchés dans la caserne mitraillaient impitoyablement les F.F.I. qui les assiégeaient. Conduits par un étudiant en médecine de vingt-cinq ans nommé René Darcourt et par un menuisier de trente ans du nom de René Chevauché, les hommes de Rol combattaient avec un héroïsme jamais égalé. L'Unteroffizier Gustav Winkelmann, l'Allemand qui s'était réfugié cinq jours plus tôt dans un café de la place de la République, vit entre deux parties de billard avec le patron un jeune garçon se jeter sur un soldat et le poignarder d'un coup de couteau de cuisine.

Mais bientôt, s'infiltrant par les couloirs du métro qui passait sous la caserne, les Allemands se mirent à prendre à revers les assaillants. De sauvages corps à corps eurent lieu dans les tunnels obscurs, où les hommes criaient et sifflaient pour se reconnaître. Par moments, l'éclair d'une grenade ou les flammes d'une rafale de mitrailleuse illuminaient les voûtes, tandis que les explosions se répercutaient sans fin.

Mais le fait d'arme le plus important dont les insurgés de Paris furent ce jour-là les héros passa totalement inaperçu. Et pourtant la poignée de F.F.I. qui s'apprêtaient à ouvrir le feu sur les six gros camions allemands qui venaient de déboucher de la place de l'Étoile et qui descendaient maintenant l'avenue des Champs-Élysées déserte, allaient probablement sauver Paris d'une véritable catastrophe. Par le mica de la vitre arrière du dernier camion, l'Unteroffizier Hans Fritz, de la 177e Pionierkompanie, pouvait apercevoir les lourdes caisses pleines d'explosifs qu'il allait décharger quelques minutes plus tard dans la cour de la Chambre des Députés. Ces explosifs, il le savait, devaient servir à faire sauter plusieurs monuments de Paris. Fritz et le chauffeur écoutaient le tic-tac régulier qui provenait d'une petite boîte en carton posée entre eux sur la banquette de moleskine noire. Dans la boîte se trouvaient les mécanismes d'horlogerie qui permettraient de déclencher les explosions à retardement. Depuis quarante minutes que le convoi avait quitté le tunnel de Saint-Cloud avec son dangereux chargement, le tic-tac régulier des horloges de la mort avait ponctué les plus longues secondes de l'existence du petit cordonnier berlinois.

A la première rafale qui éclata soudain, le chauffeur, frappé à mort, s'affaissa sur son volant et le camion désemparé vint heurter un arbre de l'avenue. Terrifié, Fritz sauta de la cabine et se mit à crier. Mais les autres camions continuèrent leur chemin. Alors, Fritz se mit à courir comme un fou pour fuir le camion maudit qui, il en était sûr, allait exploser. Pendant plusieurs heures, il resta caché dans un buisson devant le théâtre des Ambassadeurs. Quand, à la nuit tombée, l'Unteroffizier parvint à regagner la Chambre des Députés, il devait apprendre que pas un seul des six camions d'explosifs n'était arrivé.

Dans le grand bureau du directeur de cabinet

de la Préfecture de police, les visages étaient graves. Pour la deuxième fois en cinq jours, Edgar Pisani venait d'apprendre qu'il ne restait plus que cinq minutes à peine de feu aux policiers assiégés. Or, à cet instant même, sur la place du Parvis devant la Préfecture, trois chars et des fantassins allemands prenaient position pour donner, semblait-il, l'assaut final. « Où est Leclerc ? » interrogea Pisani. A peu près sûr qu'il n'obtiendrait pas de réponse, l'étudiant décrocha son téléphone et appela la gendarmerie de la petite ville de Longjumeau, à 40 kilomètres de Paris. Au bout du fil, Pisani entendit tout à coup une voix qui se mit à crier : « Ils sont là, ils passent sous nos fenêtres... Écoutez-les... ». Dans son récepteur, Pisani perçut alors le fracas ininterrompu des colonnes de chars. « Arrêtez le premier officier, cria-t-il, et faites-le venir à l'appareil ! » Au bout d'un long silence, Edgar Pisani et le préfet Luizet entendirent la voix d'un officier de Leclerc. C'était le capitaine Alain de Boissieu. Il avait sauté de sa jeep pour répondre à l'appel du gendarme. Boissieu entendit alors au bout du fil une voix anxieuse qui disait : « Dépêchez-vous, pour l'amour du ciel, dépêchez-vous ! Nous n'avons plus de munitions... Nous allons être submergés. »

38

Le front collé à l'appui caoutchouté de son périscope, le caporal Lucien Davanture, pilote du char « Viking », tentait désespérément de sortir son Sherman de la trajectoire d'un canon de

88 caché derrière une maison du petit village de Savigny-sur-Orge, à 18 kilomètres au sud de Paris. Comme chaque fois qu'il se sentait épié par un ennemi invisible, le petit Bourguignon Davanture avait peur. Tout à coup, à quelques mètres devant lui, il vit jaillir d'une maison en bordure de la route une longue flamme orangée. Davanture, plongé dans les ténèbres, entendit tomber une pluie de morceaux de verre sur le plancher du char : pénétrant au ras du couvercle de son tourelleau, un obus venait de pulvériser le miroir de son périscope. Affolé, le caporal comprit que le « Viking » privé de périscope était maintenant un éléphant aveugle, et que le prochain obus lui serait fatal. A cet instant, il entendit dans ses écouteurs, calme et précise, la voix de son chef. « Lucien, disait-il, fais ce que je te dis. Arrière..., vite !... arrière encore..., à droite Lucien..., plus vite... » Comme un automate, Davanture manœuvrait dans la fumée âcre qui emplissait maintenant le char et qui lui brûlait les yeux et la gorge. Serrant ses palonniers, il se demandait à quel moment viendrait frapper l'obus de 88 qui l'anéantirait, lui et ses camarades. Dans l'attente de cet instant, ses muscles et son cerveau s'étaient brutalement raidis. « Tout droit..., vire à gauche... Fonce..., un peu à droite... » Les commandements claquaient dans ses oreilles comme des balles. Soudain, Davanture entendit son chef crier une phrase qu'il n'oublierait jamais : « Stop Lucien ! on les a eus... »

Il y eut un grand silence dans l'obscurité du char. Puis Davanture, suffocant et les yeux douloureux, s'arc-bouta pour relever le capot de sa tourelle, et se mit à aspirer une bouffée d'air frais. Ébloui par la lumière brutale, il dut fermer les yeux. Quand il les rouvrit, quelques secondes plus tard, il crut que son cœur allait cesser de battre. Droit devant lui, dans un halo doré, apparut sur l'horizon un spectacle glorieux comme le caporal Davanture avait toujours imaginé qu'il devait être, car il ne l'avait jamais encore contemplé de sa vie : la tour Eiffel dans le ciel de Paris.

Presque au même moment, en ce début d'après-midi, dans toutes les colonnes de la division, les hommes à qui Edgar Pisani et le préfet de police Charles Luizet venaient de lancer leur appel de détresse virent apparaître devant eux la carcasse magique de la tour Eiffel. Quand ils l'aperçurent, rappelle le colonel Louis Warabiot, les hommes furent « comme frappés par un courant électrique ». Du haut de son char, le capitaine Georges Buis contempla solennellement la haute silhouette de la tour et pensa que « les croisés en arrivant devant les murs de Jérusalem, ou les navigateurs d'autrefois à la vue du Pain de Sucre de Rio de Janeiro, avaient dû ressentir la même impression quasi charnelle » qu'il éprouvait à cet instant. Jean-René Champion, le tankiste d'Amérique, se dit qu'elle symbolisait « le courage et l'espoir indomptable des Français ». Pour le Juif allemand Egon Kaim, elle était « la preuve de l'immortalité de la France ». A la vue de la tour Eiffel, les chars, les half-tracks, les camions, comme attirés par un aimant, se mirent à forcer l'allure.

Mais pour quelques-uns, cette silhouette familière devait rester à jamais une promesse. Le brigadier Patrick Descamps, le garçon qui avait téléphoné à sa mère pour lui demander de mettre le champagne au frais pour son arrivée, n'avait eu que le temps d'apercevoir la tour Eiffel avant qu'un obus de 88 ne vînt frapper de plein fouet son char. Tué sur le coup, Descamps s'était écroulé dans son cercueil d'acier, emportant dans la mort l'image symbolique du Paris qu'il venait de libérer.

Mais aucun soldat de la 2e D.B., en cet après-midi d'août, ne devait voir la tour Eiffel d'aussi près que le capitaine Jean Callet, vingt-huit ans. Elle se trouvait maintenant sous les ailes du Piper-cub qu'il pilotait et qui glissait dans le ciel de Paris vers la Préfecture de Police. Derrière lui, son observateur, le lieutenant Étienne Mantoux, serrait dans ses doigts un petit sac de jute lesté de plomb. Dans ce sac se trouvait la réponse de Leclerc à l'appel désespéré de Pisani et de Luizet, un message d'espoir pour les défenseurs de la préfecture assiégée. Contemplant avec extase le spectacle qui se déroulait sous ses ailes, Callet avait oublié le danger que courait son petit avion lent et solitaire. Le pilote promena son regard des coupoles nacrées du Sacré-Cœur, sur la gauche, jusqu'au dôme étincelant des Invalides. « Paris intact, murmura-t-il, Paris de ma jeunesse... » Il survola Notre-Dame et les trois chars embusqués sur la place du Parvis. Il vit des Allemands se mettre à courir et des Parisiens sur les toits qui agitaient des mouchoirs. Et, pendant une fraction de seconde, une image insolite et merveilleuse lui apparut, celle d'un couple qui s'embrassait sur la berge de la Seine.

Callet vit alors jaillir du sol des gerbes d'étincelles qui zébrèrent le ciel de lignes lumineuses. De toutes leurs mitrailleuses, les Allemands tiraient sur le minuscule avion qui osait les défier. Quand il arriva au-dessus de son objectif, la Préfecture, Callet cabra brutalement le Piper-cub. Puis, pour faire croire aux Allemands qu'il avait été touché, il le fit basculer en avant et le laissa glisser vers le sol comme une feuille morte. Tandis qu'il descendait vers la cour de la Préfecture, Callet vit un immense drapeau à croix de Lorraine se déplier, puis, filant comme une flèche, la fusée de toile qu'avait lancée Mantoux. Il redressa alors l'avion et, rasant les toits, s'échappa en direction du Sud.

Dans la cour de la Préfecture, l'abbé Robert Lepoutre, ce prêtre qui, six jours plus tôt, était devenu l'aumônier des assiégés, se précipita avec ses camarades vers le petit sac de toile. Quelqu'un le déchira et se mit à lire à haute voix le message qu'il contenait : « Tenez bon, disait-il, nous arrivons [1] ! »

A l'instant même où l'avion de Callet disparaissait au ras des toits, un autre Piper-cub apparut dans le ciel de Paris. Il se dirigeait lui aussi vers la tour Eiffel. Les deux Américains qui se trouvaient à bord n'apportaient aucun message. Le pilote, Stanley B. Kocher, de Pensylvanie et son observateur, Marvin Wold, de l'Illinois, tous deux du 44e bataillon d'artillerie, accomplissaient une mission strictement personnelle : ils avaient parié qu'ils seraient les premiers soldats alliés qui passeraient sous la tour Eiffel.

Dédaignant les mitrailleuses allemandes qui tiraient de l'École militaire, Kocher piqua vers l'esplanade déserte du Champ-de-Mars et se mit à glisser vers la tour. Wold chantait *La Marseillaise* à tue-tête. Mais, soudain, alors qu'il s'apprêtait à photographier l'instant historique où le Piper-cub passerait sous la tour, Wold vit les poutrelles de la tour Eiffel tourner autour de lui comme s'il

1. Le Piper-cub rentra à sa base criblé de balles. Un obus de DCA avait même arraché le train d'atterrissage.

était « dans une benne de la Grande Roue de Coney Island[1] ». Il aperçut alors, qui pendait de la première plate-forme, un câble qui lui parut « aussi gros qu'une cheminée de bateau ». Il aurait découpé l'avion, comme « un fil une motte de beurre ». « Ça suffit pour aujourd'hui », annonça le pilote. Et les deux Américains, déçus mais émerveillés d'avoir vu Paris, disparurent comme Callet au ras des toits[2].

39

« Mon Dieu, pensait le Français avec angoisse, cet Allemand est un traître ! » Pour la deuxième fois en moins de huit heures, Lorrain Cruse rencontrait Bobby Bender au chevet du consul Nordling. Un verre de whisky dans une main, un crayon dans l'autre, l'agent de l'Abwehr était penché sur la carte Michelin de la région parisienne dépliée sur le lit même du diplomate cardiaque. Les secrets que Bender révélaient étaient si extraordinaires que l'adjoint de Chaban-Delmas se demandait s'il n'était pas l'objet d'une machiavélique opération d'intoxication montée par le commandant du Gross Paris lui-même. Accompagnant ses gestes d'une voix lente et précise, l'agent secret dévoilait à l'envoyé de la Résistance française l'emplacement exact et l'importance de toutes les forces allemandes

1. Le Luna-Park new-yorkais.
2. L'avion des Américains put rejoindre sans incident son terrain près de Corbeil. Cependant, sur le terrain, un officier attendait les deux aviateurs. Pour leur promenade au-dessus de Paris sans autorisation, Wold et Kocher furent punis de huit jours d'arrêts.

engagées dans la défense de Paris. « Ici, disait-il, il y a un bataillon..., là, deux compagnies de chars..., là plusieurs batteries de 88... » Suivant de la pointe de son crayon les lignes rouges et jaunes figurant les routes, il montra celles du sud qui convergeaient vers Paris et précisa : « Il faut que votre général Leclerc passe par ici..., puis par là... »

Quand le crayon de Bender atteignit les limites de Paris, Cruse vit la mine noire filer droit vers la Seine, traverser la place du Châtelet puis obliquer dans la rue de Rivoli et venir enfin s'arrêter un peu avant la place de la Concorde. « Voilà, dit alors l'Allemand, l'itinéraire que vos troupes doivent prendre pour arriver jusqu'au Meurice sans combat. » Il avertit son interlocuteur qu'il faudrait faire vite. Aux premières heures de l'après-midi, annonça-t-il, la 26e Panzer S.S. se trouvait dans la région de Nogent-sur-Seine, c'est-à-dire à moins de 80 kilomètres de Paris, où elle attendait la nuit pour continuer sa progression. D'après ses propres calculs, il estimait qu'elle devrait atteindre Paris à l'aube du lendemain. C'était donc une dramatique course de vitesse qui était engagée. Si les Alliés arrivaient avant les renforts, le général von Choltitz, assura-t-il, n'offrirait qu'une résistance symbolique pour sauver l'honneur. Mais, dans le cas contraire, il était convaincu que le général allemand livrerait une bataille farouche. « En somme, conclut Bender, tout dépend maintenant de Leclerc. » A ces mots, l'élégant play-boy aux tempes argentées vida d'un trait son verre de whisky et se redressa. Plantant son regard vert et pénétrant dans les yeux stupéfaits du jeune envoyé de la Résistance, il ajouta avec un sourire : « Si je vous ai fait ces révélations, c'est parce que j'ai conscience qu'elles serviront les intérêts supérieurs de mon pays. » A ces mots l'Allemand se leva, sortit son revolver de sa poche et le tendit au Français. « Je suis à vos ordres, mon commandant, faites-moi prisonnier ! » annonça-t-il. « Nous verrons cela plus tard, répondit Cruse. Pour l'instant j'ai une tâche plus urgente à remplir ! » Cruse sortit de l'appartement en courant. Sautant sur sa bicyclette, il se mit à pédaler à toute vitesse vers la cachette de Chaban-Delmas.

Jacques Petit-Leroy avait abandonné le vieux vélo avec lequel il était parti le matin même de Paris pour trouver Leclerc et lui transmettre les premières et dramatiques révélations de Bobby Bender. Et maintenant, c'était à bord d'une jeep qu'il fonçait vers Paris. Dans la poche du garçon se trouvait un ultimatum signé de la main même de Leclerc. Cet ultimatum était adressé à Choltitz. Il sommait le général allemand de livrer la ville intacte et le rendait « personnellement responsable » des destructions qui pourraient s'y produire.

Conscient du danger terrible qui menaçait Paris en ces dernières heures, sachant qu'il ne pourrait lui-même y entrer dès le soir, Leclerc avait désigné le chef de son propre char, l'adjudant Augustin Dericquebourg, pour accompagner le jeune homme porteur de son ultimatum.

Le patron d'un bistrot du petit village de Chevilly-Larue vit la jeep déboucher à toute allure vers Paris et cria : « Voilà les Américains ! » Au même instant, le cafetier aperçut une patrouille allemande qui surgissait du carrefour. Il y eut une courte rafale. La jeep se mit à zigzaguer et vint s'arrêter presque devant le café. Le chauffeur gisait inerte, la tête renversée en arrière. Blessé dans le dos, Jacques Petit-Leroy s'était affaissé en avant et gémissait. Le cafetier l'entendit appeler « Maman..., maman... » Il vit alors les Allemands s'approcher sans hâte de la voiture. L'un d'eux sortit un énorme pistolet et appliqua tranquillement le canon sur la tempe du jeune homme. La mission dont Jacques Petit-Leroy était si fier venait de prendre fin. L'ultimatum de Leclerc n'atteindrait pas le général von Choltitz.

40

L'estomac réchauffé par une dernière gorgée de cognac, les yeux fixés sur le canon de 88 embusqué sous le portail de l'entrée principale du pénitencier de Fresnes, Willy Wagenknecht, l'Allemand condamné à défendre sa propre prison, attendait. Il pouvait entendre le fracas lointain des chars français qui avançaient lentement sur l'une des cinq routes qui venaient aboutir devant sa pièce.

De la fenêtre de la classe de troisième de l'école des filles située à l'entrée de Fresnes, l'institutrice Ginette Devray apercevait maintenant les chars dont Wagenknecht entendait la lointaine rumeur. Elle avait attendu toute la journée ce moment. « Les voilà ! cria-t-elle, les yeux envahis de larmes, mon Dieu, les voilà ! » L'un derrière l'autre, trois Sherman à croix de Lorraine, « La Marne », « Uskub » et « Douaumont », passèrent sous sa fenêtre. Le 2ᵉ classe Georges Landrieux, l'homme qui, trois années plus tôt, était descendu acheter un paquet de Gauloises, et avait disparu, était de retour. Les chenilles de son char labouraient maintenant les rues où, enfant, il avait joué au ballon. Sur la gauche, il aperçut le petit cimetière de Fresnes et cria à son voisin, le Français du Mexique Pierre Sarre : « C'est pas là que je viendrai manger les pissenlits par la racine ! »

En cette fin de gris après-midi, les trois colonnes de la division avaient atteint, comme Landrieux, les faubourgs de Paris. Large le matin d'une trentaine de kilomètres, le front s'était rétréci de moitié au cours de la journée. A l'extrême gauche du dispositif, la colonne du commandant Morel-Deville, chargée « de faire du bruit », avait rencontré au-delà de Trappes une sérieuse résistance et s'était arrêtée. Au centre, la colonne du lieutenant-colonel Paul de Langlade et du commandant Massu avait rapidement progressé. Après avoir forcé le coûteux verrou de Toussus-le-Noble, les forces de Langlade avaient rejeté les Allemands au-delà de la Bièvre, traversé l'aérodrome de Villacoublay, et atteint les maisons grises de la banlieue de Clamart. Maintenant, les fantassins de Massu s'apprêtaient à descendre vers la Seine et à mettre dès ce soir un pied dans Paris, de l'autre côté du pont de Sèvres.

A droite du dispositif, la dernière colonne, celle du colonel Pierre Billotte, s'était heurtée tout au long de sa progression vers Paris, à une résistance acharnée des Allemands. Maintenant, dans les faubourgs même de la ville, Billotte se trouvait bloqué par un verrou farouchement défendu qui fermait l'entrée de Paris aussi hermétiquement qu'un bouchon ferme une bouteille. A cheval sur la grand-route Orléans-Paris dont le carrefour de la Croix-de-Berny était barré par des rails et des pièces antichars, le verrou s'ancrait à gauche sur le village d'Antony et à droite sur la prison de Fresnes.

L'immense prison, que Pierre Lefaucheux et ses compagnons avaient quittée neuf jours plus tôt, avait été convertie en une inexpugnable forteresse par ses 350 détenus allemands. Le matin même, un bataillon du 132e régiment de sécurité était venu se joindre aux défenseurs. L'officier qui le commandait, le Hauptmann Heinrich Harms, avait reçu vingt-sept ans plus tôt la Croix de Fer de 1re classe pour avoir interdit aux Français l'entrée d'un petit village de la Meuse qui s'appelait, lui aussi, Fresnes. Abrités par des sacs de sable, deux autres canons antichars de plus faible calibre et plusieurs mitrailleuses lourdes flanquaient de chaque côté le 88 de Wagenknecht. Du portail d'entrée, l'Allemand pouvait prendre sous son tir trois des cinq routes qui conduisaient à la prison.

Pour l'assaut de la prison de Fresnes, le capitaine Emmanuel Dupont, l'officier qui, dans un verger de Normandie, avait fait part à l'aumônier Roger Fouquer de sa prémonition d'être tué avant Paris, divisa ses blindés et ses fantassins en trois groupes. Il ordonna aux chars « La Marne », « Uskub » et « Douaumont » de remonter l'avenue de la République et d'attaquer de front le portail de l'entrée principale. Les deux autres groupes furent chargés de progresser jusqu'au même portail en longeant latéralement les murs mêmes de la prison.

Tandis qu'il manœuvrait son lourd véhicule dans les rues familières de son village, Georges Landrieux montra à Pierre Sarre, l'aide-pilote du « La Marne », le clocher carré de l'église où il s'était marié et la vitrine vide du petit café-tabac où il venait autrefois acheter ses Gauloises. Les trois chars pivotèrent alors vers la gauche et entrèrent dans l'avenue de la République. Droit devant eux, à 300 mètres, dissimulé dans l'embrasure du portail de la prison, attendait le canon de Wagenknecht.

De la tourelle du tank « Vieil Armand », l'un des Sherman qui progressaient le long des murs de la prison, le brigadier Pierre Chauvet observait à la jumelle les défenses qui flanquaient l'entrée principale et se demandait ce que les Allemands attendaient pour ouvrir le feu. Accroupi derrière son canon, Willy Wagenknecht se posait exactement la même question. Il pouvait maintenant voir les chars dont il entendait tout à l'heure la rumeur lointaine. Ils avançaient lentement vers lui le long des petites maisons qui bordaient l'avenue de la République. Dans son dos, il sentait la respiration nerveuse de son ancien compagnon de cellule, le S.S. de dix-neuf ans Karl Richter. Wagenknecht pointa son canon sur le char de tête et décida de compter jusqu'à 10. A cet instant, l'Allemand entendit derrière lui une voix hurler : « Qu'est-ce que vous attendez, bande de c... ? Tirez, nom de Dieu ! »

Le capitaine Dupont et son adjoint, le sous-lieutenant Marcel Christen, qui guidaient à pied l'avance des blindés le long des murs de la prison, entendirent le vacarme de l'explosion. Christen vit le char de tête qui débouchait de l'avenue de la République monter en l'air sous l'impact de l'obus et retomber sur le sol dans un fracas de ferrailles disloquées. Du geyser de flammes qui enveloppa aussitôt le tank, Christen vit sortir un premier homme, les deux jambes arrachées, puis un autre, sa combinaison en feu.

Pierre Sarre, le soldat dont la combinaison flambait, se roula sur la chaussée pour tenter d'arrêter le feu. Éteignant avec ses mains les dernières flammes, il se mit à courir avec le fantassin José Molina sous le tir des mitrailleuses qui s'acharnaient sur lui. Deux fois, éraflée par des balles explosives, sa combinaison pleine de cambouis reprit feu. Le bras fracassé par une balle, Sarre finit par atteindre avec Molina le porche d'une maison sous lequel ils s'abritèrent. Mais, à cet instant, un obus explosif tomba sur la maison, décapitant d'un éclat le fantassin Molina, et faisant pleuvoir sur Sarre un déluge de poutrelles et de tuiles incandescentes. Horrifié, Sarre vit sa combinaison s'enflammer à nouveau[1].

Maintenant, de tous côtés, les tanks de Dupont arrosaient d'obus l'entrée de la prison. Fabien Casaubon, pilote de l'« Uskub », pensa en lançant son char en avant qu'il n'y avait vraiment que « les Fritz pour se faire bousiller à défendre une tôle ». Avançant toujours sous les murs mêmes de la prison, le sous-lieutenant Marcel Christen se dit : « Si on ne réussit pas à liquider ce putain de 88, toute la compagnie va y rester. » Christen entendait passer au-dessus de sa tête dans un sifflement lugubre les obus que tirait Pierre Chauvet du « Vieil Armand ». Tout à coup, il y eut une explosion terrifiante. L'un des projectiles de Chauvet avait touché un camion de munitions juste derrière le canon de Wagenknecht. Miraculeusement indemne, l'Allemand

1. Grièvement brûlé, le Français du Mexique Pierre Sarre, qui ne connaissait pas Paris, ne put entrer dans la capitale avec ses camarades. Il survécut cependant à ses blessures. Trois mois plus tard, pour sa première sortie de convalescent, il quitta l'hôpital du Val-de-Grâce pour aller se recueillir dans le petit cimetière de Fresnes où plusieurs de ses camarades étaient enterrés. Il eut alors une incroyable surprise. Sur l'une des tombes, il trouva son propre nom. En sautant de son char en flammes, il avait perdu son portefeuille. Celui-ci avait été retrouvé auprès du corps du fantassin José Molina. Aucun papier n'ayant été trouvé sur lui, Molina avait été enterré sous l'identité de Pierre Sarre.

n'eut qu'un réflexe. Il abandonna la carcasse tordue de son 88 et se mit à courir dans l'épais nuage de fumée qui dissimulait l'entrée de la prison. Dans sa course éperdue, il croisa les chars sur lesquels il venait de tirer. Réussissant à se faufiler le long des murs sans que personne le remarquât, il atteignit le petit cimetière de Fresnes. Là, à bout de souffle, il se laissa tomber dans un fossé. Tandis qu'il reprenait sa respiration, une pensée extraordinaire traversa son esprit. « Mon Dieu, se dit-il, je suis libre. »

De l'entrée de la prison, des Allemands continuaient cependant à tirer. Dupont et Christen avançaient toujours et n'étaient plus maintenant qu'à 50 mètres à peine du portail. Tout à coup, du nuage de fumée qui enveloppait la porte d'entrée, Christen vit surgir une sorte de fantôme aux vêtements arrachés, le visage noir et sanglant. L'Allemand tira une courte rafale de sa mitraillette. Christen entendit un « Oh ! » à côté de lui et vit le capitaine Dupont tourner sur lui-même et s'effondrer, la tête fracassée. A cet instant, Christen vit l'un de ses chars, le « Notre-Dame de Lorette », s'élancer à toute allure et pivoter brusquement devant l'entrée de la prison. Tirant de toutes ses armes, le char bouscula le 88 de Wagenknecht et, écrasant les blessés et les survivants, se rua à l'intérieur de la prison. Pour le pilote du « Notre-Dame de Lorette », le 2e classe Jacques Neal, la prison de Fresnes n'avait pas de secrets. Arrêté par la Gestapo, il y avait passé treize mois.

S'élançant dans le sillage du « Notre-Dame de Lorette », les trois derniers chars du capitaine Dupont firent à leur tour irruption et réduisirent enfin au silence les défenseurs.

Le prix de cette victoire était élevé. Les épaves

noircies de 5 Sherman jonchaient les abords de la prison de Fresnes. Au milieu de l'avenue de la République, dans le poste avant de la carcasse carbonisée du « La Marne », deux yeux regardaient fixement le ciel où roulaient vers Paris de gros nuages. Georges Landrieux était mort, la poitrine déchiquetée par un éclat du premier obus tiré par Willy Wagenknecht. Dans une poche de sa combinaison noircie, se trouvait, intact, le paquet de Camel que Georges Landrieux avait rapporté à sa femme de son voyage vers l'éternité.

A 2 kilomètres de Fresnes, à la Croix-de-Berny, le lieutenant Jean Lacoste, du 501e régiment de chars, le dos plaqué contre le mur du parc de Sceaux, marchait en crabe vers un carrefour. A ce carrefour, où se croisaient la nationale Orléans-Paris et la petite route sur laquelle il avançait lui-même, se trouvait un autre canon de 88 qui prenait en enfilade la grande artère qui menait vers Paris. Le propre char de Lacoste, le « Friedland », et plusieurs compagnies de Sherman, étaient arrêtés par le tir meurtrier de ce canon. Cherchant à le déborder, Lacoste avait trouvé cette petite route le long de laquelle, mètre par mètre, il avançait à pied pour aller en reconnaître l'emplacement.

Lacoste pouvait maintenant entendre le claquement métallique de la culasse du canon allemand qui se verrouillait et même les commandements de l'artilleur qui dirigeait le feu. Il s'avança encore de quelques centimètres et aperçut alors, suspendue au-dessus de la chaussée, la bouche du 88 qui crachait des flammes. L'un de ces obus tomba 2 kilomètres plus loin à côté de la Mercedes du père Roger

Fouquer. L'aumônier ressentit une violente douleur à la jambe droite et s'écroula. La toile de son treillis était brûlée sur plusieurs centimètres à la hauteur de sa cuisse. A la vue du morceau de métal incandescent qui se trouvait à côté de lui sur la chaussée, le prêtre remercia le Seigneur et se signa. Les quatre portefeuilles bourrés d'argent et de lettres qu'il portait dans sa poche depuis que des soldats les lui avaient confiés avaient arrêté net l'éclat d'obus qui aurait dû lui sectionner l'artère fémorale.

Comme il était venu, le lieutenant Jean Lacoste recula, le dos plaqué contre le mur, jusqu'au « Friedland » et donna ses instructions à son équipage. Son canon de 105 braqué vers le point exact où apparaîtrait le 88 allemand, le char s'ébranla.

Afin que le vacarme de la pièce allemande étouffât le bruit des chenilles, le « Friedland » avançait par petits bonds chaque fois que le 88 tirait un obus. Tel un fauve se glissant vers sa proie, le char arriva bientôt au bout du mur. Lacoste attendit que le 88 tirât une dernière salve. Puis il hurla « Feu ! » A ce cri, le « Friedland » bondit en avant, tirant à bout portant de toutes ses armes. En une fraction de seconde, Lacoste vit des corps monter en l'air et se désintégrer au milieu d'une pluie de ferraille. Il vit des bras, des jambes, des casques et le ressort de rappel du frein de canon retomber dans un magma de chair et d'acier confondus. « Mon Dieu, se dit-il, avec écœurement, la guerre est sans pitié. » Alors il appuya sur la pédale de sa radio et annonça : « A tous les Oscars ! Ici Oscar I. Le tuyau de poêle est en l'air ! »

41

Toute la journée, distante et solitaire, la haute silhouette de Charles de Gaulle avait arpenté la terrasse du château de Rambouillet. Aux premières heures de la matinée, des fenêtres du modeste appartement qu'il occupait dans les combles du château, de Gaulle avait vu passer sous la pluie battante les colonnes imposantes de la 2e D.B. Avec amertume, il avait alors évoqué les malheurs qu'une armée mécanique faite de sept unités semblables aurait pu, naguère, éviter à la France.

D'heure en heure, de Gaulle avait suivi avec impatience la difficile progression de la division sur la route de Paris. Il avait espéré entrer dans la capitale avant la nuit. Mais les nouvelles de la bataille avaient peu à peu laissé prévoir que cette espérance serait déçue. Le long voyage qui ramenait d'exil le chef de la France libre devait durer une nuit encore.

Dans les premiers numéros des nouveaux journaux de la Résistance qui lui avaient été apportés de Paris, de Gaulle avait trouvé la confirmation des soupçons qu'il nourrissait à l'égard des motifs et des objectifs de ses adversaires politiques. Conformément à leur plan, les chefs de l'insurrection entendaient maintenant former un comité de réception qui accueillerait le général de Gaulle, le prendrait sous son aile et se chargerait de le présenter à la capitale. De Gaulle ne se prêterait pas à cette ultime manœuvre. Il n'accepterait qu'une seule investiture, celle que la voix des foules lui donnerait directement.

Courtoisement mais sèchement, de Gaulle refusa donc l'offre qui lui fut apportée de Paris d'être, à son arrivée dans la capitale, « reçu » à l'Hôtel de Ville par les chefs de l'insurrection. Il fit savoir qu'il irait d'abord « au centre », c'est-à-dire au ministère de la Guerre où, lorsque l'occasion s'en présenterait, il recevrait lui-même les chefs de l'insurrection. Quant aux comités qui représentaient ces chefs, le CNR, le COMAC, de Gaulle avait déjà scellé leur destin. Il les ferait bientôt entrer dans ce qu'il appellera plus tard « l'histoire glorieuse de la Libération », c'est-à-dire dans le passé.

Pour la deuxième fois de la journée, de Gaulle pria Geoffroy de Courcel, l'un de ses plus intimes collaborateurs, de l'accompagner pour une courte promenade dans les allées du parc. Au cours d'une précédente promenade, le général avait fait part à Courcel de l'impatience qu'il avait d'entrer dans Paris et de précipiter l'épreuve de force qu'il était résolu à engager avec ses adversaires politiques. Mais cette fois, tirant nerveusement sur une Craven, de Gaulle restait muré dans le silence de ses pensées. Courcel se garda de l'interrompre. Comme tous les hommes qui l'entouraient, Courcel savait que de Gaulle n'avait pas seulement porté aux rudes combats de la journée l'attention anxieuse d'un chef politique, mais aussi celle d'un père. Fier et droit dans l'un des tanks-destroyers qui étaient passés le matin sous les fenêtres du château de Rambouillet se trouvait un jeune lieutenant de vaisseau. C'était Philippe de Gaulle, son fils unique.

***

A 20 kilomètres des tours majestueuses du château de Rambouillet, dans une prairie proche du petit village de Maintenon, un autre général manifestait la même impatience que Charles de Gaulle. Le général américain Leonard T. Gerow, commandant du Ve corps auquel appartenait la 2e D.B., arpentait nerveusement la tente qui abritait son P.C. S'immobilisant brusquement, Gerow se tourna vers le chef de son 2e bureau, le colonel John Hill, et dit avec colère que si Leclerc avait été américain, il l'aurait destitué sur-le-champ. Voilà dix-sept heures exactement que le commandant du Ve corps était sans nouvelles de Leclerc. Le matin, il avait appris que le général français, enfreignant l'ordre tactique n° 21 qui lui avait été adressé la veille, avait déplacé son axe de marche d'une vingtaine de kilomètres vers le sud-est. Leclerc n'avait averti ni Gerow, ni la 4e division américaine qui se trouvait sur son flanc droit de cette modification d'itinéraire. Convaincu, à tort, que les Allemands n'étaient pas en mesure d'opposer de résistance sérieuse, Gerow avait prévu que la 2e D.B. entrerait dans Paris vers midi. Toute la journée, Bradley lui-même, que les révélations de Rolf Nordling inquiétaient sérieusement, avait pressé Gerow d'accélérer son avance et d'occuper Paris avant que le gouverneur allemand ne se décidât finalement à faire sauter la ville. Excédé, Gerow s'était lancé lui-même à la recherche de Leclerc mais il ne l'avait pas trouvé. A l'instant précis où l'Américain était rentré à son P.C., un Piper-cub avait atterri dans une prairie voisine pour lui apporter un message comminatoire de la 1re armée, lui enjoignant de faire occuper Paris le plus tôt possible. Le même message commandait à Gerow de pousser en avant la 2e D.B. et d'ordonner l'entrée immédiate dans Paris de la 4e division d'infanterie américaine « que la 2e D.B. se trouve ou non déjà dans la capitale ». Autrement dit, si les Français n'étaient pas capables d'arriver à Paris les premiers, comme ils en avaient eu l'occasion, tant pis pour eux, les G.I's. de Gerow devaient les y précéder.

Gerow téléphona à la 4e division d'infanterie et lui donna ses ordres. Puis, il se mit à rédiger de sa main un message sévère et précis à l'intention de Leclerc, lui commandant de pousser vigoureusement son avance tout l'après-midi et de continuer à progresser ce soir. Gerow tendit alors la feuille de papier au colonel John Hill et lui dit de la remettre en mains propres à Leclerc. Comme le colonel montait dans sa jeep, le général américain ajouta sèchement : « Peu importe, Hill, si vous devez aller jusqu'en enfer pour trouver ce fichu Français, mais ne revenez pas avant de l'avoir trouvé[1]. »

Furieux, plus impatient encore que de Gaulle et Gerow, Philippe Leclerc, à cet instant, arpentait, la canne à la main, une petite route à 600 mètres de la Croix-de-Berny. Leclerc pouvait entendre, venant du sud et de l'ouest, la canonnade de ses chars qui s'efforçaient de

1. Dans son livre *Histoire d'un Soldat*, le général Bradley expliqua le retard pris ce jour-là par la 2e D.B. dans sa marche vers Paris d'une manière qui souleva l'indignation des Français : « Les hommes de la 2e D.B., écrivit Bradley, eurent bien du mal à se frayer un passage au travers de la population française qui retarda leur avance en les submergeant de vin et d'acclamations. Quoique je ne puisse les blâmer d'avoir profité de l'accueil de leurs compatriotes, je ne pouvais toutefois attendre qu'ils aient fini de festoyer jusqu'à Paris. »

S'il est vrai que l'accueil délirant de la population posa à certains moments de réels problèmes aux colonnes de la 2e D.B., il est cependant hors de doute que seule l'opiniâtre résistance allemande fut, ce jour-là, responsable du retard que prit la division à entrer dans Paris. Le général Bradley ignorait peut-être, quand il écrivit ce passage, que la 2e D.B. perdit ce jour-là plus de 200 hommes dans la marche sur Paris.

réduire les derniers points d'appui allemands qui résistaient le long de la route Orléans-Paris. Ni de Gaulle, ni Gerow n'avaient besoin de presser Leclerc. Toute la journée, ses officiers l'avaient entendu ordonner inlassablement d'aller plus vite. Hanté par le S.O.S. apporté de Paris par Jacques Petit-Leroy, il craignait d'arriver trop tard, quand Choltitz aurait déjà commencé à détruire la ville. Déçu et irrité à la perspective de ne pas pouvoir entrer dès ce soir dans Paris, Leclerc s'était mis à marteler nerveusement l'asphalte du bout de sa canne.

Le capitaine à la florissante barbe rousse qui déboucha sur la route en tête d'un détachement de half-tracks écumait, lui aussi, de rage. Par deux fois en une demi-heure, Raymond Dronne avait eu la certitude que, devant lui, la route de Paris était libre. Il avait demandé à son chef de corps l'autorisation de foncer en avant. Mais, chaque fois, il avait reçu l'ordre de rejoindre le gros de sa colonne sur l'axe principal. Quand il aperçut le « patron », Dronne sauta de sa jeep, courut vers lui et se figea au garde-à-vous.

« Qu'est-ce que vous faites là ? » demanda Leclerc. Balayant d'un moulinet de sa canne les explications du capitaine, Leclerc s'exclama : « Dronne, vous savez bien qu'il ne faut jamais exécuter les ordres absurdes ! » Puis, prenant soudain l'officier par le bras, le général ordonna : « Je veux que vous filiez immédiatement à Paris, au cœur de Paris. Prenez ce que vous voulez et foncez. Ne vous occupez pas des Allemands. Foncez, un point c'est tout. Dites aux Parisiens de tenir bon. Nous serons là demain... » Leclerc raccompagna l'officier jusqu'à sa jeep. Huit jours plus tôt, remarquant tout à coup le nom étrange que portait cette jeep sur son pare-brise, Leclerc avait ordonné au capitaine de l'effacer. En retrouvant aujourd'hui le même nom sur le même pare-brise, Leclerc eut un sursaut. « Je croyais, s'écria-t-il, vous avoir donné un ordre. » Dronne grommela qu'il n'avait pas eu le temps de l'exécuter. Leclerc se mit alors à hocher la tête. « Quand je pense, murmura-t-il d'un air rêveur, que cette jeep va être la première à entrer dans Paris ! »

Sur son pare-brise, en grosses lettres blanches, était en effet inscrit son nom. Elle s'appelait « Mort aux cons ».

En quelques minutes, Dronne avait constitué son petit détachement. Celui-ci comprenait trois Sherman qui portaient des noms de victoires napoléoniennes, « Romilly », « Montmirail » et « Champaubert » et une demi-douzaine de half-tracks. Après avoir donné de brèves instructions à ses hommes, l'officier sauta dans sa jeep. Jetant un coup d'œil rapide dans son rétroviseur, il mesura tout à coup l'ampleur de son échec personnel. Au lieu d'être beau et propre comme il s'était promis de l'être pour les Parisiennes, Dronne était sale et hirsute. Sa combinaison était maculée d'huile et de sueur et son visage noir de poussière et de fumée.

Le capitaine à la barbe rousse mit en marche son moteur. Puis, s'adressant tout à coup au petit groupe de curieux qui s'était agglutiné autour de sa jeep, il demanda :

« Est-ce que quelqu'un parmi vous connaît la route la plus directe vers Paris ? »

42

Paris entendait le roulement sourd du canon qui s'enflait d'heure en heure et s'approchait de la ville qu'il allait bientôt submerger. Enfermés dans leurs points d'appui, presque isolés par les F.F.I. du colonel Rol, les défenseurs allemands de Paris attendaient l'assaut final qui allait déferler d'un instant à l'autre.

Les commandants des trente principaux « Stutzpunkte » (points d'appui) avaient juré au Führer de se défendre « jusqu'à la dernière cartouche ». Ce serment, Hitler ne l'avait exigé qu'une seule fois sur le front de l'Ouest : à Saint-Malo, où les soldats de la Wehrmacht, leurs munitions épuisées, avaient continué de se battre à l'arme blanche dans les ruines de la forteresse.

Embusqués dans quelques-uns des plus glorieux monuments de la capitale, dont ils avaient fait de véritables forteresses, les hommes du général von Choltitz s'apprêtaient à offrir la même résistance désespérée. Place de la République, derrière les hautes murailles de la caserne Prince-Eugène un commandant de S.S. réunit ses hommes et leur annonça que deux divisions blindées S.S. marchaient sur Paris. « Nous devons tenir à tout prix, ordonna-t-il, jusqu'à ce que des renforts viennent nous dégager. » Dans la cour de l'École Militaire, Bernhardt Blache, le Feldwebel qui avait vu, le samedi précédent, ses hommes « griller comme des saucisses » devant la Préfecture de police, écoutait le commandant

Otto Mueller haranguer les défenseurs : « Messieurs, disait-il, nous exécuterons l'ordre de notre Führer. Nous nous battrons jusqu'au bout. » La section de mitrailleurs que commandait le Feldwebel reçut alors pour son dernier repas avant la bataille un énorme jambon de Westphalie. Mais, à la pensée de se faire tuer pour défendre l'École Militaire, Bernhardt Blache avait perdu l'appétit. Il ne put avaler une seule bouchée de l'appétissant jambon.

Au Palais du Luxembourg, le conservateur Marcel Macary et l'électricien François Dalby virent les jeunes S.S. de la garnison se mettre à construire, en vue de l'attaque finale, une importante barricade devant l'entrée principale. Dalby savait qu'en dépit de tous ses efforts, les Allemands avaient pratiquement fini de miner le bâtiment. Il se demandait avec angoisse s'ils n'allaient pas, dans un acte de suicide collectif, tout faire sauter à la dernière minute. Dans le quartier, des centaines de Parisiens qui se posaient la même question évacuaient en hâte leurs appartements.

Dans le hall hérissé de sacs de sable de l'hôtel Meurice, le « Stutzpunkt » le plus important de la ville, l'homme sur les épaules duquel reposait la défense de Paris s'adressait avec colère à ses propres officiers. Quelques minutes plus tôt, un lieutenant-colonel de la Feldgendarmerie s'était permis de conseiller au commandant du Gross Paris de fuir le « piège à rats » de Paris, pendant qu'il en était encore temps et d'ordonner à la garnison d'abandonner la ville. « Le Führer m'a envoyé à Paris, aboyait Choltitz le visage blême de rage, et c'est moi seul qui assume la responsabilité ici. Il sera fait exactement ce que j'ordonnerai et je contraindrai à l'obéissance, l'arme à la main, ceux qui se rebelleront. Que chacun se rende à son poste et attende mes ordres... » La voix gutturale du général traversait le hall comme une rafale de mitrailleuse. « Si je venais à tomber, continuait-il, j'ordonne que le colonel Jay me succède et que le chef d'état-major, le colonel von Unger, lui prête son appui. »

Dans le silence qui suivit ces mots, le capitaine Klaus Engelmeier, un médecin de Westphalie, pensa : « Mon Dieu ! il va nous obliger tous à nous faire tuer dans cet hôtel. »

En dépit de la tension qui régnait dans les différents points d'appui, certains soldats réussirent cependant à passer ces dernières heures comme des touristes de la Belle Époque.

Le Quartiermaster Erich Vandam, de la 325e division, acheta à un camelot qui promenait son petit éventaire sous les balles place de la Concorde un dernier souvenir de Paris : un cendrier surmonté d'une petite tour Eiffel. Le lendemain, tandis qu'une baïonnette française poussera Vandam dans une colonne de prisonniers, l'Allemand verra le même camelot vendre le même cendrier aux premiers G.I's. américains.

Pour d'autres soldats, c'était le moment des adieux. Deux semaines plus tôt, l'Oberfeldwebel Walter Hoffman avait offert à sa petite amie Jeannette Domat un dîner au champagne dans un restaurant de marché noir en l'honneur de son vingt-sixième anniversaire. Ce soir, devant la lourde porte de l'École Militaire, il l'embrassa une dernière fois. En guise de cadeau d'adieu, l'Allemand n'avait trouvé à offrir à la jeune Parisienne qu'un gros morceau de lard.

Un autre soldat réussit à se glisser dans le no man's land qui séparait la forteresse allemande du Luxembourg de la barricade F.F.I. de la rue de Tournon et à entrer dans un petit hôtel. C'était Eugen Hommens, l'Allemand dont les F.F.I. avaient volé le revolver onze jours plus tôt sur les bords de la Marne. Dans une chambre de l'hôtel, Hommens retrouva Annick, sa maîtresse, et lui dit adieu. Encore une fois, la jeune femme le supplia de déserter. Mais Hommens refusa. Au « danger potentiel d'une femme jalouse », l'Allemand préférait encore la menace des balles F.F.I. Pour le Feldwebel Erwin Conrad, c'était une soirée pleine de souvenirs : une bouteille de cognac dans une main, une mitraillette dans l'autre, Conrad contemplait avec mélancolie, d'une fenêtre de l'hôtel Claridge, l'avenue des Champs-Élysées déserte. Il connaissait chaque mètre carré de sa chaussée. Pendant six mois, Conrad avait fait partie du défilé triomphal qui descendait l'avenue chaque jour à midi.

A l'autre bout de Paris, derrière les murailles massives du château de Vincennes, Georges Dubret était encore en vie. C'était un miracle. Cinq fois, Dubret et ses cinq compagnons avaient été alignés face à la mitrailleuse des S.S. qui avaient fauché tant de leurs camarades. Toute la journée, ils avaient vu leurs geôliers abandonner les uns après les autres le bâtiment du château. Tandis qu'ils se demandaient quel sort pouvaient bien leur réserver les derniers soldats qui partiraient, ils virent la porte de leur cellule s'ouvrir. Un sergent leur fit signe de sortir.

Dans la cour où les S.S. étaient sur le départ, ils trouvèrent le « petit Führer » qui avait assassiné leur camarade Silvestri. Il leur montra du doigt le réfectoire et leur cria d'aller y manger tout ce qu'ils voulaient. Les cinq policiers firent semblant de se diriger vers le petit bâtiment. Quand ils virent le dernier Allemand franchir le pont-levis du château, ils s'arrêtèrent. Puis, ils se mirent à courir et franchirent à leur tour le pont-levis en criant « Vive la France ». A cet instant, trois explosions énormes ébranlèrent le sol. Le souffle fit tomber Dubret. Quand il se releva, il vit un nuage de poussière et de débris monter comme un geyser derrière les murs du fort. Le réfectoire vers lequel le « petit Führer » avait envoyé les Français venait de sauter.

Dans une rue de Nanterre, à l'autre extrémité de la capitale, le lieutenant Bob Woodrum marchait tristement vers la boutique de Louis Berty. Depuis l'arrestation du charcutier, six jours plus tôt, l'Américain n'avait eu aucune nouvelle de son ami. Maintenant, pensait-il, il restait peu de chance qu'il fût encore en vie. En entrant dans la cour de la maison, l'aviateur entendit avec surprise des éclats de voix qui venaient de la boutique. Tout Nanterre, semblait-il, s'était brusquement donné rendez-vous dans la petite charcuterie. Au milieu de la foule, Woodrum vit alors la pâle figure d'un homme qui souriait. C'était Louis Berty. Par miracle, le charcutier avait, lui aussi, échappé au peloton d'exécution du Mont-Valérien dont il avait, pendant quatre ans, entendu les salves. Après trois jours de difficiles négociations, le consul Nordling avait réussi à obtenir, de son lit de malade de la rue d'Anjou, la libération des prisonniers de la mairie de Neuilly. Lorsque l'Américain aperçut celui qui l'avait caché au péril de sa vie, il sentit ses yeux s'embuer de larmes. Il se mit à crier : « Well done, Louis. » A ces mots, les voisins de Berty découvrirent avec stupeur que le géant blond qu'ils avaient vu entrer et sortir de la charcuterie sans jamais dire un mot n'était ni sourd ni muet... ni français.

43

Dans les rues noires de monde de Longjumeau, à 27 kilomètres de Paris, un officier américain venait de résoudre enfin l'angoissant problème qui le tourmentait depuis la veille. En échange de deux paquets de cigarettes, le capitaine Bill Mills, chef des opérations d'un bataillon de la 4e division américaine, réussit à se procurer le document le plus précieux qu'il pût trouver ce jour-là : un plan de Paris.

La 4e division avait quitté si brusquement la Normandie et sa mission sur Paris avait été si inattendue que ses chefs n'avaient même pas eu le temps de se procurer, auprès des services du SHAEF, les cartes nécessaires. Quelques minutes plus tôt, l'officier qui commandait la division, le major général Raymond Barton, avait reconnu lui-même devant ses officiers qu'il n'avait pas la moindre idée de l'endroit où pouvait bien se trouver l'objectif assigné à son unité : la Préfecture de police.

Mills déplia joyeusement la précieuse carte. En haut à gauche était inscrit le nom de l'imprimeur « A. Lecomte, 38, rue Sainte-Croix-de-la-Bretonnerie ». Juste en dessous, en larges lettres, l'Américain découvrit le titre exact de ce document grâce auquel, dans quelques heures, les avant-gardes de toute la 4e division allaient trouver leur chemin vers le cœur de la capitale de la France. Il s'intitulait *Itinéraire Pratique de l'Étranger dans Paris*[1].

1. Après la guerre, Mills fit encadrer ce plan comme une relique.

Épuisés par leur longue randonnée dans la pluie, le black-out et la fumée des échappements, les hommes de la 4ᵉ division s'étaient rassemblés en trois groupements au sud de la capitale. Ils n'attendaient plus que l'ordre de s'élancer à travers Paris. Pour certains, tel le sergent Milt Shenton, du Maryland, « Paris était un rêve qui enfin se réalisait ». Mais, pour d'autres fantassins, tel le soldat Willie Hancock, de Géorgie, hanté par l'idée d'avoir à livrer une bataille de rues, « Paris n'était qu'une autre ville occupée par les Allemands, avant Berlin et le retour à la maison ». Quelques Américains attachaient une signification spéciale à la perspective d'entrer dans Paris. Ce soir-là, en se glissant dans son sac de couchage, le lieutenant-colonel Dee Stone palpa dans la poche de son treillis une vieille enveloppe écornée qui contenait une lettre. Ce morceau de papier était devenu pour Stone une sorte de talisman. Il le portait sur lui depuis le jour où, en novembre 1943, il avait quitté sa maison de Forest Hills et s'était embarqué pour l'Angleterre. La lettre avait débarqué avec lui, le 6 juin, et l'avait accompagné tout au long des sanglants combats de Normandie, jusqu'à ce jour où, vivant, il était arrivé dans les faubourgs de Paris. Demain, tenant la promesse qu'il avait faite à son auteur, il remettrait la lettre à son destinataire à Paris.

Le sous-lieutenant Jack Knowles, chef d'une section du 22ᵉ régiment d'infanterie et son adjoint, le sergent « Speedy » Stone étaient, eux, dans une colère noire. Le commandant de compagnie venait de leur annoncer que l'entrée

Il décore aujourd'hui la salle à manger de sa maison, de Concord, en Caroline du Nord.

dans Paris serait « un véritable défilé » et que tous les hommes devraient par conséquent porter une cravate. Ni Stone ni Knowles n'avaient touché, ni même vu une seule cravate depuis leur départ d'Angleterre. Stone, un débrouillard, promit cependant à son lieutenant de lui trouver les précieux ornements pour le lendemain matin. Aux yeux de « Speedy » Stone, Paris « valait bien un défilé ».

Adossé au tronc d'un peuplier, près de Trappes, le sergent Larry Kelly, quarante-deux ans, était rayonnant de bonheur. Ce géant blond originaire de Pennsylvanie éprouvait une affection presque mystique pour la France. Vingt-sept ans plus tôt, trichant sur son âge, il s'était engagé à quinze ans dans le corps expéditionnaire américain, s'était battu huit mois en France, où il avait été deux fois blessé.

La nuit du débarquement, Kelly avait été parachuté en Normandie avec la 82e division aéroportée. Blessé peu après, il avait été muté dans le régiment d'artillerie de campagne qui appuyait aujourd'hui la colonne du commandant Morel-Deville et dont il était l'éclaireur de tête. Dans quelques heures, Kelly savait qu'il aurait toutes les chances de tenir le pari qu'il avait fait dans la nuit du 5 au 6 juin : celui d'être le premier Américain à entrer dans Paris.

Dans le crépuscule, le lieutenant Warren Hooker, chef de section d'une compagnie du 22e d'infanterie, et son adjoint, le sergent Ray Burn, grimpèrent au sommet d'une vieille tour de guet qu'ils rencontrèrent près d'Orly et se mirent à contempler avec émerveillement la ligne des toits de Paris. Hooker reconnut chacun des monuments dont parlaient ses livres d'histoire et les romans d'Alexandre Dumas. Le spectacle qui se déroulait sous ses yeux parut presque familier à l'officier. Son expérience de fantassin lui disait, hélas, qu'il n'aurait pas le temps, demain, de visiter toutes ces merveilles dont il avait rêvé depuis son enfance. Son destin, et celui de ses camarades, était « d'éclabousser cette ville de leur sang et de continuer en avant ». Hooker se souvint alors avec tristesse des lignes d'un poème de Robert Frost qu'il avait appris au lycée : « J'ai des promesses à tenir et bien des kilomètres à parcourir avant de pouvoir dormir. »

Une silhouette joyeuse franchit la porte de l'hôtel du « Grand Veneur », à Rambouillet. Larry Leseur, le radio-reporter de la chaîne de radio américaine C.B.S. qui avait appris la libération de Paris chez son dentiste, était finalement revenu à temps pour assister à la véritable libération. Se frayant un passage à travers la horde compacte des journalistes qui avaient envahi l'hôtel, Leseur s'avança vers son confrère Charlie Collingwood dont le reportage imaginaire sur la Libération avait été diffusé par erreur.

« Excellent reportage, Charlie ! » s'exclama Leseur. Collingwood eut d'abord un sourire gêné. Puis il se mit à fouiller dans sa poche. Il en sortit un petit objet enveloppé dans du papier d'argent qu'il tendit à Leseur avec un sourire. C'était une barre de chocolat.

Des collines de Sèvres, à l'extrême gauche du front, jusqu'aux vastes plaines d'Orly, harassés et meurtris, les hommes de la 2e D.B. s'arrêtèrent pour la nuit dans leur progression vers Paris. Ils venaient cependant, à Fresnes et à la Croix-de-Berny, de faire sauter, sans le savoir, le dernier verrou qu'ils devaient rencontrer jusqu'au cœur de la capitale. La route de Paris était maintenant ouverte.

Dans presque toutes les unités, ce soir-là, bien des places restèrent vides. Le général Hubertus von Aulock avait tenu parole. Il avait fait payer cher aux Français le droit d'entrer dans leur capitale. Tout le long des routes qu'elles avaient prises, les trois colonnes de la division avaient laissé derrière elles un sillage de véhicules calcinés, de morts et de blessés. Des 16 half-tracks d'une section de la 10e compagnie du régiment du Tchad, il ne restait plus qu'un seul véhicule. Une compagnie d'un régiment de chars avait perdu le tiers de ses blindés dans la seule attaque de Fresnes.

Ces lourdes pertes et les heures épuisantes qu'ils venaient de vivre avaient éprouvé le moral des hommes de la 2e D.B. Leur seule consolation était de savoir Paris si proche, à portée de voix, de l'autre côté de cette ultime rangée de maisons de banlieue. Leur voyage était presque achevé.

Jean-René Champion, le pilote du « Mort-Homme », ne redoutait plus que les Américains arrivassent avant lui à Paris, ni une panne de moteur. Paris était là, tout près de lui, « comme une maîtresse endormie ». Près de son Sherman « Norvège », le capitaine Georges Buis se mit à fredonner une chanson qu'il avait lui-même composée dans le désert de Libye. Accompagné à l'harmonica par son tireur, Buis chantait : « Et tous nos chemins sont des rues de Paris... » Allongé sur la plage arrière du « Douaumont », près de Fresnes, le sergent Marcel Bizien regardait le ciel. Ses camarades entendirent Bizien jurer qu'il ferait le lendemain honneur à la mémoire des corsaires bretons qu'il avait pour ancêtres. Il tenterait de prendre à l'abordage un char allemand. Il devait tenir parole.

A l'entrée de la prison que Bizien et ses camarades avaient prise d'assaut quelques heures plus tôt, une douzaine de F.F.I. apparurent, escortant un soldat allemand prisonnier. La tête basse, la mine défaite, Willy Wagenknecht franchit le portail et entra dans la cour jonchée de débris. Pour l'Allemand que d'ironiques circonstances avaient contraint à défendre sa propre prison, ce retour était l'instant le plus cruel de la guerre. Le séjour à Paris de Wagenknecht finissait là où il avait commencé : dans une cellule de Fresnes.

De tous les hommes de la division qui virent ce soir-là monter en ligne les éléments qui s'ébranleraient le lendemain les premiers vers Paris, aucun sans doute ne ressentit plus d'émotion que le sous-lieutenant René Berth, quarante ans, du régiment du Tchad. Quand René Berth aperçut le grand garçon blond qui passait debout dans un half-track de la 97e compagnie de Q.G., il se mit à crier « Raymond ! Raymond ! ». C'était son fils. Deux ans plus tôt, sans rien dire à sa mère, le jeune homme avait jeté quelques vêtements dans son sac de scout et était parti à pied rejoindre son père chez les Français libres. Ce soir d'août, Louise Berth ignorait toujours si son mari et son fils étaient vivants ou morts.

Couvrant le fracas des chenilles, le père et le fils se promirent de se retrouver le lendemain à Paris et de faire à Louise Berth une surprise. « Maman va en faire une tête de nous voir arriver ensemble », cria Raymond à son père. Regardant disparaître la silhouette virile de son fils, René Berth sentit sa poitrine se gonfler d'orgueil. Et soudain, des larmes de tendresse emplirent ses yeux de guerrier.

« Demain, 25 août, se rappela-t-il, ce sera la fête de Louise. Quelle surprise, pour elle ! »

44

Dans l'échancrure d'une ancienne carrière de sable, juste à la sortie de Longjumeau, l'homme qui commandait à René Berth et à tous ses camarades de la 2e D.B. étudiait une carte déployée sur le capot de son half-track de commandement. De toutes les cartes que Philippe Leclerc et les officiers de son état-major avaient étudiées pendant cette guerre, aucune peut-être ne leur avait révélé réalité plus angoissante. C'était une carte de Paris sur laquelle une multitude de cercles rouges indiquait les points d'appui allemands, ces « stutzpunkte » que les officiers de Choltitz s'étaient juré de défendre « jusqu'à la dernière cartouche ». Dans presque tous les cas, les cercles rouges recouvraient un des trésors architecturaux de la ville. Si les Allemands, pensait Leclerc, s'accrochaient à ces points d'appui avec la même ténacité qu'ils avaient montrée le long de la route d'aujourd'hui, seule l'artillerie des chars et les canons de campagne pourraient les en chasser. Demain, la destruction de la place de la Concorde, de la Chambre des Députés, du Palais du Luxembourg, de la rue de Rivoli serait peut-être le prix dont Paris devrait payer sa délivrance. Se tournant vers les officiers silencieux qui l'entouraient, Leclerc donna des consignes sévères interdisant l'utilisation de l'artillerie lourde sans son accord. « Nous sommes venus pour libérer Paris, dit-il, et non pour le détruire. »

Le général et ses officiers se déplacèrent alors

de quelques mètres et vinrent s'accroupir autour d'une peau de katambouru qu'Ahmed, l'ordonnance de Leclerc, avait déroulée sur une pierre. A chacun, Ahmed distribua son dîner, une simple boîte de ration.

Tandis que la nuit tombait, ces quelques hommes qui représentaient la nouvelle armée française partagèrent en silence, selon le rite spartiate qu'ils avaient observé dans les déserts de Libye et de Tripolitaine, leur dernier repas d'exil aux portes de la capitale de leur pays. Endurcis par les fournaises d'Afrique où ils avaient brûlé la graisse de leurs corps et purifié leurs âmes, ils n'étaient que de lointains cousins de ces officiers de la « drôle de guerre » qui dînaient aux chandelles dans les châteaux de l'arrière. Quand ils eurent terminé, ils s'enroulèrent dans leur djellaba et s'endormirent sous le ciel au pied de leurs jeeps ou de leurs command-cars.

A 27 kilomètres de là, en plein cœur de Paris, dans l'immense réfectoire en sous-sol de l'Hôtel de Ville, les chefs de la Résistance entamèrent eux aussi leur repas du soir. Assis sur des bancs, des chaises, des caisses renversées, leurs fusils et leurs grenades jetés pêle-mêle sur les longues tables de bois, les défenseurs de l'énorme bâtisse, fourbus et silencieux, dînaient dans un décor du Moyen Age.

De grands pichets de gros rouge s'entrechoquaient dans un bruit métallique, tandis qu'une dizaine de « collaboratrices », prisonnières, le crâne rasé comme une boule de billard, la mine défaite, faisaient circuler le plat unique de l'étrange banquet : des nouilles aux lentilles.

C'était, rappelle Jacques Debû-Bridel, l'homme

qui trois jours plus tôt avait cassé une vitre pour calmer l'orageuse rencontre des chefs de la Résistance, « un sinistre et déprimant dîner ». Pendant deux jours, les défenseurs de l'Hôtel de Ville s'étaient attendus à être submergés à tout moment par les Allemands. Maintenant, ils savaient eux aussi que deux divisions de Panzer S.S. approchaient de Paris. Debû-Bridel et la plupart des résistants réunis ce soir-là dans le réfectoire de l'Hôtel de Ville étaient convaincus que le destin allait leur ravir au dernier moment la fragile victoire à laquelle ils s'étaient si farouchement accrochés pendant cinq jours.

A l'autre bout de la rue de Rivoli déserte que flanquait une façade de l'Hôtel de Ville, dans la chambre 238 de l'hôtel Meurice, Dietrich von Choltitz venait d'enfiler une chemise de soie blanche. Sentant la tranche du col lui labourer le cou, le gouverneur pensa : « J'ai grossi à Paris. » C'était la première fois depuis son arrivée dans la capitale française que le général allemand mettait un col dur. Sur son lit se trouvait la veste blanche soigneusement repassée qu'il revêtirait ce soir pour accompagner son pantalon gris à bandes rouges d'officier d'état-major. Choltitz ne l'avait portée qu'une seule fois, sept mois plus tôt, lors de la réception qui avait été donnée près d'Anzio, en Italie, pour fêter sa promotion au grade de général de division. Ce soir, il allait la porter dans une autre occasion, la dernière réception sans doute où le commandant du Gross Paris paraîtrait pour de longues années. Au premier étage de l'hôtel Meurice, dans la grande pièce qu'occupait le secrétariat de l'état-major, les collaborateurs du général s'apprêtaient à offrir à leur chef un dîner d'adieu.

Rares étaient ceux, à l'état-major, qui entretenaient encore quelque illusion sur le sort qui attendait la garnison du Gross Paris. Sur la grande carte murale affichée dans la salle des Opérations, des officiers avaient déplacé toute la journée les petits drapeaux rouges qui indiquaient la foudroyante avance alliée. Les petits drapeaux se trouvaient maintenant plantés aux portes mêmes de Paris. De l'O.B. West était arrivé dans la soirée un rapport alarmant sur l'ensemble du front. Il avait révélé à Choltitz une nouvelle que Bobby Bender ne semblait pas connaître : les Américains avaient forcé le barrage sur la Seine au sud de Melun et se ruaient vers l'Est sans rencontrer d'opposition. Pour tenter de les arrêter, deux divisions allemandes avaient reçu l'ordre de faire mouvement en direction du Sud, vers Nogent-sur-Seine et Troyes. Choltitz avait maintenant compris qu'il ne devait plus compter que sur ses propres troupes. Car ces deux divisions étaient précisément celles qui lui avaient été promises en renforts : les 26e et 27e Panzer S.S.

En boutonnant son col devant le miroir ovale de sa salle de bains, le général allemand se dit qu'à l'aube du lendemain, c'est-à-dire quelques heures plus tard, les Alliés viendraient donner le coup de grâce. Il avait attendu toute la journée le menaçant commandant de la Luftwaffe, mais celui-ci n'était pas venu. Le général se mit à penser avec amertume à cet officier, à Hitler, à Jodl, à Model. Il revit la bouche déformée du Führer lui disant à Rastenburg : « Soyez assuré, Herr General, que vous recevrez de moi tout l'appui nécessaire. » Mais au lieu de renforts, Choltitz n'avait reçu que des mots et les marteaux pneumatiques de la 813e Pionierkompanie.

Incapable de défendre Paris par la force des armes, l'O.K.W. avait décidé de s'offrir le plaisir de le rayer de la carte du monde. Choltitz savait qu'à l'O.K.W. on n'attendait désormais qu'un seul acte de sa part : celui qui donnerait aux hommes du capitaine Ebernach l'ordre de déclencher leurs détonateurs.

Le conquérant de Sébastopol avait la conviction que, le lendemain soir, il serait mort dans les ruines de son hôtel ou prisonnier des Français. C'était pourtant une autre fin qu'il avait envisagée pour lui-même et pour son pays ce jour de mai 1940 où, sur l'aérodrome de Rotterdam, il avait sauté d'un Junker. Prenant le flacon d'eau de Cologne que le caporal Helmut Mayer lui avait apporté dix jours plus tôt, Choltitz se vaporisa le visage et résolut de faire bonne figure devant ses collaborateurs. Quand il reposa le flacon, ses yeux s'arrêtèrent sur l'étiquette. Il n'avait jamais remarqué celle-ci. Elle portait les mots « Soir de Paris ».

Tel un commandant de bord prêt à sombrer en grand uniforme avec son navire, Dietrich von Choltitz sortit alors de sa chambre et marcha d'un pas tranquille vers son dîner d'adieu.

Dans une autre chambre de l'hôtel, une jolie jeune femme brune se glissait dans une robe noire à paillettes argentées. Cita Krebben se regarda dans son miroir et pensa que la dernière robe de sa petite couturière parisienne était décidément très réussie. Avec son amie Hildegarde Grun, secrétaire du colonel von Unger et la belle et plantureuse Annabella Waldner, intendante des gouverneurs allemands de Paris, Cita Krebben était une des dernières femmes allemandes qui fût encore à Paris. L'élégance naturelle de la jeune munichoise de vingt-trois ans et la fréquentation assidue d'une couturière de la rue Washington avaient fait d'elle la plus parisienne des Allemandes. Quand elle fit son entrée, quelques instants plus tard, dans la salle à manger éclairée aux bougies où le général et ses collaborateurs prenaient l'apéritif, tous les regards se tournèrent vers elle. Choltitz lui-même remplit sa coupe de Cordon Rouge et proposa un toast « à la santé des magnifiques femmes allemandes dont la solidarité au cours de cette guerre avait rendu moins durs les coups du sort ». Chacun leva son verre. Ce fut, rappelle le comte Dankvart von Arnim, « un moment émouvant ». L'officier observa les visages autour de lui : Unger était glacial comme à son habitude ; frivole et charmeur même pendant ce dernier soir, Jay plaisantait ; Clemens Podewills, un correspondant de guerre surpris à Paris par l'insurrection, buvait son champagne, imperturbable ; le seul qui laissât voir ses soucis était le capitaine Otto Kayser, un ancien professeur de littérature de Cologne. Dans l'après-midi, Kayser avait rapporté d'une patrouille près de la Comédie-Française une affiche encore ruisselante de colle qui proclamait : À CHACUN SON BOCHE.

Tandis que chacun s'efforçait de montrer une gaieté de circonstance, Arnim vit entrer un messager. Celui-ci chuchota quelques mots à l'oreille du général qui sortit aussitôt de la pièce.

Le commandant du Gross Paris était demandé au téléphone. Faible et lointaine, il reconnut cependant la voix familière de son vieux camarade d'armes, le général Walter Krueger, aujourd'hui commandant du 58e corps de Panzer. Krueger appelait d'un téléphone de campagne dans la région de Chantilly, à 40 kilomètres de la capitale. « Je viens à Paris, annonça

Krueger en plaisantant, nous irons au *Sphinx* ce soir ![1] »

Mais Krueger ne téléphonait pas pour plaisanter. Model lui avait ordonné, annonça-t-il, de rassembler tous les blindés disponibles du 58e corps pour les envoyer d'urgence au secours de Choltitz. Et Krueger, la voix grave et triste, devait ajouter que ce soir d'août, il n'avait plus aucun tank disponible pour secourir son ami. Des 120 000 hommes et des 800 chars avec lesquels le 58e corps avait commencé la bataille de Normandie, il ne restait, confia-t-il, que quelques débris en pleine déroute éparpillés dans la campagne au sud de Chantilly. Krueger assura cependant à Choltitz qu'il avait, sitôt reçu l'ordre de Model, lancé tous les officiers qu'il avait pu trouver à la recherche des quelques blindés qui lui restaient encore. Mais, dans le chaos actuel, il ne savait pas si ceux-ci pourraient arriver à temps. Après un long silence, Krueger demanda à son ami ce qu'il comptait faire. « Je ne sais pas, répondit le gouverneur de Paris, la situation est bien mauvaise. » Il y eut à ces mots un nouveau silence. Puis les deux hommes se souhaitèrent tristement : « Hals und Bein bruch » (Fais-toi couper la tête et les jambes). C'était une vieille expression allemande qui signifiait « Bonne chance ».

Digne et stylé, le maître d'hôtel passait le long plat d'argent débordant d'asperges. Pour ce dernier dîner, Annabella Waldner, l'hôtesse qui avait régalé pendant quatre ans la crème de l'Allemagne nazie et de l'Italie fasciste à la table des gouverneurs de Paris, avait personnellement choisi ce que la cambuse du Meurice contenait

1. Le *Sphinx* était une des plus célèbres maisons closes de Paris.

de plus rare et de plus délicieux. Après les asperges sauce hollandaise, les invités dégusteraient du foie gras et une spécialité de Gourguilev, le chef bulgare du Meurice, des profiteroles au chocolat, le dessert favori du maréchal Rommel.

Aux lueurs vacillantes des chandeliers d'argent massif qu'Annabella Waldner avait disposés sur la table, les convives commencèrent à dîner. Assis entre Cita Krebben et Hildegarde Grun, Dietrich von Choltitz, s'efforçant d'être un convive disert et amusant, se mit à évoquer ses souvenirs de page à la cour de la Reine de Saxe.

Mais bientôt, la voix du général devint nostalgique et chacun ressentit plus cruellement la tristesse du moment. Noyé dans sa propre mélancolie, le comte Dankvart von Arnim regardait fixement le fond de son assiette. Soudain, entre deux têtes d'asperges, une image lui apparut qui le rappela brutalement à la réalité. C'était l'Arc de Triomphe. Pour ce dernier repas dans un Paris que Hitler lui avait ordonné de détruire, Dietrich von Choltitz dînait dans la vaisselle d'un service que son prédécesseur avait spécialement commandé à la manufacture de Sèvres. Dans le fond de chaque assiette se trouvait, peint à la main au chiffre de la Wehrmacht, un monument de la ville de Paris.

45

Dans la pénombre du soir, comme cent vingt-neuf ans plus tôt Napoléon au retour de l'île d'Elbe, le capitaine à barbe rousse sursauta en voyant la pancarte qui venait de surgir devant lui : PARIS, PORTE D'ITALIE. D'écho en écho, ces mots magiques coururent tout au long de la petite colonne. Dans les tanks et les half-tracks, les hommes s'embrassèrent, se mirent à crier, à hurler, à gesticuler de joie. Dans sa jeep « Mort aux cons », Raymond Dronne comprit qu'il venait de gagner la course commencée quatre ans plus tôt. Il était le premier officier français qui entrait dans Paris.

Timides, craintifs, les habitants de la porte d'Italie que le fracas des chars avait claquemurés chez eux, commencèrent à apparaître à leurs fenêtres. A la vue des silhouettes que ne coiffait pas le lourd casque de la Wehrmacht mais de simples calots, quelqu'un cria soudain : « Les Américains ! » Porté de voix en voix, ce cri se répandit dans tout le quartier. De toutes les portes, de toutes les rues, des hommes, des femmes, des enfants se précipitèrent. Bientôt, déferlant de partout, une marée humaine enveloppa les véhicules du petit détachement. Le capitaine qui avait tant voulu être beau pour les Parisiennes se trouva submergé par des dizaines d'entre elles, des jeunes, des vieilles, des blondes, des brunes qui se pressaient, se bousculaient pour l'embrasser, lui serrer la main ou seulement toucher son uniforme, noir de poussière et de poudre. Une grande fille habillée en Alsacienne nommée Jeannine Bouchaert réussit même à prendre la jeep à l'abordage et à s'asseoir aux côtés du guerrier ému.

Emportant comme une mascotte l'Alsacienne qui chantait à tue-tête en agitant un drapeau tricolore, Dronne reprit son chemin à travers la foule. Suivi de ses chars, il s'engagea dans l'avenue d'Italie, puis dans un dédale de petites rues qui menaient vers la Seine. La colonne roulait si vite que les Parisiens avaient à peine le temps d'apercevoir les croix de Lorraine des Sherman qui se ruaient dans l'ombre. Devant la gare d'Austerlitz, les premières balles allemandes saluèrent le passage des chars français. Mais ceux-ci filèrent sans riposter, se jetèrent sur le pont d'Austerlitz encore debout malgré les ordres de destruction de Hitler, et débouchèrent sur les quais de la rive droite. En remontant le quai des Célestins, de toute la vitesse de sa jeep, Dronne sentit soudain sa gorge se serrer d'émotion. A sa gauche, découpée dans le crépuscule, se dressait la silhouette bouleversante de Notre-Dame. Il vira à droite. Dans une gerbe d'étincelles, les trois tanks et les six half-tracks pivotèrent à leur tour et vinrent s'immobiliser devant le rempart des libertés municipales des Parisiens, l'Hôtel de Ville. Dronne sauta de sa jeep. Comme s'il venait de tomber d'une autre planète, il se mit à regarder, pétrifié, l'immense façade Renaissance meurtrie par les balles et pavoisée de tricolore. Sur le cadran de l'horloge les deux aiguilles marquaient 9 h 22.

Mille neuf cent trente et un jours, seize heures et cinquante-deux minutes après que le premier soldat de la Wehrmacht eut mis le pied dans Paris, à la porte de la Villette, l'armée française était de retour dans la capitale.

Quelques secondes plus tôt, la silhouette frêle de Georges Bidault était apparue debout sur une table branlante du réfectoire du sous-sol. De sa voix que l'émotion rendait plus rauque encore, Bidault s'était écrié : « Les premiers tanks de l'armée française ont franchi la Seine. Ils arrivent au cœur de Paris. » L'écho de ces paroles vibrait encore dans le silence des voûtes quand parvint la rumeur des chars qui débouchaient sur la place. A ce bruit, les hommes se levèrent. Dans le fracas de la vaisselle qui s'effondrait et des pichets de vin qui roulaient à terre, ils se mirent à entonner *La Marseillaise*. Puis, comme une horde déchaînée, il se précipitèrent dehors et se jetèrent sur le capitaine hirsute et titubant de fatigue. Bondissant, son micro à la main, sur le char « Champaubert », le radio-reporter Pierre Crénesse étreignit le premier homme qu'il vit sortir de la tourelle. « Parisiens, cria-t-il dans son micro, vous allez entendre la voix d'un soldat français, le premier simple soldat entré dans Paris. » Plaçant son micro devant la bouche du 2e classe ahuri, Crénesse lui posa la première question qui lui vint à l'esprit. « D'où êtes-vous ? » demanda-t-il. « De Constantinople », répondit le soldat Firmin Pillian...

Grâce au courant électrique miraculeusement revenu, 3 millions et demi de Parisiens se mirent alors à vivre devant leur récepteur de radio les premières minutes de la plus belle soirée de leur vie. « Les Alliés sont arrivés ! Parisiens, c'est la délivrance ! Répandez la nouvelle ! Il faut que partout la joie éclate... » criaient les speakers. Du haut de la tourelle du « Champaubert », la voix brisée par l'émotion, Crénesse se mit à citer Victor Hugo : « Réveillez-vous, déclama-t-il, assez de honte ! Redevenez la grande France ! Redevenez le grand Paris ! »

A ces mots, des milliers de Parisiens écartèrent leurs rideaux, ouvrirent leurs volets, se jetèrent dans les bras de voisins à qui ils n'avaient jamais adressé la parole, se précipitèrent dans les rues, se mirent à hurler de joie. De toutes les fenêtres ouvertes, à pleines gorges, à pleins haut-parleurs, jaillissait *La Marseillaise*.

Sur les balcons, le pas des portes, aux fenêtres ; des trottoirs, des avenues, et du sommet des barricades ; dans l'obscurité de la nuit, la ville tout entière, retrouvant sa liberté et sa fierté, chantait avec la radio. Les paroles vibrantes de l'hymne vengeur fusaient de toutes les maisons, roulaient de rue en rue, se répercutaient et s'amplifiaient jusqu'à envelopper tout Paris dans un chœur triomphal.

Raymond Dronne sentit ses yeux brûlés de poussière et de fatigue s'inonder de larmes. En cet instant qui devait devenir le plus mémorable de son existence, il entendait monter de mille gorges, sur la place même de l'Hôtel de Ville, *La Marseillaise* répercutée à tous les échos. Il lui semblait qu'elle « soulevait la ville entière comme une vague sonore ». Non loin de lui, belle et fragile dans une robe noire, le visage creusé par la fatigue et l'émotion, une femme chantait avec ardeur. C'était Marie-Hélène Lefaucheux. Dronne pensa alors à la propagande de Vichy répétant sans cesse que les hommes de la France libre étaient la honte de leur patrie.

Les dernières notes de *La Marseillaise* s'estompaient lorsqu'un speaker reprit le micro pour un nouvel appel : « A messieurs les curés qui nous entendent ou qui peuvent être prévenus par leurs paroissiens, nous demandons de faire sonner les cloches à toute volée pour annoncer l'entrée des Alliés à Paris. »

Pendant quatre ans les cloches de Paris étaient restées muettes. Pas une seule fois, pendant l'occupation allemande, leurs carillons n'avaient pu sonner l'heure du culte, la naissance de Jésus, la résurrection du Christ ou simplement le glas d'un Parisien décédé. Mais maintenant, à l'appel de la radio, secouant la poussière de quatre années de silence et de deuil, les cloches allaient revenir dans le ciel de Paris. Du haut de la tour sud de Notre-Dame, le gros bourdon de treize tonnes, qui le 2 septembre 1939 avait sonné le tocsin de la guerre, entama le premier carillon d'allégresse.

De la colline de Montmartre, la « Savoyarde », la cloche de dix-sept tonnes de la basilique du Sacré-Cœur qu'une génération précédente de Parisiens avait construite pour remercier Dieu d'avoir libéré Paris et la France des Prussiens, répondit bientôt à l'appel du bourdon de Notre-Dame. Une à une, d'un bout à l'autre de la ville, les églises se mirent à carillonner la nouvelle. En l'espace de quelques instants, le ciel tout entier fut ébranlé par les cent clochers de Paris. A leurs fenêtres, les Parisiens pleuraient de joie et d'émotion.

Quand Colette Massigny et Gilles de Saint-Just, les deux fiancés de Saint-Germain-des-Prés, entendirent le bourdon de la vieille église voisine, ils se précipitèrent sur leur petit gramophone, mirent un disque et tournèrent le bouton à plein régime. Toute la rue entendit alors jaillir de leur fenêtre une voix éraillée que les Allemands avaient interdite pendant quatre ans. C'était Louis Armstrong qui chantait *Basin Street Blues*.

A l'autre bout de Paris, l'infirmière Madeleine Brinet posa son crayon et se mit à écouter le vacarme des cloches. Toute la soirée, dans la petite pièce du poste de secours de la rue de Naples, elle n'avait entendu qu'un seul bruit : le gémissement des blessés. Sur son petit carnet rouge, la jeune femme venait d'écrire quelques mots qui résumaient cette dernière journée d'insurrection. « Cinq morts aujourd'hui. Ai reçu les familles. Atroces scènes de désespoir. » Maintenant, le carillon de la Libération couvrait les gémissements des blessés. Tournant la page de son carnet, Madeleine Brinet se mit à inscrire avec application en haut d'un feuillet blanc la date du lendemain : « Vendredi 25 août — Jour de Gloire. » Mais sur le carnet de la petite infirmière, la page du 25 août restera à jamais blanche. Victime des derniers combats, ce jour de gloire sera celui de sa mort.

Du fond des cuisines du Palais du Luxembourg, Pierre Pardou, le résistant qui pillait les stocks de la Milice, entendit lui aussi les cloches et pensa : « Il se passe quelque chose. » Pour la première fois, Franz, son gros geôlier, évita de prononcer la phrase habituelle : « Toi bien nettoyer cuisine ce soir, car demain, toi fusillé. » Ce silence subit de l'Allemand inquiéta Pardou.

Dans son blockhaus de l'hôtel Majestic, Willy Krause, le tankiste devenu fantassin, perçut la rumeur lointaine des cloches et se posa une question stupide. « Qui donc, se demanda-t-il, enterre-t-on à une heure aussi tardive ? » Rudolf Ries, le Feldgendarme qui avait annoncé la fragile trêve de Nordling dans les rues de Paris, comprit aussitôt, lorsque parvint jusqu'à sa fenêtre de la Kommandantur de l'Opéra le premier carillon, que la fin était proche. « C'est cuit ! » dit-il simplement à son camarade l'Unteroffizier Otto Westermann.

Du toit du ministère des P.T.T., le caporal Alfred Hollesch ne perdit rien de ces « moments inoubliables » : *La Marseillaise* d'abord, s'élevant des rues enténébrées, puis l'explosion des cloches « accompagnant l'hymne comme une marée ». Ému Hollesch se dit « qu'il assistait, impuissant, à ses dernières heures de liberté ».

Quand Werner Nix, le Feldwebel qui, dix

jours plus tôt, avait maudit Choltitz à cause d'un défilé, entendit l'étrange carillon dans le hall de l'hôtel Continental transformé en point d'appui, il se dit seulement « demain la guerre sera finie, les Français ont brisé leurs chaînes ».

Dans les profondeurs de son P.C. de « Duroc », le chef de l'insurrection qui avait brisé ces chaînes n'entendit pas le carillon libérateur. Quand Rol et ses officiers apprirent par téléphone l'arrivée des premiers chars de Leclerc devant l'Hôtel de Ville, ils décidèrent de boire à leur victoire. A défaut de champagne, le chef F.F.I. versa dans le verre de ses camarades un liquide sirupeux, l'intarissable bénédictine qu'un restaurateur de la place Saint-Michel lui avait envoyée par caisses entières.

D'autres Parisiens, cette nuit-là, ne devaient pas non plus entendre les cloches de la Libération. Furieux que le clocher de sa paroisse restât muet, le jeune Dominique de Serville, treize ans, voulut téléphoner au curé de Saint-Philippe-du-Roule. Mais il n'obtint jamais la communication. Embouteillée par des centaines d'appels, la ligne du curé était constamment occupée[1].

Nulle part, cependant, le roulement des bourdons de Paris ne fit impression plus forte que dans la petite pièce éclairée aux chandelles du 1er étage de l'hôtel Meurice. En entendant la

1. Le dimanche suivant, lors de la grand-messe d'action de grâces, le jeune garçon devait apprendre pourquoi les cloches de son église étaient restées muettes ce soir-là. « Mes bien chers frères, déclara en montant en chaire le chanoine Jean Muller, curé de la paroisse, je remercie tous ceux qui jeudi soir m'ont téléphoné pour me demander de sonner les cloches en l'honneur de la Libération. Hélas, notre paroisse n'a ni clocher ni cloches. » Avec un sourire paternel, le brave curé enchaîna aussitôt : « Je pense que le moment est donc venu de combler cette lacune. La quête de ce premier dimanche de Libération sera faite pour donner à notre paroisse de Saint-Philippe-du-Roule un clocher... et des cloches ! »

rumeur d'abord lointaine et hésitante qui leur parvenait, les convives se turent brusquement. Alors, comme les flots roulant sur le rivage, le bruit des cloches s'enfla et vint s'engouffrer par la fenêtre ouverte.

« Pourquoi sonnent ces cloches, Herr General ? » demanda ingénument la jolie Cita Krebben. Dietrich von Choltitz se cala tranquillement contre le dossier de sa chaise et attendit un long moment avant de répondre. Puis, d'une voix calme et résignée, il dit : « Elles sonnent pour nous, ma chère amie, elles annoncent l'entrée des armées ennemies dans Paris en ce moment même ! »

A ces mots, Choltitz vit un éclair de surprise s'allumer sur plusieurs visages. Agacé, il demanda si quelqu'un parmi les convives de ce dîner s'attendait à un autre dénouement. S'animant brusquement, le général promena son regard sur les officiers qui l'entouraient et se mit à parler avec dureté. « Vous semblez étonnés ! mais qu'attendiez-vous donc ? demanda-t-il. Depuis des années que vous somnolez ici dans votre petit monde de rêve, que savez-vous vraiment de la guerre ? Vous ignorez donc ce qui est arrivé à l'Allemagne en Russie et en Normandie ? » De plus en plus cinglant, le commandant du Gross Paris donnait libre cours à son indignation : « Messieurs, dit-il, je puis vous annoncer ce que la douce vie de Paris semble vous avoir caché : l'Allemagne a perdu cette guerre et nous l'avons perdue avec elle. »

Ces dures paroles mirent un terme brutal à la gaieté factice du dîner d'adieu. Le colonel Hans Jay se versa une dernière coupe de champagne et pendant quelques secondes contempla les bulles légères qui venaient mourir à la surface. Puis, le séduisant colonel qui avait été une des plus célèbres figures du Paris nocturne, fit la seule chose qui lui restât à faire pour sa dernière soirée à Paris. Il alla se coucher. Le comte Dankvart von Arnim s'éclipsa discrètement et monta dans sa chambre. Avant de se mettre au lit, le jeune officier ouvrit le petit carnet à couverture verte où il consignait chaque jour les événements de sa vie. Sur une page blanche, il nota seulement quelques mots. « Je viens d'entendre, écrivit-il, sonner mon propre glas. » Puis Arnim prit le gros volume qui se trouvait sur sa table de nuit et l'ouvrit à la page du nouveau chapitre qu'il allait lire avant de s'endormir. C'était l'*Histoire de France* et le chapitre s'intitulait : « Le massacre de la Saint-Barthélemy. » La date de cet événement laissa l'officier rêveur. Trois cent soixante-douze ans plus tôt, la Saint-Barthélemy avait eu lieu un 24 août.

Solitaire dans le grand bureau où il s'était retiré, Dietrich von Choltitz décrocha son téléphone et pour la deuxième fois en vingt-quatre heures, demanda le groupe d'armées B. Le commandant du Gross Paris venait de recevoir confirmation qu'une avant-garde alliée était à l'instant entrée dans Paris. Il savait qu'à l'aube, derrière cette avant-garde, surgirait le gros des troupes ennemies. Au bout du fil, Choltitz reconnut la voix du chef d'état-major.

« Bonsoir Speidel, dit-il d'une voix grave, j'ai une surprise pour vous, écoutez donc s'il vous plaît... »

A ces mots, Choltitz approcha l'écouteur de la fenêtre grande ouverte sur la nuit qu'emplissait le vacarme des carillons. Tout à coup, rappelle Speidel, la rumeur distincte et puissante des cloches envahit le sinistre bunker éclairé au néon où le chef d'état-major vivait depuis six jours. Speidel leva les yeux vers son aide de camp, le capitaine Ernst Maisch qui écoutait sur un autre poste et posa son regard stupéfait sur la fine gravure de Notre-Dame accrochée au mur de béton.

— Vous entendez ? demanda Choltitz avec impatience.

— Oui, répondit Speidel, ce sont des cloches, n'est-ce pas ?

— En effet, Herr General, ce sont les cloches de Paris qui sonnent à toute volée pour annoncer à la population que les Alliés sont arrivés.

Il y eut un long silence gêné. Puis Choltitz répéta qu'il avait, conformément aux ordres que le groupe d'armées B lui avait transmis, achevé les préparatifs de destruction des ponts, des gares de chemin de fer, des installations d'eau, de gaz et d'électricité et des bâtiments occupés par l'armée allemande. Mais il désirait savoir s'il pouvait compter sur le groupe d'armées pour assurer l'évacuation de ses hommes et de lui-même, une fois que ces destructions seraient accomplies. Il y eut, rappelle Choltitz, un nouveau et long silence. Puis, le gouverneur de Paris entendit Speidel dire d'une voix lente et résignée : « Non, Herr General, je crains hélas que non... »

Choltitz poussa un bref soupir et demanda à son supérieur si celui-ci avait un dernier ordre à lui donner. Speidel répondit qu'il n'en avait pas. « Alors, mon cher Speidel, il ne me reste plus qu'à vous dire adieu. Permettez-moi de confier à votre protection ma femme et mes enfants qui se trouvent à Baden-Baden.

— Comptez sur moi, répondit Speidel, la gorge serrée par l'émotion. »

D'un geste las, Choltitz reposa le combiné sur la fourche. Opéra 32 40, la ligne directe du commandant du Gross Paris, ne devait plus sonner qu'une seule fois avant le dénouement.

46

Il était minuit. Sur le balcon du premier étage du Meurice, deux silhouettes se découpaient dans les ténèbres. Pour la quinzième et dernière fois de son éphémère commandement, Dietrich von Choltitz respirait la fraîcheur de la nuit qui enveloppait Paris. A ses côtés, se trouvait une jeune femme silencieuse qui avait été l'une des plus brillantes hôtesses de la Wehrmacht en France. Pour cette dernière nuit, Annabella Waldner avait demandé à rester à l'hôtel Meurice. Demain, à l'aube, comme toutes les Allemandes qui se trouvaient encore à Paris, Annabella serait confiée à la Croix-Rouge pour être rapatriée dans son pays.

Dans le ciel de Paris, un autre bruit avait maintenant remplacé le vacarme des cloches et des chants patriotiques. Choltitz et Annabella pouvaient entendre le crépitement rageur des armes qui s'étaient remises à tirer. Les 20 000 hommes du général allemand n'avaient pas tardé à rappeler aux Parisiens que l'heure de la libération définitive n'avait pas encore sonné et que les trois tanks du capitaine Dronne n'étaient qu'une apparition symbolique. Une volée de balles tirée par une mitrailleuse de la Wehrmacht vint balayer le bureau du président du Conseil municipal, faisant voler en éclats la perruque marmoréenne d'un buste de Louis XIV et la coupe de champagne que Georges Bidault s'apprêtait à vider. A la Préfecture de police, tandis qu'un jeune résistant nommé Félix Gaillard offrait au capitaine Dronne la récompense la plus précieuse que le libérateur hirsute pût souhaiter au terme de la chevauchée, un bain chaud, le fracas des explosions se mit à retentir. Dans un raid éclair, les Panzer du colonel Kayser étaient venus rappeler à la citadelle insurgée que leurs chenilles et leurs canons étaient encore maîtres du pavé de Paris. A travers toute la ville, les soldats de Choltitz vidaient leurs derniers chargeurs. Sur les ondes les voix enthousiastes de Pierre Crénesse et de ses camarades de la première radio française libre prenaient maintenant des accents d'angoisse. « Parisiens, rentrez chez vous, refermez vos fenêtres, ne vous faites pas massacrer inutilement... tout n'est pas fini. »

Annabella Waldner entendit le petit général en veste blanche pousser un profond soupir. Les deux mains posées sur la balustrade du balcon, Choltitz murmurait comme pour lui-même : « Que puis-je faire maintenant ? » La jeune femme se tourna vers le général et répondit que, de toute façon, il était trop tard. « Il ne vous reste plus, dit-elle avec conviction, qu'à penser à vos enfants. » Choltitz eut un imperceptible tressaillement. Elle ajouta : « Ils vont avoir besoin de vous. »

Il y eut alors un long silence pendant lequel, pensif, le général parcourut d'un dernier regard les ombres du Louvre qui se profilaient sur la clarté du ciel. Puis il dit : « Vous avez peut-être raison, ma petite Annabella. » A ces mots, il prit la main de la jeune femme et la porta à ses lèvres. Puis il lui dit bonsoir, traversa son bureau et prit le chemin de sa chambre.

Tandis qu'il empruntait le long couloir obscur, Dietrich von Choltitz entendit derrière lui un pas pressé. Il se retourna brusquement. A la vue de la haute silhouette qui apparut devant lui, le général eut un sursaut. Le capitaine Werner Ebernach avait, lui aussi, entendu le carillon des cloches de Paris et compris ce qu'il signifiait. Le jeune officier venait demander au commandant du Gross Paris si celui-ci avait un dernier ordre à lui donner. « Non, répondit sèchement Choltitz, je n'ai plus aucun ordre pour vous, Ebernach. » Rappelant alors au général que sa compagnie avait été détachée à titre provisoire auprès de la garnison de Paris, Ebernach demanda l'autorisation de profiter de cette dernière nuit pour tenter de quitter Paris avec son unité. Il annonça qu'il avait pris des dispositions pour laisser à Paris une section de sapeurs afin que les charges explosives qu'ils avaient placées pussent sauter quand le général en donnerait l'ordre. Choltitz toisa lentement le jeune officier. Puis, il dit seulement : « Oui, Ebernach vous pouvez partir », et entra dans sa chambre.

Cinq étages plus haut, dans un coin de la terrasse de l'hôtel Meurice, se trouvait à cet instant un jeune couple tendrement enlacé. Les deux amoureux étaient seuls au monde. Du toit de ce palace, tout Paris à leurs pieds, ils couronnaient leur soirée par un spectacle inoubliable : un feu d'artifice qui embrasait l'horizon d'une pluie d'étoiles multicolores. Le caporal Helmut Mayer, l'ordonnance du général von Choltitz et Maria Schmidt, la jolie standardiste de l'état-major étaient probablement les seuls Allemands qui n'eussent pas entendu sonner le glas de l'Occupation. A l'heure où les cloches de Paris s'étaient mises à carillonner, ils dégustaient, dans l'intimité de la petite chambre du caporal, le succulent dîner que le cuisinier du Meurice avait spécialement préparé pour eux. Légèrement ivres, ils regardaient en silence les traînées lumineuses qui zébraient le ciel et se demandaient ce qu'elles signifiaient. C'était vraiment, se disait le fidèle ordonnance, le plus beau feu d'artifice qu'il eût jamais vu. Mais bientôt, dégrisé par l'air de la nuit, Helmut Mayer comprit ce que voulaient dire ces gerbes de lumières et ces explosions. Sur la colline de Meudon, l'artilleur Anton Rittenau faisait sauter les stocks d'obus de ses canons de 88.

Le caporal sentit frissonner contre lui le corps de la jolie standardiste et décida de l'aimer toute la nuit.

Choltitz dormait. Arnim, Unger, Jay, Bressensdorf, Kayser dormaient. Dans le confortable palace où tant d'officiers allemands avaient vécu les glorieuses années de l'Occupation, on n'entendait plus, pendant cette ultime et brève nuit d'été, que le pas lourd des sentinelles dans les couloirs et le crépitement intermittent des téléscripteurs dans la salle des transmissions.

Allongée sur le canapé du grand bureau désert du général, Annabella Waldner venait de s'endormir quand la sonnerie du téléphone se mit à résonner. A tâtons, dans le noir, elle réussit à atteindre la table et à décrocher l'appareil. Elle entendit une voix lointaine et déformée qui demandait Dietrich von Choltitz.

« Il dort, répondit-elle, faut-il le réveiller ? »

Il y eut un court silence. Puis la voix répondit avec une sorte de lassitude : « Non, ne le réveillez pas. De toute manière, il est trop tard... Dites-lui... Dites-lui que le général Krueger l'a appelé. » La voix hésita et Annabella crut percevoir, à l'autre bout du fil, un profond soupir : « Dites-lui que mes tanks n'arriveront pas. »

TROISIÈME PARTIE

La délivrance

1

Le jour de gloire est arrivé. Depuis quatre ans, Paris attend cette aube qui se lève enfin. Pas un souffle d'air, pas un nuage, un ciel d'un bleu immaculé. La nature et l'Histoire semblent s'être réunies pour créer ce jour merveilleux, unique, comme jamais Paris, la France ni le monde n'en ont connu. Et comme jamais, peut-être, l'Histoire n'en connaîtra de semblable. Dès leur réveil, ce 25 août 1944, fête de saint Louis, patron de la France, 3 millions et demi de Parisiens sont prêts à faire rouler sur leur capitale libérée une telle vague de bonheur et de joie qu'un simple soldat américain, le romancier Irwin Shaw, s'exclamera dans quelques heures : « La guerre devrait finir aujourd'hui. »

« Ils » arrivent. Après avoir compté les années, les mois, les jours, les Parisiens comptent maintenant les dernières minutes. Dans des milliers de foyers, des mains fébriles cherchent les trésors enfouis pendant si longtemps : une bouteille de champagne poussiéreuse, une robe taillée dans un morceau de tissu acheté au marché noir, un drapeau tricolore interdit depuis quatre ans, une bannière américaine dont le nombre d'étoiles et de bandes varie d'une maison à l'autre, des fleurs, des fruits, un lapin, bref, tout ce que, dans son enthousiasme et sa gratitude, une ville peut offrir à ses libérateurs.

Près de la place de la République, dans l'appartement de ses parents, Jacqueline Malissinet, vingt et un ans, enfile la jupe plissée que ses doigts engourdis par le froid avaient spécialement confectionnée l'hiver précédent pour le jour de la Libération. Tandis qu'elle s'habille, une question étrange traverse soudain la tête de la jeune fille. Elle vient de passer un diplôme d'anglais et, aujourd'hui, se dit-elle, elle va pour la première fois de sa vie adresser la parole à un Américain. Comment sera-t-il ? se demande-t-elle. Cet Américain sera un capitaine hirsute et couvert de poussière, mal rasé, originaire d'une ville industrielle de Pennsylvanie. Il lui apparaîtra debout dans une jeep sur le pont de la Concorde, beau et souriant, et il deviendra son mari.

A l'autre bout de Paris, près de l'église Saint-Philippe-du-Roule, dont le clocher était resté muet la veille au soir, Nelly Chabrier, une jolie brune, secrétaire d'un avocat, revêt la robe rose que sa mère lui a offerte pour ce grand jour. Puis, comme une belle Andalouse attendant l'aubade de son amoureux, elle s'installe à sa fenêtre pour voir arriver les premiers tanks de Leclerc. Sur l'un d'eux, dans quelques heures, apparaîtra un géant maculé de cambouis. Il sera l'homme dont elle portera le nom un an plus tard.

En prévision de l'ultime bataille, les F.F.I. du colonel Rol renforcent leur pression autour des points d'appui allemands et se préparent à l'assaut qui couronnera d'une victoire glorieuse cinq jours de combats héroïques. Parmi eux un grand garçon blond de vingt-quatre ans embrasse sa mère et sort en courant de chez lui. Grâce aux stocks de la célèbre pharmacie familiale, Georges Bailly a approvisionné en médicaments tous les postes de secours du quartier de la Concorde. Et maintenant il va secourir les derniers blessés et accueillir les libérateurs.

De la vitrine de sa petite pharmacie de Saint-Cloud, Marcelle Thomas aperçoit un homme armé d'un fusil. Elle reconnaît le pompier Jean David. « Mon Dieu, se dit-elle, on ne devrait pas mettre un fusil dans les mains de David. » Comme tout Saint-Cloud, Mlle Thomas connaît le penchant du pompier pour le vin rouge. Et aujourd'hui, David a promis à ses camarades de prendre « la plus belle cuite » de son existence.

Pour bien des Parisiens, ce jour apportera une joie plus inoubliable encore que la libération elle-même. Des mères retrouveront tout à coup leurs enfants, des femmes leur mari, des enfants leur père. Dans son appartement de la rue de Penthièvre, Mme Boverat n'a pas fermé l'œil de la nuit. Dès l'aube, avec son mari et sa fille Hélène, elle est partie à bicyclette au-devant du fameux régiment « à bérets noirs » dont une correspondante inconnue lui a parlé hier au téléphone. Ainsi seulement pourra-t-elle avoir la réponse à la question qui l'a hantée toute la nuit : lequel de ses deux fils, Maurice ou Raymond, est de retour ?

En trois ans, une jeune femme nommée Simone Aublanc n'avait reçu de Lucien, son mari, qu'une seule lettre. Celle-ci venait d'un camp de prisonniers d'Allemagne orientale.

Lucien disait seulement : « Je vais essayer de rejoindre Datiko dans un camp voisin. » « Datiko », Simone le savait, était un oncle russe de Lucien. Il était mort depuis cinq ans. Mais Simone avait cependant compris ce que son mari avait voulu dire : il allait essayer de s'évader et de gagner la Russie. Cette unique lettre et la certitude intime que Lucien était vivant, « car, s'il était mort, pensait-elle, je l'aurais senti », avaient soutenu pendant trois ans l'espoir de la petite Simone. Et ce matin, avant de quitter son appartement pour aller attendre la Libération chez ses parents, Simone éprouve une sorte de prémonition : Lucien va revenir aujourd'hui. Elle en est si convaincue qu'elle décide de laisser pour lui un message chez la concierge. « Bonhomme, écrit-elle simplement, je suis chez papa. » Elle signe « Poulet ». C'est le surnom que lui a donné Lucien quand ils se sont mariés. « Pour ne pas tenter le sort », Simone ne met aucun nom sur l'enveloppe.

Dans un petit appartement de Neuilly, un homme exhume d'un placard le drapeau américain qu'il a promis d'offrir pour la Libération à ses amis du ministère de la Santé, près de l'Étoile. L'Américain Norman Lewis avait apporté d'Amérique ce drapeau en 1917 alors que, jeune « Sammy », il était venu se battre pour libérer la France. Devenu depuis un banquier prospère, Lewis s'était installé à Paris et avait épousé une Française. Après Pearl Harbor, les Allemands l'avaient interné. Blessé d'une balle dans la jambe, il avait été libéré peu après. Ce matin, Lewis enveloppe le précieux drapeau dans un journal. Et, claudiquant sur ses béquilles, le visage radieux de bonheur, il se met en route pour l'Étoile.

Deux Parisiens inconnus ont une promesse à tenir. Pierre Lorrain, cinquante-quatre ans, chef du service d'entretien des usines Renault de Boulogne-Billancourt, a juré qu'il ferait flotter sur l'usine le premier drapeau tricolore. Toute la nuit, il a attendu dans un atelier la minute où il pourrait tenir cette promesse. Vers 8 heures du matin, Lorrain téléphone à sa femme : « Ils arrivent, annonce-t-il, nous sommes libres, tu entends, nous sommes libres ! Je vais hisser le drapeau ! » Lorrain promet de rentrer chez lui après cette brève cérémonie.

L'officier des sapeurs-pompiers Raymond Sarniguet s'est lui aussi juré de faire flotter aujourd'hui le drapeau tricolore dans le ciel de Paris. Pour Sarniguet, il s'agit d'une revanche personnelle. Il veut être le premier à hisser les trois couleurs au sommet du monument d'où, par un triste après-midi de juin 1940, il avait dû les retirer de ses propres mains. Ce monument, c'est la tour Eiffel.

Encerclés dans leurs « Stutzpunkte », les défenseurs allemands de Paris comptaient eux aussi les minutes qui les séparaient de l'assaut final. Comme bien des soldats de la Wehrmacht, l'Unteroffizier Otto Kirschner, trente-cinq ans, dut écouter la harangue enflammée de son chef de corps. A la Kommandantur de la place de l'Opéra, le colonel Hans Römer, de Wiesbaden, s'écria : « Nous devons nous battre jusqu'à la dernière cartouche pour notre Führer bien-aimé. »

Dans la plupart des points d'appui, le dernier petit déjeuner des combattants se composa d'une boisson inattendue : une demi-bouteille de cognac. A la Chambre des Députés, l'Unte-

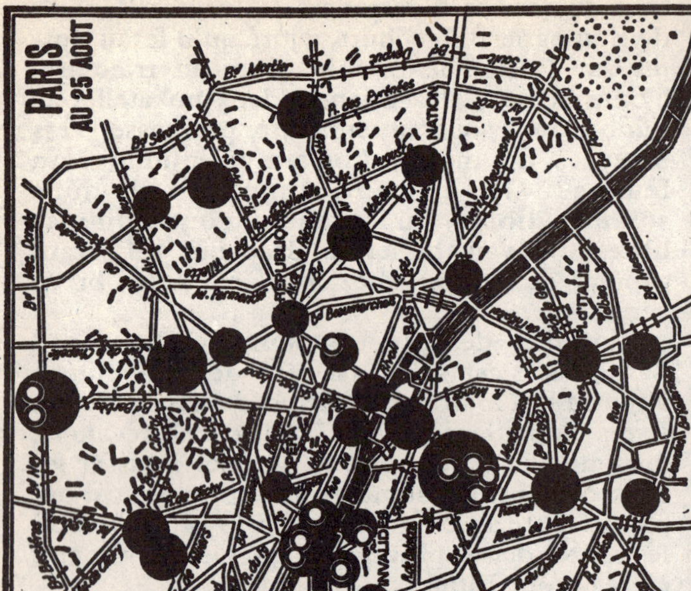
PARIS
AU 25 AOUT
Barricades
Points de Résistance Allemands
Zones de Combats
ETOILE
OPERA
REPUBLIQUE
BASTILLE
NATION
INVALIDES
PL. D'ITALIE

roffizier Hans Fritz qui, la veille, était tombé dans une embuscade F.F.I. avec son camion de torpilles, reçut l'ordre d'aller récupérer son camion. Mais à peine Fritz eut-il parcouru quelques mètres qu'il découvrit de tous côtés des barricades construites dans la nuit par les F.F.I. Pris subitement sous le feu croisé des mitrailleuses françaises, Fritz battit en retraite. Sous le porche où il s'était réfugié, l'Allemand vit une vieille dame entrebâiller sa porte. Poliment, elle demanda au sous-officier de bien vouloir « aller tirer ailleurs ses coups de fusil ».

Fritz poussa un soupir. Il n'avait plus envie de tirer de coups de fusil. Ni du porche de cet immeuble, ni de nulle part ailleurs. « Pour moi, la guerre est finie ! » confia-t-il avec une sorte de soulagement à la vieille dame. Puis il décida d'attendre dans sa cachette. Quand il verrait le premier soldat ennemi, il jetterait son fusil et se rendrait.

Un Allemand au moins avait eu la possibilité d'échapper au sort qui attendait ce jour-là Hans Fritz et ses 20 000 camarades de la garnison du Gross Paris. Joachim von Knesebeck, directeur de Siemens en France, était parti pour une permission à Berlin au début de l'insurrection. Personne ne lui avait dit que Paris était sur le point de tomber. En ce dernier jour d'occupation, voilà qu'il était de retour. Quand la concierge de son immeuble vit arriver le géant blond, elle s'écria : « Vous êtes fou, monsieur Knesebeck ! Vous allez être tué ! » A ces mots, la concierge courut dans sa cave chercher une vieille bicyclette et la donna à l'Allemand : « Sauvez-vous vite », conseilla-t-elle.

D'une fenêtre de l'hôtel Meurice, le capitaine Otto Kayser, l'ancien professeur de littérature de Cologne qui, la veille, avait découvert sur un mur de Paris le terrible slogan du colonel Rol « A chacun son Boche », contemplait avec le jeune comte von Arnim le lever du soleil sur la ville. Kayser était angoissé. « Les Parisiens vont sûrement se venger, disait-il, je me demande si nous pourrons revenir ici un jour... » Quelques heures plus tard, le capitaine Kayser devait recevoir une réponse définitive à cette question.

De l'autre côté de la rue de Rivoli, dans les jardins des Tuileries, le général von Choltitz accompagné du colonel Hans Jay passait une dernière inspection de ses troupes camouflées sous les arbres trois fois centenaires. Choltitz soupira à la vue de la margelle du bassin d'où, voici quelques jours encore, les enfants de Paris poussaient leurs petits voiliers. Aujourd'hui, des soldats torse nu les avaient remplacés. Ils se lavaient et se rasaient dans l'eau tranquille où flottait, la quille en l'air, un petit bateau oublié par un enfant. Contemplant les frondaisons rousses des jardins, le bleu pur du ciel, le soleil qui caressait les toits, Dietrich von Choltitz se dit avec quelque amertume que les Parisiens allaient avoir une bien belle journée pour leur libération. Puis, se retournant brusquement, il marcha vers un « Panther » qui veillait à l'entrée des jardins, le canon pointé vers les Champs-Élysées. « Attention, annonça-t-il aux membres de l'équipage, aujourd'hui, ils arrivent pour de bon. »

Dans la centrale des transmissions du Gross Paris, l'Unteroffizier Otto Vogel était inconsolable. Il venait d'essayer pour la dernière fois de téléphoner à sa famille à Bad Wimpfen. Mais la liaison téléphonique n'avait pu dépasser Reims. Sur le bureau de l'Unteroffizier, les téléphones d'« Hypnose » sonnaient sans arrêt. « J'écoute, disait Vogel, ici le commandement du Gross Paris. » Mais au bout du fil, la plupart du temps, c'étaient des voix françaises ou anglaises qui lui répondaient. Goguenardes. Elles réservaient des chambres au Meurice pour le soir même. Vers 8 heures du matin, le téléscripteur secret se mit brusquement à crépiter. Il transmettait une question que l'O.K.W. adressait au commandant du Gross Paris sans même avoir pris la peine de la mettre en code. Otto Vogel écarquilla les yeux et lut : « La destruction des objectifs de Paris est-elle commencée ? » demandait le message.

2

Pour le sergent Milt Shenton, le G.I. dont « le rêve d'enfant pauvre » avait été de voir Paris, la perspective d'entrer dans Paris était maintenant un cauchemar. Shenton venait d'apprendre qu'il avait été désigné comme éclaireur de sa compagnie et que celle-ci avait précisément pour mission de conduire toute la 4e division dans Paris. Cela signifiait donc qu'il serait une des premières cibles qui apparaîtraient dans la ligne de mire des mitrailleuses allemandes. Déjà Shenton avait eu cet honneur lors d'une autre occasion mémorable. Le 6 juin, le G.I. avait été le premier soldat de sa division à mettre le pied sur le sable de la plage d'Utah. Il s'en était tiré. Mais jamais, pensait-il, un homme ne pourrait avoir autant de chance deux fois dans sa vie. Ce matin-là, tout en bourrant sa jeep de cartouches et de grenades, Shenton envoyait au diable Paris et les Parisiens.

A Fresnes, à la Croix-de-Berny, au pont de Sèvres, plus loin dans les petits villages de Nozay et d'Orphin, les hommes de la 2e D.B. et de la 4e division américaine se préparaient, comme le sergent Shenton, au dernier bond qui les conduirait au cœur de Paris.

Ils devaient s'élancer sur quatre itinéraires. A l'ouest de la capitale, les Français du colonel Paul de Langlade, déjà arrivés au pont de Sèvres la veille au soir, devaient gagner la place de l'Étoile par Auteuil et le Bois de Boulogne. Au sud-ouest de Paris, les troupes du colonel Pierre Billotte étaient divisées en deux groupements d'assaut. Le premier, commandé par le colonel Louis Dio, devait entrer par la porte d'Orléans, passer derrière la gare Montparnasse, le long des Invalides, et atteindre la Chambre des Députés et le quai d'Orsay. Le second, commandé par Billotte lui-même, devait franchir la porte de Gentilly, longer la prison de la Santé et le Palais du Luxembourg et, au travers du Quartier Latin, descendre la rue Saint-Jacques jusqu'à la Préfecture de police et Notre-Dame.

Le 12e régiment de la 4e division américaine, précédé d'une avant-garde du 38e « cavalry reconnaissance squadron », devait emprunter la route prise la veille par le capitaine Dronne, c'est-à-dire la porte d'Italie, la gare d'Austerlitz et la Préfecture de police. Derrière ces éléments, les 8e et 22e régiments de la même division devaient traverser la ville et obliquer vers le nord-est pour protéger ses abords contre une éventuelle contre-attaque allemande.

Les précieux renseignements qui indiquaient avec précision les emplacements des points d'appui allemands et les itinéraires à suivre pour les éviter, communiqués la veille par l'agent de l'Abwehr Bobby Bender à Lorrain Cruse, n'avaient pas atteint Leclerc. A l'aube, Cruse avait pourtant enfourché sa bicyclette pour les apporter lui-même à l'état-major de Leclerc. Près du pont de Sèvres, il avait trouvé le colonel de Langlade, mais celui-ci avait perdu le contact radio avec Leclerc. D'ailleurs les trois groupements d'assaut français étaient déjà en marche vers leurs objectifs. Depuis l'aube, chars et half-tracks français et américains traversaient à toute allure les banlieues Ouest et Sud de la capitale. Leurs colonnes s'allongeaient sur plusieurs kilomètres. Pour les soldats de la 2e D.B. qui rentraient chez eux, comme pour les Américains dévorés de curiosité, le simple commandement que donna ce matin-là le capitaine Billy Buenzle, du New Jersey, chef du 38e « cavalry reconnaissance squadron », résumait l'ordre du jour : « Put the show on the road, and get the hell into Paris. » (Faites partir le cirque et mettez toute la gomme jusqu'à Paris.)

3

Devant la jeep du sergent Milt Shenton, la route apparaissait déserte et pleine d'embûches. Le long des étroits trottoirs, toutes les fenêtres étaient soigneusement calfeutrées. Le seul être vivant que pût apercevoir

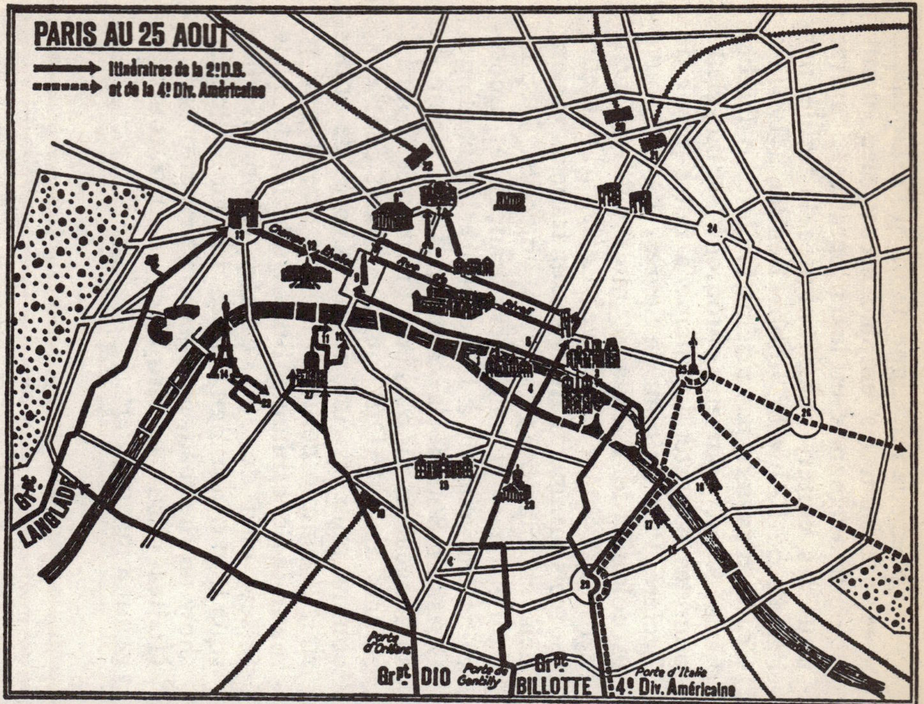

1. ILE DE LA CITÉ. — 2. NOTRE-DAME. — 3. HÔTEL DE VILLE. — 4. PRÉFECTURE DE POLICE. — 5. LE CHATELET. — 6. HÔTEL MEURICE. — 7. L'OPÉRA. — 8. LA MADELEINE. — 9. PLACE DE LA CONCORDE. — 10. PALAIS BOURBON. — 11. AFFAIRES ÉTRANGÈRES. 12. CHAMPS-ÉLYSÉES. — 13. ARC DE TRIOMPHE. — 14. TOUR EIFFEL. — 15. LE LUXEMBOURG. — 16. PONT D'AUSTERLITZ. — 17. GARE D'AUSTERLITZ. — 18. GARE DE LYON. — 19. GARE MONTPARNASSE. — 20. GARE DU NORD. — 21. GARE DE L'EST. — 22. GARE St LAZARE. — 23. CHAMP DE MARS. — 24. RÉPUBLIQUE. — 25. BASTILLE. — 26. NATION. — 27. INVALIDES. — 28. PANTHÉON. — 29. PLACE D'ITALIE.

l'Américain était un chat noir qui se glissait furtivement le long d'une façade. Et le seul bruit qu'il pût entendre, lui semblait-il, était les battements de son propre cœur. Un panneau indicateur bleu et blanc apparut. C'était celui que le capitaine Dronne avait vu la nuit précédente. « Paris-Porte d'Italie », annonçait-il. Au-dessus de lui, Shenton entendit tout à coup le grincement d'un volet. Il se retourna brusquement et fit sauter le cran de sécurité de sa carabine. Alors un autre volet se mit à claquer, puis un troisième. D'une fenêtre, il entendit une femme crier : « Les Américains ! » Shenton vit un homme en manches de chemise puis deux femmes en robe de chambre apparaître. Ils couraient vers sa jeep. L'Américain s'arrêta. Aussitôt il sentit l'étreinte puissante de deux bras autour de son cou. Un homme embrassait sur les deux joues le petit sergent du Maryland.

Shenton vit alors jaillir de toutes les portes un flot hurlant de Parisiens. Bientôt sa jeep disparut sous une pyramide de corps enchevêtrés qui s'écrasaient pour toucher le libérateur. A demi asphyxié, Shenton, qui deux minutes plus tôt s'était senti si seul sur la route de Paris, pleurait d'émotion et se demandait comment il pourrait continuer à avancer au milieu de cette marée humaine.

Partout c'était la même scène.

Sur les routes qu'empruntait la 2e D.B., c'était une folie collective. Lorsque les Parisiens apercevaient les croix de Lorraine sur les Sherman et les noms de « Austerlitz », « Verdun », « Saint-Cyr » sur les tourelles, leur joie ne connaissait plus de bornes. A chaque tank, à chaque half-track étaient suspendues des grappes de jeunes filles et d'enfants. Les chauffeurs des jeeps étaient écrasés par tous ceux qui voulaient les embrasser, les toucher, leur parler. Ceux qui n'arrivaient pas à s'approcher lançaient des trottoirs des fleurs, des carottes, des radis, tout ce qu'ils trouvaient à offrir. Lorsque les véhicules repartaient, la foule se mettait à courir derrière eux, les poursuivait à bicyclette, formant dans leur sillage un délirant cortège de triomphe.

Devant les chenilles du char « El-Alamein », la foule était si compacte, et si nombreuses étaient les femmes qui plongeaient dans la tourelle que le lieutenant Jacques Touny dut tirer en l'air une rafale de mitrailleuse pour se dégager. Le capitaine Georges Buis, épuisé par deux nuits sans sommeil, les yeux douloureux, avait l'impression que son tank passait dans la foule « comme un aimant dans la limaille ». A 8 h 30 précises, Jean-René Champion arrêta son char « Mort-Homme » sur la place du Châtelet et se mit à attendre les ordres. Champion allait passer sur cette place « les cinq heures les plus inoubliables » de sa vie. La foule chantait, dansait, hurlait autour de son char et abreuvait de vin et de champagne le Français d'Amérique.

Bientôt, pris d'assaut par des centaines de Parisiens, les blindés du peloton disparurent sous les grappes humaines. Ahuri par la frénésie populaire, Léandre Médori, un petit Corse de dix-neuf ans qui voyait Paris pour la première fois, ne cessait de répéter avec une sorte d'extase : « Dieu que c'est grand, Paris ! »

Le radio-reporter Larry Leseur fit son entrée dans la capitale sur un char de la colonne Langlade. A la vue de la ruée irrésistible des tanks français qui fonçaient vers Paris, les larmes lui vinrent aux yeux. Il revoyait une scène qui l'avait bien souvent hanté depuis 1940. Sur cette même route, alors qu'il quittait Paris, il avait aperçu une femme qui fuyait en poussant une voiture d'enfant. La malheureuse avait attaché au bonnet de son bébé une branche de tilleul dans l'espoir de le dissimuler aux Stukas qui mitraillaient la route.

Sur leur itinéraire, un accueil non moins délirant attendait les G.I.'s de la 4e division. Le capitaine Ben Welles, de l'O.S.S., avait l'impression d'« être emporté par une immense vague d'émotion qui nous poussait vers le cœur même de Paris ». « Nous avancions, rappelle-t-il, comme dans un rêve. » Nageant dans un océan de fleurs qui jonchaient son command-car, Welles se pencha et embrassa une élégante vieille dame à cheveux gris qui se haussait sur la pointe des pieds pour tendre sa joue à l'Américain. « Enfin vous voici, s'exclama-t-elle. Maintenant, Paris va pouvoir redevenir Paris. » Trois semaines plus tard, Welles devait retrouver la vieille dame dans une réception et lui être officiellement présenté. Elle était la petite-fille de Ferdinand de Lesseps, le constructeur du canal de Suez. Pour le sergent Donald Flannagan, de New York, l'accueil des Français était si extraordinaire que « chaque Américain pouvait avoir l'impression d'être Lindbergh atterrissant au Bourget ».

Quand il atteignit la Seine, près des Invalides, le commandant S.L.A. Marshall, du service historique de l'armée américaine, fit un curieux calcul. Il y avait 67 bouteilles de champagne dans sa jeep. Innombrables furent les scènes qui devaient rester à jamais gravées dans la mémoire des libérateurs. Pour le simple soldat Stanley Kuroski, d'une compagnie d'état-major, ce sera « un vieillard à longue moustache, la poitrine couverte de décorations, raide comme un piquet, qui pleurait doucement ». Le colonel Barney Oldfield, de la section de presse du SHAEF, se souviendra toujours de l'image de cette vieille femme paralysée, étendue sur un brancard, qui suivait l'entrée des libérateurs dans un miroir qu'elle tenait à bout de bras au-dessus de sa tête. Comme si elle voulait s'adresser au ciel bleu au-dessus de son corps inerte, elle répétait : « Paris est libéré, Paris est libéré. »

Certains souvenirs seront étranges. Le soldat des transmissions Oren T. Eason, attaché à la 2e D.B., remarqua une jolie blonde accrochée à un réverbère qui criait à tue-tête : « Hé, les gars, je suis de Brooklyn, moi ! » Un panneau accroché au-dessus de la porte d'un garage attira l'attention du soldat John Eckert. En grosses lettres, Eckert pouvait lire : « Norristown, Pennsylvania. Good Gulf Gasoline. » Norristown était sa ville natale.

Mais malgré tous les spectacles qu'ils purent découvrir dans les rues chavirées de joie, rien n'impressionna davantage les libérateurs que cette immense vague de reconnaissance dont les enveloppèrent des centaines de milliers de Parisiens. Le commandant Frank Burk, du Mississippi, submergé par l'océan humain qui déferlait sur sa jeep, pensa qu'il était témoin du « plus grand bonheur que le monde eût jamais connu ». « Pendant 25 kilomètres, rappelle Burk, des milliers de gens se pressaient devant nous pour nous serrer la main, nous embrasser, nous inonder de vin et de nourriture. » Une jolie Parisienne sauta au cou du soldat du service du chiffre Brice Rhyne en sanglotant :

« Nous vous attendons depuis quatre ans. » Le soldat de Virginie répliqua, étonné : « Mais les États-Unis ne sont en guerre que depuis trois ans !... » « Et alors ? répondit la jeune fille, nous savions bien depuis le premier jour que vous alliez venir. »

A la vue de la foule qui engloutissait les hommes de sa compagnie, le capitaine Jim Mullens, vingt-quatre ans, originaire de la Caroline du Sud, se dit qu'il assistait à « la plus énorme et la plus joyeuse kermesse de l'Histoire ».

Tout le long des rues, les Parisiens éperdus de reconnaissance jetaient dans les bras des G.I.'s tout ce qu'ils pouvaient trouver à offrir. Le lieutenant Lee Lloyd vit devant son half-track une femme crier : « Souvenir, souvenir ! » et se tourner brusquement vers un homme qui se trouvait dans la foule à côté d'elle. Elle lui arracha la pipe qu'il avait à la bouche et la lança à l'Américain. Avant que l'officier de l'Alabama n'ait eu le temps de restituer l'objet à son propriétaire, le half-track était reparti.

Les mains chargées d'une assiette pleine de grappes de raisin, une fillette courut vers le lieutenant John Welch Morgan. Elle lui offrit les fruits qu'un Allemand avait laissés dans son magasin. Au moment où Morgan avalait le premier grain, une femme grande et belle qui se trouvait là remarqua tout haut : « C'est drôle..., ce sont les premiers raisins que je vois depuis quatre ans. » Gêné par cet aveu, l'Américain proposa aussitôt de partager. Mais la femme refusa. « Non, merci, jeune homme, dit-elle. Aujourd'hui, tout est pour vous. »

Le soldat Mickey Esposito, un ancien champion de boxe du New Jersey, traversa Paris sans s'arrêter. Au passage de son camion, « des dizaines de mains se tendaient vers nous pour nous remercier ». Esposito sentit soudain quelque chose tomber dans la paume de sa main. C'était un minuscule éléphant d'ivoire blanc, à peine plus gros qu'une bille. L'Américain se demanda qui avait pu lui faire ce cadeau. Dans la mer des visages qui entouraient son camion, Esposito vit alors une vieille femme, la tête recouverte d'un châle noir, le visage maigre et usé, qui le regardait fixement, et il comprit que c'était elle qui venait d'offrir ce petit porte-bonheur à un soldat qu'elle ne reverrait jamais. Elle leva timidement la main et agita ses doigts en signe d'adieu. Esposito, certain que le petit éléphant lui porterait bonheur, l'enfouit aussitôt dans la poche de sa chemise[1].

Dans les rues en folie, bien des Parisiens vécurent aussi de mémorables instants. Le décorateur de cinéma Paul Bertrand tomba en arrêt devant les jeeps de la 2e D.B. Il ne pouvait en croire ses yeux. Si les Américains sont capables de construire un véhicule pareil, se disait-il, « la guerre est sûrement gagnée ». Des Parisiens se précipitèrent vers les premiers Américains dans le seul but de pouvoir enfin dire librement quelques mots d'anglais. Un avocat d'origine américaine nommé Robert Miller courut vers le premier half-track qui

1. Pendant des mois, Esposito porta sur lui, dans la poche de sa chemise, le petit éléphant, convaincu qu'il l'aiderait à sortir sain et sauf de la guerre. Le 19 novembre 1944, à 9 heures du matin, en rampant derrière un tank dans la forêt de Hurtgen, en Allemagne, l'Américain fut pris sous un terrible bombardement d'artillerie. Pour se rassurer, il se mit à palper la poche de sa chemise. Mais le petit éléphant n'y était plus. Esposito fouilla ses autres poches. En vain. « Je suis fichu », pensa-t-il alors. Une heure plus tard, alors qu'il attendait sous un arbre la fin du bombardement, un obus allemand lui arracha les deux jambes. Il survécut et habite aujourd'hui le New Jersey.

passa devant son appartement de La Muette. Il souhaita aux soldats la bienvenue en anglais, puis, n'obtenant pas de réponse, en français, mais sans plus de succès. Stupéfait, Miller se demandait s'ils étaient sourds-muets. Il découvrit alors que c'étaient des volontaires espagnols.

Sûre que ce jour serait celui de la Libération, Colette Massigny avait quitté à l'aube la chambre de bonne de Saint-Germain-des-Prés où se cachait son fiancé Gilles de Saint-Just. Rentrée chez elle, à Passy, elle revêtit la robe de soie bleue qu'elle avait gardée pour cette occasion. Puis elle partit à la recherche des libérateurs. Dans la rue de la Pompe, où tous les volets étaient encore fermés, elle trouva une étrange petite voiture occupée par trois soldats casqués. Marchant vers la première jeep qu'elle voyait de sa vie, elle se mit à interpeller les soldats. Mais ceux-ci regardèrent la jolie Parisienne dont ils ne comprenaient pas les paroles avec autant de placidité que les Espagnols de l'avocat Miller. « Vous êtes américains ? » demanda-t-elle alors en anglais. « Eh oui, ma belle ! » s'exclama le chauffeur. Colette n'eut qu'un réflexe. Elle se jeta à son cou. Aussitôt, les dizaines d'habitants des immeubles voisins qui observaient la scène cachés derrière les fentes de leurs volets sortirent des portes cochères. La jeep disparut bientôt sous une avalanche humaine. Colette entendit alors deux volets de bois claquer juste au-dessus de sa tête. Levant les yeux, elle vit à une fenêtre un jeune homme, une trompette dorée à la main. Portant l'instrument à ses lèvres, l'inconnu se mit à sonner une *Marseillaise* vibrante, la plus belle *Marseillaise* que Colette Massigny eût jamais entendue.

Mais il y eut aussi, sur la voie triomphale que suivaient les libérateurs, bien des tragédies. Depuis sa jeep, le général américain Siebert vit soudain le char de tête d'une colonne de la division Leclerc sauter sur une mine télécommandée, déchiquetant instantanément cinq Français qui vivaient l'instant le plus bouleversant de leur vie. Ivres de rage et de vengeance, des F.F.I. s'emparèrent d'un groupe d'Allemands qu'ils assommèrent et jetèrent sous les chenilles des chars « comme des quartiers de viande ». De son half-track qui franchissait la porte d'Orléans, le médecin militaire Yves Ciampi vit tout à coup un vieux soldat de la Wehrmacht, l'uniforme en lambeaux, le dos chargé d'un sac, déboucher à bicyclette devant les chars. Incapable d'arrêter son vélo, l'Allemand culbuta en avant. Quand Yves Ciampi se retourna, il vit derrière son half-track une bouillie rouge sur la chaussée, « tout ce qui restait de ce qui avait été quelques secondes plus tôt un homme ».

Dans les premières heures de leur avance, les troupes alliées ne rencontrèrent guère de résistance. Retranchés dans leurs points d'appui où les cernaient les F.F.I., les Allemands attendaient calmement que les assaillants vinssent les attaquer et les déloger. Des groupes isolés ouvraient parfois le feu, faisant fuir les civils comme des volées de moineaux. Pour quelques minutes, les libérateurs de Paris se retrouvaient alors seuls dans les rues.

Les premières troupes atteignirent le cœur de la ville vers 8 heures du matin. Épuisé de fatigue, le capitaine Georges Buis s'était mis à somnoler dans la tourelle de son char. Brusquement réveillé par l'arrêt du moteur, il ouvrit les yeux et leva la tête. Ce qu'il vit alors devait rester à jamais gravé dans sa mémoire. Au-dessus de lui, ruisselantes de soleil, se trouvaient les tours de Notre-Dame. Le capitaine Billy Buenzle du 38e « cavalry reconnaissance squadron » venait lui aussi d'arriver au cœur de Paris. Pendant une heure, se faufilant dans les petites rues du Quartier Latin et de la Rive Gauche, Français et Américains avaient fait la course pour être les premiers à entrer dans l'île de la Cité. Le capitaine Buis et ses chars avaient gagné. Ils étaient arrivés quelques secondes avant les blindés du capitaine Buenzle. Postillonnant de joie dans le micro de sa radio, l'Américain annonçait d'une voix triomphale à son chef de corps, le colonel Cyrus A. Dolph, qu'il était arrivé « au cœur même de Paris ». « Comment diable le savez-vous ? » demanda le colonel incrédule. « Mais nom de Dieu, répondit Buenzle furieux, je suis juste devant le portail de Notre-Dame ! »

Tout le long des colonnes qui roulaient vers le centre de la capitale, les libérateurs virent enfin de leurs propres yeux l'objet de leurs vieux rêves. Minces, bronzées, élégantes, les Parisiennes étaient plus belles encore qu'ils ne les avaient imaginées dans les déserts d'Afrique ou les vergers de Normandie. Penché par-dessus la rambarde de son half-track « Lunéville », le soldat Marcel Ruffin se faisait embrasser par des douzaines d'entre elles. Bientôt son visage fut « un énorme champignon écarlate ». Le caporal Lucien Davanture éprouvait l'impression délicieuse d'être « littéralement pris d'assaut par les Parisiennes ». Incapable de les satisfaire toutes, Davanture décida d'instituer un système de priorité pour la visite de la tourelle de son char « Viking » : « Les plus jolies d'abord ! » Le 1re classe Charley Haley du 12e régiment américain se demanda : « Combien de filles on peut embrasser dans une seule journée ? » Le soir, l'Américain estimera qu'il en a embrassé « environ un millier ».

Pour bien des soldats de la division Leclerc, plus émouvant encore que l'accueil délirant de la foule, fut le moment des « retrouvailles » avec leurs familles et leurs amis. Avenue de La Bourdonnais, le caporal Georges Bouchet vit de son half-track « Larche », une femme bondir sous une rafale de mitrailleuse et se jeter dans les bras d'un fantassin en sanglotant « Mon fils, mon fils ». Près de la place du Châtelet, le brigadier Georges Thiolat aperçut deux silhouettes familières. C'étaient ses parents qui pédalaient vers son char sur leur tandem. Le capitaine André Gribius, qui venait de retrouver ses parents à Versailles, bénissait le Seigneur d'avoir pensé à mettre une caisse de rations supplémentaire dans sa jeep. Il avait à peine reconnu ses parents : sa mère avait maigri de 20 kilos et son père de 15.

Près de la porte d'Orléans, une femme anxieuse pédalait le long d'une rangée de Sherman. S'arrêtant devant chaque char, elle posait la même question : « Où donc se trouve un régiment de bérets noirs ? » C'était Mme Boverat qui cherchait ses fils.

De toutes les « retrouvailles » qui eurent lieu ce jour-là, aucune peut-être ne fut plus émouvante que celle qui permit au caporal Lucien Davanture de revoir son frère. Il savait que celui-ci s'était caché à Paris pour échapper à la déportation en Allemagne. Tout le long des rues, le caporal avait cherché son visage dans la foule. Maintenant, au cœur même de Paris, près du Pont-Neuf, alors que son canon de 75 était braqué vers les magasins de la Samaritaine, Davanture aperçut un homme qui se dirigeait lentement vers son Sherman. A l'instant où celui-ci arrivait devant les chenilles du char, Lucien crut que son cœur s'arrêtait. Flottant dans un uniforme d'agent de police deux fois trop grand pour lui, incroyablement maigre, le bras ceint d'un brassard F.F.I. apparut le frère qu'il n'avait pas vu depuis trois ans. Les deux frères qui symbolisaient les deux moitiés d'une même France combattante se jetèrent dans les bras l'un de l'autre « comme poussés par un courant électrique » et s'étreignirent longuement. Mais leur première réunion ne devait durer que quelques instants. Déjà le « Viking » recevait l'ordre de faire mouvement vers les Tuileries où Dietrich von Choltitz avait embusqué quatre « Panther ». Le F.F.I. essaya de se glisser dans la tourelle pour accompagner son frère. Mais, voyant que sa présence risquait de gêner les servants, il renonça. Lucien Davanture, le front appuyé au viseur de son périscope, resta seul avec ses larmes de joie. Mais dans le sillage de son char, l'agent de police avait pris place parmi les fantassins et les F.F.I. Les deux frères attaqueraient ensemble les Tuileries.

Toutes les rencontres n'eurent pas ce dénouement heureux. Rue de la Pompe, le spahi Robert Perbal, originaire de Rombas, un petit village de Lorraine, rencontra une compatriote qui lui révéla que son père avait été déporté deux ans plus tôt à Buchenwald. Place de l'Hôtel-de-Ville, le lieutenant Henri Karcher vit un jeune homme s'avancer vers son half-track. « Excusez-moi, lui dit l'inconnu, mais connaîtriez-vous par hasard mon frère, Lucien Loiseau ? Nous n'avons jamais eu de nouvelles de lui depuis qu'il est parti rejoindre de Gaulle, il y a trois ans. » Karcher regarda le jeune homme en silence. Puis il dit : « Je connaissais en effet Lucien. C'était mon meilleur ami. » Posant ses yeux clairs sur le civil, Karcher ajouta : « Il a été tué à Bir Hakeim... » A ces mots, l'officier vit le jeune homme pâlir et s'éloigner sans dire un mot.

Pour bien des soldats de la division Leclerc, le téléphone que certains d'entre eux avaient eu la surprise de pouvoir utiliser la veille fut ce matin-là le premier lien qui les réunit à leur famille. Le 1re classe Jean Ferracci griffonnait sur des bouts de papier le nom et le numéro de sa sœur, charcutière à Montmartre, et les passait à la foule chaque fois que son half-track s'arrêtait. Bientôt le téléphone ne devait plus cesser de sonner chez la charcutière pour lui annoncer que son petit frère était de retour. Près de Saint-Cloud, le caporal Max Giraud entendit un commerçant offrir l'usage de son téléphone. Giraud sauta de sa jeep et composa le numéro de son père, un pâtissier du centre. « Comment, lui dit le brave homme ahuri, tu n'es pas prisonnier en Allemagne ? » Au Châtelet, le sergent Pierre Laigle, chef du char « Villers-Cotterets », bondit dans un bistrot et appela sa fiancée dont il était sans nouvelles depuis quatre ans. Quand il entendit le son de sa voix, Laigle fut incapable d'articuler un mot. Puis il dit enfin une phrase banale et merveilleuse : « Je t'aime. »

Pour quelques rares Américains, ce jour de gloire fut aussi l'occasion de « retrouvailles ».

Chargé de réquisitionner le Petit Palais pour y installer un centre d'interrogatoire des collaborateurs, le lieutenant Dan Hunter, de l'O.S.S., fut l'un des premiers Américains à atteindre le centre de Paris. Hunter fit une grimace en apercevant, juste en face, la carcasse éventrée du Grand Palais qui avait abrité les espoirs de Jean Houcke et de son cirque, et entra dans le Petit Palais. Mais le conservateur éconduisit poliment l'Américain. Il n'était pas question, dit-il, d'installer des soldats dans un musée qui contenait des œuvres aussi précieuses. Hunter annonça sèchement que son unité s'installerait ici même dans trois heures. Le conservateur expliqua alors à l'Américain que la collection d'objets rares actuellement exposée au Petit Palais avait été offerte par un Américain, un grand ami de la France, nommé Edward Tuck. A ce nom, l'officier éclata de rire. « Ça tombe bien, annonça-t-il, c'est mon cousin germain. »

En traversant Paris, le commandant des Marine Franklin Holcombe décida de faire un petit détour pour aller au 72, rue de l'Université, rendre visite à sa tante Sylvia Sheridan, une vieille dame un peu excentrique qui s'était instituée depuis des années la protectrice de la colonie des Russes blancs de Paris. Prenant le plus court chemin pour entrer chez elle, l'officier enjamba froidement la fenêtre du rez-de-chaussée. Raide et digne, la vieille dame était en train de lire dans un fauteuil. En voyant surgir ce Marine dont la couleur verte de l'uniforme pouvait se confondre avec le feldgrau de la Wehrmacht, elle se précipita dans son salon et se mit à crier. Quand enfin elle eut reconnu son neveu, elle prit une petite voix aiguë d'institutrice s'adressant à un enfant turbulent et lui dit : « Franklin, est-ce à l'École navale qu'on vous a appris à entrer dans l'appartement d'une dame en passant par la fenêtre ? »

Le colonel « Jade Amicol », le chef de l'Intelligence Service en France qui était parti de Paris avec la mission Nordling, revenait lui aussi avec les premières colonnes des libérateurs. Accompagné du lieutenant-colonel Ken Downes, de l'O.S.S., et du lieutenant John Mowinckle, un Marine moustachu élevé à Paris, il arriva devant le petit couvent à la porte duquel, vingt-deux jours plus tôt, avait sonné le parachutiste Alain Perpezat pour apporter son précieux message. La supérieure du couvent, Sœur Jean, entrouvrit le judas. Quand elle reconnut le visiteur, elle poussa un cri de joie et ouvrit toutes grandes les portes. Mais soudain son visage se figea d'étonnement quand elle aperçut sur le montant du pare-brise le nom de la jeep qui entrait dans la cour du couvent. Downes, un ancien correspondant de presse à Paris, avait appelé sa jeep « Pet de Nonne ». Revenue de sa surprise, la supérieure entraîna ses visiteurs dans le petit parloir et leur remit quelques feuilles de papier. Sur ces feuilles se trouvait tout le plan de retraite allemand au nord et à l'est de Paris.

A l'ouest de la capitale, la colonne du commandant François Morel-Deville approchait de « Pilz », le dépôt de torpilles de Saint-Cloud. Elle avançait sous le même tonnerre d'acclamations qui saluait le reste de la division. Une jeune Parisienne, nommée Denise Marie, embrassait tous les hommes qui passaient devant elle. Soudain, dans un half-track, elle remarqua un fusilier marin à pompon rouge qui s'était endormi de fatigue. Elle grimpa sur le véhicule et se mit à le secouer doucement. Il ouvrit les yeux. Denise Marie sourit puis se pencha vers lui et déposa un baiser sur son front. Pendant quelques secondes, elle resta immobile à contempler les grands yeux bleus du soldat qui la regardait avec tendresse. Denise sortit alors un morceau de papier de son sac, y griffonna son nom et son adresse et le tendit au guerrier en murmurant : « Revenez si vous pouvez. » Le fusilier marin Laurent Thomas devait revenir deux jours plus tard. Un an après, il reviendrait pour de bon. Denise Marie venait de réveiller l'homme qui deviendrait son mari.

Tous les libérateurs, hélas, ne furent pas accueillis par un sourire de femme et des baisers. A Corbeil, de la fenêtre d'une maison où ils s'étaient réfugiés, à 50 mètres de la Seine, deux Américains tentaient de percer du regard le brouillard qui montait du fleuve. C'était le lieutenant Jack Knowles, l'officier à qui son chef avait ordonné de faire porter des cravates par ses hommes pour entrer dans Paris, et son adjoint le sergent « Speedy » Stone. Au dernier moment, les deux Américains avaient reçu l'ordre d'aller reconnaître les berges de la Seine. N'apercevant aucune trace d'Allemands, Knowles et le sergent descendirent prudemment vers la rivière. Mais soudain il y eut une brève fusillade. Knowles se jeta à plat ventre derrière un arbre. Il entendit alors derrière lui une faible voix qui appelait au secours. C'était « Speedy » Stone. Criblé de balles, le sergent était en train de mourir. Autour du col de sa chemise se trouvait un morceau d'étoffe salie : la cravate qu'il avait enfin trouvée pour son entrée dans Paris.

A l'autre extrémité de la capitale, une jeep doublait à cet instant une colonne de half-tracks et descendait à toute allure la colline de Saint-Cloud par la rue Dailly. En voyant passer le bolide, le caporal Max Giraud, du 12e chasseurs d'Afrique, se dit : « En voilà un qui est pressé d'arriver à Paris ! » Le sergent américain Larry Kelly, observateur du 155e régiment d'artillerie de campagne, était en effet très pressé. C'était lui qui avait parié dans la nuit du débarquement d'être le premier soldat américain qui entrerait dans Paris. Au volant de sa jeep, Kelly déboucha devant le pont de Saint-Cloud et s'élança vers Paris, de l'autre côté du fleuve.

En voyant surgir l'étrange véhicule surmonté d'une mitrailleuse, le pompier Jean David, l'homme que la pharmacienne Marcelle Thomas avait vu passer le matin même avec son gros fusil, se dit : « Un Boche ! » Il épaula et vida son chargeur sur la jeep. Atteint par six balles, le sergent Kelly s'écroula sur le volant de sa voiture qui vint heurter le parapet du pont. Foudroyé par erreur à 50 mètres à peine du rêve qu'il caressait, Kelly ne devait jamais entrer dans Paris [1].

1. Le sergent Kelly fut aussitôt transporté dans la pharmacie de Mlle Thomas qui lui donna les premiers soins. Son comportement toucha beaucoup la pharmacienne. Malgré ses souffrances, Kelly demanda qu'on ne blâmât pas le pompier qui l'avait abattu et se mit à distribuer le contenu de son paquet de cigarettes. Il fut ensuite transporté à l'hôpital Percy à Clamart. Trois jours plus tard, désespéré, David vint lui rendre visite et lui apporter une bouteille de vin. Paralysé, Kelly fut évacué aux États-Unis mais resta en contact avec Marcelle Thomas. Il lui écrivit plus de vingt lettres. Dans la dernière, il disait : « Je ne sais encore quand je pourrai me lever. Mes blessures me font toujours atrocement souffrir, mais peu importe : nous avons aidé un grand peuple à se libérer et je me souviendrai toujours de vous. » Bouleversée par cette tragédie, Mlle Thomas fit éditer un magnifique album de reconnaissance destiné au sergent américain et à tous les G.I.'s tombés à l'entrée de Paris. Intitulé « Nous nous souvenons », il

A quelques centaines de mètres du pont de Saint-Cloud, dans un petit appartement de Boulogne-Billancourt, une femme pleurait devant la table où elle avait préparé le petit déjeuner. Pierre Lorrain, son mari, n'était pas revenu. A l'instant même où il venait d'accomplir le geste dont il avait rêvé pendant quatre ans, hisser le drapeau tricolore sur le toit de son usine, un camion plein de soldats allemands était passé dans la rue. Une volée de balles avait miaulé dans l'azur de ce matin d'août. Atteint de sept projectiles, Lorrain s'était écroulé au pied de la hampe, sous les plis tricolores du grand drapeau.

Car, ici et là, le bruit des balles commençait à se mêler aux clameurs joyeuses de la foule. Ces premières fusillades qui reprenaient dans toute la ville rappelaient brutalement que 20 000 soldats allemands, à peine moins nombreux que leurs assaillants, occupaient toujours le pavé de Paris et qu'ils allaient se battre pour défendre chèrement leur conquête.

En tête de ses blindés, le lieutenant Pierre de la Fouchardière, du 501e régiment de chars, arrivait sur la place de l'Observatoire entièrement déserte, alors qu'il venait de traverser un océan humain. Il entendit des coups de feu et sauta au bas de son Sherman. Il se mit à courir vers le seul être humain qu'il pût apercevoir, un vieillard qui se cachait sous une porte cochère.

contient des poèmes, des dessins et des textes spécialement écrits et exécutés par des écrivains, des poètes et des artistes parisiens. Ce livre, Kelly ne devait jamais le recevoir. Trois jours avant qu'il ne lui parvienne, il mourut finalement de ses blessures, dans un hôpital militaire de Pennsylvanie, le 1er octobre 1946. Depuis sa mort, la pharmacienne de Saint-Cloud est restée fidèle à son souvenir. Une cérémonie commémorative se déroule chaque 25 août à l'endroit où fut blessé le malheureux Américain qui voulait être le premier à Paris.

« Monsieur, lui demanda-t-il, où sont les Allemands ? »

4

Les Allemands étaient au coin de la rue. Dans l'immense Palais du Luxembourg coiffé de sa coupole à huit faces, dans les jardins peuplés des gracieuses statues des grandes dames de l'histoire de France, 700 hommes casqués sont prêts à se battre « jusqu'à la dernière cartouche ». A l'aube, leur imaginatif commandant, le colonel Kayser, cet officier même qui avait eu l'idée de placer des boucliers humains sur les tourelles de ses chars, a fait distribuer à chaque homme un demi-litre de cognac et un paquet de cigarettes. Eugen Hommens, le dentiste du 1er bataillon d'alerte qui, la veille, avait refusé de déserter, a reçu un paquet de ses cigarettes préférées, des R 6. Au bout du jardin, dans le blockhaus qui flanque sur le boulevard Saint-Michel la longue façade grisâtre de l'École des mines, le Feldwebel Martin Herrholz, vingt-sept ans, de la 8e compagnie du 190e régiment de sécurité, palpe avec confiance l'arme qui se trouve devant lui. C'est un « Panzerfaust », le bazooka allemand. Avec un engin comme celui-là, Herrholz a gagné la Croix de Fer de 1re classe près de Rostov sur le Don, en foudroyant coup sur coup quatre chars T 34 soviétiques. Pour la première fois, aujourd'hui, il s'en servira contre un char américain.

Accroupis dans leurs trous creusés dans les plates-bandes de géraniums et de bégonias que les jardiniers du Feldmarschall Sperrle avaient si soigneusement entretenues pendant quatre ans d'occupation, l'Obergefreiter Hans Georg Ludwigs et les parachutistes de la 6e Fallschirm Panzer Jäger Division surveillent les entrées des jardins dont leurs mitrailleuses interdisent l'accès. Au-dessus de leur tête, sur le toit du palais, un observateur de la 484e compagnie de Feldgendarmerie observe à la jumelle les rues qui convergent vers le palais. Dès qu'il verra le premier soldat ennemi s'approcher, il préviendra le colonel von Berg qui, à 30 mètres sous terre, dans l'ancien abri antiaérien du maréchal Sperrle, dirige la défense du bâtiment. Le fer de lance du colonel allemand, ce sont les chars du 5e régiment de sécurité qui gardent toutes les approches du palais. Dans l'un d'eux dont le canon est braqué dans l'axe de la rue de Vaugirard, se trouve l'Unteroffizier Willy Linke, le chef du « Panther » qui conduisit le samedi précédent le premier assaut contre la Préfecture de police. Dans le viseur de son périscope, Linke peut voir les colonnades du théâtre de l'Odéon sur la gauche et, au bout de la rue, la façade sombre de la Sorbonne. La rue est déserte, les volets des immeubles sont fermés. Aucun libérateur n'est encore passé par là. Dans sa tourelle bourrée d'obus, l'Allemand pense à sa Baltique natale et se dit que c'est « le calme avant la tempête ».

L'énorme complexe que les hommes du colonel von Berg s'apprêtent à défendre s'étend sur presque tout un quartier. Son cœur en est le Palais du Luxembourg lui-même, que prolonge vers l'ouest un autre bâtiment, le Petit Luxembourg, l'ancienne résidence du président du Sénat. A l'autre bout des jardins, vers le sud, se trouvent une longue bâtisse, le lycée Montaigne, et à côté, la haute façade de l'École des mines.

A 60 mètres à peine des deux blockhaus qui flanquent cette école, de l'autre côté du boulevard Saint-Michel, un groupe de civils s'est préparé toute la nuit à déchaîner la tempête qu'attend le tankiste Willy Linke. Dans une salle d'examens du 12, rue de l'Abbé-de-l'Épée, où des générations de lycéens ont passé leur baccalauréat, un jeune homme aux cheveux en broussaille se prépare à ordonner l'assaut contre les hommes du colonel von Berg. Il port des galons de colonel et il est communiste. Il s'appelle Pierre Fabien. A vingt-cinq ans, il a déjà été blessé trois fois, en Espagne et en Tchécoslovaquie, où il combattit comme volontaire contre les fascistes. A deux reprises, il s'est arraché aux griffes de la Gestapo, la dernière fois quelques minutes seulement avant son exécution. Deux ans plus tôt, c'est lui qui a abattu de sa main, sur le quai de la station de métro Barbès, le premier officier allemand qui devait être tué à Paris.

Depuis cinq jours, Fabien et ses F.F.I. n'ont pas cessé de harceler les Allemands du Luxembourg, les obligeant à s'enfermer dans leur forteresse. Maintenant, le jeune colonel peut donner l'ordre qu'il a brûlé de donner toute la semaine : « Aujourd'hui, nous prenons le Luxembourg ! » annonce-t-il. Il appelle alors son adjoint et ordonne : « Rousseau, heure H : 8 h 30. »

La chemise largement ouverte sur son torse d'adolescent, un brassard tricolore autour du bras, un vieux Mauser à la main, un garçon se glisse dans la rue de l'Odéon déserte. C'est un des hommes de Fabien. Il s'appelle Jacques Guierre. Il a eu vingt ans ce matin. Sa mission est de surveiller les abords du palais en vue de l'attaque. Du café Arbeuf, sur la place de l'Odéon, où il est entré, il entend le fracas des blindés allemands et aperçoit, derrière les colonnades du théâtre, les casques des soldats qui protègent les abords du Luxembourg. « Il faut que j'aille les repérer de plus près ! » confie-t-il à Mme Arbeuf. « As-tu mangé au moins, petit ? » demande la patronne du bistrot. Guierre fait non de la tête. « Alors, mange ça. Faut se battre le ventre plein ! » Le jeune F.F.I. mord dans l'énorme sandwich et vide le petit verre de Sancerre qui l'accompagne. « Merci, et vive la France ! » crie-t-il, en reprenant son vieux Mauser. Trois ou quatre secondes plus tard, Mme Arbeuf entend une détonation. Elle voit alors la silhouette blanche qui traverse la place tituber et s'écrouler comme une marionnette dans une flaque de sang. Jacques Guierre est mort le jour de son anniversaire.

Plusieurs explosions secouent le quartier. Deux automitrailleuses du colonel Kayser font un raid à l'extérieur du palais et viennent bombarder un groupe de F.F.I. cachés dans un petit hôtel à l'angle de la rue de Vaugirard et de la rue Monsieur-le-Prince. Des fenêtres, les hommes arrosent de grenades les blindés à croix noires mais les projectiles ricochent sur les blindages. Un obus explose dans une chambre et met le feu au mobilier. Bientôt, une épaisse fumée noire envahit le bâtiment. Dans le vacarme des explosions et le miaulement des balles, les hommes s'interpellent, s'encouragent, crient. Deux jeunes filles en robe d'été rampent dans les couloirs et tirent les blessés dans la salle à manger. Embusqué derrière la porte du rez-de-chaussée, un homme en maillot de corps attend l'instant où les Allemands feront irruption dans l'hôtel. Il tient au bout de la main un long couteau de cuisine dont la lame brille dans la pénombre. C'est le boucher du quartier. Il compte décapiter le premier Allemand qui passera devant lui. Tout à coup, les assiégés voient les automitrailleuses allemandes battre en retraite et rentrer précipitamment dans le palais. Ils entendent alors, provenant du boulevard Saint-Michel, le grincement de chenilles de chars. Ce sont les Sherman du lieutenant Pierre de la Fouchardière qui arrivent. L'officier avait enfin trouvé les Allemands. De sa tourelle, il observe maintenant la façade de l'École des mines vers laquelle il se dirige.

Le Feldwebel Martin Herrholz, le tireur du bazooka, surveille lui aussi dans le croisillon de sa lunette de visée le char qui s'avance. A l'instant précis où l'Allemand décide de tirer, la Fouchardière repère le blockhaus et crie à son pilote Lucien Kerbrat : « A droite, vite ! » La fusée du Panzerfaust passe juste derrière le char et vient s'écraser dans une gerbe de flammes contre la façade de la maison d'en face. L'Allemand pousse un juron. Il a manqué son premier tank américain.

La Fouchardière saute alors à terre et demande à trois F.F.I. de Fabien de l'accompagner. L'officier veut aller repérer exactement les positions allemandes de l'École des mines. Les quatre hommes entrent dans un immeuble juste en face du bâtiment et grimpent au quatrième étage. Ils sonnent à la première porte. Une vieille dame, tout en noir, vient ouvrir. « Lieutenant Pierre de la Fouchardière, de la division Leclerc », annonce le jeune officier en saluant. Puis, s'inclinant, il fait un baise-main cérémonieux et entraîne ses compagnons dans le salon, à la grande stupéfaction de la vieille dame. De la fenêtre de la pièce, les visiteurs peuvent observer à moins de 30 mètres l'intérieur même de l'École des mines. Derrière les sacs de sable posés sur les appuis des embrasures, la Fouchardière aperçoit les casques des défenseurs allemands. C'est une sensation étrange : jamais, en quarante mois de combats, l'officier n'avait pu voir l'ennemi de si près. Comme un personnage de western, la Fouchardière brandit son colt, s'approche d'une fenêtre, avance son bras, tire deux ou trois balles et recule. Les Allemands ripostent. Bientôt, l'élégant salon aux murs couverts de vieux livres s'emplit d'une odeur de poudre et de fumée. Assise dans un coin de la pièce, la vieille dame, drapée dans sa dignité, regarde avec un étonnement mêlé de joie son salon devenir un petit champ de bataille. Quand il a vidé son dernier chargeur, la Fouchardière pose son arme fumante sur le plateau verni d'une table rognon et se laisse choir dans une bergère de velours rouge.

Plusieurs pelotons de Sherman encerclent maintenant le Luxembourg. Dans ses écouteurs, le tankiste Willy Linke entend la voix sèche de son chef de peloton, l'Oberleutnant Klaus Kuhn annoncer : « Quatre chars ennemis débouchent dans la rue Gay-Lussac. » « Nom de Dieu, se demande l'Allemand, où est la rue Gay-Lussac ? » Il fait pivoter son périscope dans tous les azimuts et finit par découvrir, à 50 mètres sur sa droite, la silhouette trapue d'un char obusier qui avance lentement. Au même instant, du haut de son « lance-patates » nommé « le Mousquet », le lieutenant Philippe Duplay, du 12e cuirassiers, aperçoit le char allemand et ordonne à son pilote de faire machine arrière avant que l'Allemand n'ait eu le temps de tirer. La première idée qui vient à l'esprit du Français est de lancer ses chars vers le Luxembourg à travers les jardins. Mais il réalise tout à coup que ce serait une erreur désastreuse : les jardins sont certainement minés. Accompagné de quelques fantassins et d'une poignée de F.F.I. de Fabien, Duplay décide alors d'aller à pied reconnaître les jardins. Le petit groupe traverse en courant le boulevard Saint-Michel. Par miracle, un obus a fracassé un barreau de la grille d'enceinte. A peine le premier homme parvient-il à se glisser dans le jardin que les mitrailleuses des parachutistes allemands ouvrent le feu. Touché à la poitrine, le cuirassier Marcel Portier s'écroule dans la poussière. A demi inconscient, les mains crispées sur son ventre, il se met à gémir « maman... maman... » tandis que ses camarades le traînent en rampant jusqu'à la grille. Pour faire passer son corps, un F.F.I. va chercher dans une tranchée allemande une pioche avec laquelle il entreprend d'élargir le passage entre les barreaux.

Pendant ce temps, à 300 mètres, la jeep du capitaine Alain de Boissieu, chef de l'escadron de protection de Leclerc, apparaît sur la place de l'Observatoire. Décidé à chasser les Allemands du Luxembourg par tous les moyens, Boissieu commande à ses chars de tirer directement sur le Sénat. A la vue du déluge de feu qui s'abat alors sur les hautes façades de l'imposant bâtiment, le jeune officier se dit que c'est une chose étrange de tirer sur le Sénat. C'est un peu

« tirer sur le gouvernement ». Un obus de 105 frappe de plein fouet l'observatoire du colonel Kayser sur le toit du Palais. Boissieu voit le corps du Feldgendarme qui l'occupait jaillir en l'air dans une gerbe de poutres et de platras.

Mais par-dessus tout, le jeune capitaine veut anéantir les chars allemands. La résistance inattendue du Sénat avait obligé Leclerc à installer son P.C. à la gare Montparnasse au lieu d'aller à l'hôtel Crillon comme il était prévu. Si, comme le redoute Boissieu, les Panzer du Luxembourg décident de tenter une sortie pour aller faire sauter la gare Montparnasse, rien ne peut les arrêter. « Pour l'amour du Ciel, lance alors Alain de Boissieu à ses hommes, bousillez les chars ! »

A l'intérieur du palais, les assiégés ne montrent aucun signe de lassitude ni aucune intention d'abandonner la lutte. Dans la salle à manger du rez-de-chaussée lambrissée d'or où jadis Napoléon et Joséphine donnaient leurs banquets, aujourd'hui transformée en poste de secours, le Stabsarzt Heinrich Draber, un chirurgien de vingt-huit ans, aidé du dentiste Eugen Hommens, taille dans les chairs sanglantes des blessés, saupoudre les plaies de sulfamide, fait des pansements de fortune. Plusieurs dizaines d'hommes gisent déjà sur les tapis trois fois centenaires qui recouvrent l'illustre parquet. Pour tenir dans l'écœurante odeur d'éther et de sang, Eugen Hommens avale par petites gorgées sa ration de cognac.

De la fenêtre de la cuisine du premier étage, le prisonnier Pierre Pardou et son geôlier, le gros cuisinier Franz, voient courir de jeunes S.S. vers leurs positions de combat. Ils portent des chapelets de cartouches autour du cou. Le cuisinier Franz a changé de ritournelle. Il ne demande plus à son prisonnier de nettoyer la cuisine parce qu'il va être fusillé. Il se contente maintenant de répéter inlassablement : « Alles Kaput... alles Kaput. »

Dans l'un des blockhaus qui flanquent l'École des mines, le Feldwebel Martin Herrholz pointe son « Panzerfaust » sur un nouveau Sherman et tire. La dernière boule de feu traverse le boulevard. Cette fois, Herrholz n'a pas raté sa cible. Le projectile enflamme un char du 501e régiment. A cet instant, l'Allemand s'écroule dans son blockhaus sous une pluie de pierres et de ferrailles. Son projectile s'est croisé avec un obus explosif tiré par le caporal Claude Hadey dont le « Bautzen » se trouve embossé à l'angle de la rue Soufflot. L'obus a pulvérisé le blockhaus, tuant les deux servants d'une mitrailleuse, et ensevelissant le sous-officier qui est miraculeusement indemne.

Quand le lieutenant Philippe Duplay parvient à regagner son char, après avoir ramené des jardins du Luxembourg le corps du cuirassier Portier, il entend dans ses écouteurs la voix furieuse du capitaine de Boissieu qui crie : « Les Panzer, nom de Dieu, foutez en l'air les Panzer ! » Duplay aperçoit alors un grand diable descendant d'un half-track à étoile blanche qui vient de s'arrêter à côté de son char. C'est un Américain. Rassemblant toutes ses connaissances d'anglais, Duplay prend son meilleur accent et s'adresse à l'Américain. « Excuse me, sir, lui dit-il, do you have by any chance a bazooka ? » (Excusez-moi, monsieur, auriez-vous par hasard un bazooka ?)

Quelques minutes plus tard, tels deux jeunes

gentlemen allant à leur club, le Français et l'Américain, le bazooka sur l'épaule, traversent le boulevard Saint-Michel. Méprisant les balles qui claquent autour d'eux comme des coups de fouet, ils s'en vont d'un pas résolu régler son compte au « Panther » de Willy Linke.

5

Pendant que le lieutenant Duplay et le G.I. inconnu s'avançaient vers leur objectif, les hommes de la 2e D.B. resserraient peu à peu leur étau autour des autres points d'appui de la capitale : la Chambre des Députés, le quai d'Orsay, l'énorme complexe de l'École Militaire, l'hôtel Majestic et les alentours de l'Arc de Triomphe, la place de la République, l'hôtel Crillon, la Kriegsmarine et toute l'enfilade de la rue de Rivoli, où se trouvait le quartier général de Choltitz.

Avant de déclencher l'attaque générale contre ces points d'appui, le colonel Billotte, qui avait enfin reçu les renseignements donnés la veille au soir à Lorrain Cruse par Bobby Bender, décida de faire porter un ultimatum au général allemand. Bender avait persuadé Cruse que la seule présence de la 2e D.B. dans la ville devait provoquer la reddition de Choltitz. Se promouvant pour la circonstance général de brigade, Billotte rédigea donc à l'intention de Choltitz une note comminatoire et sans appel dans laquelle il lui donnait une demi-heure pour « mettre fin à toute résistance », sous peine d'une « extermination totale » de sa garnison.

Billotte fit porter le message à Bender, au consulat de Suède, par un de ses officiers, le commandant de la Horie. Quand l'agent de l'Abwehr en eut pris connaissance, une expression d'inquiétude apparut sur son visage. Il craignait que le ton et le contenu de cet ultimatum ne fussent trop brutaux pour que le gouverneur de Paris pût accepter de s'y soumettre. Finalement, sur l'insistance de Nordling, Bender accepta de porter sans délai la note à l'hôtel Meurice.

Après avoir réussi, dans son élégant complet civil, à franchir les différents barrages de Feldgendarme et de sentinelles qui faisaient ce matin du quartier du Meurice une zone en état de siège, Bender réussit à trouver le comte von Arnim à qui il remit le document. Arnim le porta à son tour au colonel von Unger. Après en avoir pris connaissance, Unger décida de ne pas le transmettre au général. Pour le froid et rigide chef d'état-major, un tel ultimatum était parfaitement inacceptable. Entrant dans le bureau du commandant du Gross Paris, Unger se contenta d'annoncer : « Les Français vous adressent un ultimatum. » Frappé par ce mot, Choltitz répliqua sèchement : « Je n'accepte pas les ultimatums. » Le message fut donc rendu à Bender qui le rapporta au consulat de Suède. Quelques minutes plus tard, d'une voix consternée, l'agent de l'Abwehr faisait part de son échec à l'émissaire de la division Leclerc. Cependant Bender ajouta qu'à son impression le commandant du Gross Paris n'offrirait qu'une résistance symbolique, un « baroud d'honneur », après lequel il accepterait de capituler avec sa garnison. A ces mots, l'Allemand parut réfléchir. Puis, fixant de ses yeux bleus l'officier français, il dit : « Il faut concentrer votre attaque d'abord sur le Meurice. Ainsi la destruction des autres monuments occupés par la Wehrmacht sera peut-être évitée. »

Dans l'univers glacial et irréel du bunker de l'O.K.W. en Prusse orientale, Adolf Hitler s'obstinait encore à refuser de perdre le dernier joyau qui lui restait d'un empire qui devait « durer mille ans ». La veille, le Feldmarschall Model, surpris par l'avance foudroyante de la 2e D.B., avait prévenu l'O.K.W. que la situation à Paris était devenue « critique »[1]. L'impasse qu'avait faite le commandant en chef à l'Ouest devant Paris avait échoué : il lui avait manqué vingt-quatre heures. Model avait averti l'O.K.W. que la 47e division d'infanterie, destinée à soutenir Choltitz jusqu'à l'arrivée des 26e et 27e Panzer, ne pouvait atteindre les faubourgs de Paris avant le 25 août à midi. Model avait fait ratisser toute la région parisienne par des officiers de son état-major dans l'espoir d'envoyer à Paris quelques débris qui permettraient à Choltitz de tenir jusqu'à l'arrivée de la 47e division et des Panzer. Il avait ainsi pu envoyer à Paris un bataillon de voitures blindées, un régiment d'infanterie et les quelques tanks qui restaient d'une division anéantie en Normandie. Ces efforts désespérés ressemblaient à ceux qu'avaient déployés les Français en juin 1940. Ils devaient avoir le même résultat. Les renforts de Model étaient trop faibles et ils arriveraient trop tard.

Il est un peu plus de 13 heures quand commence la première conférence stratégique

1. Groupe d'armées B-Ia 0360/44-23.00-24-8-44.

du grand quartier général de Rastenburg. Devant Hitler se trouve le rapport d'opérations du groupe d'armées B pour la demi-journée du 25 août. Il est arrivé de Margival quelques minutes seulement avant que ne débute la conférence. Il annonce que les forces alliées ont atteint le centre même de Paris où « elles attaquent nos points d'appui avec leur artillerie et leur infanterie[1] ». Hitler n'est pas préparé à admettre une telle réalité. Il entre dans une de ces colères qui deviennent de plus en plus fréquentes et se met à crier qu'il est inconcevable que l'ennemi ait pu entrer dans la ville avec une telle facilité. Se tournant brusquement vers Jodl, il tonne que depuis huit jours il ne cesse de donner des ordres pour que la capitale française soit défendue jusqu'au dernier homme. Et maintenant, voilà qu'il apprend brutalement que Paris, le symbole de tous ses triomphes passés, va lui être arraché. Il refuse de s'y résoudre. Hitler n'abandonnera jamais cette capitale dont la capture, des centaines de millions d'hommes l'ont vu sur leurs écrans de cinéma, l'avait fait trépigner de joie. A peine trois ans plus tôt, il était le maître d'un empire qui s'étendait des toundras glacées de Laponie aux sables brûlants des pyramides, et des rochers déchiquetés de la pointe du Raz aux faubourgs de Moscou. Aujourd'hui, l'écho du canon résonne déjà sous les grands chênes de Rastenburg. Les villes allemandes, Berlin, Hambourg, Cologne, les cités de la Ruhr, offrent un spectacle de désolation lunaire. Hitler a semé le vent, et l'Allemagne est en train de récolter la plus terrible tempête de toute son histoire.

1. Groupe d'armées B-Ia 0580/44-12.45-25-8-44.

« La chute du verrou de Paris, répète-t-il, entraînerait la dislocation de tout le front de la Seine. Elle rendrait obligatoire le repli des rampes de lancement de fusées et compromettrait gravement le combat éloigné contre l'Angleterre. » Après un long silence, le Führer déclare enfin que si la perte de Paris se révèle inévitable, alors l'ennemi ne doit trouver qu'un « champ de ruines ». A ces mots, rappelle Warlimont, Hitler est secoué par un nouvel accès de rage. Il hurle qu'il a donné les ordres nécessaires pour que la ville soit anéantie. Il a désigné lui-même des unités spéciales en vue de préparer les destructions. « Ces ordres ont-ils été exécutés ? » demande-t-il au chef de son état-major. « Jodl, crie-t-il alors de sa voix rauque, Paris brûle-t-il ? » Un lourd silence envahit tout à coup le bunker. Warlimont regarde autour de lui les visages pétrifiés de ses collègues.

« Jodl, répète Hitler en écrasant son poing sur la table, je veux savoir : Paris brûle-t-il ? Paris est-il oui ou non en train de brûler ? »

Devant le silence du chef d'état-major, Hitler commande qu'un officier appelle immédiatement l'O.B. West au téléphone pour obtenir sur-le-champ un rapport concernant l'état des destructions opérées dans la ville. Puis Hitler ordonne à Jodl de répéter à Model en personne que sa mission impérative reste de défendre Paris jusqu'au dernier homme et d'y procéder à toutes les destructions prévues. « S'il est vrai, ajoute Hitler, que l'ennemi se soit déjà infiltré dans certains quartiers de la capitale, il devra en être chassé aujourd'hui même et par tous les moyens. » Enfin, avant de passer à l'examen de la situation sur le front de l'Est, le Führer annonce qu'il a pris une dernière décision. Avant d'ordonner le repli vers l'Est des rampes de lancement de fusées, il s'en servira d'une manière spectaculaire. Se tournant vers Jodl, Hitler commande qu'une attaque massive de fusées V1 et V2 sur Paris soit préparée. Tous les avions disponibles de la Luftwaffe devront également être mobilisés pour parachever les destructions des fusées. Le maître du IIIe Reich veut avoir la certitude qu'en tombant aux mains des Alliés, Paris ne sera plus qu'un « champ de ruines ».

Ce Paris qui échappait au maître dément du Reich était à cet instant le théâtre des scènes les plus extraordinaires. Dans l'immense cité qu'un événement unique dans toute sa vieille histoire était en train de bouleverser, le meilleur et le pire, le comique et le tragique, allaient se côtoyer, se mêler, se recouvrir tout au long de cette fabuleuse journée. A un coin de rue, la foule entourait ses libérateurs dans un délire de joie. Au coin de la rue suivante, ces mêmes libérateurs avançaient avec peine dans la fumée des explosions et le miaulement des balles. Près du Palais du Luxembourg, un corps était déjà couvert de fleurs. C'était celui du G.I. inconnu qui avait accompagné le lieutenant Philippe Duplay avec son bazooka. A 50 mètres du « Panther » de Willy Linke, l'Américain avait été abattu d'une balle en pleine tête.

Du balcon de son appartement, qui avait abrité tant de réunions secrètes de la Résistance, Mme Solange Pécaud, une amie d'Alexandre Parodi, regardait avec un émerveillement angoissé les soldats de Leclerc progresser vers la forteresse allemande de l'École Militaire. Peut-être, de son balcon, pouvait-elle apercevoir les deux automitrailleuses qui filaient côté à côté à toute vitesse. Leurs huit roues glissaient en silence sur l'asphalte tandis que, dédaignant les balles qui claquaient de toutes parts, les équipages à calots rouges criaient de joie sur les tourelles. Pareilles à deux chars romains, les deux automitrailleuses du régiment de spahis fonçaient vers la tour Eiffel. Une heure plus tôt, en entrant dans Paris, le chauffeur d'une des deux automitrailleuses, le brigadier Pierre Lefèvre avait parié « un gueuleton chez Maxim's » au chauffeur de l'autre véhicule, le 1re classe Étienne Krafft, qu'il serait le premier à passer sous la tour Eiffel. Oubliant la guerre pour quelques secondes, les deux soldats avaient lancé leurs engins vers la tour. A l'instant où il arrivait, à plus de 60 kilomètres à l'heure, entre les deux piliers, Krafft se dit tout à coup : « Mon Dieu, et si c'était miné ? » Trop tard, il était déjà passé. Il poussa un cri triomphal. Il venait de gagner son dîner chez Maxim's.

Presque au même moment, sur le balcon ensoleillé de Solange Pécaud, il y eut un bruit mat. Frappée par une balle perdue, la jeune femme s'écroula, tuée sur le coup en ce beau jour de libération qu'elle avait attendu avec tant d'espoir.

Dans la carcasse métallique qui montait vers le ciel au-dessus de la tête du 1re classe Étienne Krafft, un homme haletant était lui aussi en train de disputer une course. Sous son bras, il portait un gros paquet hâtivement ficelé. C'était le drapeau tricolore. Au-dessus de lui, dans les poutrelles de fer, le capitaine de pompiers Raymond Sarniguet pouvait apercevoir la silhouette de l'homme qu'il cherchait à rattraper et qui grimpait à toute allure. Sarniguet savait que cet homme portait lui aussi sous le bras un drapeau tricolore qu'il était décidé à planter sur la tour Eiffel. Cette épuisante ascension de 1 750 marches, Sarniguet l'avait faite pour la dernière fois le 13 juin 1940, à 7 h 30 du matin, lorsque pleurant comme un enfant il avait dû amener de ses propres mains le grand drapeau que l'emblème à croix gammée allait remplacer pendant quatre ans au sommet de la tour. Le cœur battant, les jambes douloureuses, Sarniguet poursuivait avec une énergie désespérée la silhouette solitaire qui le précédait. Comme un coureur à la vue du poteau d'arrivée, il accéléra et, à moins de 200 marches du sommet, parvint à doubler son rival dans le sprint final. Quand il atteignit la dernière marche, le capitaine de pompiers s'élança dans un ultime bond vers le mât. Il avait gagné. Alors, il se mit à dérouler le drapeau. Pauvre drapeau ! Il était fait de trois draps de lit cousus ensemble. Le rouge était rose, le blanc, gris, et le bleu, violet. Mais c'était le drapeau de la France. Se figeant au garde-à-vous, les yeux pleins de larmes, le pompier de Paris commença à hisser l'étoffe sacrée. Il était juste midi, en ce jour du 25 août 1944. Vivement, dans le beau ciel de l'été, le vent léger déploya les trois couleurs au-dessus de la capitale. Et bientôt, ce fut comme si le monde entier les voyait flotter.

6

« Achtung ! »

Au commandement qui éclate sous les lustres de la salle à manger, les hommes se lèvent. Sanglé dans le même uniforme aux épaulettes d'or qu'il portait dix-neuf jours plus tôt devant Adolf Hitler, la Croix de Fer en sautoir, le monocle à l'œil, l'air distant et solennel, le général von Choltitz fait son entrée. Saluant ses officiers d'un imperceptible hochement de tête, il se dirige vers sa table, près des fenêtres de la salle à manger.

En dépit de la fatigue qui marque les traits de son visage, il semble frais et dispos. Il a pris un bain et s'est rasé avant de revêtir l'uniforme dans lequel il va accomplir le dernier acte de sa carrière de général allemand.

Quand il arrive à sa table, le colonel Hans Jay le prie de ne pas s'asseoir à sa place habituelle, le dos à la fenêtre. Jay redoute qu'une balle ne vienne le frapper à travers la fenêtre. « Oui, Jay, répond Choltitz, mais aujourd'hui plus que jamais je tiens à être à ma place habituelle. » Sur ces mots, le petit général tire sa chaise et s'assied. L'horloge à balancier de la salle à manger sonne un coup bref. Il est 13 heures.

Pour le capitaine Jacques Branet, vingt-neuf ans, et pour ses 200 soldats groupés sur la place du Châtelet, à moins de 1 000 mètres de la salle à manger où vient de sonner l'horloge, c'est l'heure H. Branet, l'un des vétérans les plus prestigieux de la division Leclerc, à l'ordre de capturer le général allemand. Pour attaquer son quartier général, le capitaine a divisé ses hommes en trois groupes d'assaut. Le premier empruntera le quai de la Mégisserie, passera sous les voûtes gracieuses des guichets du Louvre, et pénétrera dans les jardins des Tuileries. Le deuxième foncera le long des élégantes vitrines de la rue Saint-Honoré jusqu'à la place Vendôme et attaquera l'hôtel Meurice à revers. Le troisième, qu'il dirigera en personne, remontera la rue de Rivoli elle-même, sous les arcades centenaires. Car c'est par la grande porte que Branet compte entrer dans le quartier général du commandant du Gross Paris.

L'assaut débute comme une promenade dominicale. A l'entrée de la rue de Rivoli, Henri Karcher, le lieutenant qui la veille cherchait le visage de son fils dans les foules d'Orsay, entraîne ses fantassins du régiment du Tchad et un groupe de F.F.I. du colonel Rol sous les hourras d'une multitude enthousiaste que contiennent à grand-peine les agents de police.

La perspective de l'immense artère construite en l'honneur d'une victoire napoléonienne offre au jeune lieutenant un spectacle saisissant. Jusqu'à la place du Palais-Royal et jusqu'aux lisières des Tuileries, chaque fenêtre, chaque porte est couverte de drapeaux tricolores. Au-delà, et jusqu'à la place de la Concorde, d'autres emblèmes pavoisent la rue. Ce sont les lourdes oriflammes rouge et noir de l'Allemagne nazie.

Les Sherman du 501e régiment suivent par petits bonds les fantassins de Karcher. A chaque arrêt, des femmes escaladent les chars et couvrent les équipages de baisers et de fleurs. Au coin de la rue des Lavandières-Sainte-Opportune, jadis célèbre pour le nombre de ses maisons closes, le 1re classe Jacques d'Estienne, tireur du « Laffaux », voit surgir une jolie blonde qui se jette dans ses bras. Sous le choc de cet assaut affectueux, d'Estienne s'écroule sur un obus, au fond de sa tourelle. La fille l'y rejoint aussitôt. A cet instant, le soldat entend dans ses écouteurs une voix qui crie : « En avant ». D'Estienne se relève et aperçoit une autre chevelure blonde qui dépasse du poste avant. Jack Nudd, le pilote, hausse les épaules et démarre. Et c'est avec ces deux passagers insolites, deux Parisiennes blondes et souriantes, que le « Laffaux » va se lancer à l'assaut du Meurice.

Les fantassins du lieutenant Karcher ont laissé derrière eux les ovations des Parisiens. La rue dans laquelle ils avancent maintenant est déserte, silencieuse, menaçante. Par instants, au-dessus de leurs têtes, les hommes entendent un volet qui claque, une fenêtre qui s'ouvre. A ce bruit, ils sursautent et braquent leurs armes vers les façades. Mais derrière les fenêtres, ils n'aperçoivent que des silhouettes anxieuses qui les avertissent par signes du danger.

Des meurtrières de son blockhaus, aux lisières des Tuileries, le Hauptmann Otto Nietzki, de la Wehrmachtstreife, aperçoit les assaillants. Cette vision, étrangement, lui rappelle « une procession de la semaine sainte ».

Dans les jardins des Tuileries, le Feldwebel Werner Nix, du 190e régiment de sécurité, court de char en char pour prévenir les équipages des cinq « Panther » que l'ennemi approche. A chaque tankiste il distribue quelques cigarettes et crie : « Bonne chance ! » Quand il arrive au dernier char, l'Allemand entend des grognements bizarres, qui proviennent d'un manège d'enfants. Ce sont les survivants du troupeau de cochons évacué trois jours plus tôt de la rue Marbeuf par l'Oberfeldwebel Obermueller, qui manifestent leur impatience. Au bord d'un bassin, Nix découvre un spectacle qui le frappe plus encore. Un officier se barbouille calmement le visage de crème blanche et commence à se raser. « En voilà un, pense alors le Feldwebel, qui veut être propre pour mourir. »

D'une fenêtre du Meurice, les soldats Fritz Gottschalk et Hubert Kausser, du 1er régiment de sécurité, aperçoivent eux aussi les fantassins de Karcher qui avancent prudemment de pilier en pilier, devant les silhouettes massives et lentes des blindés. Les bandes de la mitrailleuse MG 42 des deux Allemands constellent le sol de la chambre d'un tapis doré.

Au rez-de-chaussée, le caporal Helmut Mayer fait une entrée discrète dans la salle à manger. L'ordonnance s'arrête derrière le général von Choltitz, s'incline avec déférence et murmure à l'oreille de son maître : « Sie kommen, Herr General ! » (Ils arrivent.)

Dehors, le long des arcades de la rue de Rivoli, un petit tank Hotchkiss à croix noire pivote d'un coup et fait face aux chars de Branet qui approchent. A l'apparition du blindé allemand, le Sherman de tête, le « Douaumont », ouvre le feu. Au premier obus, le Hotchkiss à croix noire vole en éclats.

Au coup de canon du « Douaumont », la bataille s'allume aussitôt dans toute la rue. Dans la salle à manger du Meurice, les vitres s'écroulent au souffle des explosions. Choltitz termine imperturbablement son déjeuner. Puis, aussi calme qu'à l'exercice, le général se lève et adresse quelques mots à ses officiers, visiblement pressés de gagner un abri plus sûr que cette salle à manger jonchée d'éclats. « Messieurs, annonce-t-il, notre dernier combat est commencé. Que Dieu vous protège. » Et il ajoute : « J'espère que les survivants de ce combat tomberont dans les mains des troupes régulières, et non dans celles de la populace. » Le commandant du Gross Paris sort alors de la salle à manger. En gravissant les marches de l'escalier, Choltitz s'arrête devant un petit fortin de sacs de sable. Au vieux servant d'un fusil mitrailleur qui tient son arme braquée vers la porte principale, le général adresse quelques mots d'encouragement. « A Munster, ma ferme et ma femme m'attendent depuis cinq ans ! » répond avec un soupir le vieux territorial.

Tandis que le général poursuit son chemin, Arnim regarde avec tristesse le vieil homme et se demande s'il retrouvera jamais sa femme, sa ferme et sa ville.

Dehors, de son blockhaus à l'angle de la rue de Rivoli et des Tuileries, le Hauptmann Otto Nietzki arrose à la mitrailleuse la première vague de fantassins. Suivant de l'œil ses balles traceuses qui filent le long de la façade du ministère des Finances, Nietzki compte les hommes qui s'écroulent comme des quilles sur le trottoir. D'un fortin installé place des Pyramides, les mitrailleuses de l'Oberleutnant bavarois Heinrich Thiergartner clouent sur place les assaillants qui, sur l'autre trottoir, progressent sous les arcades. Pour les soldats de la 2e D.B. et les F.F.I. qui les accompagnent, il n'y a plus maintenant ni ovations, ni fleurs. « La mitouze, vite ! » hurle Karcher.

Tandis que le mitrailleur Georges Decanton ouvre le feu sur le fortin de l'Oberleutnant Thiergartner, Karcher voit surgir devant lui un vieil homme à barbiche épaulant un antique tromblon qu'il vient de charger par la gueule. Debout dans la mitraille, le vieil homme tire sur le fortin allemand, disparaissant à chaque coup dans le nuage de fumée de sa pétoire.

Le feu croisé des défenseurs allemands a brisé le premier assaut de l'infanterie. Le capitaine Branet décide alors de lancer ses chars pour nettoyer les points d'appui. Entraînés par le sergent Marcel Bizien, le petit Breton du « Douaumont » qui avait juré que « ses ancêtres pourraient être aujourd'hui fiers de lui », les cinq Sherman de Branet passent devant les fantassins. Place des Pyramides, Jacques d'Estienne, le tireur du « Laffaux » aperçoit plein viseur, à 20 mètres, trois Allemands qui mettent une nouvelle mitrailleuse en batterie devant la statue de Jeanne d'Arc. D'Estienne fait feu. Et dans une sorte d'extase horrifiée, le tankiste voit jaillir un bouquet de têtes, de bras, de troncs qui retombent en une sinistre guirlande sur le bronze doré de la Pucelle d'Orléans.

Arpentant son grand bureau qu'emplit maintenant le fracas de la bataille, Dietrich von Choltitz dicte une dernière lettre. Elle est adressée au consul Nordling. Depuis que la jolie Cita Krebben et ses compagnes étaient parties, à l'aube, se mettre sous la protection de la Croix-Rouge, Choltitz n'avait plus de secrétaire. Il ne restait plus, pour prendre une lettre, que son fidèle caporal Mayer. « Cher Monsieur

Nordling, commence-t-il, je veux vous adresser le témoignage de ma profonde reconnaissance... » le général s'interrompt et fait quelques pas vers la fenêtre. Il tressaille. L'ennemi est là. Sous le balcon où il a vécu, pendant ces deux dernières semaines, tant de cruels moments de réflexion et d'incertitude, Choltitz voit un Sherman, tourelle ouverte, dont le canon pivote doucement vers l'entrée de l'hôtel. Fasciné, Choltitz regarde le béret noir du chef de char dont le buste dépasse de la tourelle. Il se demande s'il est français ou américain. « Qu'il soit l'un ou l'autre, pense-t-il, il ne doit pas prendre très au sérieux cette bataille pour laisser ainsi sa tourelle ouverte. » A côté du général, Arnim regarde avec inquiétude le canon qui continue de pivoter vers la porte. « Mon Dieu, dit-il, que va-t-il faire ? » Choltitz répond calmement qu'à son avis, il va tirer. « Il y aura une petite explosion, et nous commencerons à avoir des ennuis. » A cet instant, d'une fenêtre, un Allemand lance une grenade. Et Choltitz voit le projectile tomber sur le tankiste à béret noir.

Le sous-lieutenant Albert Bénard, le chef du « Mort-Homme », a senti le projectile heurter son béret et glisser le long de son dos, puis rouler au fond de la tourelle. Bénard se précipite sur la grenade pour tenter de la rejeter au dehors. Trop tard. L'engin explose, criblant d'éclats l'officier et le tireur. Leurs combinaisons en flammes, les deux hommes se ruent hors du char et se roulent sur l'asphalte, tandis que le pilote Jean-René Champion démarre précipitamment dans le nuage de fumée qui enveloppe le Sherman.

A la vue des deux torches humaines qui se

traînent sur la chaussée, les Allemands s'arrêtent pendant quelques secondes de tirer. Sur le toit de la Kriegsmarine, le Korvet Kapitän Harry Leithold ordonne à ses hommes de ne pas achever les deux blessés. Dans la fumée qui monte du « Mort-Homme », Leithold voit alors apparaître la horde serrée des Sherman de Branet. Dans quelques secondes, pense le Korvet Kapitän, ils vont déboucher sur la place de la Concorde où veille, son canon braqué sur la place de l'Étoile, un char « Panther ». Du haut de son toit, Leithold gesticule désespérément pour tenter d'avertir du danger le chef du char allemand. Mais l'homme est trop occupé pour apercevoir les signaux. Dans sa lunette vient d'apparaître, au sommet des Champs-Élysées, une cible de choix : un tank destroyer. Le 88 du « Panther » se met alors à cracher feu et flammes.

Au coin de la place de l'Étoile, le dernier bec de gaz de l'avenue des Champs-Élysées, touché de plein fouet par l'obus que vient de tirer le « Panther » de la Concorde, vole en éclats. Une grêle de morceaux de ferraille et de verre s'abat sur le tank destroyer, qui passe tranquillement devant l'Arc de Triomphe. Ce char est le « Simoun ». Dans l'étroite tourelle où s'entasse l'équipage, un curieux parfum domine les odeurs de la bataille. Il provient de la soute à munitions dans le fond de laquelle, faisandé à souhait, se trouve toujours le fameux canard. Deux nouveaux obus passent au-dessus du « Simoun ». Le premier pulvérise les pieds de *la Marseillaise* de Rude, sur l'Arc de Triomphe. Le second s'engouffre sous la grande arche, en sifflant aux oreilles du colonel Paul de Langlade et du commandant Henri de Mirambeau qui sont venus se recueillir un instant sur la tombe du Soldat Inconnu avant d'aller attaquer le point d'appui voisin de l'hôtel Majestic.

Plus bas sur l'avenue des Champs-Élysées, un quatrième obus explose contre un arbre, arrachant d'un éclat la jambe d'un opérateur d'actualités qui venait de monter sur un camion pour filmer la scène. On transporte le blessé dans le bureau du décorateur de cinéma Paul Bertrand. Quelques secondes plus tard, une grande fille blonde fait irruption dans la pièce. Elle tient dans ses bras un morceau de chair sanglant. « Je rapporte la jambe », dit-elle simplement.

Place de l'Étoile, le second maître Paul Quinion, le chef du « Simoun », scrute dans ses jumelles le « Panther » de la Concorde. « Mady, ordonne-t-il à son tireur, vite, un explosif. La hausse à 1 500 ! » L'ancien ébéniste de Montparnasse affiche la distance sur sa lunette de pointage. Et tout à coup, il semble hésiter. Sans avertir son chef de char il tourne le bouton trois crans plus loin, affichant 1 800 mètres au lieu de 1 500 : Mady vient de se souvenir d'un détail qu'il a lu dans l'almanach Vermot. On y disait que la longueur des Champs-Élysées, de l'Arc de Triomphe à la Concorde, était de 1 800 mètres. L'almanach avait raison. Le premier obus va toucher le « Panther » de plein fouet. Et tout à coup, en regardant le nuage de fumée qui monte du char, Mady s'écrie : « Bon Dieu ! deux mètres à droite, et je bousillais l'Obélisque ! »

Place de la Concorde, de sa fenêtre du Crillon tapissée de sacs de sable, le Quartiermeister Erich Vandam regarde la fumée qui s'échappe de la chenille fracassée du « Panther ». Et soudain, il voit surgir de la rue de Rivoli un Sherman qui s'élance vers le tank immobilisé.

C'est le « Douaumont ». De sa tourelle, le sergent Marcel Bizien vient d'apercevoir le « Panther ». « Un char boche à gauche ! » hurle Bizien au tireur. « Feu ! » L'obus explosif du « Douaumont » s'écrase sur le blindage du « Panther » sans le perforer. Et Bizien voit la tourelle de l'Allemand qui se met à pivoter lentement dans sa direction. Dans le « Panther », c'est à la main que l'équipage doit faire tourner les six tonnes de la tourelle : l'obus de Mady a démoli le système électrique de rotation. « Un perforant, nom de Dieu ! » crie Bizien. Dans la fumée âcre qui emplit le « Douaumont » le chargeur cherche à tâtons un nouvel obus et le glisse dans la culasse. « Feu ! » crie Bizien.

Le projectile frappe le char qu'un nuage de fumée enveloppe aussitôt. Gêné par l'obscurité, le tireur de Bizien s'est trompé. Au lieu d'un obus perforant, il a chargé son canon d'un obus fumigène. Le « Panther » n'est plus maintenant qu'à une trentaine de mètres du char français. Dans une seconde, avant que Bizien n'ait pu recharger son canon, le 88 du « Panther » va foudroyer le « Douaumont » à bout portant. En un éclair, le descendant des corsaires bretons comprend alors que sa seule chance est de prendre à l'abordage le char allemand avant que son terrible 88 n'ait le temps de tirer. « Rentre-lui dedans ! » hurle-t-il dans l'interphone à l'adresse de son pilote, Georges Campillo. Aussitôt, Campillo appuie à fond sur l'accélérateur et lance le « Douaumont » en avant. Du point d'appui de la Kriegsmarine, le Korvet Kapitän Harry Leithold aperçoit le

Sherman qui fonce comme une locomotive dans le nuage de fumée qui enveloppe le « Panther ». Cette vision, ainsi qu'il le dira plus tard, évoque pour l'Allemand « une joute du Moyen Age ».

Dans la tourelle, Bizien serre les dents. Au-dessous, le dos inondé d'une sueur glaciale, Campillo se renverse en arrière en prévision du choc. Comme des lances, les canons des deux chars se croisent. Dans un geyser d'étincelles et un fracas de tonnerre, soixante-dix tonnes d'acier s'éperonnent au milieu de la plus belle place du monde. L'écho de la formidable collision retentit un court moment, puis le silence envahit la place tout entière.

Étourdis par le choc, à moitié asphyxiés par la fumée, les équipages des deux chars restent un instant inertes au fond des tourelles. Quand Bizien revient à lui, il ouvre les yeux. L'image qu'il découvre alors au-dessus de lui lui rappelle son pays natal. Il montre à Campillo la flèche de l'Obélisque qui ressemble, au milieu de la fumée, « à la misaine d'un voilier dans la brume ». Le petit Breton dégaine son colt, saute hors de son char et s'approche du « Panther ». Presque aussitôt, Campillo entend l'explosion assourdie d'une grenade et voit Bizien ressortir du nuage de fumée, criant avec colère : « Merde alors ! Les salauds se sont tous barrés ! [1] »

1. Quelques secondes après la collision, le Quartiermeister Erich Vandam avait vu, de sa fenêtre de l'hôtel Crillon, quatre silhouettes émerger de la fumée et s'enfuir vers les Tuileries. Dix mois plus tard, alors que le même char « Douaumont » se trouvait en panne sur une autoroute allemande, un tankiste de la Wehrmacht qui passait dans une colonne de prisonniers reconnut tout à coup le nom du char peint sur la tourelle. Il put sortir de la colonne et aborder le nouveau commandant du « Douaumont » pour lui dire qu'il se trouvait lui-même à bord du « Panther » qui avait été éperonné par le Sherman le 25 août 1944. L'Allemand raconta que l'équipage avait pu, grâce à l'écran protecteur de fumée de l'obus fumigène tiré par le Sherman, quitter le char et courir vers les Tuileries. Là, l'Allemand et ses

Fasciné par le spectacle, le Korvet Kapitän Harry Leithold regarde maintenant le Sherman qui s'arrache à l'épave fumante du char allemand et recule. A cet instant, il entend une rafale de coups de feu et voit la silhouette assise sur le rebord de la tourelle basculer en avant. Touché d'une balle en pleine nuque tirée d'une fenêtre juste sous les pieds de Leithold, le sergent Bizien s'écroule au fond du char. La joie triomphante du petit Breton n'aura duré que quelques minutes, le temps de tenir une promesse et de mourir.

A la vue des deux spectres qui dans la fumée des arcades de la rue de Rivoli marchent vers eux, les hommes du lieutenant Karcher ouvrent le feu. Un cri déchirant retentit : « Ne tirez pas, c'est Bénard ! » S'appuyant l'un sur l'autre comme deux ivrognes, le tireur Louis Campani, le dos criblé d'éclats, et le lieutenant Albert Bénard, chef du « Mort-Homme », aveuglé par le sang qui ruisselle sur son visage, se traînent à tâtons au-devant de l'infanterie amie qui avance sous les arcades de la rue de Rivoli. Dans le chaos et la confusion, les deux blessés viennent, sans même s'en rendre compte, de passer devant la porte d'entrée du Meurice.

Dans son grand bureau juste au-dessus de cette porte, Dietrich von Choltitz, l'air sombre et résigné, venait de prendre une grande décision.

Quelques instants plus tôt, le colonel Hans Jay était intervenu auprès de son vieil ami. « Il

camarades avaient jeté leur béret noir et arraché leurs insignes. Dans la confusion de la bataille, ils avaient pu se faire passer auprès des F.F.I. pour des soldats de la 2e D.B. A la tombée de la nuit, lui-même avait traversé Paris à pied, gagné la banlieue et réussi à rejoindre les lignes allemandes. Il ne savait pas ce qu'étaient devenus ses camarades d'équipage.

faut maintenant vous décider, lui avait-il dit d'une voix pressante. Allez-vous rester ici et jouer toute la journée à cache-cache avec les Américains, ou allez-vous en finir une fois pour toutes et vous rendre ? » Jay était obsédé par la crainte que Choltitz ne trouvât la mort dans la bataille du Meurice. Il savait en effet que seul un ordre personnel du général pouvait contraindre les commandants des points d'appui, résolus à se battre « jusqu'à la dernière cartouche », à se rendre avant un anéantissement total dans les ruines de quelques-uns des plus beaux bâtiments de Paris.

Choltitz s'était mis à réfléchir. Avec tristesse et lassitude, il se rendait compte qu'il ne pouvait pas condamner ses hommes à périr dans une bataille devenue sans objet. Il fit appeler le colonel von Unger. Si les « terroristes ou la populace », ordonna-t-il, tentent d'envahir l'hôtel Meurice, le combat devra continuer. Mais si des troupes régulières se présentent les premières, il offrira sa reddition après un court « baroud d'honneur ». Finalement Choltitz commande à Unger de faire amener le drapeau quand les premiers soldats ennemis franchiront l'entrée du bâtiment. Puis il quitta son bureau et s'en alla attendre ceux-ci à l'abri de la bataille, dans une petite pièce donnant sur la cour intérieure.

Dans la chambre du général, avec les gestes précis et méticuleux acquis en sept années de service, le caporal Mayer préparait maintenant la dernière valise du commandant du Gross Paris. Il y rangea un peu de linge de corps, trois chemises, une veste d'uniforme, et une paire de pantalons à bandes rouges. Dans une chambre voisine, le lieutenant von Arnim jette dans un sac quelques barres de chocolat, le gros pull-over que sa mère a tricoté pour lui l'hiver précédent, et deux livres. L'un est l'*Histoire de France* de Jacques Bainville. L'autre, *Guerre et Paix*, de Tolstoï.

Dehors les Français approchent. Trois hommes traversent la rue de Rivoli dans un nuage de fumée et se jettent à plat ventre devant la grille des Tuileries. Quand il relève la tête, l'un d'eux, le sous-lieutenant Henri Riquebush, découvre avec horreur qu'il se trouve juste devant la meurtrière d'un blockhaus allemand. Allongeant le bras dans la fumée, Riquebush sent tout à coup un morceau de métal lui brûler la main. C'est le canon de la mitrailleuse du blockhaus que les défenseurs viennent d'abandonner.

De l'autre côté des Tuileries, le sergent Georges Thiollat, chef du Sherman « Francheville », voit l'obus perforant qu'il vient de tirer percuter la chenille de sa cible, un « Panther » embossé devant l'Orangerie, son canon braqué vers la Seine. Aussitôt, la tourelle du char allemand se met à pivoter à toute vitesse dans la direction du Sherman. Thiollat tire un deuxième obus mais celui-ci passe à côté de l'Allemand. Le prochain coup, c'est le « Panther » qui va le tirer. Thiollat voit alors le canon du char s'immobiliser. Sa furieuse rotation vient d'être arrêtée par un tronc d'arbre.

Rue de Rivoli, le chef du char « Montfaucon » regarde avec consternation les gerbes de balles traceuses qui jaillissent de ses mitrailleuses et vont s'écraser contre le bâtiment d'en face, l'hôtel Continental. Avant la guerre, le sergent Perthuiset travaillait à la réception de cet hôtel. Devant l'entrée où brûle maintenant une Mercedes de la Wehrmacht, il accueillait les Rolls et les Hispano de toute l'Europe. Et c'était au directeur du Continental que Perthuiset devait de se trouver en cet instant sur la tourelle d'un Sherman. Son patron avait été en effet si content de ses services qu'il avait récompensé le jeune réceptionniste en l'envoyant faire un stage au Savoy de Londres. Surpris dans la capitale britannique par la guerre et l'armistice, Perthuiset avait répondu à l'appel de De Gaulle et s'était engagé.

A l'instant où Perthuiset lâche avec tristesse une dernière rafale sur son ancien hôtel, un Allemand lance d'une fenêtre une grenade qui explose sur l'appui de D.C.A. du char. Criblé d'éclats, l'ex-réceptionniste s'écroule dans le fond de sa tourelle.

Sur les cinq Sherman engagés quarante minutes plus tôt dans la rue de Rivoli, trois ont déjà dû abandonner le combat sous la pluie de balles et de grenades que les Allemands font tomber sur les assaillants depuis les immeubles qu'ils occupent. Le romancier américain Irwin Shaw, 2e classe dans le service photographique de l'armée, voit l'un d'eux passer devant lui, le moteur en flammes. Rendus fous de rage par la mort de leurs camarades, les hommes du « Laffaux », l'un des deux chars rescapés, se mettent à déclencher un feu d'enfer sur tout ce qui passe à portée de leurs armes. « Laffaux, faites attention, Bon Dieu ! Vous êtes en train d'anéantir la plus belle place du monde ! » A peine la voix furieuse du capitaine Branet vient-elle de retentir qu'une nouvelle voix se met à grésiller dans les écouteurs du Sherman. Elle annonce que Pierre Laigle vient d'être tué sur le « Villers-Cotterêts » et que son char est hors de combat. « Merde ! s'écrie Jacques d'Estienne, tireur du "Laffaux". Alors il ne reste plus que nous ! »

7

Derrière l'hôtel Meurice, au coin de la rue Saint-Honoré et de la rue de Castiglione où il vient de surgir avec son char, l'aspirant Marcel Christen découvre avec stupeur un véritable champ de bataille. « Mon Dieu, se dit-il, c'est Stalingrad ! » Plusieurs véhicules brûlent comme des torches au milieu de la rue de Castiglione. Rideaux de fer défoncés, vitrines en miettes, façades béantes, cadavres allemands qui jonchent la chaussée donnent aux abords de l'hôtel Continental un aspect terrifiant. Le jeune officier, qui la veille a participé à l'attaque de la prison de Fresnes, dégaine son colt et saute à terre. Accompagné du caporal Henri Villette, pilote de son char, il bondit de porche en porche vers l'entrée du Continental. Les deux Français se trouvent tout à coup nez à nez avec un petit capitaine de la Wehrmacht qui, le casque à la main, surgit de la porte de l'hôtel. « Rendez-vous ! » crie l'Alsacien Christen en allemand. « Ja, ja ! » répond l'Allemand en levant aussitôt les bras. Les deux hommes poussent leur prisonnier dans le hall de l'hôtel tapissé de sacs de sable. Bientôt affluent de tous côtés des officiers allemands les bras en l'air. Chaque fois qu'il aperçoit un Allemand portant la Croix de Fer, Villette se jette sur lui et arrache la médaille. Il les collectionne depuis la Libye. Plantées dans son ceinturon, Villette porte les dix-sept Croix de Fer des Allemands qu'il a poignardés lui-même. Dans le hall du Continental, le petit caporal regarde avec émerveillement toutes les médailles noires qui apparaissent devant lui. Il n'a jamais vu un pareil trésor.

Étage par étage, Christen et le caporal nettoient rapidement l'hôtel. Quand ils arrivent au cinquième, Christen perçoit de faibles gémissements derrière une cloison. Il fait sauter la porte d'un coup de pied et découvre un groupe d'Américains squelettiques enchaînés au mur. « Eh, les potes, crie l'aspirant stupéfait, vous êtes libres ! »

L'infanterie et les F.F.I. envahissent à leur tour l'hôtel et capturent les derniers Allemands. Il est exactement 14 h 30. Le premier point d'appui de Choltitz vient de tomber.

Devant le Meurice, la bataille continue cependant avec la même violence. Pris sous le feu de la mitrailleuse du Hauptmann Otto Nietzki qui balaye les Tuileries, le lieutenant Yves Bricard crie à un officier allemand qui surgit d'un buisson les bras en l'air : « Je vous ferai prisonnier tout à l'heure », et s'aplatit dans la poussière. Au coin de la rue Saint-Roch, d'Estienne, le tireur du « Laffaux », l'ultime survivant des cinq Sherman qui étaient si joyeusement partis à l'assaut de la rue de Rivoli quatre-vingt-dix minutes plus tôt, aperçoit un officier qui s'écroule sous les arcades. Le capitaine Branet n'entrera pas dans l'hôtel Meurice. Le corps criblé d'éclats de grenade, il vient de tomber à 50 mètres du but. Quelques secondes plus tard, d'Estienne sent des griffes lui lacérer la peau. Il passe sa main dans son dos et la ramène pleine de morceaux de chair et de toile sanguinolents. Une grenade vient d'éclater dans son char. D'Estienne s'accroche à la culasse de son canon et continue, les dents serrées, à tirer. Mais ses yeux se troublent. Il voit la rue de Rivoli danser devant lui, puis plus rien. Il s'est évanoui. Le dernier Sherman abandonne le combat et se replie à toute allure vers le poste de secours de la Comédie-Française où se trouvent déjà le « Montfauçon » de l'ancien réceptionniste du Continental, et le « Villers-Cotterêts » de Pierre Laigle. Le « Douaumont », au fond duquel gît Bizien, est arrêté, lui, place de la Concorde. Rue Royale, abandonné finalement par son dernier occupant, le pilote Jean-René Champion, le « Mort-Homme » continue de brûler.

Après le départ du « Laffaux », un court et poignant silence se met à régner sur la rue de Rivoli. Puis le carrousel des blindés reprend. C'est le capitaine Buis et ses Sherman qui relèvent Branet et déboulent à toute allure vers la Concorde. En traversant la place, Buis aperçoit, de la tourelle du « Norvège », la carcasse noircie du Grand Palais. « Quel malheur que cette ordure n'ait pas brûlé complètement » murmure-t-il à son tireur, le caporal Henri Jacques. « Ah oui alors ! » répond le caporal. « Et si on lui donnait le coup de grâce ? » demande Buis. A ces mots, le tireur se met à chercher un obus au phosphore dans le râtelier à munitions de la tourelle. Quelques secondes plus tard, le caporal annonce avec tristesse qu'il n'y a plus d'obus au phosphore dans le « Norvège ». « A l'explosif, on n'y arriverait pas, mon capitaine », ajoute-t-il. « Dommage ! » réplique Buis qui repart, navré, vers le Meurice. Du toit de la Kriegsmarine, l'Obergefreiter Karl Froelich voit passer le char du capitaine. Après quarante minutes d'un tir ininterrompu, le canon de la mitrailleuse de l'Allemand est devenu incandescent et l'engin tout entier disparaît dans un océan de douilles. Un autre spectacle attire maintenant le regard du mitrailleur. Trois silhouettes en blanc courent dans la mitraille vers un F.F.I. qui vient de tomber devant la balustrade du métro Concorde, juste à l'entrée de la rue de Rivoli. Pendant que Madeleine Brinet, l'infirmière qui la veille au soir avait annoncé, en tête d'une page blanche de son journal intime, que cette journée serait celle de la victoire, agite doucement son petit drapeau à croix rouge comme pour implorer la pitié des combattants, l'étudiant en pharmacie Georges Bailly et le jeune pianiste Claude Touche chargent le blessé sur une civière. A cet instant, Froelich entend à ses côtés le crépitement d'une mitrailleuse qui vient d'ouvrir le feu. Il voit alors un marin de dix-neuf ans vider rageusement une bande entière de cartouches sur le petit groupe. Froelich se jette sur lui. Trop tard. Le jeune marin a fauché les trois secouristes dont les corps enchevêtrés font une tache blanc et rouge sur les pavés de la rue. Sur la petite montre de Madeleine Brinet, qu'une des balles a éraflée, il est exactement 3 heures de l'après-midi.

Le lieutenant Henri Karcher contemple la plaque ovale qui se trouve maintenant devant lui. « Hôtel Meurice — Restaurant », répète-t-il avec un émerveillement mêlé de respect. Le jeune lieutenant vient à l'instant d'échapper à la mort. Au moment même où il se retournait pour donner un ordre, une balle traceuse lui a éraflé l'arcade sourcilière. « Un sacré coup de pot », s'exclame-t-il, comprenant tout à coup que s'il n'avait pas fait le geste, la balle, pénétrant par l'œil gauche, lui traversait la tête de part en part.

Pour la deuxième fois de sa vie, Karcher va entrer au Meurice. Il se souvient d'y être venu, juste avant la guerre, avec un ami journaliste qui l'avait invité « à boire un whisky avec la reine de Roumanie ».

Mitraillette au poing, le lieutenant et les trois hommes qui le suivent font irruption dans l'embrasure de la porte. La première image qui surgit aux yeux du Français est un immense portrait de Hitler qui trône dans une vitrine pleine de sacs, de poudriers, de bijoux. La vitrine vole en éclats. Le premier geste de Karcher en entrant dans le quartier général du commandant du Gross Paris a été de tirer sur l'effigie de Hitler. Mais déjà, du haut de son balcon tapissé de sacs de sable, le vieux territorial de Munster tient le Français dans sa ligne de mire et fait feu. Karcher plonge derrière le comptoir de la réception et décroche de sa ceinture une petite boule noire. C'est une grenade au phosphore. Il arrache la goupille d'un coup de dent et lance la grenade au milieu du salon. Des milliers de particules enflammées se mettent à tourbillonner dans un nuage de feu, répandant une odeur acide. Le soldat de 1re classe Walter Herreman, un Alsacien, arrose au lance-flammes la cage de l'ascenseur. Et à cet instant, il aperçoit un casque de la Wehrmacht qui rebondit de marche en marche. Le vieux territorial de Munster ne retrouvera jamais sa ferme. Il a été tué par la grenade de Karcher.

De l'épaisse fumée qui obscurcit le hall émerge la silhouette d'un officier allemand les bras en l'air. Karcher bondit vers lui et enfonce le canon fumant de sa mitraillette dans sa ceinture. « Tous les hommes un par un, les bras en l'air et sans armes ! » ordonne-t-il. A ces mots que Herreman traduit, l'Allemand aboie un commandement. Bientôt, tandis que la fusillade cesse, les défenseurs du rez-de-chaussée, couverts de suie, de sueur et de sang, sortent de la fumée et viennent se rendre aux trois Français. Karcher regarde passer avec un sourire ironique cette troupe hagarde, à moitié aveuglée par le phosphore, toussante et titubante, les vêtements en lambeaux, dernier symbole de l'arrogante Wehrmacht qui faisait régner sa loi sur Paris.

C'est maintenant un officier portant les pantalons à bandes rouges de l'état-major qui apparaît. Il enjambe sans un regard le corps du territorial, descend l'escalier, et s'avance vers Karcher. Le Français se plante devant lui. « Où est votre général ? » demande-t-il.

Le général est assis derrière une longue table, dans l'angle d'une petite pièce, juste au-dessus de la tête de Karcher. Dietrich von Choltitz, la tête dans les mains, paraît perdu dans ses pensées. Devant lui, dans la doublure de soie de sa casquette posée sur la table, se trouve l'étui contenant le petit pistolet 6.35 qu'il remettra dans quelques instants à ses vainqueurs. Choltitz a dû emprunter cette arme : il n'a jamais possédé un pistolet de sa vie. Unger, Jay, Bressensdorf, Arnim attendent à ses côtés. Comme les anciens jetaient leurs glaives dans les boucliers des vainqueurs, ils ont eux aussi jeté leurs pistolets sur la table. Pour tous ces hommes, qui furent des chefs écoutés et craints, c'est la minute de vérité. Dietrich von Choltitz attend le dénouement sans émotion apparente. Il n'a, estime-t-il, rien à se reprocher. A l'instant même, ses soldats exécutent l'ordre du Führer. Ils se battent « jusqu'à la dernière cartouche ». Son honneur de soldat est donc intact. Et lorsqu'il sera lui-même fait prisonnier, il pourra, dans l'honneur, ordonner à ses hommes de déposer les armes. Il peut, croit-il, envisager sans crainte le jugement de l'Histoire. Il n'a pas permis à Hitler d'exercer sa vengeance sur cette capitale où le destin l'avait envoyé, dix-neuf jours plus tôt, pour couronner une longue carrière au service de l'Allemagne. En ces derniers moments de liberté, Choltitz est convaincu qu'il s'est comporté, tant à l'égard de lui-même qu'à l'égard de son pays, avec une parfaite loyauté. L'officier qui se tient debout à sa gauche, le cynique et séduisant colonel Hans Jay, est plus préoccupé. Il fait un voyage imaginaire. Dans la débâcle qui attend l'Allemagne, quand les Alliés se seront partagé les ruines de son pays, il ne restera, pense-t-il, guère de place pour des gens comme lui. Et Jay se demande dans quel pays il devra s'exiler[1].

Pour le jeune Ernst von Bressensdorf, ces dernières minutes apportent « la perspective merveilleuse d'un nouveau commencement ». A côté de lui, son ami Dankvart von Arnim pense qu'« enfin se termine une guerre qui a pris les plus belles années de sa vie ». Mais, étrangement, personne à l'approche du terme

1. Bien qu'il ait été dit que le partage de l'Allemagne en zones d'occupation ne serait que temporaire, Jay décida de s'expatrier à son retour de captivité. Il s'installa en Irlande. Il y mène aujourd'hui une existence paisible et confortable d'éleveur de chevaux.

ne semble plus serein que le glacial, l'austère, le distant colonel von Unger. Arnim remarque que les traits du visage du chef d'état-major, qui se trouve à la droite de Choltitz, se sont brusquement adoucis et que toute raideur a disparu dans son maintien. Unger a sorti de sa poche un gros portefeuille et feuillette doucement, le visage illuminé par quelque bonheur intérieur, les photographies de ses enfants.

Quand la porte s'ouvre, Dietrich von Choltitz relève la tête. Dans l'embrasure vient d'apparaître le caporal Helmut Mayer. Pour la deuxième fois en un peu plus de deux heures, l'ordonnance claque discrètement les talons : « Sie kommen, Herr General. »

Cette fois, « ils » sont au bout du couloir. Quand Karcher est arrivé, voici quelques secondes, sur le palier du premier étage, il s'est trouvé face à face avec un groupe d'Allemands les bras en l'air. Tout à coup l'un d'eux s'est mis à éclater d'un rire hystérique. C'était un petit lieutenant tout chauve. Dans un français impeccable, il criait : « C'est le plus beau jour de ma vie... Je suis autrichien. Je hais les nazis. Pendant toute la guerre, j'ai réussi à ne pas aller au front. Voilà trois jours qu'on m'a affecté ici ! Ah ! ce que je suis content de vous voir ! » A ces mots, le petit lieutenant s'est jeté aux pieds du Français stupéfait et s'est mis à lui baiser furieusement les chaussures.

Dans le long couloir obscur au bout duquel attend le commandant vaincu du Gross Paris, Henri Karcher sent bourdonner ses tempes. « Mon petit, il ne faut pas rater ton entrée ! », se répète-t-il. A cette pensée, une bouffée de souvenirs lui vient à la mémoire. Il revoit les visages des camarades qu'il a laissés derrière lui sur la longue route dont ce couloir est l'aboutissement : Loiseau, mort à Bir-Hakeim, dont il vient à l'instant de rencontrer le frère, Bessonier, tué en Normandie, dont il porte, en ce moment même, le colt au bout de son poing. Tous ces camarades qu'il va, en somme, représenter en cette minute.

L'officier allemand qui le précède s'arrête devant une porte et s'efface. Karcher entre. Choltitz se lève. Karcher se met au garde-à-vous et salue :

— Lieutenant Henri Karcher, de l'armée du général de Gaulle ! annonce-t-il.

— Général von Choltitz, commandant du Gross Paris, répond l'Allemand.

Karcher demande à Choltitz s'il est disposé à se rendre.

— Ja ! répond celui-ci.

— Vous êtes donc mon prisonnier !

— Ja ! soupire Choltitz.

A cet instant entre dans la pièce un deuxième officier français. A la vue du commandant Pierre de la Horie, le visage du colonel Hans Jay accuse un tressaillement. Les deux hommes se connaissent de longue date. Avant la guerre, d'autres combats les avaient déjà opposés. Mais c'était sur les pistes de concours hippiques de l'Europe, où ils représentaient chacun l'équipe militaire de son pays. Quand leurs regards se rencontrent, l'Allemand et le Français s'inclinent légèrement l'un vers l'autre. La Horie se tourne alors vers Choltitz : « Général, déclare-t-il, vous avez voulu vous battre. Vous vous êtes battu et cela nous a coûté beaucoup de monde. J'exige que vous fassiez immédiatement cesser le feu dans tous vos points d'appui qui tiennent encore. » La Horie ordonne alors au général allemand de le suivre. Puis, s'adressant à Karcher, il ajoute avec cérémonie : « Mon cher camarade, voulez-vous avoir l'amabilité de vous occuper "des autres" ! »

Le général allemand serre les mains de Jay et d'Unger, murmure à chacun le vieil « Hals und Bein bruch », ajuste sa casquette et sort.

Tandis qu'ils s'en vont, Karcher demande à inspecter le quartier général du Gross Paris. Le colonel von Unger s'offre aussitôt à accompagner le Français. Quand il entre dans l'ancien bureau de Choltitz, Karcher remarque un grand morceau d'étoffe soigneusement plié sur la table du général.

— Qu'est-ce que c'est ? demande-t-il à Unger.

— C'est le drapeau de l'état-major du Gross Paris, répond l'Allemand. Il a été amené tout à l'heure, explique-t-il, quand vous êtes entré dans l'hôtel.

— Parfait, réplique le Français, eh bien, vous allez me le remettre officiellement.

Les deux officiers sont seuls dans la pièce enfumée. De l'extérieur parvient le crépitement intermittent de la fusillade qui se poursuit dans les Tuileries et sur la place de la Concorde. Du trottoir en contrebas monte une rumeur plus inquiétante encore. La foule commence à cerner le Meurice. Face à face dans un impeccable garde-à-vous, les deux officiers se saluent. Puis, d'un geste solennel, le colonel à cheveux blancs remet entre les mains de son jeune vainqueur l'énorme emblème rouge et noir qui pendant quatre ans, deux mois et dix jours a flotté au bout de sa hampe au 228 de la rue de Rivoli.

Cette brève cérémonie terminée, Karcher décroche le téléphone noir qui se trouve sur la table de Choltitz et compose un numéro. « Auteuil 04-21 ? » demande-t-il quand il entend un déclic à l'autre bout du fil. Il reconnaît alors une voix familière. « Papa, déclare-t-il à son beau-père, un général en retraite, je te présente mes respects. Ici, le lieutenant Henri Karcher. En dépit des prédictions défavorables que tu avais émises sur ma carrière militaire, j'ai l'honneur de t'annoncer que je viens de faire prisonnier le général allemand commandant la place de Paris, son état-major, et son drapeau ! »

Dans la rue juste en dessous, le commandant de la Horie, revolver au poing, s'efforce de protéger son prisonnier. Impassible, Dietrich von Choltitz subit sans ciller l'assaut de la foule en furie. Des femmes, le visage déformé par la haine, se jettent sur lui, tentent d'arracher ses épaulettes, lui crachent au visage. Des hommes crient des insultes. A la vue de ce général allemand qui s'avance les bras en l'air, le peuple de Paris ne peut contenir sa colère accumulée pendant quatre années d'occupation, de brimades, d'emprisonnements, de tortures, de fusillades et de déportations. Et Choltitz paie pour les nazis qui l'ont précédé, pour tous les nazis d'Allemagne.

« Ils vont me lyncher », pense le général. Derrière lui, il entend la respiration haletante de son fidèle ordonnance Mayer. Le caporal serre dans sa main la poignée de la valise qu'il a si soigneusement préparée pour ce triste voyage. A chaque pas, tandis que, gagné par la fatigue, il laisse retomber ses bras, Choltitz entend la voix angoissée de Mayer : « Plus haut, plus haut, Herr General, si vous ne levez pas les bras, ils vont vous tuer ! » Devant eux, tout le long de la rue de Rivoli, un cri de triomphe court de bouche en bouche : « Le général boche, le général boche est pris. » Place des Pyramides, une femme d'une quarantaine d'années se jette sur l'ancien commandant du Gross Paris, gonfle ses joues, lui lance un énorme crachat qui l'atteint à la face, juste au-dessous de son monocle. Une volontaire de la Croix-Rouge s'interpose, protège l'Allemand de son corps. Touché par cet acte de compassion inattendu, Choltitz qui passe à ce moment devant la statue dorée de Jeanne d'Arc murmure à sa bienfaitrice : « Madame, vous êtes comme Jeanne d'Arc. »

La Horie aperçoit enfin au-dessus des têtes la coque rectangulaire d'un half-track vers lequel il entraîne son prisonnier. Et dans la bousculade, il oublie l'ordonnance. Terrifié, Mayer voit le half-track qui démarre, le laissant seul au milieu de la foule hurlante. D'un coup de crosse de son fusil, un F.F.I. arrache la valise et se met à la défoncer pour en vider le contenu. Mayer parvient à échapper aux mains qui s'accrochent déjà à son uniforme, plonge devant lui, se met à courir et réussit à s'agripper au blindage du half-track. Au-dessus de sa tête, le caporal découvre alors la silhouette rassurante du général. Mais pour un court instant, Choltitz a oublié son ordonnance. Tandis qu'il roule vers la captivité, il regarde, pétrifié, un spectacle qu'il n'oubliera jamais. Une Parisienne en cheveux s'est mise à danser la carmagnole au milieu de la rue de Rivoli. Au-dessus de sa tête, elle brandit avec une joie triomphante le plus extraordinaire trophée de ce jour de Libération : les pantalons à bandes rouges du général commandant le Gross Paris.

8

Au cœur même de Paris, dans la salle à manger lambrissée du préfet de police, en face de la Sainte-Chapelle, un autre général, aux vêtements couverts de poussière, venait de s'asseoir à table. Philippe Leclerc avait atteint la plus glorieuse étape du long voyage qui devait le conduire jusqu'au Rhin. Il avait tenu sa promesse de Koufra. Il était le libérateur de Paris. Par un de ces hasards magiques dont l'Histoire est remplie, ce triomphe survenait quatre années jour pour jour après que Leclerc se fut mis en route vers Paris. C'était en effet dans l'après-midi du 25 août 1940 qu'avait commencé pour l'officier picard l'épopée de la reconquête. Ce jour-là, traversant en pirogue la Wouri, une rivière africaine, il avait rallié le Cameroun à la France libre. Toute son armée se trouvait alors dans sa pirogue. 17 hommes : 3 officiers, 2 missionnaires, 7 agriculteurs et 5 fonctionnaires. Quatre ans après, Leclerc était de retour à la tête de 16 000 soldats constituant l'unité la plus moderne de l'armée française ressuscitée.

En face du général, de l'autre côté d'un bouquet de fleurs, se tient le jeune colonel dont l'insurrection a précisément conduit Leclerc à Paris. Dans son vieil uniforme de la guerre d'Espagne que six jours de combats dans Paris ont patiné d'une nouvelle gloire, Rol déjeune à la table de Leclerc. Dédaignant les intrigues politiques, Leclerc a serré la main du chef communiste dont il ignorait jusqu'alors l'existence et le rôle.

Pour le chef de la 2e D.B., ce premier déjeuner dans Paris libéré ne durera que le temps des hors-d'œuvre. Un officier vient de lui murmurer quelques mots à l'oreille. Aussitôt, Leclerc se lève et entre dans la pièce voisine, une salle de billard. Là, Philippe Leclerc va recevoir dans un instant la reddition officielle du dernier général allemand commandant la capitale de la France.

Déjà il entend les cris et les sifflements de la foule massée dans la cour de l'immense préfecture que, cinq jours plus tôt, l'état-major de la Wehrmacht avait envisagé d'anéantir avec ses chars et ses Stukas. Une porte s'ouvre. Haletant, congestionné, le général allemand fait son entrée. Il s'avance vers Leclerc. Les présentations sont brèves. « Je suis le général von Choltitz », annonce-t-il. « Ich bin der General Leclerc », répond le chef de la 2e D.B., dans l'allemand qu'il a jadis appris à Saint-Cyr. Le lieutenant Alfred Betz, qui vient d'arriver à la préfecture à bord de sa jeep « Mata Hari », et qui va servir d'interprète officiel, est frappé par l'apparence soignée que garde, en dépit des violences qu'il vient de subir, Choltitz raidi dans son uniforme de parade. Bien que l'homme soit courtaud et replet, il se dégage de sa personne une distinction qui force à un certain respect. De son côté, Choltitz, dont c'est la première rencontre avec un général français, est étonné par l'aspect « incroyablement décontracté » de l'homme à qui il va remettre sa reddition. Pour cette rencontre historique,

Leclerc porte son habituelle tenue de campagne, celle des combats d'Afrique et de Normandie : chemise sans cravate, pantalon de toile kaki, chaussures de marche américaines. Ni décorations ni insignes, hormis deux petites étoiles sur chaque patte d'épaule.

Les deux hommes discutent brièvement des termes de l'acte de capitulation que Betz a préparé. Puis le jeune lieutenant tend au général allemand son vieux stylo Waterman à plume rentrante avec lequel il avait passé, juste avant la guerre, ses examens de droit. A cet instant Rol entre dans la pièce. Furieux de ne pas avoir été convié à cette cérémonie dont il se sent, à juste titre, l'un des principaux artisans, le chef F.F.I. insiste auprès de Leclerc pour que son nom figure également sur l'acte de capitulation, aux côtés de celui du chef de la 2e D.B. Leclerc finit par accepter. Les deux généraux conviennent alors d'envoyer un officier allemand et un officier français porter l'ordre de reddition à chacun des points d'appui qui résistent encore. Ces ordres, Choltitz les signera lui-même à la gare Montparnasse où se trouve le P.C. de Leclerc. C'est de là que partiront les émissaires.

Quand Dietrich von Choltitz regagne le half-track qui va le conduire à la gare Montparnasse, la foule devient si menaçante que Betz doit dégainer son pistolet pour protéger le prisonnier. Jetant un regard dédaigneux à celui qui, quelques heures plus tôt, tenait entre ses mains le sort de Paris, le chauffeur du half-track referme la portière blindée derrière le général allemand et s'exclame : « Tiens, le gros cochon est encore agile ! » De la fenêtre d'une pièce de la Préfecture de police où il est enfermé, un petit homme effondré regarde disparaître sur le boulevard du Palais, debout dans le half-track, la silhouette immobile et raide du général qu'il a fidèlement servi pendant si longtemps. Bien des années s'écouleront avant que Helmut Mayer ne retrouve le général von Choltitz. Sur le boulevard du Palais, au sommet de la tour de l'Horloge, le premier coup de 4 heures vient de sonner.

La nouvelle de la capitulation du commandant du Gross Paris s'est répandue dans la ville, où la joie populaire ne connaît plus de bornes. Jamais peut-être, dans l'histoire du monde, une ville tout entière n'a ouvert son cœur comme Paris ce jour-là. Pour le correspondant de guerre américain Ernie Pyle, l'allégresse de la capitale française représente « le moment le plus beau, le plus éclatant de notre temps ». (Pyle ajoutait qu'« un G.I. qui ne se trouve pas aujourd'hui avec une fille à chaque bras n'est qu'un pauvre type ».) « Vouloir décrire avec des mots ce qu'est Paris aujourd'hui, écrira son confrère Ed Ball, revient à vouloir peindre en noir et blanc un coucher de soleil dans le désert. »

Tout au long de cette magnifique journée, retrouvant sa flamme, son énergie et sa générosité, Paris aima, cria sa joie, dansa, mourut aussi, avec un enthousiasme délirant. Noyé dans cette liesse, le capitaine George Knapp, un aumônier protestant de l'Indiana, pensa qu'il vivait l'« expérience la plus exaltante de son existence ». Un autre aumônier américain, le capitaine Lewis Koon, de Virginie, — sur la jeep duquel était peint en lettres blanches le mot « Chaplain » (aumônier) — entendra crier sur son passage : « Oh, Charlie Chaplin ! » Dans tout Paris, des gens se mirent à déboucher la bouteille de champagne précieusement préservée pour le jour de la Libération. Avenue de la Grande-Armée, tandis qu'il s'abritait des balles sous un camion, le colonel David Bruce vit soudain un homme élégant ramper jusqu'à lui. Bruce, le chef de l'O.S.S. pour l'Europe, qui était entré à Rambouillet avec Hemingway, regarda avec étonnement ce monsieur distingué qui semblait tout à fait à son aise à plat ventre dans le caniveau. « Excusez-moi, colonel, disait l'homme, puis-je me permettre de vous inviter à prendre une coupe de champagne chez moi ? »

Quand il entra dans son hôtel préféré, l'hôtel de France et de Choiseul, le colonel Russ Forgan, de l'O.S.S., resta bouche bée. Le directeur venait lui offrir une boisson infiniment, plus rare que du champagne : une bouteille de bourbon. Il l'avait déterrée à l'instant de la cachette où il l'avait enfouie, dans le fond de son jardin, le jour où les Allemands étaient entrés dans Paris. Le brave homme s'était juré ce jour-là d'offrir cette précieuse bouteille au premier libérateur qu'il verrait.

Mais pour la plupart des soldats hirsutes et harassés de la 2e D.B. et de la 4e division américaine, aucun cadeau n'était plus apprécié que l'offre de prendre un bain. C'est dans l'appartement du 2, avenue Léon-Bollée, que le soldat Charley Haley, du 4e bataillon du génie, a pris le sien. Une femme, ses deux filles et son fils frottèrent énergiquement la crasse accumulée depuis la Normandie sur le corps de l'Américain qui, debout dans un tub, en caleçon, se laissait faire avec émerveillement. Le capitaine Jim Smith, d'une compagnie antichars du

12e régiment, fut convié à la même cérémonie par une jolie blonde. Ne possédant ni baignoire ni douche dans son petit logement, la jeune femme installa son invité dans un baquet de bois au milieu de sa cuisine et se mit à le frotter des pieds à la tête, pendant que le capitaine, qui croyait rêver, vidait une bouteille de champagne.

La ville en liesse ne se contenta pas d'acclamer ses libérateurs. Dans chaque rue, dans chaque avenue, les soldats furent submergés de menus cadeaux avec lesquels, en dépit de leur dénuement après quatre années d'occupation, les Parisiens voulaient exprimer leur gratitude. Vingt ans plus tard, le sergent Douglas Kimball, du New Hampshire, rappelle : « Ah, Paris ! tes "mercis" résonnent encore dans mes oreilles ! »

Sur les Champs-Élysées, le brigadier Philippe Grard, du régiment de spahis, offrit à un ancien combattant de la Grande Guerre un paquet de Camel. « Ah, les gars, s'exclama le vieil homme, je suis sûr que vous n'avez pas fumé de vrai tabac depuis longtemps ! » A ces mots, il tira de sa poche le petit paquet de sa précieuse ration mensuelle et se mit à rouler soigneusement pour Grard et ses trois camarades quatre cigarettes du « gris » de l'Occupation.

Sur le siège arrière de la jeep du sergent Don Flanagan se trouvait « Jeannie », le petit lapin maigrichon recueilli dans les ruines d'une ferme normande et qui était devenu la mascotte de la compagnie. Arrêté au milieu de la foule, Flanagan vit un Parisien s'approcher de sa jeep. Dans ses bras, l'homme tenait un gros lapin qu'il alla offrir à Flanagan pour que l'Américain puisse « manger un bon gros lapin et non cet animal étique qu'il charriait avec lui ».

Plus encore que les cadeaux de cette foule anonyme, à chaque coin de rue, l'immense gratitude de tout un peuple bouleversait les libérateurs. Tant de Parisiens serraient dans leurs bras le soldat du 12ᵉ régiment George Mac Intyre qu'il avait l'impression, en arrivant place de l'Étoile, d'« être passé dans un concasseur ». Mac Intyre qui se savait « petit, presque chauve et à moitié édenté » sauta à terre pour se détendre les jambes. Il vit alors une silhouette fendre la foule qui faisait déjà un cercle autour de lui. C'était une « belle jeune fille de dix-huit ans ». Pendant quelques secondes, elle contempla fixement l'Américain sale et mal rasé, tandis qu'autour les gens se taisaient. Puis, tout à coup, le visage inondé de bonheur, elle se mit à crier : « Maintenant le peuple de France peut relever la tête ! Que Dieu bénisse nos libérateurs ! Vive l'Amérique ! Vive la France ! » Elle se jeta alors dans les bras de Mac Intyre, puis lui prit les mains qu'elle embrassa follement et s'écroula à genoux devant lui. A la fois bouleversé et gêné, le soldat aida la jeune fille à se relever et la serra dans ses bras sous les acclamations de la foule. Pour le petit soldat du New Jersey aux yeux pleins de larmes, le geste de cette jeune fille « avait effacé en un instant toutes les souffrances endurées pendant cette guerre ».

Dans son petit appartement du 102 de la rue de Richelieu, Mme Jacques Jugeat entendait les cris de joie des habitants du quartier. Agée de soixante et onze ans, veuve, seule à Paris, Mme Jugeat écoutait ces rumeurs d'allégresse avec un peu de mélancolie. Pour la vieille dame, ce jour de la Libération se passerait, comme la plupart des journées de l'Occupation, à attendre des nouvelles de son fils dont elle était séparée depuis quatre ans. Elle n'entendit pas le premier coup frappé à sa porte. Au second, elle sursauta et pensa que quelqu'un devait se tromper de porte. Au troisième, vaguement inquiète, elle finit par aller ouvrir.

Devant elle se trouvait un grand garçon souriant, vêtu d'un étrange uniforme. Il lui tendit l'enveloppe écornée qu'il portait dans sa poche comme un talisman. Lorsque la vieille dame eut déplissé la feuille de papier qu'elle contenait, elle se mit à pleurer doucement. C'était une lettre de son fils. Le lieutenant-colonel Dee Stone avait tenu sa promesse. Il avait remis à sa destinataire la lettre que son voisin lui avait confiée deux ans plus tôt, le soir de son départ pour l'Europe. Car l'officier américain habitait près de New York dans le même immeuble que le fils de la vieille dame.

Dans les rues de Paris que submergeait une kermesse fantastique se déroulaient simultanément les scènes les plus étranges. Une bouteille dans une main, un fusil dans l'autre, des F.F.I. surexcités poursuivaient sur les toits des francs-tireurs allemands. Sur les Champs-Élysées, la fanfare des pompiers jouait tour à tour *God Bless America* et *la Marseillaise*. Autour des points d'appui allemands qui résistaient encore, des soldats de la 2e D.B. et des F.F.I. se battaient et mouraient ensemble tandis que quelques rues plus loin, d'autres soldats, le combat terminé, fêtaient déjà leur victoire. Des colonnes de prisonniers allemands, hagards et dépenaillés, commençaient à défiler dans les rues. A chaque instant, des soldats américains et français, déjà tout à la joie de fêter la Libération avec les Parisiens, étaient priés de venir

« jusqu'au coin de la rue » pour recueillir la reddition d'Allemands qui refusaient de se rendre aux F.F.I.

Le lieutenant-colonel Ken Downes et John Mowinckle, les deux Américains qui venaient de ramener « Jade Amicol » dans son petit couvent, décidèrent d'aller prendre un verre. Le seul endroit qui leur parut digne de les accueillir en ce jour de gloire fut le bar de l'hôtel Crillon. Quand il entra dans le célèbre palace, Downes eut un haut-le-corps. Le hall était bourré d'Allemands, le sac sur l'épaule, l'arme à la bretelle. Ils regardèrent entrer avec étonnement les deux Américains. Puis l'un des Allemands s'avança. « Êtes-vous américains ? » demanda-t-il. Sur la réponse affirmative de Downes, l'Allemand déclara : « Alors nous nous rendons, mais à vous seulement et non, ajouta-t-il en montrant avec un geste de mépris la foule qui se massait dehors, à ces gens-là.

— Combien êtes-vous ? demanda Downes.

— 176, répondit l'Allemand.

Downes parut réfléchir un instant. Puis, se tournant vers Mowinckle, il déclara : « Lieutenant, occupez-vous de ces prisonniers. » A ces mots, Downes sortit et partit à la recherche d'un bar plus accueillant. Resté seul avec ses 176 prisonniers, Mowinckle résolut de les désarmer. Il leur ordonna de déposer leurs fusils au vestiaire. Puis l'opération terminée, l'Américain entreprit d'inspecter l'hôtel. Au premier étage, il trouva une salle immense que jonchaient encore les reliefs du dernier déjeuner que les occupants de l'hôtel y avaient pris quelques heures plus tôt. A cet instant, à l'autre bout de la pièce, une porte s'ouvrit. Mowinckle vit apparaître un lieutenant français à calot rouge. Les deux hommes se sourirent et se précipitèrent en même temps vers le trésor qu'ils venaient de découvrir au milieu de la pièce. C'était une caisse de champagne. Face à face devant leur précieuse découverte, les deux officiers se saluèrent. « Lieutenant Jean Biehlmann, du service de renseignements français », annonça l'officier à calot rouge. « Lieutenant John Mowinckle, du service de renseignements américain », répondit l'autre. « Je vous propose de partager, dit le Français, six pour vous, six pour moi. » Mowinckle s'inclina poliment et les deux jeunes officiers vidèrent la caisse. Puis, les bras chargés de bouteilles, ils descendirent d'un pas solennel le grand escalier, passèrent devant les prisonniers effarés et sortirent du Crillon, le visage hilare, comme deux écoliers qui auraient fait une bonne farce.

Non loin de là, deux camions remplis de F.F.I. venaient de s'arrêter devant un autre palace. Coiffés de bérets crasseux, vêtus de maillots de corps et de bleus de travail maculés de cambouis, les 70 hommes qui ressemblaient à une cohorte prolétarienne partie défendre Madrid entrèrent dans le plus luxueux hôtel de Paris, le Ritz de la place Vendôme. A leur tête marchait l'homme qui les avait conduits là, Ernest Hemingway.

Dans le hall désert, ils ne trouvèrent pour les accueillir qu'un homme terrifié, l'adjoint du directeur. Celui-ci reconnut cependant sous sa barbe broussailleuse l'étrange chef de cette bande dépenaillée. « Pas possible ! Monsieur Hemingway, s'exclama-t-il à l'adresse de son ancien client, que faites-vous là ? » Hemingway annonça qu'il avait l'intention de s'installer à l'hôtel avec « ses » hommes. Revenu de sa surprise, l'employé demanda ce qu'il pouvait offrir à boire à cette « joyeuse bande » qui avait envahi les salons du palace. Hemingway parut réfléchir une seconde. « Eh bien... 71 dry martinis », répondit-il avec un sourire malicieux.

Toute la matinée, Yvette Boverat, son mari et leur fille Hélène avaient sillonné Paris à bicyclette pour découvrir « un régiment à bérets noirs ». De la porte d'Orléans où ils avaient assisté à l'entrée des premières troupes dans Paris, ils étaient redescendus, par le boulevard Saint-Michel, jusqu'à l'Hôtel de Ville. Ils avaient enfin identifié le régiment qu'ils cherchaient. C'était le 501e régiment de chars de combat, l'unité dont les tanks avaient pris d'assaut le Meurice.

Place du Châtelet, les Boverat avaient fini par découvrir des soldats à bérets noirs. Mais aucun, hélas, ne connaissait Maurice ou Raymond Boverat. Ils s'étaient alors dirigés vers l'île Saint-Louis où, leur avait-on dit, se trouvaient d'autres éléments de ce régiment. Pendant une heure, les Boverat sillonnèrent les rues et les ruelles de la petite île. A tous les gens qu'ils rencontraient, ils posaient la même question anxieuse : « Avez-vous vu des soldats à bérets noirs ? » Enfin, devant un petit café, deux F.F.I. qui montaient la garde auprès d'une jeep révélèrent à la famille découragée qu'un militaire à béret noir dormait dans la cour. Hélène se précipita la première sous le porche. Lorsqu'elle arriva dans la cour, elle vit en effet un soldat qui dormait dans un coin, à l'ombre, comme un bienheureux. « Il est bien trop grand pour être un de mes frères », pensa la jeune fille. Bientôt son père et sa mère arrivèrent à leur tour et les trois Boverat, retenant leur souffle, contemplèrent le soldat endormi. Mme Boverat se pencha enfin vers le visage hirsute que recouvrait une barbe de trois jours. Alors elle allongea la main et la posa sur l'épaule du dormeur. C'était par ce geste affectueux qu'elle avait, chaque matin de son enfance, éveillé son fils Maurice.

Maurice ouvrit les yeux. Il vit d'abord le visage de sa sœur. « Qu'elle est belle ! » pensa-t-il. La jeune fille regardait fixement, les yeux embués de larmes, ce grand garçon qui n'était qu'un gamin lorsqu'il était parti. « Comme il a grandi ! » se dit-elle. Puis, remarquant l'objet métallique qui pendait à sa ceinture et qui était un chargeur de mitraillette, elle dit d'une voix étonnée : « Oh, tu joues toujours de l'harmonica ? »

Un vieil autobus remontait à toute allure la rue La Fayette. Dans un virage, tout à l'heure, des gens avaient sauté sur la plate-forme et s'étaient mis à chanter *la Marseillaise*. Au volant se trouvait le caporal Lucien Aublanc, le mari de la petite Simone qui, pendant quatre ans, avait gardé la certitude qu'il était vivant car, disait-elle, « s'il était mort, je l'aurais senti ».

Dans les jardins des Tuileries où les derniers combats venaient à peine de cesser, Lucien Aublanc avait capturé cet étrange véhicule à bord duquel il fonçait pour retrouver Simone. Quand il déboucha dans l'étroite rue Baudin, tous les habitants se précipitèrent aux fenêtres. Du balcon, Simone aperçut la première le soldat qui descendit de l'autobus à toit gris. Dans la rue, quelqu'un cria : « C'est un Leclerc ! » A ces mots, Simone pensa simplement : « C'est Lucien ! » Elle descendit l'escalier comme une folle et se jeta dans la rue. Devant le grand diable qui apparut devant elle, elle s'arrêta. Elle regarda son béret noir, son treillis de toile verte et les étranges bottes à lacets qu'il portait. « Pour moi, se souvient-elle, c'était un gars qui descendait de la lune, tellement j'étais étonnée. » Lucien regardait sa femme dans sa jupe noire à bretelles et son chemisier bleu, incapable de dire un mot. Puis il se mit à sourire et dit timidement : « Oh ! tu te mets du rouge à lèvres. » Simone sourit à son tour et demanda : « Pourquoi as-tu coupé ta barbe ? » Il y eut alors entre ces deux êtres qui se retrouvaient après quatre années de séparation un interminable silence. Une foule muette d'émotion s'était massée autour d'eux. Simone vit alors Lucien fouiller dans sa poche et en sortir une énorme savonnette Palmolive. « Tiens, dit-il, j'ai mis du temps... mais voilà, je te rapporte une savonnette. » A ces mots, Lucien et Simone éclatèrent d'un grand rire et se jetèrent dans les bras l'un de l'autre.

A force de sourire et d'embrasser toutes les filles qui accouraient vers lui, le capitaine Victor Vrabel, du 12ᵉ régiment américain, avait « mal dans les muscles des joues ». Au pont de la Concorde, la jeep du capitaine fut littéralement engloutie par la foule. Parmi les cent visages qui tournaient autour de lui, l'Américain vit celui d'une jeune fille qui le regardait avec une sorte d'extase. Une question absurde vint à l'esprit de l'officier. « Mademoiselle, demanda-t-il, êtes-vous naturellement blonde ? » La jeune fille répondit en anglais et se mit à questionner à son tour le bel Américain couvert de poussière qui souriait de toutes ses dents. « Mon Dieu, qu'il est jeune pour être déjà capitaine ! » se disait-elle. L'officier proposa à la jolie Parisienne de l'emmener danser. Elle parut hésiter, puis accepta finalement « à condition que ma mère puisse nous accompagner ». Elle lui donna alors son adresse. Mais, voyant dans son carnet la longue liste de noms que l'officier avait déjà récoltés, Jacqueline Malissinet ne se fit aucune illusion : il y avait peu de chances pour qu'elle revît jamais le sympathique Américain. Regardant avec tristesse la jeune fille qui s'éloignait dans la foule, Vrabel se dit : « Eh quoi, c'est la guerre ! Les jeunes filles sérieuses ne sortent pas avec les soldats. » Quand Jacqueline raconta à sa mère la rencontre qu'elle venait de faire, celle-ci s'exclama : « Qui sait ? Peut-être l'épouseras-tu un jour ! »

« Allons, maman, répliqua Jacqueline, nous ne le reverrons jamais. » Jacqueline avait tort. Deux ans plus tard, elle devait épouser le capitaine au grand sourire[1].

Dans un autre quartier de Paris, au quatrième étage d'un immeuble cossu de l'avenue Mozart, une autre Parisienne, un peignoir jeté sur ses épaules, regardait, elle aussi, passer les libérateurs. Mais à la vue des colonnes de half-tracks du commandant Massu qui labouraient

1. Lorsqu'il quitta Paris, Vrabel baptisa sa jeep « Jacky », en souvenir de la brève rencontre qu'il avait faite sur le pont de la Concorde. En novembre 1944, après les combats de Hurtgen, l'officier obtint son unique permission de la guerre : trois jours à Paris. Rasé de frais, dans un uniforme impeccable, il alla sonner à la porte du 86 de la rue de la Folie-Méricourt. Il était si propre que Jacqueline eut peine à le reconnaître.

Ils se marièrent le 30 septembre 1946, juste avant le retour de Vrabel aux États-Unis. Vrabel, aujourd'hui colonel en retraite, et sa femme Jacqueline vivent avec leurs deux enfants, Michèle, seize ans, et John, quinze ans, à Orléans, à 100 kilomètres exactement du pont où ils s'étaient rencontrés le jour de la libération de Paris.

l'asphalte sous ses fenêtres, Antoinette Charbonnier pleurait toutes les larmes de son corps. Pour elle, la Libération signifiait « la fin d'un monde », la fin de sa vie avec le capitaine allemand Hans Werner, le bel officier victorieux de 1940, avec lequel elle avait savouré cette époque bénie pour elle : l'Occupation. D'un geste brusque, Antoinette referma ses volets et alla s'étendre sur son lit, essayant d'oublier ce qu'elle venait de voir et de rester seule avec ses souvenirs.

Dans l'ombre familière de cette pièce dont chaque meuble et chaque bibelot lui rappelaient Hans Werner, Antoinette guettait maintenant la sonnerie du téléphone. Mais aujourd'hui le beau capitaine ne l'appellerait pas. Étendu sur le lit d'un hôtel borgne de la rue Henri-Rochefort où elle l'avait caché au début de l'insurrection en le faisant passer pour un résistant polonais recherché par la Gestapo, l'Allemand écoutait le martèlement sourd des tanks libérateurs qui signifiait pour lui aussi, « la fin d'un monde[1] ».

De la fenêtre de la grande salle où elle se trouvait prisonnière avec toutes les « souris grises » qui étaient restées à Paris, la jolie secrétaire munichoise Cita Krebben venait d'entendre elle aussi le fracas des premiers chars alliés. Pour le dernier voyage qui devait la ramener en Allemagne sous la protection de la Croix-Rouge, la jeune Allemande avait revêtu son plus élégant tailleur, un ensemble en chan-

1. Trois mois après la Libération, Antoinette Charbonnier et Hans Werner furent dénoncés et arrêtés. Antoinette passa six mois à Fresnes et Werner près de deux ans dans un camp de prisonniers. Il fut libéré à la fin de 1946 et ils se marièrent peu après. Ils eurent deux enfants, âgés maintenant de dix-huit et quinze ans. Aujourd'hui, ils habitent tous les deux à Paris. Mais ils sont divorcés.

toung beige clair. Conduites d'abord à l'hôtel Bristol, rue du Faubourg-Saint-Honoré, Cita Krebben et ses camarades avaient été finalement arrêtées par les F.F.I. qui avaient trouvé, dans certaines valises, de l'argenterie, du linge d'hôtel et même des revolvers. Sur le chemin de la prison provisoire où elle se trouvait maintenant, Cita Krebben avait dû passer au travers d'une foule presque aussi furieuse que celle qui venait de menacer l'ancien commandant du Gross Paris. Parmi toutes les marques d'hostilité qui saluèrent la jeune femme sur son passage, il en fut une qu'elle ne devait jamais oublier. Au coin de la rue Jean-Mermoz, une femme en furie s'approcha d'elle et se mit à cracher sur ses vêtements. C'était sa petite couturière, celle qui avait exécuté ce tailleur qu'elle couvrait aujourd'hui de ses crachats.

Quand elle entendit le bruit des tanks dans la rue, Cita se glissa vers la fenêtre. Par-dessus l'épaule d'un garde mobile, elle voyait maintenant les cinq Sherman couverts de poussière et de boue qui s'étaient arrêtés au coin de la rue du Faubourg-Saint-Honoré et de la rue Jean-Mermoz. A la vue de la foule qui accourait vers les vainqueurs, Cita pensa avec résignation que « cette fois, la guerre était réellement finie ». Elle lut les noms inscrits sur les tourelles. L'un d'eux la frappa car il avait une consonance allemande. Elle se demanda pourquoi un char français s'appelait le « Hartmann Willerkopf ».

Tous les habitants du quartier submergeaient maintenant les cinq chars de l'aspirant Marcel Christen que Cita contemplait de sa fenêtre. Leurs blindages portaient la trace des combats qu'ils avaient livrés la veille devant Fresnes et, à l'instant, devant l'hôtel Continental. Dans la foule se trouvaient le cordonnier Antoine, le boucher Leclerc, Fillon, le joaillier de la rue Rabelais, le romancier Paul Andréota et sa femme Gloria, le jeune Dominique de Serville et ses parents, l'agent de police Robert, et la vieille Mme Chassaigne-Goyon dont le défunt mari avait donné son nom à un square tout proche. Thérèse, la concierge sourde du 19, rue Jean-Mermoz, était là avec sa collègue du 20, la cartomancienne qui annonçait fidèlement depuis quatre ans la Libération pour « le printemps prochain ». Un peu plus loin dans la cohue se trouvait une soutane. Le chanoine Jean Muller, le curé de l'église sans cloche de Saint-Philippe-du-Roule, acclamait lui aussi les libérateurs. Devant la boulangerie Daloyau, perdue dans la multitude, il y avait la jeune secrétaire Nelly Chabrier qui avait revêtu le matin la belle robe rose que sa mère lui avait offerte pour ce grand jour. Pour tous ses habitants, ce petit quartier de Paris pareil à tous les autres était devenu la plus fraternelle des villes.

Nelly Chabrier regardait le grand diable couvert de poussière juché sur la tourelle de l'« Hartmann Willerkopf. » Comme attirée vers lui par une force étrange, elle ne pouvait le quitter des yeux. Mais dans la mer de visages qui l'entourait, Marcel Christen ne voyait pas la jeune fille. Celle-ci griffonna alors quelques mots sur un papier. « Vous êtes, écrivit-elle spontanément, le genre de Français que nous désirons voir et connaître. Si vous repassez un jour par Paris, vous serez toujours bien reçu au 20, rue Jean-Mermoz, Élysées 09-82 ». Jouant des coudes, elle parvint à faire passer son billet au jeune officier. Quinze mois plus tard, le chanoine Jean Muller devait marier Nelly Chabrier et l'aspirant Marcel Christen dans l'église Saint-Philippe-du-Roule, à quelques pas de l'endroit où s'était arrêté, le jour de la Libération, un char nommé « Hartmann Willerkopf ».

9

Ailleurs, la bataille fait rage. Les garnisons des points d'appui allemands auxquelles n'a pas encore été transmis l'ordre de reddition de Choltitz respectent leur serment au Führer. Elles se battent avec acharnement. Autour des blockhaus qu'assiègent côte à côte les soldats de la 2ᵉ D.B. et les F.F.I., se déroulent de furieux combats. En ces dernières minutes, des hommes vont encore tomber, victimes de leur courage ou simplement de la fatalité. Avenue Kléber, devant le vaste complexe de blockhaus et d'hôtels qui entoure le Majestic, siège du gouvernement militaire qui pendant quatre ans régna sur la France occupée, une grenade arrache le pied d'un petit monsieur en chapeau noir qui fait le coup de feu avec les soldats de Massu. C'est un commerçant suisse nommé Fernand Zacker. Le matin, il a annoncé à sa femme : « Marthe, je vais libérer Paris moi aussi. » Quelques heures plus tard, Marthe arrivera sur sa bicyclette avenue Kléber et se mettra à chercher, parmi les débris et les cadavres qui jonchent l'avenue, le pied de son mari. Quand elle le trouvera enfin, elle l'enveloppera soigneusement et le mettra dans son sac. Dans la semelle de la chaussure, au bout du pied, se trouve toute la fortune du couple : vingt pièces d'or.

Quelques instants plus tard, pour soustraire à la colère de la foule les premiers prisonniers de l'hôtel Majestic, le commandant Henri de Mirambeau et quelques fantassins du régiment de marche du Tchad les conduisent vers le cinéma « Empire », avenue de Wagram. En tête de la petite colonne marche, les bras en l'air, le commandant de S.S. qui vient de sortir du Majestic avec un drapeau blanc pour offrir sa reddition à Mirambeau. Tout à coup, alors que les prisonniers et leur escorte entrent dans l'avenue de Wagram, l'officier S.S. baisse le bras et fait glisser de sa manche une grenade qu'il jette sur Mirambeau.

D'une fenêtre du ministère de la Santé, place de l'Étoile, un spectateur horrifié regarde la scène. C'est Norman Lewis, le civil américain qui était accouru sur ses béquilles pour apporter à ses amis la bannière étoilée qu'il avait cachée pour la Libération. Il voit Mirambeau s'écrouler dans une flaque de sang tandis que les fantassins ouvrent le feu sur les prisonniers. Bientôt la fusillade éclate de tous côtés. L'ancien « Sammy » de 1917 devait payer cher son désir de voir Paris se libérer. Une volée de balles perdues vint s'écraser contre sa fenêtre, le tuant sur le coup.

De l'autre côté de la Seine, cachés derrière un platane du quai d'Orsay, le soldat Léandre Médori, ce petit paysan corse qui avait trouvé Paris « si grand », et son camarade Jean Ferracci, celui qui avait distribué à des dizaines de Parisiens le numéro de téléphone de sa sœur, surveillent avec angoisse les fenêtres du ministère des Affaires étrangères d'où part un feu meurtrier. Chaque fois qu'ils sortent la tête, des balles font sauter l'écorce de leur platane.

Les fantassins qui abandonnent leurs abris sont immédiatement abattus. « C'était, rappelle Médori, comme dans les jeux de quilles de la fête de Sainte-Marie-de-Lota. » Tout à coup le petit Corse entend un bruit mat derrière lui. Jean Ferraci vient de s'écrouler sans un mot. Médori perçoit alors le grincement des chenilles des chars qui viennent relever les soldats « qui tombent comme des mouches ». Il voit un Sherman qui pivote juste devant lui et qui se jette sur la grille du ministère des Affaires étrangères. C'est le « Saint-Cyr » du sous-lieutenant Jean Bureau. Aussitôt, une pluie de petites grenades grises et rondes, comme Médori n'en a jamais vues, s'abat sur le char. Bureau vient juste de téléphoner à ses parents d'un immeuble voisin. « Papa, a-t-il annoncé avec fierté, je vais attaquer le ministère des Affaires étrangères ! » Quelques instants plus tard, Médori voit une flamme jaillir d'une fenêtre. La tourelle du char devant lui saute en l'air dans une gerbe d'étincelles. Un coup de bazooka vient de détruire le « Saint-Cyr ». Jean Bureau et ses quatre camarades se sont écroulés au fond de leur cercueil d'acier.

Derrière l'appui de la fenêtre tapissé de sacs de sable d'où il tire à la mitrailleuse sur les assaillants, l'Allemand Willy Werner entend la voix de l'officier de la Luftwaffe qui commande le point d'appui des Affaires étrangères. L'officier annonce à ses hommes qu'il vient de refuser de se rendre. Il est convaincu, ajoute-t-il, d'avoir exprimé par ce geste la volonté de tous les défenseurs. Willy Werner n'ose pas protester. Mais dès que son chef a quitté la pièce, il abandonne sa mitrailleuse, se faufile dans les couloirs, et descend jusqu'à la cave pour y vider la bouteille de cognac qu'il porte dans sa poche et « attendre tranquillement la fin de la guerre ».

De l'autre côté du ministère des Affaires étrangères, devant la Chambre des Députés où les bazookas allemands viennent de foudroyer deux Sherman du 12e cuirassiers, un simple brigadier poursuit une petite guerre solitaire. Serge Geoffroy a tenu la promesse qu'il avait faite deux jours plus tôt à ses camarades du « Marie Jill », le char obusier en panne que la division avait abandonné dans un verger de Normandie. Geoffroy avait trouvé des « raccourcis ». Comme un vaisseau fantôme, le « Marie Jill » était entré tout seul dans Paris, en tête de toutes les colonnes. Maintenant, un colt à la main, son calot rouge planté sur sa tête comme une crête de coq, Geoffroy traverse à pied le pont de la Concorde et marche sur la Chambre des Députés « pour aller tuer de l'Allemand ». Tout à coup, Geoffroy aperçoit une silhouette qui agite un grand mouchoir blanc et s'avance au-devant de lui. C'est un officier de la Wehrmacht. Alors que les deux hommes ne sont plus séparés que par une dizaine de mètres, un obus passe en sifflant et pulvérise un lampadaire qui s'écroule juste au milieu d'eux. Quand la fumée qui les enveloppe pendant quelques instants se dissipe, l'Allemand crie « Kamarad » et fait signe au Français de le suivre. Bientôt ils arrivent ensemble au pied du parapet qui entoure la Chambre. L'Allemand montre le sommet du mur et fait comprendre à Geoffroy qu'il faut l'escalader, « car là-haut, beaucoup d'Allemands faire Kamarad ». Le concierge qui se trouve sous le porche de l'immeuble à l'angle de la rue de Bourgogne et du boulevard Saint-Germain voit alors avec stupéfaction le Français à calot rouge faire la courte échelle à l'Allemand qui se hisse d'une traction au sommet du parapet. Celui-ci tend alors le bras au brigadier et l'aide à se hisser à son tour. Les deux hommes sautent dans le jardin et l'Allemand se met à courir vers une porte vitrée. « Nom de Dieu, pense Geoffroy, je me suis embarqué dans une sale histoire. » Une grenade dans la main gauche, son colt dans la main droite, il avance. En travers de la porte vitrée, il y a un cadavre. Lorsqu'il pénètre dans la pièce, le doigt sur la détente, il découvre une trentaine d'officiers debout le long d'un comptoir. Sans le savoir, Geoffroy vient d'entrer dans la buvette de la Chambre des Députés. Il voit alors un colonel s'avancer vers lui, un verre dans une main, une bouteille de martini dans l'autre. L'Allemand remplit le verre à ras bord, claque des talons, et le tend au Français. Geoffroy pose sa grenade sur le comptoir et prend le verre. Il n'a jamais refusé un verre de sa vie. Il le vide d'un trait. Puis il crie : « Jetez vos armes ! tout le monde dans la cour ! » Tandis que les Allemands s'exécutent, Geoffroy, le visage inondé de joie, se verse un nouveau verre, puis un troisième. Bientôt la bouteille de martini est entièrement vide. Le principal centre de résistance de la Chambre des Députés vient de capituler.

Devant l'École militaire, le brigadier Pierre Lefèvre et le 1re classe Étienne Krafft, les deux chauffeurs d'automitrailleuses qui avaient lancé leurs engins dans une course effrénée sous la tour Eiffel, disputent maintenant une nouvelle et plus dangereuse compétition. Sous la porte d'entrée de l'École militaire se trouve un canon allemand de 88 braqué vers la tour Eiffel. Se faufilant de chaque côté des frondaisons du Champ-de-Mars, les deux automitrailleuses débouchent à toute allure sur la place Joffre, passent en trombe devant l'École et ouvrent le feu à bout portant, de toutes leurs armes à la fois. Le chef de la voiture de Lefèvre, le maréchal des logis Jean Feller, décharge son colt sur les servants allemands qui, se souvient-il, « baissaient la tête ». Dans ses écouteurs, Lefèvre entend la voix de Feller qui pousse des « Youpi ! » de triomphe. Le carrousel dure plusieurs minutes. Le 88 allemand tire un dernier coup puis reste silencieux. A bout de munitions, les automitrailleuses s'arrêtent alors, tandis que les premiers Sherman font leur apparition. D'une fenêtre du premier étage de l'École militaire, Bernardt Blache, le Feldwebel dont les hommes « grillaient comme des saucisses » six jours plus tôt devant la préfecture de Police, voit les silhouettes terrifiantes des chars avancer lentement sur l'esplanade du Champ-de-Mars. Allongé sur un matelas devant sa mitrailleuse, Blache écoute les gémissements de son voisin, un boulanger de Munich à qui un éclat d'obus vient d'arracher le bras. Pour occuper son esprit, Blache se met à compter les chars. Mais bientôt il y renonce. Ils sont trop nombreux. Les premiers Sherman ouvrent le feu sur la longue façade. Le souffle d'un obus qui explose dans une pièce voisine arrache le casque de l'Allemand. Tout à coup, pour le Berlinois de vingt-quatre ans qui était entré dans Paris quatre ans plus tôt avec les premières troupes de la Wehrmacht victorieuse, « la guerre devient l'enfer ».

Terrifié par le fracas de la bataille qui se livre autour de l'École militaire, le caporal Walter

Hollesch qui occupe non loin de là avec sa section le ministère des P.T.T., sur le toit duquel il se trouvait la veille pour entendre les cloches de Paris, rassemble ses hommes et leur annonce qu'il est décidé à se rendre. Pour régler cette formalité, Hollesch trouve un moyen astucieux. Il brise la vitre de l'avertisseur d'incendie du ministère. Dès qu'il entend la voix du pompier de service, il annonce : « Le ministère des P.T.T. est prêt à capituler. »

Une pluie d'obus de mortier s'abat maintenant à l'intérieur même de la cour de l'École militaire. Du balcon d'un immeuble de la rue Savorgnan-de-Brazza, le brigadier Jacques Ménard, son camarade Michel Jouys et la « dame très bien » qui vient de leur accorder l'hospitalité « pour balancer quelques "pelots" de mortier sur les Boches », voient les Allemands affolés courir en tous sens dans la cour.

Bernardt Blache vide la dernière bande de sa mitrailleuse sur le char qui vient de s'arrêter devant la porte d'entrée mais les balles ricochent sur le blindage avec des gerbes d'étincelles. Écœuré, l'Allemand se lève et abandonne la pièce. A cet instant, il sent le plancher trembler sous ses pieds. Par la fenêtre du couloir, il voit un Sherman faire irruption dans la cour. Blache se souviendra toute sa vie du nom que porte le char, inscrit sur sa tourelle couverte de gravats. Il s'appelle « Verdun ». A cette vision, l'Allemand décide de descendre au rez-de-chaussée et de se rendre. Quelques minutes plus tard il est enfermé avec une dizaine de camarades dans une petite pièce dont la fenêtre donne sur la place. Un soldat entre en criant : « Hitler Kaput » et fait sortir, un à un, les prisonniers par la fenêtre. Chaque fois qu'un Allemand franchit l'embrasure et saute sur le trottoir, Blache entend une courte rafale de mitraillette. Il se met à trembler comme une feuille, persuadé que les Français sont en train d'exécuter leurs prisonniers. Du trottoir d'en face, le soldat Étienne Krafft voit les Allemands qui tombent les uns après les autres, abattus à bout portant par des civils. Krafft se met à courir en criant : « Arrêtez, arrêtez, ce sont "mes" prisonniers ! » Déjà huit corps gisent sur le trottoir. C'est maintenant au tour de Bernardt Blache d'enjamber l'appui de la fenêtre. En un éclair, l'Allemand comprend qu'il va mourir. A l'instant où il va sauter, il entend une voix qui hurle quelques mots qu'il comprend : « Bordel de bordel, halte au feu ! »

Des fantassins du régiment du Tchad surviennent alors et s'interposent entre les civils et les prisonniers.

Étienne Krafft entre dans le premier immeuble, sonne à une porte et demande la permission de téléphoner. Il compose INValides 02-63. Au bout du fil il reconnaît la voix de son père.

— Bonjour papa, c'est Étienne..., dit-il.

— Étienne ?

— Oui, ton fils Étienne.

— Pas possible...

A cet instant, Krafft entend une voix derrière son père qui demande : « Qui est-ce ? » Et il entend son père répondre à sa mère : « C'est Étienne. » Des éclats de voix résonnent alors dans le téléphone. Puis Krafft entend tout à coup la voix de sa mère qui demande :

— Mon chéri, quel grade as-tu ?

— 2e classe, maman ! »

Sa mère répète avec étonnement :

« 2e classe ! » « Oui, ça veut dire simple soldat, Amélie ! » explique son père qui reprend l'appareil.

— Papa, mets le champagne au frais, j'arrive !

— Étienne, Étienne, il y a dix-huit mois que le champagne t'attend !

Presque à cet instant, sur la place de l'Étoile, un vieil homme descend de sa bicyclette et regarde, stupéfait, le petit avion qui passe à un mètre au-dessus de sa tête et va se poser à l'entrée de l'avenue de la Grande-Armée. De la carlingue, il voit descendre un grand garçon en uniforme de capitaine. « Hubert ! » s'écrie le vieil homme bouleversé. Il vient de reconnaître son fils, le capitaine Hubert Rousselier, dont il était sans nouvelles depuis quatre ans.

10

Tandis que s'estompaient peu à peu les rumeurs de la bataille, dans les rues inondées de soleil et de joie, au milieu des cris, des chants, des acclamations qui saluaient les libérateurs, « les occupants de Paris » défilèrent une dernière fois. A la vue des troupeaux de soldats hagards et terrifiés qui, de chaque point d'appui, s'en allaient vers leur dernière destination parisienne — une caserne de pompiers, les caves de la Préfecture de police, le hall de la gare Montparnasse —, le peuple de Paris eut du mal à contenir sa haine. Comme s'ils voulaient effacer d'un seul coup quatre années de souffrance, de rancœur, de peur, des hommes et des femmes se jetèrent un peu partout sur les soldats de Choltitz, les rouant de coups, les couvrant d'insultes et de crachats, les tuant parfois.

Plutôt que de subir la vengeance de la foule en furie, certains Allemands, comme un lieutenant de Panzer de la caserne de la place de la République, préférèrent se faire sauter la cervelle au dernier moment. D'autres, comme le soldat Georg Kilber, du 3e régiment de sécurité, s'habillèrent en civil et réussirent à se glisser dans la foule où ils acclamèrent les libérateurs. D'autres utilisèrent d'astucieux stratagèmes. Le capitaine von Zigesar-Beines, l'officier qui deux jours plus tôt était prisonnier des F.F.I. du Grand-Palais, gagna l'Hôpital américain de Neuilly, se mit en pyjama et s'installa dans une chambre de malade « pour y attendre tranquillement l'arrivée des Américains ».

Mais dans l'ensemble, bien peu d'Allemands réussirent à éviter les durs et humiliants moments qu'avait vécus Dietrich von Choltitz lui-même quelques instants plus tôt, rue de Rivoli.

Pour le Feldwebel Ewin Conrad et le soldat Fritz Gottschalk qui chaque jour à midi, pendant des mois, avaient paradé sur les Champs-Élysées derrière l'emblème à croix gammée, ce dernier défilé est « un cruel retour des choses ». Bousculé, giflé, ses vêtements arrachés, Gottschalk avance dans la rue de Rivoli sous les crachats de la foule.

Quelques mètres derrière lui, les mains sur la nuque, le visage ensanglanté, Werner Nix, le Feldwebel qui a participé avec tant de répugnance à la dernière parade de Choltitz, titube comme un ivrogne sous les horions qui pleuvent de tous côtés. Dans l'espoir d'éviter le châtiment, boulevard Saint-Germain, l'Unteroffizier Hans Fritz, l'Allemand dont le camion de torpilles était tombé dans une embuscade, distribue des cigarettes aux F.F.I. qui escortent les colonnes et crie à tue-tête : « Je ne suis pas allemand, je suis bavarois ! » Dans le camion qui le conduit à la Préfecture de police au milieu d'une multitude déchaînée, Rudolf Ries, le Feldgendarme qui cinq jours plus tôt a annoncé la trêve dans les rues de Paris, pense irrésistiblement à une image qui se trouvait dans son manuel d'histoire de lycéen. Elle représentait « les charrettes de condamnés de la Révolution française ».

D'un autre camion qui roule « comme un corbillard » le long des murs de Luna-Park, à la porte Maillot, le Feldwebel Paul Schehl contemple avec mélancolie les baraques de foire où il a passé de si bons moments avec sa petite amie française. A cet instant, un coup de feu retentit. Schehl sent une brûlure à sa jambe et quelque chose de gluant qui coule dans sa botte. Il vient d'être atteint par une balle perdue. Avenue de Neuilly, Ernst Ebner, le sergent de la police militaire qui s'est enivré cinq jours plus tôt pour fêter son trente-huitième anniversaire, entend son voisin murmurer : « Au moins cette sale guerre est finie. » A ces mots, il voit l'homme porter la main à sa poitrine et faire une grimace. Une balle vient de lui traverser le cœur. Place du Châtelet, le Gefreiter Paul Seidel, estafette de l'état-major, découvre un spectacle qui lui paraît plus insupportable encore que sa propre marche sous les horions de la foule. D'une petite rue, vient de déboucher un groupe de femmes en larmes, nues jusqu'à la ceinture, les seins bariolés de croix gammées, le crâne rasé. Sur les pancartes qui pendent autour de leur cou, Seidel peut lire : « J'ai fait la putain avec les Boches. »

Parfois, la « haine du Boche » n'épargne même pas les blessés. Dans une ambulance qui file vers l'hôpital Saint-Antoine, un officier allemand gravement blessé sent tout à coup une main s'approcher de sa gorge. C'est celle de Jacques d'Estienne, le tireur du char « Laffaux ». D'Estienne vient de découvrir l'Allemand sur le brancard à côté du sien. Pris d'une rage subite, il réussit, bien qu'il soit à moitié paralysé, à se redresser et à allonger son seul bras valide vers la gorge de l'Allemand qu'il étrangle. En ramenant sa main, il arrache la Croix de Fer de l'officier et la met dans sa poche. Son geste a été si rapide que le curé infirmier qui se trouve dans l'ambulance n'a eu que le temps de crier : « Mon enfant ![1] »

Mais des 20 000 Allemands qui passèrent ce jour-là dans les rues de Paris, ceux qui ressentirent le plus cruellement l'humiliation de ce dernier défilé furent les quelques officiers de l'état-major du Gross Paris. Sur ces hommes qui incarnaient la tyrannie nazie, les Parisiens s'acharnèrent avec une violence particulière.

1. Quelques instants plus tard, la Croix de Fer de l'officier qu'il venait d'étrangler faillit coûter la vie à Jacques d'Estienne. Quand il arrive dans la salle de tri de l'hôpital Saint-Antoine, une infirmière vide ses poches et pose son portefeuille et la Croix de Fer sur sa poitrine. Il y a tant de blessés dans la salle que les chirurgiens décident de s'occuper d'abord des Français. D'Estienne se souvient de la voix du chirurgien qui, passant devant les civières, disait : « Boche... Boche... Boche... » Lorsqu'il arrive devant d'Estienne, le chirurgien, voyant une Croix de Fer sur sa poitrine, dit « Boche... » et passe sans s'arrêter. A ce mot, d'Estienne pousse un hurlement de bête fauve et crie : « Moi Boche, vous êtes fou ! » et s'évanouit. Il se réveillera une heure plus tard, après que les chirurgiens lui eurent extrait 25 des 37 éclats de grenade qui avaient pénétré dans son dos pendant l'attaque du Meurice.

Bousculant les soldats et les F.F.I. qui les escortaient, des femmes se jetèrent sur eux, les griffèrent au visage, les couvrirent de crachats. Des hommes les assommèrent à coups de poings, à coups de pieds, à coups de crosse de fusil. Bientôt la rue fut jonchée de leurs corps que piétinait la foule.

Rue de Rivoli, au milieu de la longue colonne, avance la haute silhouette du comte Dankvart von Arnim. La veille au soir, avant de s'endormir pour sa dernière nuit de liberté, Arnim a lu le récit de la Saint-Barthélemy. Il est sûr qu'il va mourir. Lucide et résigné, il pense : « Je vais payer pour tous les crimes de mes compatriotes. » En ces ultimes minutes, le jeune aide de camp du général von Choltitz décide d'évoquer des souvenirs agréables. Alors, au milieu de cette foule déchaînée qui vient de lui arracher sa musette, il revoit sa vieille demeure familiale du Brandebourg, les 5 000 hectares de labours, de landes et de bois où il chassait le cerf et le sanglier quand il était enfant. Lorsqu'il arrive devant la façade grise du ministère des Finances, Arnim voit soudain un civil armé d'un revolver se jeter en hurlant sur l'officier qui marche devant lui, à côté de son ami Ernst von Bressensdorf. Nu-tête et les mains sur la nuque, le capitaine Otto Kayser, l'ancien professeur de Cologne, qui avait lu sur les murs de Paris le slogan « A chacun son Boche », essaye de repousser son agresseur. Mais, le visage déformé par la haine, le civil s'agrippe à lui comme une sangsue, lève son pistolet, le colle sur la tempe de l'Allemand et tire. Horrifié, Arnim bute sur le corps de Kayser qui vient de s'écrouler et continue son chemin. « Bientôt mon tour », se dit-il.

Pour quelques Français aussi, ce jour de libération est celui des comptes à rendre. Les collaborateurs qui n'avaient pas eu la sagesse, ou la possibilité, de fuir dans les fourgons de l'occupant furent arrêtés par dizaines, et souvent exécutés sans jugement. Les « tireurs de toits » que la sinistre Milice de Vichy avait laissés derrière elle pour semer la panique dans la population sont cernés les uns après les autres, capturés et exécutés publiquement. Le lieutenant-colonel Stone, traversant la place de la Concorde où, trente-cinq ans plus tôt, il avait vu passer Woodrow Wilson en route pour Versailles où il allait signer le traité qui devait assurer au monde une paix éternelle, vit une masse sanglante sur la chaussée. Du toit de l'hôtel Crillon, ce fanatique, expliquèrent les F.F.I. à l'Américain, tirait sur la foule.

Cette « guerre des toits » fut, hélas ! l'occasion de bien des méprises qui endeuillèrent tragiquement cette journée inoubliable. De son balcon de l'avenue d'Italie, Max Goa, le dentiste qui faisait pousser des radis pour offrir des crudités aux Juifs et aux aviateurs alliés qu'il hébergeait, avait toute la journée regardé passer les chars de Leclerc. Comme beaucoup de Parisiens, Max et Madeleine Goa décidèrent de déboucher leur unique bouteille de champagne pour célébrer cette libération qu'ils avaient attendue avec tant d'espoir. A cet instant, du toit d'en face, partirent des coups de feu. Max se précipita sur le balcon et, prenant sa longue-vue, se mit à scruter les toits. Dans la rue, quelqu'un montra du doigt le petit balcon où venait d'apparaître cette silhouette armée d'un objet noir et se mit à crier : « C'est lui, c'est lui ! » A ces mots, trois F.F.I. se précipitèrent dans l'immeuble et firent irruption chez les Goa. S'emparant du dentiste et de sa femme, les F.F.I. les poussèrent dans l'escalier et les jetèrent dans la rue où la populace hurlante commença à les rouer de coups. Conduits à la mairie du XIIIe arrondissement pour « être jugés devant un tribunal du peuple », Max et Madeleine Goa nièrent de toutes leurs forces le crime insensé qu'on leur attribuait. Mais dans la rue, la populace assoiffée de vengeance et de sang criait : « A mort ! » Max Goa lui fut livré. Alors une scène atroce se déroula. Des mains haineuses empoignèrent l'innocent dentiste et le jetèrent sous les chenilles d'un Sherman qui passait à toute allure. Pendant ce temps, après une parodie de jugement, un peloton d'exécution abattait Madeleine Goa. Le lendemain, le corps tuméfié et sanglant de la petite résistante qui avait sauvé tant de Juifs et d'aviateurs sera jeté devant la porte de son immeuble avec un écriteau sur la poitrine : « Traître à la Patrie[1] ».

11

A bord d'une Hotchkiss noire découverte, Charles de Gaulle, roule vers son rendez-vous avec l'Histoire. Au fur et à mesure que

1. Les trois « F.F.I. » qui arrêtèrent les Goa étaient en fait des criminels de droit commun évadés de la prison de la Santé. Ils furent par la suite arrêtés eux-mêmes et passés en jugement. La mort tragique des Goa fut un exemple parmi bien d'autres de l'esprit de vengeance et de « justice populaire » qui endeuilla par moments la journée de la Libération et les semaines qui suivirent. Cet esprit de vengeance se manifesta par de nombreuses exécutions sommaires ordonnées par la justice expéditive de tribunaux improvisés et par des actes de ven-

s'égrènent les derniers kilomètres qui le séparent de la capitale, il se sent « à la fois étreint par l'émotion et rempli de sérénité ». A l'insu des Alliés et sans leur consentement, à bord d'une voiture française conduite par un chauffeur français, de Gaulle entre maintenant dans la ville où la fusillade retentit toujours. Il y entre par la porte qu'un soir de juin 1940, dans le chaos de la débâcle, il avait laissée derrière lui. Dans quelques instants, il va assister au dénouement de cette Libération qui aura été, ainsi qu'il l'avait souhaité, « une affaire essentiellement française ».

Précédée d'une automitrailleuse de la 2e D.B., l'Hotchkiss noire emprunte l'avenue d'Orléans pleine d'une « exaltante marée » de Parisiens qui découvrent enfin le vrai visage de celui qui, pendant quatre ans, dans la nuit de l'Occupation, a incarné le destin éternel de leur pays.

Plus loin, au cœur de Paris, de l'autre côté de la Seine, devant la haute façade couverte de statues de l'Hôtel de Ville, un petit groupe d'hommes s'apprête, à cet instant, à sceller d'un accueil officiel cette entrée triomphale. Ce sont les chefs de l'insurrection qui attendent le général de Gaulle « pour le recevoir dans Paris libéré ». Ils attendront en vain. L'Hotchkiss noire ne prend pas le chemin de l'Hôtel de Ville. Follement acclamée par la multitude, elle bifurque dans l'avenue du Maine, vers une autre destination. Quand elle s'arrête enfin

geance personnelle ou politique qui n'avaient souvent aucun rapport avec l'Occupation proprement dite. En instaurant des « tribunaux du peuple », le Parti communiste fut, bien souvent, responsable de ces abus. Cependant, il est juste de reconnaître que beaucoup d'actes perpétrés au nom du Parti ou par ceux qui se réclamaient de son autorité le furent sans son accord ou sans qu'il en eût connaissance.

devant le P.C. de Leclerc, la grande horloge de la gare Montparnasse marque la demie de 4 heures. Le long exil de Charles de Gaulle vient de s'achever.

En entrant dans la gare sous les acclamations de la foule, de Gaulle aperçoit une silhouette familière. C'est celle de son fils Philippe qui, porteur d'un des quinze ordres de reddition que vient de signer le général allemand, part en compagnie d'un officier de la Wehrmacht vers la Chambre des Députés où résistent encore quelques Allemands.

Sur le quai de la voie 21 où Leclerc l'attendait, de Gaulle prend connaissance de l'acte de capitulation. Quand il en a lu la première ligne, son visage se durcit brusquement. D'une voix glaciale il fait remarquer à Leclerc que le nom de Rol n'a pas à figurer sur ce document. Leclerc étant l'officier le plus élevé en grade, c'est à lui, et à lui seulement en tant que chef de toutes les forces militaires françaises, qu'il revenait de recevoir la capitulation de Choltitz. Pour de Gaulle, la manœuvre est claire : les communistes vont chercher à s'approprier le titre de libérateurs de Paris. Et ce titre Charles de Gaulle n'a pas l'intention de le leur laisser. Déjà, le matin même, dans une proclamation saluant la libération de Paris, le C.N.R., l'assemblée politique de la Résistance, passant sous silence de Gaulle et son gouvernement, s'était exprimé « au nom de la nation française », ce dont le général lui conteste le droit. Cette proclamation lui est apparue comme un défi à sa propre autorité. A ce défi, de Gaulle va bientôt répondre ouvertement.

Avant de quitter la gare, il serre la main des quelques officiers de l'état-major de Leclerc qui se trouvent là. Tout à coup, devant lui, apparaît un petit homme coiffé d'un béret. De Gaulle toise du regard cette étrange silhouette curieusement accoutrée d'un vieil uniforme tout râpé. C'est Rol. Il semble au colonel F.F.I. que de Gaulle hésite. Puis une main s'allonge vers la sienne au bout d'un bras immense, et la serre chaleureusement[1].

Passant sous une grande pancarte « Bagages à l'arrivée », de Gaulle sort alors de la gare et remonte dans son Hotchkiss. Toujours précédé d'une automitrailleuse, le petit cortège s'ébranle et se dirige vers le bâtiment d'où Charles de Gaulle, dans la nuit du 10 juin 1940, était parti pour son long voyage : le ministère de la Guerre.

Boulevard Raspail, des coups de feu claquent sur le passage du cortège. Pendant que son escorte riposte, le général descend de voiture pour assister aux duels rapides qui se livrent autour de lui. Impassible, une Craven aux lèvres, la haute silhouette se tient debout sous les balles qui sifflent et ricochent autour d'elle. Au bruit d'une balle qui frappe la malle arrière de la voiture, de Gaulle se tourne vers Geoffroy de Courcel, qui avait quitté Paris avec lui en juin 1940, et s'exclame avec ironie : « Eh bien, Courcel, au moins nous revenons dans de meilleures conditions que celles dans lesquelles nous sommes partis ! »

1. A l'exception de la mention du nom de Rol, de Gaulle avait cependant toutes les raisons d'être satisfait de la façon dont l'acte de capitulation était rédigé. Leclerc avait fidèlement respecté ses instructions. Il avait accepté la reddition de Choltitz non pas au nom du commandement allié dont il dépendait, mais au nom du Gouvernement provisoire de la République française. Ce fut le seul cas, après le débarquement, où une capitulation importante fut négociée unilatéralement par l'un des Alliés.

D'un pas lent et solennel, le chef de la France libre gravit enfin les marches du perron de l'hôtel du ministre de la Guerre d'où son avant-garde vient à peine, en hâte, d'enlever les bustes du maréchal Pétain et d'expulser quelques membres du COMAC qui avaient eu la naïveté d'occuper ce bâtiment avant son arrivée.

De Gaulle retrouve ces lieux vénérables tels qu'il les avait quittés. Le même huissier qui l'avait salué lors de son départ l'accueille aujourd'hui. Le vestibule, l'escalier, les décors d'armures sont tels qu'ils étaient naguère. Dans le bureau du ministre où il entre, pas un meuble, pas une tapisserie, pas un rideau n'ont été déplacés. Sur la table, le téléphone est resté à la même place. Et l'on peut voir, inscrits sous les boutons d'appel, les mêmes noms. Et pourtant, pense de Gaulle, « des événements gigantesques ont bouleversé l'univers. Notre armée fut anéantie. La France a failli sombrer[1] ».

Rien ne manque, en effet, dans les bâtiments de la République, excepté l'État. En rentrant « chez lui », de Gaulle décide de commencer par l'y rétablir.

12

Munis des petites feuilles de papier signées de la main du général von Choltitz, les officiers de l'état-major du Gross Paris, « jumelés » à

1. *Mémoires* du général de Gaulle — Tome II, L'Unité — Page 306.

leurs vainqueurs français, quittent la gare Montparnasse pour aller porter les ordres de reddition aux points d'appui qui tiennent encore.

Une forteresse située dans un quartier qu'il n'avait guère fréquenté échoit à l'élégant colonel Jay : la caserne Prince-Eugène, place de la République. Son compagnon français lui ayant expliqué qu'il a été « absent pendant longtemps », c'est donc Jay lui-même qui conduit la petite expédition. Place de la République, Jay déploie une nappe blanche et va porter au commandant de la forteresse l'ordre de Choltitz. Mais l'officier refuse de déposer les armes. Il a décidé, annonce-t-il, de tenir jusqu'à l'arrivée des deux divisions blindées S.S. qui sont en route pour Paris. Jay aura toutes les peines du monde à le convaincre que ces renforts n'arriveront jamais et que les F.F.I. vont bientôt submerger la caserne et « faire un massacre ».

Le Hauptmann Otto Nietzki, fait prisonnier dans les Tuileries, est envoyé à la Kommandantur de Neuilly. Soudain, un homme fou de rage saute sur la jeep et, montrant Nietzki du doigt, se met à crier : « C'est lui, c'est lui ! Il a tué ma femme ! » Seule l'intervention de l'officier américain qui accompagne l'Allemand empêche la foule de l'écharper.

Rapidement, la plupart des fameux « Stutzpunkte » ont déposé les armes. Et, pour la première fois depuis cinq jours, la fusillade cesse presque partout de retentir dans les rues de Paris.

Rue d'Anjou, dans la pénombre du grand salon du consulat de Suède, un Allemand épuisé fait pour la deuxième fois en vingt-quatre heures une reddition solitaire. C'est

Bobby Bender, le mystérieux agent de l'Abwehr. Il se lève, marche vers une patère où son imperméable est suspendu, en sort un revolver et revient se mettre au garde-à-vous devant Lorrain Cruse. Cette fois, le jeune adjoint de Chaban-Delmas accepte le revolver.

A la fin de la journée, un seul point d'appui résiste encore, celui qui, le premier, a ouvert le feu : le palais du Luxembourg. Noire de fumée, ses façades criblées d'obus, la forteresse du colonel Kayser tient toujours et les S.S. qui l'occupent refusent de céder un pouce de terrain. Pour obtenir leur reddition, le général von Choltitz délègue son propre chef d'état-major, le colonel von Unger, qu'accompagnent deux officiers français, le colonel Jean Crépin, commandant l'artillerie de la 2e D.B., et le capitaine André Righini. Accueillis par trois S.S. en uniforme noir qui leur plantent une mitraillette dans le dos, l'Allemand et les Français pénètrent sous la coupole à huit faces et sont conduits dans le grand salon lambrissé du rez-de-chaussée. Là, le colonel Crépin découvre un spectacle de désolation qu'il n'oubliera jamais. Les parquets sont jonchés de casques, de cartouches, de caisses de munitions éventrées ; les rideaux et les tapisseries sont arrachés et déchirés. Sur les grands tapis d'Orient, au centre de la pièce, mort et mourants s'entassent pêle-mêle. Le colonel Kayser, le monocle à l'œil, la Croix de Fer au cou, écoute en silence la lecture de l'ordre qu'apporte Unger. A cet instant, de jeunes officiers S.S. en combinaison de combat, armés de mitraillettes, surgissent dans la pièce et menacent le colonel Kayser de l'exécuter, et avec lui les officiers de son état-major, les

Français, et tous ceux qui voudraient cesser le combat.

Par les fenêtres donnant sur les jardins, Crépin et Righini aperçoivent des soldats qui ramènent leurs camarades blessés et repartent aussitôt au combat en courant d'arbre en arbre. De jeunes S.S. en tenue camouflée, bandes de mitrailleuses autour du cou, font à chaque instant irruption dans la pièce pour rendre compte à leurs officiers. Crépin regarde alors sa montre et juge que l'affaire risque de tourner « en eau de boudin ». Il annonce sèchement que le colonel commandant la garnison dispose d'une heure pour obtenir le cessez-le-feu de tous les points d'appui, pour regrouper tous ses hommes dans la cour centrale et livrer armes et installations intactes. Faute de quoi, ils ne seront pas traités comme prisonniers de guerre. A ces mots, traduits par le colonel von Unger, il y a un instant de flottement dans l'assistance. Puis on voit tout à coup le colonel Kayser devenir « rouge comme un bœuf » et hurler que, par ordre du Führer, il faut cesser le combat. Crépin et Righini se souviennent d'avoir vu les officiers S.S. devenir brusquement « pâles comme des morts » et arracher d'un même geste les insignes de leur grade et leurs décorations. Puis, sur un dernier « Heil Hitler ! », ils se mettent à sortir un à un du salon.

Bientôt le drapeau blanc flotte sur le Sénat mais le combat ne cesse pas immédiatement. Retranchés dans leurs casemates et leurs chars, les S.S. de la garnison vont tirer leurs dernières munitions. Sauf quelques cartouches de revolver pour ne pas tomber vivants aux mains de la foule en fureur.

Tandis que les premiers Allemands

commencent de se rassembler dans la cour jonchée de débris, un groupe de civils surgit en poussant des cris de joie. Ce sont les prisonniers français détenus au Sénat. Et parmi eux se trouve Pierre Pardou, le résistant qui pillait les dépôts de la Milice. Dans le troupeau d'Allemands qui emplit maintenant la cour, Pardou aperçoit son geôlier, le gros cuisinier Franz, les mains en l'air. L'Allemand lui fait signe de venir vers lui, baisse précipitamment une main, fouille dans sa poche et remet une enveloppe au Français. Puis, dans un dernier effort pour trouver quelques mots de français, il dit : « Pour ma femme. »

Comme un mineur qui serait resté plusieurs jours enseveli au fond d'un puits, François Dalby émerge enfin de la salle de la centrale électrique du palais pour jouir lui aussi du spectacle. Mais Dalby va devoir rester encore quarante-huit heures dans ce bâtiment qu'il a pour une bonne part sauvé de la destruction. Il doit en surveiller le déminage. A 19 h 35 exactement, à l'expiration de l'ultimatum du colonel Crépin, le colonel Kayser, monocle vissé à l'œil, Croix de Fer en sautoir, un immense drapeau blanc entre ses mains crispées, franchit une dernière fois le porche du palais sur lequel il a régné en maître tout-puissant pendant neuf jours. Derrière lui, suivent en un interminable troupeau les 700 hommes de la garnison. Parmi eux, las et découragé, se trouve le dentiste Eugen Hommens. Soudain, en passant devant un Sherman arrêté rue de Vaugirard, Hommens a un sursaut. Sur la tourelle du char, enlaçant tendrement un soldat français, il reconnaît Annick, sa jeune maîtresse qui, la veille encore, l'avait supplié de déserter pour elle.

Walter Hoffmann, l'Oberfeldwebel qui avait offert à sa maîtresse en guise de cadeau d'adieu un morceau de lard, devait lui aussi faire la triste expérience de l'inconstance féminine. Tandis qu'il était poussé à coups de crosse hors de l'École militaire, Hoffmann reconnut parmi les femmes qui conspuaient les prisonniers la gentille bonne de restaurant qui l'avait si souvent servi dans son « Soldatenheim » préféré. Mais encore plus ulcéré fut le cuisinier de la Kriegsmarine qui marchait avenue Victor-Hugo à côté du lieutenant de la Luftwaffe, Johannes Schmiegel. Avec une sorte d'entêtement animal, le cuisinier répétait sans arrêt : « Si Jeannette me voit, elle va me tirer de là. » Devant une école de l'avenue Raymond-Poincaré, Jeannette vit son ancien amant. Elle courut vers lui et lui cracha au visage.

Bien des prisonniers, en ces dernières heures, ne durent la vie qu'à une prompte intervention des soldats qui les escortaient, hommes de la 2e D.B. ou F.F.I. Un civil fou furieux se jeta sur le lieutenant Schmiegel et l'assomma. Aussitôt, comme une meute déchaînée, la foule se mit à piétiner l'Allemand à terre. Schmiegel vit alors au-dessus de sa tête un immense soldat marocain faire des moulinets avec sa carabine et réussir à disperser la foule.

Roger Cadet, le jeune agent de police qui avait failli être fusillé deux jours plus tôt, découvrit dans une colonne de prisonniers qui sortait de l'École militaire l'Allemand qui l'avait sauvé. C'était le capitaine Wagner. Celui-ci demanda avec inquiétude au jeune Français s'il était vrai que les F.F.I. tuaient tous les Allemands. « Je vous donne ma parole, lui assura le policier, que vous serez traité en prisonnier de guerre. » Cadet accompagna l'Allemand à la caserne où étaient conduits les prisonniers de l'École militaire. Il raconta son histoire au brigadier de gendarmerie chargé de leur garde et lui demanda de prendre « bien soin » du capitaine. Deux jours plus tard, Cadet devait revoir le gendarme. Parmi les 15 Allemands qui devaient être fusillés en représailles d'un acte de barbarie commis au Bourget, s'était trouvé, lui révéla-t-il, le nom de Wagner. Mais au dernier moment, se souvenant de la recommandation de Cadet, le gendarme avait substitué un autre prisonnier au capitaine Wagner.

Le crépuscule enveloppait maintenant la ville d'une douce lumière. Partout, les armes s'étaient tues, et les rares coups de feu qui claquaient encore provenaient de quelques tireurs de toits isolés. La conquête de ce silence avait coûté cher. 42 soldats de la 2ᵉ D.B. étaient encore tombés pendant cette journée et 77 avaient été blessés. Parmi la population civile, on comptait 127 tués et 714 blessés. Autour de chacun de ces morts s'étaient formés des îlots de douleur contre lesquels venaient battre maintenant les vagues de joie qui emportaient la ville.

Devant le ministère des Affaires étrangères, une jeune fille courait toute joyeuse vers les hommes de la compagnie du capitaine Charles d'Orgeix. C'était la petite sœur du soldat Jean Ferracci dont elle avait appris l'arrivée par de multiples coups de téléphone anonymes. Elle ne devait jamais le revoir. Ferracci était mort derrière son platane, criblé de 34 balles de mitrailleuse.

Place du Châtelet, une autre jeune fille courait d'un char à l'autre. A chaque soldat, elle demandait : « Connaissez-vous mon fiancé Pierre Laigle ? » Les hommes à bérets noirs hochaient la tête et détournaient leur regard. Aucun n'eut le courage de lui dire qu'il avait été tué rue de Rivoli sur la tourelle de son char.

Dans une petite villa de banlieue, à Choisy-le-Roi, Louise Berth attendait sur le pas de la porte. Elle vit un homme en uniforme s'avancer vers elle. C'était son mari. René Berth se jeta dans les bras de sa femme et se mit à pleurer comme un enfant. La joyeuse réunion de famille qu'il avait attendue avec tant d'impatience n'aurait pas lieu. Deux heures plus tôt, alors qu'il rentrait chez lui pour « faire une surprise à sa mère pour le jour de sa fête », Raymond, leur fils, avait été tué d'une balle en pleine tête près du métro Dupleix.

13

Du pont d'Arcole et des berges de la Seine jusqu'aux façades des vieux immeubles de la rue de Rivoli, une foule immense et multicolore recouvrait la place de l'Hôtel de Ville tout entière. Là, sur cette place chargée d'histoire où la République avait été proclamée en 1870 et la Commune un an plus tard, des milliers de Parisiens attendaient depuis des heures un événement non moins historique : la première apparition officielle du général de Gaulle. Tous étaient impatients de voir enfin en chair et en os l'homme qui, pendant quatre ans, avait donné l'espoir à la France asservie.

A ce rendez-vous, de Gaulle faillit bien ne pas venir. Dans son bureau du ministère de la Guerre, le général venait de recevoir pour la première fois celui qui avait été son représentant politique à Paris, Alexandre Parodi. Pour Parodi, l'entrevue avait été éprouvante. De Gaulle lui avait fait connaître sans ambages combien lui avait déplu la proclamation du C.N.R. Mais surtout, ce qui avait stupéfié Parodi c'était l'optique particulière avec laquelle de Gaulle considérait la situation politique. Le général semblait vraiment s'attendre à ce que les communistes lui disputent maintenant le pouvoir. Dans son esprit, des organisations comme le C.N.R. n'étaient que des instruments plus ou moins déguisés de l'action du Parti. Elles concouraient toutes, selon lui, à instaurer une autorité qui exclurait finalement sa personne. Et ce jour-là, Parodi ne partageait pas cette façon qu'avait de Gaulle d'évaluer les buts de ses adversaires politiques[1].

D'un ton définitif, de Gaulle informa alors Parodi qu'il n'avait pas la moindre intention de se laisser « recevoir » par le C.N.R. ou par le C.P.L. Il n'avait aucune raison de rendre visite aux représentants de l'autorité municipale. Il rappela à Parodi qu'il était le chef du gouvernement. A ce titre, c'était lui qui recevrait le C.N.R. et le C.P.L., quand il en aurait le temps, et « chez lui ».

Conscient de l'amertume que ce refus de se

1. Depuis 1944, Parodi, qui est aujourd'hui vice-président du Conseil d'État, semble avoir révisé l'opinion qu'il avait alors quant aux véritables desseins des adversaires politiques du général. Il a déclaré aux auteurs de ce livre qu'avec le recul du temps, il est arrivé à la conclusion que de Gaulle avait probablement une vue de la situation plus réaliste que la sienne. Toutefois, le général, à son avis, surestimait la puissance communiste et sous-estimait sa propre popularité.

montrer à l'Hôtel de Ville causerait à la population parisienne, Parodi supplia de Gaulle de revenir sur sa décision. Mais le général resta intraitable. Parodi résolut alors de tenter une dernière démarche. Pensant que peut-être quelqu'un connaissant mieux de Gaulle que lui parviendrait à le fléchir, il envoya chercher le préfet de police Charles Luizet.

Après une longue discussion au cours de laquelle Luizet souligna devant le général quelle désastreuse impression son refus ferait, le préfet obtint finalement gain de cause. Mais, avant de partir pour l'Hôtel de Ville, de Gaulle informa le préfet de deux décisions qu'il avait prises : la première concernait la visite qu'il entendait rendre d'abord à la Préfecture de police, symbole de la résistance gaulliste. La seconde se rapportait à la seule réception qu'il considérât comme valable, une confrontation directe entre le peuple de Paris et lui-même, en tant que chef du gouvernement. Il annonça qu'il avait décidé de conduire le lendemain un défilé triomphal qui, partant de la tombe du Soldat Inconnu, descendrait les Champs-Élysées et se poursuivrait jusqu'à Notre-Dame, ces deux symboles de la tradition et de la pérennité de la France dont il avait été lui-même l'incarnation pendant quatre ans. Par cette grandiose démonstration, il répondrait aux prétentions des membres du C.N.R. et leur montrerait, comme il montrerait au monde, de quel côté était le peuple de France. Il n'avait d'ailleurs pas l'intention d'inviter officiellement le C.N.R. à cette cérémonie historique. Lorsqu'il eut fini de dicter ses ordres, il s'exclama sèchement : « Bon, puisqu'il faut y aller, allons-y ! »

A l'Hôtel de Ville, les chefs de l'insurrection

passaient de la déception à la colère. Ils avaient d'abord été surpris de ne pas voir arriver de Gaulle, puis agacés, enfin irrités. Pâle et inquiet, Georges Bidault, le président du C.N.R., arpentait le bureau du président du Conseil municipal en marmonnant : « Personne ne m'a jamais fait attendre ainsi. » Les membres du C.N.R. — c'était sans doute ce que recherchait de Gaulle — s'indignaient qu'il choisît d'abord de rendre visite à la Préfecture de police, « la maison des flics », avant de venir à l'Hôtel de Ville, « la maison du peuple ». Fernand Moulier, le journaliste qui s'était glissé dans Paris une semaine avant les Alliés, entendit un des membres du C.N.R. grommeler : « Ces salauds-là nous ont arrêtés pendant quatre ans et maintenant, de Gaulle va les voir et leur rendre hommage. » Montrant d'un grand geste la place noire de monde, Bidault lui-même s'écria : « Le peuple est ici, et non à la "maison des flics". S'il le faut, nous célébrerons sans lui la Libération. »

Mais, pour de Gaulle, les ambitions du C.N.R., ou, en tout cas, de la plupart de ses membres, étaient essentiellement politiques. Et ils voyaient, pensait-il, dans l'insurrection le moyen de satisfaire ces ambitions. Ils voulaient maintenant « présenter » officiellement de Gaulle au peuple de Paris. Par ce geste, ils espéraient lui offrir leur « patronage ». Ils étaient prêts à l'« inviter » à leurs réunions, qui auraient lieu dans un important « palais national ». Mais surtout, ils avaient rédigé les grandes lignes d'une solennelle « proclamation de la République » qu'ils comptaient faire lire par de Gaulle à la foule, renouant ainsi avec les traditions républicaines de la place de l'Hôtel de Ville. Bidault en possédait le texte dans sa poche. Cette proclamation était une habile manœuvre qui se proposait de marquer non seulement la fin du régime de Vichy, mais aussi, plus subtilement, la fin du gouvernement d'Alger. Elle faisait du C.N.R. le créateur d'une nouvelle République dont de Gaulle serait, en quelque sorte, le fondé de pouvoir. Tels étaient les rêves ambitieux, mais dénués de réalisme, de Georges Bidault et de ses amis politiques. Pour ces hommes, le réveil serait brutal.

Les membres du C.N.R. étaient déjà sur les marches du perron de l'Hôtel de Ville lorsque, dominant de sa haute taille la foule en délire, de Gaulle s'avança vers eux.

En simple uniforme kaki, ne portant que la croix de Lorraine et l'insigne des Forces Françaises Combattantes, de Gaulle passa à grands pas devant la garde d'honneur en manches de chemise et se dirigea vers Georges Bidault qui attendait pour « faire les présentations ». Mais de Gaulle ne lui en laissa pas le temps. Il s'engouffra aussitôt dans l'escalier et Bidault ne put que suivre.

Arrivés dans le bureau du président du Conseil municipal, les deux hommes échangèrent de brèves allocutions. Bidault fut émouvant. De Gaulle répondit par une envolée de son éloquence majestueuse.

« Pourquoi, demanda-t-il, cacher l'émotion qui nous étreint tous, hommes et femmes, en ces minutes qui dépassent chacune de nos pauvres vies ? » Puis il déclara à ceux qui l'entouraient : « L'ennemi chancelle mais il n'est pas encore battu... Plus que jamais l'unité nationale est nécessaire. » Et il ajouta : « La guerre, l'unité et la grandeur, voilà mon programme. » Lorsqu'il eut terminé, Bidault sortit discrètement de sa poche la proclamation. « Mon général, s'écria-t-il de sa voix éraillée, voici autour de vous le Conseil National de la Résistance et le Comité Parisien de Libération. Nous vous demandons de proclamer solennellement la République devant le peuple ici rassemblé. » De Gaulle toisa d'un regard glacial le petit homme devant lui. « La République, répondit-il simplement, n'a jamais cessé d'être. »

Il s'approcha alors de la fenêtre et découvrit au-dessous de lui l'océan de visages qui submergeait la place de l'Hôtel de Ville. Lorsqu'il parut enfin, la foule impatiente et surexcitée se déchaîna en applaudissements et en acclamations. Bientôt, une seule et même voix monta de toutes les poitrines. Elle scandait : « De Gaulle... de Gaulle... » Derrière la haute silhouette se trouvait le lieutenant Claude Guy, le fidèle aide de camp. Considérant la faible hauteur de la balustrade, Guy glissa sa main dans le ceinturon du général pour l'empêcher de basculer dans le vide au cas où il serait atteint par la balle d'un tireur. A ce geste, sans se retourner mais d'une voix que tout le monde put entendre dans la pièce derrière lui, de Gaulle gronda : « Fichez-moi la paix ! »

Après avoir longuement salué la foule de ces grands gestes qui devaient devenir familiers à tous les Français, de Gaulle quitta le balcon. Il fit alors un clin d'œil à Claude Guy. « Merci », dit-il.

Et après quelques rapides poignées de main, il s'en alla comme il était venu, à grands pas. Il n'avait prononcé ni le nom du C.N.R. ni le mot

« Résistance ». Dans la pièce voisine, le champagne attendait toujours : il n'avait pas non plus porté de toast à la Libération. Il avait fait en sorte de ne pas être présenté solennellement aux membres du C.N.R. Quant à la proclamation préparée par Georges Bidault, elle était toujours au fond de sa poche.

Pendant que de Gaulle quittait l'Hôtel de Ville, les membres du C.N.R. écoutaient avec une amertume non dissimulée les acclamations et les cris de la foule qui faisaient vibrer les dernières vitres encore intactes de l'immense bâtiment. Le communiste Pierre Meunier entendit alors un de ses collègues marmonner avec rage : « C'est simple ! il nous a eus ! »

Le premier succès que de Gaulle venait de remporter à l'Hôtel de Ville ne devait pas être le seul de la journée. Dans un bureau sommairement meublé des Invalides, alors que le bruit de la fusillade retentissait encore, deux hommes signaient un document de trente-sept pages. Dans l'émotion et le tumulte de la Libération, ce geste passa presque totalement inaperçu. Et pourtant l'heureuse coïncidence du calendrier qui avait fait tomber la libération de Paris le jour de la Saint-Louis s'étendait à un autre événement : la signature du traité franco-américain relatif aux Affaires civiles. A Washington, au mois de juillet précédent, de Gaulle et Roosevelt en avaient personnellement accepté le principe. Pendant des semaines, des experts en avaient discuté les modalités. Mais la signature, en dépit des pressions d'Eisenhower, avait été repoussée une bonne dizaine de fois. Finalement, le jour même de la Libération, le brigadier général Julius Holmes s'était envolé du quartier général du SHAEF à bord du « L 5 » personnel d'Eisenhower et avait atterri dans un champ de blé près de Paris pour apporter le texte de l'accord au général Pierre Kœnig. Mais même en cette ultime minute, le premier document par lequel l'Amérique reconnaissait enfin officiellement l'autorité de Charles de Gaulle comportait une équivoque. Une fois encore, Washington avait prescrit à Eisenhower de faire savoir qu'il était « autorisé à conclure cet accord à la condition qu'il soit dans les intentions des autorités françaises de permettre au peuple français de choisir librement son gouvernement ». Avec de Gaulle, un tel préambule n'était pas de nature à faciliter les choses. Tandis que les signataires d'un accord analogue entre la Grande-Bretagne et la France avaient été les ministres des Affaires étrangères, le gouvernement américain avait exigé que l'accord avec la France fût signé par des militaires. Par cet artifice, Roosevelt voulait éviter qu'on pût confondre cet accord avec une reconnaissance « de jure » du gouvernement de Charles de Gaulle. Et maintenant, à l'instant où il apposait son paraphe sur la trente-septième page du long document, le général Julius Holmes, un ancien diplomate de carrière, pouvait mesurer, à la lumière de ce qu'il venait de voir dans les rues de Paris, quel abîme séparait ce texte de la réalité. Il savait que personne à Washington ne s'attendait à voir le gouvernement du général de Gaulle s'installer et fonctionner avant plusieurs semaines. Ce court voyage à Paris venait de lui révéler la vérité : « Rien, sauf la force, ne pourrait maintenant chasser de Gaulle. » Holmes pensait avec un certain plaisir à toutes les difficultés que le Département d'État allait bientôt connaître pour modifier ce document dont l'encre n'était pas encore sèche.

En fait, pensait Holmes, « jamais de Gaulle n'avait eu l'intention d'être, aujourd'hui, autre part que là où il était, à Paris ». Et le diplomate américain, méditant avec ironie sur son propre rôle, eut la même pensée que le résistant anonyme de l'Hôtel de Ville : « Une fois encore, se dit-il, de Gaulle nous a poliment roulés. »

Dans le bâtiment de la Kriegsmarine, place de la Concorde, un Allemand échappait encore à ses vainqueurs. Le Korvet Kapitän Harry Leithold connaissait les coins et les recoins du palais de Gabriel aussi bien que ceux de son propre appartement de Berlin. Après les combats de la place de la Concorde, il s'était caché dans une petite pièce du deuxième étage. Ayant vu ses hommes sortir les bras en l'air après la reddition du Meurice, il était resté là, pensant pouvoir s'enfuir à la faveur de la nuit et rejoindre les lignes allemandes. Maintenant, il n'attendait plus que l'obscurité. Leithold pouvait entendre les hurlements de la foule qui montaient de la place. S'approchant prudemment de l'appui de la fenêtre, il se mit à regarder au-dehors. A ce moment, il vit une voiture noire qui débouchait lentement de la rue de Rivoli et s'engageait sur la place juste sous sa fenêtre. Leithold empoigna son fusil et, dans un réflexe, épaula. « Ces Français sont vraiment fous ! » pensa-t-il. Dans sa ligne de mire, à moins de 100 mètres, apparut, assis sur le siège arrière, un général français coiffé d'un képi kaki. Leithold suivit la silhouette, le doigt sur la détente. Bon tireur, il était sûr de pouvoir l'abattre d'une seule balle. D'autant plus que l'homme, grand et corpulent, faisait une belle cible. « Tuer un général français, pensa-t-il, ce serait une manière assez glorieuse de terminer la guerre. » A cet instant, Leithold fut témoin d'un spectacle inattendu. Il vit la foule déferler comme une vague vers la voiture noire et se mettre à acclamer follement ce général inconnu. Leithold comprit alors qu'il ne sortirait pas vivant de ce bâtiment s'il tirait sur la voiture noire : la foule envahirait l'hôtel et viendrait le lyncher. Quel que pût être ce général français, l'Allemand décida finalement que sa vie à lui valait plus que la sienne. A cette pensée, il reposa son fusil sur l'appui de la fenêtre, descendit au rez-de-chaussée, et se rendit.

Deux ans plus tard, dans un camp de prisonniers de guerre, le capitaine Leithold découvrira, en voyant la photo d'un magazine, qui était le général français qu'il avait tenu ce jour-là au bout de sa ligne de mire. C'était le général de Gaulle.

14

Les premières ombres du crépuscule enveloppaient maintenant la ville libérée. Comme un corps épuisé par l'amour, Paris se laissait engourdir par l'extase de la fatigue. Après tant de joies et d'émotion, l'heure était à la douceur, à la tendresse. Le sergent Armand Sorriero, du 12ᵉ régiment américain, se glissa sur la pointe des pieds, la carabine à la bretelle, dans la cathédrale Notre-Dame. Dans l'immense nef obscure et silencieuse le petit soldat de Philadelphie eut tout à coup l'impression que « la guerre n'avait jamais existé ». Il s'agenouilla et se mit à prier. Mais soudain, il pensa « qu'il ne convenait pas d'être dans la maison de Dieu avec une arme faite pour tuer ». Quand il sortit de la cathédrale, Sorriero fut interpellé par deux sœurs de Saint-Vincent-de-Paul qui l'entraînèrent dans le square voisin. Là, elles le firent asseoir sur un tabouret et se mirent à laver joyeusement la crasse et le cambouis de son visage avec l'eau chaude qu'elles portaient dans un petit pot de porcelaine. Sorriero, tout ému, pensa que c'était « le Bon Dieu qui le remerciait d'avoir été ainsi à l'église ».

Le capitaine George W. Knapp, un aumônier protestant du même régiment, avait décidé, lui, d'être le premier Américain à monter en haut de la tour Eiffel. Il commença à pied la longue et éprouvante ascension que le capitaine de pompiers Raymond Sarniguet avait accomplie quelques heures auparavant avec son drapeau tricolore. Quand, hors d'haleine, les jambes flageolantes, Knapp atteignit une heure plus tard le sommet, il sortit un petit drapeau américain de sa poche et l'accrocha à une poutrelle de la tour. Puis, il épingla un morceau de papier où il avait écrit : « Ce drapeau a été planté ici par le premier Américain qui monta à la tour Eiffel. »

En ce jour de libération, un autre Américain, le lieutenant Burt Kalisch, de la section des actualités cinématographiques du SHAEF, voulait visiter le tombeau de Napoléon. Il tambourina sur la porte de bronze de la chapelle des Invalides pour se faire ouvrir. Le gardien de ce lieu vénérable fit glisser le verrou de l'énorme porte qu'il entrebâilla. Quand il aperçut l'Américain il chuchota d'une voix caverneuse : « Êtes-vous un admirateur de l'Empereur ? »

Kalisch répondit sans hésiter que « l'Empereur était certes une grande gloire de la France ». En bougonnant le gardien ouvrit alors et l'Américain put se glisser à l'intérieur. Il s'appuya à la balustrade et contempla avec émotion le tombeau qu'éclairaient les rayons de lumière où dansaient des grains de poussière dorée. Mais bientôt sa silencieuse méditation fut troublée par un chuchotement. Puisque l'Américain était véritablement un admirateur de Napoléon, le gardien allait lui accorder un privilège réservé aux visiteurs de marque. Il lui permettrait de « toucher le glorieux sarcophage ». Les deux hommes descendirent l'escalier de marbre jusqu'au socle de granit et le bruit de leurs pas réveilla des échos qui se répercutèrent longtemps sous la voûte. Et lorsque Kalish sortit de la chapelle, le vieux gardien à la poitrine constellée de décorations offrit à l'officier un modeste cadeau. C'était une carte postale de l'illustre monument sur laquelle il avait écrit ces mots : « Au premier Américain qui, le jour de la Libération, est venu visiter le tombeau de l'Empereur ».

Sur l'avenue des Champs-Élysées, le soldat George Mac Intyre fut accosté par un prêtre. Celui-ci lui annonça qu'une de ses paroissiennes qui se mourait d'un cancer désirait rencontrer un soldat américain. La vieille femme, disait-il, voulait voir de ses yeux un Américain pour être sûre que les Alliés fussent bien arrivés et qu'elle mourrait dans un Paris libéré.

Quelques minutes plus tard, le soldat entra dans une petite chambre. Dans un grand lit, près d'une statuette de sainte Anne, se trouvait une vieille dame très maigre dont le visage s'alluma brusquement d'un éclair de bonheur.

Elle portait, se souvient Mac Intyre, « une liseuse de dentelle blanche et un bonnet de tête ». Sa première question, quand elle aperçut l'Américain, fut : « Quand serez-vous à Berlin ? »

« Bientôt », répondit Mac Intyre.

Malgré la souffrance qu'elle éprouvait à parler, la vieille dame se mit à questionner avidement le visiteur. Elle lui demanda des détails sur le débarquement, sur les destructions en Normandie, si « les gens l'avaient bien accueilli ». Finalement, avec une ardeur qui surprit le soldat, elle lui demanda : « Combien de Boches avez-vous tués ? » Deux voisines qui étaient entrées dans la pièce offrirent un verre de cognac au petit soldat qu'étreignait l'émotion de cette scène insolite. « Vive l'Amérique ! », murmura la vieille dame. « Vive la France ! », répondit l'Américain. Puis Mac Intyre se mit à fouiller ses poches et il déposa sur le lit tout ce qu'elles contenaient : deux barres de chocolat et une savonnette. La vieille dame allongea alors le bras vers sa table de chevet, prit un petit crucifix et le tendit à l'Américain en disant : « Il vous protégera pendant le reste de la guerre. » Le soldat se pencha vers elle et l'embrassa sur ses deux joues décharnées. Il promit de revenir la voir le lendemain. Mais le lendemain, la vieille dame serait morte.

A Saint-Germain-des-Prés, le colonel Jim Luckett regardait avec nostalgie la terrasse du café où il avait vécu, seize ans plus tôt, quelques heures mémorables de sa vie d'étudiant. Mais aujourd'hui, Luckett n'avait pas le temps de s'arrêter aux « Deux Magots ». Il se hâtait vers une adresse qui se trouvait depuis un an dans son carnet, le 10, rue des Beaux-Arts. Au troisième étage de cet immeuble se trouvait l'appartement que Luckett avait gagné dans un pari. Mais ce jour-là, au 10, rue des Beaux-Arts, une deuxième surprise attendait l'Américain. Dans l'appartement, Luckett trouva une locataire : une ravissante blonde qui se jeta « dans ses bras comme un obus de 88 ».

Fier de lui, Fernand Moulier, le journaliste français qui avait battu tous ses confrères dans la course vers Paris, entra dans l'hôtel Scribe pour encaisser le montant des innombrables paris qu'il avait ainsi gagnés. Sur le pas de la porte le colonel Ed. Pawley, officier d'information du SHAEF, l'arrêta. « Impossible d'entrer ici en civil, mon cher. Allez mettre un uniforme ! »

Un rendez-vous important attendait, en ce soir de libération, le comte Jean de Vogüé, le membre du COMAC dont l'intervention, quatre jours plus tôt, avait décidé les chefs de la Résistance à rompre la trêve de Nordling. Vogüé rasa la moustache qu'il avait laissé pousser dans la Résistance. Puis, un bouquet de fleurs à la main, il alla sonner à la grille de l'élégant hôtel particulier de sa famille, 54 quai d'Orsay.

Une femme de chambre vint lui ouvrir. En reconnaissant le visiteur elle eut un mouvement de recul et s'écria, les bras au ciel : « Monsieur Jean est revenu. » Vogüé entra alors dans la somptueuse demeure et se dirigea vers le petit salon où se trouvait sa mère. Puis il offrit son bouquet à cette mère qu'il avait un jour feint de ne pas reconnaître lorsqu'il l'avait rencontrée dans la rue.

— Ainsi, te voilà rentré de Londres ? demanda Mme de Vogüé.

— Mais je n'ai jamais été à Londres, mère, répondit le garçon, j'étais un des chefs de la Résistance.

La dame eut un sursaut d'étonnement.

— Oh ! Jean, dit-elle, comment as-tu pu faire cela ? Tu étais donc associé à ces voyous, à ces communistes ?

Sur quoi la comtesse, désespérée, se laissa choir dans une bergère.

Un accueil tout aussi déconcertant attendait le lieutenant de la 2e D.B. Philippe Duplay.

Quand Duplay arriva avenue de Neuilly devant l'immeuble où habitaient ses cousins, il entendit les volets se fermer brusquement et vit les gens s'enfuir. Personne ne répondit à ses coups de sonnette. Il allait repartir lorsqu'il perçut une voix inquiète derrière la porte :

— Qui est là ? demanda-t-elle.

— C'est moi, Philippe.

— Philippe qui ?

— Philippe Duplay.

A ces mots la porte s'ouvrit brusquement.

— Tu nous en as fait une peur, s'écria sa cousine. Nous avons cru que les Boches revenaient.

Duplay avait simplement oublié que le véhicule dans lequel il était arrivé avenue de Neuilly était une voiture allemande, la Wolkswagen de la Wehrmacht qu'il avait capturée en Normandie.

Personne ne vint ouvrir au sergent André Aubry lorsqu'il frappa à la porte de la morgue de l'Hôtel-Dieu. La morgue était fermée pour la nuit. Aubry repartit tristement. Il était venu dire un dernier adieu à son meilleur ami, le petit Breton Marcel Bizien qui avait lancé son char à l'abordage du « Panther » de la place de la Concorde.

Jamais le G.I. de Géorgie Leon Cole n'avait vécu une journée pareille. Au volant de sa jeep qu'il promenait dans les rues tortueuses de Montmartre, Cole pouvait entendre rouler sur le plancher les tomates dont la foule enthousiaste avait rempli sa voiture. Au coin d'une rue, Cole fut abordé par un couple d'un certain âge. « I speak English », dit la femme en souriant. Cole se mit à sourire à son tour et lui offrit des tomates. En remerciement, la dame et son mari invitèrent l'Américain à venir boire un verre dans leur appartement. Cole hésita. C'était interdit par le règlement. « Au diable les règlements aujourd'hui ! », trancha-t-il. Il descendit de sa jeep et monta derrière le couple les cinq étages qui menaient à leur appartement.

La femme prit alors le petit fermier de Géorgie par la main et le conduisit à la fenêtre. D'un seul coup d'œil l'Américain découvrit brusquement, étendue à ses pieds, la vue merveilleuse dont il avait tant entendu parler, dont il avait rêvé pendant des années. Dans la pénombre du soir il devinait les contours de la tour Eiffel, les tours de Notre-Dame, les méandres de la Seine. Ses hôtes lui versèrent un grand verre de cognac. Côte à côte le vieux couple français et le grand Américain dégingandé, sa carabine à la bretelle, restèrent à contempler l'obscurité qui descendait sur Paris.

Et soudain, l'admirable panorama qui s'étendait devant eux s'illumina. Pour la première fois depuis le 3 septembre 1939, toutes les lumières de Paris embrasaient la ville. En l'honneur de la Libération, les électriciens venaient de rétablir l'éclairage public.

A la vue de cette beauté, Cole poussa un cri. A côté de lui, lentement, la femme leva son verre au-dessus du balcon, au-dessus de Paris.

« A la Ville Lumière », dit-elle dans un murmure. Cole se tourna vers elle et, à travers la pénombre, il vit qu'elle pleurait. Alors, le petit fermier de Géorgie comprit qu'il pleurait lui aussi.

15

De toutes les fonctions qu'il avait exercées dans sa vie celle qui l'attendait maintenant, pensait le commandant Robert J. Levy, serait sans doute la plus difficile.

L'agent de change new-yorkais était l'officier de liaison américain auprès de Charles de Gaulle. Après avoir vainement cherché le général pendant trois jours, il l'avait enfin retrouvé à Paris, le soir même de la Libération. En observant les visages de tous ceux qui sortaient de son bureau, Levy pouvait imaginer l'humeur dans laquelle se trouvait de Gaulle. De toute évidence celle-ci devait être fort mauvaise. L'Américain en comprenait sans peine les raisons. Dans les locaux du ministère de la Guerre, occupés trois heures plus tôt, semblait régner la plus parfaite confusion. L'électricité était coupée, le téléphone ne fonctionnait que dans certains bureaux et uniquement pour Paris. Des gens entraient, sortaient, s'interpellaient, se retrouvaient bruyamment dans une pagaïe indescriptible.

Au bout d'un long moment, le lieutenant Guy introduisit enfin Levy dans le bureau du général. De Gaulle se leva et toisa par-dessus son large bureau ministriel le petit commandant américain. « Eh bien, Levy, dit-il, j'espère que vous parlez français. Je sais l'anglais, mais je n'ai pas l'intention de le parler. »

A ces mots de Gaulle éleva son bras et d'un grand geste impatient, comme s'il voulait balayer d'un seul coup les ténèbres, le vacarme et le désordre qui l'environnaient, il se mit à gronder : « Comment voulez-vous que je gouverne la France dans un tel chaos ? »

Fixant d'un regard courroucé l'officier américain, de Gaulle énuméra alors les trois choses dont il avait besoin pour pouvoir effectivement gouverner la France ce soir-là : des cigarettes Craven, des boîtes de rations et des lampes-tempête.

Levy claqua les talons, salua et sortit. Puis, sautant dans sa jeep, convaincu de la haute importance de sa mission, il se mit à sillonner Paris pour trouver les précieuses denrées qui manquaient à Charles de Gaulle pour gouverner la France.

Il découvrit les Craven chez un collègue britannique et les boîtes de rations dans un camion d'intendance de la 4e division arrêté devant l'hôtel Crillon. Par contre il eut bien du mal à mettre la main sur des lampes-tempête. Il finit par en trouver un plein camion arrêté sur une petite route de banlieue. Levy dut longuement parlementer avec le G.I. qui refusait de se défaire des précieux instruments. Finalement, après lui avoir fait comprendre que l'avenir des relations franco-américaines dépendait en ce moment de son attitude, il réussit à persuader le soldat de « tourner le dos » pendant qu'il faisait main basse sur une douzaine de ces petites lampes qui allaient éclairer la première nuit de Charles de Gaulle à Paris.

A l'instant même où le commandant Levy était sorti du ministère de la Guerre, un autre Américain descendait l'escalier d'un immeuble voisin de la rue de Grenelle. Imperturbable, il croisa un correspondant de la B.B.C. qui suppliait le F.F.I. de garde à la porte de le laisser entrer dans l'immeuble. Larry Leseur avait finalement gagné : il venait de faire passer sur les ondes le premier vrai reportage radiophonique sur la libération de Paris. C'était le plus grand « scoop » de sa carrière. Pour l'acheminer, chose hasardeuse en ces heures de confusion, Leseur avait eu une idée très simple, mais géniale. Il s'était rendu dans un studio de la radio française et avait obtenu que son reportage fût directement diffusé depuis Paris[1].

Dans un petit bar de Pigalle voisin du Bal Tabarin, le rival de Leseur, le radio-reporter Charlie Collingwood, avait enfin trouvé la paix parmi les prostituées et les mauvais garçons de Montmartre. C'étaient les seuls habitants de Paris qui ne semblaient pas le connaître. Durant toute la journée, chaque fois qu'il avait avoué son nom, l'Américain qui avait lancé sur les ondes la nouvelle prématurée de la libération de Paris s'était fait insulter. La scène la plus pénible s'était déroulée chez Marie-Louise Bousquet. Indignée par la légèreté du « charmant Américain » qu'elle avait reçu avant la guerre dans son salon, elle lui avait fait d'amers reproches.

1. Les techniciens français réenregistrèrent son reportage et décidèrent de le passer toutes les heures dans leurs propres programmes. L'enregistrement fut aussitôt capté à New York et retransmis dans toute l'Amérique. Pour cette initiative qui violait évidemment les règlements de la censure, Leseur fut sévèrement puni par le SHAEF. Ses privilèges de correspondant de guerre furent suspendus pendant trente jours, ce qui revint à obliger « le malheureux Américain » à passer un mois à Paris sans avoir rien à y faire, du moins de professionnel !

Mais maintenant, dans ce bar de Pigalle, Collingwood pouvait enfin montrer sans crainte son visage. Tandis que Roger, le propriétaire, lui racontait pour la troisième fois ses aventures amoureuses à Hollywood, l'infortuné radio-reporter se disait que Marconi avait eu tort d'inventer la radio !

Dans toute la ville qu'enveloppaient les ténèbres de la première nuit de liberté, 3 millions et demi de Parisiens et leurs 40 000 libérateurs entamaient le dîner de la victoire.

Partout où ils se trouvaient, les soldats de la 2e D.B. et de la 4e division distribuèrent aux Parisiens émerveillés des denrées dont ceux-ci avaient oublié jusqu'au souvenir. Dans une rue proche de la Bastille, une petite fille demanda à un G.I. « une autre balle rouge comme celle qu'il venait de lui donner ». C'était une orange et l'enfant n'en avait jamais vu. Dans les milliers de foyers que menaçait la famine, il se trouva presque toujours une ultime boîte de conserve, une dernière bouteille pour agrémenter le dîner de la victoire. Parfois, comme rue de la Huchette, le pillage d'un restaurant de marché noir permit à quelques Parisiens de faire un festin inattendu. Mais, plantureux ou frugal, partout ce dîner eut lieu dans la joie. Et des centaines de soldats américains devaient découvrir qu'en passant dans les mains magiques des ménagères françaises, les boîtes de rations de l'intendance pouvaient révéler une saveur qu'ils ne leur auraient jamais soupçonnée.

Au ministère de la Guerre, un cuisinier engagé à la hâte préparait le premier dîner parisien du général de Gaulle. Il venait lui aussi d'arriver à Paris. Mais il y avait été envoyé pour servir un autre chef d'État. C'était le cuisinier du maréchal Pétain.

Hâves et épuisés, les hommes du P.C. de Rol remontaient à la surface après cinq jours de vie souterraine. Ils allèrent fêter la victoire dans le restaurant de la place Saint-Michel dont le lard et la bénédictine leur avaient permis de survivre pendant ces derniers jours au fond de leur abri.

Dans la salle à manger de l'hôtel Meurice jonchée de débris, à la place même où le général von Choltitz avait pris son dernier repas quelques heures auparavant, un jeune lieutenant s'attabla devant un festin pantagruélique. C'était Henri Karcher, l'officier de la 2e D.B. qui avait pris le Meurice.

Non loin de là, dans la salle à manger d'un autre hôtel, un dîneur poussait des hurlements scandalisés : le maître d'hôtel du Ritz venait d'apporter son addition à Ernest Hemingway.

« Je veux bien dépenser des millions pour défendre la France, ou pour lui rendre hommage, criait Hemingway, mais je ne donnerai pas un sou à Vichy. » En effet, au bas de la note, le maître d'hôtel avait porté machinalement une petite somme qu'il inscrivait toujours sur ses additions : les taxes instaurées par Vichy.

Jean-René Champion, le conducteur du « Mort-Homme », le Sherman qui avait brûlé devant le Meurice, devait, ce soir-là, dîner deux fois. Traversant les Tuileries après un premier dîner avec une famille de Parisiens qui l'avaient invité, il tomba sur un groupe de F.F.I. qui l'obligèrent à partager avec eux leur repas de sardines et de haricots.

A l'issue du dîner qu'il venait d'offrir à la Préfecture de police au général Holmes, cet Américain qui avait signé avec Kœnig l'accord relatif aux Affaires civiles, le préfet Charles Luizet offrit un verre de cognac à son invité, et le conduisit à la fenêtre. Devant les deux hommes se profilait dans la nuit la flèche de la Sainte-Chapelle. Luizet profita de cette minute pour placer, sur le ton de la confidence, des propos qu'il jugeait de la plus grande importance. « Un grand danger menace maintenant Paris. Si les communistes tentent un coup de force, nous n'avons pas les moyens de leur répondre. » Et Luizet demanda alors à Holmes de lui procurer de toute urgence des armes pour la police et pour la gendarmerie afin de lui permettre de « maintenir par tous les moyens l'ordre dans Paris en cas de danger ». Quarante-huit heures plus tard une colonne de camions entrera discrètement dans la cour de la préfecture. Sous les bâches se trouveront 8 000 fusils et mitraillettes, des munitions et plusieurs bazookas.

Rares étaient cependant les hommes de la 2e D.B. ou les Américains qui avaient ce soir-là des préoccupations aussi sérieuses. Ils étaient bien trop occupés à jouir de cette soirée qui devait rester dans la mémoire d'un soldat de Caroline nommé John Holden comme « la plus belle nuit que le monde eût jamais connue ». Le soldat David McCreadil, de la 12e compagnie antichars, entra, ô merveille ! « dans un café où tout était gratuit ». « Les Français étaient fous de joie, les femmes dansaient sur le piano, nous étions tous saouls et nous chantions à tue-tête *la Marseillaise* dont nous ne connaissions même pas les paroles. »

Des tanks, des half-tracks et des jeeps des deux divisions fusaient les rires joyeux des soldats et des Parisiennes. Dans des centaines de cafés, derrière les portes fermées et les rideaux tirés, on dansait, on chantait, on riait et on s'aimait.

Robert Mady, le canonnier du « Simoun » qui avait si opportunément retrouvé la longueur des Champs-Élysées dans ses souvenirs de l'almanach Vermot, y revint à la nuit tombée avec l'équipage de son char. Il avait décidé de « libérer » le « Lido ». Et là sur la piste d'attractions déserte, Mady et ses camarades dégustèrent un cadeau qui les consola de n'avoir jamais pu manger leur canard : le meilleur champagne de la plus célèbre boîte de nuit du monde. Claude Hadey, le tireur du Sherman « Bautzen » qui avait détruit une casemate devant le Luxembourg, passa la nuit dans un cabaret voisin, le « Gipsy ». Hadey et ses compagnons faisaient à tour de rôle le guet devant la porte pour s'assurer « qu'aucun officier ne viendrait troubler la fête ». Mais c'était encore un plaisir que tous les soldats du monde se seraient disputé d'avoir à monter ainsi la garde dans la première nuit de Paris libéré.

Étrange nuit ! Lucien Aublanc et sa femme Simone dînèrent dans les Tuileries, au pied d'un half-track. Mehdi, le chauffeur algérien d'Aublanc, prépara pour la « fatma » de son chef un café avec une poudre comme elle n'en avait jamais vu. C'était du Nescafé. Puis le couple s'enroula dans une couverture et se glissa sous le véhicule. Et ainsi passèrent-ils leur première nuit après quatre ans de séparation.

Rue de la Huchette et rue de la Harpe, devant le P.C. du 12e régiment américain installé à l'hôtel du Levant, se déroulait au son de la fanfare des pompiers un véritable bal de

14 Juillet. Tous les soldats tenaient une fille dans les bras y compris la sentinelle de garde devant l'hôtel, le sergent Thomas W. Lambero. Soudain, Lambero fut appelé au téléphone. Au bout du fil, une voix demandait « si tous les hommes avaient une fille pour passer la nuit avec eux ». Lambero crut pouvoir assurer « que la situation était bien en main ».

Dans le bois de Vincennes, le commandant d'un bataillon d'infanterie, soucieux de maintenir les apparences de la discipline, commanda à ses hommes de planter leurs tentes individuelles en rangées régulières. Il ordonna en outre pour le lendemain un appel réglementaire à 6 heures. Le lendemain, quand on sonnera cet appel, le commandant pourra mesurer l'ampleur de son échec. De toutes les tentes sortiront un soldat titubant de fatigue et une fille à moitié endormie.

Pendant cette folle soirée, toutes différences de langage étaient abolies. Cependant, le soldat Charlie Haley du 4e génie fouilla en vain le manuel de conversation courante fourni par l'armée pour y découvrir « une phrase charmante » qu'il pourrait dire à la jolie fille qui se trouvait avec lui. Haley réalisa alors la stupidité des conceptions militaires. « Je ne peux tout de même pas dire à cette fille : "Avez-vous des œufs ?"

Le sergent Ken Davis, de Pennsylvanie, avait appris par cœur, lui, une simple phrase. C'était : « Vous êtes très jolie. »

Au milieu de la joie, de l'enthousiasme et des éclats de rire de cette délirante soirée, personne ne remarqua le G.M.C. bâché qui remontait l'avenue d'Italie. A l'intérieur, un des passagers du camion souleva discrètement un coin de la toile et jeta un coup d'œil sur le carnaval qui se déroulait dehors. Il aperçut un soldat américain qui se penchait hors de la tourelle de son char et hissait une fille sous les acclamations de la foule. Tristement, Dietrich von Choltitz laissa retomber le coin de la bâche et soupira. « Cette fois, pensa-t-il, c'est toute une époque de ma vie qui se termine. » A côté de lui, le colonel Hans Jay, sidéré par le matériel américain qu'il avait pu entrevoir, voulut réconforter Choltitz. « Dans huit semaines, lui dit-il, la guerre sera finie. »

« Pas sûr, répliqua le général avec mélancolie. Vous verrez qu'il se trouvera en Allemagne des gens assez fous pour s'embusquer derrière chaque arbre et résister jusqu'à la mort. »

Puis, tirant une bouffée de sa première cigarette américaine, Dietrich von Choltitz s'appuya aux ridelles du camion et ferma les yeux. Quittant la ville qu'il avait, malgré tout, sauvée du désastre, il ne savait pas encore qu'il roulait vers une captivité qui devait durer deux ans et huit mois[1].

Épuisés par tant d'émotions et de joies, les F.F.I., les soldats de la 2e D.B., ceux de la 4e division américaine et tous les Parisiens finirent par s'abandonner au sommeil. La plupart s'endormirent là où ils se trouvaient. Le capitaine Glenn Thorne, du 12e régiment, eut pour cette première nuit dans Paris libéré le lit le plus inattendu : « la margelle d'un bassin rempli de crocodiles du zoo de Vincennes ». Non moins insolite fut l'endroit où le soldat Étienne Krafft, de la 2e D.B. s'allongea enfin,

1. Actuellement à la retraite, Choltitz vit modestement de sa pension à Baden-Baden. L'adresse de sa petite villa de quatre pièces est Frankreichstrasse 27, (27 rue de France).

en compagnie d'une jolie blonde nommée « Kiki ». Le seul « endroit intime » qu'il avait pu trouver devant l'École militaire était un corbillard. A Aulnay-sous-Bois, un sympathique ménage français invita le sergent Bryce Rhyne à dormir dans « les draps blancs comme neige de leur beau lit recouvert d'un couvre-pieds en satin ». L'Américain refusa mais les Français insistèrent. Finalement, lorsque ses hôtes furent sortis de la pièce, Rhyne descendit sur la pointe des pieds jusqu'à sa jeep pour chercher ses couvertures de l'armée. Il était si sale qu'il n'avait pas « le cœur d'abîmer des draps aussi blancs ». Dans le poste de secours des Invalides, un blessé de la 2e D.B., le soldat Léandre Médori, se trouvait lui aussi dans un lit pour la première fois depuis des mois. Tout à l'heure, Médori avait supplié la petite infirmière de ne pas le déchausser car il ne s'était pas lavé les pieds depuis dix jours. Et maintenant, dans la tiédeur moelleuse des draps, le soldat ne parvenait pas à trouver le sommeil. Alors Médori fit la seule chose qui pouvait l'aider à s'endormir. Il descendit du lit et s'allongea sur le plancher.

A l'hôpital Marmottan, un autre blessé de la 2e D.B., qui lui dormait profondément sous l'effet des anesthésiques de la salle de chirurgie, se réveilla en sursaut. Un cauchemar, soudain, venait de le hanter : ses jambes. Rassemblant toutes ses forces, il se redressa et regarda sous ses draps avec anxiété. Puis, poussant un soupir de soulagement, il laissa retomber sa tête sur l'oreiller. Le commandant Henri de Mirambeau, cet officier qui avait été blessé, place de l'Étoile, par la grenade traîtreusement lancée par un prisonnier allemand, était rassuré. Grâce à Dieu, il avait encore ses jambes.

Recru de fatigue, le capitaine Georges Buis s'enfonça tout nu dans son sac de couchage et s'endormit sous la statue du général Marceau, rue de Rivoli. Tout à côté, dans les Tuileries, Jean-René Champion s'allongea le long des chenilles calcinées de son char, le « Mort-Homme ». Champion songeait à ses camarades qui avaient été tués ce jour-là et aux Parisiens qui avaient déchiré leurs draps pour faire des pansements aux blessés. Pour ce Français d'Amérique qui foulait pour la première fois le sol de la capitale de son pays, « Paris n'était plus un rêve ».

Aux portes de la ville, loin du tumulte des réjouissances, un G.I. solitaire ajouta quelques lignes à son journal. C'était le caporal Joe Ganna, le médecin qui deux jours plus tôt avait déjà noté dans son journal « pluie sur nos combinaisons, pluie dans notre café, pluie sur nos têtes ».

« Ces lignes auraient dû être écrites dans Paris, griffonna-t-il, mais "ils" se sont contentés de nous faire traverser la ville. Il y avait des femmes et des enfants qui nous embrassaient, des hommes qui nous donnaient des tomates et du vin. Ç'a été une journée merveilleuse jusqu'à ce que nous tombions sur les Allemands. Alors l'éternelle histoire a recommencé, la fusillade, encore des hommes tués et blessés, il a fallu creuser des trous et nous y planquer. » L'un des camarades de Ganna était parmi les morts. C'était le 1re classe « Davey » Davidson. Il avait été tué dans un terrain vague, près d'une usine. Quand Ganna était revenu pour réclamer son corps, les F.F.I. l'avaient déjà enterré. Ainsi, « Davey » le G.I. dormirait pour toujours aux lisières de cette ville dans laquelle il avait espéré trouver enfin « une nuit de sommeil dans un vrai lit ».

Pour la plupart des hommes de la 2e D.B. et de la 4e division américaine qui eurent la chance de vivre cette journée fabuleuse et de lui survivre, le souvenir de tant d'émotion, de tendresse, de beauté, s'identifiera pour toujours à l'image d'une femme.

Pour le sergent Tom Connolly, cette femme fut « une jolie blonde dans une robe blanche » qui s'avançait dans la cour pavée du vieux château où son bataillon avait installé son P.C. Elle s'appelait Simone Pinton et elle avait vingt et un ans. Connolly contempla les boucles dorées qui tombaient sur ses épaules et se dit qu'elle était la plus jolie fille qu'il eût rencontrée depuis son départ des États-Unis. Le soldat se souviendra toujours de la première phrase que lui adressa la jeune fille : « Puis-je laver votre combinaison ? demanda-t-elle dans un anglais hésitant. Elle est très sale. »

A ces mots, Connolly se sentit « gauche, muet, malpropre, terriblement barbu et très reconnaissant ». A la tombée de la nuit, Simone lui rapporta l'uniforme qu'elle avait lavé. Et bras dessus, bras dessous, ils allèrent se promener dans les environs. Connolly avait l'impression cette nuit-là « de trinquer avec des millions de Français ». Partout les gens couraient vers eux en riant et en criant « Vive l'Amérique ! », Vive la France ! » et « Vive l'Amour ! ». Ils leur offrirent du vin, des fleurs, n'importe quoi. Finalement, le couple s'éloigna de la foule et entra dans une grande prairie. Alors le grand sergent dégingandé de Detroit et la jolie Française en robe blanche se mirent à courir, la main dans la main, jusqu'au sommet d'une petite colline boisée. En riant ils se laissèrent tomber dans l'herbe. Au-dessus d'eux, Connolly pouvait voir des myriades d'étoiles et dans le lointain, au cœur de Paris, la silhouette sombre de la tour Eiffel qui se découpait sur la clarté de la nuit. Simone prit tendrement la tête du G.I. et la posa sur ses genoux. Elle se pencha et l'embrassa, et ses mèches blondes roulèrent sur son visage. Puis, d'un geste aussi ancien que l'amour, elle commença doucement à caresser ses cheveux :

« Oublie la guerre, murmura-t-elle, mon petit Tom, ce soir, oublie la guerre... »

16

Enfin, Paris se réveille de sa première nuit de liberté. Courbatus, la tête lourde de toutes les joies, de toutes les émotions et de toutes les folies triomphales de la veille, les Parisiens et leurs libérateurs ouvrent les yeux sur le grand soleil qui inonde la ville en ce samedi 26 août.

Affalé sur un lit dans l'arrière-boutique du charcutier Louis Berty, le lieutenant américain Bob Woodrum sent brusquement une main puissante qui secoue son épaule. « Les Allemands », se dit-il en bondissant du lit. Mais devant lui, Woodrum voit un jeune et élégant lieutenant américain.

« Allez mon pote, dit l'inconnu, fini les vacances, t'es de retour dans l'armée[1]. »

1. La veille, au cours d'une brève promenade dans Paris, Woodrum avait commis l'imprudence de se présenter au Q.G. provisoire de l'aviation américaine, à l'hôtel Windsor-Reynolds.

Au quartier général du Ve corps américain, dans le petit village de Chilly-Mazarin, à 24 kilomètres de Paris, un colonel allemand s'approche du colonel Arthur Campbell et lui tend une enveloppe. C'est Hans Jay. « Voici la clé de la chambre du général von Choltitz à l'hôtel Meurice, dit-il simplement. Il l'a emportée par erreur, et je pense qu'il n'en aura pas besoin d'ici longtemps. »

A 400 kilomètres de là, en Allemagne, dans une rue de Baden-Baden, Uberta von Choltitz, un châle jeté sur les épaules, se hâte vers l'appartement du vieil ami qui lui a demandé de venir le voir « de toute urgence ». Lorsqu'elle entre, il l'embrasse affectueusement. Puis il la fait asseoir et lui révéle ce qu'il vient d'entendre en prenant les nouvelles interdites de la B.B.C. : Paris est tombé. Et le speaker a dit : « Le général allemand commandant Paris a été fait prisonnier. »

Mais, avant tout, cette journée du 26 août appartient à Charles de Gaulle. Elle doit marquer son « entrée officielle » dans Paris. Toute la nuit, la radio a répété l'annonce du grand défilé des Champs-Élysées. Jusqu'à l'aube, professionnels ou amateurs, tous les pinceaux de la capitale ont tracé sur des milliers de banderoles : « Vive de Gaulle ». Ce jour du « rendez-vous avec l'Histoire » est donc arrivé. Il va couronner une croisade de quatre années et provoquer le plébiscite populaire dont le chef de la France libre tirera l'autorité nécessaire pour réduire au silence ses adversaires et relever la France.

Pour cette longue marche jusqu'à Notre-Dame, de Gaulle jugeait nécessaire que la 2e D.B. accompagnât ses pas. Il voulait que la présence de ses chars et de ses canons montrât au peuple de Paris de quelle autorité son gouvernement avait l'appui. Une fois de plus, sans se soucier de la hiérarchie du commandement allié, il donna directement à Leclerc l'ordre de rassembler ses troupes pour le défilé. Il ne fit qu'une seule concession : il laissa un groupement tactique faire mouvement vers le nord-est, en direction du Bourget, où avait été signalée la possibilité d'un contre-attaque allemande.

Jamais, dans l'histoire de Paris, défilé n'a comporté autant de risques. Dans cette ville où se terrent encore des francs-tireurs allemands et des collaborateurs aux abois, dans cette ville aux portes de laquelle campent des arrière-gardes de la Wehrmacht bien supérieures en force au petit détachement de la 2e D.B. et à l'unique régiment américain qui l'appuie, de Gaulle se propose de rassembler plus d'un million d'habitants et toute l'élite politique de son pays. Jamais, depuis le jour où l'armada alliée s'est présentée devant les côtes normandes, les avions de Goering n'ont eu de cible plus tentante. Il suffirait de quelques avions et d'un commando blindé un peu résolu pour que la contre-attaque allemande, débouchant sur les Champs-Élysées, ne vînt transformer une manifestation triomphale en un désastre aux conséquences incalculables.

Ces risques, de Gaulle a pourtant décidé de les prendre. A l'heure où la vague d'enthousiasme produite par la Libération soulève encore Paris, il veut imposer sans retard son autorité. Il en va de son propre avenir politique et, partant, de l'avenir de la France elle-même.

L'audacieuse décision du général provoque

un conflit immédiat avec les Américains. A 10 heures du matin, ignorant les ordres qu'a donnés de Gaulle, un officier du Ve corps, auquel appartient la 2e D.B., apporte au P.C. de Leclerc les instructions du commandement allié pour la journée du 26 août. Inquiet de savoir les flancs de Paris exposés à une réaction allemande, le général Leonard T. Gerow, commandant le Ve corps, ordonne à la division française d'aller prendre position sans délai aux lisières nord-est de la ville.

Mais, bientôt, la 1re armée américaine reçoit de son Ve corps ce message désabusé : « *Le général de Gaulle a ordonné à Leclerc de défiler avec ses troupes de l'Arc de Triomphe à Notre-Dame. L'état-major de la division française, furieux d'être retiré de la ligne d'opérations, dit que Leclerc a reçu des ordres impératifs et qu'il est obligé de les exécuter. La 2e D.B. sera tellement absorbée qu'on ne pourra pas compter sur elle pour une action d'urgence pendant au moins douze heures, peut-être davantage*[1]. »

Gerow a appris la nouvelle en revenant d'une tournée d'inspection. Suffoquant de colère, il griffonne de sa main une note brutale à Leclerc : « *Vous êtes sous mon commandement, et vous ne devez accepter d'ordres de personne d'autre. J'ai appris que le général de Gaulle vous avait commandé de faire défiler vos troupes cet après-midi à 14 heures. Vous ne tiendrez pas compte de cet ordre et vous continuerez la mission actuelle qui vous a été assignée, c'est-à-dire de nettoyer les nids de résistance de Paris et de la banlieue. Les troupes placées sous votre commandement ne participeront à aucun défilé cet après-midi*

1. G 3 Ve corps à FUSA -26-8-44- 11 h 30.

ni à aucun autre moment à moins d'en avoir reçu l'ordre signé de moi personnellement. »

Leclerc, pris entre deux feux, n'hésite pas. Son chef suprême c'est de Gaulle. Cependant, pour éviter une rupture brutale avec le Ve corps, il fait en sorte de ne pas être à son P.C. lorsque arrivent les notes dont Gerow le crible. Malheureusement, un lieutenant-colonel de l'état-major du général américain finit par le retrouver dans un restaurant proche des Invalides. L'officier lui remet les ordres manuscrits du commandant du Ve corps et ajoute que si la division prend part au défilé, le général américain devra considérer ce refus d'obéissance comme « un acte caractérisé d'indiscipline ». Excédé, Leclerc conduit l'officier américain à de Gaulle lui-même.

« Je vous ai prêté Leclerc, déclare superbement le général, il me semble que je peux vous le reprendre pendant quelques heures. »

Alors qu'à Paris s'achève la mise en place du défilé triomphal, à Margival le téléphone se met à grésiller au quartier général du groupe d'armée B. C'est la ligne « Blitz » qui appelle le bureau du Feldmarschall Model. Mais le maréchal est absent. Pour la première fois depuis qu'il est rentré de la longue tournée des unités faite à sa prise de commandement, le petit maréchal a quitté son Q.G. Il vient de partir pour inspecter les troupes qu'il a regroupées dans les environs de Compiègne.

Au bout du fil, le colonel général Alfred Jodl paraît perplexe. A la demande expresse de Hitler, il désirait en effet parler personnellement au maréchal Model. Après une courte hésitation, Jodl réclame l'adjoint de Model, le général Hans Speidel, chef d'état-major du groupe d'armées B. Speidel prend l'appareil. Le Führer, dit Jodl, ordonne que l'attaque qu'il avait fait préparer la veille, c'est-à-dire le bombardement de Paris par les fusées V1 et V2, ait lieu immédiatement. Le Führer exige que toutes les rampes de lancement d'armes V dispersées dans le Pas-de-Calais, le Nord de la France et la Belgique fassent pleuvoir sur Paris « une averse de V1 et de V2 ».

Jodl informe ensuite Speidel que l'état-major de la 3e flotte aérienne de la Luftwaffe replié à Reims a reçu, de son côté, l'ordre de lancer un raid aérien sur Paris « avec toutes les forces qui sont à sa disposition ». Speidel assure que les instructions du Führer seront immédiatement transmises, et il raccroche. Ainsi, à l'instant où un million de personnes accourent vers le cœur de la capitale de la France, un général allemand, le teint cireux, le visage creusé par la fatigue, se pose la question la plus douloureuse de sa vie, une question à laquelle est suspendu le sort d'une ville entière. Speidel sait que si Model s'était trouvé dans son bureau à l'instant où la sonnerie de Rastenburg avait retenti, il ne se serait pas écoulé une heure avant que les premières bombes volantes V1 et V2 n'eussent commencé à vrombir dans le ciel de Paris. Mais Speidel a vite pris sa décision : jugeant l'ordre insensé maintenant que Paris est tombé, il ne le transmettra pas. Sept jours plus tard, le général Speidel sera arrêté par la Gestapo[1].

Pendant ce temps, dans son grand bureau du ministère de la Guerre, fumant tranquillement

1. Ni Speidel ni l'O.K.W. n'avaient cependant connaissance du défilé qui devait se tenir ce jour-là à Paris. On imagine l'effroyable massacre qui aurait pu se produire si Speidel avait transmis l'ordre de Hitler et commandé le bombardement des V1 et V2 sur Paris.

une Craven, de Gaulle expose l'importance du défilé dont il va offrir le spectacle aux Parisiens et au monde. Son interlocuteur est le commandant Robert J. Levy, à qui vient d'échoir la tâche incommode de lui présenter les objections que le général Gerow formule à l'égard de cette initiative.

Du point de vue militaire, reconnaît de Gaulle, Gerow a raison. Il admet que les risques qu'il va prendre sont « grands ». Mais ajoute-t-il « ce défilé est nécessaire, car le but en vaut la peine ».

« Ce défilé, conclut de Gaulle après un silence, fera l'unité politique de la France. »

17

Solitaire, solennel, dominant de toute la tête la foule qui l'entoure, Charles de Gaulle vient de se figer au garde-à-vous devant la tombe du Soldat Inconnu. Sur la pierre nue, il s'incline et dépose une couronne de glaïeuls rouges. Puis il accomplit un geste que nul, depuis le 14 juin 1940, n'a pu faire qu'en présence de l'envahisseur : tandis qu'éclate sous la voûte triomphale la sonnerie *aux Morts*, puis *la Marseillaise*, il ranime la Flamme éternelle. Le général se dirige ensuite vers les tanks et les voitures blindées alignés autour de l'Étoile, et va les passer en revue. Massés sur les trottoirs, les balcons, les toits, des milliers de Parisiens l'acclament, de plus en plus fort. Le général revient devant l'Arc de Triomphe et s'immobilise à nouveau. Un instant, il regarde les Champs-Élysées.

Jusqu'à l'obélisque, 1 800 mètres plus bas, une foule immense se presse sur la chaussée. Le ciel est bleu, sans un nuage. Le soleil d'août, brûlant, illumine l'océan multicolore des drapeaux, des robes d'été, des banderoles. Charles de Gaulle va vivre un moment de triomphe comme jamais peut-être dans l'histoire du monde un homme n'en a vécu.

Il sait pourtant qu'à tout instant une attaque aérienne allemande peut venir transformer ce spectacle triomphal en une effroyable tragédie, dont ses adversaires seront trop heureux de pouvoir l'incriminer. Mais, contemplant la multitude immense devant lui, de Gaulle en ce moment croit à « la fortune de la France », et en son destin. Une voiture de police descend lentement l'avenue et annonce par haut-parleur que de Gaulle « confie le soin de sa sécurité au peuple de Paris ». Quatre tanks de la 2e D.B. s'ébranlent alors dans un fracas métallique, ouvrant le cortège. De chaque côté de l'avenue, des F.F.I., des agents de police et des pompiers se tiennent par le bras en une interminable chaîne qui contient la foule. Derrière de Gaulle, les chefs de la France nouvelle se sont rassemblés : Leclerc, Juin, Kœnig, les chefs de la Résistance, les membres du C.N.R., du C.P.L., du COMAC, Parodi, Chaban-Delmas...

De Gaulle se tourne vers eux et commande : « Messieurs, à un pas derrière moi. » Alors, à pied, seul en tête sous le tonnerre des applaudissements et des ovations qui roulent vers lui et s'enflent au fur et à mesure qu'il s'avance, Charles de Gaulle entame sa marche triomphale. Si loin que porte sa vue, ce n'est qu'une foule vivante dans le soleil. Marchant à grands pas, le général lève et abaisse les bras, saluant la foule dans un geste cent fois répété.

Derrière, mêlés dans une cohorte disparate, fidèles et adversaires avancent dans son sillage. De Gaulle lui-même a voulu cet apparent désordre. Pour ce rendez-vous historique, rien, ni hiérarchie, ni protocole, ne doit s'interposer entre le peuple de France et lui.

Tout le long de la plus belle avenue du monde, la foule déborde des trottoirs, escalade les arbres, s'accroche aux réverbères, s'agrippe aux fenêtres. Des grappes humaines pendent le long des façades. Les balcons sont pleins à craquer. Les toits eux-mêmes sont envahis. Le passage du général déchaîne la tempête des voix qui scandent interminablement son nom. Des fillettes se jettent devant lui et lui offrent des bouquets multicolores qu'il passe à ceux qui le suivent, des gens s'évanouissent, sous les effets conjugués de l'enthousiasme et du soleil.

Dans cette foule qui n'est, lui semble-t-il, « qu'une seule pensée, un seul élan, un seul cri », à la vue de ces enfants qui clament leur joie, de ces femmes qui lui lancent vivats et encouragements, de ces hommes qui lui crient « merci », de ces vieilles gens en larmes, Charles de Gaulle, point de mire de tout ce déchaînement, se sent plus que jamais « l'instrument du destin de la France ».

Mais il n'y a pas de joie sans mélange. Au moment où de Gaulle débouche sur la place de la Concorde, un coup de feu retentit. A ce bruit, comme à un signal, aussitôt la fusillade éclate de toutes parts. Des milliers de gens s'aplatissent sur le sol ou courent se réfugier derrière les chars et les half-tracks. Le sergent Armand Sorriero, l'Américain qui était allé prier à Notre-Dame avec sa carabine, se cache derrière sa jeep. Risquant un œil, l'ancien d'Omaha

Beach se sent soudain « honteux » de sa frayeur. Droit devant lui, il voit, indifférent à la fusillade, passer de Gaulle, « très raide et très grand ». Sorriero pense alors : « Il se tient droit pour son pays. »

De l'autre côté de la place, le lieutenant Yves Ciampi, de la 2e D.B., a eu la même réaction instinctive que Sorriero. Il s'est accroupi derrière un char. Mais soudain il sent le bout d'une canne s'enfoncer dans son dos. Un vieux monsieur distingué le regarde avec un air de reproche et lui dit : « Monsieur l'officier, à votre âge, vous devriez vous lever et aller mettre fin à cette fusillade ridicule. »

Sur un char, un tankiste crie : « Bon Dieu, c'est la cinquième colonne ! » A ces mots, le tireur du char braque son canon sur la façade de l'hôtel Crillon, compte jusqu'à cinq, et fait feu. Dans un nuage de poussière s'écroule la cinquième colonne de l'hôtel Crillon !

Presque au même instant, à l'entrée de la tour nord de Notre-Dame, un Américain frappait à coups redoublés sur une porte. Un prêtre de la cathédrale avait promis au lieutenant Burt Kalisch de l'autoriser à monter dans la tour pour prendre des photos de la cérémonie du *Te Deum* qui allait bientôt commencer. Derrière la porte close, Kalisch entendait des voix. Il frappa encore. Un civil en chemise, la barbe hirsute, apparut enfin. D'une voix furieuse, il cria quelque chose en français puis referma brusquement la porte. Kalisch et son photographe attendirent quelques minutes. Bientôt, une immense rumeur annonça l'arrivée de De Gaulle. Presque aussitôt, les deux Américains entendirent des coups de feu. Instinctivement Kalisch leva la tête. Au-dessus de lui, au balcon de la tour, il distingua nettement les canons de trois fusils qui tiraient sur les fidèles rassemblés dans la nef. Puis il vit les canons disparaître. « Seigneur, murmura Kalisch, ils vont assassiner de Gaulle. »

La voiture découverte où Charles de Gaulle est monté place de la Concorde vient de s'arrêter sur le parvis. Impassible et grave, de Gaulle descend et deux petites filles habillées en Alsaciennes lui offrent un bouquet tricolore. Puis il s'avance vers le grand portail du Jugement dernier. A ce moment, une volée de balles balaie le parvis. Les F.F.I. et les soldats de la 2e D.B. ripostent aussitôt, et lâchent des rafales vers les toits et les tours de la cathédrale. Des balles ricochent sur les gargouilles et les balustrades, arrachant des éclats de granit qui retombent sur l'assistance. Les officiers de Leclerc courent en tous sens pour faire cesser le feu. Leclerc lui-même, dans un geste d'impatience, donne un coup de canne à un de ses soldats qui lâche des rafales de mitraillette dans toutes les directions.

Imperturbable, de Gaulle continue sa marche. A l'intérieur, dans la pénombre de la nef, l'assistance réunie pour le *Te Deum* a entendu les acclamations de la foule, puis le crépitement de la fusillade. Au moment où de Gaulle passe sous le grand porche, des coups de feu éclatent à l'intérieur même de la cathédrale. L'écho des hautes voûtes répercute les détonations en roulement de tonnerre. Les fidèles, renversant chaises et prie-Dieu, se piétinant, se jettent à plat ventre. De Gaulle, précédant toujours sa suite officielle, parcourt les 60 mètres de la nef de son pas large et tranquille. Une femme, aplatie sous un prie-Dieu, sort prudemment la tête le temps de crier :

« Vive de Gaulle » et replonge sous son dérisoire abri. Au bout de la nef, Jeannie Steel, la secrétaire d'un des officiers de l'état-major du général, s'écrie : « Les salauds, ils l'ont tué. » Puis elle aperçoit la haute silhouette qui émerge à l'entrée de l'église, et pense : « Quelle belle cible ! » Elle le voit alors passer « droit et raide » dans un rayon de lumière qui, traversant l'ombre des voûtes, « semble lui frapper l'épaule comme une épée ». A ce moment, la jeune secrétaire, qui n'avait jamais été une ardente gaulliste, sent couler sur son visage « des larmes de fierté pour cet homme ».

Quand il atteint le transept, de Gaulle va calmement prendre sa place d'honneur à gauche de la nef. Derrière lui, le général Kœnig se retourne vers l'assistance. Contemplant avec réprobation la foule à plat ventre sur les dalles, le vainqueur de Bir-Hakeim s'écrie : « Vous n'avez pas honte ? Allez, debout ! » Son livre de prières à la main, tandis que le crépitement de la fusillade continue d'emplir la cathédrale, de Gaulle chante à pleins poumons le *Magnificat*.

Puis, abrégeant la cérémonie, de Gaulle sort de la cathédrale du même pas égal qu'il était entré, et regagne sa voiture.

Rien, aucun geste, aucune parole ne pouvaient, en ce jour historique, valoir à Charles de Gaulle plus d'admiration de la part de ses compatriotes que cette démonstration publique de courage et de sérénité d'esprit. « Maintenant, câbla à son journal un correspondant américain qui avait suivi le général pendant toute la manifestation, de Gaulle a la France dans sa main ! »

Une question, cependant demeurait. Qui avait tiré dans Notre-Dame ? Bien des gaullistes soupçonnèrent que des Allemands en civil ou des miliciens n'avaient pas été seuls responsables de cette fusillade[1].

Sur le pont au Double, deux jeunes colonels observaient les soldats qui arrosaient les toits autour de la cathédrale. « Je crois, dit avec ironie le communiste Rol au colonel de Guillebon, que vos hommes n'ont pas l'habitude des combats de rues. »

« Non, réplique Guillebon en toisant tranquillement le chef de l'insurrection parisienne, mais croyez-moi, ils vont la prendre. »

18

Son entourage pouvait avoir des doutes. De Gaulle, lui, n'en avait aucun. La fusillade qui avait salué son passage était, il s'en montrait

1. Le mystère n'a jamais, jusqu'à ce jour, été complètement élucidé. On a cru d'abord que la fusillade avait été le fait de miliciens de Vichy et d'Allemands qui étaient restés dans Paris pour semer la panique parmi la population. L'argument en faveur de cette théorie est que la fusillade éclata simultanément dans différents quartiers de Paris. Pourtant on ne put prendre aucun tireur les armes à la main. Trois hommes qui rôdaient derrière Notre-Dame furent arrêtés. L'un d'eux fut tué par la foule et on ne put faire la preuve que les deux autres avaient pris part à la fusillade. Quelques francs-tireurs furent pris et fusillés ou lynchés sans avoir été interrogés. A ce propos, de Gaulle déclara à Achille Peretti, le responsable de son service de sécurité : « Ces imbéciles tirent en l'air. » Comme d'autres témoins, de Gaulle avait remarqué qu'on n'avait jamais entendu le sifflement des balles. Cependant, le 26 août, les hôpitaux de Paris admirent environ 300 blessés dont un grand nombre par balles (les autres souffrant de fractures ou de contusions provoquées par l'écrasement de la foule). Il est certain que la panique et l'extension de la fusillade furent en grande partie causées par le tir désordonné des F.F.I. et des hommes de la 2e D.B. répondant aux coups de feu qu'ils croyaient dirigés contre eux. La préfecture de police fit sur ce point un rapport qui n'apporta aucune conclusion précise.

convaincu, l'œuvre des communistes. Dans sa voiture, tandis qu'il regagnait le ministère de la Guerre, ceux qui l'accompagnaient purent l'entendre marmonner : « Eh bien, messieurs, il se trouve dans ce pays des forces qui sont prêtes à me supprimer pour prendre la route du pouvoir. » Dans la pire hypothèse, pensait de Gaulle, les coups de feu qui avaient éclaté avaient pour but de le tuer ; dans la meilleure, ils étaient destinés à semer les graines du chaos qui servirait les ambitions politiques de ses adversaires[1]. Quand il fut de retour au ministère de la Guerre, de Gaulle avait pris une décision. Les acclamations de la foule avaient montré l'immense soutien dont il bénéficiait, et la fusillade le danger qu'il courait. Il avait donc décidé de profiter immédiatement du premier pour mettre fin au second. Sa première initiative fut de désarmer les F.T.P. et de les fractionner en petites unités qui seraient incorporées dans l'armée régulière et soumises à la discipline militaire.

Quelques heures plus tard, le général Kœnig confia au colonel Richard Vissering, du SHAEF : « A Paris, en ce moment, le pire danger est constitué par les F.F.I. » De Gaulle voulait, dit-il, « faire endosser l'uniforme aux éléments les plus gênants et leur imposer une discipline militaire ». Pour ce faire, Kœnig

Certains en sont venus à croire que les coups de feu de Notre-Dame furent échangés entre policiers trop zélés. Les témoignages de Kalisch et du photographe Smith tendent cependant à prouver le contraire. D'autres restent enfin convaincus que la fusillade fut le fait d'éléments communistes. Ceux-ci auraient cherché par ce moyen à faire régner une atmosphère d'insécurité afin de justifier le maintien sous les armes des Milices Patriotiques largement contrôlées par le Parti.

1. N'ayant pas entendu les balles siffler vraiment à ses oreilles, de Gaulle choisit finalement la deuxième hypothèse dans ses *Mémoires*. (volume II, page 315).

demanda à Vissering 15 000 uniformes « de toute urgence ». Vissering appuya la demande de Kœnig en faisant savoir au SHAEF :

« *La situation du point de vue de la sécurité publique est alarmante. Des citoyens de toutes sortes vivent dans la crainte d'être arrêtés par un groupe ou par un autre. Il apparaît que la plupart de ces groupes ont un caractère politique, le plus puissant d'entre eux étant le groupe communiste. La région (de Paris) est donc sur le point de devenir la proie du terrorisme et l'opinion générale, de tous côtés, s'attend d'un jour à l'autre à l'éclatement d'une guerre civile.* »

De Gaulle écrivit à Eisenhower pour lui dire qu'il était absolument nécessaire de laisser la 2e D.B. dans la capitale jusqu'à ce que l'ordre fût totalement rétabli. Le lendemain, il convint avec Eisenhower de faire défiler une division américaine dans la ville afin de montrer à la population l'ampleur de l'appui allié dont il bénéficiait[1].

Deux jours plus tard, de Gaulle annoncera la dissolution des échelons supérieurs du commandement F.F.I. de Paris. Il déclarera que « les éléments F.F.I. qui peuvent être utilisés » seraient incorporés dans l'armée. Toutes les armes devaient être remises aux services du général Kœnig.

Le C.N.R., au lieu du « Palais national » auquel il aspirait, se vit attribuer l'hôtel particulier réquisitionné d'un lord.

Il y tiendra quelques réunions avant de som-

1. Eisenhower désigna la 29e division d'infanterie qui défila le 29 août sur les Champs-Élysées puis alla combattre dans la même journée dans la banlieue nord.

brer bientôt dans l'oubli. Bien entendu, de Gaulle « n'assista » à aucune de ces réunions. Il accorda aux membres du C.N.R. une courte audience. Lors de cette rencontre, ceux-ci lui exprimèrent leur intention de transformer leur organisme en un corps permanent qui fonctionnerait parallèlement à son autorité. Ils désiraient également, annoncèrent-ils, remettre entre les mains du COMAC, en tant qu'organisme militaire, le contrôle des milices populaires. De Gaulle leur répondit poliment, mais sèchement, que le C.N.R. appartenait déjà à l'Histoire. Il revenait, dit-il, à la police d'assurer l'ordre public. Les « milices populaires », communistes ou autres, n'avaient plus d'objet. Elles furent dissoutes, de même que le COMAC dont de Gaulle ne daigna pas même recevoir les membres. S'adressant quelques jours plus tard à une délégation de 20 chefs de la Résistance de Paris, il se contenta de faire quelques commentaires élogieux sur leur courage. Ensuite, il déclara à son aide de camp : « Ils ont beaucoup de colonels. »

« Le fer était chaud, devait plus tard écrire de Gaulle avec ironie, je le battais. »

19

Un sourd grondement de moteurs emplissait la nuit. Venant du nord-est, la rumeur suivait le cours de la Marne. Bientôt, elle fit vibrer les fenêtres des petites maisons du village de May-en-Multien, à 75 kilomètres de Paris. De son observatoire, au sommet du clocher roman de l'église de Notre-Dame-de-l'Assomption, le vieux Feldwebel aperçut les avions : des dizaines et des dizaines d'appareils, aile contre aile, traversaient le ciel, à peine à 300 mètres au-dessus de sa tête.

Au nord-est de la capitale, depuis le parc du vieux château où le général Hubertus von Aulock avait installé son nouveau quartier général, le capitaine Theo Wulff, son aide de camp, vit passer, lui aussi, l'escadre aérienne. Au bruit des moteurs, Wulff s'était précipité dans une tranchée. Ce vétéran de la bataille de Normandie savait que le ciel de France appartenait sans conteste aux Alliés. Wulff écouta avec attention le vrombissement des machines. Leur cadence lui parut différente de celle des « Marauders » et des B. 17 à laquelle il était accoutumé. Wulff se dit qu'elle ressemblait plutôt à celle des bombardiers Heinkel. Mais le capitaine pensa que la Luftwaffe n'était plus en mesure d'aligner autant d'avions qu'il en voyait défiler ce soir au-dessus de sa tête. Il se trompait.

La 3e flotte aérienne allemande était revenue, pour une brève et ultime incursion dans le ciel de l'Ile-de-France. Treize jours après avoir donné les premiers ordres pour la défense de Paris, vingt-quatre heures après la chute de la ville, Adolf Hitler allait offrir à la capitale française un sérieux échantillon de ce qu'il avait projeté pour elle. Speidel avait retenu les V1 et les V2. Mais la Luftwaffe du colonel général Otto Dessloch, elle, ne discutait pas les ordres de son Führer.

Wulff écouta le ronronnement des avions s'éteindre en direction du sud. L'armada de la dernière heure, près de 150 appareils, alla virer au-dessus du bois de Vincennes. Quelques minutes plus tard, Wulff put entendre, lointaines et assourdies, les premières explosions des bombes. Et bientôt il vit, s'élevant sur l'horizon, les lueurs rougeâtres des incendies allumés par les projectiles incendiaires. Wulff était ébahi. Avec mélancolie, il pensa : « Jamais plus sans doute je ne verrai passer autant de nos avions à la fois dans le ciel. »

Paris, qui dans son incorrigible légèreté avait cru la guerre finie puisqu'il était libéré, entendit avec une surprise incrédule le mugissement des sirènes. Dans toute la ville, les lumières étaient allumées, les gens dansaient dans les rues, les cafés et les bars retentissaient de rires. Les premières bombes tombèrent alors que les sirènes hurlaient encore.

Près du château de Vincennes, dans un bal de quartier, le caporal Bill Mattern, du 20e bataillon d'artillerie de campagne, venait de commencer une danse avec une jolie rousse lorsqu'il entendit les avions. La jeune fille et toutes les autres filles disparurent, « abandonnant 50 soldats furieux au milieu de la place ». Le capitaine Bill Mills, l'officier qui avait échangé deux paquets de Camel contre un plan de Paris dans les rues de Longjumeau, était au P.C. de son bataillon quand les bombardiers apparurent. Il avait installé son P.C. dans un café-dancing, près du lac Daumesnil. Quelques heures plus tôt, Mills avait découvert que l'endroit avait eu une destination bien différente avant l'arrivée de son bataillon. En fait, le « café-dancing » était un lupanar. Accroupi sous une table, dans le fracas des bombes qui tombaient autour de lui, Mills se souvient qu'il fit une prière mi-sincère, mi-irrévérencieuse :

« Mon Dieu, si vous me tirez de là, je choisirai à l'avenir avec plus de circonspection le P.C. de mon bataillon. »

En regagnant les Tuileries où ses chars étaient parqués, le capitaine Georges Buis entendit un murmure diffus qui montait de tous les coins du jardin. Pendant qu'il se dirigeait à tâtons vers son Sherman, un avion allemand lança au-dessus de sa tête une fusée éclairante. Alors une lueur soudaine illumina le jardin, et Buis comprit aussitôt l'origine des bruits qu'il venait d'entendre : auprès de chaque tank, les hommes de son régiment faisaient l'amour, sans se préoccuper des bombes.

Au même moment, l'état-major allié découvrait une réalité douloureuse : dans tout Paris, regorgeant d'armes et de véhicules militaires, il n'y avait pas un seul canon de D.C.A. Si bien que les avions du général Dessloch allaient pouvoir survoler la ville à basse altitude pendant une demi-heure sans recevoir un seul obus. Au bout de vingt minutes, une dizaine de gros incendies embrasaient la nuit. Le plus important d'entre eux s'accompagnait du fracas des bouteilles qui éclataient. C'était la Halle aux Vins qui brûlait. A la fin du bombardement on dénombrera 213 morts et 914 blessés. 593 immeubles seront détruits ou endommagés.

Dans la caserne de pompiers du boulevard de Port-Royal où il était prisonnier, le comte von Arnim entendait une rumeur plus inquiétante encore que celle du bombardement. C'étaient les hurlements d'une foule déchaînée qui s'avançait vers la caserne. Arnim distinguait maintenant des voix qui criaient : « A mort ! A mort ! Livrez-nous les Boches ! » Bientôt, des coups se mirent à pleuvoir, quatre étages plus bas, contre le grand portail de la caserne. Arnim savait que la poignée de pompiers qui gardaient les prisonniers ne pourraient pas s'opposer longtemps à l'assaut de la foule en furie. Le jeune officier s'approcha alors de la cage d'escalier, regarda le vide et se promit de s'y jeter si la foule venait à envahir la caserne. Il préférait aller s'écraser sur cette dalle de ciment, quatre étages plus bas, plutôt que d'être mis en pièces par la horde vengeresse des Parisiens.

Dehors, les cris s'enflaient, devenaient une assourdissante tempête de haine. Et maintenant Arnim entendait la foule qui essayait d'enfoncer la porte. Soudain, plus fort que les bruits du bombardement et les clameurs de la foule, le jeune officier entendit le fracas des chenilles des chars sur le pavé de la rue. Il courut à la fenêtre et vit six tanks à étoile blanche prendre position devant la caserne des pompiers. Pour l'ancien aide de camp du général von Choltitz, ce 26 août 1944, la Saint-Barthélemy n'aurait pas lieu.

Pas très loin de là, dans un long couloir obscur des Invalides, deux hommes couraient, pieds nus. Ils arrivèrent devant une fenêtre qui donnait sur l'esplanade. Là, côte à côte, Pierre Kœnig et Philippe Leclerc assistèrent avec une rage muette au bombardement allemand qui embrasait Paris. Alors, le « jeune lion impatient » qui avait deux jours plus tôt lancé ses tanks dans une course folle pour sauver Paris de la destruction ne trouva, pour exprimer sa colère, qu'un mot indéfiniment répété : « Les salauds, les salauds, les salauds... »

De la fenêtre d'une antichambre du ministère de la Guerre, le lieutenant Claude Guy observait, lui aussi, les lueurs de l'incendie. De temps à autre, l'explosion d'une bombe jetait une courte flamme, qui se prolongeait par un jaillissement d'étincelles éclaboussant la nuit. Des immeubles de la rue voisine lui parvenaient, en surimpression sur le fracas des bombes, des éclats de rire insouciants. Tout près, des Parisiens continuaient à célébrer la grande fête de la Libération, comme si rien jamais n'eût pu y mettre une fin.

Guy sentit soudain une présence dans l'ombre, à ses côtés. C'était de Gaulle. L'air soucieux, le général contempla quelques instants le spectacle en silence. Puis il tendit l'oreille pour écouter le bruit des rires dans la nuit.

« Ah, soupira-t-il, ces gens pensent que puisque Paris est libéré, la guerre est achevée. Eh bien, vous voyez, la guerre continue et le plus dur est encore à faire. Notre tâche ne fait que commencer. »

Puis, sans autre signe d'émotion, de Gaulle quitta la fenêtre et traversa l'obscurité de la pièce pour regagner son bureau. A la lumière d'une lampe à pétrole, il reprit la tâche qui n'avait « fait que commencer ».

Paris avait été libéré quinze jours avant la date inscrite dans les plans de l'état-major allié. Devançant les prévisions des Alliés, les espoirs de ses partisans, les craintes de ses adversaires, de Gaulle était à l'heure à son rendez-vous avec l'Histoire.

Et cette nuit-là, tandis que les autres dormaient, il travaillait. Il était minuit.

Déjà, un autre jour commençait.

Le 28 août à 12 h 45, trois jours après la capitulation du général von Choltitz, le Feldmarschall Model, Commandant en chef à l'Ouest, adresse ce message à l'état-major de Adolf Hitler.

28.8.44 — 12.45
P.C. Blitz

Destinataires : O.K.W., E.M. de commandement
Affaire de commandement
Transmis par officier seulement
Très secret

à l'E.M. : 1er Bur., juge du Gr. d'Armées

3e Bur. (original)

1re pelure pour le groupe d'armées B

J'ai demandé au président du tribunal du Reich que soit ouverte une procédure criminelle pour indiscipline contre le général de corps d'armée von Choltitz et ses complices.

Le général von Choltitz n'a pas répondu à ce qu'on attendait de lui en sa qualité de défenseur de Paris.

Je ne puis dire si sa défaillance est due à une lésion causée par un engin de guerre ou un affaiblissement de sa volonté et de son esprit de décision causé par une intervention ennemie, des armes spéciales, par exemple. Il ne faut pas oublier que cette éventualité ne doit pas être exclue d'emblée.

signé : Maréchal Model
Cdt en chef à l'Ouest

3e Bureau N° 770/44 secret

REMERCIEMENTS

Les auteurs de ce livre désirent remercier d'abord les collaborateurs qui ont travaillé avec eux durant les longs et souvent difficiles mois qu'à nécessités la préparation de cet ouvrage.

Envers Vladimir Benz, de la chaîne de radio des forces armées U.S. à Berlin, nous avons une dette de gratitude toute spéciale pour ses laborieuses recherches en Allemagne, ses innombrables interviews avec des anciens combattants allemands de Paris, et pour le temps qu'il a passé avec nous chez le général Dietrich von Choltitz à Baden-Baden. Sans son précieux concours, il nous eût été impossible d'obtenir beaucoup des informations sur les activités allemandes que contient ce livre.

Nous exprimons nos remerciements à notre infatigable équipe d'enquêteurs : Manuela Andreota, Colette Brault, Mai Jumblatt, Olivier Fleuriot de Langle, Lisette Edery, M. Panov et Michel Renouard.

Nous tenons aussi à remercier Dieter Wagner de Der Spiegel *pour son travail d'interprétation des centaines de mètres de microfilms de documents allemands capturés, et Nina Silianof pour sa précieuse collaboration dans la région de Munich.*

Nous voulons remercier tout particulièrement

Martine Louis d'avoir si patiemment préparé la chronologie des événements de la libération de Paris, et d'avoir ensuite préparé nos documents au fur et à mesure que nous rédigions le livre.

Nous remercions aussi Colette Modiano, Manuela Forget et Christiane Cieczko et Colette Brault pour nous avoir aidés à préparer le texte français.

La préparation de ce livre a demandé de longs et souvent difficiles efforts pour retrouver des survivants de la 2e D.B., de la 4e division d'infanterie américaine, et de la garnison allemande du Gross Paris. A tous ceux qui nous ont aidés à les retrouver, nous exprimons notre gratitude. Nous voulons particulièrement remercier M. Jean Sainteny, qui nous a aimablement ouvert les archives du gouvernement français contenant les noms de plus d'un million d'Allemands faits prisonniers en France durant la guerre. M. Sainteny a également mis à notre disposition toute une équipe qui a patiemment trié ces dossiers pour nous établir une liste de plus de 2 000 Allemands faits prisonniers à Paris. Ces noms ont été envoyés à l'organisation WAST de l'armée allemande à Berlin où, grâce à son directeur, M. Roder, nous avons pu obtenir l'adresse actuelle d'un grand nombre d'anciens prisonniers qui ont été, plus tard, contactés personnellement ou par lettre.

Nous tenons à remercier la direction du grand quotidien allemand Bild Zeitung qui a bien voulu publier dans ses colonnes plusieurs appels grâce auxquels nous avons pu retrouver près de 300 anciens soldats allemands de la garnison de Paris.

Nous tenons également à remercier les éditeurs de la revue Caravane, publication des Anciens de la 2e D.B. pour nous avoir aidés à retrouver les *anciens combattants de la division, ainsi que Mme la Maréchale Leclerc, le général Alain de Boissieu, le colonel Jacques Branet, et le colonel Divry qui nous ont tous aidés à retrouver des anciens combattants de la division.*

Nous avons aussi une dette de gratitude envers George McIntyre et Joseph Summa, de l'Association des anciens combattants de la 4e division U.S., pour la liste de plus de 4 000 noms d'anciens combattants de cette division qu'ils ont bien voulu nous fournir. Nous voulons remercier les quelque 500 hommes qui ont pris le temps de remplir complètement et minutieusement le long questionnaire que nous avons envoyé à tous les noms de cette liste. Plus de 100 d'entre eux nous ont, de plus, accordé de longues interviews téléphoniques.

Mr. Martin Blumenson, du Department of Military History de l'armée américaine, lui-même auteur de deux excellents livres sur la libération de la France, nous a été d'une grande aide pour la vérification de nos informations et pour retrouver les personnalités américaines les plus importantes.

Nous offrons nos remerciements à Mr. Sherrod East, directeur des Archives nationales à Alexandria, Virginie, et à tout son personnel pour leur collaboration souriante et patiente durant les longs mois que nous avons passés à étudier les archives du SHAEF, du 2e groupe d'armées, de la 1re armée, du Ve corps et de la 4e division. Nous devons aussi des remerciements à Mr. East et ses collègues pour nous avoir fourni des centaines de mètres de microfilms des archives de l'O.K.W., de O.B. West et du groupe d'armées B.

A Paris, nous aimerions remercier M. Pierre Messmer et le général Pierre Kœnig pour nous avoir autorisé l'accès des archives secrètes du B.C.R.A., ainsi que le colonel Le Goyer, chef de la section contemporaine du Service historique de l'armée pour nous avoir aidés, avec tant de patience, à dépouiller et à interpréter ces archives.

Nous tenons aussi à remercier spécialement M. Edgar Pisani qui nous a fort aimablement procuré des documents décrivant minute par minute les événements qui se sont déroulés à la Préfecture de police où il joua lui-même un rôle important pendant la semaine de la libération de Paris.

Nous exprimons aussi toute notre gratitude à M. Yves Bayet qui a bien voulu reconstituer patiemment avec nous la prise de la Préfecture de police.

M. Emmanuel d'Astier de la Vigerie, très courtoisement, nous a permis de consulter ses archives personnelles, notamment les télégrammes échangés entre les quartiers généraux d'Alger et de Londres du général de Gaulle.

En citant dans notre livre des ordres allemands, nous nous sommes référés seulement à ceux pour lesquels nous avons pu trouver un texte original dans les archives microfilmées de l'armée allemande capturées par les Alliés. Nous n'avons pu trouver aucune trace dans ces archives de plusieurs ordres cités dans des ouvrages antérieurs sur la libération de Paris, y compris celui ordonnant au général Dietrich von Choltitz de « transformer Paris en un champ de ruines et, le cas échéant, de s'ensevelir lui-même sous les cendres ». *Il est tout à fait possible que l'original d'un tel ordre ait été perdu lors de la destruction partielle des archives de l'O.K.W. De toute façon, il est bien conforme à l'esprit des ordres que Hitler donna au commandant de la garnison de Paris en 1944.*

Pour réunir les renseignements nécessaires à la rédaction de ce livre, les auteurs et leurs enquêteurs ont interviewé personnellement, par lettre ou par téléphone, plus de 750 Français, Allemands et Américains qui ont participé à la libération de Paris. A tous, nous exprimons notre gratitude et notre appréciation pour le temps et l'effort qu'ils nous ont accordés.

Plus particulièrement, nous voudrions remercier en France : Jacques Chaban-Delmas, le général Pierre Kœnig, Alexandre Parodi, le colonel Henri Rol-Tanguy, André Tollet, ex-président du Comité Parisien de Libération, Yvon Morandat, le colonel André « Passy » de Wavrin, ancien directeur du B.C.R.A., le colonel Henri « Vernon » Ziegler, pour son compte rendu de l'annonce « prématurée » de la libération de Paris sur les ondes de la B.B.C., le lieutenant Claude Guy, aide de camp du général de Gaulle en 1944, le comte Jean de Vogüé et Pierre Villon, du C.O.M.A.C., MM. Debû-Bridel, Meunier, et plus généralement les membres du C.N.R., le comte Alexandre de Saint-Phalle et M. Roland Pré, le colonel Massiet-Dufresne, chef d'état-major des F.F.I. pour la ville de Paris en 1944, M. Léo Hamon, l'ambassadeur Geoffroy de Courcel, le commandant Aimé Bully, ancien mécanicien du Lodestar « France », le général de Malraison, qui nous ont tous patiemment donné leur temps et leur aide.

Nous tenons à remercier M. Édouard Fiévet, le neveu du défunt consul général de Suède Raoul Nordling et le frère de Raoul Nordling, Rolf, qui ont évoqué pour nous leur propre rôle et celui du diplomate suédois durant la libération de Paris. Les informations qu'ils nous ont fournies ont été précieuses pour compléter les renseignements que nous avait donnés M. Nordling avant sa mort en octobre 1963.

Nous remercions tout particulièrement le général Dietrich von Choltitz pour les longues journées qu'il a bien voulu passer avec nous dans sa villa de Baden-Baden, à reconstituer minute par minute son séjour à Paris.

Nous étendons nos remerciements aux membres de son état-major qui ont bien voulu nous aider à reconstituer les derniers jours du Gross Paris : le colonel Hans von Unger, le colonel Hans Jay, le lieutenant Dankvart von Arnim, son aide de camp, le caporal Helmut Mayer, son ordonnance, Cita Krebben, sa secrétaire, Annabella Waldner, l'hôtesse du Gross Paris, le général Hubertus von Aulock et son chef d'état-major, le capitaine Theo Wulff qui nous a communiqué son « journal » personnel très détaillé.

Nous tenons à remercier également le général Walter Warlimont qui, grâce à ses nombreux documents personnels, nous a aidés à reconstituer l'atmosphère du quartier général de Hitler et les conférences au cours desquelles le dictateur allemand réglait le sort de Paris.

Parmi les autres officiers allemands qui nous ont spécialement aidés, nous voulons mentionner les généraux Gunther Blumentritt et Hans Speidel, et M. Emil Bender, l'ancien agent de l'Abwehr.

Aux États-Unis, nous devons remercier en premier lieu le général Dwight Eisenhower pour nous avoir accordé une longue interview dans son train spécial entre New York et Chicago, le 15 décembre 1963, Mr. Allen Dulles, ancien chef de la Central Intelligence Agency, Mr. Robert Murphy, représentant personnel du président Roosevelt auprès du général de Gaulle à Alger, les généraux Omar Bradley, Julius Holmes, John Hills, Richard Lee, William Helmick et Thomas Betts, ainsi que l'aide de camp du général Bradley, le major Chet Hansen.

Enfin, nous exprimons toute notre reconnais-

sance à M. Henri Noguères pour la patience avec laquelle il a bien voulu revoir notre manuscrit et y apporter les nombreuses corrections de sa longue expérience d'historien.

Sans l'aimable concours de toutes ces personnes, et de centaines d'autres, nous n'aurions jamais pu écrire ce livre.

Les Bignoles
Ramatuelle
Le 27 mai 1964.

CE QU'ILS SONT DEVENUS

Georges Bidault
Fondateur du Mouvement républicain populaire (M.R.P.), président du Conseil provisoire en 1946, président du Conseil de 1949 à 1950, il occupe plusieurs postes ministériels jusqu'en 1954. Violemment opposé à la décolonisation, il rompt avec de Gaulle en 1959, soutient l'O.A.S., entre dans la clandestinité puis se réfugie à l'étranger en 1963. L'amnistie de 1968 lui permet de revenir en France. Il meurt en 1983.

Alain de Boissieu
Commandant du 4e régiment de chasseurs en Algérie en 1956, il est nommé, en 1958, directeur du cabinet militaire de Paul Delouvrier, délégué général en Algérie. Il poursuivra brillamment sa carrière pour devenir chef d'état-major de l'armée de terre, de 1971 à 1975.

Omar Bradley
Il préside le comité des chefs d'état-major de l'armée américaine de 1947 à 1953. Il publie en 1952 *A Soldier Story*, ses mémoires de guerre, et prend la tête d'une importante société privée américaine. Il meurt en 1981.

Georges Buis
Homme d'action, il poursuit une brillante carrière militaire, étroitement liée à l'histoire de la décolonisation (Indochine, Maroc, Algérie). Homme de réflexion, il participe activement au développement des études militaires et stratégiques (président de la Fondation pour les études de défense nationale). Homme de lettres, il publie de nombreux ouvrages.

Jacques Chaban-Delmas
Élu député de Gironde après la Libération, puis maire de Bordeaux, il est depuis lors associé à cette ville et à cette région. Plusieurs fois ministre sous la IVe République, président de la première Assemblée nationale de la Ve République, et Premier ministre de Georges Pompidou, il a été le candidat malheureux du R.P.R. à l'élection présidentielle de 1974.

Dietrich von Choltitz
Après sa capitulation à Paris, il est condamné à mort par les autorités nazies, pour n'avoir pas exécuté les ordres d'Hitler. Au terme de la loi Sippenhaft, qui tenait les familles des officiers supérieurs pour responsables de leurs manquements, ses proches auraient dû être également éliminés. Ils échappent à la mort à la faveur de la débâcle allemande. Libéré de captivité en 1947, von Choltitz rejoint les siens à Baden-Baden et entre dans les affaires. Il est l'auteur d'un livre : *Soldat parmi les soldats*. Il meurt en 1966.

Paul Delouvrier
Il poursuit jusqu'en 1953 une brillante carrière au Plan et aux Finances. À partir de 1954, à la

C.E.C.A., il participe à la construction européenne. En 1958, le général de Gaulle le nomme délégué général du gouvernement à Alger. De 1961 à 1969, délégué général au district de la région parisienne, il devient « l'urbaniste de De Gaulle ». En 1966, il est nommé préfet de la région parisienne. En 1969, il accède à la présidence du conseil d'administration d'E.D.F.

Raymond Dronne
Il est sénateur de la Sarthe de 1948 à 1951 et conseiller général de 1951 à 1976. Il est également député de 1951 à 1962. La question algérienne l'éloigne des gaullistes. Il siège de nouveau à l'assemblée parmi les centristes puis les réformateurs de 1968 à 1978, et devient président de la commission de la Défense nationale de 1976 à 1978. Il est l'auteur de nombreux ouvrages dont *Le Serment de Koufra.* Il meurt en 1991.

Dwight David Eisenhower
Le 7 mai 1945, il reçoit la capitulation allemande à Berlin. En 1950, il est nommé par le Président des États-Unis Truman à la tête de l'O.T.A.N. En 1952, il est élu à la présidence des États-Unis sous l'étiquette républicaine. Réélu en 1956, il se retire de la vie politique en 1960, ayant su conserver une très grande popularité. Il meurt en 1969.

Charles de Gaulle
Nommé président du Gouvernement provisoire le 13 novembre 1945, il démissionne deux mois plus tard. Dès lors, il se tient à l'écart de la vie politique officielle. En 1958, les partisans de l'Algérie française font campagne pour son

retour au pouvoir. Le 1er juin, il devient chef du gouvernement. En décembre 1958, il est élu président de la Ve République, puis réélu en 1965. Il quitte le pouvoir après l'échec du référendum sur le double projet du « régionalisme » et de la transformation du Sénat en 1969. Il meurt en 1970.

Adolf Hitler

Jusqu'à l'écroulement de l'Allemagne nazie, il reste le Führer du IIIe Reich. Le 29 avril 1945, il épouse sa maîtresse, Eva Braun, dans le bunker de la chancellerie à Berlin déjà investi par les Russes. Après avoir désigné son successeur, l'amiral Dönitz, il se suicide le 30 avril d'un coup de revolver. Son corps est brûlé dans la cour de la chancellerie.

Alfred Jodl

Traduit devant le tribunal allié de Nuremberg, où il est accusé de crimes contre l'humanité, notamment pour avoir signé des ordres d'exécution de prisonniers, il est condamné à mort et pendu.

Frédéric Joliot-Curie

Il est en 1946 le premier haut commissaire à l'Énergie atomique. Sa destitution en 1950, par le gouvernement que dirige Georges Bidault, à cause de son appartenance au parti communiste, suscite une vive émotion dans le pays. La même année, il est élu président du Conseil mondial de la paix. Il se consacre par la suite à la mise en route du centre de physique nucléaire d'Orsay. Il meurt en 1958.

Henri Karcher

Après le retour au pouvoir du général de Gaulle,

il devient député (U.N.R.) à Paris, de 1958 à 1962, puis en Moselle, de 1962 à 1967. En 1964, il est nommé vice-président de l'Assemblée nationale. Battu par Pierre Messmer aux élections législatives de 1967, il abandonne la politique. Il meurt en 1983.

Marie Pierre Kœnig
Il commande la zone française d'occupation en Allemagne de 1945 à 1949. En 1950, il devient vice-président du Conseil supérieur de la guerre avant d'entrer dans la vie politique comme député du R.P.F. en 1951. Il est appelé au poste de ministre de la Défense nationale de 1954 à 1955. Décédé en 1970, il est nommé maréchal à titre posthume.

Philippe Leclerc de Hautecloque
Le 23 novembre 1944, il libère Strasbourg. Il est nommé commandant des forces françaises en Indochine en 1945, puis inspecteur des forces d'Afrique du Nord en 1946. Il meurt dans un accident d'avion en 1947. En 1952, la dignité de maréchal de France lui est conférée à titre posthume.

Pierre Lefaucheux
Il devient président-directeur général de la régie nationale des usines Renault en mars 1945. Il trouve la mort dans un accident de voiture en février 1955.

Charles Luizet
Il est nommé gouverneur de l'Afrique-Équatoriale française le 10 mai 1947. Il meurt le 21 septembre 1947.

Jacques Massu
Nommé commandant militaire du département d'Alger en 1957 et coprésident du Comité de salut public d'Algérie et du Sahara en 1958, il devient en 1961 gouverneur de Metz, puis commandant en chef des forces françaises en Allemagne en 1966. Il a publié entre autres *La Vraie Bataille d'Alger.*

Raoul Nording
Outre ses fonctions diplomatiques, il mène une carrière industrielle en qualité d'administrateur de plusieurs sociétés suédoises. En témoignage de ses services rendus, la grand-croix de la Légion d'honneur, la croix de guerre avec palmes lui sont attribuées. Il meurt en 1962 à son domicile parisien et repose aujourd'hui, selon ses dernières volontés, dans un cimetière de la capitale.

Alexandre Parodi
Délégué permanent de la France au conseil des Nations unies en 1946, il devient secrétaire général des Affaires étrangères en 1949 avant de représenter, six ans plus tard, la France à l'O.T.A.N. En 1960, il accède à la vice-présidence du Conseil d'État. Élu en 1970 à l'Académie des sciences morales et politiques, il prend sa retraite en 1971. Il meurt en 1979.

Edgard Pisani
Élu sénateur en 1954, il devient ministre de l'Agriculture, entre 1961 et 1966, puis ministre de l'Équipement et du Logement, en 1966. Il démissionne en 1967. Délégué du gouvernement en Nouvelle-Calédonie en 1984, il est nommé ministre chargé de la Nouvelle-Calédonie en 1985, puis chargé de mission en 1985 au cabinet du président de la République. Depuis 1988, il est président de l'Institut du monde arabe.

Henri Rol-Tanguy
Après le départ des communistes du pouvoir en 1947, il reste dans l'armée, occupé à des tâches subalternes. Il est rayé des cadres en 1962 : on ne lui accorde qu'une retraite de chef de bataillon. En 1964, le Conseil d'État lui rend son grade de lieutenant-colonel et Charles de Gaulle le décore de la Légion d'honneur. Il est élu au comité central du PC la même année.

Pierre Taittinger
Maire pendant trente ans de Saint-Georges-des-Côteaux (Charente-Maritime), il continue sa carrière politique à la tête du conseil municipal de Paris. Il meurt en 1965.

Walter Warlimont
Après avoir été libéré de captivité en 1947, le général Walter Warlimont se retire dans sa propriété de la région de Munich, pour se livrer à des travaux d'historien sur la Seconde Guerre mondiale.

TABLE DES MATIÈRES

Achevé d'imprimer
par Maury-Eurolivres S.A.
45300 Manchecourt

Imprimé en France
Dépôt légal : Avril 1994